Annual of Renmin University of China

中国人民大學 年鉴 2013

《中国人民大学年鉴》编辑委员会

中国人民大学出版社
·北京·

▲ 2012 年 6 月 19 日，中共中央政治局常委、中央书记处书记、国家副主席习近平来到中国人民大学调研。

▲ 习近平在经济学院《资本论》教学与研究中心陈列厅浏览宋涛、徐禾、孟氧、卫兴华等老一辈学者的手稿、书作和中青年教师开展马克思主义经济学研究的成果。

▲ 习近平在经济学院《资本论》教学与研究中心同老中青三代教师交流马克思主义学习、研究、宣传等问题。

▲ 习近平出席在图书馆三层多功能厅举办的“红船领航”新生党员马克思主义经典研习会。

▲ 习近平在国学馆大厅亲切会见学校领导班子成员和老领导并讲话。

▲ 习近平在国学馆大厅与学校领导班子成员和老领导合影留念。

▲ 2012 年 1 月 19 日，李长春同志、刘云山同志亲切看望罗国杰教授。

▲ 2012 年 1 月 17 日，刘延东同志亲切看望庄福龄教授。

▲ 2012 年 1 月 8 日，“冯其庸《瓜饭楼丛稿》出版座谈会”在京举行。

▲ 2012 年 2 月 11 日至 12 日，中国社会保障 30 人论坛 2012 年年会在中国人民大学举行，此次会议主题为：“城乡统筹：走向公平的社会保障”。

▲ 2012 年 2 月 20 日，法国前总理洛朗·法比尤斯访问中国人民大学，并作题为“欧债危机与欧盟建设的前景”的报告。

▲ 2012 年 2 月 29 日，中国人民大学在逸夫会堂隆重举行郑杭生教授从教 50 周年学术研讨会暨北京郑杭生社会发展基金会成立大会。

▲ 2012 年 3 月 21 日，中国人民大学召开会议，部署实施“1020 行动计划”，落实 2012 年发展建设“10 件大事”和师生关心的“20 件实事”。

▲ 2012年3月30日，中国人民大学与北京市通州区人民政府正式签署《合作建设中国人民大学东校区协议》，签字仪式在中国人民大学世纪馆举行。

▲ 2012年4月21日，中国人民大学校友会新闻专业委员会正式成立，27位校友回到母校参加成立大会并就“新闻传播与大学形象建设”展开研讨。

▲ 2012 年 5 月 10 日，教育部副部长李卫红、新闻出版总署副署长邬书林到中国人民大学书报资料中心调研。

▲ 2012 年 5 月 15 日，中国人民大学与北京外国语大学签署战略共同体合作框架协议。

▲ 2012 年 5 月 19 日，中国人民大学在逸夫会议中心第二会议室召开 1981 级硕士研究生入学 30 周年纪念座谈会，来自海内外的 28 位校友重返母校。

▲ 2012 年 6 月 16 日，中国人民大学举行第五届“黄达－蒙代尔经济学奖”颁奖典礼。

▲ 2012 年 6 月 29 日，中国人民大学举行暑期社会实践暨“千人百村”社会调研活动出征仪式，1 000名人大学生将深入100个村开展系统、规范的社会调研活动。

▲ 2012 年 8 月 15 日，由国家发展和改革委员会与中国人民大学共建的国家社会发展研究院挂牌成立。

▲ 2012年8月18日，中国人民大学成立我国首个马克思主义与中国道路协同创新中心。

▲ 2012年9月19日，社会转型与社会管理协同创新中心在中国人民大学揭牌成立。

▲ 2012年9月19日下午，中国人民大学“关爱师生基金”拍卖会在世纪馆北大厅举行。此次拍卖为庆祝学校成立75周年公益活动，所得全部款项用于支持“关爱师生基金”，为身患重症、遭遇意外伤害或遇到其他困难的师生提供援助。

▲ 2012年9月20日，校友裘国根向母校中国人民大学捐资2亿元，这是中国人民大学史上获赠金额最大的一笔捐款，也是国内高校获赠金额最大的捐款之一。

▲ 2012 年 10 月 2 日，在郭影秋 103 周年诞辰之际，中国人民大学 75 周年校庆前夕，郭影秋校长铜像于中国人民大学国学馆草坪落成。

▲ 2012年10月3日，中国人民大学举行吴玉章人文社会科学奖暨终身成就奖颁奖典礼，三位年龄总和达到263岁的老教授汤一介、冯其庸、邬沧萍获首届吴玉章人文社会科学终身成就奖。

▲ 2012 年 10 月 3 日，中国人民大学举行分享校庆蛋糕仪式，老校长袁宝华、纪宝成和校长陈雨露携手共切校庆大蛋糕，数千块校庆小蛋糕也分送到师生校友手中。

▲ 2012 年 10 月 3 日，在中国人民大学校庆日当天，以“百年学术制度的形成与流变”为主题的中国人文社会科学论坛 2012 在逸夫会堂举行。

▲ 2012 年 10 月 3 日，在中国人民大学校庆日当天，以“欢迎回家（WELCOME HOME）”为主题的 2012 年国际文化节在明德广场盛大开幕。

▲ 2012 年 10 月 3 日，中国人民大学与国家体育总局拳跆中心合作备忘录签字仪式在体育之家举行。

▲ 2012 年 10 月 3 日，中国人民大学首届体育文化节在田径场开幕。

▲ 2012年10月3日，中国人民大学在校庆日当天举办以“感谢有你”为主题的1988级校友纪念大会。

▲ 2012年10月3日，中国人民大学“人大之夜”——庆祝建校75周年晚会盛大开演。

▲ 2012 年 10 月 3 日，由中国人民大学在校师生共同创作的 75 周年校庆开场大戏、大型原创话剧《苏格拉底》在明德堂上演。

▲ 2012年10月3日，中国人民大学在校庆日当天举办学生社团主题展示活动。

▲ 2012 年 10 月 3 日，中国人民大学在校庆日当天安排志愿者进行校友报到与接待工作。

▲ 2012年10月14日，中国人民大学举行2012“红船领航”新生党员先进性熔铸计划启动暨党员先锋营成立仪式。

▲ 2012年10月19日，“中国京剧百部经典英译系列”举行一期成果发布会。

▲ 2012 年 10 月 22 日，中国人民大学举办“诺贝尔经济学奖得主阿玛蒂亚·森中国人民大学名誉教授聘任仪式暨人类发展论坛”。

▲ 2012年10月22日，中国人民大学举办2012级本科新生导师暨新生研讨课主讲教师聘任仪式。

▲ 2012 年 10 月 27 日至 28 日，中国教育发展战略学会改革与发展规划专业委员会成立大会暨学术研讨会在中国人民大学国学馆举行。

▲ 2012 年 11 月 1 日，中国人民大学举办“学术期刊与学术评价论坛暨‘复印报刊资料’品牌创建 50 周年庆典”。

▲ 2012 年 11 月 1 日，陕北公学旧址暨中国人民大学延安教育基地在延安揭牌。

▲ 2012 年 11 月 2 日，首届全国高校国学院院长论坛暨纪宝成国学教育基金成立仪式在中国人民大学国学馆举行。

▲ 2012年11月3日至5日，中国人民大学与国家汉办共同举办的“第三届世界汉学大会”在中国人民大学明德堂隆重召开，会议主题为“汉学与当今世界”。

▲ 2012 年 12 月 2 日至 3 日，第九届国际儒学论坛在中国人民大学举办，论坛以“儒学与生态文明”为主题。

▲ 2012 年 12 月 26 日，中国人民大学与北京市海淀区签署“共建文明校园，同创文明城区”战略合作意向书。

《中国人民大学年鉴（2013）》编辑委员会

《中国人民大学年鉴（2013）》编辑部

党委统战部：郝　丽
纪委办公室：何文静
高教研究室：王红丽
研究生院：任　兵
发展规划处：王红丽
教务处：徐　婷
科研处：谷曙光
国际交流处：黄　岩
人事处：邓　斌
实验室建设与设备管理处：杨　敏
学生处：陈庆花
招生就业处：李珊珊
财务处：赵健慧
资产与后勤管理处：陈姓洪
保卫处：于　媛
产业管理处：李春霞
校园建设管理处：曹辉林
审计处：袁　璨
离退休工作处：张铭勇
校工会：刘　超
校团委：邢龙翔
校友工作办公室：孟繁颖
教育基金会：刘丽娅
哲学院：余开亮
文学院：吴壹香
历史学院：杨　梅
国学院：刘永强
经济学院：王宝奎
财政金融学院：郭　栋
统计学院：张　云
农业与农村发展学院：肖逸秋
法学院：郑小敏
马克思主义学院：朱胜利
社会与人口学院：阎玉蕊
国际关系学院：李佳伟
新闻学院：甘光千
艺术学院：赵朝平
外国语学院：严晓霞

环境学院：张煦昀
信息学院：林颐
理学院：臧虹　朱克然　上官敏慧　刘国伟
商学院：千静文
公共管理学院：谷昆鹏
劳动人事学院：周石
信息资源管理学院：梁继红
继续教育学院：宋玉田　方芳
培训学院：王晓萍
国际学院（苏州研究院）：张晓波
深圳研究院：赵玲
体育部：布超
图书馆：袁园
档案馆：杨文娜
网络与教育技术中心：李勤
校医院：耿晓琛
后勤集团：李秋荣
出版社：张锁平
书报资料中心：李克勇
附属中学：邓丕来
附属小学：赵雪涛

（图片由新闻中心等提供）

《中国人民大学年鉴（2013)》编辑说明

近年来，我校师生在学校领导班子的带领下，以科学发展观统领学校工作，弘扬“立学为民、治学报国”的人大精神，高举“发展、创新、和谐”的旗帜，坚持“12331”的总体工作思路，念好十八字“发展经”，坚持“特色强校、内涵提高、质量第一”的科学发展道路，创建“人民满意、世界一流”大学，取得了令人瞩目的成就。

我校已成功编辑出版了《中国人民大学年鉴》2002版、2003版、2004版、2005版、2006版、2007版、2008版、2009版、2010版、2011版、2012版，总字数达810万字，记录了学校发展，积累了重要资料，为校史研究提供了重要参考，受到了各级领导、各有关单位和兄弟院校的一致好评。2013版《年鉴》在继承2012版《年鉴》整体框架、体例和风格的基础上，进一步深入细节，进行了调整和创新，力求全面、真实反映2012年学校各方面工作、各项事业发展的基本情况。

一、宗旨

忠实记录学校一年内各方面工作、各项事业发展的基本情况，为学校各项事业进一步发展提供基础资料，促进学校对外交流与宣传，推动学校管理水平不断提高，为全校师生员工服务。

二、定位

《年鉴》是一部逐年编辑、出版的兼具我校工作公报和编年史料性质的工具书。

三、选编的原则和内容

（一）原则

1. 客观、真实地反映学校发展全局。

2. 详略适度，前后统一。

3. 大事不漏，小事不收。

（二）内容

本版《年鉴》全面收录反映2012年度内（1月1日—12月31日）学校各方面工作状况的资料，包括学校改革、建设和发展过程中的重要事件、重大活动、重要人物、基本数据等。除特别标注外，全部统计数据截至2012年12月31日。

2013版《年鉴》对部分篇章的标题及相关内容进行了凝练、精简，根据学校发展，提升了部分条目的规格层次，并将大事记作为一个相对独立、完整的单元，力求反映2012年各项重要工作。

四、编写的组织

本版《年鉴》由年鉴编辑部（挂靠于学校办公室）组织编写。所刊登内容由各单位确定专人负责提供，并经本单位负责人审定。

对于编写过程中各有关部门和单位给予的大力支持，在此谨表衷心感谢。

《中国人民大学年鉴》编辑部

2013年7月

目　录

人大年鉴(2013)
RENDA NIANJIAN

Contents

中国人民大学简介

中国人民大学（Renmin University of China）是一所以人文社会科学为主的综合性、研究型全国重点大学，直属于教育部，由教育部与北京市共建。学校的前身是1937年诞生于抗日战争烽火中的陕北公学，以及后来的华北联合大学和华北大学。1949年12月16日，中央人民政府政务院第十一次政务会议根据中共中央政治局的建议，通过了《关于成立中国人民大学的决定》。1950年10月3日，以华北大学为基础合并组建的中国人民大学隆重举行开学典礼，成为新中国创办的第一所新型正规大学。著名教育家吴玉章、成仿吾、袁宝华、黄达、李文海、纪宝成先后担任校长。现任党委书记为程天权教授，校长为陈雨露教授。

在长期的办学实践中，中国人民大学广大师生秉持“立学为民、治学报国”的办学宗旨，始终奋进在时代前列，始终与党和国家同呼吸、共命运，勤俭办学，艰苦奋斗，积极探索，求真务实，使学校成为我国人文社会科学高等教育和研究的重要基地，为我国哲学社会科学的发展和繁荣，为我国社会主义革命、建设和改革事业作出了重要的贡献，被誉为“我国人文社会科学高等教育领域的一面旗帜”。从1950年至今，国家历次确立重点大学，中国人民大学均位居其中。目前，学校是国家“985工程”和“211工程”重点建设的大学之一。

中国人民大学早已形成以本科教育为基础、研究生教育为重点、继续教育为辅助的全方位、多层次的办学格局，形成了“主干的文科、精干的理工科”的学科发展体系。学校是我国首批设立研究生院的高校之一，现有23个学院、20个跨学院研究机构，另设有体育部、继续教育学院、培训学院、国际学院（苏州研究院）、中法学院、深圳研究院等。学校设有学士学位专业69个，第二学士学位专业4个，硕士学位学科点183个（包括自主设置的33个硕士点），博士学位学科点124个（包括自主设置的31个博士点），博士学位一级学科授权点20个，博士后流动站18个。

学校拥有8个国家重点一级学科，8个国家重点二级学科，在人文社会科学领域均居全国第一；拥有5个北京市重点一级学科，1个北京市重点交叉学科，4个北京市重点二级学科；拥有5个国家文科基础学科人才培养和科学研究基地及1个大学生文化素质教育基地；拥有13个教育部人文社会科学重点研究基地，名列全国高校第一；拥有2个教育部工程研究中心、重点实验室。“数据工程与知识工程实验室”被评为“教育部重点实验室”，经济与管理实验教学中心、新闻传播实验中心被评为国家级实验教学示范中心建设单位。在连续十四届全国百篇优秀博士论文评选中，中国人民大学获选28篇，占全国人文社会科学优秀博士论文总数的12%，在所有高校和科研院所中位居第一。在教育部学位评估中心2009年初公布的新一轮全国学科评估结果中，中国人民大学的马克思主义理论、理论经济学、应用经济学、法学、社会学、政治学、新闻传播学等7个一级学科排名全国第一，在人文社会科学领域位居全国高校首位，总数位居全国高校第三位。在2009年12月中央教育科学研究所高等教育研究中心公布的“72所教育部直属高校绩效评价结果与排序”中，中国人民大学在参评高校中名列第四。

截至2012年12月，学校有专任教师1 892人，其中教授565人，副教授682人。学校拥有17名第六届国务院学位委员会委员和学科评议组成员，有14名教授入选教育部社会科学委员会（其中，黄达担任委员会顾问，罗国杰担任委员会副主任），人数居全国高校前列；有2人担任教育部高等学校教学指导委员会主任委员，11人担任副主任委员；8人荣获国家“有突出贡献的中青年专家”的称号；先后有430人享受国务院颁发的“政府特殊津贴”；有25位专家入选中央第一批“马克思主义理论研究和建设工程”课题组首席专家或主要成员，是全国入选人数最多的高校。

中国人民大学名师辈出，俊彦云集。已故名家大师吴玉章、成仿吾、范文澜、艾思奇、何思敬、何干之、何洛、胡华、尚钺、吴景超、李景汉、庞景仁、石峻、缪朗山、李秀林、徐禾、塞风、许孟雄、孟氧、佟柔、戴世光、刘铮、查瑞传、苗力田、吴大琨、萧前、林文益、阎达五、阎金锷、方生、高鸿业、钟契夫、吴宝康、彭明、彦奇、曾宪义、宋涛、萨师煊、王传纶等为学校的学科发展、学术繁荣和人才培养作出了奠基性、开创性的贡献。老一辈著名学者黄达、戴逸、罗国杰、黄顺基、王思治、卫兴华、胡钧、周升业、陈共、周诚、严瑞珍、高铭暄、许崇德、孙国华、王作富、刘佩弦、许征帆、庄福龄、何沁、高放、方汉奇、蓝鸿文、甘惜分、李占祥、赵履宽、李文海、邬沧萍、陈先达、夏甄陶、方立天、张立文、钟宇人、郑杭生、吴易风、胡乃武、周新城、赵中孚等成就卓著，耕耘不辍，为学校的学科建设、人才培养和科学研究奠定了坚实基础。一大批中青年学者学术精湛、锐意创新，成为国内外具有重要影响的著名学者和学术带头人，其中10人入选“千人计划”项目，4人入选“青年千人计划”项目，11人入选“长江学者”讲座教授，17人入选“长江学者”特聘教授，5人被评为国家级教学名师，20人入选“跨世纪百千万人才工程”和“新世纪百千万人才工程”国家级人选，18人入选教育部哲学社会科学“跨世纪优秀人才培养计划工程”，10人荣获教育部“高校青年教师奖”，170人入选教育部“新世纪优秀人才支持计划”。

中国人民大学目前共有全日制在校生24 662人，其中本科生11 532人，硕士研究生7 908人，博士研究生3 371人，外国留学生1 666人。此外，学校还有在职攻读硕士学位学生2 812人，成人高等教育学生7 470人，网络教育注册生56 152人。学校以“国民表率、社会栋梁”为人才培养目标，充分发挥人文社会科学学科在全国高校数量多、门类全、综合水平高的优势，积极培养高素质、高层次的理论型、管理型优秀人才，培养“人民共和国的建设者”。从陕北公学至今，学校共培养了20多万名高水平的优秀建设者和各行各业、各个层面的领袖人才，其中既有许多成就卓著的专家学者，又有许多闻名遐迩的企业家，政绩斐然的党政军高级领导干部，以及卓有建树的新闻、法律、文学艺术和科学技术工作者。

中国人民大学始终注重发挥人文社会科学认识世界、传承文明、创新理论、咨政育人、服务社会的作用，在不断发展学术、繁荣学术的同时，积极发挥“思想库”、“智囊团”的作用，研究重大政治、经济、文化和社会问题，为国家经济建设和社会发展提供强大的理论保证和有力的智力支持。党的十六大以来，中国人民大学已有许崇德、王利明、曾湘泉、黄卫平、史际春、秦宣、李景治、翟振武、杨凤城等教授 9 人 10 次为中共中央政治局集体学习作报告，是参加学者最多的高校。一大批教师为中央领导和中央国家机关提供决策咨询。学校先后承担或参与了“马克思主义理论研究与建设工程”、“国家清史纂修工程”、“北京 2008 年奥运会总体影响评估（OGGI）”等特大、重大项目。2001 年以来学校共获得省部级以上科研成果奖 274 项，国家社会科学基金项目、国家自然科学基金项目、教育部人文社科规划项目、北京市社科规划项目等各级各类项目 1 万余项，共获得经费 16 亿余元，其中国家社会科学基金重大项目、教育部人文社科重大攻关项目立项数居全国高校第一位。学校教师发表的学术论文数量逐年增加，中文社会科学引文索引（CSSCI）收录学校论文数量 2001、2002、2003 年均居全国第二，2004、2005、2006、2007、2008、2009、2010、2011 年连续八年保持全国第一。

中国人民大学是国内外学术文化交流的重要平台，先后同美国哈佛大学、耶鲁大学、哥伦比亚大学、密歇根大学，英国剑桥大学，日本早稻田大学，丹麦哥本哈根大学，瑞典斯德哥尔摩大学，奥地利维也纳大学，法国巴黎第一大学等 56 个国家和地区的 224 所大学建立了学术交流关系。截至 2012 年 12 月底，作为中方合作伙伴，学校共参与了海外 13 家孔子学院的建设，其中欧洲 6 家、美洲 5 家、非洲 1 家、亚洲 1 家。学校自 2009 年始，每年举办暑期学校（国际小学期）。学校还引进、翻译出版了大量适应我国改革开放需要的教科书和学术著作，开展了一系列重要的交流合作项目，主办或承办了一系列高水平的国际学术会议。授予玻利维亚总统莫拉莱斯，世界知识产权组织总干事弗朗西斯·加利，诺贝尔奖获得者、著名经济学家约翰·哈桑尼、罗伯特·蒙代尔，阿根廷前总统费尔南多·德·拉·鲁阿，日本前首相竹下登等 13 位国际著名人士名誉博士称号，聘请诺贝尔奖获得者、著名经济学家约瑟夫·斯蒂格利茨、米切尔·斯宾思、约翰·纳什、莱因哈德·泽尔腾、托马斯·谢林，联合国经济政策特别顾问、著名经济学家贾格迪什·巴格沃蒂，世界银行高级副行长尼克拉斯·斯特恩，著名思想家、教育家池田大作，国际奥委会终身名誉主席胡安·安东尼奥·萨马兰奇等 74 位知名专家为名誉教授。

中国人民大学是我国重要的人文社会科学资料中心、信息中心和图书出版中心。学校图书馆共有藏书 426.4 万册（包括线装古籍 40 余万册），电子图书 18 133GB，并设有“教育部文科文献信息中心”。中国人民大学书报资料中心是新中国最早从事人文社会科学文献搜集、整理、编辑、发布的信息资料提供机构，公开出版发行人文社会科学领域 148 种期刊和六大系列数据库产品，编辑的年度报刊资料索引是中国四大文献检索索引之一。中国人民大学出版社是新中国成立以后建立的第一家大学出版社，是我国高等学校文科教材和人文社会科学学术、理论著作的重要出版基地。

近年来，中国人民大学先后获得“全国‘五一’劳动奖状”、“全国模范职工之家”、“北京市高校党建与思想政治工作先进单位”、“首都劳动奖状”、“北京市教育创新先进单位”、“首都文明单位标兵”、“2001—2005 年北京市法制宣传教育先进集体”、“北京市依法治校示范校”、“首都绿化美化花园式单位”、“对口支援西部地区高等学校先进集体”、“北京奥运会、残奥会先进集体”、“北京奥运会、残奥会志愿者工作优秀组织单位”、“北京奥运培训优秀组织奖”和“首都教育系统奥运工作先进单位”等荣誉称号。

新世纪以来，中国人民大学“十年基础”、“固本强基、重塑形象”的阶段性目标已圆满实现，并已成功开启“十年腾飞”、建设世界一流大学的新阶段。目前，中国人民大学全体师生员工正高举中国特色社会主义伟大旗帜，以邓小平理论、“三个代表”重要思想、科学发展观为指导，解放思想，实事求是，与时俱进，开拓创新，弘扬“立学为民、治学报国”的办学宗旨，贯彻“人民、人本、人文”的办学理念，全面推进人才培养体系改革、“思想库”建设、学科国际性提升、学校形象建设和美丽校园建设“五大战略”，为把学校建成“人民满意、世界一流”大学而努力奋斗。

（除标注外，全部统计数据截至 2012 年 12 月 31 日）

习近平同志在中国人民大学考察　勉励广大师生发扬光荣传统坚守理想信念　培养中国特色社会主义事业优秀建设者

夏日的人大校园，万木竞秀、绿意盎然。在毕业骊歌再度唱响之时，6月19日，中共中央政治局常委、中央书记处书记、国家副主席习近平来到中国人民大学调研，考察高校党的建设工作和学校事业发展，与大学生对话交流，亲切看望学校教职员工。

中共中央政治局委员、北京市委书记刘淇，中共中央政治局委员、国务委员刘延东，中央政策研究室常务副主任何毅亭，教育部部长袁贵仁，共青团中央书记处第一书记陆昊，北京市市长郭金龙陪同调研。

在中国人民大学党委书记程天权、校长陈雨露陪同下，习近平同志考察了中国人民大学《资本论》教学与研究中心，观看了“始终与党和人民同呼吸共命运——中国人民大学党的建设与事业发展成就展”，观摩了新生党员马克思主义经典研习会。

习近平同志对中国人民大学光荣的历史传统、鲜明的办学特色、改革发展成就、党建和思想政治工作给予充分肯定和高度评价；对广大师生长期以来秉承实事求是精神，坚守教学科研一线，坚持理论探索创新表示崇高敬意和亲切问候。他强调，高等学校作为研究、传播、宣传马克思主义理论的重要阵地，要引导广大师生认真学习中国特色社会主义理论体系，掌握马克思主义的世界观和方法论，坚定对中国特色社会主义的信念。

习近平同志首先来到经济学院，中国人民大学《资本论》教学与研究中心老中青三代教师正在研讨，习近平同志亲切地同在座的教师一一握手。研究中心里陈列着宋涛、徐禾、孟氧、卫兴华等老一辈学者的手稿、书作和中青年教师开展马克思主义经济学研究的成果。经济学院院长杨瑞龙介绍了中国人民大学开展《资本论》教学与研究的情况，习近平同志仔细地听取汇报并不时驻足询问。

展台前，习近平同志轻轻捧起毛泽东同志在延安时期阅览过的《资本论》，并关切地问起学校《资本论》教学研究队伍情况。听到杨瑞龙教授介绍学院拥有全国最多的师资，宋涛等四位教授编著的教材为全国大学生普遍使用，发行量已达 1 000 多万册，习近平同志仔细翻阅了《政治经济学概论》、《孟氧学术文选》、《马克思主义经济学与西方经济学比较研究》、《过渡政治经济学导论》等影响广泛的教材、著作。

习近平同志指出，马克思主义中国化形成了毛泽东思想和中国特色社会主义理论体系两大理论成果，追本溯源，这两大理论成果都是在马克思主义经典理论指导之下取得的。《资本论》作为最重要的马克思主义经典著作之一，经受了时间和实践的检验，始终闪耀着真理的光芒。加强《资本论》的教学与研究具有重要意义，要学以致用，切实发挥理论的现实指导作用，进一步深化、丰富和发展中国特色社会主义理论体系。

当听到程天权书记介绍，经济学院教授卫兴华、吴易风、杨志、邱海平等老中青学者长期从事《资本论》教学与研究工作，习近平同志赞许地与他们亲切握手。他说，中国人民大学是学习、研究、宣传马克思主义的重要教育思想阵地，广大教师一直引领、推动着马克思主义经济学的教学与研究，取得了丰硕的成果。希望大家继续发扬坚守精神，进一步建立、发展、完善马克思主义指导下的中国经济学体系，并切实运用到教学中，培养合格的建设者和接班人。

习近平同志强调，面对当今开放的环境，理论工作者要旗帜鲜明、理直气壮地坚持马克思主义的教学和研究，要坚持以马克思主义的立场、观点、方法为指导，继承、吸收人类文明的优秀成果；广大理论工作者要不断提升自身的水平和素养，切实以理论的力量吸引人、感染人、打动人。

临别时，吴易风教授把自己的新作《马克思经济学数学模型研究》赠送给习近平同志，习近平同志高兴地接过书来，称赞这种科学化的分析研究很有意义，并再次感谢人大教师为马克思主义学科的发展所作的贡献。

“中国人民大学党的建设与事业发展成就展”在图书馆新馆举办，展览从光荣历史、亲切关怀、独特地位、优良传统、辉煌成就、宏伟蓝图等方面作了展示。习近平同志走进图书馆大厅，一边观看展览一边听取程天权书记、陈雨露校长关于中国人民大学办学历史和事业发展的介绍。

在 75 年的发展历程中，中国人民大学广大师生秉持“实事求是”的校训，发扬“立学为民、治学报国”的人大精神，始终高度重视党的建设，注重发挥党的建设对人才培养、科学研究、社会服务、文化传承创新的重要保障和推动作用，始终奋进在时代前列，始终与党和人民同呼吸、共命运，为马克思主义在中国的传播和普及，为我国哲学社会科学的发展和繁荣，为中国革命、建设和改革事业的发展作出了重要贡献。

展览中陈列的华北联合大学在河北正定教堂办学时的老校址图片、习仲勋同志等老一辈无产阶级革命家给人民大学的亲笔批示件、“人民共和国建设者”等一批校友代表的照片等，一幅幅带着历史印记的泛黄的图片，一份份珍贵的手写文件复印件，习近平同志都看得认真而仔细，并不时与学校领导交谈。

看到 1984 年人大师生到正定参加社会实践时与当时担任县委书记的习近平同志座谈的照片，习近平同志笑笑说：“这张照片我都没有呀。”“当时人大的老师和学生暑假去革命老区开展社会实践，追随老一代的知识青年的足迹，走为工农服务的道路，我们在正定招待所座谈。”他愉快地回忆起当年的情景，并对学校在人才培养和教师队伍建设中始终倡导理论联系实际的学风表示赞扬。

走到“人民共和国建设者的摇篮”板块前，习近平同志念出了几个熟悉的人名，王小波、毛新宇、宋鱼水、刘延东、马凯、邵华泽、陈锡文。看到1950年代在中国人民大学工作、学习和进修的部分学者校友，习近平同志一一询问他们的研究领域和学术贡献。看到教育部全国高校政治理论课“精彩一课”教学示范专家、马克思主义学院王向明副教授高举右手激昂讲课的照片，习近平同志笑着对程天权书记和陈雨露校长说：“你们讲得好的课啊，刻成光盘让我们也学习学习，看看现在的课程讲到什么程度。”

来到“学校发展规划”板块，听了程天权书记和陈雨露校长对中国人民大学新校区建设的介绍，习近平同志对在场的人大师生说，“希望人民大学早日建设成为‘人民满意、世界一流’大学”。

图书馆三层多功能厅里，“红船领航”新生党员马克思主义经典研习会正在举行，来自马克思主义学院、财政金融学院、国际关系学院、新闻学院、信息资源管理学院等院系的新生党员共同交流讨论。

国际关系学院2011级国际政治专业本科生徐梅影、李晨阳在做主题展示。通过研读毛泽东同志《关于正确处理人民内部矛盾的问题》，结合小组成员在北京市朝阳区朝外街道芳草地社区的实地调研情况，新生党员探讨了新形势下关于正确处理人民内部矛盾的问题。两位同学谈到，此次经典研习与实地调研活动，使自己深刻认识到了学习运用红色经典的永恒价值，看到了基层落实科学发展观和党员发挥先锋模范作用的真实案例。

马克思主义学院王向明副教授对两位同学的主题展示进行了点评。他从同学们深入基层调查研究的学风，掌握经典文献的核心内容以及根据实践提出新课题等三个方面提出指导意见，并以“研读昨日的经典，感悟真理的力量，思考今天的问题，指导现实的实践”与同学们共勉。

习近平同志听取了交流发言和点评。在研习会结束时，他走上讲台，与同学们面对面交流。“这里是大雅之堂。”他勉励同学们，中国人民大学有着光荣的历史传统，作为中国人民大学的学生，应该心怀荣誉感并以此激励自己成长。

自2011年9月首届“红船领航——新生党员先进性熔铸计划”正式启动以来，308名本科新生党员在51名高年级辅导员的带领下，开展和参与了党建原典学习、党性提升工作坊、“红色1＋1”结对交流服务、寒假返乡专题社会调研等一系列活动，取得了良好成效。

习近平同志指出，“红船领航”活动由教师评点，由高年级学生、研究生、骨干学生引导新生入门，把实地调研和经典著作学习相结合，形式生动，富有特色，对于高校开展调研活动和其他学科的教学也具有借鉴意义。希望中国人民大学充分发挥在人文社会学科特别是马克思主义教学与研究方面的优势，在高校教学科研和党建工作中发挥应有的作用。

习近平同志强调，大学要注重引导学生树立正确的人生观、世界观、价值观，真正把培养中国特色社会主义事业的合格建设者和接班人作为大学最重要最基本的工作做好。关于如何学好马克思主义经典著作，习近平同志向当代大学生提出了三点希望：要精读马克思主义经典的代表性著作，追本溯源，把握马克思主义基本原理；要重视学习马克思主义哲学，以辩证唯物主义和历史唯物主义正确看待事物、看待历史、把握发展方向；要学以致用，理论联系实际，永葆理论之树常青。

习近平同志希望广大青年学生认真学习领会胡锦涛总书记在纪念中国共产主义青年团成立90周年大会上的讲话精神，志存高远，打牢基础，学好本领，努力把自己塑造成为能够肩负国家建设重任的栋梁之才。

从图书馆前往国学馆，习近平同志不时停下脚步，与前来借阅图书的学生交流。他询问了同学们的专业学习和生活情况，希望大家合理安排好假期，积极开展社会实践和专业实习。

在热烈的掌声中，习近平同志步入国学馆大厅，亲切会见学校领导班子成员和老领导，与他们一一握手，互致问候，并合影留念。

习近平同志指出，高校党建是人才培养的重要环节，在党建总体布局中具有突出地位。加强和改进高校党建工作要更加注重学校领导班子建设、党的基层组织建设和党员队伍建设；要不断适应新形势，分析、解决新问题、新矛盾。

习近平同志语重心长地说，中国人民大学具有光荣的历史传统，学科建设走在高校前列，聚集了一批学术人才，为党和国家的建设事业培养了大批优秀人才，希望中国人民大学在新时期更上一层楼，希望广大师生员工在新时期认真履行神圣职责，为建设“人民满意、世界一流”大学作出进一步的努力。

此行是习近平同志第四次来到中国人民大学考察。看到黄达、李文海、马绍孟、纪宝成等老领导神采奕奕，他衷心祝愿大家身体健康，希望大家继续关心支持学校的建设，继续在学术岗位上发挥作用。

步出国学馆，看到夹道而立的师生，习近平一边走一边与大家握手致意，并不时停下脚步与师生们交谈。听到法学院2008级本科生贺佐琪激动地说：“很高兴在毕业前再次见到您！”习近平同志立即问起他的专业和毕业去向。贺佐琪回答将在法学院继续攻读研究生，习近平同志鼓励说：“很好，继续努力！”

在大家依依不舍的目光和连连不息的掌声中，习近平与人大师生挥手告别。

中国人民大学老领导黄达、李文海、马绍孟、纪宝成，校领导牛维麟、马俊杰、王利明、查显友、伊志宏、刘向兵，人大附中校长刘彭芝和师生代表参加了调研活动。

（摘自人大新闻网2012年6月21日）

附1：在习近平同志调研高校党建工作座谈会上的发言

中国人民大学党委书记　程天权
（2012年6月20日）

加强对大学生党员的教育是高校党建工作的重要内容。中国人民大学现有大学生党员8 171人，占学生总数的36.9%，占全校党员总数的67.3%，大学生党员已经成为学校党员队伍的主体。近三年来，学校本科新生正式党员和预备党员人数一直保持在310人左右，占本科新生的11%。这些在高中阶段加入党组织的新党员在从中学生向大学生的身份转变过程中，作为学生，面临着学习适应、生活适应、情感适应等一系列实际问题，需要老师的引导和帮助；作为党员，更要强化党员意识、坚定理想信念、提升理论修养、服务同学社会，最终发挥先锋模范作用，带动广大青年学生投身建设中国特色社会主义伟大事业等重要任务，更加渴望得到党组织在思想、学习和生活上全方位的关心和指导。基于此，在创先争优活动中，学校在对学生党员进行普遍教育的基础上，重点突出了新生党员群体的教育和培训，启动了“红船领航——新生党员先进性熔铸计划”。

一、基本思路：处理好三种关系，增强新生党员教育的针对性

我们认为，新生党员教育要取得实效，需要采取有针对性的方法。

首先，要处理好形式与内容的关系，以坚定理想信念、夯实理论基础为主要内容，针对“90后”大学生群体思想实际，采取更为贴近他们的教育形式，缩小活动规模、加强师生互动、活跃交流气氛，赋予党员教育活动以时代感、亲切感和吸引力。

其次，要处理好“行路者”与“引路人”的关系，尊重学生的主体地位，注重激发他们内在的学习热情，在“要我学”向“我要学”的转变过程中，强化学生党员的主体意识。当然，党员教育有其特定的内容，在教育过程中，学生们总是会遇到大量的理想与现实、理论与实践的冲突与困惑，这就需要党组织，需要教师党员充当好“引路人”的角色，帮助他们释疑解惑，从理论和实践两个层面阐述清楚“主义”、“旗帜”与“道路”的问题。

第三，要处理好“知”与“行”的关系，倡导“实事求是”、“理论联系实际”的优良学风，引导学生结合专业学习，深入社会实际，联系现实问题，努力掌握马克思主义的立场、观点和方法，做到“学懂、学通”，“真学、真用”。

二、活动设计："三个阶段"、"五个环节"，提升新生党员教育的实效性

"红船领航——新生党员先进性熔铸计划"贯穿本科一年级始终，分为"入学导航"、"党员意识强化"和"党性修养提升"三个阶段，依次承接，各有侧重。设计了"熟悉、聆听、阅读、讨论、实践"等五个教育环节，团队熔炼、专家讲座、先进事迹报告会、党性提升工作坊、马克思主义经典著作研习、观影评片、红色景点与爱国主义教育基地参观、知识竞赛、志愿服务与"红色1+1"主题社会实践等多种教育形式配合的活动，旨在重点强化学生的理想信念教育、党史党建教育、国情世情教育，着力培养学生运用马克思主义的立场、观点、方法分析、解决现实问题的能力，重点破解在中国日益融入世界的大背景下如何看待"中国道路"、西方民主制度与多党制等热点、难点问题，引导学生服务"身边人"，"默默做好事"，自觉践行党为人民服务的根本宗旨。我们采取学校党委组织领导，学生工作部门与组织部门协同设计，专职学生思想政治教育工作者与专业马克思主义理论课教师联合指导，高年级党员骨干"以老带新"，两个学生理论社团参与策划与辅导的工作模式，将参加培训的学生以学院为单位分成若干小组，每个小组配备一名高年级学生辅导员、一名马克思主义经典研习辅导员（学生理论社团"青年马克思主义研究会"骨干）、一名主题实践活动辅导员（学生理论社团"青年求是社"骨干），邀请学校党史党建专家和"两课"教师现场指导，确保各教育环节的顺利实施；充分发挥学生的创造力，自取队名，自绘队旗，"规定动作"与"自选动作"相结合，组织各小组交流展示学习成果，激发学生的参与热情。

三、实施效果：新生党员积极参与，"红船领航"活动实施顺利

"红船领航——新生党员先进性熔铸计划"的实施得到了同学们热烈的响应。以2011级为例，17个小组的308名党员累计开展活动269次，参加人数累计4 933人次，提交调研报告134份、思想汇报410篇、读书报告408篇、个人总结308份、小组总结17份。通过参加"红船领航——新生党员先进性熔铸计划"，新生党员的组织归属感得到强化，理论素养和奉献精神显著提高，新生党员的表现得到了老师、同学的普遍认可，在"创先争优"民主评议环节中，绝大多数新生党员都得到了"优秀"的评价。

附2：学校召开传达学习习近平同志重要讲话精神座谈会

6月19日，中共中央政治局常委、中央书记处书记、国家副主席习近平先后到北京大学、中国人民大学和清华大学就加强和改进高校党建工作进行调研。6月20日上午，习近平同志在清华大学主持召开部分高校党建工作座谈会并作了重要讲话，学校党委书记程天权出席座谈会并在会上作了"创先争优，高擎信仰火炬——'红船领航'探索新生党员教育模式"的发言，汇报了中国人民大学开展"红船领航——新生党员先进性熔铸计划"，加强新生党员群体教育和培训的情况。

6月20日下午，学校举行座谈会，传达学习习近平同志重要讲话精神，校领导程天权、陈雨露、马俊杰、王利明、查显友、刘向兵出席，学校各学院（系）、部处负责人和师生代表参加。

程天权书记传达了习近平同志在高校党建工作座谈会上的重要讲话。习近平同志在讲话中强调，加强和改进高校党的建设要继续坚持和贯彻好正确的指导原则，紧紧围绕服务大局和促进高等教育事业科学发展这一主题来开展，围绕培养中国特色社会主义事业合格建设者和可靠接班人这一根本来推进，围绕贯彻好党委领导下的校长负责制这一领导体制来加强，围绕抓好基层打牢基础这一重要支撑来深化，为高校改革发展稳定提供坚强保证。

陈雨露校长传达了习近平同志在学校调研时的重要讲话。他表示，习近平同志在调研中，对于中国人民大学的历史传统、办学方向、办学成就以及在中国高等教育事业中的引领作用给予了充分肯定和高度评价，对学校创建“人民满意、世界一流”大学，培养优秀建设人才提出了殷切期望，这是对学校师生巨大的鼓舞、激励和鞭策。陈雨露校长表示，习近平同志始终强调要树立理论自信，在世界格局大调整的今天，我们应该理直气壮、旗帜鲜明地走自己的道路，坚持以马克思主义为指导，推进马克思主义中国化，发展、完善中国特色社会主义理论体系；习近平同志多次强调人才培养、科学研究要坚持理论联系实际，要以开放的心态和科学的态度借鉴吸收人类文明的优秀成果。面向新的历史时期，中国人民大学要立足全球视野，将学科优势与民族复兴、国家崛起的战略需求相结合，大力培养适应时代和社会需求的优秀人才，作出应有的贡献。

会上，刘向兵副校长就此次调研活动筹备工作进行总结汇报，马克思主义学院院长秦宣教授、经济学院卫兴华教授、经济学院党委书记兼副院长张宇教授作为教师代表发言，“红船领航——新生党员先进性熔铸计划”小组辅导员、马克思主义学院 2010 级本科生杜家丞，财政金融学院 2009 级本科生薛媛元和环境学院 2011 级学生刘文魁作为学生代表发言。

程天权书记在总结发言中号召全校各学院各部门要深入学习、领会、贯彻习近平同志重要讲话精神，要面向广大师生员工做好广泛宣讲工作。他表示，习近平同志在调研中对于中国人民大学光荣的历史传统、鲜明的办学特色、改革发展成就、党建和思想政治工作给予充分肯定和高度评价，并对学校加快一流大学建设步伐、提升人才培养质量提出了殷切希望，这是对全校师生员工和广大校友的巨大鼓舞与激励。我们要旗帜鲜明地坚持以马克思主义为指导，紧密结合学校党建和思想政治工作的实践，发挥学校的传统优势，不断强化青年学生培养工作，持续推动学校事业的发展，为大力培养社会主义现代化事业合格的建设者和接班人、为建设中国特色社会主义事业作出新的贡献。

■ 中国人民大学 75 周年校庆

2012 年是中国人民大学建校 75 周年，也是学校贯彻落实《国家中长期教育改革和发展规划纲要（2010—2020 年）》、推进完善现代大学制度改革试点、建设“人民满意、世界一流”大学的关键时期。学校抓住校庆这一重要契机，提出了“引领明天的聚会”的校庆主题，坚持以校友、学生、学术为中心，强调校庆就是“给母校过生日”，就是要把校庆办成让全校师生和校友人人参与，共同体会使命感、责任感、自豪感和幸福感的“欢乐聚会”，就是要办“公益校庆、学术校庆、你我共同的校庆”，努力开创“回归本位”即回归大学学术本位、人才培养本位的校庆新模式，取得了圆满成功，在国内外产生了广泛影响。

一、校庆公告

中国人民大学 75 周年校庆公告

2012 年金秋时节，具有光荣传统的中国人民大学即将迎来 75 周年华诞。在此，我们谨代表近四万名在校师生，向长期以来关心、支持学校建设与发展的各级领导和各界朋友，向海内外校友致以诚挚的问候和崇高的敬意。

中国人民大学是新中国创办的第一所新型大学。学校的前身是 1937 年诞生于抗日战争烽火中的陕北公学，以及后来的华北联合大学、华北大学。1950 年，经党中央、政务院批准，以华北大学为基础合并组建的中国人民大学正式成立，并于 10 月 3 日举行开学典礼。在长期的办学实践中，中国人民大学始终奋进在时代前列，始终与党和国家同呼吸、共命运，使学校成为我国人文社会科学高等教育和研究的重要基地，为我国哲学社会科学的发展和繁荣，为我国社会主义革命、建设和改革开放作出了重要的贡献。目前，中国人民大学全体师生正秉持“立学为民、治学报国”的办学宗旨，按照“十年腾飞”的战略规划，为把学校建成“人民满意、世界一流”大学而努力奋斗。

75周年校庆是中国人民大学发展史上的重要里程碑，也是承前启后、开创新辉煌的重要机遇。学校在广泛征求广大师生、校友意见的基础上，提出了“PARTY——引领明天的聚会”的校庆主题，旨在回归大学本位，开创“公益校庆、学术校庆、你我共同的校庆”新模式，把校庆真正办成一个让全校师生和校友共同体会使命感、自豪感和幸福感的欢乐节日。

10月3日是校庆日暨校友返校日，9月27日至10月3日为校庆周。校庆日当天，将不举行传统的庆祝大会，而是“以校友为中心、以学生为中心、以学术为中心”，以第六届吴玉章人文社会科学奖颁奖典礼和分享校庆蛋糕仪式开场，举行中国人文社会科学论坛2012、体育文化节、校园欢乐汇、名家大师公开课堂、人大校友大讲堂、青年学术沙龙、国际文化节以及校友周年返校纪念活动。校庆周期间还将组织人民大学的知名学者深入北京市各区县的社区举办100场公益讲座，并在分布于美国、德国、芬兰、丹麦等国知名大学的13家海外孔子学院举办“中国人民大学日”活动。校友返校的邀请和联络工作通过在校学生组成的“一对一”志愿服务体系进行，每个学生志愿者小组对应历史上的一个校友班级，作为学校的主人，热情欢迎校友回家。

我们热切期待广大校友重返母校，再叙情谊，追忆求学岁月；我们诚挚邀请四海宾朋莅临校园，共襄盛典，领略人大风采；我们衷心希望关心和支持人民大学发展的各界人士加入我们“回归本位的校庆”，加入我们“引领明天的聚会”！

特此公告，敬祈周知。

联系人：刘向兵　纪红波　宋大我
　　　　高燕燕　宋　科　冯启娜
电　话：010-82507575　62518181
邮　箱：xiaoqing75@ruc. edu. cn
网　站：http://75th. ruc. edu. cn
微　博：http://weibo. com/ruc75

中国人民大学75周年校庆办公室
2012年9月24日

（摘自2012年9月24日《光明日报》、新浪网）

二、校庆理念

校庆主题

75周年校庆被认为是中国人民大学发展史上的一个重要里程碑，一个人大人承前启后、开创新辉煌的重要机遇。学校希望通过举办75周年校庆活动——

● 面向过去，认真总结建校75年来始终奋进在时代前列的办学历程，深情追忆学校发展历史上的那些伟大思想和时代人物，始终铭记人民大学与党和国家同呼吸共命运的光荣传统，使人大精神在全体人大人中得到更好的传承和发扬；

● 面向未来，深入贯彻落实《教育规划纲要》精神，进一步凝聚人心、鼓舞士气、整合资源，全面提升学校的人才培养、教学科研、社会服务和国际交流水平，为中国高等教育的发展、中华文化影响力的提升、国家民族的振兴贡献力量。

基于上述认识，学校在充分征求师生、校友意见的基础上，提出了校庆主题：“PARTY——引领明天的聚会”。其中，“引领者”是对人民大学历史地位和当代角色的最好概括；“引领明天”是对人民大学75周年校庆所肩负的历史使命的深刻把握；而“聚会”则是对人民大学于建校75周年之际希望开创的校庆PARTY模式的精准定位：

- P 代表 pioneer（引领者），即引领校庆新风尚，引领高等教育发展改革的方向；
- A 代表 academics（学术），即以学术为中心，回归大学人才培养的本位；
- R 代表 responsibility（责任），即体现社会责任，落实大学的社会服务功能；
- T 代表 touching（感动），即达到“让校友受感动，让师生受教育，让社会受影响”的效果；
- Y 代表 you（你），即上述目标的实现都需要“你的参与”。

校庆标志

RUC75

中国人民大學
建校七十五周年
RENMIN UNIVERSITY OF CHINA
75th Anniversary

75 周年标志以篆书人字为元素，围绕校徽“三人行”的图案，形成具有丰富个性、时尚动感的视觉节奏，象征着人人参与、欢乐节日、全球聚会等丰富内涵。标志的设计方为北京知行堂品牌管理有限公司。

校庆新模式

75 周年校庆以引领校庆新模式为使命，提出了一系列立意深厚、内涵丰富、与时俱进的校庆新理念，引发了新闻媒体和社会各界的热烈反响。

回归本位的校庆，引领明天的聚会

- 改变以少数领导嘉宾为中心、有限师生校友参与、比规格、讲排场的传统模式，“以校友为中心、以学生为中心、以学术为中心”，回归“为母校过生日”的校庆本原意义，推动大学校庆模式实现与时俱进的跨越。
- 努力回应国家对高等教育尤其是重点大学的期待，对培养具有全球竞争力的人文社科领域的杰出人才这一重大命题进行破题，引导大学回归人才培养的本位。
- 深入激发全体师生、校友的使命感、自豪感和幸福感，增进社会各界对学校发展的关心与支持，共同推进“十年腾飞”战略、建设“人民满意、世界一流”大学。
- 充分体现人民大学引领者的地位和追求，深化全社会对于大学精神、大学制度和大学未来发展方向的认识，引领中国高等教育改革和发展的明天。

公益校庆

- 不局限于传统庆祝活动，而是弘扬“立学为民、治学报国”的人大精神，引导师生、校友积极开展公益实践和社会服务，使参与者从中得到自我教育。
- 是环境友好的，没有造成显著的资源浪费和生态破坏，引导人们改善环境观念和行为，构建节水节能、绿色环保的大学校园。
- 不使用国家预算内经费，全部经费靠社会捐赠筹集，经费使用坚持“节俭、精细、高效”的原则，达到“隆重简朴”的效果。

学术校庆

- 以学术活动取代传统的庆典大会，宣扬学术为本、学术至上的治校理念，在学校层面和院系层面催生了一系列高水平的学术讲座、学术会议和学术交流活动。

● 发挥人民大学在人文社科及其与中国实践紧密结合的集团优势，发布了一批标志性的学术成果，体现国家“思想库”重要的地位。

● 推动了以“厚重”为灵魂的人才培养体系改革，提升在校学生的理想信念、人文底蕴、科学精神、跨文化沟通能力、哲学功力、建设性思维和体育精神。

● 提升了学校的国际性，深化与国外高水平科研机构的合作，扩大海外存在，在学术交流和思想碰撞中发出中国的声音。

你我共同的校庆

● 每一个环节都尊重师生、校友的主体地位，实现了师生、校友的全面参与，使他们成为校庆活动的发起者、组织者和参加者。

● 使校友们受到平等、热情、周到的接待，而非只照顾到少数重点校友，不按照行政级别、社会地位对校友进行区别对待。

● 校庆活动尽可能向周边社区居民免费开放，密切大学与人民、大学与社会的关系，实现校区与社区共庆。

● 不局限于校园内，而是走进社区，走向全国和世界各地，依托师生实践团队、各地校友会组织和国际合作伙伴，打造一场同步、盛大而时尚的全球聚会。

三、校庆筹备工作总览

75周年校庆筹备工作从2月底开始启动，工作全程都得到了校领导无微不至的关怀和指导，得到了全校各院（系）、部（处）、直（附）属单位的大力支持，更得到了全校师生员工、广大校友空前规模的参与。

前期筹备

2012年2月15日，学校召开新学期第一次党政联席会议，要求全面启动75周年校庆的筹备工作，并形成了三条指导思想：一是转换思路，突破传统庆典模式，引领校庆新风尚；二是以教学科研为中心，从一线的实际需求和实际工作出发提出校庆构思，通过校庆活动带动人才培养、推动学术发展、提升办学水平；三是以学生为中心，以学生社团、第二课堂为平台，引导学生深入社会、了解国情，开展“自我教育、自我管理、自我服务”。

3月，校庆工作组织实施体系开始组建。学校成立75周年校庆工作领导小组，由校党委书记程天权、校长陈雨露担任领导小组组长，时任常务副校长袁卫、党委副书记马俊杰担任副组长。成立校庆办公室作为总体协调机构，时任校长助理、学校办公室主任刘向兵为校庆办公室主任。此外，还设立了总体协调组、学术活动组、院系活动组等10个校庆工作组。

随后，校庆工作机制日渐完善。校庆办公室电话专线和电子邮箱开通，《校庆工作简报》创刊。学校所倡导的精细化管理、有效沟通等思想也被灵活地运用到校庆工作实践中。

集思广益

在提出校庆新模式的过程中，校领导和校庆办公室广泛收集了师生、校友的意见建议。2月26日，陈雨露校长与中央电视台《感动中国》制片人、学校董事会常务董事朱波校友会面，研讨校庆工作方案。3月7日，袁卫常务副校长邀请牛燕冰、曾锐、唐景莉、章叶青、郭晓东等政界、企业界、新闻界知名校友策划校庆方案。3月20日、22日，校庆办公室受校领导委托，分别举行了青年教师征求意见座谈会、学生代表征求意见座谈会，认真听取了师生代表们的意见建议。3月26日，经过多轮修订的《中国人民大学75周年校庆活动实施方案（草案）》开始面向各院（系）、部（处）、直（附）属单位征求意见，同时要求各单位成立校庆工作领导小组、制定本单位的校庆工作实施方案。

3月中旬，校庆办公室开始面向师生、校友及社会各界征集校庆主题和校庆标志。4月23日，陈雨露校长主持会议，审议校庆主题及标志的候选方案。5月10日，程天权书记、陈雨露校长、袁卫常务副校长听取校庆工作专题汇报，确定校庆主题为“PARTY——引领明天的聚会”，并决定于5月16日至25日举办校庆标志评选活动。师生、校友通过网络、短信积极参与投票，最终确定了75周年校庆标志。

校庆办公室还开展了国内外知名大学校庆模式的研究，形成了《剑桥800周年校庆督导委员会总结报告（翻译稿）》等成果。

深入推进

在学校总体工作中，75周年校庆工作的重要地位和意义不断得到强化。在3月21日召开的“1020行动计划”部署会上，“庆祝建校75周年”被列为“2012年发展建设十件大事”的第二件大事，被认为是关系到学校中长期发展战略、助推“人民满意、世界一流”大学建设的重要机遇，必须高度重视、稳步实施。4月15日，陈雨露校长主持召开学校党政领导班子务虚会，听取了关于75周年校庆工作方案的专题汇报，并研讨相关筹备工作。5月10日，程天权书记签发《关于印发〈中国人民大学75周年校庆活动总体实施方案〉的通知》（2011—2012学年校政字22号）。5月15日，袁卫常务副校长、马俊杰副书记主持召开校庆筹备工作组第一次全体会议，对校庆活动总体实施方案进行了部署。此后，校领导又多次主持召开会议，研究部署“关爱师生基金”义卖、校庆新闻发布会、校庆志愿服务体系、校庆捐赠、校庆纪念品、校庆展览和学校形象片等工作。

以75周年校庆为契机，多个人大校友会地方分会、专业委员会陆续成立，校友组织体系和工作机制进一步完善。陈雨露校长等校领导出席相关活动，并向校友们介绍了75周年校庆的相关安排和工作亮点，邀请校友返校参加校庆活动，欢迎校友为办好校庆建言献策。重要活动包括：人大安徽校友会成立大会、人大校友会新闻专业委员会成立大会暨“新闻传播与大学形象建设”研讨会、人大河北校友会成立大会、人大江西校友会成立大会暨第一次会员代表大会、人大深圳校友会2012年会、人大商学院校友会理事会换届大会暨校友工作研讨会、人大新疆校友会成立大会、人大波士顿校友会成立大会，等等。

全面启动

6月上旬，学校领导班子有所调整，校庆工作领导小组成员也进行了相应的调整。调整后，领导小组组长仍为程天权书记、陈雨露校长，副组长为牛维麟常务副书记、刘向兵副校长。校庆工作组中，新组建了后勤保障组。

6月9日上午，75周年校庆新闻发布会和“关爱师生基金”义卖活动隆重举行，标志着校庆活动的全面启动，也标志着校庆日（周）的筹备工作进入了倒计时阶段。6月21日，校领导在全校院（系）负责人会议上正式启动了校庆“一对一”志愿服务体系的组建工作。7月4日，陈雨露校长、牛维麟常务副书记研究审议了校庆日（周）活动策划、校庆网站和校庆纪念品设计方案。7月5日，陈雨露校长主持召开2011—2012学年第三次校长办公会，研究确定75周年校庆日暨校友返校日的时间为2012年10月3日，校庆周为2012年9月27日—10月3日。7月23日，程天权书记、陈雨露校长听取了关于校庆日（周）策划方案的专题汇报，研讨形成了校庆日（周）的活动框架和关键思路。7月10日，牛维麟常务副书记主持召开校庆筹备工作组第二次全体会议，通报了校庆日（周）时间和活动安排以及《校庆日（周）工作方案（草案）》。副校长兼校庆办公室主任刘向兵全程参加了上述会议，并指导校庆办公室推动相关工作。

暑期攻坚

进入暑期后，校庆工作机制得到进一步加强。由分管校领导主持或校庆办公室协调召开的校庆工作会议密集举行：6月22日，王利明副书记兼副校长主持召开学校形象片拍摄工作会；7月13日，杨慧林副校长主持召开校庆学术活动专题会；7月24日，查显友副校长主持召开校庆捐赠工作专题会；7月26日，刘向兵副校长主持召开校庆日组织工作重难点问题研讨会。8月8日，北京市海淀区区委书记隋振江和区委副书记、代区长孙文锴一行来学校调研，洽谈了校庆保障事宜。8月16日，牛维麟常务副书记主持召开校庆筹备工作组第三次全体会议，对《75周年校庆日（周）工作方案》进行了全面部署。校庆办公室与各校庆工作组、各院系密切磋商，积极研究校庆拍卖会、首届体育文化节的筹备工作以及校庆日演出方案、餐饮方案、校园景观设计方案、校友邀请和接待方案等事宜。

为迎接75周年校庆日的到来，给师生提供良好的工作、学习和生活环境，学校还在暑期对中关村校区进行了近40处修缮，并在校园绿化美化、环境治理方面做了大量工作。

很多工作人员和志愿者牺牲暑假休息时间，奋战在校庆工作一线。8月下旬，陈雨露校长、马俊杰副书记代表学校，分别看望慰问了坚守在工作岗位上的教职员工以及为筹备校庆文艺演出集训的学生艺术团成员。

营造氛围

随着校庆日的临近，学校积极运用各种现代传播方式推介校庆理念和校庆活动。8月16日，校庆彩信手机报开通。9月6日，新版人大官方网站正式启用，校庆官方网站、官方微博开通。9月8日，校庆纪念品开始展卖。

校领导在多个场合向全校师生员工发出校庆日的邀请。在9月13日新学年开学典礼上，程天权书记发表了热情洋溢的讲话，希望全校师生员工一起融入75周年校庆这场引领明天的聚会。9月26日、27日，校庆办公室受校领导委托，为离退休教职工、留学生分别举行了一场宣讲会，以确保他们及时了解校庆日的相关安排。9月30日，学校发布慰问信，向全校师生员工致以中秋、国庆的节日问候，并欢迎大家积极参与校庆活动，分享作为“人大人”的使命感、自豪感和幸福感。

学校高度重视与师生、校友的互动，及时通过校长信箱和校庆办公室电话、电子邮箱答复各界的意见建议，并陆续发布《校庆义卖八问》、《暑期全校修缮工程七问七答》、《校庆日六大猜想》等文章，主动回应舆论热点。

学校通过多种方式为校庆营造积极的社会影响。9月9日，举行人大校友会新闻专业委员会校庆宣传工作座谈会。9月24日即校庆周前夕，学校在《光明日报》刊登校庆公告，广邀各地校友和各界朋友参加校庆日活动。当天上午，陈雨露校长、牛维麟常务副书记、刘向兵副校长召开新闻发布会，向《人民日报》、新华社、《光明日报》、中央电视台等40余家媒体介绍校庆新模式，通报校庆日活动安排，并回答了与会记者的提问。

全面冲刺

校庆日各项筹备工作进入冲刺状态，校庆工作的参与面空前扩大，需要协调的事项越加繁杂。一系列由校庆新模式带来的新情况、新问题被不断提出，并得到了及时妥善的应对。

9月5日，牛维麟常务副书记主持召开校庆工作院（系）动员部署会。当日，校庆办公室还召开了校庆日校园景观设计评审会。9月6日，在2012—2013年第一学期全校工作部署会上，75周年校庆被作为一项重要工作予以动员部署。9月13日，2012—2013学年第一次校长办公会专题研究校庆工作，并提出了“确保重点、热烈有序、精细组织、反复推演、安全稳定”的总体要求。9月16日、22日，陈雨露校长两次召开会议，研究校庆日校园景观、重点活动的设计事宜。9月25日，牛维麟常务副书记先后主持召开校庆日工作机关部处协调会和院系协调会，9月28日、10月1日又两次主持召开校庆日整体接待工作协调会。9月下旬，冯惠玲、刘向兵等校领导分头多次召开百场社区公益讲座、体育文化节、吴玉章人文社会科学奖颁奖典礼等校庆重点活动专题办公会。9月30日，程天权书记主持召开校党委常委会，听取了校庆日重点活动筹备工作专题汇报，对各项工作进行了全面部署。

与此同时，校庆日的校友邀请工作也进入关键阶段。学校依托共青团系统和青年志愿者协会组建的“一对一”志愿服务体系基本建成：2 076个由在校生组成的志愿服务小组与历史上的各个班级一一对应，代表学校向校友们发出返校邀请；成立“一对一”志愿者总部，作为统筹协调机构。校领导高度重视“一对一”工作，并于9月13日召开专题工作会，陈雨露校长、马俊杰副书记出席并与各学院“一对一”志愿服务团队指导老师和志愿者代表亲切会谈。当晚，全校“一对一”志愿服务团队成立大会在世纪馆召开，刘向兵副校长为志愿团队授旗，校庆办公室、校团委、校友工作办公室联合对志愿者进行了培训。

临近10月3日，学校对校庆日重大活动进行了彩排，并对各个环节进行了反复推演，以保证全程的无缝衔接和精细化管理。10月3日当天，全校各学院、各部门按照部署通力合作、有序工作，确保校庆日各项活动得以圆满进行。

总结致谢

10月16日，程天权书记、陈雨露校长签署感谢信，向全校师生员工、全体校庆工作志愿者致以谢意，并勉励大家“以75周年校庆为契机，以75年的建设和发展成就为新起点”，“把对校庆的热情转化为推动实际工作的动力，为把人民大学建设成为‘人民满意、世界一流’的大学而努力奋斗”。

为科学评估校庆新模式的影响、深入了解各界的反应，校庆办公室及时汇编了媒体报道集、师生校友感言集，并委托中国人民大学舆论研究所、首都大学生舆情研究中心与中国人民大学统计调查协会等第三方机构，开展了校庆社会舆情研究和师生校友满意度调查。

10月至11月，校庆办公室相继发布了《关于做好75周年校庆相关后续工作的通知》、《关于评选“中国人民大学75周年校庆工作先进个人”的通知》（2012—2013学年校办字15号）。12月30日，75周年校庆总结颁奖典礼在逸夫会议中心举行，全面回顾了校庆年的各项活动和工作，颁发了“校庆工作先进个人”、“校庆优秀志愿者”和“校庆特殊贡献奖”等奖项，并为“百场社区公益讲座”主讲人授予了纪念证书，75周年校庆办公室荣获“校长特别奖”。

数据

2012年2月15日至10月31日，学校层面共召开了145次校庆专题工作会议，平均每2天召开一次会议。

校庆日前夕，印发的校庆日（周）工作方案长达55页、21 368字，基于这些文案的理念和流程设计实现了全过程的精细化管理。

校庆官方微博开通一个月，粉丝数就达到了11 000余个。校庆日，由学生组成的校庆官方微博小分队在各活动现场发布微博358条，得到了广泛转发与回应。

四、校庆活动总览

75周年校庆活动贯穿全年，旨在让2012年每一位到访者都有机会参与75周年校庆活动，体会人民大学独特的校庆文化。

拉开序幕

校庆年之初，学校成功营造了一系列热点事件，就75周年校庆对师生、校友进行了深入的动员，并向社会各界发出了积极的信号。4月6日，庆祝建校75周年“新传统方阵——中国人民大学画院首届中国画名家工作室作品展”在国家画院美术馆举行。5月1日至31日，人大画院与威斯敏斯特大学合作，在英国伦敦举办了“庆祝中国人民大学建校75周年暨中英奥运文化交流展”。5月15日，学校与北京外国语大学签署战略共同体合作框架协议，标志着“同源一脉的两所高校在延续60余年友谊的基础上的再度携手并进”。

学校依托第二课堂，开展了丰富多彩的以75周年校庆为主题的校园文化活动。3月至5月举行的第18届五四文化艺术节，以庆祝建校75周年为主题，吸引了7 000余人次同学的积极参与，涌现出400余个主题鲜明、形式多样、富含时代意义的校园文化艺术作品。5月5日举行的庆祝建校75周年“金声玉振·歌韵华年——郝丹丹硕士独唱音乐会”，讴歌了人民大学从陕北公学发展至今的历史。5 月 26 日、6 月 1 日举行的庆祝建校 75 周年“社团嘉年华”、校庆主题展示活动中，50 余个学生社团、22 个学院学生会分别设展，以宣传展板、知识问答、朗诵表演、趣味游戏、历史宣讲、书法展示等形式，从不同的角度展示学校 75 年的发展历程和光辉成就。

从 5 月至 6 月初，平均每 2 到 3 天就有一场校庆系列文艺演出。其中，反响最热烈的是由劳马编剧、人大师生原创的校庆大戏——哲学话剧《苏格拉底》。该剧于 6 月 3 日在明德堂隆重首演，并于 6 月 4 日加演，受到了各界人士的热切称赞。人大学生艺术团还在校庆年开创了艺术沙龙、露天音乐会、室内小剧场等表演形式，亲近师生和社区居民，呈现了一场场高水准的文化盛宴。

4 月至 6 月，学校隆重举办了庆祝建校 75 周年第 53 届田径运动会、“校庆杯”系列体育赛事。共有 2 972 人次的运动员注册参赛，其中不仅包括学校本部及苏州校区的学生、各院系及机关的教职工，更邀请了校友代表和北京外国语大学师生的参与。

此外，信息资源管理学院、统计学院、继续教育学院为庆祝成立 60 周年，“复印报刊资料”为纪念创刊 50 周年，深圳研究院为庆祝成立 10 周年，汉青经济与金融高级研究院、国剧研究中心为庆祝成立 5 周年，国际学院（苏州研究院）为纪念办学 3 周年，中法学院为庆祝成立，都陆续启动了院庆系列活动。

全面启动

“关爱师生基金”义卖活动是标志 75 周年校庆全面启动的首个大型活动，也是人大特色校庆模式的首度亮相。活动呼吁师生为校庆捐献具有一定意义或价值的物品，通过义卖筹集款项支持“关爱师生基金”，为身患重症疾病、遭遇意外伤害或遇到其他困难的师生提供援助。

义卖活动缘起于 4 月上旬学校青年志愿者协会关于“举办义卖活动，为学校生日送一份礼物，为需要帮助的师生献一份爱心”的倡议。校领导高度重视并充分肯定了同学们的提议，决定将义卖活动列为 75 周年校庆的重大活动，亲自指导活动设计。倡议于 5 月 4 日向全校发出，并得到了师生们的积极响应，不到一个月就募集了 6 000 余件义卖物品。

6 月 9 日，75 周年校庆新闻发布会暨“关爱师生基金”义卖活动启动仪式在明德堂举行。会议发布了 75 周年校庆主题和标志，程天权书记、陈雨露校长和校友代表郭卫民、校董代表阮次山、学生家长代表王浩以拼图的方式共同启动了 75 周年校庆“关爱师生基金”义卖活动。会上还举行了 2 场特殊的捐赠仪式：方大集团向“吴玉章基金”和“吴玉章人文社会科学奖”捐赠 1 000 万元人民币，向“关爱师生基金”捐赠 200 万元人民币；人大附属小学向“关爱师生基金”捐赠 63 787 元人民币，全部善款来自师生自发组织的爱心义卖和捐款活动。

“关爱师生基金”义卖活动启动后，各院系、部处、直附属单位在明德广场分别设点，用 40 多顶帐篷搭建起热闹非凡的互动卖场。阮次山、阎连科、孟宪实和冷成金等名家应邀进行公益签售。半天内，筹得义卖款 125 451.8 元、现金捐赠 5 500 元。

6 月 9 日，陈雨露校长还召开了校庆记者招待会，与校庆办公室主任刘向兵副校长共同接受了《人民日报》、新华社、《光明日报》等 40 余家媒体记者的联合采访。当天，还举办了人大校友会新闻专业委员会 2012 夏季论坛暨“中国新闻 30 人”论坛、北京外国语大学师生“第二校园游”、以人才培养为主体的学生家长代表座谈会、学生艺术团键盘乐团校庆露天消夏音乐会、校庆系列学术讲座等活动。

学术热潮

在 75 周年校庆的带动下，学校掀起了空前的“国际学术会议热”、“高端学术讲座热”和“学术沙龙热”。这些学术活动紧扣人文社会科学发展的脉动，为中外学者提供前沿对话的平台，向国际学术界发出中国声音的同时，进一步深化了人民大学与世界知名大学和研究机构之间的战略伙伴关系，产生了深远的影响。

2012 年上半年，举办的国际学术会议包括：国际“四书学”学术研讨会、满文文献研究中心成立座谈会、生态史研究中心成立仪式暨“历史的生态学解释”国际学术论坛、“中国崛起的安全环境与战略选择”中国国际问题论坛、“中美知识产权司法审判研讨会”、“体制改革及其微观基础——对深层次改革的前沿探讨”第一届中国组织经济学研讨会、“清帝逊位与民国肇建一百周年”国际学术研讨会等。

多位世界知名人物于75周年校庆之际到访人民大学并发表学术演讲，为持续升温的校庆活动增添了新的亮点。这些主讲者包括：法国前总理、国民议会前议长、社会党前第一书记洛朗·法比尤斯，美国哈佛大学肯尼迪政府学院教授约瑟夫·奈，欧洲50集团主席、法国前财长埃德蒙·阿尔方戴利，德国前总统候选人、洪堡-维特林行政学院院长格西娜·施万，美国林肯土地政策研究院总裁兼首席执行官格雷戈里·K·英格拉姆，英国牛津大学教授斯坦·瑞根，美国明尼苏达大学教授安德鲁·D·科恩，纽约泛欧交易所集团首席执行官邓肯·尼德奥尔，美国芝加哥大学教授约翰·J·米尔斯海默，百度创始人李彦宏，全国政协常委、外事委员会主任、学校新闻学院院长赵启正，香港大学法学院院长陈文敏，中国科学院院士葛墨林，中国社会科学院副院长李捷等。程天权书记、陈雨露校长等校领导会见了部分主讲嘉宾，并与师生共同聆听讲座。来自清华大学、北京大学、北京外国语大学等20余所高校的师生也应邀参与。

从3月底到6月底，学校还开展了5期“吴玉章青年学术沙龙”，引入学术下午茶、圆桌交流会、演讲报告会等形式，涉及“社会科学研究中的实证数据资源”、“新闻媒体与宏观经济——兼谈国际发表中的信息沟通艺术”、“我国当前个人所得税改革中的热点问题”、“中国饮用水安全的现状与未来”、“可持续发展的最新进展”等主题。

持续升温

暑期，学校开展了“千人百村”社会调研活动，组织约1 000名同学到全国各地100个具有代表性的村庄开展科学规范的调查，为培养“厚重之人”构建全新平台，探索实践育人新模式。活动被多家新闻媒体作为先进典型予以跟踪报道，引发了热烈的社会反响。

8月4日，作为“文革”后恢复高考招生的第一届学生，也是中国人民大学复校的第一批学生，人大1977、1978级1 094名毕业生中的400多名代表相聚北京，纪念毕业30周年。校领导程天权、陈雨露、冯惠玲、伊志宏、刘向兵出席活动。

暑期，学校还对部分教学办公设备进行了更新，淘汰下来的100台计算机仍有较好的性能，于是，学校对这些计算机进行维修翻新，并于9月12日无偿捐赠给一家残疾人企业——福州市同人工艺品有限公司，帮助100名残疾人朋友实现在家就业。

学校大力提倡每位教职工、学生和校友在校庆年至少参加一次社会义工活动，例如，向进城务工人员子女征集并实现他们的“一千零一个愿望”，在盲人图书馆为盲人读书，帮扶孤独症儿童，造血干细胞血样采集等。

出于对母校办学理念的认同，并为表示对75周年校庆的庆贺，多位校友慷慨捐资助学。9月20日上午，重阳投资董事长裘国根校友通过其创办企业向母校捐赠2亿元人民币，这是中国人民大学迄今为止获得的最大一笔人民币捐款，也是国内高校获赠金额最大的捐款之一，教育部副部长鲁昕，人大校友阎庆民、张育军等共同见证了这一时刻。

9月4日晚，“我唱北京·I SING BEIJING——国际青年声乐家汉语歌唱计划”中外名剧名曲音乐会在明德堂隆重举行，来自世界6个国家的21位青年歌唱家用歌声向中国人民大学建校75周年表示祝贺。9月20日，人大师生原创哲学话剧《苏格拉底》之校友专场在国家大剧院上演。此间，学校又陆续举办了国家京剧院专场《韩玉娘》、中国人民解放军军乐团专场交响音乐会、艺术学院校庆专场音乐会、“佩兰·中秋琴箫雅集”音乐会、青年交响乐团室外沙龙以及中秋露天音乐会等校庆系列文艺演出。

校庆系列学术会议继续深入举行，包括：第二届生物统计国际研讨会、第五届中国人民大学国际统计论坛、“多重目标下宏观经济政策的定位与选择——中国宏观经济论坛”、“中欧法学院院长论坛”等。

校庆日（周）

9月24日，学校举办校庆日（周）新闻发布会，并启动了“百场社区公益讲座”活动。活动邀请学校知名教授以及部分杰出的学者型校友，集中举办约100场社区公益讲座。旨在发挥学校在人文社科及其与中国实践紧密结合的集团优势，回归大学弘道、学术的本位，使北京市民过一个特殊的“知识国庆”、“文化国庆”。全国政协外事委员会主任、学校新闻学院院长赵启正是百场公益讲座的首个主讲人。《新京报》、《社会科学报》等整版刊登了讲座的相关安排。

9月26日，“吴玉章青年学术沙龙”举办了校庆特别活动。人文、社会、经济、法政、理工五大学部的5场沙龙同时进行，活动不仅有青年教师、青年校友参加，还邀请了来自北京大学、清华大学、北京师范大学、中国科学院、中国社会科学院等兄弟院校、科研院所的青年学者。9月27日，进入校庆周后，学校还向师生、返校校友开放了22门校庆“名师大家公开课堂”，旁听人数达2 700人次。

校庆日的开场活动是10月3日上午9点于世纪馆北大厅举行的“第六届吴玉章人文社会科学奖颁奖典礼”，这也是当天最隆重的一个活动。吴玉章基金会名誉主任李鹏同志、时任国务委员刘延东同志为颁奖典礼发来贺信，吴玉章基金委员会主任委员、老校长袁宝华出席颁奖。除颁发“吴玉章人文社会科学奖”、“吴玉章优秀教学奖”、“吴玉章优秀科研奖”外，本届评选首次设立“吴玉章人文社会科学终身成就奖”，奖励金额100万元，北京大学汤一介教授和中国人民大学邬沧萍教授、原中国艺术研究院副院长兼红楼梦研究所所长冯其庸教授3位在人文社会科学界享有盛誉的知名学者获评该奖项。

颁奖典礼后，伴随着世纪馆北广场千余名师生、校友的掌声与欢呼声，出席颁奖典礼的专家学者和嘉宾走下红地毯，共同见证75周年校庆蛋糕分享仪式。校友代表胡润、周小雄，教授代表毛基业、程光炜和学生代表王铮、姚思宇共同推出校庆蛋糕彩车，老校长袁宝华、纪宝成和校长陈雨露携手共切校庆大蛋糕，数千块校庆小蛋糕也分送到师生校友手中，共同分享“给母校过生日”的快乐。

分享校庆蛋糕仪式标志着校庆日活动的正式开幕。数十场学术讲座、名师课堂、文体活动、校友大讲堂和文化主题展示把校园营造成为充满着文化气息、洋溢着喜庆气氛的欢乐海洋。

上午10点，“中国人文社会科学论坛2012”在逸夫会议中心举行，这是我国人文社会科学领域规模最大、层次最高、影响深远的学术盛会。第12届中国人民大学国际文化节在明德广场举行，阿塞拜疆驻华大使拉季夫·甘基洛夫和来自津巴布韦、刚果（布）、哈萨克斯坦、莫桑比克、俄罗斯等国家驻华使馆和机构的代表到场祝贺，30多个国家留学生设立展区，进行国际文化风情展示。在中心草坪、百家廊、学生活动中心，50多个学生社团进行了主题展示。

下午2点30分，首届中国人民大学体育文化节在田径场举行。国际奥委会委员派特克·伯曼、瑞尼·费索、张雄应邀出席。校领导牛维麟、冯惠玲与学生代表、奥运冠军吴敏霞、何姿、陈若琳、秦凯以及校友代表郭为民、裘国根共同护卫校旗入场。现场进行了太极拳、跆拳道、军体拳团体表演，举办了师生、校友拔河比赛。此前，上述3位国际奥委会委员与国际奥委会新闻委员会主席凯文·格斯珀、国家体育总局副局长肖天同时受聘为学校名誉教授。

从10月3日下午到晚上，遍布校园的8个舞台构成了“校园欢乐汇”：主舞台设在中心草坪，举办时尚现代的“人大之夜”文艺晚会，校长陈雨露现场放歌《敖包相会》，将晚会推向高潮；辅舞台举办露天电子音乐会；电影广场发放马扎，播放怀旧电影；学生活动中心举办怀旧舞会；此外，还设有4个学生社团展示舞台，分别展示国际风情，武术、古筝、茶道等中华传统文化，花式篮球、街舞、魔术等文体项目，模拟联合国、大学生支教等活动成果。这8个舞台是你我共同参与的欢乐舞台，更是全面展现人大学生形象气质的舞台，是展现人民大学人才培养成果的舞台。

全球聚会

校庆周前夕，学校向全球各地的校友发放了750个“聚会大礼包”（party package），通过输出校庆聚会模式，带动形成全球共庆的氛围，使无法返校的校友也能共同欢庆母校75周年华诞。

在国内，上海、云南、深圳、河南、江西、重庆、四川、福建等地校友会举办了规模不一的聚会活动，作为校庆分会场通过微博、视频与北京主会场实现互动。学校赴台湾交换的学生在台湾大学、辅仁大学、“中国文化大学”等多地举办了校庆聚会，推介人民大学，增进两岸情谊，产生了积极影响。

在海外，美国马萨诸塞州大学孔子学院、芝加哥大学孔子学院，意大利博洛尼亚大学孔子学院，德国莱比锡大学孔子学院，爱尔兰都柏林大学孔子学院，芬兰赫尔辛基大学孔子学院等13家由人民大学承建的孔子学院，纷纷举办了“中国人民大学日”、中国人民大学建校75周年主题展、公关酒会、学术研讨和艺术展览等活动，扩大了校庆的国际影响。孔子学院双方院长、公派教师、志愿者以及当地校友、中国留学生欢聚一堂，共同庆贺中国人民大学75周年华诞。耶鲁大学校友会、华盛顿校友会、纽约校友会、伦敦校友会也举办了校友聚会活动。

数据

2012年，共有4位诺贝尔奖获得者访问中国人民大学，并在75周年校庆系列学术讲座或学术会议上发表演讲，他们分别是：1986年诺贝尔文学奖得主沃莱·索因卡，1998年诺贝尔经济学奖得主阿马蒂亚·森，1999年诺贝尔经济学奖得主罗伯特·蒙代尔，2000年诺贝尔经济学奖得主詹姆斯·海克曼。

校庆期间，人大师生积极响应“公益校庆”的号召，参与校内外志愿服务超过1万人次，累计志愿服务时数超过3万小时。

校庆日活动参与的师生、校友超过27 000人次；活动结束后，校长信箱、校庆办公室、国际交流处共收到来自师生和各地校友以留言、邮件等形式发表的感言207条、32 436字。

五、社会反响

从各方面反馈情况来看，75周年校庆工作是卓有成效的：它不仅实现了师生、校友的广泛参与，使全体人大人沉浸在校庆所带来的强烈使命感、自豪感和幸福感里，共同体会“人大精神”所富有的深刻含义；它更带来了大规模、长时间跨度的媒体报道和社会关注，产生了广泛而正面的社会影响，全面提升了人民大学的整体形象；它被认为具有社会示范效应，展示了人民大学引领校庆新风尚、引领中国高教发展改革方向的自觉和自信。

据不完全统计，截至2012年10月10日，国内外关于人民大学校庆的新闻报道有7 000多篇，涉及《人民日报》、《光明日报》、《新华每日电讯》、《中国教育报》、*China Daily* 和人民网、新华网、凤凰网、新浪网、中国新闻网等150余家媒体。转发、评论人民大学校庆的新浪微博达4万余条。中国人民大学舆论研究所监测结果显示：62.1%的民众评论认为学校75周年校庆是一种全新的校庆模式，具有社会示范效应，78.6%的民众认可这种校庆模式，校庆的整体传播效果达到了“引领明天的聚会”的预期目标。

综合来看，媒体集中围绕以下关键词进行报道：“公益校庆新理念”、“回归本位的校庆”、“打造校庆新模式”、“不办传统庆典”等，高等教育界、众多著名教育家也从多个角度进行解读并给予高度评价。

《光明日报》在《“全校友”校庆引领社会价值》文章中指出：此次人大校庆不按行政级别对校友进行排序，不局限于关注少数重点校友，真可谓“全校友”校庆。中国人民大学的“全校友”校庆，不仅充分体现了大学对校友一视同仁的精神，而且必将影响在校大学生的人生观和价值观，进而引领社会价值。

人民网“观点”栏目文章《校庆回归大学本位是一大进步》认为，人民大学以“关爱师生基金”义卖来取代耗费大量资财的盛大庆典，表面上可能是不那么轰动了，但却能对大学文化产生更为积极和良性的影响。从以官员校友为中心、富豪校友为中心过渡到“以学术为中心、以学生为中心、以校友为中心”，这是校庆庆典活动的一大进步。该栏目另外一篇文章《为大学校庆“不办庆典办公益”叫好》高度称赞人民大学在校庆之际，不办庆典办公益，可谓求真务实之举，体现了现代大学的精神实质，值得叫好。

凤凰网的文章《校庆如何回归“原点”》认为，人民大学此次校庆将“开门办学”和“坚守象牙塔”很好地结合起来——“象牙塔”内，保持一份宁静与清高，鼓励师生探究学问，追求真理、文明与进步；同时打开“象牙塔”之门，树立起公益的旗帜，举办社区公益讲座，让更多的文化学术资源为社会所共享，让学生和老师意识到自身的责任感、使命感，怀着感恩之心回馈社会。这对于社会道德价值体系的构建也会起到示范和推动作用。

《新华每日电讯》刊登教育评论家熊丙奇的文章《校庆不办庆典办公益，值得提倡》，文中指出：“不搞庆典，搞公益，人民大学这样举办校庆，有网友认为是‘作秀’。在笔者看来，即便是‘作秀’，这样的‘作秀’多一些也无妨。这样的‘作秀’比大学铺张浪费，大搞排场有价值得多。”

附 1：李鹏同志贺信

中国人民大学：

欣悉第六届吴玉章人文社会科学奖颁奖典礼即将于中国人民大学七十五周年校庆日隆重举行，我谨向获奖的各位优秀学者致以热烈的祝贺和亲切的问候！

人文社会科学和自然科学犹如“车之两轮”、“鸟之双翼”，共同推动着人类社会的进步。中国特色社会主义事业的兴旺发达，离不开以马克思主义为指导的人文社会科学的繁荣和发展。人文社会科学的优秀成果对于实现科学管理和科学决策，传承和弘扬先进文化，促进经济社会全面发展，提升综合国力和民族素质具有不可替代的重要作用。

“吴玉章人文社会科学奖”自设立以来，为促进人文社会科学的繁荣和发展产生了良好的引领作用和积极的社会影响，已经成为中国人文社科领域极具影响力的一项至高荣誉。作为吴玉章基金会的名誉主任，我感到十分欣慰。

今年适逢中国人民大学 75 周年校庆。借此机会，我谨向母校七十五华诞表示热烈的祝贺！希望中国人民大学继续高举中国特色社会主义伟大旗帜，继承和发扬优良的学风和传统，早日建成“人民满意、世界一流”大学，为把祖国建成富强、民主、文明的现代化国家，为实现中华民族的伟大复兴，做出更大的贡献！

预祝第六届吴玉章人文社会科学奖颁奖典礼和中国人民大学七十五周年校庆活动圆满成功！

李鹏

2012 年 9 月 30 日

附 2：陈雨露校长访谈：校庆应回归大学育人本职

（2012 年 10 月 2 日）

明日，中国人民大学将迎来 75 周年校庆日。今年校庆，中国人民大学却办得与以往不同：传统校庆的庆祝大会取消了，变成了公益校庆。

中国人民大学校长陈雨露说，这样一个理念的变化，是想让校庆充分体现学生和学术是大学的原点，育人是大学的本职，我们将要倡导推动实现一个回归大学本位的校庆。

关于“公益校庆”

公益育人培养学生爱人之心

新京报：办校庆对校长而言，应该很累吧？

陈雨露：这次校庆，作为校长来讲，实际上很大程度是得到了解放。

新京报：为什么？

陈雨露：原来的校庆模式，校长需要去做原创，同时校长还要去做全校的动员，校长还要去邀请各路的贵宾，是非常累的。

这次校庆，因为创意来自师生和校友，组织也是在校学生为主，同时邀请人回来也是由在校学生一对一邀请。校长核心的作用是做一个推手，我要做的就是，发现亮点，提升亮点，助推新的校庆模式在同学为主体中达到最佳的效果。

新京报：人大校庆亮点之一是“公益校庆”，如何确定这一理念？

陈雨露：“公益校庆”理念来自两个方面。一个是来自对世界一流大学的理解，一个是来源于同学自己。

世界一流大学有一个共同的元素，就是在育人的过程中要公益育人，培养学生的公益心，实际上就是培养学生的爱人之心。“公益”理念也从同学身上受到很大启发。我们对独生子女这代人可能有一种过分的低估。我们都相信每一个年轻人心里都有善良的种子，而大学要做的，就是把这颗善良的种子上升到理性的层面，上升到精神价值的层面。

新京报：学生做了哪些“公益”的事情让学校很受启发？

陈雨露：第一，他们主动提出来，能不能通过义卖的形式，把“关爱师生基金”规模扩大，我们觉得这个主意很好，就上升到学校层面。现在基金规模由几十万扩大到近千万。

第二，学生自己的社团组织里也开展了很多公益性活动，比如他们参与造血干细胞的采集，现在已有几百名学生进入了中华骨髓库。

第三，在校庆中，学校鼓励和支持每位在校同学去做公益。响应的人也越来越多。凡是参与公益校庆系列活动的同学，我觉得“公益”的理念对他们的影响都是深入骨髓的。

新京报：大学在“公益”方面哪些还做得不够？

陈雨露：第一，把学校的本职工作做好就是最大的公益。教授要像教授，学生要像学生，校长要像校长，都做自己应当做的事情。

第二，在办教育过程中，老师和学生共同的任务是把学生从“小我”变成“大我”，这比传授知识的作用更大。要让我们培养出来的人都有脚踏实地为百姓服务的理念。

第三方面，从教育本身来讲，在办学过程中对“公益”还提得不够。“公益”是一面旗帜，要把公益的旗帜举得高高的。

新京报：“公益校庆”活动之一是在京举行了“百场社区公益讲座”，参与的知名学者是怎么确定下来的？

陈雨露：今年是校庆年，这种公益讲座更集中一些。这些活动实际上是我们应该做的，在过去的一段时间里做得不太好，现在要尽快把这个传统恢复了，谈不上什么创新。学者的确定既有自己报名的，也有校庆办公室学术组邀请的，二者都有。

关于“不办庆祝大会”

不是请不到领导找不到场地

新京报：有的学校校庆甚至到人民大会堂去开庆祝大会。

陈雨露：在过去相当长的一段时间里，为了让整个社会对教育有充分的关注和支持，包括物力和财力方面的支持，通过校庆让社会各界看到教育的重要性，利用校庆的机会让更多的领导能来到校园，希望能得到领导的支持。这种情况下，过去的校庆模式都是以庆典大会为核心的。

现在要看到很多兄弟院校的校庆都在转型，我们坚信，大家再办校庆时都会与时俱进的。

新京报：人民大学今年为什么不办庆典大会?

陈雨露：提出校庆的新理念，就是倡导尽快地回归大学本位，大学的原点是学生和学术，大学的本职是教书育人。作为人民大学来讲，我们还要办校庆，还比较看重校庆在转变理念方面的冲击力，通过校庆来让大家受到教育。

新京报：不办校庆大会，是不是因为请不到领导，或者找不到场地?

陈雨露：都不是。每个时代的国家领导人都非常关心和重视人民大学，都先后来到人民大学，所以不存在你所讲的这个问题。新世纪以来人大校园建设也有很大改善，更不存在找不到场地的问题。

越是重要的大学越要发挥引领和示范的效应，我们努力去做这方面的工作。我希望我们自己从学校领导到教职员工能尽快地形成共识，去做好自己的本职工作。

新京报：不办庆祝大会会减少一些花销吗?

陈雨露：因为不再举行庆祝大会，所以费用就少了很多。尽管如此，我们还是想完成一个全部由校友和社会捐赠经费的校庆。这仍然有很大的压力，目前完成70%左右，还有30%左右，我们还是要努力。既然我们有承诺，我们就必须做到。

关于“培养人才”

以“厚重”为灵魂培养杰出人才

新京报：有人主张校庆的一个重要意义在于对过去历史的反思。为什么人大校庆提出的是“引领明天的聚会”?

陈雨露：现在需要我们做的，就是大学怎么能够缔造出一大批具有全球竞争力的杰出人才，这是国家急需高等教育特别是重点大学做的。

人民大学必须要尽快破这个题，找到路径来缔造这样一批具有全球竞争力的人文社会科学领域的杰出人才，这是一个巨大的命题，所以需要巨大的努力。

新京报：这个路线图如何描述?

陈雨露：现在已经明确了这个路线图的灵魂——厚重，这方面形成了高度的共识。找到这样一个关键词之后，接下来的路线图就有了灵魂，就不会走弯路，所设计的育人的各个环节都有逻辑。

新京报：如何理解“厚重”?

陈雨露：我们理解的“厚重”有四个方面的内涵：

第一，要有深厚的人文底蕴，要有科学精神，要有跨文化的沟通能力。

第二，要有哲学功力和建设性思维，大学教育不管是人文社会科学还是理工农医，哲学学好是成才的非常重要的基础，因为方法论很重要，哲学是科学的科学，同时不能只批判而没有建设性。

第三，要有政治上的追求和理想的坚持能力。

第四，要有体育精神、坚强的意志品质和团结合作的能力。之所以能形成共识，是因为这符合人成才的规律，人有多么厚重就能走多么高多么远，也符合人民大学的校风和学风。

关于“校友评选”

部级校友主动不参加评选

新京报：“令我自豪的人大校友”评选活动不把党政机关在职领导干部作为候选人。可一般人看来，党政机关的领导干部可是杰出校友的重要组成部分，为什么刻意不把他们列为候选人呢?

陈雨露：实际上我们是应这些校友的要求而提出的。

人大这次校庆的很多校友，很多在党政机关工作的领导同志就主动提出，我们就不在这里头了。中国人民大学作为以人民冠名的大学，实际上校友要多反映在一线工作的同志，这也算是带个头儿吧。

这些党政机关的校友也确实在各条战线上作出了重大贡献，这也算是他们的一种姿态，另外也代表着一种好的和新的理念，应当更多地反映在基层、在一线、在市场发展的前沿的校友们。

新京报：这些党政机关的领导干部主要是指部级以上的呢，还是司局级以上的呢？

陈雨露：主要是部级领导们。

新京报：你现在是副部级高校里最年轻的校长，有什么样的心得体会可以分享？

陈雨露：我出生于1966年，我的属相是马，我经常说，担任人民大学这样一所神圣的名校校长是名副其实的"小马拉大车"。所以我非常感谢组织上对我的信任，感谢学校师生给我的支持和鼓励。

1989年工作以来，我最大的体会就是，一个人一定要做自己热爱的事情，那就能够事半功倍。在这个过程中自己虽然辛苦，得到的其实更多。

提出公益校庆的新理念，就是倡导尽快地回归大学本位，大学的原点是学生和学术，大学的本职是教书育人。

世界一流大学有一个共同的元素，就是在育人的过程中要公益育人，培养学生的公益心，实际上就是培养学生的爱人之心。

（本文系《新京报》采访报道，人民网、新华网、光明网、新浪网、凤凰网等转载）

附3：中国人民大学75周年校庆活动组织实施体系

（2012年3月26日）

一、校庆工作领导小组

组　长：程天权　陈雨露

副组长：袁　卫　马俊杰

成　员：牛维麟　林　岗　冯惠玲　陈一兵　王利明　杨慧林　贺耀敏
　　　　黎玖高　吴晓求　刘向兵　查显友　郝立新　郭洪林　王孝群

二、各项工作分组

（一）总体协调组

组　长：袁　卫

副组长：刘向兵

（二）学术活动组

组　长：冯惠玲　杨慧林

副组长：杜　鹏　唐　忠

（三）院系活动组

组　长：袁　卫　林　岗

副组长：吴晓求　郭洪林　郑水泉　唐　忠　武龙生　陈甬军

（四）校园规划建设组

组　长：牛维麟　陈一兵

副组长：黎玖高　查显友　林建荣　张　卯　王小虎

（五）现代大学制度建设组

组　长：袁　卫　杨慧林

副组长：刘向兵　杨伟国　洪大用　杜　鹏　胡　娟

（六）学校文化建设组

组　长：冯惠玲　马俊杰

副组长：刘向兵　郑水泉　唐　忠　林建荣　李　惠
（七）校友活动组
组　长：马俊杰
副组长：郭海鹰　费　佳
（八）群团活动组
组　长：马俊杰
副组长：张晓京　孙华玲　费　佳
（九）宣传报道组
组　长：王利明
副组长：郑水泉　顾　涛
（十）资金筹措组
组　长：牛维麟　马俊杰
副组长：查显友　林建荣　郭海鹰

附4：中国人民大学75周年校庆日（周）组织实施体系

（2012年7月10日）

一、校庆工作领导小组
组　长：程天权　陈雨露
副组长：牛维麟　刘向兵
成　员：冯惠玲　马俊杰　王利明　杨慧林　查显友　伊志宏
　　　　贺耀敏　黎玖高　吴晓求　郝立新　郭洪林　王孝群
二、各项工作分组
（一）总体协调组
组　长：牛维麟
副组长：刘向兵
（二）学术活动组
组　长：杨慧林　伊志宏
副组长：杜　鹏　唐　忠
（三）院系活动组
组　长：冯惠玲　王利明
副组长：吴晓求　郭洪林　郑水泉　唐　忠　武龙生　陈甬军
（四）校园规划建设组
组　长：牛维麟　查显友
副组长：黎玖高　林建荣　张　卯　王小虎
（五）现代大学制度建设组
组　长：杨慧林　刘向兵
副组长：杨伟国　洪大用　杜　鹏　胡　娟
（六）学校文化建设组
组　长：马俊杰　杨慧林
副组长：郑水泉　唐　忠　林建荣　李　惠

（七）校友活动组

组　长：马俊杰　伊志宏

副组长：郭海鹰　费　佳

（八）群团活动组

组　长：马俊杰

副组长：张晓京　孙华玲　费　佳　杨占武

（九）宣传报道组

组　长：王利明

副组长：郑水泉　顾　涛

（十）后勤保障组

组　长：刘向兵

副组长：黎玖高　林建荣

（十一）资金筹措组

组　长：牛维麟　查显友

副组长：林建荣　郭海鹰

附5：中国人民大学75周年校庆“百场社区公益讲座”主讲人名单

（共70人，101场，以姓氏笔画为序）

干春松	于显洋	马　中	王文娟	王刊良	王向明	王家新	韦庆旺	牛宏宝	石　伟
朱　青	任　悦	华林甫	刘　瑞	刘　璞	刘文鹏	刘尔铎	刘松博	安清福	何虎生
孙久文	杜　鹏	李　今	李欢欢	李英武	杨庆中	时殷弘	谷曙光	沈　铭	沈尤佳
宋国君	张　翔	陈力丹	陈奇佳	罗安宪	和　红	金灿荣	周　珂	周　禹	周　濂
周文霞	庞　军	郑风田	郑功成	郑杭生	郑晓华	孟宪实	赵　方	赵启正	赵锡军
胡　邓	胡锦光	姚永玲	钱　宁	徐庆平	涂永红	陶文昭	黄大慧	黄朴民	阎连科
梁　涛	董　妍	程方平	曾贤刚	曾湘泉	温铁军	蓝　虹	雷　雳	翟振武	黎剑飞

附6：中国人民大学75周年校庆名家大师公开课主讲人名单

（共22人，以姓氏笔画为序）

马　中	代显梅	冯玉军	刘　瑞	李　涛	杨凤城	杨庆中	时　勘	时殷弘	张　杰
张　征	张　洁	张　璞	张志伟	陈传席	赵西卜	袁　卫	梁继红	董克用	程光炜
曾湘泉	翟振武								

附7：中国人民大学75周年校庆工作先进个人名单

（共123人）

宋大我	李　鹏	宋　科	蒋利华	曾丙健	冯启娜	方蔚玮	高燕燕	陈骊骊	杨　默
谢天武	韩　宇	郝　丽	何文静	李　霞	冯鹏达	吴晓然	蒋香仙	牟　锋	沃晓静
田　洪	张玉洁	李培利	迟爱蓉	杨　敏	张玲玲	胡树刚	布　超	高梅红	尚晓莉

黄宾华　李贞实　刘雨霖　杜尘程　王志成　孔　然　王金平　李京生　张立民　田　力
冯诗松　雷怀宇　崔金鹏　尹忆青　李　靖　袁　璨　刘春华　许传毅　刘　超　殷春梅
王东辉　袁　罡　徐景阳　毕明阳　李　广　耿希继　孟繁颖　武　洋　刘丽娅　马海伟
张鹏举　胡玲莉　黄彦菲　方玉萍　丁　凯　李佩洁　黄文彬　郭　栋　褚茜茜　邢　姝
李岸曰　李晓雨　李　晶　张　茹　李宝俊　史小宁　阎　芳　刘　佳　颜　梅　别　敏
杨戈芳　齐　畅　王　均　孙亚琳　臧　虹　金　霞　刘晶晶　崔　军　谷昆鹏　张石磊
陈筱睿　马　晴　阎　政　边　策　李　扬　唐传英　孙振祥　龚术婷　宋玉田　李海彬
王　乘　张晓波　陈　建　胡娟娟　李春莲　张　洁　蒙　华　孟坛魁　黄文盛　刘春荣
张世林　陈姝婕　谷海玉　朱慧楠　裴　晟　王志丹　王　滨　刘　岱　孙炳恒　高　寒
陈丽华　张春生　黎振刚

附 8：中国人民大学 75 周年校庆特殊贡献奖获奖名单

“最穿越奖”	校庆画卷《光荣历程》创作团队
“最能说奖”	“百场社区公益讲座”义讲次数最多的主讲人杜鹏教授
“最煽情奖”	校庆微电影《等你回家》学生制作团队
“最苦力奖”	首届中国人民大学体育文化节开幕式表演团队
“最粉丝奖”	人大学生艺术团
“最纠结奖”	校庆日安全交通保障团队
“最上镜奖	校庆蛋糕制作团队
“最能‘装’奖”	暑期校园建设团队
“最人气奖”	校庆校友活动组织团队
“最和谐奖”	校庆国际交流活动组织团队
“校长特别奖”	75 周年校庆办公室

■ 中国人民大学实施“1020 行动计划”

2012 年 3 月 21 日，中国人民大学召开会议，部署实施“1020 行动计划”，落实 2012 年发展建设“10 件大事”和师生关心的“20 件实事”。校党委书记程天权、校长陈雨露出席会议并作讲话，要求紧密围绕进一步加强学科建设、提高人才培养和科学研究质量的主题，以学生为中心，以教学科研一线为重，积极稳健地推动相关工作，迎接 75 周年校庆的到来和党的十八大的召开。

程天权书记指出，2012 年学校各项工作开局良好，特别是配合实施学校“十年腾飞”规划，重点提出了“1020 行动计划”。这是学校领导班子以对“人民的大学”高度负责的精神，贯彻以学生为本、以教师为本的办学理念，践行民主办学的工作作风，找准定位、认真研究而做出的工作部署。通过充分发动广大教职员工的力量并经多种渠道征求意见，学校归纳提炼了涉及学校发展建设的“10 件大事”和师生关心的“20 件实事”并着力落实。学校各部门各院系要服从大局，协调统一，坚持服务于教学科研一线，坚持一切为了广大师生员工，坚持重心向下、狠抓落实，着力解决大家普遍关注、关心的问题，进一步增强全校师生员工的积极性、向心力和凝聚力，共同推动学校的发展建设。

陈雨露校长指出，“1020行动计划”反映了全校师生共同的心愿、共同的希望。10件发展建设的大事，关系到学校中长期发展战略，要当即启动，稳步推进；20件师生关心的实事，涉及全校师生的切身利益，亟须解决，两者同等重要。“1020行动计划”充分体现了中国人民大学贯彻落实《国家中长期教育改革和发展规划纲要（2010—2020年）》的决心和信心，也是学校教职员工的集体智慧和学校的行动力与执行力的具体体现。我们要积极、稳健、主动地推进整体工作，要在充分酝酿、严谨论证的基础上制定各项可行性方案；要把增强工作的决心和加强工作的机制相结合，明确各项工作的牵头负责人和主责部门；要强调落实到位，本学年末将通过师生反馈机制测评满意度，检验工作效果。

袁卫常务副校长主持会议，代表学校介绍了《中国人民大学2012年发展建设十件大事》、《中国人民大学2012年师生关心的二十件实事》方案的形成过程，并提出具体工作要求：一是加强组织领导，加大工作的力度；二是明确责任分工，加快工作进度；三是强化沟通意识，注重工作的宣传，团结广大师生员工共同参与。

中国人民大学2012年发展建设的“10件大事”和师生关心的“20件实事”是通过学校领导班子民主生活会、教代会会议、校务委员会会议、校长信箱、青年教师座谈会、学部学院座谈会等途径征求意见的基础上归纳提炼出来的，涉及学校发展建设的重大问题和师生关心的实际问题。

（摘自人大新闻网2012年3月22日）

■ 学校东校区建设情况

一、选择到通州建设新校区的背景

根据学校至2020年整体办学水平跻身世界一流大学行列、基本建成“人民满意、世界一流”大学的总体规划，当前学校在办学理念、办学机制、学科实力、队伍建设等方面还都存在一定差距，需要进一步采取切实措施，努力加以提升和完善。其中，最为严重、依靠学校自身难以克服的瓶颈问题就是办学空间极其紧张。学校目前占地总面积仅为1 137亩，其中可用于集中办学的中关村校区不到906亩，办学空间狭小、破旧，在当前办学规模还不是很大的情况下已经非常拥挤，严重制约了学校未来的发展。

为了拓展办学空间，学校自2006年开始实施“内部置换、周边拓展”战略，在现在的校园内新增了部分教学科研用地，但未能从根本上解决办学空间不足的问题，难以满足建设“人民满意、世界一流”大学对办学空间的需求。

为此，学校一直在积极探索开拓新校区，讨论建设新校区的可能性。其间学校先后在苏州、深圳、昌平等地寻找建设新校区的资源和空间，但始终未能确定合适意向。2009年底，北京市提出了“集中力量、聚焦通州，借助国际国内资源，尽快形成与首都发展需求相适应的现代化国际新城”的战略部署，通州在北京市发展战略中的定位由“卫星城”、“重点新城”提升为“现代化国际新城”、“北京市副中心”。在教育部、北京市领导的关心和帮助下，经学校研究，决定抓住这一历史时机筹划建设通州新校区。2011年5月，学校向教育部正式上报《中国人民大学关于在北京市通州区征地建设新校区有关事宜的报告》。

2011年5月至12月，学校领导多次向中央、教育部、北京市主要领导汇报学校建设通州新校区的建设意向，并就合作建设通州新校区相关问题与通州区相关领导进行了多次会谈，获得了各级领导的高度重视、关心和支持。2011年9月6日，刘延东同志在学校8月16日去信中亲自批示“中国人民大学是我党创办的第一所新型大学。去年9月总书记莅临视察，对学校改革发展提出新的更高要求。请对学校提出的发展规划和新校区建设方案论证研究并予以支持，为学校落实总书记提出的建设‘人民满意、世界一流’大学提供帮助”。2011年7月14日至20日，刘淇、郭金龙同志对学校7月2

日的去信作出重要批示。

2011 年 12 月 31 日，教育部正式发文《教育部关于中国人民大学征地建设新校区有关问题的批复》（教发函〔2011〕327 号），批准中国人民大学在通州区征地 2 400 亩建设新校区。

2012 年 3 月 30 日，中国人民大学与北京市通州区人民政府正式签署《合作建设中国人民大学东校区协议》。双方将本着丰富优质教育资源，推动一流大学建设和“世界城市”建设的宗旨，推进中国人民大学东校区建设，进而带动北京东部地区文化产业创新、国际学术文化交流的发展。

为全力推进新校区筹建工作，加强对通州新校区筹备工作的组织领导、建立健全组织机构和运行机制，学校于 2012 年 3 月 5 日成立了“中国人民大学通州新校区筹备领导小组”，负责统领指挥通州新校区筹备阶段各项工作，并于 2012 年 10 月 23 日在领导小组下设专职办事机构“中国人民大学东校区（通州新校区）筹备工作办公室”，负责落实筹备阶段具体工作。

2012 年 11 月 1 日上午，中国人民大学与通州区人民政府合作建设东校区的补充协议签订仪式在潞城镇政府会议中心举行。这标志着中国人民大学东校区建设进入新阶段。

二、东校区选址情况及建设规模

东校区选址位于通州区新城东部的潞城镇，北至玉带河大街，西至宋梁路，东至春宜路，南至运河东大街。系大运河、潮白河和运潮减河三河交汇处，周边风景秀丽。东校区占地约为 128.15 公顷（约 1 900 亩）。选址范围内地势较为平坦，政府负责在校园开工建设前完成用地“三通一平”，第一栋校园建筑竣工前达到“七通一平”；同时在用地东侧预留了 450 亩人民大学二期发展用地。

东校区距离中关村校区 45 公里，地铁 6 号线和城市快速路连接两校区，交通便利。地铁 6 号线已经开通至草房站，二期将在东校区设立两个站点，预计在 2014 年底通车。同时，还有从两广路延伸的快速城市公交（BRT）连接地铁。

2012 年 1 月 16 日教育部发展规划司下发《关于核定中国人民大学通州校区规划建设规模的函》（教发司〔2012〕4 号），核定学校通州校区入驻规模 3 万人，其中本科生 13 000 人，硕士研究生 9 500 人，博士研究生 3 000 人，留学生 4 500 人；核定学校通州校区规划建设规模 111.6 万平方米。

经学校研究决定，人民大学办精英教育的目标不能改变，学生规模也不应快速、大规模地扩展，所以学校对东校区近期的规划是 2 万人。按照这一学生规模，东校区的建设规模约为 90 万平方米。目前，学校拟将东校区的校园建设分两期进行，一期建成时即具备满足教学和科研的完整功能需求的能力。

三、东校区筹建工作的进展情况

（一）东校区办学发展的规划

根据学校发展战略规划，中国人民大学东校区将与西校区共同构成人民大学在北京的双主校区，共同承担人民大学人才培养、科学研究、社会服务、文化传承的职能。人民大学在通州建设新校区不会是简单的规模扩大，也不是办学模式的简单复制。东校区将与西校区等其他校区资源共享、优势互补、相互促进、共同发展，加速将人民大学建设成为“人民满意、世界一流”大学。

学校在考虑东校区功能和定位时提出了“新空间、新机制、新人大”的理念，新校区建设不仅仅是学校物理空间的扩展，更要通过理念创新、体制机制创新，把新校区打造成一个探索高等教育改革、提高人才培养质量的试验田。按照规划，东校区将建成包括本科、硕士、博士在内的培养层次齐全的新型校区和留学生培养的主要基地。同时，结合通州新城的规划，东校区将充分发挥学校优势，巩固提高学校具有传统优势的人文社会科学学科，有选择地适当发展理工医学科，搭建中国领先的高等教育协同创新基地和重要的国际学术文化交流平台。

（二）东校区校园的总体概念性规划

2012年4月至6月，学校在全面把握当前高等教育形势与要求、学校发展战略与目标、东西双主校区定位与关系、东校区校园总体规划理念与原则的基础上，集师生代表和规划专家意见，编制完成了《中国人民大学东校区总体规划概念性方案设计任务书》。

2012年6月中旬，为确保东校区校园总体规划设计效果，学校面向全球著名设计单位开展设计邀请，并在综合各方意见和建议基础上，最终选定了同济大学建筑设计研究院（集团）有限公司与上海同济城市规划设计研究院联合体、华南理工大学建筑设计研究院、德国GMP公司、上海华东发展城建设计（集团）有限公司、美国Gensler公司等5家国内外一流的规划设计单位参与东校区校园总体规划概念性方案设计比选工作。

2012年9月至12月，学校领导、师生员工代表、校友代表、各界专家对5家设计单位提交的东校区总体规划概念性方案分别进行了技术审核、方案预审、成果展示、意见征集、专家评审。

附1：在中国人民大学与通州区人民政府合作建设中国人民大学东校区协议签字仪式上的讲话

中国人民大学党委书记　程天权
（2012年3月30日）

尊敬的鲁昕副部长、赵凤桐书记、陈刚副市长，
尊敬的王云峰书记、岳鹏区长，
各位领导，各位来宾，老师们、同学们、朋友们：

大家上午好！今天，我们欢聚一堂，隆重举行中国人民大学与通州区人民政府合作建设东校区协议签字仪式。这是我们期待已久的日子，也是中国人民大学发展史上重要而又难忘的时刻。首先，我代表学校，向各位领导、各位来宾的光临表示热烈的欢迎！向教育部、北京市及通州区等领导部门和合作单位的大力支持表示衷心的感谢！借此机会，也请允许我代表学校全体师生员工，向关心、支持和帮助人民大学东校区建设的社会各界致以最崇高的敬意和最诚挚的感谢！

中国人民大学是中国共产党亲手缔造的新中国第一所新型正规大学，是中国共产党和新中国成功举办新型高等教育的典范和缩影，一直以来都是我国最具代表性的重点大学之一，在中国高等教育体系中具有独特的地位。在70多年的办学实践中，中国人民大学始终与党和国家同呼吸、共命运，始终奋进在时代前列，勤俭办学，艰苦奋斗，积极探索，求真务实，使学校成为我国人文社会科学教育和研究的重要基地，为马克思主义在中国的传播和普及，为我国哲学社会科学的发展和繁荣，为我国社会主义革命、建设和改革事业的发展作出了重要的贡献，被誉为“我国人文社会科学高等教育领域的一面旗帜”和“共和国建设者的摇篮”。新世纪以来，在党和国家领导人的亲切关怀下，在教育部和北京市的正确领导下，中国人民大学牢牢把握住高等教育发展的大好契机，各项工作都取得了长足的进步，整体办学水平大幅提升，办学规模稳步增长，校园建设面目一新，在提前完成“十年基础”的历史任务后，已经迈出了“十年腾飞”的坚实步伐，为建设“人民满意、世界一流”大学奠定了良好基础。当前，在我国推动文化强国建设这一重大战略部署中，作为以人文社会科学见长、特色鲜明的著名学府，中国人民大学理应通过扩大优质高等教育资源、创建文化协同创新基地等途径，在建设社会主义核心价值体系、坚持文化传承创新、提升中国文化软实力和中华文化国际影响力方面作出新的更大贡献。

大学的发展，学科是核心，人才是根本，校园是重要的物质与精神依托。三者构成了学校可持续发展的关键载体和基础平台。然而，随着学校各项事业的迅猛发展，优质教育研究资源效益的发挥越

来越受办学空间的制约，已成为人民大学学科建设和未来发展的最大瓶颈。学校目前占地总面积仅1 137亩，刚到“985高校”平均占地面积4 000多亩的1/4，在“985高校”中居倒数第一，已经到了非解决不可的地步。

为了落实中央把人民大学建设成为“人民满意、世界一流”大学的指示，在刘延东国务委员的亲切关怀和直接批示下，在教育部和北京市领导的悉心关注和大力支持下，在有关部门的鼎力协助下，学校与通州区委、区政府多次接洽、反复磋商，以对历史负责、对党的教育事业负责、对学校负责、对广大师生员工负责的态度，经过仔细斟酌、科学论证、广泛征求意见，最终确定了中国人民大学东校区的选址。我们始终认为，人民大学建设通州东校区绝不是简单为了达到普通高校的基本办学条件指标，也不是为了达到“985高校”的平均水平，而是要通过高标准地建设一个现代化新校区，形成一流的教学科研支撑条件，一举解决办学空间严重不足这一最大的发展瓶颈，带动学科建设、队伍建设、人才培养、文化传承与创新、国际交流与合作等各项事业发展，实现党和国家赋予人民大学的光荣使命。中国人民大学通州东校区的建设同时还是北京市、通州区建设和首都教育事业发展史上的一件大事。包括附属中学、附属小学、幼儿园在内的中国人民大学落户通州，将有力推动北京教育发展格局的完善，改变北京教育发展总体上“西强东弱”的格局，提升东部地区的城市文化品质，改善区域文化生态，提高人口素质，推动产业升级，改善投资环境，加快通州新城建设；对于推动北京“世界城市”建设、提升教育水平、繁荣发展哲学社会科学、推动社会主义文化大发展大繁荣将产生积极而深远的战略影响。

作为国家建设世界一流大学战略、北京市中长期教育改革和发展规划纲要以及通州新城规划的重要内容之一，中国人民大学通州校区将与海淀校区一起构成学校在北京的东、西双主校区，共同承担人才培养、科学研究、社会服务、文化传承创新的基本职能。根据学校的初步规划，中国人民大学东校区将按照世界一流大学学科布局的一般规律，结合国家战略及北京市经济社会发展需要，大力发展学校具有传统优势的人文社会学科，有选择地适当发展理、工、医和艺术学科，为培养高水平、复合型、创新型人才和开展高水平跨学科研究服务；东校区将以一流的设施、优美的校园环境、以人为本的精细化管理服务模式，致力于创建中国特色世界一流大学的示范校区；东校区将结合学校自身优势与地方发展定位，结合北京市建设“世界城市”的发展目标和打造北京市金融中心、通州新城的战略部署，以开放式的办学模式辐射通州以及北京东部地区，坚持教育创新，发挥比较优势，服务社会发展，探索校地合作新模式，全力建成人文社会科学协同创新基地和国际文化交流的重要基地。

合作共发展，携手齐跨越。我们会抓住与通州区合作的良好契机，认真处理好学校发展与服务地方的关系，努力做到以服务求支持、以贡献求发展，积极以一流的人才培养和高水平的科学研究及成果转化为回报，为地方经济发展和社会进步作出更大贡献，在拓展办学空间的同时，要让当地群众受益得实惠。我们希望，同时也坚信，从今天开始，双方会更加亲密合作，团结奋斗，克难攻坚；以只争朝夕的精神，进一步加快各项具体工作进度，努力把人民大学东校区建设成为校地合作、共同发展、实现多赢的成功范例。

以东校区的建设为新起点，我们要按照科学发展观的要求，深入学习贯彻胡锦涛总书记考察中国人民大学重要讲话精神，全面落实《国家中长期教育改革和发展规划纲要（2010—2020年）》精神，秉持“立学为民、治学报国”的宗旨，弘扬光荣传统，不断改革创新，突出办学特色，提高办学质量，培养更多的优秀杰出人才，创造更多人文社会科学成果，为推动首都经济社会的发展和教育事业的进步，为建设高等教育强国和人力资源强国，为中国社会主义现代化事业作出新的更大贡献！

最后，祝大家工作顺利、身体健康！

预祝学校与通州区的合作顺利、圆满！

谢谢大家！

■ 重要讲话、文章

在2012年科研工作会上的讲话

中国人民大学校长　陈雨露
(2012年1月4日)

同志们：

今天是2012年上班的第一天，新年伊始，首先向大家祝贺新年，祝大家新年新气象，新年有新的收获。这次会议是我到任之后第一次参加学校的科研工作会议，刚才听了冯惠玲常务副校长的工作报告，听了杨瑞龙院长、成思教授和梁涛教授的经验交流，非常受鼓舞，也很受启发。2011年是进入新世纪的第11个年头，毫无疑问，人民大学科学研究的成就是巨大的。无论是我们的教师，还是我们科研管理服务部门的同志们，大家尽心尽力、齐心合力，已经共同创造了一个人大学术繁荣的时代。在此，我也代表学校向大家表示衷心的感谢和最大的敬意！

回到学校之后，五个星期的时间，我已经先后同96位同志谈了话。除了谈各自负责的工作之外，主要是想知道一个问题，在大家的心目当中，十年之后的世界一流的人民大学最重要、最核心的象征是什么？现在我做个总结，大家在三点上是有高度共识的：第一，大家认为，世界一流大学应当拥有一流的思想力，应当拥有公认的卓具风格的学派，应当足以在某些重要的学科引领全球学术的发展，甚至是人类社会的发展。第二，世界一流的人民大学应当拥有世界一流思想的教师，全心全意并有预见性地投入到一流的、栋梁之才的造就之中。第三，世界一流的大学应当拥有一流的学术氛围、人文氛围，拥有聚集英才的强大心理诱惑力的学术环境。就大家的这些意见，冯校长让我在今天这个重要的会议上，谈谈面向未来的想法。下面我就谈几点不太成熟的意见。

第一，关于科学研究的“人民满意、世界一流”。

人民大学的科研工作究竟在“人民满意、世界一流”的建设当中应该起到什么样的作用，达到什么样的效果？我个人理解，科研工作的“人民满意”就是深入研究回答重大理论和现实问题，更好地贡献国家、服务社会、造福人民。如果学校的科学研究工作在这方面做好了，那就是实现了科研工作的“人民满意”。那么科研工作的“世界一流”，我想首先是国内一流，做到国内最好最棒。十年之后我们的目标可能是西方的顶尖大学，我们的科研工作如何才能让人信服？凭什么让人家说你是国内最好最棒的？

众所周知，人民大学是我们党和政府创办的第一所新中国的新型正规大学。从学校的历史来说，党和政府给人民大学的任务和使命是明确的，培养新中国的建设栋梁。由此而言之，我们的科研工作必须紧密结合并服务于社会主义的伟大建设实践，这样才能够有所作为、有所建树。

我体会纪宝成老校长凝练出的“立学为民、治学报国”的人大精神，应该就是人大科学研究工作的灵魂所在。现在我们的科研工作要实现新的跨越、新的突破，必须秉持并加强这些优良传统。人大的学者必须密切关注党和国家社会事业发展当中的战略性、前瞻性的课题，聚焦重大理论和现实问题，争取在亟待解决的关键问题上有重大的突破，使研究成果更好地为党和政府制定方针政策服务，使研究成果助力社会主义文化的发展和繁荣，使研究成果成为促进社会和谐、改善民生的具体思路措施。当然，也应该使我们的研究成果及时地融入中国未来栋梁人才的造就之中。换言之，建设世界一流大学必须和国家重大关切与需求紧密联系，这一直是人民大学的优势和长处，我们必须坚持而发扬之。人民大学要继续当好思想库、智囊团，在某些领域争取做到非我莫属。比如某个领域出了问题就一定要向你咨询，向你求教，成为这一领域舍我其谁的权威。其实世界一流大学都很注重类似的思想库、智囊团的作用。斯坦福大学之所以能够在国际上有很高的地位，与学校用科研成果服务社会所取得重大的作用是密切相关的。

人民大学号称马克思主义教学与研究的高地，更要高举旗帜、引领风气，走在全国所有高校的最前列，积极参与马克思主义理论研究和建设工程，为马克思主义中国化、时代化、大众化作出新的贡献。人民大学在这方面注定是责无旁贷、当仁不让的。

说心里话，仅仅简单地去拼科研经费、拼项目和论文的数量，这些都不是人大的根本优势所在。我们的最强项一直就是以人文社会科学为中心的重大、基本理论问题的研究和高层次人才的培养，必须清醒地认识到这一点，明确这一点才能够找到人大科研核心的指向和思路。在社会、经济、文化急速发展变革的大时代，有很多重大的、迫切的问题需要研究处理，今后我们要把争取国家重大专项、完成国家重大专项作为学校科研工作的一个着力点。

我想，十年之后，如果我们的人文社会科学研究整体水平能够在国内做到最好，公认是最强的，是全面领跑的，那么在某种意义上说，也就实现了“人民满意、世界一流”。

第二，关于学术精品。

“十二五”期间，人大要进入一个学术的新时代，学校提出的“强化学术，深化服务，涵育大作，造就大师”的十六字科研工作方针，我是完全赞同的。人大学者要在学术上追求卓越、树立精品意识。

出精品讲起来容易，但实际是个系统工程，牵涉的东西很多、很复杂，既有时代的、社会的、制度的，也有学校的、个人的等等。但是我认为，出精品最紧要的还是要看学者个人，看看我们的教师有没有广阔的心胸和自我放逐的魄力，有没有出思想、创学派的雄心壮志。无论怎样，从学校来说，都必须想方设法为出学术精品创造一切条件，而教师们自己更需要热爱学术，宁静致远，静水深流，拒绝平庸，不再单纯地追逐数量和利益。大家也都清楚，当下的社会风气虽然依旧浮躁，学术研究虽然依旧有急功近利的一面，但是，局面正在慢慢好转，正在逐渐地安静下来。

人民大学的治学风气总体上还是好的，老一辈学者的风清气正的传统仍在，新一代青年学者的学术追求和呼声是令人欣慰的。我们倡导“精品意识”，就是要激励教师发扬人大的优良传统。大家都非常熟悉和尊敬的方立天先生刻苦治学的事迹，一直是在学术界、在人大校园广为传扬的。他几十年如一日地泡在图书馆里，取消所有的周末和节假日，背着书包和学生们一起走进图书馆，看书、查资料、写文章，借用一句佛教的术语，这是需要极大的“定力”的！正是凭借这种“禅定之力”，方先生完成了可以传世的学术精品。我们也都知道，方先生那一代人的治学环境并不是很好，生活也是比较困窘的。我们现在比方先生的这些条件好得多，如果不能够志存高远，争取做学科领袖式的学者，那么我们的学术视野和学术抱负必然不能够开阔，也会限制自己的学术进步。这不是唱高调，我想对于一个学者来说，学术的理想还是非常非常需要的。“士之读书治学，盖将以脱心志于俗谛之桎梏，真理因得以发扬。”这是刚才梁涛教授所提到的陈寅恪先生在王国维纪念碑铭里的名言。也就是说，读书做学问，说到底，要“脱俗”。

就在新年之前，我跟我们学校的16位优秀青年教师座谈，大家交流得非常好，有的青年学者就指出，现在不能仅仅靠“重金”与“重压”让青年学者做学问，而应该充分地创造我们青年学者能够享受治学过程的幸福感的环境，快乐地做研究才能推出更加卓越的成果。我个人非常认同这个说法，我们要营造热爱学术、享受学术、痴迷学术的氛围，单纯地为项目而学术、为经费而学术，难以出传世之作。假设十年之后，实现了世界一流的建设目标，中国人民大学如何向世界呈现出学科代表之作和标志性的成就？纪宝成老校长曾经多次谈到，鼓励我们人大的学者出原创性、奠基性、开拓性、前沿性的学术成果。什么是“学术精品”？我觉得只要我们能够做到“原创性、奠基性、开拓性、前沿性”当中的任何一点，就应该是精品。这应当成为我们人大学者共同努力的方向和在新时代追求的目标。

第三，关于学术领军人物、团队建设和研究平台。

出精品跟培育学术中坚和领军人物密不可分。因为一般说来，精品必然出自学术中坚和领军人物之手，现在我们就要大力扶持、培养中青年科研骨干。教育部社科司的领导最近谈到，他们正在积极准备出台“35、40”计划，就是35岁、40岁计划，再过10年、20年，这批中青年学者就是学术中坚和领军人物。我也注意到，我们人民大学这些年开展“明德青年学者计划”，支持中青年学者十年磨剑，这是非常好的做法。中青年学者正值思想力、创造力最旺盛的时期，要夯实基础，多历练，培养学术灵感，做好学术生涯规划，厚基础，高山峰。总之，学校和院系会创造更好的条件，设计更完备的扶持计划，全力助推“十年腾飞”计划的学术中坚和领军人物。

独木不成林，与培育学术中坚和领军人物密切相关的，还有人民大学学术团队的建设。大平台、大团队，才有可能承担大项目，才能研究带有全局性、战略性、前瞻性的重大理论和实际问题。团队建设的目标是实现“集合创新”。在人文社会科学研究方面，学术团队建设的成效是比较显著的，这是21世纪人文社会科学研究越来越彰显出来的一个新特征。像我们人民大学这样的著名高校，恐怕至少需要建设10个以上的国内一流、世界知名的学术团队。如果能有效地整合资源，凝聚合力，那取得的成就将是非常可观的。当然，自由探索也是我们要充分鼓励的。

我们是综合性大学，既有雄厚的人文社会学科，又有新兴的理工学科，尤其要强调跨学科互动，鼓励跨学科研究团队。现在很多的重大课题，仅仅限制在一门学科内是根本无法完成的，必须要多学科交叉才能承担。但我们希望这种学科交叉不是临时拼版，而是要先谋划再交叉，多学科形成学术合力，去承担大项目、解决大问题和前沿问题。我也在设想，可以在院系之上，召集10个左右的名教授，成立一个委员会，专门谋划、规划、策划重大的学科交叉项目，整合资源，倡导跨学科研究，打造精英团队，争取大课题、新课题，做好做精，充分发挥我们综合性大学的优势。

与研究团队密切相关的，还有科学研究的平台和机构。一般来说，一个团队都要依托于一个科研机构或平台。人民大学以人文社科立校，向来重视教育部的人文社科重点研究基地。同时我也觉得，科研机构的组织可以更灵活多样，不拘一格。以麻省理工学院为例，它有超过200个以科学研究为主的各类平台和机构，其中跨学院、跨学科的研究机构就占到30%，规模大的如空军主管、麻省理工学院代管的林肯实验室，小的如仅有2名教授和6名助手的系统动力学科学研究组等。从整体来看，这些学术组织的特点是灵活多样、不拘形式，可以是实验室、研究中心、研究组、研究计划，也可以是项目组、协作组、研究所，还有其他的名称，如论坛、研究部、首倡行动等等。根据研究的性质、目的，这些组织不一定就依附于院系，而是以研究平台的形式聚集或多或少的学者。大大小小的科研机构都在从事世界级水准的科学研究工作，这就是麻省理工学院的科学研究能够被推上世界一流巅峰的重要原因。我觉得人民大学的研究机构也不妨多元化，要为不同学科多创造“在一起”的时间，以平台机构促进交叉合作。

第四，关于国际性。

我们承认，人民大学的国际化水平不高，这是大环境决定的。客观说，我们国家整个人文社会科学的国际化水平都不高。在国际高水平人文社会科学期刊上，中国学者发表的论文不多。近年人文社会科学中国学者群中，也没有出现能够为西方学界高度认可、能够影响世界的大师级人物，所以，国家现在要大力推行“走出去”战略。

在这种大背景之下，人民大学能否也率先突围，打一个翻身仗？很明显，国际性水平不高跟我们学者的外语水平有很大的关系，也跟我们对西方话语体系的不熟悉有关。我们的外语能力是比较薄弱的，现在，学校应该加大投入，更加注重对于中青年教师的外语培训，致力于提高他们的外语能力，特别是外语学术交流能力。要鼓励我们的学者多参加国际一流的学术会议，培育用外语发表论文、表述思想、参加讨论的能力。再有，如果要掌握现有的学术规则，利用现有学术体系在国际学术期刊上发表更多成果，把经过实践检验的精品之作推向世界，语言也是非常重要的。

在国际化的经验方面，香港科技大学是一个非常值得关注的范式。依靠国际化的办学，香港科技大学的师资与科学研究尽量汲取欧美大学可以借鉴的规则与方法，通过短短的十几年，迅速发展成为世界知名的研究型大学，在多个学科领域的科学研究论文数量一跃处于世界高校前列。在这些方面，也有人民大学可以借鉴的地方。

第五，关于科研评价。

有一个大家都在借用的比喻，中外大学的校长在论坛上表示，大学里的科研工作有点像“下坡运动”，不需要太多的外力推动，学者自己也会努力去做好；而教学是属于“上坡运动”，必须要在外力的支持和推动之下，才能够上行，否则就容易滑坡。这个比喻有一定道理，所以我们现在特别重视科学合理的科研评价体系的建设。

学校最近公布了新修订的科研考核办法及期刊目录，主要的目的就是开始“松绑”，减少行政性评价，创造更为宽松的环境，倡导更加人性化的学术管理服务，让学者从容治学、潜心研究，不被一些无谓的考核指标所限制。我想，科研管理与服务的首要任务和基本职责就是在制度上营造健全的、有利于科学研究的大环境。我们的科研管理体系是否高效规范，能否摆正管理与服务的关系，能否为出大师、出精品保驾护航，都是值得深入研究的问题。

今后，我们应该继续以质量与创新为导向，构建科学高效的科研评价机制，大力提倡科研诚信，进一步加强学风建设，牢牢树立质量意识，更加注重科研绩效。一流大学要有一流的学术服务团队，科研管理队伍建设也需要争创一流，体现人文关怀。

关于科学研究，可以谈的实在很多，像科学研究与人才培养的关系、基础研究与应用研究的关系、学生的科学研究等等，限于时间，我就不再一个个细谈了。

同志们，经过新世纪以来 11 年的跨越式大发展，人民大学的科研工作所取得的辉煌业绩是大家看得到的。我们下一步是要站在巨人的肩膀上继续前进，更上一层楼。在教育部实施新一轮“繁荣计划”的背景下，希望全体师生树立忧患的意识、竞争的意识、质量的意识，再接再厉，拿出新思路、新举措，实现新的突破，再创我们的新辉煌，向着“人民满意、世界一流”的宏伟目标扎实迈进！

再次祝大家新年好！谢谢！

跨文化沟通能力：培养拔尖创新人才的新诉求
——在创新人才教育研究会高层论坛上的讲话

中国人民大学校长　陈雨露
（2012 年 2 月 20 日）

纵观世界经济发展史，没有任何一个国家能够实现连续四个十年的高速增长。中国正在准备创造这样的奇迹，而且必须创造这样的奇迹。在三十多年高速增长之后，中国的第四个十年的高速增长需要更加巨大的超越性的动力，即创新的动力。而只有科学技术、产业组织和文化发展等各方面全面协同创新，才有可能产生如此巨大的动力。未来的十年，创新将仍然是必然的关键词，其重要性不言而喻，需要高等教育界为此作出应有的努力。

创新的基础、源泉往往来自大学，而大学的中心工作和生命线是人才培养。着力培养高素质专门人才和拔尖创新人才理所当然地成为重点大学中心工作的重中之重。面对国内外的新形势、新问题、新挑战，我国高等教育还有不少不适应的方面，尤其突出的问题是能够适应全球化时代要求的杰出人才培养不足。面对全球化浪潮，高校应责无旁贷地承担起培养具有全球领导力的杰出潜力人才的历史责任。未来的全球领袖人才，则必须具备良好的跨文化沟通能力，应该主动成为文化传承、传播和创新的使者，在提升中华文化的国际影响力、参与全球治理、维护世界文明多样性、促进和谐世界建设中作出应有贡献。适应全球化时代和中国和平崛起发展需要，培养大学生跨文化沟通能力，已然成为一项重大课题和使命摆在我们面前。

一、学习和超越：跨文化沟通的时代要求和历史使命

密切的跨文化沟通已经成为当今世界的一个重要特征。随着经济全球化进程的加速，跨国、跨文化的交往日益频繁，多元文化背景的跨国往来与日俱增，全球化生活给现代人的生存和发展带来了前所未有的张力。“全球化”就像一个精灵出没于世界的各个角落，渗透到人们日常生活的多个层面。在这个新时代中，人们需要一场自觉的精神革命，全球意识、跨文化沟通变得日益重要。

全球化时代的新形势下，不断学习以及在学习中实现超越是发展和进步的基本推动力。在世界通史当中，1890 年到 1920 年，有一个专有名词称为“美国进步时代”，这个阶段是美国国家发展方式转型和跨越美国的中等收入陷阱的时代。在这 30 年里，美国完成了三件大事。第一，美国的社会精英和草根民众众志成城，上下一心，奠定了以自由观为中心的核心价值体系。第二，在此基础上形成了以科技、金融和法制为三大支柱的美国国家发展模式，推动美国抓住了人类社会第三次科技创新浪潮和经济发展长周期的机会，完成了工业革命。第三，美国人民在上述两点的基础上，一举完成了对英国的超越，成为世界第一强国，110 多年来长期屹立世界第一而不倒。这个历史性的成功对正面临着同样发展阶段的中国来说是一个值得学习和借鉴的案例。我们完全有理由树立同样的理想，把 1992 年邓小平同志南方谈话到 2021 年中国共产党成立 100 周年这段时间，开创为世界史中的“中国进步时代”。国际金融危机爆发之后，当西方的政治制度和发展模式正面临空前困惑之际，我国也应该完成三大目标：一是要奠定中国特色社会主义的核心价值体系。毛泽东同志 1944 年 9 月 8 日在张思德同志的追悼会上所作的演讲中提出并强调“为人民服务”的价值观。“为人民服务”简洁、鲜明而通俗地表达了中国共产党革命和执政的核心理念，也是中国特色社会主义价值体系的核心体现。二

是要抓住时代机遇，找到具有中国特色的发展支柱，形成中国特色的国家发展模式，完成属于中国的新型工业革命，实现中华民族伟大复兴的梦想。三是要在这个时期内完成对美国经济总量的超越，成为世界第一大国，并奠定中国核心竞争力的产业基础。我们对美国的这种学习，不是简单的复制和仿效，而是在借鉴和比较基础上的升华和超越。实现超越的前提，无疑是以能够在东西方两个文化平台上自由往来的杰出人才为基础支持和根本保障的。因此，在全球化时代的新形势下，跨文化沟通能力已经成为拔尖创新人才的必备素质。

跨文化沟通能力的重要性，我们可以从犹太民族那里获得更多的启示和警醒。众所周知，犹太人占全球人口不到0.2%，却获得了22%的诺贝尔奖、20%的菲尔兹奖（数学最高荣誉奖）、67%的克拉克奖、38%的奥斯卡最佳导演奖、20%的普利策新闻奖、13%的格莱美终身成就奖，而且还控制了全世界半数以上的财富，在世界政治、科学、思想和艺术领域涌现出如马克思、爱因斯坦、弗洛伊德、达尔文、海涅、莫扎特、肖邦、门德尔松、毕加索、卓别林等一大批天才式的精英人物。但是，没有人认为犹太人先天在生理上就比其他民族优秀。犹太民族之所以如此聪明智慧，最根本的原因在于对教育的重视，有超强的学习和创新能力。犹太民族崇尚一则格言“智者懂得真理，所以能化腐朽为神奇”，他们认为教育的核心目标是为了拥有智慧。所以在美国的国家发展支柱当中，科技界、金融界、律师界的精英中1/3以上都是犹太人，犹太民族成为美国发展模式的重要基石。这是我们应该学习的地方。但是同时我们也清楚地看到，美国文化和犹太民族的教育，也许尚有其不足和短板，其中一个方面是在跨文化沟通能力以及对全球科学治理的理论和政策框架上存在不足。特别是与伊斯兰文化的沟通中，长期处于对抗状态。这种对抗已成为世界不稳定的重要根源。以此为鉴，在我国走向世界，成为一个世界一流国家的进程中，我们面向世界未来、面向人类社会未来培养的拔尖创新人才，必须特别重视具备通过跨文化沟通，有效实施和谐世界治理的素养和能力。

在管理学中，沟通能力属于领导力的范畴。沟通能力是软技能，包括了解自己和他人的能力、激励他人的能力、说服能力、号召力以及团队精神等。在西方，跨文化沟通已经成为一门跨领域的新学科，也是当今世界一流商学院的必修课。在日益开放、多元化的社会环境中，跨文化沟通能力理应成为我国大学生必须具备的基础素质。中国高等教育界只有培养大学生拥有良好的跨文化沟通能力，才能培养和锻造未来中国乃至世界的领袖人才，才能在世界范围内、在跨文化的沟通交流过程中实现学习和超越。

二、探索和行动：中国人民大学在培养学生跨文化沟通能力方面的努力

知识创新是国家竞争力的核心要素。高等学校作为知识创新的生力军，为知识创新提供着研究基础、人才保障和智力支持。知识创新不仅包含自然科学领域的发明创造，也包含人文社会科学领域的弃旧扬新；不仅包含科技创新，也包含着制度创新、理论创新。中国人民大学以“立学为民、治学报国”为办学宗旨，历来注重以一流的教学科研成果服务国家和人民，研究重大政治、经济、文化和社会问题，为国家经济社会发展提供强大的理论保证和有力的智力支持，在知识创新方面承载着特殊的神圣职责，发挥着独特的作用。作为一所特色鲜明的著名学府，中国人民大学肩负着为走向复兴的中国培养和造就高层次、创造性人才的责任，肩负着引领文化传承创新和哲学社会科学理论大发展大繁荣的时代使命。在我国建设若干所世界一流大学的总体战略和格局中，中国人民大学占据独特的地位，受到了党和国家的格外重视和支持。2002年4月28日，江泽民同志到中国人民大学考察，强调自然科学和人文社会科学是“车之两轮，鸟之两翼”，要求把中国人民大学建设成为以人文社会科学为主的世界知名的一流大学。2010年9月9日，胡锦涛总书记到中国人民大学考察并看望师生，高度评价中国人民大学作为中国共产党亲手创办的第一所新型大学的历史地位和独特贡献，明确提出要把中国人民大学建设成为“人民满意、世界一流”大学。

十七届六中全会提出了坚持中国特色社会主义文化发展道路，努力建设社会主义文化强国的战略任务。中国文化的传承创新，中国文化的走向世界，中国文化的大发展大繁荣等重大课题如何破题，作为“中国人文社会科学重镇”、“人文社会科学的一面旗帜”，中国人民大学有义务有责任先行先试，敢于担当，有所作为，在建设社会主义核心价值体系、推动文化传承创新、提升中国文化软实力和中华文化国际影响力方面作出新的更大贡献。面对新的发展任务和历史使命，中国人民大学紧紧抓住学校新时期快速发展的主要矛盾，认真贯彻落实国家中长期教育改革和发展规划纲要，把学校的发展战略与国家战略紧密结合起来，把学校的比较优势和社会的重大需求紧密结合起来，高扬理想，崇尚创新，以学生为中心，以教学科研一线为中心，努力把学校建设成为中国人文社会科学国家协同创新的基地，建成中国文化传承创新和走向世界的国家协同创新的中心；充分发挥学科优势，引领中国人文社会科学学科建设，探索和完成中国人文社会科学研究方法的革命性的变化；实现科技创新和文化发展的良性互动，在开放中带动改革，在开放中带动文化和产业的联合，开创出真正的中国文化创意的产业基地；全面发挥人文社会科学研究优势，推进一系列重大现实问题研究和理论创新。

中国人民大学成立之初就由党和政府明确赋予了培养“共和国的建设者”的使命，并在新时期进一步凝练、深化为“国民表率、社会栋梁”的人才培养目标。近年来，学校在人文社会科学领域如何培养拔尖创新人才做了一些理论与实践上的探索，取得了较好的效果。学校贯彻落实以人为本的理念，遵循教育教学规律和人才成长规律，围绕“国民表率、社会栋梁”的人才培养目标，践行“道术结合、文理交融、中西会通、知行合一”的培养理念，不断丰富和发展“宽口径、厚基础、多选择、重创新、国际性”的培养模式，形成了比较完善的教学体系，营造“全方位、全过程、立体化、重自主”的育人氛围，推进人才培养模式创新，全面提升了人才培养质量，为国家和社会培养了大批优秀人才，为繁荣发展人文社会科学作出了重要贡献。

面对 21 世纪全球化时代的广阔发展空间，中国人民大学的人才培养应进入全球视野，主动应对全球化的选择，着力培养具有全球领导力和行业领袖力的优秀人才。目前，学校正在进行人才培养体系的变革，启动人才培养全体系的再造工程，深入研究人才培养路径、问题与对策，制定全球化时代杰出人才培养的路线图。以培养具有全球视野、责任意识、跨文化沟通能力的“国民表率、社会栋梁”为人才培养目标，实际上就是培养具有全球领导力的栋梁人才。在这个人才培养战略目标的指引下，进一步明确和完善适应新时代要求的人才目标能力要求，注重培养学生的理想坚持、跨文化沟通、专业学习、自主拓展、团结协作、身心健康等方面能力，真正锻造出具有全球领导力的杰出人才。

长期以来，中国人民大学高度重视通识教育，持之以恒地积极探索本科通识教育模式，尤其重视对国外先进通识教育模式的借鉴和拓展。美国和法国的精英教育要求大学必须有两年的预科教育专门开展通识教育，强化形象思维和逻辑思维并重的训练，特别是注重领导力的培养。同时我们发现，由于西方世界对非西方文化的漠视和尊重不够，多元文化意识缺乏、对跨文化能力的训练不够是其共同需要解决的问题。我们在学习当中超越，就要在借鉴先进经验的同时也吸取其教训，扬其长，避其短，切实致力于培养一批具有跨文化沟通能力，能够参与全球治理的拔尖创新人才。

三、思考和路径：关于培养学生跨文化沟通能力的探讨

如何培养拔尖创新人才的跨文化沟通能力，结合中国人民大学和其他高校长期以来人才培养的实践经验，需要着重从以下几方面进行反思和探讨：

首先，要教会学生掌握三大文化体系的精髓。在全球化的时代，人类必须加强交流、对话，相互尊重，求同存异，多一份宽容，多一份友善，使差异的世界和谐相处。跨文化沟通能力的培养从根本上说应该是文化素质的培养，而不仅仅是交际技能的训练。能够参与全球治理的拔尖创新人才，必须通晓世界三大文化体系的精髓，就是要清楚：中国传统文化体系的精髓是什么？西方文化体系的精髓是什么？伊斯兰文化体系的精髓是什么？了解本民族的文化精髓是跨文化沟通的基础和前提。我们首先应该从认知和把握中国传统文化的精髓开始，这也是长期的不足之处。应当使学生对中国传统文化有完整了解，并形成以中国文化为底蕴、具备时代色彩的价值观、人生观、世界观。对于伊斯兰文化，我们更要予以高度的重视。美国因为没有很好地处理和沟通与伊斯兰文化和阿拉伯世界的关系，就注定了美国对全球的治理只能走霸道的道路，而不能走王道的道路。未来的全球领导者，必须要互相承认彼此间的差异，相互尊重、补充、协调，以百花齐放、百家争鸣的姿态实现多元文化的共生发展；必须要尊重、学习和吸收世界不同文化，构建世界文化与本土文化的沟通对话关系；必须要博采众长地借鉴各方文明成果并把本土的文化创造向世界推介。惟其如此，才是对不同文化体系精髓的真正领悟，也才能在不同文化体系之间游刃有余，不为所绊。

其次，要教会学生跨文化沟通的基本方法论。近年来跨文化交流学作为一门新学科越来越为人们所关注。跨文化沟通的方法论中，有两大方法论体系至关重要。第一是心理学。跨文化沟通和人的感知、思维方法、世界观、人生观、价值观、定型观念等密切相连，休戚相关。因此，心理学的基本方法论自然在跨文化沟通中发挥着不可或缺的作用。第二个方法论体系是传播学。跨文化沟通本身即属于传播学的范畴。跨文化沟通过程中的信息、渠道、反馈、语言符号系统、非语言符号系统、交流者之间的关系等传播学所及方面都对跨文化沟通产生直接影响。因此，构建跨文化教育课程体系，加强跨文化方法论教育，必须涵盖心理学和传播学的基本方法论体系，帮助学生掌握跨文化沟通方法。

最后，要探索外语教学实践中跨文化沟通能力的培养途径。外语教学是培育跨文化沟通能力的基础。高校应全方位做好外语教学相关工作，使跨文化沟通能力培养目标得到真正有效落实。要不断探索和加强制度设计，营造良好的跨文化教学环境。中国人民大学自 2009 年开始设立国际小学期，来自不同国家和地区的学生共同学习，交流对话，有效地增进了学生对多元文化的包容和理解。要不断提高教师的跨文化沟通能力。教师的言传身教以及示范效应对高校大学生跨文化沟通能力的提高有着不可忽视的作用，应注重教师相关能力与素质的提高与培训，鼓励国际学术交流；及时调整课程设置，如开设跨文化沟通、沟通原理、管理沟通、跨文化管理等相关课程作为公共选修课，使更多专业的学生可以系统地参与学习。要进一步完善课堂教学质量。外语课堂教学中要把文化教育贯穿于语言教学中，注重语言应用能力和文化素养的双提高；广泛开展国际合作与交流，为跨文化沟通创造更多的机会及更有利的环境。只有全面探索和切实改进外语教学工作，我们才有可能真正培养一批不仅懂得英语，而且还需要懂得当地文化和当地民族语言的人才，才能真正担当得起具有全球视野的领导人才的责任。

在中国人民大学创先争优活动基层组织建设年动员部署会上的讲话

中国人民大学党委书记　程天权
（2012 年 2 月 28 日）

各位同志，今年我们即将迎来党的十八大，党中央也把今年定为“基层组织建设年”，开展基层组织建设年活动，是深化创先争优活动的重要举措，具有很强的针对性、现实性和紧迫性，对于我们切实加强基层党组织建设具有十分重要的意义。根据中央和教育部的部署，学校研究制定了《中国人民大学在创先争优活动中开展基层组织建设年活动的实施方案》，今天我们召开会议，就是对深入推进基层组织建设年的活动进行部署。

下面，我根据党中央、教育部的精神，结合学校实际工作讲三点意见。

第一，要切实把握基层组织建设年活动的目标和要求。

开展基层组织建设年活动，主题是“强组织，增活力，创先争优迎接十八大”。全校各级党组织要将这一主题贯穿于 2012 年工作的全过程，切实加强党的基层组织建设，不断增强党员队伍的生机活力，团结带领广大师生员工“创科学发展之先，争教研和谐之优”，以优异的成绩迎接党的十八大胜利召开。

开展基层组织建设年活动的工作要求是“抓落实，全覆盖，求实效，受欢迎”。

抓落实，就是要结合各分党委、党总支的工作实际，认真落实好各项加强基层组织建设的制度和措施，大力推广成功的经验做法。

全覆盖，就是要把各项工作任务落实到每一个党支部，让每一个党支部都积极行动起来，让每一个党员都自觉地参与进来。

求实效，就是要着力解决基层党组织建设中的突出问题。着力增强基层党组织的创造力、凝聚力和战斗力，着力完善加强基层党组织建设的体制机制。

受欢迎，就是要努力满足基层需求，回应师生的关切，使基层党组织建设的成果看得见、摸得着，使基层组织建设年活动让党员满意、受师生欢迎。

开展基层组织建设年活动，我们要努力在下面五个方面实现我们的目标。

一是要进一步提升党支部战斗力。党支部是我们党的全部工作和战斗的阵地，要坚决围绕中心服务大局，拓宽领域，强化功能，进一步巩固和加强学校基层党组织建设，发挥各级党组织的战斗堡垒作用。

二是要进一步提升党支部书记素质。把支部建设好，重要的是要有一个好书记。各级党组织要按照守信念、讲奉献、有本领、高素质的要求不断加强党支部书记队伍建设，不断拓宽选人渠道，加强理论培训，注重实践锻炼，不断加强党支部书记服务学校发展、服务师生群众的能力。

三是要进一步提升党员队伍的生机活力。要加强对党建工作的分类指导，健全考核评价机制，提高发展党员，尤其是发展大学生党员的质量，要进一步加大在青年教师中发展党员的工作思路，进一步加强党员教育、管理和服务工作，通过制定相关的指导意见，举办学生、青年教师培训班等活动，不断增强党员的党性观念。

四是要进一步提升基础保障水平。要加强基层党务工作队伍建设，推进党务工作者培养和培训工作，通过开展党务专题培训、党建工作专题培训等方式，有效提高队伍专业化的水平。我们要加大经费的投入力度，加大活动场所建设，推进基层党建工作的系统化。

五是要进一步提升基层党建的制度化水平。要结合学校事业大局，不断完善党组织的工作，加强党组织生活、党员教育管理制度、党内民主制度和党内监督制度，不断健全基层党建制度体系，提高基层党组织工作规范化、科学化的水平。

第二，要切实明确推进基层组织建设年活动的方法步骤。

学校各级党组织要按照活动的目标和要求，结合本单位实际制定计划，有序开展基层组织建设年活动。在具体工作中：

一是要做好调查摸底，分类工作。从党支部入手，通过调查走访、民主提议等形式，重点检查支部设置是否合理，支部班子是否健全，组织制度是否完善，发展制度是否清晰，活动开展是否正常，基层保障是否落实。对存在问题和不足的党支部要及时帮助其整改，找准党支部开展活动的着力点、党建工作与中心工作的结合点，提升基层组织尽职履职的能力。

二是要充分发挥先进典型的模范带头作用，使每一个党支部都能在原有的基础上有所提高，营造学习先进、争当典型、创先争优的良好氛围。今年“七一”前后，学校党委将在例行表彰的基础上开展创先争优活动专项表彰，对创先争优活动中涌现出来的“围绕中心”、“科学发展”、“服务师生”等方面表现突出的单位和个人予以表彰和宣传。学校各分党委、党总支也要对基层组织建设年活动进行考评，把有效的做法转化为政策措施，引导基层党组织在促中心、促发展，广大党员在立足岗位作贡献上，学先进，见行动，创造一流业绩。

三是要牢牢把握基层组织建设年活动的几个抓手。

要选好配好一支党支部书记队伍。开展基层组织建设年活动，支部书记是关键。要选拔政治坚定、作风过硬、富有责任意识的党员担任党支部书记，提高教师党支部书记在单位重大决策中的地位，调动学生党支部书记参与党建活动、策划党建活动、组织党建活动的积极性。要抓好党支部书记培训，在培训时间、场地和经费上给予支持。

要研究出一些好的思路。学校各级党组织要结合自身的实际，积极谋划围绕中心任务、促进事业发展的好思路。要围绕人才培养、社会服务、文化创新，形成推进教育改革、搞好教书育人、加强教育队伍建设的好思路。要形成推进和谐班风、学风建设，以深入学习雷锋精神为新的主题的和谐校园建设的好思路。

要建立、完善一套好制度。要深入贯彻落实《中国共产党普通高等学校基层组织工作条例》，不断梳理和整改学校党建工作中的各项制度，健全学校党委领导下的校长负责制，推进院系领导班子任期责任制。加强基层调研，落实党政联席会议制度，形成各项工作有法可依、有据可查的良好机制。

要总结提炼一些做法和经验。推动每个党支部至少要建立一项制度，留下一些基层组织建设年之后能够长期发挥作用的成果，促进公开承诺、领导点评、群众评议等做法的规范化和长效化。要坚决完善基层党务公开制度，落实党员教育培训制度，健全流动党员管理服务，建立健全党内关怀、帮扶、激励机制。

要建设管理好一些党建阵地。在摸清基层党组织存在的突出问题和薄弱环节的基础上，要进一步加大人力、财力、物力的投入，切实解决长期存在的党务工作薄弱、党建工作经费渠道不稳、党支部活动不足的问题，保证党支部的工作力量、办事经费、活动阵地。

第三，要切实加强对基层组织建设活动的领导。

全校各级党组织要高度重视，加强领导，真正把基层组织建设年活动和创先争优活动结合起来，以创先争优为动力，确保基层组织建设年活动各项任务落到实处。

一是落实工作，要把加强基层组织建设作为今年创先争优活动的重点，在创先争优活动中，全年落实基层组织建设，各分党委的负责同志要认真履行职责，带头抓好基层党建工作。

二是建立干部联系服务群众制度，要不断健全党组织和党员联系服务师生群众制度，推动各级领导班子成员和机关干部联系支部、深入基层、服务师生。要进一步完善党内激励、关怀、帮扶机制，注重关心和帮助老党员、生活困难党员，多为他们排忧解难。

三是做好创先争优活动的总结工作。目前，创先争优活动已经进入第三阶段，到了出成果、出成绩的关键阶段。各单位要认真总结创先争优活动开展以来的各项活动、做法和经验，多出理论与实践成果，进一步提炼创先争优活动中好的制度和举措，形成提高学校党建工作的长效机制，推动学校事业又好、又快、科学发展。

同志们，按照党中央和教育部的部署，深入开展基层组织建设年活动的目标和任务已经明确，推动路线已经清晰，我们要按照党中央和教育部的要求，扎扎实实地做好各项工作。此外，2012 年也是学校落实“十年腾飞”战略和“十二五”规划承上启下的关键一年，我们要完成基层组织建设年的各项任务，切实加强学校基层党组织建设，大力推动创先争优活动的开展，以优异成果迎接党的十八大胜利召开。谢谢大家。

推进反腐倡廉建设　保持党的纯洁性
——在 2012 年党风廉政建设工作会上的讲话

中国人民大学党委书记　程天权
（2012 年 3 月 28 日）

刚才，牛维麟常务副书记代表学校党委和纪委作了工作报告，回顾总结了 2011 年我校的反腐倡廉工作，全面部署了今年的工作任务。我完全同意，希望各单位、各部门回去后，按照这次会议的部署，紧密结合工作实际，研究制定具体措施，扎扎实实抓好落实工作。

下面，结合上级要求和我校中心工作，我就当前学校的反腐倡廉建设讲三点意见。

一、适应新形势，始终从政治和全局高度深刻把握推进反腐倡廉建设的重要性

胡锦涛总书记在去年“七一”讲话中指出，在世情、国情、党情发生深刻变化的新形势下，我们党面临的执政考验、改革开放的考验、市场经济的考验、外部环境的考验是长期的、复杂的、严峻的。精神懈怠的危险、能力不足的危险、脱离群众的危险、消极腐败的危险更加尖锐地摆在全党面前，落实党要管党、从严治党的任务比任何时候都更为繁重、更为紧迫。

今年年初，在十七届中央纪委七次全会上胡锦涛总书记又从党和国家事业发展全局和战略的高度，指出当前我国党风廉政建设和反腐败斗争呈现出成效明显和问题突出并存，防治力度加大和腐败现象易发多发并存，群众对反腐败期望值不断上升和腐败现象短期内难以根治并存的总体态势，反腐败斗争形势依然严峻、任务依然艰巨。如果腐败得不到有效治理，就会丧失人民的信任和支持，进而导致亡国亡党。这样的现实教训在世界上很多国家都可以找到。对此，我们要有充分而清醒的认识。

就整个高等教育领域而言，加强党的建设，始终保持党的纯洁性，时下已日益成为加强教育系统各级领导班子建设、凝聚改革发展力量的迫切要求，也是贯彻落实教育规划纲要、推进教育改革发展的迫切需要。同时，加强教育系统反腐倡廉建设关系到社会主义事业建设者和接班人的素质，意义重大，影响深远。随着社会上各种消极思潮、浮躁情绪、腐败现象和不正之风对高校侵蚀的加速，高校重点领域接连发生腐败案件。北京市海淀区人民法院最近的一项调研显示，作为全国高等学府主要集中地，海淀区高校教职工职务犯罪案件呈迅速增长的趋势。无论是涉案量还是涉案人数，都成倍增长。这样的一种现实情况警示我们，高等教育领域的反腐倡廉建设工作仍然十分艰巨。

从我校的情况来看，当前我校改革发展正处在一个新的历史时期和发展阶段，新的形势和任务对我们提出了新的更高的要求。一直以来，在学校党委和行政的领导下，全校师生员工齐心协力共同奋斗，各项事业保持了快速发展的良好势头，取得了有目共睹的成绩。但也要清醒地看到，在保持党的纯洁性方面，我们也面临着挑战。在我们的个别党员、干部中，有的理想信念不够坚定，在重大政治问题上说三道四、我行我素，对学校的重大决定阳奉阴违、执行不力；有的轻视理论学习，学风不端正；有的作风不正，宗旨意识淡薄，事业心和责任感不够强；有的不敢碰矛盾、不去着力解决问题，遇事推诿、相互扯皮；有极个别人无视廉洁自律的要求，利用职权谋取私利；有些教师对于学院和学校工作漠不关心，能推即推，能躲则躲，只热衷于个人名利；一些单位领导班子不团结，内部关系紧张；甚至有极个别单位领导干部带头不服从大局，自行其是；等等。这些问题虽然只发生在个别单位，只是极少数人，但我们一定不能掉以轻心、麻痹大意，要不断增强危机意识和责任意识。

二、落实新要求，努力形成反腐倡廉建设齐抓共管的新局面

十七届中央纪委七次全会、2012 年全国教育系统党风廉政建设工作会、2012 年北京市党风廉政建设工作会以及 2012 年北京教育系统党风廉政建设工作会分别对今年党风廉政建设工作提出了新的要求。胡锦涛总书记、袁贵仁部长、王立英同志分别在这些会议上发表了重要讲话，对 2012 年党风廉政建设工作提出了新的指示。这些要求和指示是我校开展反腐倡廉建设的重要指导，也是我们制定今年工作计划的基本依据。

刚才，学校领导与各单位党政一把手重新签订了党风廉政建设责任书，进一步明确了各单位党政一把手在党风廉政建设中的职责和要求。这是我校今年进一步加强党风廉政建设和反腐败工作的一项重要措施。

党风廉政建设责任制是督促各级党组织和领导干部履行反腐倡廉建设职责的有效载体和重要保证，通过形成一级抓一级、层层抓落实的责任体系，确保党风廉政建设责任制有人管、有人抓。签订责任书，其目的就是要督促各级党政领导班子自觉地抓好工作范围内的党风廉政建设，也为每年年底的党风廉政建设责任制考核确定一个文本依据。年底考核时，各单位党政一把手要拿出这个责任书来，自己进行对照检查，看看是否严格按照责任书的要求开展了工作。

为落实中共中央、国务院《关于实行党风廉政建设责任制的规定》文件精神，去年 11 月份，我校出台了《党风廉政建设责任制实施细则》，明确了学校各级领导班子、领导干部在党风廉政建设中的责任和分工，建立健全了检查考核机制，制定了检查考核的评价标准、指标体系，明确了检查考核的内容、方法、程序。要求很明确，任务很具体，希望在座的领导干部特别是签了责任书的党政一把手，要进一步强化“一岗双责”意识，切实担负起职责范围内的党风廉政建设领导责任，抓好本学院、本部门反腐倡廉建设工作的贯彻与落实。

具体而言，需要做到以下两点：第一，把党风廉政建设和反腐败工作与业务工作紧密结合，做到同部署、同检查、同考核。失去了业务工作的支撑，党风廉政建设和反腐败工作便空洞无所依据。要将党风建设贯穿于教学科研管理全过程，并促进两者有机结合，相辅相成，不能形成“两张皮”。第二，要加强制度建设，把党风廉政建设和反腐败工作与制度建设相结合。要实现管理工作科学化、规范化，必须要学会通过制度管人、管事。一是要通过健全和完善本单位内部的监控约束机制，对在工作流程中易发生违规行为的关键部位、关键环节的廉政风险进行防控；二是要健全完善问题发现机制，完善重要情况报告制度，加强适时监控；三是要完善内部规章管理制度。

需要特别强调的是，当前，随着形势的发展，反腐倡廉工作涉及的领域越来越宽，越来越需要各部门共同参与、齐抓共管。各部门要积极配合纪检监察部门开展工作，要充分发挥重点部门联系制度的作用，强化沟通，密切合作，及时了解情况，协调解决一些苗头性、倾向性的问题。具体到一个单位内部，党风廉政建设和反腐败工作绝不仅仅是党委的工作，行政领导班子按照“一岗双责”的要求，对于分管业务领域内的党风廉政建设也负有直接责任。

三、实现新发展，围绕学校中心工作发挥反腐倡廉建设的保障作用

毫无疑问，学校的中心工作是教学科研，在于教育事业的发展。前两年，学校花大力气作了“十二五”发展规划，集全校之力提出了未来五年的发展理念、发展思路和发展举措。从去年开始，在雨露校长的大力推动下，学校提出了“1020 行动计划”，认真筹划了 10 件大事、20 件实事，作为我校发展的重要工作予以逐步落实，其目的都是要实现学校教育事业的发展。从一定意义上讲，党风廉政建设和反腐败工作最为主要的作用便是为学校事业的发展提供政治保障，是服从和服务于学校中心工作的。对此，我们要有准确的把握。

在这一思想指导下，在实际工作中，除了重点抓好牛书记刚才所强调的各项工作外，还应着重做好以下几项工作：

一是要加强对学校重大决策部署贯彻落实情况的监督检查。学校各级党组织和党员领导干部都要把能否落实学校的重要决策部署作为衡量党性强不强的一个重要标志，从讲政治、讲大局的角度来看待重大决策部署的贯彻落实，坚决纠正有令不行、有禁不止的行为，确保政令畅通。纪检监察部门要会同相关部门，加大对学校发展重大决策部署贯彻执行的监督检查力度。今年是落实“十二五”规划的第一年，开好局、起好步至关重要。同时，学校正在实施的“1020 行动计划”对于学校凝聚人心，推动事业发展具有重要作用。要通过定期检查、专项督查等形式促进各部门积极主动履行职责，对于学校党委明确的重要工作，要确保按照要求保质保量落实到位，不打折扣。

二是要进一步提高各项制度的执行力。规章制度的重要性，已毋庸多言。最近几年我们一直在大力开展制度建设，在反腐倡廉制度建设方面，校院两级都建立了比较完备的制度体系，为学校实现规范化管理奠定了坚实基础。当前，摆在我们面前最重要的是提高制度的执行力。在工作中，我们注意到，一些单位尽管规章制度很健全，却大多是挂在墙上，放在抽屉里，或束之高阁，做事仍然不按规章制度办。要在全校上下形成用制度管权、按制度管事、靠制度管人，人人敬畏制度、人人尊重制度、人人遵守制度的良好风尚，充分发挥制度在反腐倡廉建设中的治本功能。

三是要进一步加强对重要权力运行的监督。当前，学校事业发展又迎来新机遇，国家投入的资金在加大、新校区各项工作的步伐在加快、各类科研项目在增多、学校与社会的互动在深入、学校筹集到越来越多的资金。与此同时，我们面临的廉政风险也越来越大。要围绕人、财、物等重要权力的运行，深入推进廉政风险防控工作，消除腐败现象滋生的空间。同时要进一步推动党务公开和校务公开，主动接受群众监督，也为普通党员群众参与学校管理创造更好的条件。

四是要大力加强作风建设。党的作风建设是保持党的纯洁性，增强党组织战斗力和凝聚力的重要途径。党的作风建设，核心问题是密切党同人民群众的血肉联系。要坚持群众路线，切实维护群众的根本利益。基层是一切工作的落脚点，党员干部要坚持眼睛向下看、身子往下沉，深入基层、深入群众开展调查研究，及时了解新情况新问题，掌握第一手资料。对于涉及教职工利益的重大决策要广泛听取教职工意见，多考虑考虑教职工能否接受、能在多大程度上接受。对于他们关注的热点问题要及时予以回应。党员干部要把实现、维护和发展好教职工利益放在工作的首位，以自身优良的工作业绩取信于教职员工。要坚持求真务实、真抓实干，力戒形式主义。七十多年来，我们学校秉承了严谨务实的作风，不论学校发展处在顺境还是逆境，始终以科学的精神和态度，埋头苦干，真抓实干。当前学校发展处在关键阶段，广大党员干部尤其要发扬不怕苦不怕累、能打硬仗的作风，把全部的心思和精力放在谋划事业发展上，以昂扬向上的精神状态投入到工作之中，为学校继续蓬勃发展贡献力量。要坚持勤俭办学，发扬艰苦奋斗的优良传统。七十多年来，我们学校一直有着勤俭办学的良好传统。今天，站在新的起点上，学校发展仍然任重而道远，虽然我们这两年收入有所增加，但是我们要花钱的地方也更多了。作为以人文社会科学为主的院校，在筹措办学资金方面我们面临更大的压力。因此，我们要坚决反对和制止各种铺张浪费的行为，要大力精简会议和文件，严格控制会议数量和规模，认真落实上级关于深化庆典、研讨会论坛过多过滥专项治理的相关要求，始终保持谦虚谨慎、不骄不躁的作风，坚持发扬艰苦奋斗、勤俭办学的作风。

同志们，站在新的起点上，让我们以饱满的精神状态踏上学校事业新发展的新征程。我们一定要深入贯彻落实胡锦涛总书记重要讲话和十七届中央纪委七次全会等上级会议精神，紧密结合实际，扎扎实实抓好我校党风廉政建设和反腐败工作，为学校的改革发展创造良好的环境，推动学校事业持续健康地发展。

在中国人民大学2012年“五一”表彰大会上的讲话

中国人民大学党委书记　程天权
（2012年5月8日）

同志们：

大家下午好！今天，我们在这里隆重举行庆祝“五一”国际劳动节表彰大会，首先，我代表学校向受到表彰的先进单位表示衷心的祝贺！向全体教职员工致以诚挚的问候！

去年，我们隆重表彰了一批在各自岗位上默默无闻、勤奋工作的先进个人。今年，我们以评选先进集体的形式，表彰和奖励一批在创建“人民满意、世界一流”大学进程中，彰显团队力量，弘扬合作精神，为学校发展作出突出贡献的学院、部处、教研室及科室。希望以此进一步激发全校教职员工继续积极投身学校建设的工作热情，进一步推动学校各项事业又好又快发展。

劳动最光荣，劳动者最伟大。站在学校事业发展新的历史起点上，只有通过大力弘扬劳动人民的伟大品格和实干精神，使通过劳动创造美好幸福生活成为全体教职工特别是青年教职工的共同追求，我们才能不断加快建设“人民满意、世界一流”大学的步伐。

2011年，我们怀着对党、国家和人民的深厚感情，以高度的使命感和责任感，郑重提出了要在

2021年建党100周年之际，把中国人民大学建设成为“人民满意、世界一流”大学的伟大目标。以此为战略愿景和光荣使命，我们踏实工作，学校的各项事业都取得了新的进展。我们组织五大学部进行讨论，进一步明确了人民大学的人才培养目标就是要培养具有理想坚持力和国家责任意识、在东西方两个文化平台上能够自由往来的“国民表率、社会栋梁”；我们将贯彻落实高等学校哲学社会科学繁荣发展计划作为当前重要的战略任务，周密研究，深度整合，大力推出哲学社会科学发展八项措施；我们怀着极大的热情积极推进首批进入“2011计划”的申建筹备工作，进一步丰满和突出人民大学作为党和政府“思想库”、“智囊团”的形象；我们的中法学院正式拿到了教育部的批文，即将走出一条高水平、有特色的中外合作办学的道路；我们全力以赴，精心谋划，积极努力地推动通州校区相关工作稳步进行，为学校的跨越式发展努力创造必要条件；我们建成了国学馆、校医院新大楼，启动了中关村校区的整体改造工程，一个更加美丽、舒适的校园正呈现在我们眼前；我们在全校管理系统启动“精细化管理、人性化服务”模式的研究和探索，要求为教学科研一线提供“快半拍”的高效率服务，打造优良的人才培养和学术研究环境；我们正式启动“1020行动计划”，落实2012年发展建设“10件大事”和师生关心的“20件实事”，抓大不放小，为学校的快速发展奠定了坚实的基础。回顾发展奋斗的历程，我们有理由为劳动的丰收而自豪，有理由为劳动者奋进的精神而高歌！

今年下半年，党的十八大即将隆重召开，学校也将迎来成立75周年庆典。作为中国共产党创办的新中国第一所新型正规大学，作为“人文社会科学高等教育领域的一面旗帜”，我们必须牢记胡锦涛总书记把中国人民大学建设成为“人民满意、世界一流”大学的重托，扎实推进“十年腾飞”发展规划，把握机遇，迎接挑战，推动学校事业不断向前发展。借此机会，我向大家提几点希望：

一、希望全体教职工进一步提高对建设“人民满意、世界一流”大学的认识

2010年9月9日，胡锦涛总书记在考察中国人民大学时，明确提出要把中国人民大学建设成为“人民满意、世界一流”大学。2011年4月24日，胡锦涛总书记在庆祝清华大学建校100周年大会上发表重要讲话，强调“建设若干所世界一流大学和一批高水平大学，是我们建设人才强国和创新型国家的重大战略举措”，这为我国建设世界一流大学吹响了号角、指明了方向。结合两次讲话，我们要充分认识到，将中国人民大学建设成为“人民满意、世界一流”大学，是党中央的殷切期望和明确要求，是党的意志、国家的意志、人民的意志。

要建设“人民满意、世界一流”大学，我们要充分认识到一流的学科是核心、一流的教师队伍是关键、一流的教学科研设施是保障，提升国际性是突破点、提升办学质量是永恒主题。只有大家对自己所从事的事业充满真情，有一颗对党、国家和人民负责，热爱教育事业、热爱学校的心，才能不断提升认识，做好本职工作，才会对自己所从事的教育事业苦心钻研、潜心探索，我们建设“人民满意、世界一流”大学的宏伟目标才能够早日实现。

二、希望全体教职工进一步提振建设“人民满意、世界一流”大学的信心

天下大事必作于细，天下难事必成于易。只要全校师生员工凝心聚力，我们建设“人民满意、世界一流”大学的宏伟目标必将实现。我们要通过目标清晰、思路明确、措施得力的规划的制定和实施，最大限度地调动全体师生员工的积极性和主动性，大家齐心协力，共同奋斗，以此提振大家的信心；我们要凭着不畏艰难、迎难而上的实干精神，狠抓落实，破解难题，让全校师生看到并享受到学校发展的成果，以此提振大家的信心；我们要逐步打造一支学历层次高、专业结构好、学缘结构优、科研能力强、年龄结构合理的师资队伍，建立强有力的队伍保障，以此提振大家的信心。

同时，我们的信心也源于切实增强的危机感、紧迫感和使命感。我们面临的是百舸争流、不进则退、缓进亦退的残酷竞争局面。我们要不断破除“自满、自足、自负”和“畏首、畏尾、畏难”的不良思想观念。只有我们全体教职工都能立足本职岗位，坚持理想和充满信心地开展自己的工作，勇创一流业绩，才能汇聚大家的力量和成绩，不断推动学校各项事业的发展，让学校在激烈的竞争中脱颖而出，早日建成“人民满意、世界一流”大学。

三、希望全体教职工进一步增强建设“人民满意、世界一流”大学的本领

建设“人民满意、世界一流”大学对我们每一位教职员工的自身素质和本领都提出了更高的要求。希望广大教职员工继续秉承爱业、敬业、乐业、精业的理念，努力把全部精力和满腔热忱献给人民的教育事业，时刻关心学生，努力成为学生的良师益友；希望广大教职员工继续坚持学习、加强学习、刻苦学习、终身学习，切实提升理论素养，夯实理论功底，不断掌握新知识、锻造新技能，在理论创新、自主创新方面走在同行的前列；希望广大教职员工不断拓展自身的国际视野和国际眼光，积累和提高处理国际事务的知识和能力，更多的教师能够自由往返于国际学术交流平台，行政管理和后勤管理队伍也能够成为学校提升国际性的重要依靠力量；希望广大教职员工继续增强集体意识和团结精神，创新性地做好集体和团队的组织建设、制度建设和作风建设，将集体意识和团结精神切实转化为凝聚力和战斗力，打造一个个富有“正气、朝气、锐气”的集体和团队。

同志们，今天我们在这里召开表彰大会，就是要彰显榜样的力量，号召全体师生员工向他们学习，恪尽职守，无私奉献，同心同德，开拓前进，勇敢肩负起时代赋予的历史使命。同时，也希望受表彰的单位珍惜荣誉，戒骄戒躁，再接再厉，不断进取，为学校改革、发展、稳定、和谐再立新功。2012年，我们真正迈入“十年腾飞”的关键之年，学校新一轮的发展已经拉开序幕，我们一定要抓住这千载难逢的机遇，为实现建设“人民满意、世界一流”大学的目标而奋斗！

最后祝全体教职员工身体健康、工作愉快！谢谢大家！

在中国人民大学与北京外国语大学战略共同体合作框架协议签字仪式上的讲话

中国人民大学党委书记　程天权
（2012年5月15日）

尊敬的各位领导，各位来宾，老师们、同学们、朋友们：

大家下午好！

今天，我们欢聚一堂，隆重举行中国人民大学与北京外国语大学战略共同体合作框架协议签字仪式。同源一脉的两所兄弟高校在延续六十余年情谊的基础上，再度紧密结合、携手并进。这是值得我们共同铭记的大事、喜事。首先，我代表中国人民大学，向各位领导、各位来宾的光临表示热烈的欢迎！向教育部、外交部、新华社和北京市等领导部门的大力支持表示衷心的感谢！

中国人民大学是中国共产党亲手缔造的第一所新型正规大学，是中国共产党和新中国成功举办新型高等教育的典范和缩影，一直以来都是我国最具代表性的重点大学之一，在中国高等教育体系中具有独特的地位。在75年的办学实践中，中国人民大学始终与党和国家同呼吸、共命运，始终奋进在时代前列，勤俭办学，艰苦奋斗，积极探索，求真务实，使学校成为我国人文社会科学教育和研究的重要基地，为马克思主义在中国的传播和普及，为我国哲学社会科学的发展和繁荣，为我国社会主义革命、建设和改革事业的发展作出了重要的贡献，被誉为“我国人文社会科学高等教育领域的一面旗帜”和“共和国建设者的摇篮”。新世纪以来，在党和国家领导人的亲切关怀下，在教育部和北京市的正确领导下，中国人民大学牢牢把握住高等教育发展的大好契机，各项工作都取得了长足的进步，整体办学水平大幅提升，在提前完成“十年基础”的历史任务后，已经迈出了“十年腾飞”的坚实步伐，为建设“人民满意、世界一流”大学奠定了良好基础。

北京外国语大学作为中国共产党创办的第一所外国语高等学校，是目前我国高等院校中历史悠久、教授语种最多、办学层次齐全的外国语大学。在70年的办学历程中，学校秉承中华优秀传统，吸纳世界文明精粹，紧密结合国家战略发展需要，形成了鲜明的“外、特、精”的办学理念和“兼容并蓄、博学笃行”的优良校风，作为培养涉外高素质人才的重要基地，获得了“共和国外交官摇篮”的美誉，为共和国外交事业的发展提供了重要的智力和人才支持。面向未来，北京外国语大学正努力建设成为“国际知名、有特色、高水平外国语大学”。

北京外国语大学和中国人民大学之间有着深厚的历史渊源和悠久的传统友谊，有着良好的合作基础和广阔的合作空间。兄弟之情，历久弥坚。长期以来，北外与人大相互砥砺、声息相通，在人才培养、科学研究、社会服务和文化传承创新等方面开展了富有成效的合作。当前，国家即将全面实施《高等学校创新能力提升计划》（“2011 计划”），鼓励高校依托优势学科与其他高校、科研院所、行业企业合作，建立开放、集成、高效的协同创新体制机制，探索高等教育质量提升的新平台，推动教育资源的全面共享以及教育与科技、经济、文化的全方位互动。当此革故鼎新之机，北京外国语大学和中国人民大学知新致远，紧密携手，本着“优势互补、资源共享、互利双赢、共同发展”的原则，达成合作协议。双方将在高层次国际化人才培养、重大国际问题协同创新研究、中华文化传承创新和走向世界、服务人文北京和世界城市建设等方面进行深度合作，联袂打造我国第一家高校战略共同体。

这是两校兄弟情谊的延续和升华，也是人民大学创建“人民满意、世界一流”历史使命的召唤和要求，更是我们积极回应创新型国家建设的主动选择和战略举措。与北京外国语大学的合作，对于人民大学提高人才培养质量、增强科学研究能力、提升社会服务水平、大力开展协同创新、大力推进文化传承创新、大力提升国际性等各项事业的发展必将产生重大而深远的影响。

合作驱动发展、协同共赢未来。我们将以协议的签订为新的历史起点，按照科学发展观的要求，深入贯彻落实《国家中长期教育改革和发展规划纲要（2010—2020 年）》，贯彻落实胡锦涛总书记在视察中国人民大学和庆祝清华大学建校 100 周年大会上的重要讲话精神，推动双方合作向更宽领域拓展、向更深层次迈进，努力为建设高等教育强国和人力资源强国，为中国社会主义现代化事业作出新的更大贡献！

我们相信，通过不懈努力，我们的合作一定能够开出绚丽之花，结出丰硕之果！谢谢大家！

创先争优在党的先进性建设中的理论与实践意义
——在北京市创先争优理论研讨会上的发言

中国人民大学党委书记　程天权
（2012 年 5 月 17 日）

先进性是马克思主义政党的生命所系、力量所在。面对新形势新任务新要求，中国共产党只有自觉顺应时代要求和人民愿望，不断加强和改进自身建设，才能始终保持和发展自己的先进性，始终成为中国特色社会主义事业的领导核心。党中央关于开展创先争优活动的重大部署，是新世纪新阶段加强党的自身建设的重大举措，对于巩固党的执政地位、推进中国特色社会主义事业长远发展具有重要意义。

一、创先争优在党的先进性建设全局中的地位

先进性是中国共产党的性质和宗旨的根本要求。中国共产党成立 90 多年来，始终代表先进生产力的发展要求，代表先进文化的前进方向，代表最广大人民群众的根本利益，因而能够始终保持和发展先进性，领导中国人民取得革命、建设和改革发展事业的一个又一个伟大胜利。

先进性是一个由多方面要素共同构成的有机整体，既包括从中央到基层各级党组织的先进性，也包括党员干部个人的先进性；既包括党的指导思想、路线纲领、奋斗目标、方针政策的先进性，也包括党的组织原则、领导体制、工作机制、运行程序的先进性。

保持和发展党的先进性，党的中央领导集体是关键。党中央的坚强领导和执政能力的提升，正确

的理论、路线、纲领、方针、政策的制定，对于保持和发展党的先进性，具有决定性意义。邓小平理论、“三个代表”重要思想和科学发展观作为党的理论创新成果，是我们党指导思想上的与时俱进，是我们党最宝贵的精神财富，是保持和发展党的先进性的根本保证。

党的先进性不仅体现在中央层面，还体现在各级党组织和全体党员身上。党的基层组织是党全部工作和战斗力的基础，党员是党的细胞和党的先进性的承载主体。要保证中国共产党始终成为一个先进政党，就必须采取有效措施，通过完善制度和机制，使党的各种先进性要素充分发挥作用。创先争优活动明确规定了先进基层党组织和优秀共产党员的基本要求，把党的先进性要求同基层党组织的工作职责、广大党员的岗位职责结合起来，指明了新形势下加强和改进党的建设的努力方向，对于激发各级党组织和广大党员的生机活力、保持和发展党的先进性，具有十分重要的意义。

二、创先争优在党的先进性建设中的创新性意义

保持和发展党的先进性是马克思主义政党自身建设的根本任务和永恒课题。党的先进性是历史的、具体的。创先争优活动作为新形势下加强党的先进性建设的重要举措、有效载体和有力抓手，赋予党的先进性建设以鲜明的时代特色和崭新的时代内涵，为党的先进性建设注入了新的活力和强大动力。

创先争优凸显了新时期加强基层党组织建设和党员队伍建设的极端重要性。站在新的历史起点上，我们党要全面做好改革发展稳定各项工作，就必须切实搞好自身先进性建设。党中央明确指出，开展创先争优活动的整体要求，就是要充分发挥基层党组织的战斗堡垒作用和共产党员的先锋模范作用，促使他们在推动科学发展、促进社会和谐、服务人民群众、加强基层组织的实践中建功立业。这一要求，把加强党的先进性建设的重点放在基层组织和党员身上，把党的政治优势和组织优势转化为推动经济社会又好又快发展的强大力量，这是新时期加强党的先进性建设的重要创新。

创先争优明确了新时期评价基层党组织和党员先进性的基本标准。创先争优，内涵丰富，“先”字既要求各级党组织和广大党员在整个创先争优活动中时时体现先进性，又要求各级党组织和广大党员必须把先进性作为活动的基本定位和标准，基层党组织要努力做到“五个好”，党员要努力做到“五带头”，创建先进基层党组织，争当优秀共产党员。能够得到先进、优秀荣誉的基层党组织和党员毕竟不多，但更重要的是要通过开展这个活动使每个基层党组织和党员都更好地发挥作用。这就要求开展活动既要注重结果，又要注重过程，通过在“创”与“争”上下功夫，对“优”与“先”进行评比表彰，明确方向，激发活力，增添动力，建设长效机制。

创先争优突出了党的基层组织建设和党员队伍建设的极端重要性。它把党的先进性建设作为一个有机整体来考虑，提出了科学的总体要求、主要内容、方式方法，是新时期加强和改进党的先进性建设的重要创新。开展创先争优活动，有助于在全社会积极营造学习先进、崇尚先进、争当先进的良好风气。开展创先争优活动，要把典型引路与全面提高有机结合起来。通过发现、挖掘基层党组织、党员干部的先进和优秀典型，及时总结宣传他们的好经验、好做法，积极在全社会营造创先争优的良好社会氛围，从而推进创先争优活动向广度和深度不断拓展。

三、创先争优在党的先进性建设中的长效性作用

如何从体制机制上保障党的先进性，这是我们党始终关注并不懈探索的重大课题。创先争优作为党的建设一项重要的经常性工作，一个很重要的目的就是要探索建立一种在基层党组织和党员中保持和发展党的先进性的长效机制。

创先争优活动与我们党开展的历次学习教育活动一脉相承。始终保持和发展党的先进性，是我们党历次学习教育活动的根本任务。远可追溯到延安整风，近可接上“三讲”教育，再到十六大以后开展的保持共产党员先进性教育活动和十七大以后开展的深入学习实践科学发展观活动，都以党的先进性建设为主线，并在理论和实践的结合上进行了积极探索，形成了一些规律性做法。

创先争优活动，无论是它的创新性意义还是长效性功能，本质上都是实践的，都是把党的先进性建设与全面建设小康社会的实践紧密结合在一起，把推进党的建设与促进党的中心任务高度统一起来，把党的政治优势和组织优势转化为推动经济社会又好又快发展的强大力量。按照党中央的部署和要求深入开展创先争优活动，能够使基层党组织通过各种行之有效的创新实践把党的基层组织建设成坚强的战斗堡垒，能够使广大党员在本职岗位上发挥最大的聪明才智，充分发挥先锋模范作用，从而涌现出千千万万个先进基层党组织和优秀共产党员，使党的先进性建设蔚然成风。

创先争优活动作为巩固和拓展全党深入学习实践科学发展观活动成果的重要举措，也是建立党的先进性建设长效机制的一个重要探索。这一活动的持续开展，其成功的做法和经验、实施内容和评判标准、有效的运行机制、制度规范和方式方法等等，都将经过总结提炼，转化为保持基层党组织和党员先进性建设的长效机制，并成为全党先进性建设长效机制的重要组成部分，为新时期加强党的先进性建设提供重要保障。

在马克思主义理论研究和建设工程工作会议上的发言

中国人民大学党委书记　程天权
（2012年6月1日）

昨天，通过聆听、学习和讨论长春同志的重要讲话精神，进一步深化了对深入实施马克思主义理论研究和建设工程重大意义的认识，进一步深化了对我们所肩负的重大责任和光荣使命的认识。工程实施以来，各种工作取得了巨大成就，进一步推进了党的思想理论建设，促进了哲学社会科学的繁荣发展，意义重大，影响深远，不愧是我们党思想理论建设的基础工程、战略工程。中国人民大学对于中央实施工程的战略部署，坚决拥护，全力支持。从工程实施之日起，我校就坚持把完成工程交付的工作当作重要政治任务来抓，广大教师积极参与，努力工作，为工程作出了应有的贡献，受到了中央领导和有关部门的肯定。我校共有151位教师参与编写工程重点教材，59位教师担任了重点教材的首席专家，众多学者承担了工程重点教材的审稿工作。此外，还有许多位老师作为首席专家和主要成员主持和参与了马克思主义基本理论和重大现实问题等多项课题的调查研究，10名教师入选全国宣传文化系统“四个一批”人才工程，20名教师参加了中宣部、教育部等五部委联合举办的高校哲学社会科学教学科研骨干研修班。值得欣慰的是，参与工程的不仅有德高望重的老一代学者，也有大批学术新生力量，中青年学者担任首席专家和主要撰稿人的比例已达47%。这一方面展示了我校马克思主义学科队伍的整体实力，另一方面也为我校马克思主义学科锻炼了队伍，培养了人才，推动了我校马克思主义学科的发展。

当前，我国经济社会发展进入了新的时期，党的理论建设和理论创新的任务十分艰巨，高等学校哲学社会科学的发展面临着新的机遇和挑战。我们认为，在新历史条件下必须继续实施马克思主义理论研究和建设工程，努力推动工程成果的落实转化，充分发挥工程对高校学科建设的指导作用，把马克思主义理论研究和建设工程进一步推向前进。在这方面，我校愿意继续努力，再立新功。下面，我简要汇报一下我们的工作思路。

第一，坚持以马克思主义为指导，努力建设具有中国特色、中国风格、中国气派的哲学社会科学学科体系和教材体系。党的十七届六中全会提出了推动社会主义文化大发展大繁荣的重大任务。对哲学社会科学来说，推动社会主义文化大发展大繁荣的关键，是要弘扬社会主义核心价值体系，建设具有中国特色、中国风格、中国气派的哲学社会科学学科体系和教材体系。在这个方面，工程系列教材和研究成果正在发挥着关键性的作用。下一步的任务是要以工程成果为基础，进一步落实工程重点教材编写工作，进一步落实工程教材和成果的使用和推广；努力建设具有时代特征的马克思主义理论的学科体系和反映中国特色社会主义丰富实践的教材体系；加强对马克思主义经典著作、基本理论和改革发展中的重大问题研究；深入开展中国特色社会主义道路、理论体系和制度的研究宣传；加强对马克思主义专业人才和学术骨干的重点培养。

第二，切实重视马克思主义经典著作的教学与研究，进一步巩固马克思主义的指导地位。马克思主义经典著作集中体现了马克思主义基本原理，是马克思主义理论的本源和基础。相当一段时期以来，受“马克思主义过时论”的影响，马克思主义经典著作的教学和研究工作明显削弱了。2011 年 5 月，我校老校长纪宝成教授曾为此向中央领导郑重建议，在全国高校加强马克思主义经典著作教学研究工作，得到了李长春、习近平、刘云山、刘延东等中央领导同志的高度重视，教育部也据此进行了深入的调研并做出了部署。我们将采取切实有效的措施，落实中央领导同志的指示和教育部的部署，大力推进马克思主义经典著作的教学与研究工作，进一步巩固马克思主义在高校的指导地位。近年来，我校专门设立了一批“原著原典选读类”课程，鼓励学生以阅读原著、写读书笔记、参加读书会等形式研习马克思主义经典著作，受到了学生的欢迎。我校“红船领航”马克思主义经典著作研读活动，已经成为高校创新型学生党员先进性教育的品牌活动。我校率先在所有财经类专业的研究生中开设马克思《资本论》的课程，组建了全国高校唯一的《资本论》教学与研究中心。为全国高校教师举办的《资本论》暑期高级研修班的计划，近期也得到教育部的批准。所有这些工作，都将有力提升对马克思主义经典著作的教学科研水平。

第三，推动中国的哲学社会科学走向世界，增强我国国际话语权和国际影响力。建设社会主义文化强国，必须培养高度的文化自觉和文化自信，增强国家文化软实力，弘扬中华文化。从哲学社会科学领域看，就是要从中国特色社会主义建设的伟大实践出发，总结经验、提炼思想、创新理论、调整学科体系、创新话语体系，建设理论和思想的强国。就是要坚持“走出去”与“请进来”相结合，提升国际学术交流质量和水平，在国际交流和合作中增强文化的自觉与自信。当前特别要重视工程系列成果的国际推广和宣传，向全世界展示中国马克思主义理论研究与建设最新成就，推动中国学术走向世界，推动中华文化走向世界，增强我国国际话语权和国际影响力。

第四，加强思想政治理论课的建设，进一步提高思想政治教育的水平。大学之道，育人为本，德育为先。长期以来，中国人民大学始终重视发挥思想政治理论课的主渠道作用。从 2004 年起，配合中央的马克思主义理论研究和建设工程建设工作，我校规划分期分批编写 50 部左右“中国人民大学马克思主义理论研究和建设工程系列教材”，目前已出版 10 余种，在教学中发挥了很好的作用。近年来，学校采取多种有效措施，努力加强和改进思想政治理论课教学，涌现了一大批优秀的马克思主义理论教师，使思想政治理论课真正成为大学生真心喜爱、终身受益、毕生难忘的优秀课程。

下一步，我们将认真落实中央领导同志讲话精神和本次会议的精神，在学科建设、课时安排、教育教学等工作中进一步贯彻落实，做好工程教材的推广使用，积极推进研究生思想政治理论课改革工作，大力加强任课教师的培训，进一步加强和改进大学生思想政治理论课的建设。更加支持参与工程工作的首席专家和主要成员的工作，鼓励广大教师尤其是中青年骨干教师深入参与工程、服务工程，为加强我国的马克思主义理论研究和建设作出新的更大贡献。

在中国人民大学中法学院成立大会上的讲话

中国人民大学校长　陈雨露
（2012 年 6 月 12 日）

尊敬的肖扬院长，陈焕友老书记，顾海良副部长，蒋宏坤书记，公丕祥院长；尊敬的法国大使（白林女士），法国总统高等教育顾问裴泝岢先生，法国索邦大学校长（巴德雷米·若贝尔先生），法国保罗-瓦莱里大学校长（安娜·弗拉伊斯女士），法国马赛商学院校长（伯纳德·贝尔唐特先生）；

尊敬的张天保部长，胡福明主席，各位领导、各位来宾，女士们、先生们：

上午好！我们怀着兴奋的心情，隆重举行中国人民大学中法学院成立大会。首先，我代表中国人民大学向出席会议的各位领导和贵宾表示热烈的欢迎！向教育部、江苏省委省政府、苏州市委市政府、苏州工业园区和社会各界在中法学院申办过程中给予的支持表示最诚挚的感谢！中国人民大学中法学院得到了刘延东同志、陈至立同志，最高人民法院肖扬院长、教育部部长袁贵仁同志，江苏省委各级领导的亲切关怀；教育部国际交流司生建学司长等教育部的领导，中国浦东干部学院常务副院长冯俊教授、苏州大学校长朱秀林教授、西交利物浦大学执行校长席酉民教授等兄弟院校的领导和来自上海等全国各地的校友代表专程赶来参加成立大会。在此我向各位领导和朋友们的光临和对中国人民大学长期的支持表示崇高的敬意和感谢！

中法学院的成立，离不开纪宝成老校长的倾情投入和直接推动，离不开法方合作伙伴亲密的合作，离不开参与申办、筹备工作的所有同志和法方朋友卓有成效的付出，更离不开教育部、江苏省、苏州市及社会各界的悉心关注和大力支持。在此，我再一次表示特别的感谢！

当今世界，办全球视野下的高等教育已成为重要趋势，世界各国高等教育领域的合作与交流日益频繁和深入，中外合作办学成为21世纪世界教育发展难以掩拒的潮流。建设世界一流大学，必须顺应这个时代潮流，站在全球大舞台上谋划未来，把全面提升国际性作为提高高等教育质量的重要抓手和新的增长点，乘势而上，应势而为。中法学院的成立，正是落实胡锦涛总书记“把中国人民大学建设成为‘人民满意、世界一流’大学”的重要指示、贯彻《国家中长期教育改革和发展规划纲要(2010—2020年)》的战略举措，正是以开放的方式促进教育改革、探索高水平中外联合办学和异地办学新模式的一次重要尝试。中法学院早于2010年起就展开中法联合培养本科阶段试验性教学，经过两年多的办学实践，已经初步形成了比较鲜明的办学特色。从今天开始，中法学院将依托和发挥人民大学“中国人文社会科学重镇”的学科实力和比较优势，全力建设立足苏州、辐射全国的中法高水平人才培养基地，努力打造具有国际影响的中法科技合作和社会服务的高地。我们有理由相信，在中法四大名校的精诚合作下，中法学院的发展道路一定会越走越宽，发展前景会更加广阔。在这样具有特殊意义的时刻，我愿就中法学院的建设和发展提出三个努力方向：

第一，让我们并肩努力，推动国际性杰出人才培养，主动承担起培养全球领袖人才的时代责任。

面对21世纪全球化时代的广阔发展空间，大学的人才培养应进入全球视野，主动迎合全球化的选择。人民大学面向世界未来、面向人类社会未来培养的拔尖创新人才，应该具备参与和谐世界治理的素养和能力，能够在参与全球治理、维护世界文明多样性、促进和谐世界建设中大有作为。我们将以中法学院为新载体和新平台，在这片崭新的沃土上展开中国人民大学全球化时代杰出人才培养的路线图，大胆探索，辛勤耕耘，遵循“高水平、有特色、国际性”的办学理念，真正培养出具有全球视野、责任意识、跨文化沟通能力，能够在东西方两个文化平台自由往来的“国民表率、社会栋梁”。

第二，让我们并肩努力，探索中外合作办学新模式，主动承担起推进高等教育改革创新的本职使命。

创新是中法学院可持续发展的灵魂和不竭动力。中法学院的成立，开创了我国高等教育人文社科领域以中方一流大学为一方、外方多所名校合作参与的中外合作办学新模式。中法学院将以全球化的视角、热门的强势专业、一流的国际师资、充满活力的国际校园氛围、创新的人才培养模式，携手中法两国著名学府，取长补短，相得益彰。希望中法学院在办学实践中进一步解放思想，健全体制机制，扩大开放共享，不断提升合作的层次、质量和水平，把学院办成我国人文社会科学领域国际交流和教育合作的一面旗帜。

第三，让我们并肩努力，促进中法文化交流，主动承担起积极服务于深化中法两国文化、教育战略合作的历史任务。

国之交在于民相亲。近年来，国家把文化交流提升到战略层面。以人文社会科学为主的中国人民大学充分认识到这一使命，在推动国际文化交流、促进文化多样性方面作出了应有的努力。中法学院要自觉把办学实践纳入国家大外交的格局，找准定位，发挥优势，深化中法师生交流，拓展深度和广度，促进中法高等教育交流合作迈上新的台阶，努力成为推动两国文化交流、增进两国人民友谊的重要桥梁。历史会证明，中国人民大学中法学院所作的这些努力，恰如涓涓细流，汇入中法两国人民文化教育交流的“长江”和“塞纳河”，为中法友好的大树深深扎根和枝繁叶茂奉献涓涓甘霖。

大交流促进大合作，大合作促进大发展。让我们共同祝愿中国人民大学中法学院明天辉煌荣耀，祝愿中法学院的老师和同学们工作顺利、学习进步，祝愿各位领导和嘉宾身体健康、生活幸福。

谢谢!

在中国人民大学纪念中国共产党成立91周年暨创先争优表彰大会上的讲话

中国人民大学党委书记　程天权
（2012年6月27日）

同志们：

在中国共产党即将迎来91周年华诞之际，我们在这里隆重集会，表彰先进典型，学习模范事迹，激扬发展斗志。在此，我代表学校党委向辛勤工作在学校教学、科研、管理、服务各个岗位上的共产党员致以崇高的敬意和节日的问候！向多年来为学校事业发展付出辛勤劳动、作出积极贡献的全校师生员工包括离退休老同志们表达诚挚的问候和衷心的感谢！

91年来，中国共产党领导全国人民走过了革命、建设和改革发展的光辉历程，在各个阶段都留下了难以磨灭的壮丽史诗。中国人民大学作为中国共产党创办的第一所新型正规大学，自1937年创办以来，一直同党和国家同呼吸、共命运，伴随着党的奋斗历程而发展壮大，体现了我们党创办新型高等教育的探索和努力。近年来，在学校党委的领导下，各级党组织和广大党员认真贯彻落实党的教育方针，深入开展创先争优活动，努力加强基层党组织建设，紧密围绕人才培养、科学研究、社会服务等核心任务开展工作，有力地推动了学校事业的科学发展，涌现出了一批先进基层党组织和优秀共产党员，今天大会表彰的各位同志就是其中的代表。在此，我代表学校党委向你们致以热烈的祝贺和崇高的敬意！

当前，学校正按照党中央、教育部、北京市委的统一部署，全面总结学校近两年创先争优活动的开展情况。学校各级党组织在创先争优活动中，高度重视、认真组织，把创先争优作为推动学校事业科学发展的重要契机，充分调动和激发广大党员的积极性和创造性，为加快建设“人民满意、世界一流”大学提供了强大动力。

下面，我讲三点意见：

一、深入总结创先争优活动，不断增强党组织和广大党员服务事业发展的能力和水平

从2010年开展创先争优活动以来，学校各级组织和广大党员积极响应学校党委号召，立足本职工作，服务发展大局，积极开展“创建先进基层党组织、争做优秀共产党员”活动，为学校“十年腾飞”奠定了坚实基础。

第一，始终把服务科学发展作为创先争优的检验标准。评价创先争优活动的开展情况，关键是一个单位、一个部门的工作业绩、发展势头和群众评价。学校创先争优活动开展以来，相继开展了党组织和党员公开承诺、领导点评和群众评议等工作，让各级组织和党员承诺为群众办实事、做好事、解难事，承诺在教学、科研、管理和服务工作中取得新业绩、再上新台阶，并让各级领导干部和广大群众来点评、评议，取得了实实在在的效果。

学校领导班子在创先争优活动中认真谋划了未来十年的发展蓝图，提出了“十年腾飞”的战略规

划，力争在建党100周年时建成“人民满意、世界一流”大学，并据此提出了一系列在新世纪新阶段的重大战略举措和重点工作内容。今年，我们提出了“1020行动计划”，以扎扎实实的工作来回应师生诉求，解决现实问题，推动事业发展；我们提出了未来十年推进哲学社会科学发展的八项措施，努力保持并发扬人文社科高地优势，也将为发展繁荣中国特色社会主义文化作出应有贡献；我们启动了通州新校区选址建设工作，着力破解制约学校进一步发展的难题；我们还以“回归大学本位，引领明天的聚会”为主题，启动了75周年校庆相关工作，通过举办一系列丰富务实的活动，全面回顾总结建校以来特别是新世纪以来的发展成就，大力推动学校事业的可持续发展。

第二，始终把服务人才培养作为创先争优的核心工作。立德树人是高等学校的根本任务，特别是作为中国共产党亲手创办的第一所新型正规大学，我们人民大学作风传承好、学术水平高、生源结构一流，更有责任有义务为党和国家培养政治立场坚定、理论学养过硬、视野开阔、知行合一的优秀人才。

学校在创先争优活动中，始终把人才培养摆在突出位置。我们以纪念建党90周年为契机，发挥人民大学在党史党建研究方面的优势，开展了党史名家讲坛活动，让广大师生学党史、知党情、跟党走，受到了校内外的广泛关注；我们建成了以“入党前”、“发展后”、“毕业前”三个时间节点为主体的学生党员教育体系，并探索出“红船领航——本科新生党员先进性教育”的有效模式，得到了上级单位和中央领导的高度评价；我们高度重视、大力支持学生开展社会实践活动，在全国挑战杯、大学生创新实验计划等实践类竞赛中，成绩名列前茅，还正在开展“千人百村”的大学生进村入户调查，让人大学子了解基层、知晓民情、关注社会、知行合一。我们一直在全国高校旗帜鲜明地坚持马克思主义原典教学，开设了《资本论》研究等一大批课程，不但以高水平的马克思主义教学与科研吸引青年学子，传承方法论和世界观，还培养了一支老中青结合的马克思主义研究专家和师资队伍，为中国特色社会主义理论体系的研究创新作出了重要贡献。

第三，始终把坚持理论研究作为创先争优的重要基础。在创先争优活动中开展理论研究工作，不仅能够赋予活动本身坚实的理论基础和鲜活的理论指导，而且对于创先争优活动取得实践成果、发挥长效机制具有关键意义。创先争优活动以来，中国人民大学充分发挥理论高地优势，抽调精干研究人才，开展了创先争优理论专题研究，形成了一系列优秀成果。

我们积极完成中央交付的创先争优理论研究任务，多次参加中组部、北京市委主办的创先争优专题理论研讨会，2011年3月至今，先后在《求是》、《人民日报》、《光明日报》等报刊上发表了一系列理论研究成果，获得了党内和社会的广泛认可，多次在北京市和全国范围内获奖，为创先争优理论研究作出了应有贡献。同时，学校党委坚持集思广益，调动基层党组织结合实际工作开展理论研究。在2010年，学校党委设立了党建研究基金，并向基层公开招标党建课题，资助开展了30余项党建课题研究项目，取得了一大批贴近基层实际的创先争优及相关理论研究成果。这些工作为学校创先争优活动提供了丰富的基层实践案例和理论研究素材，增加了创先争优理论研究的深度和广度。

二、认真分析学校党的工作经验，不断提高学校党的建设科学化水平

重视党的工作，注重发挥党组织的作用，是中国人民大学党建工作的传统，也是我们党建工作的优势。中国人民大学始终坚持“围绕中心抓党建，抓好党建促发展”的思路，充分发挥党组织的思想、政治和组织保障作用，为坚持党对高等教育事业的领导进行了成功的探索和实践，积累了宝贵经验。这些经验可以概括为“12345”的总体思路：

“1”就是围绕一个中心，即党的工作要始终围绕学校事业发展这一中心，以学校事业发展为主题，高举发展的旗帜，总揽全局抓党建，服务中心促发展。党建工作要推动和保障学校事业发展，学校事业发展体现党建工作成效，两者相互促进，相互推动，不能“两张皮、两头空”。

“2”就是建设两支队伍，即党的工作要坚持“党管干部”、“党管人才”原则，着重抓好干部队伍建设和教师队伍建设，高起点、高标准建设这两支队伍。办好学校，干部是关键，教师是根本。这里的干部和教师，包括学校教学、科研、管理、服务各个岗位上的教职工。高校党的工作就是要创造有利于各类人才成长的良好环境，为干部和教师的成长遮风挡雨、保驾护航。

“3”就是坚持三个导向，即党的工作要确保学校正确的政治导向、理论导向和政策导向。在政治上，必须坚持和完善党委领导下的校长负责制不动摇，全面贯彻党的教育方针，体现党对学校事业发展的领导。在理论上，必须坚持马克思主义的指导地位，坚持社会主义核心价值体系的引领作用，确保教学科研的正确导向。在政策上，要把“人民”、“人本”、“人文”的办学理念落到实处，着力解决师生员工最关心的利益问题。

“4”就是发挥四项作用，即党的工作要注重基层，夯实基础，构建党的先进性建设长效机制，努力推进创先争优，充分发挥学校党委的领导核心作用、分党委（党总支）的政治核心作用、党支部的战斗堡垒作用、党员的先锋模范作用。

“5”就是谨记五个“时刻不忘”，即时刻不忘发展是第一要务；时刻不忘大学必须把国家社会需要放在第一位；时刻不忘高举中国特色社会主义旗帜，以繁荣人文社会科学为己任；时刻不忘用社会主义核心价值体系去教育引导学生，培养优秀的共和国建设者和接班人；时刻不忘建设和谐校园，牢记广大师生员工的根本利益。

三、更加重视学校党的建设，以优异的成绩献礼党的十八大

今年是建党 91 周年，是中央部署的基层组织建设年，是《北京普通高等学校党建和思想政治工作基本标准》的检查年，是创先争优活动的总结表彰年，更是党的十八大召开年。今年党的建设重点多、任务重。6 月 19 日，习近平同志专程来我校考察党的建设情况，高度肯定了近年来学校党的建设所取得的成绩，也对今后学校的党建和事业发展提出了更高要求。各级党组织要以此为契机，更加重视学校党的建设，不断加强和改进思想政治工作，趁势而为，迎难而上，在建设“人民满意、世界一流”大学的过程中更好地发挥作用。

当前，学校正在开展基层组织建设年工作，在前期支部分类定级和整改汇总的基础上，将着手党支部的晋位升级工作。同时，学校的创先争优活动也已经进入总结阶段。各分党委、党总支要把创先争优的总结工作和迎接《北京普通高等学校党建和思想政治工作基本标准》集中检查结合起来，和推动学校事业科学发展结合起来，充分发挥支部的战斗堡垒作用和党员的先锋模范作用，切实加强党的基层组织建设，不断增强党员队伍的生机活力，团结带领广大师生员工“创科学发展之先，争教研和谐之优”，以优异的成绩迎接党的十八大胜利召开。

第一，继续围绕推动中心工作抓党建。人民大学正在步入新的发展阶段，要继续坚持“特色强校、内涵提高、质量第一”的科学发展道路，把全校力量凝聚到“十年腾飞”的行动中来。要抓住开展创先争优活动的契机，结合学校学科、事业发展规划，进一步理清学校党的建设工作的目标、任务，充分调动和激发广大党员的积极性和创造性，推动学校事业科学发展。全校各级组织和广大党员都要围绕提升人才培养质量、提高科学研究水平、增强社会服务能力等基本任务，积极服务国家经济建设和社会发展。

第二，继续围绕构建和谐校园抓党建。发展是硬道理，稳定是硬任务，和谐是发展的重要基础、是稳定的长久之计。构建和谐校园、维护校园稳定是高校党组织和广大党员的当然责任，必须高度重视、常抓不懈。一方面，要落实维护和谐稳定工作责任制，进一步完善党委统一领导、党政齐抓共管、各二级单位分工负责的安全稳定工作体系。另一方面，要建立依靠基层党组织、党员群众共同化解各类矛盾的机制，当前要特别重视学习掌握新形势下学校党组织开展群众工作的本领和素质，探索新形势下师生思想政治工作的有效形式。

第三，继续围绕服务师生员工抓党建。一是进一步强化党组织服务功能，找准着力点和切入点，根据广大师生员工的需求开展服务，营造以人为本、科学和谐的发展环境。二是建立健全党内激励、关怀、帮扶机制和党员联系服务群众制度，鼓励党员利用自身特长带头参加志愿服务、主题实践、社会公益等活动，让党员在联系和服务群众中受教育、在发挥模范作用中长才干。三是进一步扩大党内民主，通过党务公开等形式，不断畅通党员与组织、普通党员与领导干部的联系渠道，落实党员的各项权利。

第四，继续围绕加强组织建设抓党建。各级组织要围绕“五个好”的目标，积极推进党建工作创新。一是要认真学习近年来学校、北京市和全国涌现出来的先进典型，通过学习典型，查找不足，努力提高。二是要加强学习型党组织建设，引领广大师生安心学习、踏实工作，引导校园内形成良好的校风学风。三是要推进基层党组织工作创新。找准“围绕中心工作、立足本职工作、融入日常工作”抓党建的结合点和着力点。四是加强基层党组织带头人队伍建设，建立健全选拔、培养、考核、激励和发展机制，建设一支守信念、讲奉献、有本领、重品行的高素质基层党组织带头人队伍。

同志们，在党的十八大即将召开之际，我们在这里总结经验、表彰先进、部署工作，这对加强学校党的建设和推动事业发展具有重要意义。学校各级党组织和全体党员都要以高度的政治责任感和历史使命感，以饱满的热情和旺盛的斗志，埋头苦干，开拓创新，真正做到“一名党员就是一面旗帜，一个支部就是一座堡垒”，为学校事业又好又快发展、为把人民大学早日建成“人民满意、世界一流”大学作出新的更大的贡献，以自己的实际行动为党的十八大献礼！

谢谢大家！

在中国人民大学2012届毕业典礼上的讲话

中国人民大学校长　陈雨露
（2012年6月27日）

各位来宾、老师、同学们：

在中国人民大学2012届的同学圆满完成学业、即将告别校园之际，我谨代表学校，代表程天权书记、纪宝成老校长向同学们表示最热烈的祝贺。祝贺大家！同时，也让我们一起向为培养同学们付出心血和汗水的各位老师，用最热烈的掌声表示崇高的敬意！

即将离开母校的时刻，相信同学们都会思考一个问题。人大究竟给了我什么？在这里，我有两位校友的故事与同学们分享。

一位是年轻的校友，叫都晓杰。他是一位男同学，山东烟台人。2008年本科毕业于我校艺术学院数字媒体专业。他现在的身份是蓬勃发展的北京树思源工作室的法人代表。他的创业团队从事平面设计、动画制作等文化创意工作。

都晓杰出生在一个农村家庭，母亲患有小脑萎缩已长达14年，平时就靠父亲种果树养活全家。2011年，他的父亲突发大面积脑梗，虽经开颅手术挽回了生命，但是整个右侧肢体失去了知觉。为了父亲能够得到更好的治疗，为了将来有条件更好地照顾父母，他不想让自己的事业中途而废。在家护理父亲3个月后，都晓杰为母亲雇了保姆，然后把父亲背上了开往北京的火车。在北京，父子俩租住在一间10平方米的小屋内。他每天给父亲做3顿饭，每天给父亲按摩浮肿并且毫无知觉的腿脚，有时候工作太忙就给父亲带外卖。由于父母都患有脑部疾病，语言有一定的障碍，都晓杰的愿望很小，他说，“只要父母能听懂我说什么，就是我最大的幸福”。

都晓杰在大学四年表现突出，四年四次获奖，还担任了国家汉办的大型纪录片《外国人在中国》的编导。他召集了原来在人大一起合作过的同学组成创业团队，成立了北京树思源工作室。他说：“我们就像一棵小树，从小到大得到了很多人的帮助。当我们长大的时候，我们希望能去帮助父母，帮助更多人。”他还说：“现在回想起来，在人大的四年时间，收获了很多东西。不仅仅是专业知识的积累，更多的还是拥有了自信去正视困难，调动自己最大的潜能去应对困难。”

另一位是年长的校友，叫苗为民。苗为民 1934 年出生于安徽太和县二郎乡，1956 年考取中国人民大学，后留校任教。在常人看来，那时的他春风得意。然而，为了支持家乡的教育事业，改变家乡的落后面貌，1962 年，时仅 28 岁的他谢绝当时的副校长、老一辈革命家王若飞同志的爱人李培芝对他的挽留，辞去大学教师工作，回到家乡太和当了一名中学教师。

多年来，教书之余，他积极为弱势群体提供法律援助，经常深入中小学校、企事业单位进行普法宣传，举办法制讲座，免费为群众提供法律服务，并通过咨询服务耐心劝说缺乏胜诉条件的当事人息诉罢访，通过调解途径妥善解决。在当律师的 18 年间，他免费调解了 200 多起案件。1982 年，苗为民被调入太和县司法局，他一边积极工作，一边拼命学习，年近 50 岁时，成为安徽省恢复律师制度后考取律师资格证的第一人。

苗为民一生清廉，从不利用职权为家庭和子女谋取私利。5 个子女都自食其力，小女儿至今仍是下岗工人。2012 年，就在他去世前不久，病重的苗为民老人在病房里召开最后一次党支部会议，决定将自己农村老家的一处宅院捐给村里做图书阅览室，捐出仅有的 5 000 元存款给小学的孩子们买课外书，并写下遗嘱，将去世后的遗体，作为最后一笔“特殊党费”，捐献给国家。

同学们，大学精神倡导大爱和真情，做大事之人必有大爱，成大事之人必有真情。希望你们能够永远以感恩之心，爱父母、爱师长、爱祖国、爱百姓。年轻的都晓杰校友，从孝敬父母做起，从容而坚韧地以感恩之心化作修身之道、齐家之举、治国之行、平天下之志，凝聚成励志奋进的精神力量。年长的苗为民校友，从热爱家乡、忠于祖国做起，用自己强大的内心担当起责任。其实在很多时候，是我们自己悄然远离了理想，而不是理想弃我们而去。在我们这个时代，最缺乏的恰恰不是自己的东西，也不是成功的光鲜，而是专注自我之外的对于他人的关怀和对理想的坚持。人民大学学子应当身怀为民分忧之心、坚守为民尽责之道，守护灵魂、守护信念，带领我们社会每一个人抓牢爱与责任这根维系社会进步的准绳，树立对于美好人生的情感寄托，对于社会公正的内心追求。只有你们内心充满光辉，你们周围的世界才会显现精彩。

同学们，两代校友大爱真情的故事留给我们极其深刻的启迪。我也时常在想，我们这些工作在母校的同志是幸福的。因为我们每天努力工作，能为国家尽忠；我们每一天努力工作，又能替校友们为母校尽孝，忠孝两全幸福长存。

让我们祝愿用人大精神哺育的学子们，众志成城，立学为民、治学报国，用大爱之情、为民之心，共同托起我们心中的太阳——中国人民大学！谢谢。

在 2012 年全校学院工作会上的主题报告

中国人民大学校长　陈雨露
（2012 年 7 月 6 日）

大家上午好。程书记让我为咱们今年的学院工作会议开个头，提点要求。我想在我讲的一个小时里面，要求只有一个，就是大家充分地放松。一来是大家这个学期工作的强度很大，很辛苦。另外一个刚才书记点到了，我们这次会议就一个主题——怎么培养人才、人才培养体系改革的新的路线是什么。大家要充分讨论、把把关，这是一件大事。讨论大事必须要身心放松才可能出来灵感，出来智慧，同时在这个过程当中也才能够得到享受。

为什么确定这样的一个主题？100 年前，蔡元培先生率领中华民国的教育部来到了北京，颁布了大学教育令、中学教育令、小学教育令，对现代教育进行了规范。62 年以前，中国共产党在新中国缔造了第一所正规大学——中国人民大学。后边还有若干关于现代教育的重要事件。这些事件、关键点不仅影响了中国社会的进步，影响到了世事的变迁，也直接塑造了我们现在的格局。对我们大家来说，我们既然继承了前辈教育家的思想遗产和事业，我们就有责任来继续前辈的探索，来发现并且积极解决与时俱来的新问题。

什么是我们现代的、新时代的高等教育，或者整个教育面临的新问题、核心问题？毫无疑问，就是中国如何从教育大国变成教育强国，对我们来讲就是如何提升办学质量。

就人民大学下一步工作来说，我们有三个不变：一个是创建“人民满意、世界一流”大学的愿景和目标不变；第二个是十年基础、十年腾飞的发展节奏不变；第三个是“十二五”规划当中关于中期发展的建设内容所做的安排基本不变。因为它们反映了我们全体师生共同的智慧，也体现了学校党委集体的意见。现在我们要讨论的是，在这样的战略目标之下把握这样的发展节奏，在落实中期和中长期建设内容的时候，如何更加突出人才培养质量问题，同时要找到实现我们整个办学质量提升的逻辑、实现的路径和着力点，让我们少走弯路，找到科学发展的路径。在过去半年多的时间里，在跟大家的交流当中，在学校党委不断的讨论当中，大家觉得我们工作的重点应当放在五个点上，而这五个点共同的指向就应该是人才培养。

第一个重点，人才培养体系的新路线。杰出人才培养的新体系，应当如何勾画出一个新的人才培养的路径。我想谈到这个问题大家都有很多话要说，今天上午我们的主题发言里边，教务处、研究生院、人事处、学生处和我们邀请的优秀校友代表、同学代表一起来做主题发言，共同围绕新路线图的问题来讲第一课堂教育。什么是最好的第一课堂教育？什么是最好的课堂外的教育？什么是最流畅的本硕博的衔接？在这个问题上，一会儿我们要探讨大家在过去的一个学期里经过充分征求意见、充分调研、不断凝聚出来的一个供大家正式讨论的第一个方案。我想一定会有很多的闪光点。

对于人民大学人才培养路线图、人才培养的新的体系，我们希望有一个核心的关键词，这就是近平同志视察人民大学，在路上或者跟同学讲话的时候，反反复复提到的希望人民大学培养出来的学生要厚重。这两个字的确是寓意深刻，期待非常的殷切。所以这些天我就一直在想，厚重这两个字包含着什么，我想它首先应该包含着我们应当培养政治上合格的人才，这是我们培养中国特色社会主义事业接班人的首要的要求，也是我们学校的比较优势，是我们非常重要的政治优势。我们不把它非常坚定地举起来，那么我们干很多事情，就不知道在为谁培养人才。第二点是包括我们的同学，都应当有哲学的功力。我非常高兴看到我们75周年校庆的序曲，是我们学校自编自导自演的《苏格拉底》。为什么同学们那么喜欢，为什么各位艺术家给予如此的肯定？我觉得重要的还是在于我们同学表演的艺术水准，超出了这些来宾的期待，更重要的是他们看到了一所大学在做大学应该做的事情，看到了我们的同学通过这样的形式，非常自然地、非常发自内心地在构筑自己的哲学的功底，去思索2 500年前西方民主的好的一面和它非理性的一面。我觉得人民大学的学生出来都应该有这样的功底。

同时我们觉得所谓厚重，是在我们学生的人格塑造上下功夫。学生的意志、品质，对理想的坚持，包括外在的身体，包括内在的内心的强大，包括学校体委、体育部，包括我们第二课堂、课堂外的教育，大家都有很多非常积极的准备，这都很好。同时要给我们的同学一个非常厚的关于世界三大文化体系的知识体系的构建，以及跨文化的沟通能力。所以在这些方面我们教务处写了八大领域，或者是六个领域，一会儿我们听一听。我们非常看重这一点，围绕着厚重两字，如何把它做到位。我们讲深沉者高远，有多么厚重就决定着将来他能够走到多高，走到多远。这些基础就是在大学里边构筑的，在大学里边塑造的。大家都满意的一些方案已经充分体现了这些，只要我们按照这样的一个方案去实施，人民大学的学生在厚重方面就能够脱颖而出，就能够打下一个坚实的未来成长的基础，后边的事情就都好办了。

第二个重点，关于思想库建设。人民大学整体应该作为一个思想者出现，这既是一个名校应有的实力、应该扮演的角色，同时也是中央对人大的要求和期待。刘延东同志前一段对我们学校的科研评价体系的制度改革做了一个非常好的批示。接下来各级领导都有非常肯定的批示，希望其他的兄弟院校都能够向人民大学学习。这对我们来讲，就是教务处的核心应是不再过分地去探求数量，而去重科研成果的质量。在学术成果上，不管是论文还是著作，我们强调代表作，强调它的专业率等等，这些都是我们下一步的评价体系里面最看重的要求。我见到程书记跟一位搞数学的同志谈的时候，他也讲到在我们所在的学校里面最伟大的是一位数学家，在生物数学里面有一篇文章被引用5 000多次。那么这样的学术文章我们当然说它是精品，我们别说5 000次吧，我们能够上30次的能有多少，特别是在国际学术舞台上？另外一个就是在制度建设上，我们希望能更好地发挥政策的作用，运用我们决策者所看好的、所参考的在中国的社会经济转型当中发挥了重要作用的这些成果。人民大学学科的基础、学科的结构、学科的综合实力最有条件发挥思想头领作用。因为我们整个的社会经济发展当中，特别是在转型当中面临着诸多纠结的争论问题需要去突破。所以我们现在有不少的学院、学科还有老师，已经做了非常好的探索。

不管是我们的经济学科、经济类的学科群，还是我们社会类的、政治类的，还有我们的马克思主义学科等等，都有非常好的成果出来。在未来一个时期，我们希望全校要有所组织，有所规划，有明确的激励，把学校的资源都用在我们建设一个非常强大的人民大学上，整体作为一个智库出现。在这些方面我想也是综合的，我们需要再继续共同培养、推出一批思想性很强的学科领域，同时也要引进若干思想性很强的学科领军人物。我们需要一些社会形象非常好，有很好的学术功力，对我们现在发展当中的问题把握很好，同时又能够深入浅出地表述自己的观点、思想、政策建议的一批在媒体上活跃的学者。我觉得也为学校争了光、添了彩，也为社会所广泛认同，同样应该得到激励。我想我们很多的学者，我们在座很多的学者，特别是很多年轻的学者也应该得到鼓励，应该在媒体上多出现。

但是思想库的建设，很显然是一个艰巨的过程，我们真正需要做的是把它放进我们的评价体系里，而且要放得科学，真正能够起到积极的作用。我们有13家科学研究的基地，我们有若干的研究院、研究中心、研究所，我们各个学院也都肩负着这样的责任，关键是我们要看效益，要看出口。所以这一方面，我们把它作为一个重点的工作。人民大学能不能够建成世界一流大学，其实是一个非常重要的标志。现在离2020年只剩下8年时间了，关于建世界一流大学这样的目标，现在有了越来越多的不同的意见。当一个国家满大街跑的都是外国的汽车的时候，满天飞的都是外国的飞机的时候，70%以上的先进企业的生产线都是进口的时候，你的军力还不能够阻止一些小的不讲理的国家的反复的滋扰的时候，很难想象处于这样一种发展阶段的国家，用8年的时间能够出现世界一流大学、一流的工程大学、一流的科学技术大学。当一个国家不断面临诚信危机的时候，很难想象只用8年的时间，这个国家就能够出现世界一流的以人文学科为特色的世界一流大学。那么这样的一种观点出来，你说它没有说服力吗？还是有的。但是尽管如此，我们依然要提世界一流大学的目标，它有着感召力，有着凝聚力，有着相当的激励人的驱动力，让我们大家有理想，让我们大家有动力。

但是在这里边，我们中央领导也有重要的批示，冯校长也参加了，去讨论过。现在的大学的排行榜问题，这样乱象纷呈的大学排行榜，究竟会把我们建设世界一流大学的指挥棒定位在什么位置，需要迅速地去研究。我们觉得，建设世界一流大学确实不能够按照现在的西方价值的标准、学术的标准去走。尽管它有很多可借鉴的地方，但是确实不能按照那样的一个评价体系去建设。所以我们讲，恐怕只有一个标准，一个大学是不是世界一流大学，要看它为一个民族的进步作出的贡献的大小，要看它为人类社会的进步和未来和谐世界的构建所作出的贡献的大小。简单地用文章来算，特别是简单照搬体系学术标准来算，确实有问题。那么对于人民大学来讲，我想我们是不是更应该看重“世界一流”前面的四个字——“人民满意”？我始终觉得，“人民满意”应当是人民大学的核心价值观，就像“为人民服务”应当是我们党的执政理念，应当是我们中国特色社会主义价值体系的核心一样。我们所做的人才培养体系改革和智库的建设，恐怕都应该以此为标准。

第三个重点，是全面提升国际性。关于全面提升国际性我们在过去的一个学期里面已经给大家下达了若干的文件。大家反应得很快，应该说我们希望每一个学院，最好是每一个学科都能有一个一流的、实质性的国际合作伙伴。现在从商学院开始，到法学院、国际关系学院，包括我们的艺术学院，都在做着积极努力，寻找真正的一流的大学、一流的学科来作为自己实质性的合作伙伴。包括我们长久想攻下来的，应该说在过去的 7 年时间里我们始终想找的沃顿商学院，一直拿不下来。最近汉青研究院非常有希望能够把它作为一个实质性的合作伙伴。我们老想有一个任务，上次我们在学校的公共教学一楼里面也给各位院长布置了这个任务，在未来的 5 年里，我们能不能够聘请 100 名左右外籍的全职的特聘教授在人民大学授课。所谓全职就是全职工作起码 1 年以上，我们现在已经有 11 位，而且都是大牌的教授，基本都是剑桥大学的、哈佛大学的、耶鲁大学的、密歇根大学的、牛津大学的。我们艺术学院有哈佛大学的，也有耶鲁大学的教授到我们这来做全职的教授。另外还有 6 个学院各有 1 位到职，非常好的势头，非常感谢大家以这么快的速度在行动。我们当然非常相信大家的眼光，能够聘到最高水平的、对中国友好的学者来到我们这。一位全职的外籍教授到我们这来工作，看上去我们给他的待遇不低，但是他带来的综合的效益，即书记经常说的五大综合的效益要远远超过名义上的待遇。

全职的外籍教授这些天我见了好几位，我们的同学确实都觉得学校这样做非常对，他们学习起来也非常地解渴。这些教授作为我们学校师资的一个重要的补充，第一他们能为我们开全外文的课程，第二他们能够带来很好的教风。我们不得不承认，国外大学的，特别是国外的名校的教授们，他们教学的态度和认真的程度整体上来说确实比我们过去这段时间里面要好。国外大学里边将教学摆在极其重要的位置，调课是非常艰难的。同时上课我也讲过，我们的一位外籍的教授提交给我们的报告，他教完一个班走的时候不仅给你一个成绩单，每个同学是什么样子，每个同学的表现如何，每个同学在哪些方面有了进步，都有一个分析报告一块交上来。所以我想如果有 100 名有这样的教学态度，还有好的教学方法的教授进来，对我们落实新的人才培养体系一定是非常有意义的。同时他们这些教授也能够帮助我们的年轻人来做国际发展，他们参加教研室的活动，能够很好地提升我们同学的国际交流的口语能力，特别是学术交流的口语能力。同时他们还能够帮助我们的学科，因为他们都是大牌的教授，能够帮助我们的学科建立跟他们所在大学之间的联系。同时这些教授还能够通过他们对中国的了解，对中国发展的理解，写出学术论文或其他类的论文在国际媒体上发表、在国际期刊上发表，来向世界说明中国、宣传中国。

我想这些综合的五大效应确实让我们必须尽快行动起来，把该有的效应拿到。就像我们的国际小学期走在了全国的前列一样，现在从教育部的领导到兄弟院校都在肯定和学习我们的国际小学期。我们参加了今年国际小学期的开学典礼，这两天大家也都看到了我们小学期开学之后国际学者和同学在校园里边的身影。大家感觉都不错，尽管我们国际小学期还有很多要提高的地方，但是每一年都在进步，而且确实已经起到了全国性的示范作用。所以我们在抓优势方面，在做改革道路上也应该把这一点抓牢。希望各个学院能够快速行动，当然也要把好关。我想我们应该广泛利用我们校友的关系，利用我们朋友的关系推荐、介绍国际学者，由我们各位院长、各位书记来把关，学校有关部门集中精力提供保障，提供应有的保障条件。

另外还有我们已经反复提到过的人大的英语口语标准，这一点我们外国语学院都已经准备好了，希望能够向学校汇报。我想今天的会回去之后我们就安排，听一听汇报。我们希望人大的同学该考四六级的该怎么考还怎么考，但是能不能够让人大的同学在毕业的时候基本都能够达到我们的本科英语的口语标准？我们不可能像北外的同学一样，能够都达到专业八级的水平毕业，但是我们在口语这个单项上做到还是非常有可能的。这项任务很艰巨，因为要试点，同时学校要全覆盖，确实给我们班组提的任务很重。但是任务再重也要把它吃下来，包括我们的学术性的研究生，代表人民大学的学术性的硕士也好，或是博士也好，一定要教他们投国际会议、投国际期刊的文章应该怎么写，参加国际学术讨论应该如何去表达、去进行问答。这些应该是在基本的英语口语标准之上，所以学术外语的口语标准也应该有。如果人民大学的同学都能够在英语的口语教学上达到这样的水平，在就业市场和国际场合我们的口碑就会进一步提升。

总的来说，我们还有其他很多方面下达的任务。包括国际化的课题，中法学院、汉青研究院在人才培养探索上应该先行先试发挥先锋队的作用。整体来说国际化的水平是我们学校一个长期的短板，我们现在要下决心把它攻克，不管多么的艰难，我们也要在这个方向上下大功夫。在更加充分地发挥我们的比较优势的同时要把这短板补上，那么经过10年的努力，我们就会变得更加的强大。所以我觉得更重要的不是这些项目，而是要让我们人民大学在人才培养和科学研究中拥有一种自然的全球化视野，让我们培养出来的人自然地拥有跨文化的本领。为未来培养人才，为未来解决未来的问题，必须要这样。因为我们的国家已经发展到这样的阶段，未来需要的就是这样的人才，需要的政策建议必须是这样的一个视野下的。任何中国的争论问题，它都一定是有着巨大的国际辐射力的问题。

第四个重点，是我们依然要继续的人民大学的校园建设。关于校园建设我们现在最关注的点是我们通州校区究竟何去何从。作为我们精神传统的发源地，延安清凉山的陕北公学纪念馆由10栋窑洞组成，位置很好。现在在马书记、向兵同志还有我们校友办、资产处共同的努力之下，还有在我们1986级校友的支持下，现在已经算是快做成了吧。那么我们的老校区，就是我们新中国新人大的诞生地，现在从文化部、国家文物局、北京市文物局、财政部都非常地关心，都非常地支持。这既体现人民大学在党史当中的地位，也体现我们在国史当中的政治地位，所以一定要把它建设好。所以在这一块呢，正在设计初步的方案，修缮设计方案已经出来了。我们按照计划在明年把它修缮完毕，修缮完毕这个地方就是我们中国唯一的一家在民国时的博物馆，同时它也是我们学校的一个形象的象征，也会为在那个地方生活的老同志们创造一个更好的生活条件。我们现在的主校区，也就是现在的中关村校区要花的钱不多，但是整个学校的环境要做一定的改造，特别是一些老的建筑要做一个整体改造。这个改造已经经过了若干个的方案讨论，花了很多的心思，只是想达到一个目标：花最少的钱来体现新的人才培养的理念。所以我们校园外面的景观改造、教室内部的改造还有我们的艺术图书馆的设计、新图书馆的改造、学生活动中心等等要体现一种人才培养的新的理念。真正以学生为中心，有利于教学相长，有利于师生互动，有利于我们同学之间有更多的交流的场所，自然交流的场所。现在我们整个校区改造，有一位非常好的校友说我来捐赠，非常好。我们会在今后改造的这些建筑里边，还有一些代表性的景观里边，设置一个纪念台，写上这些建筑的历史，在人民大学的历史，同时要注明2012年75年校庆的改造是由哪位校友来支持的，让我们在校的同学也都体会我们这些心向母校的校友的一片教育情怀，把校友的文化好好地培育起来。

除此之外我们还有苏州校区，还有现在已经规划好准备要建的黄山的学生实践基地、学习基地。清华东路那块校区究竟怎么用，我们今年年底要能收回来的三师的这个地方怎么建设，在比较好地发展苏州校区的基础上，如何能够真正地建成一个人才培养的特区。中法学院是个好机会，关键是怎么能够把它真正地抓住。5年3个学位，5年下来本硕都能够得到，5年下来中、法、英三种语言都能够学到。我们今年第一年正式招生，关心的人很多，关心的家长特别多，我们希望把第一年正式招生招好，一定要招到高起点的苗子。可以有适当的降分，但是不能降得太多，或者基本上就是人民大学的录取标准。所以在办学的机制上怎么真正地能够跟外方合作好，培养出国际化的人才来，确实要好好地下下功夫。

通州校区这一块是大家非常关注的，关于这个事我们还不好再去全校讨论通州校区的定位问题。怎么做？是横着切一刀还是竖着切一刀？怎么切都不行，因为我们地还没有拿到。现在还不是我们愿意不愿意来的问题，是人家能不能顺利地把这块地给到我们手里的问题。书记跟我就讨论说，“到通州来，从办千年学府的角度，恐怕这是人民大学最后的机会了”。如果着眼于未来10年的日子好过，我们不到通州去。如果着眼于战略的考虑，把我们自己的眼光再放得更长远一点考虑，恐怕这是最后的机会了。包括纪校长在人民大学做校长11年，应当说在全国各地寻找人民大学的发展，转了一大圈，最后还认为这个地方恐怕是我们最后的好机会了。

同时我想通州这地方第二大好处，是这是个有水的地方。一个人文社会科学的大学，在北方办学，如果我们天天只能守着一勺池来办是很难的。所以为什么宋庄在这个地方，为什么北京市要把这建成文化的产业区、文化创意产业区，为什么北京市要把国际组织的总部都放在我们东校区的校园旁边？在这次的北京市党代会上已经做了非常重的强调，这个地方就是作为北京行政副中心建设，在北京“十二五”当中的七个公共建设，通州新城放在第一位。所以这个地方从它的文化属性上来讲，也是人民大学应该来的。它又是大运河的源头，三条大河夹着我们这个校区。同时通州的书记给我们介绍，说释迦牟尼的老师在中国唯一的一个舍利塔就选在了这个地方。所以这个地方确实有它自然的文化属性。

第三个，它的交通，离机场的便利程度，然后不管是南下还是坐地铁进城，还是往东边去等等，它都是一个非常重要的位置，交通上是方便的。地铁就到东校区的门口，上地铁到市中心，到王府井35分钟。同时这个位置我们再放远了来看，当人民大学已经将重心放到这个地方的时候，实际上得15年以后了。15年以后这个位置是什么位置呢？非常可能就是1亿人口的大京津地区的最心脏的位置。现在我们的城镇化率每年提升1个百分点，1 300万人进城，所以15年之后北京的人口5 000万，天津的人口3 000万。然后环京津地区的河北的人口2 000万左右，这就是一个1亿人口的大京津地区，中心的位置就是通州地区。所以这就是北京为什么把它作为除了天安门之外的第二行政副中心的重要的战略意义。所以可以肯定地说，我们现在从千年学府的角度，我们这个校区，对我们来讲是必须要办的。

但是从另外一方面我们得知道，真正要办成一个成功的两个主校区的学校，在国内现在还没有看到特别成功的例子。但是在牛书记亲自担任总指挥的主持下，我们现在这个工作的团队，每个星期都有进步。现在看来的话，即使我们每个星期都有进步，也得有50多个星期，1年能够把它拿下来也不容易。因为对北京市来说，2 000亩地还别说再加400亩自留地，真是跟剜心一样的疼啊。因为2 000亩地就是40个亿，我们只付10个亿，或者我们只付6个亿，剩下的35个亿都要北京市付，它才能够把这些个体户还有几个工厂拆走，基础设施给你搞好，你说有那么容易吗？所以一次性给2 000亩地，在北京的大学的历史上，这是第一次。但是我们坚定地推进，为什么要坚定地推进呢？除了上述讲的好处以外，其实还有一个我们很迫切需要解决的我们青年教师的住房问题。通过在通州我们一把解决我们青年教师住房问题。要解决我们要引进人才的重大问题，同时我们还想做成世界一流大学的新的模式，一流大学的应有的模式。要把我们各位老师现在在世纪城的财富变现，学校的第一步伟大决策，让大家拥有了一笔世纪城的账面上的财富。但是我们希望能够在第二步战略当中，让这个财富真正能够变现。

如果我们能够在潮白河的西边工作，潮白河的东边生活，中间的路程开车也就是10分钟。一边生活，一边工作，这应该说是一流大学的理念。如果我们在河的东边生活，能够再次运用世纪城的模式来共同开发，那么毛坯的房也就是6 000块钱1平方米，而且不限购还可以贷款。我们让附小也在这里办分校，解决孩子上小学的问题；附中也在通州办分校，解决将来上高中的问题。那么世纪城150平方米，将近卖600万、500多万。在这的话，增加到250平方米，也就是150万，加上装修也就是250万，你还有250万存在那，利息也够在西郊再租一套房子，在西郊上课的时候用了。我们人民大学的教授都住上了别墅，人民大学的青年教授的房子也都得到了很好的解决。所以我想，更重要的是一点，我觉得以人民大学师生的智慧，我们一定能够找到属于人民大学的两个主校区办学的最佳的、最科学的、最有智慧的路径，我们坚信这一点，我们要依靠大家共同的探索。

最后一点，就是大学形象建设。大学形象建设我们已经做了很多，在宣传部、校办等共同努力下，在我们学校非常好的发展势头的宣传亮点的支撑下，人民大学的整个社会影响力、媒体影响力都在排名前列。但是我们想在顶层设计当中把它作为五大重点之一，就是想真正地按照世界一流大学的理念把人民大学应有的形象高高地树立起来。上个月我们成立了中国人民大学新闻专业校友会，这个专业校友会每个季度开一次论坛，每次讨论的主题就是两个：第一，国家形象建设应该怎么做，因为人民大学的新闻学院，人民大学的新闻学科培养出来的学生，在各大媒体、中央地方媒体当中有诸多的领军人物。这些校友聚集在一起，不管是在传统媒体还是新媒体都是精英，他们在母校的平台上都能畅所欲言，共同讨论怎么样很好地建设中国的国家形象问题。第二个主题，就是在国家形象建设当中如何做好母校大学形象建设问题。

所以现在大家都愿意为学校的形象建设服务，我们有这样一个好的平台，现在关键就是我们按照一个什么样的目标去进行大学形象建设。我们在这个目标之下应当如何去不断地创造完美的宣传点、形象建设的产品、形象建设的诸多的一系列成果。我们今后开展每一项工作时，大家都要有这根弦，我做的事情是不是人民大学形象建设里面应有水准的事情。最关键的就是，人民大学的形象就应当是引领社会的进步，引领人文精神的弘扬。当然引领中国人文社会学科的进步，就应当是在这样的一个定位上发挥引领的作用。所以我们搞校庆，提出了回归大学本位的概念，提出了以学术、学生和校友为中心的办校庆的理念。现在整个社会对我们校庆的理念，对我们公益校庆、不搞庆典的理念，对这样的做法都表现出肯定。包括熊丙奇教授这样非常苛刻的教授，包括阮次山等评论家们，也对我们这样的做法给予了充分的鼓励。

对于我们来说，如果在每一项工作当中都按照高标准、符合时代的要求、符合人民满意的要求去做，发挥引领的作用，我想我们自然就走到了前面。所以上一次中层干部会我讲到，中国高等教育的第一梯队应当是“三剑客”，应当是“三驾马车”，人、北、清各自弘扬自己的特色，都能够在一方代表中国大学教育的最高的水准，共同作为第一方阵发挥引领作用，共同来做人民满意的事情，共同随着中华民族的复兴和国家的崛起进入世界级的大学的行列。现在种种迹象表明，这个恐怕还不光是我们自己想，我们感觉到中央的领导同志们也开始逐渐认识到要有三校共同发展的共识。特别是近平同志这次来人大，我们印象最深刻的一句话就是，“北大、人大、清华三个学校，一个都不能少”。而且他紧跟着说的一句话是：“这次到三校来视察，是我从去年开始就反反复复构想的事情。”说明不是身边的某一个人偶然的建议，而是他自己经过了慎重的思考。我觉得这样实际上就给了我们一个非常大的发展空间，体现了我们领导人的智慧，体现了实事求是的作风，高瞻远瞩的眼光。

所以，我们要抓住这个千载难逢的机会，顺势而上。如果说以前在过去新世纪的若干年里面，我们更多的是逆水行舟，现在我们有可能顺势而为，顺势而为我们就要多做事半功倍的事情。逆水行舟的一个最大的好处，就是我们锻炼培养了一大批好的干部，我们取得的成就不是躺在那等来的。现在机遇难得，我们这些干部要迸发巨大的生产力来推动学校向前发展。只要我们发挥了引领作用，只要我们在以人文社会科学为特色的相关学科真正发挥着引领的作用，真正为我们民族的进步、为和谐世界的构建作出了核心的贡献，也就一定会让人民满意，也就一定会随着国家的一流而进入世界一流大学的行列。“三剑客”也好，“三驾马车”也好，就一定是题中之义。

我们为什么提到了人才和干部的问题？我们确实要一支强有力的队伍的保障：一支学科骨干队伍的保障，一支管理干部队伍的保障。这两支队伍的建设，我想从书记和我来讲恐怕是要花大精力的，主要盯这件事。没有这两支队伍，所有的都是空想。所以我想从这个意义上讲，我们其实最直接依靠的就是在座的各位。所以我们利用这个学期期末的时间，大家身心放松地去从不同的角度考虑一个大的问题。希望每一个人，或每一个单位都有一个人上来发言，主题发言也好，讨论也好，因为大家都有话说。同时给大家时间又不太长，只有 10 分钟，所以把最关键的话、最想说的话说出来，大家一起来讨论。我们一定要争取贯彻近平同志对人民大学的指示，还有 2010 年 9 月份锦涛同志视察人民大学时候的谆谆教诲和期望，争取在落实纲要方面走在全国最前列，真正发挥改革的引领作用。人民大学现在发展的势头大家都很羡慕，我们一定要巩固这种势头，实现可持续的快速发展。

书记让我讲话，我就开个头，最主要的还是听大家的发言，谢谢大家。

在2012年全校学院工作会上的总结讲话

中国人民大学校长　陈雨露
(2012年7月7日)

同志们，两天的学院工作会议即将结束。感谢大家共同的努力，让我们开了一次非常祥和的学院工作会议。非常感谢两位常务，把大会主持得让大家这么开心，也很默契。

最后，我作一个体会性的总结发言，题目叫作“团结努力，共同创造一个最美好的本科教育”。我最深的体会有六点：

一、关于本次会议的主题

大家共同认为是一个好主题，是一个抓住了牛鼻子的主题。大学教书育人，天职所在，这是一个至高无上的问题。同时大家也共同认为，我们这一次向大学本位的回归，向我们天职所在的回归，应该是升华性的回归。也就是说我们不能简单地否定科研，否定国际性，就像不能简单地否定扩招一样。因为在那样的一个阶段，让更多的人能够享受到高等教育，就是在做让人民满意的事情。

我们现在要做的是，要让我们前一段对科研的注重，尽快回归到育思想之人这样一个重点上。要让我们推动的国际性建设，明确以我为主，回归到所育之人应该是育未来之人上来，要多找这样的例子。所以从这个意义上讲，我们才更加强调注重科研的质量，注重思想库的建设，要注重将科研服务于教书育人，也相信大家都已经在开始做这样的工作，只不过是我们要推动它做得更好，做得更加扎实。

提升国际性作为五大综合重点之一，是未来一段时间依然要持续推动的一个重点工作的着力点。对于人民大学这样的学校来说，在贯彻党的开放政策方面，要坚定不移。在很大程度上，我们倒并不担心开放过度，或者说西化的照搬，因为在人民大学这样一个大的环境之下，坚信大家一定会沿着一个正确的方向，或者最终一定会回到更正确的和根本正确的方向上来。刚才从发言中，大家已经感觉到，陈甬军院长很南方，很海派，但是你能够感觉到他的骨子里面还是一个中国人。张勇先院长一口流利的英语，不说都不行，但骨子里面还是一个蒙古汉子。昨天小组会里面的讨论和今天发言当中，大家也讲到梁晶院长有非常好的发言，她痴迷于怎么样能够在开放当中向西方学习的这样一个东西。现在的话，也非常及时地发现，汉青研究院怎么样在人才培养上由小我走向大我，非常好。

所以我们一定要坚定，一定要有认识，一定要把人民大学的短板补上。

二、关于人才培养体系改革的基本方略

第一，不搞运动，也不追求轰动效应。我们在做一项积极性的工作，它既是顺应民意、顺势而为的事情，同时也绝不是简单的一件事情，需要大家共同的智慧和努力，同时也需要意志，需要持续坚持下去，才能够把这项工作做到位。

第二，大家共同认识到，从学校层面顶层设计来讲，要在这学期改变或者调整做出一个大线条的改革，做关于人才培养的基础框架的改革，把基础性的框架与时俱进地调整到位。同时要根据新的基础框架做出新的大家共同遵守的基本规范，也就是制度建设。

第三，要为学科的发展，为新的人才培养提供基本条件，要提供到位。

第四，要共同努力塑造一个整体宽松的发展氛围，真正能够实现我们目标的新的氛围。软的东西更难，但是人是熏出来的，育人、教书当然重要，育人更艰巨。所以这样的一个氛围的营造需要大家共同努力，就像我们今天开会，开得很开心，需要大家共同来努力。但是这大线条的改革必须要按照大家内心当中的共同愿望，我们一定要把这个大线条勾勒到位。

三、关于此次人才培养改革以什么为灵魂

我们特别讲到，这次改革是以本科为中心，以厚重为灵魂。我们今天讲到的，包括昨天介绍的，还是三类问题的改革，第一课堂、第二课堂和本研衔接，三位一体，但是重中之重还是在本科，这是大家在发言当中反反复复提出来的。因为本科教育不做好，研究生根本谈不上，拔尖创新、高水平的学术人才根本就冒不出来，最后发现冒出来很多都是兄弟院校的本科生，在你这可能偶尔地能够冒出来。

对于厚重，我感觉大家都理解了。郭庆旺院长讲，实际上厚重就是我们的人民、人本和人文，我觉得这种理解是非常正确的。有的同志也说，厚重本来就是人民大学的优势，75 年就是人大的文化，就是人大的学风所在。我们讲实事求是，所谓实，所谓是，就是厚重的本质。人民大学现在同时也是这样一个内生于中国本土文化的大学，这是她最大的一个特色和比较优势，我非常同意。我们现在之所以说，要以厚重为魂，能够提以厚重为魂，也正因为如此。所以我们现在所要做的工作，就是要把这样一个传统特色和比较优势举得更高，要把它发挥到极致，才有可能培养出最美好的本科生，打造出最美好的本科教育。

同时，大家在讨论的时候也提出来，对于厚重，大家是高度认同的，但是在具体，在落实到基础和框架的构建，还需要有一些再深入一点、再明晰一点的界定。我在仔细听大家发言的时候，还要根据前期教务处、学生处和研究生院做的工作，包括教育研究部门所提供的材料。我觉得我们所说的厚重，人民大学所提的厚重是不是应当着力在这样五点上：

第一，所谓厚重，应该让我们学生拥有厚实的人文底蕴、科学精神和跨文化能力。

对这一点，我参加的经济管理学科讨论当中，大家讨论的比较多，谈到清华也开始在讲，把西方文明史作为经管学院必修的一门课程。也谈到现在关于犹太人的历史，大家都看到了出版社出的书都觉得很好，但是用起来现在又卖不出去，确实说明现在看到的人说好，但是怎么推动人才体系的转型，还刚刚起步。我相信这本书会卖得很好。所以我们讲，伊斯兰文化、西方文化和中国文化为代表的东方文化这三大文化体系，都需要把它们的精髓介绍给我们的同学，让他构筑起一个坚强的人文底蕴。同时，理学院、理工学科也应该积极为奠定我们同学的科学精神、科学思维作出贡献。跨文化的能力、方法论以及跨文化的实践学习机会，也应该设计到这个体系当中来。

第二，哲学的功力和建设性的思维。

这也是昨天强调过的，我们需要有对哲学的思辨性、批判能力，但是最后要落实到建设性思维上来。整个社会对人大学生高度肯定，我们要把这一点变成一个大大的优势。强调哲学功力的时候，一定要强调它最后应用在什么地方，应用在育人的什么地方，而不是简单地开哲学讲座，或者说再增加几门哲学课程。

同时，也并不意味着就是哲学院在承担这个任务。我觉得在一定意义上说，一位合格的院长、一位合格的书记、一位合格的部门领导都应该成为育人对象，人大本科生的人生导师，都应该能够结合自己的专业，结合自己的经历，结合自己的工作，根据自己的人生的体悟，结合哲学的原理和方法论，为我们的同学开出一门漂亮的讲座来，这样对同学们更有用。

第三，政治追求和理想坚持力。

人民大学人才培养的目标，大家已经进一步形成高度共识。赵国俊同志今天再次提出来，我们是培养领导型的人才，而领导型的人才必须有正确的政治追求和理想坚持的能力。这也是人民大学的比较优势，也要把它发挥到更高的水平。

第四，大气自然和团结合作能力。

人民大学出去的学生，现在大家已经有这样的评价：人民大学的学生比较大气，比较从容，比较淡定，因此人缘都好，团结别人，制造团结友爱的气氛，跟别人、跟同事团队合作能力很强，我们要把这一点继续推而广之。也就是说，应该让人大学生拥有儒家的进取精神、道家的隐忍力和为人民服

务的核心价值观，三者结合在一起，培养他的大气自然和团结合作能力。

第五，体育精神和意志品质。

在过去的这一段时间里，我们调整校园里的房子，希望它能够更加优化一些。调整的过程当中，我们确实没有给传统的这些非常热门的学科、同学都愿意上的学院更多的关照。我们努力地把艺术学院放到一起，原来说是依然分散，我说这不行，都要放到里面去。而且我们对艺术学院楼，程书记、牛书记，查校长、刘校长，应该说是研究五六遍了吧，看看怎么样把这个楼做得更好。我们把原来的教学六楼让文学院做出了一些牺牲，我们把体育场旁边那个整个小楼给了体育部。然后把理学院、把化学楼、把环境学院搬出来，理学院有一栋完整的楼。我们把工字楼，艺术学院搬走以后那个小楼一部分给了校友会和基金会。程书记跟我们说，人文楼现在这种状态是不行的，人文学科，马克思主义学科这个楼条件不行，不仅外面不行，内部也要有一个彻底的改变。我想这些变化实际上是在提供一些基本的条件，在一个新的发展理念下提供一些基本条件。我们学校培养出的学生应当有艺术修养，应该有人文底蕴，艺术的修养极其重要。

同时，科学精神要求我们理学院不仅不能弱化，而且要考虑如何在一个创新的思维下，把它做得更好。我们现在让牛书记继续做理工科建设委员会主任，让常务副校长兼理学院院长，意思就是说，理学院应该得到更好的发展。同时我们要有大资源的理念。我们为什么要找校友，在这时候讲就是要大家把思维打开，人民大学的校友是一批最热爱母校的校友，而人民大学的校友不仅拥有爱心，而且拥有相当的资源。

今天中午我跟张晓京同志讲，我说班主任制度应当在创新的思维中进行新的构建。我们不能够强制性地或者压力性地让班主任去做工作，我们的制度要调整，我们的年轻人刚刚进来以后，还五迷三道呢，说你必须得做班主任，他十个学分的课，他自己还不知道，他自己的人生还需要导师，他怎么去导一年级的学生呢？他在自己的课堂上还不知道怎么样能够站得住，他还在那战战兢兢，上人民大学的课堂能不能站得住啊。何况你让他同时开三门课，才能够十个学分。同时还要面临着发那么多论文才能评职称，他自己还要为房子纠结。在这个时候，如果采取压的方法，必须要去当班主任，必须要做，恐怕不是好的办法。

我们一年级的本科生大概 110 多个课堂，一年级是重中之重，一定要想办法把一年级做好。我们看到很多同学都是在一年级当中迷失了，没有学好，没有把握得住，也没有人去指导，一下子松下来了，很好的学生跟不上了。还有都是第一名的，到我们这变成第 25 名，一下子忧郁了，很多心理问题都由此而生。

另外，我也了解到，我们的学生一进来的时候，往往有一些父母放松。他们放松了以后，特别是因为家庭的变故，一下子把这些同学推到了忧郁的症状，父母觉得，原来关系不好忍着，孩子要考大学，把孩子送到大学可以考虑离婚的事了，结果孩子在进来之后寻找不到正确的方向，成绩下滑又不好跟同学说，跟老师沟通又沟通不了，找不着人，跟父母说，父母都在顾自己离婚的事，他一下子精神崩溃了。所以现在出现心理问题的同学，1/3 以上是因为类似这样的问题。原来想，是不是因为谈恋爱？实际上不是。

对于一年级我们要集中精力做好，而一年级人生导师就很重要。这 120 个人生的导师从哪儿来？你不能逼着青年教师刚进来的时候必须做班主任，效果就不行。应该从大资源的角度去想，我们有一些老师德才兼备，热爱学生，有人生经验，又是有时间的，谁符合条件就进来。应该有这样一个 150 人左右的库，这样一个一年级的导师班、研讨班。他可能是在职老师，也可能是离退休老师，也可能是我们离退休校友，都可以，只要符合这样的条件，都进来，进来之后还要进行一些培训，同时要有足够的激励机制。对于一年级的导师来讲，不是谁想进来就能准入的。

而一旦准入，我们就要充分地信任，并给予充分的激励。他们不是为了津贴，也不是为了其他的，越是这样越要给予充分的肯定。这一支队伍一旦建设起来，不光是为一年级，我们发现了一些应急的事件，需要去沟通，需要去疏导，需要去疏解，我们手里有一支强大的力量。所以我们要创新，要跳出压的模式，跳出必须培养一批编制内的、专门做辅导员的队伍的模式。

所以讲，关键是让我们的学生在意志品质上要坚定，要坚强，体育精神非常重要。任何一所世界一流大学，一定是把体育精神高高地倡导的大学。所以在这一点上我们落后于清华大学，我们必须承认，并且迎头赶上，力争在学习当中还能有所超越。

如果能够达到这样一个目标，一个教学六楼实在是微不足道，当然要感谢有关学院，在学校整体空间如此紧张的情况下所作出的贡献。但是我们用意之所在实际上是在这方面，所以体育部现在在努力地工作，在做这样的方案，如何在全民性的包括我们的老师在内，都要让人民大学有一种体育精神在里面，体育的精神氛围在里边，这个很重要。

所以我们想能不能在这五个方面围绕着厚重之魂。有的同志提出，厚重不能够少了创造力的灵魂，确实是这样，没有深厚的底蕴去谈创意、谈创新是根本谈不上的。特别是我们的学生刚进来的时候，就要天天逼着他创新，更多的是在胡闹，他不可能创新的，更多的是在试错，四年下来一直在试错。什么原因呢？就是因为他的底蕴不够，基本的方法论没有掌握。所以在这一点上，为什么说在讲哲学功力的时候，一定要加上建设性思维，就是要在厚重上，要把建设性、创造性，把哲学的武器和方法论用上。

四、关于人才培养路线图

这一次大家来讨论路线图，围绕着路线图大家一共提了 31 项建设性的建议，都很好。我想这个三位一体的路线图，除了体现本科为中心之外，首先它应该是一个思路图、一个概念设计图，三位一体，应该把它先勾勒出来。先不用那么复杂，先设定这样一个概念，把它画好，把大家共同的智慧都能够融进去。最美好的本科教育是什么，接续研究生的培养，往高端走怎么走，第二课堂和第一课堂如何做到精准、自然地衔接，我觉得按照新的理念，把思路先画出来，大家都认同了这个思路图，再去做工作，再去做工程图，再去做深化设计，再去做可操作性的设计。现在是让大家讨论，思路图现在还没有成熟，还没有把它非常清晰又重点突出的节点做出来，接下来回去之后，要把大家提出的好的建议，迅速地吸收，把思路再画一遍，在开学之后，大家讨论认同之后，再去做深化设计。这件事情确实没有那么简单，越讨论大家越觉得没有那么简单。

但是，并不等于现在就等着完全设计好了才能够去做，大家高度共识的、可以做的一些事情，就可以先做起来。比方说现在整个本科教育，课堂学分太多，明显高于北大和清华，那就下决心，把课程教学学分减下来。减下来之后留下来的空间干什么呢，第一，给第二课堂，给学生自我教育、自我成长的空间，在这有充分的空间。第二，给第二专业，叫第二专业，是辅修也好还是叫第二主修也好，或者叫双主修也好，反正就是第二专业，不可能让大家愿意转什么学院就转什么学院、自由转什么专业就转什么专业。做第二专业，25 个左右的学分，我认为应该把这个时间、学分的空间给压出来，让这些同学按照自己内心的渴求，通过第二专业得到弥补。同时也很可能在这个里面、在一个人身上真正地实现更加宽厚的知识结构。

我们经常在想：跨学科、跨学院为什么那么难？交叉学科发展为什么那么难？交叉学科合作为什么那么难？实际上，交叉学科的发展，往往不是三个不同学科的教授在一起去做，这不太容易，而往往是一个人身上的知识结构里面就是交叉衔接，所以让他去主持一个交叉学科，往往更有效。现在中国的专业划得太细，广为诟病。但是现在必须想办法推动，又不能够推倒重来，这就需要我们压出空间来做这样的事，这样的事就可以做。

同时，大家也共同说，课堂内教学水分太大。有些学院介绍经验的时候，已经率先开始做了。我们不要机械地理解教授就必须给本科教学，就意味着非高级职称的必须给博士生上课、给硕士生上课，恐怕不是这个意思，温总理也不是这个意思，而是说一定要让我们的本科生享受到一个学校教学效果最好的那些老师的教学，面授的教育。不管你是讲师也好，助教也好，还是副教授、教授也好，只要是人民大学最优质的教学力量，就应该想方设法让它到本科的教育当中去，只有这样才可能创造出最好的本科教育。想什么办法呢？我觉得思路依然是刚才讲的班主任的思路。我们要靠什么在提高大家共同的待遇和收入的同时，拉开差距，同时要体现育人的重要性？就是要通过这样的思路，这样的机制。最好的教育、最好的老师们到本科的课堂，虽然他们不是只看着钱教我们的本科生，但是我们要把待遇的差距在这些点上拉开，因为它是最优质的，就应该有更好的待遇。

另外，还要发挥学生自组织的作用，这一点我们也要去做。我们不做那些拉开架势办小事的事情，要多做有效率的、投入一点钱就能够有非常好的效应的事情，学生自组织就是这样，花小钱就可能产生很好的效益。所以在这一点上，我们应该不光是一个《苏格拉底》，应该全面地以《苏格拉底》为模式，把它展开。

我们给各个党组织，给分党委一年增加两三万块钱，大家都觉得很好，那么在其他方面，没有发挥很好效益的有多少个两三万？这些方面要调整思路，让同学得到资助，得到支持，得到激励，在自组织当中自我教育，自我成长。当然他们也渴望有导师的指导。

还有其他方面，像博士学制能不能够就到四年或者三到四年？昨天提出的思路很好。学制三年的，作为一种鼓励和激励，三年应该做得很好，作为一种帮助；四年的，作为一种应当，这样调整，我们在资源上想办法。今天我们已经压倒了150个水平不高的外国留学生的招生，大家都觉得很好。有两个人给我写信，通过韩国议员写信说这个学生虽然分低但是很重要，得录取，我也没有理他。我们逐渐通过这样一种思路，在现有空间里面想办法，通过优化调整来实现我们新的想法。

还有一些方面，就是人。伊校长提出，原来工作量金字塔形的，能不能变成圆柱形的。变成倒金字塔可能还不现实，变成圆柱形我看未尝不可。新进来的青年教师第一年不上课，这也是回归，也不是创新。但并不是闲着，而是进入教育教学发展中心、教师发展中心接受培训，同时跟着好老师、有经验的老师做助教，让他利用这个时间，把他博士期间的论文整理好发出来。我们有海归的教师，又要有一些特殊的办法，海归教师是一支非常重要的力量。今年我们有48位海归教师，基本上都是从世界一流大学和一流学科进来的，情况出奇的好，但是进到人民大学之后，一方面在人民大学整体的氛围当中熏陶，同时也有一些特殊的安排。我觉得人事处的安排有这个意识，非常好。怎样能够利用校友的优势，让他们进入校友所在单位，去做挂职也好，实习也好，等等，这一点也可以及时地推出。我想这些措施能做的就要抓紧开做了。

五、关于评价考核体系和资源配置体系

评价考核体系的变化是制度的调整，是一个艰巨的任务，又是非常细的工作，非常实的工作，要及时找到最科学的办法。但是没有这一项保障，前面所说的大部分都会落空，因为这是一个指挥棒。所以，一旦我们的模式确定，一旦我们新的人才培养框架确定，制度上的保障无论有多大的困难，也要及时跟上。这个制度体系一定要开门制定，广泛听取各方面意见，一轮、两轮、三轮甚至四轮，最后找到一个最好的体系，把规范做出来。

资源配置体系，关键也是一个理念问题。将来在做预算或者预算外的一些资金的配置，包括学校里面其他的编制、资产、资源时，都应该及时地领悟新框架、新体制的精神，相应地迅速做出调整，迅速地跟上，给予充分的资源保障。同时也要把大资源的概念搁进去，整合人大的大资源，来为我们新的人才培养理念框架服务。

六、关于精细化管理

大学形象建设是我们五大工作重点之一，其中精细化服务和精细化管理是人民大学形象建设非常重要的内容。凡是走进人民大学校园，在世界各地、祖国各地接触到人民大学的人，接触到人民大学的事，接触到人民大学的会议，接触到人民大学的服务和管理的时候，我们的目标就是让他觉得人民大学不愧为人民大学，这些要靠大家精细化的服务和管理去保障，没有这一点，前面的氛围的营造，其他的改革措施也都会落空。

如何保证精细化管理？

第一，通过规范化建设，完整、科学地建立起新的制度体系和基本规范。

第二，通过信息化建设，充分利用现代科技手段，把人民大学信息化建设提高一大步。没有信息化做保障，精细化管理很难做到，不利于信息化，又实在太可惜了，我们就会落后人家好多年。

第三，从严治校。我觉得，首先应该从管理部门开始，从服务部门、职能部门开始。所以不管是通过加强培训也好，还是加强实践教育也好，还是奖惩分明也好，我觉得最后要到学院，但是首先要从校部开始，要从有关职能部门开始，要从各个学院的服务部门开始。

但是我觉得更重要的还是两条：

第一条，要用心去工作。要有敬业精神，要有对人民大学的、对学校的热爱，要有对自己职业的热爱，才能用心去工作，才能奋不顾身地工作，不知疲劳地工作。今天上午发言，我们听到，有些学院，哪有到点下班这一说，哪有讲完课拎包就走这一说，没有。同时他们又不是在无效率地劳动，而确实是在痴迷地工作，用心在工作，在创造性地工作，就是想达到更好的服务效果，更好的管理效果。有的是因为一些学院有一批青年教师，但还有一部分院长、副院长，他们一直到晚上 9 点钟工作室的灯依然亮着，管理人员也跟着一块工作，这是用心在热爱，用心在工作，做精细化管理。

第二条，要真正让大家体会到工作带来了美的享受。这种美的享受要体现人大的智慧，体现人大师生共同的智慧，要把这项工作做好。所以希望主导和深度参与这次教学改革的有关部门，用热爱去工作，用心去工作，全身心投入，同时要把自己的智慧发挥出来，也要凝聚全体人大人的智慧，包括校友的智慧，包括同学的智慧。

我经常在想这样的两个词，在过去的十年里，在若干次的领导讲话和政府工作报告里面给大家留下印象最深刻的，实际上是两个词：

第一个词，叫“无与伦比”。百年圆梦的奥运会，所有的中国人都在闭幕式上期待着会有一个什么样的评价，最后用的词是无与伦比。哪个词呢？用的是 truly exceptional，这个词是不是中文里面的无与伦比的意思，很多人认为还欠一点，因为萨马兰奇主席给 1996 年亚特兰大奥运会闭幕式用的词，比这个还重，用的是 most exceptional。亚特兰大奥运会是公认的比较糟糕的一次奥运会，奥林匹克公园爆炸，100 多人死伤，另外还出现了一些奥委会委员受贿的丑闻，为什么他还用了这个词呢？罗格在我们这用的 truly exceptional，我们翻译的叫无与伦比。为什么罗格主席、萨马兰奇老主席，听到我们最后向他解释，为什么大家高兴用中文词的意思的时候，他们后来也说我们认同，我们就是这个评价；为什么我们的国人也都认为这个词的翻译真正体现了实事求是的北京奥运会？它确实起到了激励国人的作用，因为 2008 年的奥运会，与其说是圆百年之梦想，不如说是中华民族一个共同的宣言，中国、中华民族要和平崛起的这样一个宣言，面向未来的一个宣言。所以“无与伦比”这个词，从英文翻译成中文，我们的高级翻译是有文化的，翻译的是美的、是妙的。

另外一个词，是胡锦涛主席讲的“不折腾”。“不折腾”这个词，大家印象极其深刻。“不折腾”怎么翻译成英文，就变成了一个大问题。季羡林先生说，应该翻译成“不制造麻烦”，叫作 no trouble making。也有其他的各种译法，比如说不滥用权利等等。但是最后翻译的是大家看到的这个词，叫 no Z-turn。我们知道开车的时候转弯，有 U 形的拐弯，还有先往后退再走 V 形的拐弯，这是美国人理解了我们的意思以后，建议应该译成这个词。这个词的翻译就绝美，它不仅准确地表达出不折腾的意思，开车往前走，不要走回头路、开冤枉路这样的意思，同时还押韵，跟折腾一词基本上是一个意。我想这就是智慧，这就是经过大家广泛讨论之后共同凝结出来的智慧。所以，我们的人才培养新的方案实现的路径、关键点的把握、制度的设计，希望都能够最后出来这样一个东西，操作起来一路顺畅，而不是说学院看部门，部门看学院，都很纠结。

可以用这样一个词，共同让我们创造一个最美好的人大本科教育，实际上就是希望经过若干年的努力，或者十年的努力，我们真正能够在这样的一个天职所在、基础性工作上扎扎实实地为我们的同学们、为我们的学子打造一个共同的人大梦。一说起来，人大拥有中国最好的本科教育，而且不亚于任何一个国外大学的本科教育，那么就可以实现胡适先生说的那句话，我们派出那么多留学生的时候，留学是为了不留学，留学是为了报效祖国的崛起，是为了未来国家的强大，是为了重现四方倾慕者沓来、我们原来的民族鼎盛的局面。现在还是一个美国梦的时代，但是同时我们已经看到了中国梦和美国梦都有这样一个愿景。我想，在中国梦里面，我们能够做到的，就是把最好的本科生培养成才，培养成真正的栋梁之材。这样的人大梦，靠大家共同的努力，把它扎扎实实地向前推进。谢谢！

在“马克思主义与中国道路协同创新中心”揭牌仪式上的讲话

中国人民大学校长 陈雨露
（2012年8月18日）

尊敬的卫红副部长、海良院长，
尊敬的兄弟单位的各位领导、各位学者：

刚才，我们共同见证了“马克思主义与中国道路协同创新中心”的成立，首先再次表示热烈祝贺，并向为之付出辛勤劳动的同志们致以诚挚的敬意！

马克思主义研究是一个世界性的学术领域，可以产生具有全球影响的学术成就，也可以产生流芳百世的学术大师。中国是以马克思主义为指导思想的社会主义大国，在中国化的马克思主义指导下形成和发展起来的中国特色社会主义道路，已对当今世界产生了广泛而深远的影响，引起了中外学术界的高度关注，从而成为一个国际性话题。通过研究中国发展道路所积累的丰富经验来发展马克思主义，通过马克思主义理论研究来解决当今中国经济社会发展中存在的各种突出问题，已经成为当代中国学术界义不容辞的责任。

今天，全国著名高校和科研机构的马克思主义学者们汇聚在人民大学，隆重举行“马克思主义与中国道路协同创新中心”揭牌仪式，并就如何推进协同创新、如何深化马克思主义和中国道路问题研究，进行深入的学术探讨，无疑是一件具有重要而深远意义的学术盛事，必将受到中外关心马克思主义历史命运和中国道路历史命运的人们高度关注。

中央一直高度重视马克思主义和中国道路的研究，特别是十六大以来，党和国家更是把发展繁荣哲学社会科学，推进马克思主义理论创新放在了十分重要的位置。2004年，中央出台《关于进一步繁荣发展哲学社会科学的意见》，并组织实施了马克思主义理论研究和建设工程。2007年，党的十七大报告明确提出：“繁荣发展哲学社会科学，推进学科体系、学术观点、科研方法创新，鼓励哲学社会科学界为党和人民事业发挥思想库作用”。2011年10月，党的十七届六中全会强调：“要巩固发展马克思主义理论学科，坚持基础研究和应用研究并重，传统学科和新兴学科、交叉学科并重，结合我国实际和时代特点，建设具有中国特色、中国风格、中国气派的哲学社会科学。”2011年11月，中央转发《教育部关于深入推进高等学校哲学社会科学繁荣发展的意见》，教育部、财政部联合下发《高等学校哲学社会科学繁荣计划（2011—2020年）》。就在刚刚不久前的7月23日，胡锦涛同志在省部级主要领导干部专题研讨班开班式上发表重要讲话强调：“新的历史条件下，我们继续推进中国特色社会主义，必须不断丰富中国特色社会主义的实践特色、理论特色、民族特色、时代特色。”胡锦涛同志的重要讲话，指明了中国马克思主义理论创新的努力方向，也进一步明确了广大哲学社会科学工作者的目标和任务。今天我们协同创新中心的成立，就是贯彻落实党中央和胡锦涛同志重要讲话精神的一项重要举措，也是落实《高等学校哲学社会科学繁荣计划（2011—2020年）》要求，繁荣和发展中国哲学社会科学，推进中国特色社会主义事业的一项重要举措。

环顾四周，放眼未来，马克思主义理论和中国道路研究虽然面临严峻挑战，但同样也面临着重大的发展机遇。从人类社会历史上看，每一次重大危机之后，社会都会出现剧烈的变革，都会出现科技创新、理论创新、制度创新、体制创新的新高潮，都会产生一系列创新成果。我们完全可以这样说，与以往任何时候相比，与其他任何国家相比，当代中国都更有条件、更有可能不断产生新的理论创造和理论家。我相信，在李卫红副部长的关怀下，在顾海良主任的带领下，我们众志成城，一定能够在马克思主义基础理论研究、中国道路研究、社会主义核心价值体系研究以及协同创新体制机制建设等方面取得突破性进展，结出丰硕成果。

中国人民大学是我们党亲手创办的新中国第一所以人文社会科学为主的综合性研究型大学。邓小平同志、江泽民同志曾经高度评价人民大学对马克思主义的传播与普及作出的重要贡献。胡锦涛同志、习近平同志在人大考察期间，也对学校在马克思主义理论、中共党史党建等方面的研究和人才培养给予高度肯定，并提出更大更高的希望。我们一定会全力以赴做好这个牵头单位，同兄弟的协同单位一道，努力把中心打造成为“人民满意、世界一流”的思想库！

最后，祝大家身体健康、合作愉快！谢谢！

落实纲要精神，着力改革创新，推动内涵发展
——在教育部直属高校工作咨询委员会22次全体会议上的发言

中国人民大学校长　陈雨露
（2012年8月20日）

尊敬的延东同志，尊敬的袁部长、鸿忠书记，各位同志：

2010年7月，《国家中长期教育改革和发展规划纲要（2010—2020年）》颁布，明确提出高等教育要提高质量这一核心要求；2011年10月，党的十七届六中全会确立了文化强国战略，强调了哲学社会科学在推进社会主义文化大发展大繁荣、建设社会主义文化强国中的重要作用；2011年9月，中央转发《教育部关于深入推进高等学校哲学社会科学繁荣发展的意见》，对新时期高等学校繁荣发展哲学社会科学做出了全面部署，提出了新的更高的要求。如何更好地繁荣发展高校哲学社会科学，如何充分发挥它在人才培养和文化传承创新方面的作用？如何以此来真正推动高等教育质量的提升？这是我们共同面临的重大课题，更是以繁荣发展哲学社会科学为崇高使命的中国人民大学一直思考和探索的问题。在这里我向大家简要汇报人民大学的三点思考和探索。

一、积极推出繁荣发展哲学社会科学的八项举措

哲学社会科学的发达程度已经成为衡量一个民族进步程度的核心指标，对此，人民大学一直有着深刻的认识。

2011年，学校系统推出繁荣发展哲学社会科学的八大措施，积极推动学科体系、学术观点、科研方法和组织管理体系的改革创新，并重点探索哲学社会科学的协同创新。为了充分体现“2011计划”所要求的哲学社会科学研究与国家需求的紧密结合，经过认真谋划和筹备，由人民大学牵头，复旦大学、武汉大学、中山大学、中央编译局、中国社科院当代中国研究所共同参加的“马克思主义与中国道路协同创新中心”于8月18日正式运行。我们将发挥学科集群、方法集约和成果集聚的优势，改变单纯在书斋里研究马克思主义的现象，建立一批问题导向的企业、社区、农村实验基地，把马克思主义的学术研究成果写在中国道路发展的过程和环节之中，真正体现马克思主义理论学科的学术作用力的发展影响力。

在八项举措中，学校还推动了一项基本性的变革——科研考核评价体系的全面改革。针对学术评

价中普遍存在的过度重视量化、科研风气浮躁等问题，把“松绑”和激励有机结合，弱化量化功能，实行分类管理，强化质量导向，鼓励多出精品、上品和传世之作，鼓励优势学科支持改革思想库作用。2012 年 5 月，延东同志和部领导先后对人民大学科研评价体系改革的做法作出了重要批示。

二、精心规划以“厚重”为灵魂的人才培养体系改革路线图

一所大学的核心功能还是培养人。如何为中国特色社会主义事业培养合格的接班人，在当前中国，并不是某种口号或教条，确实是涉及国家和民族命运的重大问题。在一个价值多元、思想纷杂的时代，能不能培养一批头脑清楚、信仰坚定、意志品质过硬、又具有远见的厚重人才，是国家下一步发展成败的关键。

哲学社会科学在构建社会主义精神价值体系、巩固主流意识形态方面具有重大作用。近年来，学校致力于以本科教学为中心，以“厚重”为灵魂，构建人才培养体系改革路线图。“厚重”的含义为：培养政治上合格的人才；注重学生人格塑造、锤炼意志品质和为人民服务的理想坚持能力；培养学生深入中国国情、理论联系实际的能力；帮助学生构筑三大文化知识体系，提升以我为主的跨文化沟通能力。

为了抓住主要矛盾，学校对新生党员开展了“红船领航”计划，分为“意志品质”、“行为习惯”、“理想信念”、“团队协作”、“党史党情”、“根本宗旨”6 个教育模块，贯穿本科一年级始终。6 月 19 日，习近平副主席和延东国务委员考察学校、调研高校党建工作时，观摩了该项目的“马克思主义经典和社会案例研习会”，给予了充分肯定。从新学期开始，300 名新生党员将试点加入人民解放军预备役序列，磨炼成长。

学校还推出了学生跨文化能力培养体系。一方面重视国学教育和国情教育，一方面重视培养对多元文化的真正理解，在通识教育体系中，努力让学生通晓中国文化、西方文化和伊斯兰文化三大体系的精髓。同时加强传播学、心理学两大文化沟通方法论的教学训练。五年前，在胡锦涛总书记、温家宝总理的关怀下，人大成立西域历史语言研究所，加强对具有深厚伊斯兰文化背景的西域各民族语言、历史和文化的教学与研究。目前，已成为全球三个实力最好的西域研究和人才培养基地之一。

近五年来，学校注重优良传统学风的光大弘扬，特别是对学生理论联系实际能力的培养。今年暑期，共有 5 100 名同学参与社会实践、参加“千人百村”社会调研，1 000 名同学以农村民生问题为关注重点，奔赴中国调查数据中心在全国随机抽样产生的 100 个村庄实地调研，与农民同吃同住，在社会学专家团的指导下，共同撰写《中国农村民生状况报告》。

三、全面落实提升学术话语力的战略举措

哲学社会科学在推动中国优秀成果走向世界，扩大中华文化的影响力，增强我国在国际学术舞台上的话语力方面具有重大作用。

以人才培养为例，人民大学有三项探索：

一是成功开办国际小学期。人民大学国际小学期开办于 2009 年，重点突出了课程、师资、校园氛围和教学管理四个核心要素的国际化。今年 147 门全外文前沿课程吸引了大批来自三大文化体系的高水平海外学生，也为本校 6 000 名同学提供了国际化学习和跨文化沟通的机会。国际小学期的开办推动了教学方式方法变革，形成了一批高质量课程，探索了通识教育的新途径，有力提高了人才培养的质量，同时也进一步扩大了学校的国际影响。

二是推动全面提升学生的外语口语和学术的综合运用水平。人民大学与北京外国语大学建立战略共同体，双方重要的合作内容是互为“第二校园”，互相开放第二专业，将联合设置中国人民大学本科外语口语标准和研究生学术外语口语标准，以此大幅度增强学生的国际人文和学术交流能力。

三是成功开办中法学院。今年法国索邦大学与中国人民大学联合成立的中法学院是我国以人文社会科学为主推行中、法、英三种语言教学的中外合作办学机构。她的成立对于引进优质教育资源，以我为主培养不久之将来国家需求的多语言国际性专业人才具有特殊的战略价值。

各位同仁，在一个高等教育和哲学社会科学取得五年辉煌成就又面临大发展的时代，在一个躬逢盛世又充满挑战的时代，只有众志成城，跨越挑战，才能最终赢得未来。人民大学愿与大家并肩奋斗，互帮互助，共同前进！谢谢！

在中国人民大学创先争优活动总结暨迎接《基本标准》入校检查部署会上的讲话

中国人民大学党委书记　程天权
（2012 年 9 月 21 日）

同志们：

2010 年 4 月以来，按照中央要求和市委部署，中国人民大学各级党组织紧密围绕学校事业发展大局，以提高办学水平、推进人才培养为宗旨，以“创先争优促发展、十年腾飞跻一流”为主题，以开展“提高办学质量促发展、服务人民群众树形象”活动、做好“基层组织建设年”工作等为载体，引领广大师生党员深入开展创先争优活动。刚才，四位同志分别代表所在党组织介绍了各自创先争优活动的情况和经验，讲得都很好，听了很受启发。下面，我就学校创先争优活动讲三点意见。

一、创先争优活动取得了显著成效

近三年来，学校党委把深入开展创先争优活动作为推进事业发展、提升党的建设科学化水平的有力抓手，精心组织、扎实推进，取得了显著成效。

（一）坚决贯彻中央精神和市委部署创先争优，进一步加强和改进了学校基层党的建设

在创先争优活动中，人民大学认真落实上级部署，抓实抓好规定动作，不折不扣执行中央决策，进而高质量地推进创先争优活动。

在公开承诺活动中，全校 600 多个基层党组织，1 万多名党员开展了公开承诺。在领导点评环节中，努力做到学校各级党组织书记都作点评，每个党组织和每名党员都被点评。基层党组织被点评数达到了 627 个；学校党员被点评 10 413 人，达到了 88.5%。在群众评议工作中，全校基层党组织接受群众评议数达到 602 个；全校党员接受评议 9 458 人；接受评议的院系党政领导班子人数达到 181 人；广大师生对于学校的创先争优活动进展情况满意，绝大多数群众认为学校党组织和党员能够充分发挥自身作用，积极履行本职工作，努力服务师生员工，有力地推进了学校中心工作。

今年以来，围绕基层组织建设年的工作要求，我校积极落实上级部署，以支部建设为重点，以支部书记为抓手，以普通党员为工作对象，全面加强了支部一级的思想理论建设、工作制度建设和服务能力建设。学校党委认真对待、积极完成了上级部署的支部分类定级工作。全校 634 个基层党支部中，430 个支部定为“好”，176 个支部定为“较好”，28 个支部定为“一般”，“好”和“较好”的支部占到全校支部数的 95.6%，没有支部被评为“较差”。我们认为，这些数据基本能够反映人民大学支部建设的总体情况。

我们还在创先争优活动中充分发挥典型示范作用，不断增强党员队伍的生机活力。近三年来学校评选表彰了一大批优秀共产党员、党务工作者、党支部书记和先进基层党组织，还在北京市的“育人标兵”、“成才表率”等评选表彰中涌现出一批先进典型。

（二）大力谋划事业发展全局创先争优，有力促进了学校事业又好又快发展

学校领导班子在创先争优活动中认真总结新世纪十年的成绩和经验，认为经过十年的“固本强基”，人民大学的各项事业都取得了长足发展，为进一步发展奠定了重要基础。学校党委汇全校之智，举师生之力，仔细谋划了未来十年的发展蓝图，制定了“十年腾飞”的战略规划，并据此提出了一系

列在新世纪新阶段的重大战略举措和重点工作内容。

我们始终坚持“12331”的总体工作思路，实施了提升国际性战略，制定了“十二五”事业发展规划，并且提出在建党100周年之际实现建设“人民满意、世界一流”大学的目标。为此，学校还启动了通州新校区选址建设工作，着力破解制约学校进一步发展的最大瓶颈难题。同时，学校认真做好现有校址的改造工作。近三年来，随着新图书馆、国学馆、新宿舍楼、新校医院等一大批工程的投入使用，学校办学环境进一步优化，发展潜力进一步增强。

为进一步破解发展难题，学校提出了2012年发展建设的“10件大事”和师生关心的“20件实事”，并通过领导班子民主生活会、教代会会议、校务委员会会议、校长信箱、青年教师座谈会、学部学院座谈会等途径，反复征求全校意见，得到了全校师生员工的热烈关注和广泛参与。目前“1020”行动计划正在逐步落实，进展顺利。

（三）紧密围绕中心工作创先争优，为培养杰出人才提供了强大的政治、思想和组织保证

一是大力开展理论教育，坚定学生理想信念。在创先争优活动中，学校始终把人才培养摆在突出位置。学校党委以纪念建党90周年为契机，发挥人民大学在党史党建研究方面的优势，开展了党史名家讲坛活动，邀请党史研究知名学者和专家，直面党史前沿和党建热点问题，为师生答疑解惑，让广大师生学党史、知党情、跟党走，受到了校内外的广泛关注；学校完善了“入党前”、“发展后”、“毕业前”三个时间节点的学生党员教育体系，并探索了“红船领航”——本科新生党员先进性教育的有效模式，得到了中央领导和上级部门的高度评价。

二是着力开展社会实践，培养知行合一人才。学校党委高度重视、大力支持学生开展社会实践活动，在挑战杯、大学生创新实验计划等实践类竞赛中，成绩名列前茅。今年还开展了“千人百村”活动，围绕当前中国农村经济社会与文化发展的重大现实问题，以入户社会调查为主要形式，组织千名学生深入百个村庄开展系统、规范的社会调研活动，全面提升学生的学术科研与实践创新能力，促进本科实践教育发展与研究生培养模式改革。

三是坚持师生良性互动，建设马克思主义学科一流师资。学校一直在全国高校旗帜鲜明地坚持马克思主义原典的教学与研究，开设了如《资本论》研究等一大批马克思主义的课程，不但以高水平的马克思主义教学与科研来吸引青年学子，传承方法论和世界观，还培养了一支老中青结合的马克思主义研究专家和师资队伍，为中国特色社会主义理论体系的研究创新作出了重要贡献。

（四）积极开展理论研究创先争优，为党的理论创新作出了应有贡献

学校党委充分发挥人民大学在马克思主义理论研究和中共党史党建研究方面的学科优势，积极部署开展创先争优理论研究。我们承担了上级安排的研究专题，积极制定了《创先争优活动理论研究组工作方案》，组建了创先争优理论研究课题组，抽调学校党史、党建领域著名学者组成研究团队，由党委组织部、宣传部分工协作，为课题研究做好组织和保障。

自创先争优活动开展以来，学校取得了一大批重要理论成果。学校领导和有关同志撰写的《创先争优在党的先进性建设中的理论与实践意义》等理论文章，在《求是》、《光明日报》、《学习时报》等重要刊物发表，取得了广泛影响和良好评价。此外，学校党委坚持集思广益，调动一切积极因素，集中全校智慧做好创先争优及相关理论研究。在2010年，学校党委设立了党建研究基金，并向基层公开招标党建课题，资助开展了30余项党建课题研究项目，取得了一大批贴近基层实际的创先争优及相关理论研究成果。为庆祝建党90周年，学校党委又向全校师生开展了理论征文活动，并结集出版。这些工作为学校的创先争优活动提供了基层实践案例和理论研究素材，深化了学校的创先争优理论研究。

二、创先争优活动积累了宝贵经验

创先争优活动是我们充分发挥基层党组织和党员作用、不断推进基层党建创新、加强党的先进性

建设的有效载体，是最大限度地发动各方力量、推进学校事业科学发展的强有力抓手，应当长期坚持、常抓不懈。三年来学校创先争优活动的生动实践，使我们进一步积累了宝贵经验，需要我们在今后的工作中不断坚持和发扬。

一是创先争优活动必须坚持“围绕中心、促进发展”的基本原则。围绕中心抓党建、抓好党建促发展是党的建设的优良传统和宝贵经验。学校创先争优活动始终着眼国家、北京市的经济社会建设和学校教育事业发展的需要，积极引导各级党组织和广大党员紧紧围绕教学、科研等中心工作创先进、争优秀，确保活动取得了实效。

二是创先争优活动必须坚持“为民服务、解决问题”的根本目的。创先争优活动是否取得实效，关键是看广大师生是否满意。学校以解决师生群众反映强烈的突出问题为重点，以服务为切入点，凝聚基层党组织和广大党员，增强育人意识，提高办学质量，破解难点问题，切实为师生办实事、办好事，让广大师生和群众切身感受到创先争优活动的实际成效，真正使创先争优活动成为群众满意工程。

三是创先争优活动必须坚持“创新载体、丰富内容”的工作方法。选准载体开展工作是创先争优活动体现时代性、把握规律性、富于创造性的关键。学校立足自身工作特点和功能定位，特别是针对师生党员学习能力强、善于独立思考和理性思维的特点，积极探索和创新了一系列活动载体，增强了活动的针对性、实效性和吸引力，使创先争优活动既圆满完成上级规定的各项任务，又充分体现出人大特色。

四是创先争优活动必须落实“加强基层、夯实基础”的内在要求。基层党组织和广大党员是创先争优活动的主体，进一步加强基层党组织建设和党员队伍建设也是创先争优活动的重要目标。在创先争优活动中，特别是开展基层组织建设年工作以来，学校党委坚持把基层党建工作的各项任务有机融入到创先争优活动中，挖掘、固化和推广了一大批好经验、好做法，明显提升了基层党建工作的科学化水平。

三、认真做好创先争优活动总结工作，切实推进创先争优常态化、长效化

按照中央的总体安排，目前，创先争优活动已经进入收尾阶段，学校各级党组织要认真总结经验，不断推动创先争优常态化、长效化。

一是要深入挖掘、固化和推广创先争优成果，建立健全创先争优长效机制。构建创先争优长效机制是创先争优活动本身的一项重要内容，也是评判活动成效、实现活动目标的基本要求。各分党委、党总支要在总结梳理创先争优活动的基础上，及时总结、凝练创先争优活动中的有益探索，将师生欢迎、能常态运行的好经验、好做法制度化、长效化，并搞好衔接配套，不断完善已有的规章制度，形成科学规范的制度体系。各分党委、党总支都要建立至少一项务实管用的长效机制，并将建立机制的目录和文件上报学校党委。

二是要继续扎实推进基层组织建设年工作，不断激发基层党组织的生机活力。开展基层组织建设年是今年创先争优活动的重点。按照中央和市委的部署，到党的十八大召开前，集中性开展创先争优活动将暂告一段落，但是基层组织建设年工作是一项贯穿全年的任务，各项工作要持续到年底。当前，基层组织建设年工作已进入党支部整改提高、晋位升级的关键阶段，要进一步强化校、院、系三级党组织抓党支部建设的责任，继续从优化党支部设置、加强党支部书记队伍建设、完善和落实党支部工作制度机制、强化党支部工作保障等方面，认真抓好各项整改措施的落实，抓好后进党组织的整顿转化，力争在十八大之前取得明显成效，推动更多的党支部晋位升级。

三是要认真学习贯彻党的十八大精神，推进创先争优常态化。当前，要认真学习胡锦涛总书记“7·23”讲话，把思想统一到中央精神上来，做好迎接十八大的各项准备工作。十八大召开后，要按照中央要求和市委部署，迅速掀起传达学习、贯彻落实十八大精神的高潮，统一思想，以更加崭新的风貌、更加昂扬的斗志积极投身到学校事业发展中去。结合学习贯彻党的十八大精神，推进创先争优常态化，真正使创先争优内化为一种精神状态和价值导向，引导各级党组织和广大党员紧密围绕学校事业发展，在提升人才培养质量、科学研究能力、社会服务水平和文化传承创新能力等方面作出新贡献、取得新成效。

下面我就学校迎接《北京普通高等学校党建和思想政治工作基本标准》（以下简称《基本标准》）入校检查工作再提几点要求。

一是要充分认识《基本标准》集中检查工作的重要意义。这次检查对于深入推进学校基层组织建设年工作、进一步建立健全创先争优的长效机制、认真总结过去五年来学校党建和思想政治工作、推动学校党建和思想政治工作再上新台阶都具有非常重要的意义。

二是要认真做好各项准备工作。这次入校检查，时间初步定在10月18日，检查方式主要包括听取汇报、查阅资料、座谈访谈和实地考察。检查虽然不是对《基本标准》进行全面检查，但同样会涉及学校和学院层面的很多工作，请各部门和单位按照学校迎检工作办公室的具体要求，认真做好各项准备工作，确保检查工作顺利、高效进行。对于本单位、本部门工作的特色和亮点要深入挖掘和充分展示。

三是要注意及时沟通。在迎接检查过程中，请各分党委、党总支负责同志与迎检办保持有效沟通，良好互动。因为走访单位和座谈名单是由检查组当天早上随机抽取，对于各单位特别是各个学院的材料准备工作提出了更高要求，请大家与迎检办公室同志协力配合，一同做好《基本标准》入校检查的各项工作。

同志们，迎接《基本标准》入校检查工作是一项很重要的工作，请大家继续坚持“以评促建、以评促改、评建结合、重在建设”的原则，以本次入校检查为契机，扎实推进学校党建和思想政治工作，以优异成绩迎接党的十八大胜利召开。

谢谢。

在“百年学术制度的形成与流变——中国人文社会科学论坛2012”上的讲话

中国人民大学校长　陈雨露
（2012年10月3日）

尊敬的各位学者、各位来宾、各位老朋友们：

100年前蔡元培先生在北京颁布了大学教育令和中学教育令，中国的教育开始进入新的历史时期。那时候的教学体系深受西方的影响，价值理念和知识结构的打造在思路上是现代欧美文化走向的一种折射。中国的大学理念和日本的大学理念都是从阵痛中建立起来的，在东西方文化的对比里，东方人意识到自己的问题，先前的书院式教育渐渐被洋学堂的教育所取代。其中的一个重要原因是传统的心性之学，不抵实用精神，科学与个性的发展成为人们的期待。不久，马克思主义在中国传播，它在知识界渐渐代替了儒释道的地位。马克思主义与现代科学精神的结合，使现代教育渐成体系。现代教育功能的多样性日趋显示出其生命力来。教育观念的变化，也是国人理念变化的反映，图强救国的思想，成了支撑大学制度理念的基本元素。

中国百年间的学术制度，经历了从传统私学向公学的转化，书院与洋学堂过渡的过程。在民国，教育的生态是多样的，北大模式、清华模式、陕北公学模式、西南联大模式、燕京大学模式十分诱人地闪耀着自己的光芒。这些已经成为人们津津乐道的研究话题。虽然学界对各自的模式有着不同的印象，但它们很自然地丰富了我们的生活。新中国成立后，马克思主义旗帜下的教育制度也留下了宝贵的经验，成了我们今天教育传统的重要部分。这100年教育制度的丰富性是传统中国文化史与教育史上所没有的。我们今天还在这样一个大变革的时代里，延续着前人的众多话题。

现代学术制度的建立，催生了现代史上各种思潮和文化事件。没有新北大精神，就不会产生“五四”新文化运动。这个运动是由一些精英知识分子所组成的，它开启了现代文化进化的先声，并有了前所未有的实绩。没有陕北公学就不会有后来革命思想的普及和革命干部的培养，它为中国革命的成功储备了大量人才，其制度体系已完全不同于欧美教育的风格，具有相当的革命色彩。这是中国社会多样化的需要，也是教育与社会互动的结果。优秀的教育环境和教育制度，对社会的改良和进步的作用已写在历史的画卷之中。

现代学术制度的建立是与时共进的。随着时代的发展，无数教育家和学者不断调整自己的思路，贡献了自己的智慧。100 年来，德国、日本、俄国、美国的教育思想在不同时期和不同阶段产生了各自的辐射力。中国有志于社会进步的优秀分子，通过学术研究与社会实践，给我们的社会带来了诸多的亮色。无论教育理念如何变化，中国人的文化复兴之梦从未消失过。改革开放三十余年来，中国人渐渐摸索出一条自己的教学制度和模式。人民大学在这个过程里，和许多学校一样，走过了一条难忘的道路。总结经验，积极探索，为办成一所“人民满意、世界一流”的大学这样一个美好的梦想而孜孜以求。

现代学术制度的建立和流变给人们的启示是，无论环境发生什么样的变化，开阔性、厚重性、包容性是大学建设的根本。既要有纯粹的文化静观，也应有现实精神。象牙塔与乡土社会并非是不可沟通的存在，人们在这里既可与古人对话，也可与现实对话。教育是智慧的温床，是培养现代人健全理念和审美意识的园地。在这个过程中，责任感、使命感是不可或缺的。大学乃广大无涯的精神之地，不仅要有大智大爱的土壤，更重要的是应有大师和胸怀博大的学子。在这里无论是中国的传统教育还是现代西方教育，都有很好的经验。感谢这些遗产，它们现在已经成为我们事业进步的重要参照。

今天，来自各地的知名学者云集这里，总结百年学术制度，是一件颇有意义的盛事。古代传统固然要尊重，对现代以来形成的传统我们同样应充满敬意。会议上大家将就历史学、文学、哲学、艺术学、宗教学等重要的话题进行广泛的交流。人文学研究是大学学术舞台的迷人领地，它往往最有历史感和精神的厚重感。“五四”那一代人就说过，未来的文化不都是复古或者西化，乃是“外不后于世界思潮，内不失固有之血脉”。这就需要探索，需要创造。学术史告知我们，在没有路的地方走路是多么重要。我们现在正肩负着这样的使命。我们的论坛不仅会给其他社会科学领域的研究提供参照，对我们高等教育的发展和社会思潮的演进无疑也有积极的推进作用。相信这次论坛将对人文社会科学研究带来新风，给我们今天的教育理念带来积极的影响。我们期待着大家成果的发表，这些都会潜移默化地滋养着我们的生活，给我们的事业带来蓬勃的生机。

最后，再次对各位学者、来宾和朋友们表示热烈的欢迎，祝大会圆满成功。谢谢。

在“玉振金声——中国人民大学国剧研究中心成立 5 周年暨叶盛章先生诞辰 100 周年”纪念大会上的讲话

中国人民大学校长　陈雨露
（2012 年 10 月 14 日）

尊敬的周铁农副委员长，各位艺术家，各位领导、老师和同学：

5 年前，在人民大学 70 周年校庆之际，在纪宝成老校长的倡导下，在周铁农副委员长、郑万通主席和各位领导、艺术家的关心和支持下，中国人民大学国剧研究中心正式成立。5 年来，国剧研究中心在孙萍主任的带领下，艰苦创业，脚踏实地，取得了一系列成绩：连续 10 个学期开设人文类全校选修课“国剧艺术大观”，受到全校学生的热烈欢迎；招收了 4 届戏剧戏曲学硕士研究生，毕业生受到了用人单位的广泛好评；完成了包括《富连成画传》在内的多项科研成果；2011 年 9 月，和北京外国语大学艺术研究院联袂启动“百部中国京剧经典剧目英译工程”，中共中央政治局委员、国务委员刘延东同志参加启动仪式，并提出了要做成“创新工程”、“世纪工程”、“经典工程”的热切期望。在社会各界的关爱下，在国剧研究中心各位同事的努力下，我们正在摸索一条普及京剧艺术、传播中华文化的新道路。

叶盛章先生是一位爱国敬业、追求进步的人民艺术家，是京剧武丑行当开宗立派的表演艺术大师，同时也是一位成就显著的京剧教育家。借此机会，我谨代表中国人民大学全体师生向诞辰百年的叶盛章先生致以崇高敬意和深切怀念。

国剧是积淀了中华优秀文化传统和民族审美习惯的人文艺术瑰宝。将这些优秀传统文化的载体和精髓整理好、研究好、弘扬好，既是大学履行文化传承创新职能的基本要求，也是艺术学领域“协同创新”复合型人才培养模式的新尝试，是推动中华文化“走出去”、扩大国际艺术话语力的重要举措。作为中国人文社会科学的学术殿堂，75年来，人民大学始终致力于中华优秀传统文化的弘扬和传播，在全国率先建立国学院、孔子研究院，成立国剧研究中心，承办全球13家孔子学院，召开世界汉学大会，成立世界汉学研修基地等等，努力作出了一所综合性人文重点学府应有的贡献。

站在新的起点上，祝愿国剧研究中心在各位领导和艺术家的关爱下，在学校各学科的协同支持下，继承富连成和叶先生的人文艺术教育精神，开创新局面，取得新成就，为推进中国人民大学建设“人民满意、世界一流”大学的进程、弘扬国剧和优秀传统文化作出更大贡献！

祝愿深切关怀人民大学的各位前辈和艺术家身体健康，永远幸福！谢谢！

在《北京普通高等学校党建和思想政治工作基本标准》入校检查汇报会上的讲话

中国人民大学党委书记　程天权
（2012年10月18日）

近年来，在北京市委、教育工委的正确领导下，学校党委充分发挥领导核心作用，团结带领全校党员干部和师生员工，以邓小平理论和“三个代表”重要思想为指导，深入贯彻落实科学发展观，坚持“围绕中心抓党建、抓好党建促发展”的工作思路，以改革创新精神全面加强和改进党的建设和思想政治工作，努力深化学习实践科学发展观、创先争优等主题活动成果，为建设“人民满意、世界一流”大学提供了坚强的思想、政治和组织保证。

目前，学校党委共下辖35个院系级党组织，581个党支部，其中教职工党支部274个，学生党支部307个。全校共有12 132名党员，占师生总数的41%。在岗教职工5 077人，党员2 351人；其中，专任教师1 692人，党员1 060人，占专任教师的64.5%。学生总数22 188人，党员8 171人，占全体学生的36.9%。

下面，我代表学校党委作如下汇报：

一、坚持和完善党委领导下的校长负责制，不断建立健全校院两级决策体制机制

（1）贯彻落实“三重一大”决策制度，推进学校科学决策、民主管理和科学发展。我们以制度建设为基础，不断加强“三重一大”制度体系建设。2011年底重新修订完善《中国人民大学“三重一大”制度规定》，进一步明确了“三重一大”事项的范围和具体内容、参与集体决策的范围、民主决策程序、集体决策机构和议事规则、监督检查和责任追究等。在学校层面，明确规定“学校坚持依法治校，实行校务公开，全面落实‘党委领导、校长负责、教授治学、民主管理’的方针”，党委常委会、校长办公会等会议制度健全。在学院层面，明确规定，“学院实行党政联席会议制度，对学院的教学、科研、人事、财务等方面的重大决策和重要事项安排进行集体讨论，表决决定或协商确定”。学校纪委大力推进党风廉政建设工作，先后两次将相关制度汇总成册，印发全校各单位，为“三重一大”制度在全校范围内的深入落实提供指导。目前，全校学院、部处和直附属单位共67家已全部建

立了“三重一大”制度。

（2）不断加强“三级架构、两级管理”的组织体系建设。三级架构是指在教学组织上按照“校—院—系”三级的模式进行设置，两级管理是指学校的管理体系分为学校和学院两级。学校不直接参与系一级的管理，主要行使监督权。学校每年召开学院工作会，专题研讨学校发展战略和党建工作，已经形成制度。学校积极探索现代大学制度，充分发挥学术委员会、教代会、校务委员会、董事会等组织的作用。学术委员会是由本校教授代表组成的学术审议评议机构，在发扬学术民主、开展学术交流、弘扬学术道德、提升学术水平等方面发挥了重要作用；学校不断完善教代会制度，促进依法治校，近四年来教代会共受理提案161件，回复率达到100%，满意率达到95%以上；校务委员会每学期定期召开，为学校发展建言献策；董事会是由热心高等教育，关心、支持我校发展的各界人士以自愿方式组成的咨议机构，在促进学校与社会建立广泛联系与合作、筹措学校办学资金等方面发挥了积极作用。

（3）全面规范校院两级决策机制的制度设计。根据工作流程，学校将校院两级决策机制建立及落实划分三个环节：第一个环节，通过教代会、学代会、信访工作、调研工作等手段全口径收集师生员工的意见与建议。第二个环节，对各种渠道收集上来的意见和建议进行分类筛选，确定主要工作方向和要求，各责任单位按照职责高效处理，不断满足师生期待；学校正在建立适应新媒体时代特点的公文运转机制，通过适度突破现有的公文流转机制，最大程度缩短流转时间，提升工作效率。第三个环节，通过党务公开、校务公开、信息公开等多种手段向师生反馈处理结果。我们还启动新版校园网和新闻网，开设“中国人民大学官方微博”，充分发挥新媒体在拓展民主办学渠道方面的作用，与师生员工形成良好互动，较好地保障了校院两级决策机制的建立及落实，为学校的科学发展提供源源不断的强大动力。

二、坚持建设学习型干部队伍，打造具有人大特色的干部教育培训体系

（1）按照“模块化”方式组合培训内容，将理论培训和实际工作有机结合。在新上岗处级干部培训中，围绕学校管理干部的岗位性质和素质技能要求，我们将培训内容按模块进行组合，设计了“形势政策教育”、“领导者能力与素质”、“学校工作实务”、“研讨交流”、“实践活动”等不同模块。为了让干部在培训课堂上“进得来，坐得住”，我们采取了三个措施：一是将理论培训与现实热点联系起来；二是广延专家名师，激发干部的兴趣；三是将理论培训与学校工作实际结合起来，有效地契合了新上岗处级干部的迫切需要。我们将党风廉政教育纳入干部培训内容体系，实现了干部队伍建设和党风廉政建设两促进、两提高。

（2）加强海外培训，拓展视野，提升干部国际交往能力。我校制定了《中国人民大学全面提升国际性规划纲要及实施细则》，对管理干部海外培训作了规划部署。自2009年以来，已累计派出管理干部100余人，分别以考察团和“影子处长”的方式到国外高校接受有关教育管理的专门培训。

（3）丰富手段，加强指导，推动干部自主学习。针对学校干部日常工作繁忙，难以抽出大段完整时间进行脱产培训的实际情况和高校干部自学能力较强、学习自主性较高的特点，我们开设了“中国人民大学管理者在线学习中心”，开展在线培训。在线培训作为常规培训形式的补充，起到了非常积极的作用。

（4）着眼能力素质建设，加强实践锻炼，促进干部成长。我们把岗位锻炼也作为一种培训——“实践培训”。前面提到的境外高校“影子处长”项目就是一种实践培训，此外还有挂职锻炼。我校从2001年开始启动“青年人才基层挂职锻炼计划”，2007年以来派到基层挂职的干部有60余人，挂职岗位涉及教育、科技、文化、商务、政法等多个领域，干部通过“经风雨、见世面、长才干”，补上了实践的一课。

三、坚持抓基层、打基础，充分发挥党支部的战斗堡垒作用

（1）推动制度建设，为党支部发挥作用提供持续保障。学校党委始终高度重视支部建设，近年来，制定了《中国人民大学党支部工作条例》等一系列制度文件，并建立了学校党委领导、组织部监督、分党委（党总支）负责的支部建设工作格局，通过运转高效的制度体系保障支部充分发挥作用。

（2）加强工作能力建设，充分发挥战斗堡垒作用。近五年来，中央开展了学习实践科学发展观和创先争优等活动，学校党委以这些活动为抓手，全面加强和改进了基层党组织的建设。特别是近年来我们经历了2008奥运、建国60周年、建党90周年等大事、好事，也经历了国际金融风波、“5·12”汶川大地震等难事、憾事，全校基层党支部在重大考验和关键时刻都充分发挥战斗堡垒作用，以实际行动展现了人民大学党组织和党员的良好风貌。学校党支部的战斗堡垒作用还体现在推进学校事业发展进程中。五年来，围绕学校人才培养、科学研究、社会服务和文化传承等中心工作，各基层党组织和广大党员以一流的工作业绩，展现了新时期共产党人的时代风采。

（3）加强队伍建设，选强训优基层支部书记。学校提出了“抓书记、建队伍、选强训优支部书记”的工作方针。在教师党支部书记的选配上，明确要求党支部书记不仅要政治过硬，还要业务优良，目前学校80%以上的教师党支部书记拥有高级职称。学校还大力加强基层党支部书记培训工作，在学校层面有计划地轮训教师党支部书记；在学院层面根据各自实际情况有重点地加强学生党支部书记培训。校党委不仅把支部书记队伍建设好、使用好，还重视把这支队伍关心好、服务好，让他们业务上硬气、说话有底气、工作接地气、生活舒心畅气。学校规定担任教师党支部书记的教师减免教学工作4分或课堂教学2分；同时要求各学院党委把最优秀的学生干部选配到书记岗位，并纳入整个学生干部管理序列，在各种评优、推荐中参与考核。

（4）以创先争优活动和基层组织建设年为抓手，提高党建工作的群众满意度水平。创先争优工作开展以来，学校党委坚决贯彻上级党委要求，在基层党组织普遍开展了公开承诺、领导点评和群众评议工作。在党支部书记和党员满意度测评中，全校各党支部书记和所属党员的群众满意度达到99%以上，也在一定程度上反映了学校支部建设的显著成效。今年以来，我校以支部建设为重点，以支部书记为抓手，以普通党员为工作对象，全面加强支部一级的思想理论、工作制度和服务能力建设，积极完成了上级部署的支部分类定级工作。全校634个基层党支部中，430个支部定为“好”，176个支部定为“较好”。“好”和“较好”的支部占到全校支部数的95.6%。目前，全校基层党支部已经完成了支部整改和晋位升级工作，支部建设得到进一步夯实。

（5）理论与实践并重，以特色工作推动学生支部建设。学校党的工作，最根本的是要为社会主义事业培养优秀的接班人和合格的建设者。一方面，学校党委在学生中大力开展理论教育，坚定学生理想信念。如以纪念建党90周年为契机，开展了党史名家讲坛活动；每年坚持开展校内马克思主义理论博士生论坛，倡设了人、北、清、师四校马克思主义博士生论坛；鼓励学生成立了青年马克思主义研究会等一批学生理论社团，建立了学生理论骨干的活动阵地。另一方面，学校党委重视开展学生社会实践，培养学生知行合一的品格。在近年的挑战杯、大学生创新实验计划等实践类竞赛中，我校学生获得的成绩多次名列前茅。今年还开展了“千人百村”活动，鼓励以党支部形式组队，围绕当前中国农村经济社会与文化发展的重大现实问题，组织千名学生深入百十个村庄开展系统、规范的社会调研活动，全面提升了学生的学术科研与实践创新能力。

四、坚持标准，形成体系，切实做好新形势下发展党员工作

（1）重视制度体系建设，保证党员发展质量。在党员发展工作方面，我校按照中央“坚持标准、保证质量、改善结构、慎重发展”的方针，制定公布了《中国人民大学发展党员工作指导意见》、《中国人民大学2008—2013年党员发展教育培训工作规划》等一系列制度文件，完善了“党课学习小组—学院党校入党积极分子培训班—学校党校发展对象培训班”的三级培训体系，形成了“党支部发展—分党委审批—党委主管部门把关”的发展党员工作格局。把各级党组织对积极分子的日常培养、教育、考察与各级党校对积极分子集中培训衔接起来，把对申请入党人、入党积极分子、发展对象的考察教育培训衔接起来，把基层党支部、院系分党委、学校主管部门的工作衔接起来，实现了大学生党员组织入党和思想入党的统一。

（2）完善阵地建设，确保党员经常性教育收到实效。在党员和积极分子教育内容方面，我校党委力求教育的全面性和权威性，学校党委书记和各专业名师坚持上讲台、讲党课。我们以学生“入党前、发展后、毕业前”三个时间节点为抓手，增强教育的针对性、实效性。如在本科新生党员培训中，我们摸索总结出了“红船领航——新生党员先进性熔铸计划”的培训模式，让本科新生党员在高年级辅导员的带领下，开展团队破冰熔炼、党建原典学习、党性提升工作坊、“红色1＋1”结对交流服务等一系列活动，取得了很好效果，也受到了中央领导同志的好评。同时，学校注重通过课题研究带动党校建设，完成了“端正大学生入党动机的有效途径研究”、“大学生党员发展后教育现状和问题研究”等课题，有力牵引了党校的培养改革和课程建设。

（3）加强队伍建设，建立健全组织员工作制度。为进一步加强党员发展工作，学校党委高度重视组织员队伍建设，专门制定了《中国人民大学学院（系）科级专职组织员管理办法》，在党委组织部和较大学院设立专职组织员岗位，编印了《组织员工作手册》，已经建立了一支兼职为主、专兼结合、责任心强的组织员工作队伍。

（4）重视人才培养，打造忠诚可靠的青年骨干教师队伍。学校党委要求基层组织主动与青年教师沟通联系，与青年教师交朋友，把关心政治成长和业务成长有机结合起来。如商学院党委为每位新参加工作的青年教师规划业务发展方向，财金学院党委搭建青年教师发展平台，积极为中青年教师个人发展、业务提高创造条件。还有不少学院党委每年都推荐一定数量的青年教师到国外一流大学进修，鼓励青年教师参加海内外重要学术会议，组织开展社会调查等等。通过为青年骨干教师提供展现才华、锻炼成长的机会，使他们切身体会到组织的关怀和帮助，逐步感化他们在思想上向党组织靠拢，为青年教师发展党员工作创造了良好的环境和氛围，取得了积极效果。

五、坚持以人为本，不断加强教职工思想政治工作

（1）加强思想理论建设，提升全体教师的思想水平。学校党委始终将思想理论建设放在首位，在提高实效上下功夫。一是以主题教育活动为载体，广泛吸引教师参与，集中宣传科学发展观、社会主义核心价值体系等，做到学习教育的全覆盖。二是突出学习重点，既学理论，又深入实践，比如我们多次组织教授考察团深入基层，了解国计民生，更好服务社会。三是以研促学，成果显著，通过设置课题等方式，鼓励教师尤其是青年教师结合学科特点和实际，积极参与马克思主义理论研究，形成了一批具有现实指导价值和较高社会影响的理论成果。

（2）注重舆情调研，加强理论研究，不断提高教师尤其是青年教师思想政治工作的科学化水平。做好教师尤其是青年教师的思想政治工作，有的放矢、遵循规律是关键。一是注重舆情调研，提高教师思想政治工作的针对性。我们积极参与教育部组织的教师滚动调查活动，开展校内季度、半年度教师思想政治状况专项调研。学校多次组织青年教师座谈会，由校领导与青年教师面对面交流，掌握一手情况。学校还受北京市委教育工委委托，从2006年开始连续多年开展北京高校哲学社会科学理论动态调研，为上级领导了解和掌握高校哲学社会科学思想动态提供了重要参考。二是强化理论研究，科学指导教师思想政治工作。组织强大的专家力量从理论上深入研究新时期思想政治工作的特点、规律、方法等，并及时将研究成果转化为加强教师思想政治工作的具体政策和措施。

（3）重视师德师风教育，强化教师思想政治工作生命力。我校高度重视教师师德师风建设，把它作为教师成长的生命线。一是加强对教师的法制教育，组织教师学习《高等学校教师职业道德规范》和《教师法》。二是加强对教师师德师风的考核，严格执行师德“一票否决制”，明确将师德师风作为教师年度考核、职称评定的重要指标。三是坚持开展新入职教师岗前培训制度，切实加强青年教师职业教育，使他们深刻理解“立学为民、治学报国”的光荣传统。四是发挥老教师的传、帮、带作用，指导青年教师在思想政治上健康成长。五是大力树立先进教师典型，发挥模范教师示范作用。在创先争优活动中涌现出一批优秀教师，被评为学校“育人标兵”。

（4）以人为本，以解决教师尤其是青年教师的实际困难为切入点，全面巩固思想政治教育的实效。我们实施“1020”工程，大力解决学校发展建设的“10 件大事”和师生普遍关心的“20 件实事”，把教师思想政治工作与解决实际问题有机统一起来。学校成立了教师发展中心，调动多方资源，创新工作模式，在规划职业生涯、提高教学能力、进行学术创新、保障身心健康等方面开展扎实工作，推动教师能力全面提升；设立教师中心，为广大教师提供活动场所和交流机会；利用暑期集中改造现有校区，彻底解决了部分学院教师教学、科研、办公用房问题；注重教师尤其是青年教师的心理健康，加强心理教育的普及和引导，学校心理咨询中心不仅向学生而且向教师提供服务；设立青年教师学术研究专项资金，举办吴玉章学术沙龙，引导青年教师关注学术前沿，并与国外知名大学建立合作交流机制，开阔青年教师的学术视野；关注教师住房、餐饮、子女就学等实际困难，设立了关爱师生基金，形成了看望、慰问困难教师的长效机制，不断提高教师待遇。解决师生实际困难与加强思想政治教育形成了良性循环，互相促进，收到了很好效果。

六、坚持以社会主义核心价值体系为统领，建设精细化的学生思想政治工作体系

（1）坚持“以人为本”原则，做好学生工作，解决学校教育工作“为了谁”的问题。我校强调要把人才培养放在学校一切工作的首位，作为我们想问题做事情的出发点，优先考虑和优先安排；学生工作无小事，在整个人才培养过程中，各个部门和所有教职员工都要将学生工作作为重中之重；牢固树立以学生为大、为荣的理念，在强调科研成果、学术成绩的同时，更要突出人才培养的成果。基于上述认识，我校把培养具有担纲意识的“国民表率、社会栋梁”作为学校建设“人民满意、世界一流”大学不可分割的组成部分。

（2）课内、课外相互配合，解决思想政治教育工作“做什么”的问题。一是积极推进思想政治理论课教学改革，用科学理论武装学生，解决政治可靠问题。具体做法是：以马克思主义学院为依托，构筑思想政治理论课教育教学的坚实平台；以提高教学实效为目的，推进思想政治理论课教育教学的改革与建设；以人才培养为重点，努力建设高素质的思想政治理论课教师队伍；以学科建设为支撑，加强思想政治理论课依托的学科建设。二是进一步加强哲学社会科学学科建设，推进研究成果、教学成果的转化，发挥专业教育的育人功能。三是整合教育资源，丰富教育形式，提高思想政治教育的吸引力。逐步构建了以理想信念教育和爱国主义教育为龙头，以心理健康教育和生活帮扶引导为支撑，以社会实践和学术活动为两翼，以校园文化建设为辅助的大学生思想政治教育活动课程体系。

（3）面向全体学生，活跃基层组织，促进主体发展，解决思想政治教育“怎么做”的问题。面向全体学生，按照覆盖面要宽、受益者要多、措施上要实、工作上要细的原则，通过抓“三班”（班集体、班干部、班主任）、促“三基”（抓基本、抓基层、抓基础）的方式，延伸学生工作的神经末梢。同时，创新工作方式，在思想政治工作中探索和实践了“主体性教育”模式。在毕业季开展“毕业季，你最闪亮”等活动，在新生入学前开通“新生入学导航网”、“新生 i 问”微博等，均得到了广大学生的积极回应。

（4）构建完整配套的工作体系，解决大学生思想政治教育工作“谁来做”的问题。为保证学生思想政治教育的有效开展，我校着力强化学生思想政治教育工作体系建设和人力资源配置。一是通过干部交流，实现学校行政管理干部与学院学生工作干部的双向流动。二是加强 3 支队伍建设，合力做好学生工作。“3 支队伍”是指学校专职学生工作队伍、班主任队伍和学生兼职辅导员队伍。学校将教师班主任的工作重点定位在学业导师，其他生活指导和管理方面的工作则主要由班主任助理协助完成。2008 年，学校结合研究生培养机制改革，通过设立“三助岗位”，进一步强化了学生兼职辅导员队伍，体现了全方位、全过程育人的理念。此外，学校还建设完善了学生成长与发展辅导服务体系。首期建设以硬件建设为主，选择了商学院等 5 个学院设立发展辅导室，品园六楼等 5 栋学生公寓楼设立成长辅导室，并对学校的心理健康教育与咨询中心进行重点建设，目前均已建设完成并陆续投入使用。

七、坚持肝胆相照、荣辱与共，不断加强党外代表人士队伍建设

（1）学校党外代表人士队伍建设的基本情况。学校现有民主党派成员 220 人，在 8 个民主党派中，7 个民主党派在我校建有组织。我校现有党外高级知识分子 678 人，占全校高级知识分子人数的 38.3%，构成学校教学科研中的一支重要力量。有全国、北京市和海淀区人大代表、政协委员共 36 人，其中民主党派成员、无党派人士 22 人。在党外人士中，有全国人大常委 1 人，各专委会委员 6 人；有北京市人大代表、政协常委、专委会委员 4 人；国务院参事 2 人。有十余位党外专家学者被推荐为中央或北京市特约工作人员。有党外处级干部 37 人，占全校中层干部总数的 12%，并有逐年增长的趋势。

（2）全面加强党外代表人士教育培养。一方面结合学校优势，将理论培训与思想政治教育结合起来。2005 年，我校成立中国统一战线理论研究会政党理论研究北京基地以来，每年召开一次学术研讨会，党外代表人士通过参加会议、撰写论文，对当代中国政党制度的基本理论等重大问题提高了认识。另一方面拓宽交流渠道，不断为党外代表人士参与实践创造机会。通过实践锻炼、考察调研、岗位交流等有效形式，帮助党外代表人士弥补“短板”，为他们的成长提供了更大空间。

（3）建立“四会两评一调研”制度，统筹党外人士管理。近年来，学校逐渐形成了发挥党外代表人士作用的“四会两评一调研”制度。“四会”即每年一次迎“两会”座谈会，“两会”精神报告会，民主党派负责人、人大代表、政协委员参加全校性会议，就学校工作征求民主党派意见座谈会；“两评”即民主评议学校工作，民主评议领导班子；“一调研”即围绕学校建设、学科发展开展一系列调研活动。

（4）充分发挥党外代表人士作用，为校内外统一战线和多党合作事业作出贡献。一是发挥理论研究优势，为统一战线和多党合作事业作出理论贡献。从 2004 年到 2011 年，我校共召开五次全国性学术研讨会，出版论文集五辑。二是支持人大代表、政协委员和党外人士在参政议政中发挥显著作用。如庄毓敏教授、刘太刚教授、郭国庆教授为有关部门工作献计献策，受到了中央统战部的表扬。三是坚持不懈抓好信息工作，多项信息被上级有关部门所采用，为科学决策起到了重要参考作用。2010 年、2011 年连续获得中央统战部党外知识分子建言献策信息工作先进单位。

八、掌控意识形态领域主动权，坚决维护校园和谐稳定

（1）健全领导机构，落实责任机制。学校成立以党政负责人为组长，统战部、保卫部、学工部牵头，相关职能部门参与，各学院党委书记参加的民族宗教工作领导小组，健全了部门联动、各负其责、齐抓共管的工作机制。我们在党委统战部、保卫部等职能部门安排专门工作人员，设立专项工作经费，并设有安全稳定工作专项机动经费。同时还投资 546 万元，用于升级和完善技防系统，对于防范校园非法传教工作起到了良好效果。

（2）抓实基层工作，健全处理机制。结合实际工作需要，学校通过座谈、访谈等形式定期调研师生动态，及时了解师生思想情况，第一时间掌握基层关于校园传教渗透和安全稳定的各种信息，并适时启动部门和学院联动机制。近年来，学校针对相关工作，制定了完备的应急体系和切实可行的应急预案，完善总值班室制度，实现了 24 小时领导带班、专人值守，积极、高效地处理有关问题，做了大量工作。

（3）建设课堂阵地，筑牢思想防线。学校充分发挥课堂教学的主导作用，教育学生正确认识宗教和宗教信仰。通过知名马克思主义专家学者参与，不断提高政治理论课的影响力。如我校思想政治理论课教师王易教授、王向明教授的课程效果多次被中央电视台、《光明日报》等主流媒体报道，学生称“他们的课程有一种魔力”。学校还召集优秀学生骨干举办“中国人民大学高阶团校”，专门邀请专家讲授“马克思主义宗教观与党的宗教政策”，坚定学生骨干的理想信念。

（4）发挥人大优势，为党的宗教工作作出应有贡献。中国人民大学在宗教学研究和党的宗教政策研究方面独树一帜。近年来学校注重发挥学科优势，为党的宗教工作作出了应有贡献。2006年至今，中国人民大学受中央统战部和教育部的委托，先后举办了七期爱国宗教界人士研修班，已有329名学员结业。2010年1月3日，刘延东同志指出，“人民大学与统战部合作，把教育规律与宗教人士的特点相结合，对中青年爱国人士进行培训提高，做法很好，应继续坚持，为贯彻党的宗教工作方针，加强爱国宗教组织建设作出贡献”。学校还涌现出了一批坚持马克思主义宗教观、研究党的宗教政策的专家学者，如我校副校长杨慧林教授被北京市教育工委推荐为“六个一”工程授课专家；马克思主义学院何虎生教授近三年主持了国家社科基金和教育部、北京市多项有关宗教研究的重大课题。

九、坚持推进党内民主建设，不断完善党务公开制度

（1）加强领导，健全体系，确保组织有力。学校党委成立专门的党务公开领导小组，负责研究部署、指导推进全校党务公开工作，督察、考核各级党组织党务公开工作。领导小组下设办公室，办公室设在学校办公室。各分党委、党总支成立由党政主要负责人任组长的党务公开工作领导小组，统一领导、协调和推进本单位党务公开工作，确保基层党务公开工作有计划、有步骤地开展。

（2）健全制度，创新形式，确保实施有效。一是制定和落实党务公开实施办法。根据中央和北京市文件精神，结合学校实际情况，我校于2011年制定《中国人民大学党务公开实施办法》及《党务公开目录》。对于党组织决议、领导班子建设、干部选任和管理、联系和服务党员群众等情况，已经做到了纳入常规工作，按时按事公开。对于党员、群众关心的换届选举情况，干部选拔任用、考核奖励、职称评定等情况，都限时进行公开。党员还可依照党内法规和有关规定，向党的基层组织申请公开没有列入党务公开目录和列入但公开程度不够的事项。二是建立健全监督检查和考核评价制度。进一步加强监督检查，开展自上而下的定期检查与随时抽查。把党的基层组织党务公开工作情况作为党组织领导班子及主要负责人年度工作考核和党风廉政建设考核的重要内容，有效保障了党务公开的持续性和严肃性。三是将党务公开与校务公开、信息公开相结合，将党员和群众关心的热点问题公开，并接受党员、群众监督和评议。

（3）创新公开形式，提升公开效果。学校坚持传统手段公开与现代信息手段公开相结合，实行多方位、立体式公开。一是设立党务公开栏，利用文件、报纸等纸质载体，作为党务公开的常规方式。同时，各学院、部处和直属单位也在醒目位置设立了党务公开栏和意见箱。二是利用新年报告会、校务委员会会议、校领导接待日、教职工代表大会、党务通报会、党员定期评议等会议的方式公开。三是利用电子显示屏、互联网络、广播电视、手机短信等现代媒体公开，受到师生员工欢迎。

十、五年来学校党建和思想政治工作的主要经验

近年来，人民大学党委认真谋划了未来十年的发展蓝图，制定了“十年腾飞”的战略规划，提出了在建党100周年时建成“人民满意、世界一流”大学的美好愿景。今年，我们还以75周年校庆为契机，提出“公益校庆、学术校庆、你我共同的校庆”的理念，举办了主题为“回归大学本位，引领明天的聚会”的校庆，得到了师生校友的大力支持和社会各界的积极评价。当前，人民大学正处于事业加速发展、办学水平快速提高的重要时期。高度重视党建工作，充分发挥党组织和党员的作用，是中国人民大学的优良传统，也是宝贵优势，并形成和积累了一些有效经验。这些经验可以概括为

“12345”的总体思路：

“1”就是围绕一个中心：党的工作要始终围绕学校事业发展这一中心，总揽全局抓党建，服务中心促发展。党建工作要推动和保障学校事业发展，学校事业发展体现党建工作成效，两者相互促进，相互推动，不能“两张皮、两头空”。

“2”就是建设两支队伍：党的工作要坚持“党管干部”、“党管人才”原则，着重抓好干部队伍建设和教师队伍建设，高起点、高标准建设这两支队伍。

“3”就是坚持三个导向：党的工作要确保学校正确的政治导向、理论导向和政策导向。在政治上，必须坚持和完善党委领导下的校长负责制不动摇，全面贯彻党的教育方针；在理论上，必须坚持马克思主义的指导地位，坚持社会主义核心价值体系的引领作用；在政策上，要把“人民”、“人本”、“人文”的办学理念落到实处，着力解决师生员工最关心、最直接、最现实的利益问题。

“4”就是发挥四项作用：党的工作要注重基层，夯实基础，充分发挥学校党委的领导核心作用、分党委（党总支）的政治核心作用、党支部的战斗堡垒作用、党员的先锋模范作用，构建党的先进性建设长效机制。

“5”就是谨记五个“时刻不忘”：时刻不忘发展是第一要务；时刻不忘大学必须把国家社会需要放在第一位；时刻不忘高举中国特色社会主义旗帜，以繁荣人文社会科学为己任；时刻不忘用社会主义核心价值体系去教育引导学生，培养优秀的共和国建设者和接班人；时刻不忘建设和谐校园，牢记广大师生员工的根本利益。

在总结成绩和经验的同时，我们也深刻认识到，我们的工作依然存在不足和差距，依然有很多地方需要改善和提高。比如，我们还需要在坚持党委领导下校长负责制这一根本领导制度的前提下，进一步探索完善现代大学制度、推进大学的治理结构改革；还需要进一步提高教职工思想政治工作，特别是青年教师思想政治工作的实效性；还需要进一步加强学生党员，特别是90后新入党大学生党员的党性修养和理论素养；还需要进一步研究和总结把握时代特征、符合高校特点、具有人大特色的党建工作体系。对于这些问题，我们将在今后的工作中继续探索求实，努力破解难题，不断提高学校党建和思想政治工作的科学化水平。

《基本标准》集中检查是加强和改进学校党建工作的有效途径，我们将以此为契机，在北京市委、市委教育工委的指导下，迎评促建、以评促改、坚持标准、不断改进、科学发展，加快推动建设“人民满意、世界一流”大学的历史进程，以优异的成绩迎接党的十八大胜利召开。

在第三届世界汉学大会开幕式上的致辞

中国人民大学校长　陈雨露
（2012年11月3日）

尊敬的许嘉璐副委员长、郝平副部长、许琳主任，
尊敬的各位学者、各位来宾，女士们、先生们：

在第三届世界汉学大会开幕之际，请允许我代表中国人民大学衷心感谢并热烈欢迎各位的光临！

欢迎的“迎”字，原意是从相反的方向而来，即相逢、相遇。然而相逢实属不易。大约2 000年前，汉朝甘英奉命出使罗马帝国，行走数千公里抵达波斯湾，却因前方海路凶险的传闻，中途折返。近代思想家梁启超为此发出“无穷之憾”，痛惜东西方错失了这一提前相遇的机会。

今天的我们比古人更幸运。本届世界汉学大会已经是2007年和2009年两届盛会之后的第三次重聚。回首这五年，我们欣喜地看到“世界汉学大会”正在产生愈发广泛的号召力和影响力，成为中外学者沟通和交流的重要论坛；同时，仰仗各界贤达的积极参与和鼎力支持，它也标志着当今汉学的发展和走向。

如果说第一届世界汉学大会是以“文明对话与和谐世界”为主线，演绎“和而不同”与“对立产生和谐”的先哲教诲；第二届世界汉学大会是以“汉学与跨文化交流”为焦点，阐扬“殊途而同归”、“此路亦彼路”的古代命题；那么今天的论题“汉学与当今世界”，同样是希望“察古”而立于今、“视往”以知来者。各位可以从主席台两侧的背板上看到：《周易》所谓的“与时偕行”和柏拉图主张的“因势而通”，都启发着一种旧邦新命、与古为新的精神旨趣。其中对“时”和“势”的揣度和把握，不仅是人类自古以来的共同企盼，也仍然是今人必须面对的根本问题。

近代以来，中国曾在“传统”与“西化”之间长期摸索，不断寻求与世界平等对话的方式，而当今世界的政治、经济和文化格局都正在发生更为深刻的变革。这样的时代际遇和世界大势，必将使“中国道路”进入汉学的视野，必将使传统汉学进一步融通古今学术、跨越学科界限、涵纳现实关怀，迎接“当今世界”与“当代中国”的双重挑战。由此呼之欲出的，应当是一种更加应运时变、更具对话能力的“新汉学”和“大汉学”。

世界汉学大会倡导中外同仁跨越历史传统、价值观念、种群身份的隔阂，由对话而增进理解，因理解而尊重差异，从差异而达致和谐。当今世界纷争不断、危机愈烈，然天道存焉、人心向善，世界汉学大会的根本理念正得到日趋广泛的认同。在接下来的三天时间里，大会将以“汉学与当今世界”为题，梳理传统汉学与当代研究的承续，推进中国主流学术与海外汉学的沟通，探讨世界对中国的阐释以及“中国道路”对世界的意义，并配合国家汉办、孔子学院总部的“孔子新汉学计划”，通过语言与思想、汉学与国学、“新汉学”与世界大势的相生互动，使“文明对话”与“文化交流”的主题得到进一步深化。

我们期待着各位代表的精彩发言，期待各位把真知灼见留在中国、留在人大。祝愿大会圆满成功！祝愿大家身体健康！谢谢大家！

培养跨文化沟通精英，打造未来的“厚重之才”
——在中韩大学校长论坛上的主旨发言

中国人民大学校长　陈雨露
(2012年11月27日)

尊敬的各位领导、各位校长、各位来宾：

值此中韩两国建交20年之际，两国教育界领导和大学的同仁共聚一堂，以举办第四届中韩大学校长论坛的方式相互祝贺双方教育交流所取得的辉煌成果。中国人民大学作为本届论坛的东道主，我感到十分荣幸。谨代表中国人民大学，向各位来宾及所在大学的大力支持和积极参与表示由衷的感谢。

中韩两国的文化交流源远流长，而文化交流的特质就在于相生互动。韩国李朝时代的《训民正音》，或可说是在汉语音韵学的基础上，形成了一套更为简易的字母系统；一代“通儒”李退溪（1501—1570）和曹南冥（1501—1572），则承接朱子、“道脉薪传”，反过来也为中国思想提供了新鲜的资源。在古代圣贤对智慧的共同寻求中，“观乎人文”的文化交流早已超越地缘和族群，从而才可谓“化成天下”。时至今日，这仍然是中韩大学所应承担的责任和使命。

中国人民大学是一所特色鲜明的著名学府，始终以“立学为民、治学报国”为办学宗旨，以“国民表率、社会栋梁”为人才培养目标，以“人民满意、世界一流”为学校的发展方向；同时，人大历届学生则为自己提出了“行为精英、心为平民”的品格要求。

作为这样一所大学的校长，我深知自己责任重大。处在这个全球面临新的整合、大学面对更高期待、教育面向未来发展的时代，我相信中韩乃至全世界的大学，都在努力回归并坚守培养英才、教书育人的立学之本。在中国人民大学，其核心被归纳为一个基本的命题，即造就时代的“厚重”之才。

“厚重”是基于中国的文化传统，也是中国人民大学一以贯之的教育理想，也是历代学人共同塑造和积淀的传统特色、校园文化和学风所在。如果针对当今的问题和挑战，用英文 ideal 的五个字母重新解析这种培养“厚重”之才的“理想”，也许应该是国际化（internationalization）、多元性（diversity）、追求卓越（excellence）、矢志不渝（ambition）和引领时代（leadership）。这也体现为我们为人才培养设定的六种目标能力：理想坚持能力、专业学习能力、自主拓展能力、团结协作能力、跨文化沟通能力和身心健康能力。而在面向时代、面向世界、面向未来的大格局中，我认为培养具有跨文化沟通能力和适应国际化需求的拔尖创新人才是中国人民大学人才培养体系的主要线条、基础框架和核心使命。

关于跨文化沟通能力的重要性，犹太民族的辉煌成就与现实困境，或许值得我们认真思考。大家常说，犹太人占全球人口不到 0.2%，却获得了 22%的诺贝尔奖、20%的菲尔兹奖（数学最高荣誉奖）、67%的克拉克奖、38%的奥斯卡最佳导演奖、20%的普利策新闻奖、13%的格莱美终身成就奖；在政治、科学、思想和艺术领域涌现出马克思、爱因斯坦、弗洛伊德、达尔文、海涅、莫扎特、肖邦、门德尔松、毕加索、卓别林等一大批天才式的精英人物；在美国的国家发展支柱当中，科技界、金融界、律师界的精英有 1/3 都是犹太人，成为美国发展模式的重要基石。犹太民族能取得如此成就的根本原因，当然在于对教育的重视，正如其崇尚的一则格言：“智者懂得真理，所以能化腐朽为神奇”。但是与此同时，美国文化和犹太民族在与伊斯兰文化的沟通中，却长期不能改变对抗状态，而这种对抗已成为世界不稳定的重要根源。由此也许可以进一步追问：其中的跨文化沟通教育是否还存在欠缺？关于全球治理的理论及其政策框架是否有所不足？犹太教、基督教、伊斯兰教同属亚伯拉罕传统，却如此难以调和，又遑论更广泛的跨文化沟通呢？1994 年，德国学者卡尔-约瑟夫·库舍尔（Karl-Josef Kuschel）出版《亚伯拉罕》一书，重新梳理两河流域的“宗教河系”（religious river system）及其共同的希望；2007 年，英国学者大卫·福特（David Ford）又出版《基督教的智慧》一书，特别讨论了犹太教、基督教和伊斯兰教经典之间的比较和对勘。读书人的意愿，无非是为同出一源却多有纷争的文化关系寻求未来的出路。而在种种可能的解决方案之中，这种学术立场上的跨文化沟通，显然最为根本。

较之亚伯拉罕传统，中韩双方、东北亚各国在文化渊源上的关联同样紧密，也同样存在着诸多差异。以此为鉴，未来人才的培养应该特别强调跨文化沟通的素养，特别强调理解差异从而和谐发展的能力。100 多年前，中国学者梁启超就曾论说“中国之中国”、“亚洲之中国”和“世界之中国”的历史延展；未来所需要的人才，则注定要通过跨文化沟通能力的教育，形成“世界公民”（global citizenship）的意识和自觉。

从根本上说，跨文化沟通能力是一种世界观，是人格修养和文化素质的培育，而并非交际技能的训练。在全球化的时代，交流、对话、求同存异必须成为人类的基本生存方式；而能够参与全球治理的未来人才，更需要相互尊重并承认彼此的差异，相互补充、协调、博采众长，多一份宽容，多一份善意，使多元文化得以共生，使差异的世界和谐相处。

跨文化沟通能力的关键，在于帮助学生了解世界各大文化体系的精髓，建立跨文化理解和跨文化比较的意识，掌握跨文化沟通的基本方法，同时也要探索外语能力与文化素养相互贯通的培养途径。

跨文化沟通能力的培养，还需要相应的学习氛围和制度环境。中国人民大学自 2009 年开始设立全英文授课的国际学期，每年提供 130 多门课程，70%左右的授课教师来自世界各国的著名大学，来自东方文化、西方文化和伊斯兰文化三大文化体系的学生在人大校园里共同生活、共同学习。我们认为，这本身就是对多元文化的包容和理解。

各位来宾，培养具有跨文化沟通能力的未来人才是当今高等教育的共同话题。中韩两国高校始终保持着良好的合作情谊，中国人民大学愿与韩国各大学一道，共同开创高等教育英才培养的美好未来！祝愿中韩两国及两国大学之间的关系不断发展，共同走向属于亚洲的人才辈出的未来！谢谢！

在75周年校庆总结表彰大会上的讲话

中国人民大学党委书记　程天权
（2012年12月30日）

亲爱的老师、同学、校友们：

2012年即将过去，中国人民大学建校75周年庆祝活动取得了圆满成功。在这辞旧迎新之际，我们在这里隆重举行总结表彰大会，表彰校庆工作先进个人、积极参与社区公益讲座的各位老师、优秀志愿者和作出特殊贡献的同志们，在此回顾我们共同走过的筹办历程，总结75周年校庆活动取得的经验与成果，目的就是为把学校建设得更加美好进一步凝聚力量。

建校75周年，是学校“十年腾飞”进程中的一个重要节点，庆祝建校75周年，是学校2012年确立的发展建设的十件大事之一。在9个多月的筹办过程中，各个部门、学院和全体组织工作人员勇担重任、开拓创新、团结协作、奋力拼搏，广大师生和校友心系学校、豪情满怀、全员参与、忘情投入，共同打造了一场引领明天的欢乐聚会，向世人展示了人民大学的光荣传统、办学成就和人大人的良好风貌，赢得了各级领导、社会各界和广大媒体的高度认可与好评。在此，我代表学校党委，向受到表彰的集体和个人表示热烈的祝贺！向参与校庆工作的各个部门、学院和全体工作人员、志愿者，向关心支持校庆活动的广大校友，表示衷心的感谢，并致以崇高的敬意！

此时此刻，我们为校庆活动的圆满成功而由衷喜悦，为学校建设发展的辉煌成绩而倍感自豪。难以忘记，习近平同志6月19日视察人民大学时的关怀与期许；难以忘记，“公益校庆”、“学术校庆”、“你我共同的校庆”系列活动的精彩纷呈；难以忘记，我们一起用心血和汗水谱写出的人大乐章；难以忘记，广大师生、校友共庆母校华诞时的欢声笑语。

校庆活动的精彩成功，依靠的是高质量、有创新的谋划定位。学校在筹备之初通过各种形式广泛征求老师、学生和校友意见，深入思索大学校庆的本源与实质，从理念提出、主题设计、活动安排和庆祝形式等多方面进行了大胆创新，定位于把校庆办成一个让全体师生和广大校友共同体会自豪感、幸福感和使命感的欢乐节日，力求打造一种具有人大特色的校庆模式，为之后一系列的筹备工作找准了出发点与立足点。

校庆活动的精彩成功，依靠的是严密科学的统筹组织。12项重大活动、360多项特色活动、数千名师生直接参与、万余名校友重返校园……75周年校庆的组织工作任务可谓庞杂繁重。在校庆工作领导小组的统筹调度下，各学院、相关部门以高度责任感、使命感，精心组织、科学安排、扎实推进、高效工作，各校庆工作组充分发扬协同作战的精神，在极短的筹备时间里，攻坚克难、精益求精，为75周年校庆的成功举办奠定了坚实基础。

校庆活动的精彩成功，依靠的是坚强有力的综合保障。各保障单位整合资源、全力投入：校园修缮工作全面有序、保质保量；后勤服务工作周到细致、妥帖顺畅；安全保卫工作严密周全、管控有度；交通保障、环境保障、物资保障和财务保障等有序到位、落实有力。各保障单位从大局出发，以精细化管理、人性化服务为要求，牺牲休假时间，加班加点、细致工作、密切协作、整体联动，为校庆活动的成功提供了坚强的保证。

校庆活动的精彩成功，依靠的是广大校友的关注支持。75周年校庆是全体人大人共同的节日，学校向所有校友发出了“等你回家”的邀请，校友们也纷纷以各种形式表达着对母校深深的爱。我们看到了耄耋之年的老校友签到时激动的泪水，看到了20年后再相会的1988级校友鲜艳的红领巾，感受到了微博上一句句祝福话语传递的正能量，我们也看到了世界各地的校友校庆聚会的欢乐视频。特别需要指出的是，在广大校友的支持下，我们此次校庆的所有费用完全来自校友捐赠，兑现了不使用国家预算经费的郑重承诺！

校庆活动的精彩成功，依靠的是全体师生的无私奉献。75周年校庆的组织过程是全校师生全员参与、共同推动的过程，75 周年校庆的成功亮点处处体现着师生们的智慧与力量。是你们，关爱师生义卖，首倡公益校庆；是你们，深入社区开讲，踏访百村调研；是你们，创演哲学大戏，展现勃发英姿；是你们，志愿服务校友，诚邀五洲宾朋；是全体师生的全力以赴、全情投入实现了校庆的圆满成功。在此，我提议，让我们再次把最热烈的掌声献给每一位 75 周年校庆的参与人员！

同志们，75 岁对于一个人来说已逾古稀，但对于一所大学而言却是如日初升，前路正长。75 周年校庆活动的成功举办，给我们留下一笔宝贵的精神财富，我们要倍加珍惜、大力发扬，以 75 周年校庆为新的起点，以实际行动来推动学校各项事业的发展。我们要继续弘扬“始终奋进在时代前列”的人大传统，恪守“以人才培养为核心”的大学本位，着眼服务国家战略的智库建设，着力提升全球合作的国际能力，着手推进双主校区规划的校园建设，塑造富于人文内涵和时代特征的人大形象；勇敢承担起繁荣发展人文社会科学、引领我国高等教育发展的时代重任，不负以“中国人民”命名的历史荣耀！

同志们，伟大的时代孕育伟大的梦想，伟大的梦想推进伟大的事业。我们生逢中华民族走向复兴的伟大时代，我们从事着承载国家民族希望的崇高事业。我们为在中国人民大学学习、工作而感到幸福、自豪，我们也都有一个共同的人大梦想，那就是建设“人民满意、世界一流”大学、为推动中华民族伟大复兴培养更多的优秀人才！成绩属于过去，梦想引领未来，让我们团结一致、艰苦奋斗、矢志进取、开拓创新，用坚实的努力实现我们的共同梦想，成就我们的美好未来！

新年将至，祝大家身体健康，合家欢乐！

谢谢！

■ 重要文件

关于印发《中国人民大学在创先争优活动中开展基层组织建设年活动的实施方案》的通知

（人大校党字〔2012〕7 号）

各分党委、党总支：

现将《中国人民大学在创先争优活动中开展基层组织建设年活动的实施方案》印发给你们，请遵照执行。

附件：《中国人民大学在创先争优活动中开展基层组织建设年活动的实施方案》

二〇一二年二月二十七日

附件

中国人民大学在创先争优活动中开展基层组织建设年活动的实施方案

按照中共中央组织部《关于在创先争优活动中开展基层组织建设年的实施意见》和教育部、北京市有关文件精神，结合学校工作实际，确定 2012 年为中国人民大学基层组织建设年。开展基层组织建设年活动是深化创先争优活动的重要举措，是加强基层党组织建设的重要机遇，对迎接党的十八大胜利召开具有重要意义。现根据中央有关精神，制定如下实施方案。

一、总体要求和主要目标

基层组织建设年要紧紧围绕“强组织、增活力、创先争优迎十八大”这一主题，全面落实党的十七大和十七届四中全会提出的基层党建工作各项任务，着力解决基层党组织建设中的突出问题，着力增强基层党组织的创造力、凝聚力、战斗力，着力完善加强基层党组织建设的体制机制，充分发挥党组织推动事业发展、服务师生群众、促进校园和谐的作用，以优异的成绩迎接党的十八大召开。

要按照“抓落实、全覆盖、求实效、受欢迎”的工作要求，坚持结合学校工作实际，摸清学校各级各类组织情况，做到分类指导、有序推进。要通过实施基层组织建设年，实现以下目标：基层党组织战斗力进一步提升，先进基层党组织大批涌现。基层党组织书记素质进一步提升，选任渠道不断拓宽，教育培训得到加强，服务发展、服务师生、促进和谐的能力不断增强。党员队伍生机活力进一步提升，大学生党员发展质量得到提高，青年教师党员培养教育方式实现创新，党员教育培训和管理服务得到加强，激励关怀帮扶机制逐步完善，党员党性观念和党员意识不断增强。基层基础保障水平进一步提升，党务工作力量不断壮大，经费投入力度进一步加大，活动场所建设得到加强，基层党建工作信息化深入推进。基层党建制度化水平进一步提升，现有制度得到落实，创先争优活动的长效机制不断建立健全，基层党组织工作规范化、活动经常化、决策科学化水平不断提高。

二、工作安排

（一）加强组织建设，促进校园和谐

1. 增强基层党组织推进事业发展、服务校园和谐的能力和水平。要根据学校不同类型党组织、党员群体的特点，紧密结合党员的学习、工作和生活实际，开展形式多样、内容丰富的组织活动。活动的内容要有利于党员综合素质尤其是思想政治素质的提高，有利于促进本单位中心工作的开展，有利于学生党员的全面成长。要充分调动和发挥基层党组织和党员的积极性和创造性，鼓励和支持组织生活的形式创新。各分党委、党总支要结合专业特点和优势，积极开展服务师生、服务社会的主题实践活动。要在全校范围内进一步开展“学雷锋”活动，将“学雷锋”活动与青年志愿者活动、主题党日活动结合起来，不断赋予雷锋精神新的时代内涵。

2. 引导广大党员着力维护和谐稳定的良好环境。要结合创先争优，积极开展平安校园、文明校园、绿色校园、廉洁校园、和谐校园创建活动。要进一步落实维护稳定工作责任制，进一步完善党委统一领导、党政齐抓共管、各二级单位分工负责的安全稳定工作体系；要认真做好形势研判，强化思想文化阵地特别是校园网络管理，利用互联网、手机等信息化手段创新党组织工作方法，增强基层党组织运用互联网影响和团结群众的意识和能力；要转变领导干部和机关部门工作作风，加强师德师风建设，加强学风校风建设，营造良好校园文化氛围；要继续加强大学生思想政治工作，研究90后大学生的思想特征，加大学生心理健康疏导力度，帮助学生完善人生规划，实现人生起航。

3. 发挥先进典型的带头作用。对创先争优活动涌现出来的优秀事迹和经验进行总结表彰，“七一”前后，在开展常规党内评优表彰的基础上，开展创先争优活动专题表彰活动，评比学校“创先争优活动十大先进基层组织”、“创先争优活动十大优秀共产党员”。各分党委、党总支也可根据本单位的实际情况，总结创先争优活动开展以来的成绩和经验，表彰宣传先进典型。

4. 继续推进党建理论和实践创新。落实中央研究任务，继续做好创先争优理论研究工作；进一步挖掘和整理学校在创先争优活动中涌现出来的典型事迹和工作经验，进行理论总结，发挥示范作用；推进校内党建课题研究工作。做好2011年学校党建课题研究成果的汇总、编辑和转化，积极组织开展2012年校内党建课题研究工作。

（二）加强队伍建设，增强生机活力

5. 加强党支部书记队伍建设。按照教工委《关于进一步加强和改进新形势下高校教师党支部建设的若干意见》要求，选好、配强教师党支部书记，逐步完成教师党支部书记轮训工作计划。完善学生党支部书记培训方式，由学院党校每年进行统一培训。不断提高支部书记贯彻执行党的方针、政策的能力和业务水平。

6. 加大青年教师党员培养力度，加强青年教师队伍思想政治建设。要发挥基层党组织的凝聚力，吸引更多的青年教师和海归教师加入到党组织中来。既要在中青年教师党员中培养学术骨干和学科带头人，同时把中青年教师中的杰出人才纳入党员发展视野。要根据青年教师入党积极分子的成长特点和知识结构，开展成系统有针对的党校培训，不断增强其政治觉悟和理论水平。要大力培养青年教师党员中的骨干力量，发挥其模范带头作用。要关心爱护青年教师的成长，帮助他们制订职业规划和学术规划、克服生活压力和学术瓶颈。

7. 大力推进党员教育管理体系建设，始终保持党员队伍的先进性和纯洁性。要规范学院党校职能，发挥院级党校在优化党员发展质量中的作用。要把党员发展质量关口前移，及早端正大学生入党积极分子的入党动机。要进一步完善党员发展教育三级培训体系，以学生“入党前、发展后、毕业前”三个时间节点为抓手，健全学生党员教育培训体系，制定下发《中国人民大学关于进一步加强学生党员教育培养工作的若干意见》等相关文件。

（三）加强制度建设，确保长期受益

8. 建立健全创先争优活动的长效机制。要深入总结近两年创先争优活动的新鲜经验，把行之有效的好做法上升为制度规范。要以“年初公开承诺、年中领导点评、年末群众评议”为基础，确立创先争优活动的常态化机制。“年初公开承诺”，是在年初由基层组织和广大党员着眼事业发展、群众期待，在师生群众中公开承诺办实事、做好事、解难事；“年中领导点评”，是在暑假前后，单位领导对基层组织和党员的公开承诺进展情况进行点评；“年末群众评议”，是在年末利用民主生活会、总结会、评议专题会或问卷、访谈等多种形式，由群众对一年来单位党组织和党员的履职践诺情况开展评议。

9. 进一步贯彻落实《中华人民共和国普通高等学校基层组织工作条例》（2011）。要根据新《条例》及北京市相关实施细则进一步修订和完善本单位相关规章制度，积极推进工作机制创新。在广泛调研、征求意见基础上，修订制度、完善方案，逐步推进院系领导班子任期目标责任制。

10. 加强党建工作制度体系建设。要以创先争优活动总结为契机深入分析本单位近年的党建工作情况，每个基层党组织至少建立或者修订一项务实管用的制度。要健全完善党务公开制度，明确党务公开的内容、程序和方式，不断提高党员对党内事务的知情权、参与权、选举权和监督权。要不断健全党组织和党员联系服务师生群众制度，推动各级领导班子成员和机关干部联系支部、深入基层、服务师生。要进一步完善党内激励关怀帮扶机制，注重关心和帮助老党员、生活困难党员。

（四）提高保障水平，夯实发展基础

11. 加强党务工作队伍建设。要开展党务工作培训，全面提升基层党务工作者的理论水平与实践技能。要关心爱护党务工作队伍，为他们发挥作用、成长成才提供条件。要逐步推进教师党支部书记、党务秘书的激励表彰工作，加强党建工作支持力度，为党务工作者成长成才提供良好的工作环境。

12. 落实经费保障。根据《中共北京市委教育工作委员会关于推进高校基层党建工作创新的意见》和相关文件精神，按照标准核定党支部工作和活动经费，并形成使用制度，不断加大对基层党组织的支持力度。

三、工作要求

1. 认真组织实施。各分党委、党总支要结合本单位实际情况，按照学校统一要求，明确职责任务，推动工作落实，把开展基层组织建设年与推进学校事业发展、促进校园和谐工作统筹起来，坚持“党委（总支）书记亲自抓、分管领导具体抓、班子成员合力抓”，认真研究制定实施方案，积极开展相关活动，确保活动取得实效。

2. 加强示范引导。要进一步推广在工作中的好经验、好做法，积极采取广大党员群众喜闻乐见的方式，宣传推广先进事迹、典型经验和创先争优活动取得的实际成效，让师生员工切实感受到新变化，进一步巩固崇尚先进、学习先进、争当先进的良好氛围。

3. 深化党群共建。要积极推进党建带工建、党建带团建，发挥工会、共青团、学生会等组织的自身优势，带动广大教职工、青年学生积极创先进、争优秀，使“创科学发展之先，争校园和谐之优”成为广大师生员工的价值取向和共同追求。

4. 做好总结提炼。各分党委、党总支要充分总结创先争优活动启动以来形成的好经验好做法，写好本单位、本部门的创先争优工作大事记，起草好创先争优活动总结报告，并在5月7日前报送学校党委组织部。

关于成立中国人民大学党务公开工作领导小组的决定

（人大校党字〔2012〕12号）

各学院（系），机关各部、处及直（附）属单位：

为保障学校教职员工、学生和其他社会主体依法获取学校党务信息，深化学校党务公开，促进依法治校，按照《中共中央办公厅印发〈关于党的基层组织实行党务公开的意见〉的通知》（中办发〔2010〕29号）、《〈北京市关于党的基层组织实行党务公开的意见〉实施细则》（京党务公开办〔2011〕1号）文件精神，经学校研究，决定成立中国人民大学党务公开工作领导小组（名单见附件）。

附件：中国人民大学党务公开工作领导小组成员名单

中共中国人民大学委员会
二〇一二年三月十九日

附件

中国人民大学党务公开工作领导小组成员名单

组　　长：程天权
副 组 长：牛维麟　马俊杰　王利明
成　　员：刘向兵　高德步　郑水泉　周淑真　王　健
　　　　　张晓京　武龙生　王　飞　孙华玲　费　佳

中国人民大学党务公开工作办公室为中国人民大学党务公开工作领导小组工作机构，设在学校办公室。

党务公开工作办公室主任：刘向兵

关于印发《中国人民大学党务公开实施办法》及《中国人民大学党务公开目录》的通知

（人大校党字〔2012〕13号）

各分党委、党总支：

现将《中国人民大学党务公开实施办法》及《中国人民大学党务公开目录》印发给你们，请遵照执行。

附件：1.《中国人民大学党务公开实施办法》
2.《中国人民大学党务公开目录》

中共中国人民大学委员会
二〇一二年三月十九日

附件 1

中国人民大学党务公开实施办法

第一章 总 则

第一条 为扎实推进学校党务公开工作，促进学校党务公开的科学化、规范化、制度化，根据《中共中央办公厅印发〈关于党的基层组织实行党务公开的意见〉的通知》（中办发〔2010〕29 号）、《北京市关于党的基层组织实行党务公开的意见》（京办发〔2011〕21 号）和《〈北京市关于党的基层组织实行党务公开的意见〉实施细则》（京党务公开办〔2011〕1 号）精神，结合学校实际情况，制定本办法。

第二条 党务公开必须高举中国特色社会主义伟大旗帜，以邓小平理论和"三个代表"重要思想为指导，深入贯彻落实科学发展观，坚持围绕中心、服务大局，坚持党要管党、从严治党，尊重党员主体地位，保障党员民主权利，推进党内基层民主建设，增强党的基层组织工作的透明度，不断提高党的基层组织的创造力、凝聚力、战斗力，为推动学校科学发展、促进校园和谐、建设"人民满意、世界一流"大学提供有力保证。

第三条 党务公开是一项政治性、政策性很强的工作。要坚持自上而下的指导和自下而上的探索相结合，坚持先党内后党外、因地制宜、先易后难、循序渐进。党内事务除涉及党和国家秘密等依照规定不宜公开或不能公开的以外，应按照党纪党规和党的路线方针政策向党员公开。随着形势任务的发展变化和工作的不断深入，及时调整、充实公开内容，完善公开机制。凡本办法所规定内容，必须严格遵照执行；凡本办法没有规定的，可结合本学院（系）、部处或直（附）属单位实际，依照中央和北京市委有关党务公开的要求执行。

第二章 组织领导

第四条 学校党委成立学校党务公开领导小组，负责研究部署、指导推进全校党务公开工作，督察、考核各级党组织党务公开工作。领导小组下设办公室，办公室设在学校办公室。

第五条 各分党委、党总支成立由党政主要负责人任组长的党务公开工作领导小组，统一领导、协调、指导和推进本单位党的基层组织党务公开工作，制定开展本单位的党务公开工作的整体规划、安排部署阶段性工作实施方案，确保党务公开工作有计划、有步骤地开展。

第三章 公开内容

第六条 学校党委和各分党委、党总支依据本级党组织的职责职能职权和承担的中心工作、重要任务，将各项公开内容进一步具体化、明确化，做到"尽可能公开"，主要公开内容包括：

（一）党组织决议、决定及执行情况。本级党组织执行中央方针政策，上级党组织决议、决定和工作部署等情况；本单位重大改革、重大项目、重大投资等重要决策及执行情况，任期工作目标、阶段性工作部署、工作任务及落实的情况。

（二）党的思想建设情况。本级党组织开展思想政治工作、理论学习计划及落实、党员干部教育培训计划及落实的情况。

(三) 党的组织管理情况。本级党组织的设置、主要职责、机构调整、换届选举，党员发展、民主评议、创先争优，党费收缴、管理和使用，党务工作经费管理和使用，党员权利保障的情况。

(四) 领导班子建设情况。本级党组织领导班子职责分工、议事规则和决策程序，执行民主集中制，召开民主生活会，年度考核评价的情况。

(五) 干部选任和管理情况。本级党组织干部选拔任用、轮岗交流、考核奖惩，干部监督制度及执行的情况。

(六) 联系和服务党员群众情况。本级党组织听取、反映和采纳党员群众意见和建议，帮助党员群众解决生产生活实际困难，接待来信来访、排查化解矛盾纠纷，办理涉及党员群众切身利益重要事项的情况。

(七) 党风廉政建设情况。本级党组织执行廉洁自律规定、落实党内监督制度、推进惩治和预防腐败体系建设、落实党风廉政建设责任制、处理违纪党员的情况。

(八) 其他应当公开的事项。

第四章　公开程序

第七条　学校党委依据党中央和北京市委的相关规定和党员群众要求，制定党务公开目录。目录要做到全面、分类、细化，把应当公开的内容全部纳入党务公开目录之中；按照公开的内容、范围、形式、时限、责任主体等进行分类；尽可能具体详细地编制出事项、步骤、目标要求以及对结果的运用等内容。

第八条　根据党内规定、有关会议文件精神和党务公开的需要，重点健全完善以下五项基本制度：

(一) 党内情况通报制度。进一步深化、细化党内情况通报制度的内容，使广大党员应当知道的事情能够及时知道，包括重大问题通报、评优评先通报、警示通报、季度性工作通报等；进一步规范党内情况通报制度的程序，包括通报对象、通报范围、通报方式、通报步骤等。

(二) 情况反映制度（或称党内情况和社情民意制度）。进一步完善“下情上达”的渠道和程序，使下级党组织向上级党组织、党员向各级党组织和党外群众向党组织反映情况的机制更为完善。

(三) 重大决策征求意见制度。采取多种形式，如党员活动日、现场答辩等，扩大征求意见的范围，为更多的党员、群众参与党的基层组织重大决策提供平台，推进决策的民主化、科学化。

(四) 决策的专家咨询、论证制度。进一步扩大和加强与各类专家学者的联系，充分发挥专家在决策咨询和论证中的作用，并逐步规范化、制度化。

(五) 党委新闻发言人制度。根据工作需要，每季度或半年召开党务发布会，集中向广大党员和群众代表发布党务信息，由党委新闻发言人现场答复党员群众要求公开的党务信息。对涉及党内秘密不宜公开的，及时向党员群众做好解释说明。

第九条　具体承办党务公开工作的人员，应当按照党务公开目录及时将已经审核通过的内容，通过规定的程序和方式，在规定的范围和时限内进行公开。

第十条　要明确专人负责收集、筛选、整理群众通过各种渠道反映的意见和要求。党组织要以适当的方式，对党员群众提出的问题作出必要的解释和负责任的答复，并将处理和落实情况予以公开，接受党员群众监督。

第十一条　建立党务公开档案管理制度，将党务公开的事项逐项登记，记录和保存党务公开内容、群众意见建议、办理落实情况等相关资料，归档备查。

第五章　公开方式

第十二条　根据党务公开的内容，按照因地制宜、灵活多样、简便务实的原则，坚持传统手段公开与现代信息手段公开相结合、平面文字公开与党员群众参与公开相结合，实行多方位、立体式公开。

第十三条　学校设立电子显示屏和党务公开栏，作为党务公开的常规方式。此外也利用文件、报纸、资料、档案等纸质载体，利用互联网络、广播电视、手机短信等现代媒体，利用新年报告会、校务委员会会议、校领导接待日、教职工代表大会、党务通报会、党员定期评议等会议活动的方式公开。

第十四条　具备条件的学院（系）、部处和直（附）属单位，要建立规范的党务公开“屏、栏、网”（电子显示屏或触摸屏、公开栏、公开网）等载体，注重把增强党务公开效果和美化环境相统一。

第六章　公开时限

第十五条　党务公开时限要与公开内容相适应，要综合上级精神、工作要求和党员群众需要，根据有关规定，努力做到固定内容长期公开、常规性工作定期公开、阶段性工作逐段公开、临时性工作即时公开、热点问题及时公开、重点事项适时公开，不断提高公开的经常性、动态性和有效性。

第七章　公开保障制度

第十六条　建立健全例行公开制度，保障党务公开的经常性。全校党的基层组织要以制度规范的形式，把党务公开作为经常性的工作内容和工作方式，按照党务公开目录规定的内容、方式、时限等，由责任部门及时主动公开。暂时不宜公开、不能公开，或需变更、撤销、终止的内容，由制定党务公开目录的党组织批准，报上一级党组织备案后及时公布并作说明。

第十七条　建立健全依法申请公开制度，保障党务公开的合法性。党员可依照党内法规和有关规定，向党的基层组织申请公开没有列入党务公开目录和列入但公开程度不够的事项。对于不涉密可以公开的，党的基层组织要向申请人公开或在一定范围内公开；暂时不宜公开或不能公开的，及时向申请人说明情况。申请事项及办理情况应记录在案，以供查询，并报上一级党组织备案。

第十八条　建立健全监督检查制度，保障党务公开的科学性。

（一）进一步加强监督检查。学校开展自上而下的定期检查与随时抽查，加强上级党组织对党的基层组织党务公开工作的监督检查，推动基层党组织对自身党务公开工作的检查，还要聘请党员和群众作为党务公开监督员，召开各级党组织领导汇报会、群众代表座谈会、深入实施现场会等多种方式进行监督检查。

（二）全面监督检查党务公开的内容。检查公开内容是否全面真实、公开形式是否可行有效、公开程序是否规范有序、公开时限是否及时到位、公开信息反馈是否及时处理等情况。

（三）科学运用监督检查的结果。通过监督检查发现好的典型，及时总结推广好经验好做法，以收到典型引路、以点带面的效果。在检查中发现问题，要及时指导，提出处理意见。

第十九条　建立健全信息反馈制度，保障党务公开工作的及时性。根据党务公开目录上明确的公开事项责任分工，按照“谁公开、谁负责，谁收集、谁反馈”的原则，采用一站式信息管理服务方式，由公开事项的责任部门负责有关该事项的信息收集、信息处理、信息反馈。涉及重要事项和重大问题，要认真讨论，协调各方，妥善处理，可根据研究处理结果，采用再次公开的方式反馈信息。

第二十条 建立健全考核评价制度，保障党务公开工作的有效性。

（一）把党的基层组织党务公开工作情况作为党组织领导班子及其主要负责人年度工作考核和党建工作考核的重要内容，纳入党风廉政建设责任制的评价体系中。

（二）采取上级主管部门考核与党员、群众评议相结合的方式，设计可量化的指标体系，对党务公开做法成效实施量化评价。

（三）党务公开考核的结果，可分为优秀、良好、合格、不合格四种。对评为优秀档次的基层党组织，给予表彰和奖励；对评为不合格档次的基层党组织，给予通报批评并责令限期整改；对不认真整改的基层党组织，主要责任人当年不得评先授奖，并视情况按照有关规定进行责任追究。

第二十一条 党务公开载体建设及相关工作费用，纳入各单位的年度预算，由学校统一支付。

第八章 附 则

第二十二条 本办法由学校党务公开工作领导小组办公室负责解释。

第二十三条 本办法自印发之日起施行。

附件2

中国人民大学党务公开目录

一级目录	二级目录	公开形式	公开范围	公开时限	责任单位
一、基本情况	校党委领导机构、工作机构设置情况，领导班子构成及职责分工	网站、公开栏	校内外	年度	学校办公室
二、重大决策、决定、决议情况	贯彻落实上级党组织决定、决议等情况	文件、会议、公开栏	校内	即时	学校办公室
	校党委确定的全局性工作、阶段性工作及落实情况	文件、会议、网站、公开栏	校内	即时	学校办公室
	学校改革发展目标、规划等重大决策	文件、会议、网站、公开栏	校内	即时	学校办公室
	重大项目投资、建设等决策情况	文件、会议、网站、公开栏	校内	即时	学校办公室
	与师生切身利益相关事项的重大决策	文件、会议、网站、公开栏	校内	即时	学校办公室
	学校编制、机构调整等重大决策	文件、会议、公开栏	校内	即时	党委组织部
三、思想建设	校党委中心组和中层干部学习计划及落实情况	文件、会议、公开栏	校内	年度	学校办公室 党委组织部 党委宣传部
	文明单位创建活动的检查、验收及优秀单位评选情况	文件、会议、公开栏	校内	即时	党委宣传部
	先进典型、优秀事迹的宣传报道	文件、会议、网站、公开栏	校内外	即时	党委宣传部
	领导班子民主生活会意见收集、整改落实情况	文件、会议	校内	即时	党委组织部

一级目录	二级目录	公开形式	公开范围	公开时限	责任单位
四、组织建设	换届选举情况	文件、会议、网站、公开栏	校内外	即时	党委组织部
	发展党员情况	文件、会议、网站、公开栏	校内外	即时	党委组织部
	党员民主评议情况	文件、会议	校内	年度	党委组织部
	党费、党务工作经费管理和使用情况	文件、会议	校内	年度	党委组织部
	基层党组织、党员创先争优和公开承诺等情况	文件、会议、网站、公开栏	校内外	年度	党委组织部
	干部选拔任用、考核奖励、职称评定等情况	文件、会议、公开栏	校内	即时	党委组织部
	党员、干部、积极分子教育培训计划及落实情况	会议、文件	校内	年度	党委组织部
	保障党员权利情况	文件、会议	校内	年度	纪委办公室
五、制度建设	校党委常委会议事规则和决策程序	文件、会议、公开栏	校内	年度	党委组织部
	党内民主选举、民主决策、民主监督、民主管理及加强党组织建设的制度和规定等	文件、网站、公开栏	校内外	即时	党委组织部
	校领导班子成员执行民主集中制的情况	文件、会议	校内	年度	党委组织部
六、党风廉政建设	领导班子成员“一岗双责”任务分解及落实情况	网站、公开栏	校内外	年度	纪委办公室
	贯彻落实《廉政准则》情况	文件、会议、网站、公开栏	校内外	年度	纪委办公室
	领导班子成员述职述廉情况	文件、会议、公开栏	校内	年度	纪委办公室 党委组织部
	党内监督各项制度的落实情况	网站、公开栏	校内外	年度	纪委办公室
	违纪违法案件查处情况	文件、会议、公开栏	校内	年度	纪委办公室
	开展廉洁教育和廉洁文化建设情况	网站、公开栏	校内外	年度	纪委办公室
	惩治和预防腐败体系建设情况	文件、会议、网站、公开栏	校内外	年度	纪委办公室
七、联系和服务教职工、学生情况	教职工、学生普遍关注的重点、热点、难点问题的落实情况	网站、公开栏	校内	即时	学校办公室
	校领导班子成员帮扶困难教职工、学生措施及效果	网站、公开栏	校内外	即时	学校办公室
八、其他事项	党委职能部门年度计划与年度总结	文件、会议、网站	校内	年度	党委各职能部门
	经校党委研究决定或上级党委要求公开的事项	文件、会议、网站、公开栏	校内或校内外	即时	学校办公室

中国人民大学关于设立附属中学联合学校总校的决定

（人大校党字〔2012〕23号）

根据《教育部办公厅关于支持中国人民大学设立附属中学联合学校总校的意见》（教人厅函〔2012〕4号，以下简称《意见》），经中共中国人民大学第十三届委员会第59次常委会议研究，做出如下决定：

一、设立中国人民大学附属中学联合学校总校（以下简称“人大附中联合总校”或“联合总校”），是落实《国家中长期教育改革和发展规划纲要（2010—2020年）》精神、创新办学模式和管理模式的重要举措。学校大力支持附属中学以设立总校的形式，开展联合办学、委托管理等试验，带动更多学校发展，扩大优质教育资源覆盖面，提高教育质量。

二、人大附中联合总校为中国人民大学直属机构。联合总校负责直接管理人大附中并经授权后管理其他联合学校。联合总校具有相对独立的财务权和人事权，并承担相应的责任和义务。

联合总校校长由中国人民大学副校级干部担任，总校设校务委员会，负责指导、监督、评估和管理各联合学校的办学方向和质量，协调各联合学校之间的关系。校务委员会主任原则上由联合总校校长兼任。

联合总校下设综合办公室，办公人员的编制由人大附中和各联合学校提供，经费由人民大学划拨、人大附中支持和总校自筹解决。

三、请人大附中根据教育部《意见》及学校决定，抓住机遇，加快制定《中国人民大学附属中学联合学校总校章程》（以下简称《章程》），进一步完善《中国人民大学附属中学联合学校总校运行方案》（以下简称《运行方案》），探索符合客观实际、适应教育教学需要、有利于学校健康发展的运行机制和管理模式。

学校将认真研究并审议《章程》和《运行方案》，积极请示并协调教育部、北京市等有关方面，共同支持改革探索，办好中国人民大学附属中学联合学校总校。

中共中国人民大学委员会
二〇一二年五月十日

关于印发《中国人民大学公开选拔中层党政领导干部工作实施细则（试行）》的通知

（人大校党字〔2012〕37号）

各分党委、党总支：

现将《中国人民大学公开选拔中层党政领导干部工作实施细则（试行）》印发给你们，请遵照执行。

附件：《中国人民大学公开选拔中层党政领导干部工作实施细则（试行）》

中共中国人民大学委员会
二〇一二年七月三十一日

附件

中国人民大学公开选拔中层党政领导干部工作实施细则（试行）

第一章　总　则

第一条　为进一步规范和完善我校公开选拔中层党政领导干部工作，推进我校干部工作的科学化、民主化、制度化建设，根据中共中央《党政领导干部选拔任用工作条例》、《公开选拔党政领导干部工作暂行规定》等文件精神以及《中国人民大学中层党政领导干部选拔任用工作办法（修订）》，结合我校实际，制定本细则。

第二条 公开选拔是党政领导干部选拔任用方式之一。

本细则所称的公开选拔中层党政领导干部，是指面向全校或社会采取公开报名，考试与考察相结合的办法，选拔中层党政领导干部。

第三条 公开选拔中层党政领导干部工作必须遵循《中国人民大学中层党政领导干部选拔任用工作办法（修订）》规定的原则，坚持公开、公平、公正，坚持考试与考察相结合。

第四条 本细则适用于公开选拔学校各部、处、室负责人，学校党委各部门负责人，学校所属各学院（系、所）行政负责人，直（附）属单位行政负责人，以及由学校任命的其他中层党政领导干部。

公开选拔后勤集团以及学校所属各企业单位负责人，参照本细则和有关企业章程选拔任用。

公开选拔中层非领导职务，参照本细则执行。

第五条 公开选拔中层党政领导干部应当根据中层领导班子和干部队伍建设的需要，有计划地进行，逐步做到经常化、制度化。

有下列情形之一的，一般应当进行公开选拔：

（一）为了改善中层领导班子结构，需要集中选拔中层领导干部；

（二）中层领导职位空缺较多，需要集中选拔中层领导干部；

（三）中层领导职位出现空缺，本单位无合适人选；

（四）选拔专业性较强职位和紧缺专业职位的中层领导干部；

（五）其他需要进行公开选拔的情形。

第六条 公开选拔中层党政领导干部应当经过下列程序：

（一）发布公告；

（二）报名与资格审查；

（三）统一考试（笔试或面试）；

（四）组织考察，研究提出人选方案；

（五）党委常委会讨论决定；

（六）办理任职手续。

第七条 公开选拔中层党政领导干部工作在学校党委领导下，按照干部管理权限，由党委组织部组织实施。

公开选拔中层党政领导干部工作应当坚持从实际出发，制定合理的工作方案，提高科学化水平，降低成本。

第八条 选拔中层党政领导干部时，也可视情况，在空缺职位所在单位内部组织教职工竞争上岗。竞争上岗的程序和要求参照公开选拔的规定执行。

第二章 公告、报名与资格审查

第九条 公开选拔中层党政领导干部应当在适当范围内发布公告。公告内容包括选拔职位以及职位说明、选拔范围、报名条件与资格、选拔程序和遴选方式、时间安排等。

第十条 公开选拔中层党政领导干部应当从实际出发，根据选拔职位的要求和人才分布情况，合理确定报名人员的条件和资格。

第十一条 报名人员应当符合《中国人民大学中层党政领导干部选拔任用工作办法（修订）》规定的基本条件和任职资格。

第十二条 根据选拔职位对人才的需求和选拔优秀年轻干部的需要，可以对报名人员的职务层次、任职年限等任职资格适当放宽。

第十三条 海外留学回国人员、非公有制经济组织和社会组织中的人员等，其报名条件和资格由学校党委及党委组织部根据选拔职位情况以及有关政策确定。

第十四条 报名人员通过本人自荐、群众推荐和组织推荐3种方式报名，并填写报名推荐表。

第十五条 党委组织部按照公布的报名条件和要求进行资格审查，审查合格者准予参加考试。如果某一公开选拔职位报名或通过资格审查的人数不足5人，经学校党委同意，可以取消该职位的公开选拔。

第三章 考 试

第十六条 考试一般分为笔试和面试。根据选拔职位和人才分布的实际情况，可采取笔试与面试相结合的方式进行考试，也可单独采取面试的方式进行考试。

考试主要测试应聘者对领导干部应具备的基本理论、基本知识、基本方法和专业知识的掌握程度，特别是运用理论、知识和方法分析解决领导工作中实际问题的能力；以及应聘者在领导能力素质、个性特征等方面对选拔职位的适应程度。

第十七条 笔试命题应有针对性，一般采用闭卷方式进行。面试一般分为应聘者个人陈述、现场提问并答辩、评审小组和群众代表测评3个环节。在考试前，应将考试形式和要求及时通知应聘者。

第十八条 考试的具体形式、命题内容等由评审小组决定。评审小组由有关校领导、专家、组织人事部门负责人等组成，一般不少于5人。

第十九条 评审小组成员应当具有较高的思想政治素质，公道正派，并熟悉人才测评工作。评审小组中必须有熟悉选拔职位业务的人员。评审小组成员要实行回避制度。

第二十条 经评审小组研究决定，面试可以邀请选拔职位所在单位的群众代表参加，群众代表可以参与现场提问和测评环节的活动。

第二十一条 笔试的试卷和面试的测评表由党委组织部工作人员当场回收，并负责计分。

第二十二条 根据笔试、面试综合成绩确定应聘者的考试综合成绩。考试综合成绩按照笔试与面试成绩1∶1的比例计算。面试成绩按照评审小组测评得分与群众代表测评得分6∶4的比例计算。

第四章 组织考察

第二十三条 根据考试综合成绩，将应聘者按从高分到低分排序，报学校干部选拔工作小组研究确定考察人选。选拔职位与考察人选的比例一般为1∶2到1∶3。

第二十四条 党委组织部依据干部选拔任用条件和选拔职位的职责要求，坚持德才兼备原则，对考察人选的德、能、勤、绩、廉进行全面考察，对是否适合和胜任选拔职位做出评价。

第二十五条 实行考察预告制。将考察工作有关情况、考察时间、考察组联系方式等，通过适当方式在一定范围内发布。

第二十六条 考察采取个别谈话、发放征求意见表、民主测评、实地考察、查阅资料、专项调查、同考察人选面谈等方法进行。

第五章 决定任用

第二十七条 学校干部选拔工作小组根据考察情况和考试成绩，研究提出任用建议。

第二十八条 党委常委会集体讨论做出任用决定。经党委常委会集体讨论认为无合适人选的，该选拔职位可以空缺。

第二十九条 对党委常委会决定任用的中层党政领导干部人选进行公示。公示后，未发现影响任用问题的，办理任职手续。

第三十条 对公开选拔任用的中层党政领导干部实行一年的任职试用期。试用期将满时由党委组织部及时组织考核。干部试用期考核情况应报党委常委会，由党委常委会研究决定是否继续任职。

第三十一条 对经过考察符合任用条件但未能任用的人员，符合后备干部条件的，可以纳入后备干部队伍进行培养。

第六章 纪律和监督

第三十二条 公开选拔中层党政领导干部必须遵守以下纪律：

（一）确保公开、公平、公正，不准事先内定人选；

（二）严格按照公开选拔工作方案规定的内容和程序操作，不准在实施过程中随意更改；

（三）报名人员要自觉遵守公开选拔工作的有关规定，不准弄虚作假，搞非组织活动；

（四）工作人员要严格遵守干部人事工作纪律，特别要严格执行保密制度和回避制度，不准泄露考试试题、评分情况、考察情况、党委常委会讨论情况等。

第三十三条 纪检、监察部门按照有关规定，对公开选拔中层党政领导干部工作全程进行监督检查。

第三十四条 对违反本细则第三十二条的，按照有关规定给予相应的党纪政纪处分。

第七章 附 则

第三十五条 本细则由党委组织部负责解释。

第三十六条 本细则自发布之日起施行。

关于印发《中国人民大学关于中层党政领导干部任职试用期的规定（试行）》的通知

（人大校党字〔2012〕38 号）

各分党委、党总支：

现将《中国人民大学关于中层党政领导干部任职试用期的规定（试行）》印发给你们，请遵照执行。

附件：《中国人民大学关于中层党政领导干部任职试用期的规定（试行）》

中共中国人民大学委员会

二〇一二年七月三十一日

附件

中国人民大学关于中层党政领导干部任职试用期的规定（试行）

第一条 为认真贯彻落实中共中央《党政领导干部选拔任用工作条例》、《党政领导干部任职试用期暂行规定》，根据《中国人民大学中层党政领导干部选拔任用工作办法（修订）》的有关要求，结合实际情况，制定本规定。

第二条 本规定适用于非选举产生的新提拔中层党政领导干部。

晋升为非领导职务和平级调整任职、兼职的（包括非领导职务转任同级领导职务），高职兼任低职的，不实行试用期制度。

学校党委下属的各分党委、党总支书记、副书记，直属党支部书记，校工会主席、副主席，校团委书记、副书记在换届时依照党章、工会法和团章的规定经选举产生的，不实行试用期制度。

届中任命的分党委、党总支书记、副书记，直属党支部书记，校工会主席、副主席，校团委书记、副书记实行试用期制度。

第三条 新提拔中层党政领导干部的试用期为一年，时间从学校党委常委会决定之日起计算，在下发的任职通知中明确规定任职试用期的时间。

第四条 中层党政领导干部在试用期内，按照所担任的职务，履行相应的职责，享受相应的政治、生活待遇。

第五条 中层党政领导干部在试用期内一般不作交流或调整。因生病、参加上级组织调训等特殊原因在试用期内离岗半年以上的，根据离岗时间适当延长试用期。

第六条 在中层党政领导干部任职试用期满前一个月内，由党委组织部对其进行考核。考核坚持实事求是、客观公正的原则，按照德、能、勤、绩、廉五方面，全面考核干部在试用期内的思想政治表现、组织领导能力、工作作风、工作实绩和廉洁自律方面的情况，特别是干部对所担任职务的适应能力和履行职责的情况。

第七条 试用期考核按照以下程序开展：

（一）干部在试用期满前，撰写述职报告。

（二）试用期考核由党委组织部通过组织群众测评的方式进行。参加测评的人员包括干部所在单位的全体教职工，并可视情况增加与干部工作有关单位的代表。参加测评的人数不得少于应参加人员总数的60%。

（三）干部在群众测评会上述职，述职应主要包括试用期间的成绩、不足及今后的工作思路等。干部完成述职后，发放《中层党政领导干部试用期考核群众测评表》。测评表由参会人员填写，并由党委组织部工作人员当场回收。

（四）党委组织部负责对群众测评情况进行统计，视情况也可以个别谈话等方式进一步全面了解干部在试用期间的履职情况。

第八条 党委组织部综合各方面情况对干部试用期考核结果提出初步意见，并报学校党委常委会。由学校党委常委会研究决定干部是否继续任职，并下发任免通知。

（一）试用期考核合格的，继续任职，试用期计入任职时间；

（二）试用期考核不合格的，免去试任职务，一般按试任前职级安排工作，并重新确定职务。

第九条 干部在试用期内工作出现重大失误或犯有严重错误，以及因其他原因不宜继续使用的，由党委组织部提出初步意见，经学校党委常委会研究通过后，免去试任职务，提前结束试用期，并按有关规定予以处理。

第十条 本规定由党委组织部负责解释。

第十一条 本规定自公布之日起施行。

关于成立中国人民大学苏州校区党委的通知

（人大校党字〔2012〕40号）

中国人民大学苏州校区：

鉴于学校已批准设立中国人民大学苏州校区，根据《关于在校部、院、系、后勤集团等直、附属单位设置党委的决定》（校党字〔2001〕18号），经中共中国人民大学第十三届委员会第65次常委会议研究决定，成立中国人民大学苏州校区党委，撤销原国际学院（苏州研究院）党委设置。

原国际学院（苏州研究院）党委书记、副书记、委员改任中国人民大学苏州校区党委书记、副书记、委员。

中共中国人民大学委员会

二〇一二年九月四日

关于印发《中国人民大学中层党政领导干部选拔任用工作办法》的通知

（人大校党字〔2012〕42 号）

各分党委、党总支：

经 2012 年 7 月 5 日第 13 届党委第 64 次常委会议讨论决定对《中国人民大学中层党政领导干部选拔任用工作办法（修订）》（人大校党字〔2005〕49 号），进行了修订。现将修订后的《中国人民大学中层党政领导干部选拔任用工作办法》印发给你们，请遵照执行。

附件：《中国人民大学中层党政领导干部选拔任用工作办法》

中共中国人民大学委员会

二〇一二年九月二十一日

附件

中国人民大学中层党政领导干部选拔任用工作办法

第一章　总　则

第一条　为认真贯彻执行党的干部路线、方针和政策，建立健全科学的干部选拔任用机制和监督管理机制，推进我校干部工作的科学化、民主化、制度化建设，根据中共中央《党政领导干部选拔任用工作条例》等文件精神，结合我校具体情况，制定本办法。

第二条　选拔任用党政领导干部，必须坚持下列原则：

（一）党管干部原则。

（二）任人唯贤、德才兼备原则。

（三）群众公认、注重实绩原则。

（四）工作公开、择优任用原则。

（五）民主集中制原则。

（六）依照制度和程序办事原则。

第三条　选拔任用学校中层党政领导干部，要注意围绕学校的中心工作，必须符合把学院（系）、部、处等单位领导班子建设成为坚持党的基本理论、基本路线和基本纲领，全面贯彻党的教育方针，全心全意为广大师生员工服务，结构合理，团结坚强的领导集体的要求。应当注重选拔任用优秀年轻干部。

第四条　本办法适用于选拔任用学校各部、处、室负责人，学校党委各部门负责人，学校所属各学院（系、所）中心行政负责人，图书馆、出版社、附属中学行政负责人，以及由学校任命的其他中层党政领导干部。

学校党委下属的各分党委、党总支书记、副书记，直属党支部书记，校工会主席、副主席，校团委书记、副书记在换届时，依照党章、工会法和团章等有关规定产生。

届中任命的分党委、党总支书记、副书记，直属党支部书记，团委书记、副书记按照本办法执行。

届中任命的工会主席、副主席参照本办法执行。

后勤集团以及学校所属各企业单位负责人，参照本办法和有关企业章程选拔任用。

选拔任用中层非领导职务，参照本办法执行。

第五条　学校党委及党委组织部，按照干部管理权限履行选拔任用中层党政领导干部的职责，负责本办法的组织实施。

第二章　选拔任用条件

第六条　学校中层党政领导干部应当具备下列条件：

（一）具有履行职责所需要的马克思列宁主义、毛泽东思想、邓小平理论的水平，认真实践“三个代表”重要思想，努力用马克思主义的立场、观点、方法分析和解决实际问题。

（二）具有较高的政策水平与管理水平，坚持解放思想，实事求是，与时俱进，开拓创新，认真调查研究，能够把党的方针、政策同本部门的实际相结合，卓有成效地开展工作，讲实话，办实事，求实效，反对形式主义。有胜任领导工作的组织能力、文化水平、专业知识和一定的决策能力。

（三）坚持党的群众路线，密切联系群众。坚持民主集中制，有全局观念，作风民主，有团结协作精神，善于集中正确意见，善于团结同志，包括团结同自己意见不同的同志一道工作。

（四）具有强烈的事业心和责任感，工作勤奋、投入，真抓实干，工作效率高，有奉献精神。能按计划保质、保量地完成工作，认真履行岗位职责，在教学、科研和管理工作中做出实绩。

（五）正确行使学校党委、行政赋予的权力，依法办事，清正廉洁，勤政为民，以身作则，艰苦朴素，自觉接受党和群众的批评和监督，能够做到自重、自省、自警、自励，反对官僚主义，反对任何滥用职权、谋求私利的不正之风。

第七条　提拔担任中层党政领导职务的，应当具备下列资格：

（一）提任中层副职党政领导职务的，一般应当具有五年以上工龄或有副高级以上职称。由正科级提任中层副职职务的，应当在正科级岗位上工作三年以上，且有两个基层工作岗位的工作经历。具有硕士及以上学位的，对工作年限的要求可适当放宽。

（二）提任中层正职以上党政领导职务的，应当在副职岗位工作两年以上。具有教授职称的业务领导干部可根据工作需要适当放宽对工作年限的要求。

（三）提任中层党政领导职务，一般应具有大学本科以上学历。

（四）提任中层党政领导职务，一般应当经过党校、行政院校或者党委组织部认可的其他培训机构的培训，确因特殊情况在提任前未达到培训要求的，应当在提任后一年内完成培训。

（五）身体健康。

（六）提任中层党的领导职务的，应当符合《中国共产党章程》规定的党龄要求。

第八条　中层党政领导干部一般应当逐级提拔。特别优秀的年轻干部或者工作特殊需要的，可以破格或越级提拔。破格或越级提拔者应当品德高尚，业绩突出，群众公认。

援疆、援藏和组织选派到艰苦地方去工作的干部，因工作需要，也可破格提拔。

经学校派遣到校外挂职锻炼，且表现突出的，应当优先考虑选拔使用。

第九条　加大中层党政领导干部队伍的年轻化力度，优化领导班子年龄结构和知识结构。

女同志超过50周岁、男同志超过54周岁一般不再提任中层党政领导干部。

学院（系、所）行政领导班子的年龄可适当放宽。

因领导班子换届和调整，不能任满一届即达到退休年龄而不担任领导职务的同志，保留相应待遇至退休。

第十条　有下列情形之一者，不能提拔使用：

（一）违反学校规章制度，经教育仍不改正的。

（二）受到党内或行政警告（含警告）以上处分未满两年的。

（三）被立案审查或有重大问题尚未查清的。

（四）党性不强，思想品质不好，弄虚作假，伸手要官，经不起考验的。

（五）在重大事件面前表现不好的，严重失职、渎职，给学校名誉和工作造成不良影响或严重损失的。

（六）连续两年年度考核均达不到良好以上的。

（七）未全面完成廉政建设目标责任制的。

（八）未履行安全防火和综合治理责任制并造成严重后果的以及违反计划生育政策的。

第十一条 中层党政领导班子成员一般应当从后备干部中选拔。

第三章 民主推荐

第十二条 选拔任用党政领导干部，必须经过民主推荐提出考察对象。民主推荐包括会议投票推荐和个别谈话推荐。民主推荐的结果在一年内有效。

第十三条 领导班子换届，民主推荐按照领导班子职位的设置全额定向推荐；个别提拔任职，按照拟任职位推荐。

第十四条 参加民主推荐的范围：

（一）选拔教学及教学辅助部门党政领导干部，一般应当在所在单位的全体教职工中投票推荐提出考察对象。

（二）选拔机关职能部门中层党政领导干部，采用投票推荐和个别谈话推荐相结合提出考察对象。参加推荐人员的范围由党委组织部根据相应职能部门的职责与工作要求确定。

第十五条 民主推荐由学校党委组织部主持，应当经过下列程序：

（一）召开推荐会，公布推荐职务、任职条件、推荐范围，提出相关要求。

（二）填写推荐票，进行个别谈话。

（三）对不同职务层次人员的推荐票分别统计，综合分析。

（四）向学校党委常委会汇报推荐情况。

（五）学院（系、所）等教学、科研单位行政换届时，可以由所在单位的党组织、教职工代表大会协助召开民主推荐会，除按照上述程序外，还应当由本届领导班子作述职报告，对下届班子的工作提出建议，与会人员应就上届领导班子的工作情况和下届领导班子的工作思路进行充分讨论。

第十六条 党委组织部在民主推荐的基础上，集体研究提出多个考察对象人选，报干部选拔工作小组初议。

干部选拔工作小组的组成人员有：主管组织工作的副书记、常务副校长、主管人事工作的副校长、党委组织部部长、人事处处长。干部选拔工作小组由主管组织工作的副书记牵头召集。

干部选拔工作小组综合各方面意见，研究空缺职位的选拔方式，提出空缺职位推荐、提名的初步意见，对差额考察对象和拟任人选进行初议。

第十七条 干部选拔工作小组初议差额考察对象时，选拔职位与考察对象的比例一般应不低于1∶2。考察对象需请示学校党政主要领导后确定。

第十八条 以基层党组织、单位或者个人名义向学校党委推荐领导干部人选的，必须负责地写出推荐材料并加盖公章或署名。经干部选拔工作小组审核后，按照规定程序进行民主推荐。所推荐人选不是所在单位多数群众拥护的，不得列为考察对象。

第十九条 个别特殊需要的中层领导干部人选可以由组织推荐提名，作为考察对象。

第四章 考 察

第二十条 对确定的考察对象，由学校党委组织部按照干部管理权限，制定具体考察标准，进行严格考察。对拟任人选，必须依据干部选拔任用条件和不同领导职务的职责要求，全面考察其德、能、勤、绩、廉等方面的情况，注重考察工作实绩。

第二十一条 考察中层党政领导职务拟任人选，应当经过下列程序：

（一）组织考察组，制定考察工作方案。

（二）同考察对象所在单位的党政主要领导成员就考察方案沟通情况，征求意见。

（三）根据考察对象的不同情况，通过适当方式在一定范围内发布干部考察预告。

（四）采取个别谈话、发放征求意见表、民主测评、实地考察、查阅资料、专项调查、同考察对象面谈等方法，广泛深入地了解情况。

（五）综合分析考察情况，同考察对象所在单位的党政主要领导成员交换意见。

（六）党委组织部根据考察组的考察情况，集体研究提出任用建议方案，经干部选拔工作小组初议，向党委常委会报告。

第二十二条 考察中层党政领导班子成员拟任人选，个别谈话和征求意见的范围：

（一）教学及教学辅助部门：所在单位的上级分管领导、党政班子成员、教授、党支部书记、二级教代会、工会主席、学校相关职能部处负责人等。

（二）党政职能部、处：所在部门的上级分管领导、机关党委、部处领导干部和科级干部、与之工作联系较多的相关部门及学院（系）的负责人及有关人员。

第二十三条 考察中层党政领导职务拟任人选，应当听取纪委、监察处的意见。对需要进行经济责任审计的考察对象，由党委组织部委托审计部门按照有关规定进行审计。

第二十四条 考察中层党政领导职务拟任人选，必须形成书面考察材料，建立考察文书档案。已经提拔任职的，考察材料归入本人档案。考察材料必须真实，全面、准确、清楚地反映考察对象的情况，包括下列内容：

（一）德、能、勤、绩、廉等方面的主要表现和主要特长。

（二）主要缺点和不足。

（三）民主推荐、民主测评情况。

第二十五条 党委组织部派出的考察组由两名以上成员组成。考察人员应当具有较高素质和相应资格。考察组负责人应当由思想政治素质好、有较丰富工作经验并熟悉干部工作的人员担任。

实行干部考察工作责任制。考察组必须坚持原则，公道正派，深入细致，如实反映考察情况和意见，并对考察材料负责。

第二十六条 考察中了解到的考察对象的表现情况，一般由考察组向党委主要领导成员汇报，并通过一定形式向本人反馈。

第五章 酝酿和讨论决定

第二十七条 中层党政领导职务拟任人选，由干部选拔工作小组根据差额考察的情况，经充分酝酿沟通后，报学校党政主要领导确定。

在考察或讨论决定前，应当在党委常委中充分酝酿，并征求分管领导的意见。

非中共党员拟任人选，还应当征求党委统战部和相应民主党派主要领导成员、无党派人士中代表人物的意见。

第二十八条 选拔任用中层党政领导干部，应当按照干部管理权限由党委常委会集体讨论作出任免决定。

第二十九条 党委常委会讨论决定中层党政领导干部任免事项，必须有三分之二以上的成员到会，并保证与会成员有足够的时间听取情况介绍、充分发表意见。与会成员对任免事项，应当发表同意、不同意或者缓议等明确意见。

第三十条 拟提拔任用的中层党政领导干部，原则上均应由党委常委会采取无记名投票的方式进行表决。对意见分歧较大或者有重大问题不清楚的，应当暂缓表决。对影响做出决定的问题，会后应当及时查清，避免久拖不决。党委常委会有关干部任免的决定，需要复议的，应当经超过半数成员同意后方可进行。

第三十一条 党委常委会讨论决定干部任免事项，应当按照下列程序进行：

（一）党委分管干部工作的领导或者组织部负责人，逐个介绍中层党政领导干部职务拟任人选的提名、推荐、考察和任免理由等情况。

（二）参加会议人员进行讨论。

（三）进行表决，以党委常委会应到会成员超过半数同意形成决定。需投票表决的事项，应当场统计并公布投票结果。

第三十二条 校长助理、纪委副书记、党委组织部部长、人事处处长、财务处处长、审计处处长、监察处处长等拟任人选，应当按照规定及时听取相应上级主管部门的意见，并在任职后及时上报备案。

第六章 任 职

第三十三条 实行中层党政领导干部任职前公示制度。对提拔任用的中层党政领导干部在党委常委会讨论决定后，下发任职通知前，应当在全校范围内进行公示。公示期一般为七天。公示结果不影响任职的，办理任职手续。影响任职的，经党委常委会讨论决定，不予任用。

第三十四条 实行中层党政领导干部任职试用期制度。非选举产生的新提拔中层党政领导干部，试用期为一年。试用期满后，经考核胜任现职的，继续任职；不胜任的，免去试任职务，一般按试任前职级安排工作。

第三十五条 学院（系）中层党政领导干部实行任期制，党委常委会讨论决定后，按规定的程序任职，以四年为一届任期。

第三十六条 对决定任用的中层党政领导干部，由党委常委会指定专人同本人谈话。任免的中层正职干部一般由党委书记、校长或主管干部工作的党委副书记谈话；任免的中层副职干部由主管干部工作的党委副书记或分管校领导会同党委组织部部长谈话。

第三十七条 中层党政领导干部的任职时间，自学校党委常委会决定之日起计算。

第七章 公开选拔和竞争上岗

第三十八条 中层党政领导干部选拔任用工作必要时可采取公开选拔和竞争上岗的办法。在学院（系）调整时一般采取竞争上岗的办法选拔任用中层党政领导干部；对于专业性较强、学校缺乏相关专业人才储备的岗位，采取公开选拔的办法选拔任用。

公开选拔面向社会进行，竞争上岗在全校范围内进行。报名参加公开选拔、竞争上岗人员的基本条件和资格，应当符合本办法第六条和第七条的规定。

第三十九条 公开选拔、竞争上岗工作在党委领导下进行，由党委组织部组织实施，应当经过下列程序：

（一）公布职位、报考人员的资格条件、基本程序和方法等。

（二）报名与资格审查。

（三）统一考试（竞争上岗须进行民主测评）。

（四）组织考察，研究提出人选方案。

（五）党委常委会讨论决定。

（六）公开选拔工作中的报名，采取本人自荐、群众推荐和组织推荐三种方式进行。

第八章 交流、回避

第四十条 实行中层党政领导干部交流制度。

（一）交流的对象主要是：因工作需要交流的；需要通过交流锻炼提高领导能力的；在一个单位或者部门工作时间较长的；按照规定需要回避的；因其他原因需要交流的。

（二）担任学院（系）党政领导班子正职的“双肩挑”干部，原则上连任不得超过两届。其他担任中层党政正职的干部，在同一职位上任职满四年的，鼓励轮岗；满八年的，必须轮岗。

（三）“双肩挑”干部在正常换届或正常调整过程中未继续任用的，不再保留原行政级别。

（四）因工作特殊需要，经学校党委批准，个别专业技术性强的管理岗位可适当放宽。

（五）加大干部交流的力度，坚持实行校部机关与学院（系）、党务与行政之间的干部交流换岗工作。积极向社会推荐优秀中青年干部。

第四十一条 实行中层党政领导干部任职回避制度。

中层党政领导干部任职回避的亲属关系为：夫妻关系、直系血亲关系、三代以内旁系血亲以及近姻亲关系。有上列亲属关系的，不得在同一部门或同一单位同时担任中层党政领导干部职务或者有直接上下级领导关系的职务。

第四十二条 实行中层党政领导干部选拔任用工作回避制度。

学校党委常委会讨论中层党政领导干部任免，涉及与会人员本人及其亲属的，本人必须回避。干部考察组成员在干部考察工作中涉及其亲属的，本人必须回避。

第九章 免职、辞职、降职

第四十三条 中层党政领导干部有下列情形之一的，一般应当免去现职：

（一）达到任职年龄界限或者退休年龄界限者。

（二）在年度考核中连续两年未达合格，或在民主测评中不称职票超过三分之一、经组织认定为不称职者。

（三）中层正职干部因出国出境、外派（借）等原因需离开领导岗位三个月以上（含三个月）的，中层副职干部因出国出境、外派（借）等原因需离开领导岗位半年以上（含半年）的，经学校党委讨论，因工作需要保留职务者除外。

（四）因工作需要或者其他原因，应当免去现职者。

第四十四条 实行中层党政领导干部辞职制度。辞职包括自愿辞职、引咎辞职和责令辞职。辞职手续依照有关规定程序办理。

第四十五条 自愿辞职，是指中层党政领导干部因个人或者其他原因，自行提出辞去现任领导职务。自愿辞职必须写出书面申请，交党委组织部，报党委常委会审批。党委组织部应当自收到申请书之日起三个月内予以答复。未经批准，不得擅离职守；擅自离职的，给予党纪、政纪处分。

对出国的中层党政领导干部，未经批准逾期半年以上不归者，视为自愿辞职。

中层党政领导干部有下列情形之一的，不得提出辞职：

（一）在涉及国家安全、重要机密等特殊职位任职且不满解密期限的。

（二）重要公务尚未处理完毕，需由本人继续处理的。

（三）有其他特殊原因的。

第四十六条 引咎辞职，是指中层党政领导干部因工作严重失误、失职造成重大损失或者恶劣影响，或者对重大事故负有重要领导责任，不宜再担任现职，由本人主动提出辞去现任领导职务。

第四十七条 责令辞职，是指学校党委及党委组织部根据中层党政领导干部任职期间的表现，认定其已不再适合担任现职，通过党委常委会决定，责令其辞去现任领导职务。拒不辞职的，应当免去现职。

第四十八条 实行中层党政领导干部降职制度。因工作能力较弱或者其他原因，不适宜担任现职的，应当降职使用。降职使用的干部，其待遇按照新任职务的标准执行。

第四十九条 引咎辞职、责令辞职、降职的干部，在新的岗位工作一年以上，实绩突出，符合提拔任用的，可以按照有关规定，重新担任或者提拔担任领导职务。

第十章 纪律和监督

第五十条 选拔任用中层党政领导干部，必须严格执行本办法的各项规定，并遵守下列纪律：

（一）不准超职数配备领导干部，或者违反规定提高干部的职级待遇。

（二）不准以书记办公会、领导圈阅等形式，代替党委常委会集体讨论决定干部任免。

（三）不准临时动议决定干部任免。

（四）不准个人决定干部任免，个人不能改变党委常委会集体作出的干部任免决定。

（五）不准拒不执行上级调动、交流领导干部的决定。

（六）不准要求提拔本人的配偶、子女及其他亲属，或者指令提拔秘书等身边工作人员。

（七）不准在机构变动和主要领导成员工作调动时，突击提拔调整干部，或者干部在调离后，干预原任职单位的干部选拔任用。

（八）不准在选举中进行违反党的纪律、法律规定和有关章程的活动。

（九）不准在干部考察工作中隐瞒、歪曲事实真相，或者泄露酝酿、讨论干部任免的情况。

（十）不准在干部选拔任用工作中任人唯亲，封官许愿，营私舞弊，搞团团伙伙，或者打击报复。

第五十一条 对违反本办法规定的干部任免事项，学校党委常委会不予批准；已作出的干部任免决定一律无效，由学校党委常委会予以纠正。

对无正当理由拒不服从组织调动或者交流决定的，依照有关规定就地免职或者降职使用。

第五十二条 党委常委会讨论干部提拔任用问题应有专人记录，使用专门记录本，记录字迹清楚、语句通顺，记录本严密保管。

第五十三条 实行中层党政领导干部选拔任用工作责任追究制度。用人失察失误造成严重后果的，应当根据具体情况，追究主要责任人以及其他直接责任人的责任。

第五十四条 学校党委及党委组织部要认真贯彻执行本办法，受理有关干部选拔任用工作的举报、申诉，制止、纠正违反本办法的行为，并对有关责任人提出处理意见或者处理建议。

纪检、监察部门按照有关规定，对干部选拔任用工作进行监督检查。

第五十五条 建立党委组织部与纪检、监察部门联席会议制度，就加强对干部选拔任用工作的监督，沟通信息，交流情况，提出意见和建议。联席会议由党委组织部召集。

第五十六条 实行中层领导干部选拔任用工作监督责任制，对违反中央《党政领导干部选拔任用工作条例》及本办法的行为查处不力的，应当追究党委主要领导成员和分管领导成员的责任。

第五十七条 党委及党委组织部在干部选拔任用工作中，必须严格执行本办法，自觉接受组织监督和群众监督。党员、干部、群众对干部选拔任用工作中的违纪违规行为，有权向党委及其组织、纪检和监察部门举报、申诉，受理部门应当按照有关规定核实处理。

第十一章 其 他

第五十八条 实行董事会管理的校办企业党政领导干部的任命，由党委常委会讨论决定后，向董事会推荐提名，由董事会聘任。

第五十九条 本办法自发布之日起施行，以前有关文件停止执行。

第六十条 本办法由党委组织部负责解释。

关于认真学习宣传贯彻党的十八大精神的通知

(人大校党字〔2012〕54号)

各分党委、党总支:

党的十八大是在我国进入全面建成小康社会决定性阶段召开的一次十分重要的大会，是一次高举旗帜、继往开来、团结奋进的大会，对凝聚党心军心民心、推动党和国家事业发展具有十分重大的意义。大会高举中国特色社会主义伟大旗帜，以马克思列宁主义、毛泽东思想、邓小平理论、“三个代表”重要思想、科学发展观为指导，分析了国际国内形势的发展变化，回顾和总结了过去5年的工作和党的十六大以来的奋斗历程及取得的历史性成就，确立了科学发展观的历史地位，提出了夺取中国特色社会主义新胜利必须牢牢把握的基本要求，确定了全面建成小康社会和全面深化改革开放的目标，对新的时代条件下推进中国特色社会主义事业做出了全面部署，对全面提高党的建设科学化水平提出了明确要求。深入学习贯彻十八大精神是学校当前和今后一个时期的首要政治任务。

为深入学习宣传贯彻党的十八大精神，把全校师生员工的思想和行动统一到党的十八大精神上来，推动学校各项事业科学发展，努力把中国人民大学建成“人民满意、世界一流”的大学，根据中央、教育部党组和北京市委的要求，现通知如下:

一、认真学习，提高认识，全面准确把握党的十八大精神实质和丰富内涵

党的十八大报告描绘了全面建成小康社会、加快推进社会主义现代化的宏伟蓝图，是我们党团结带领全国各族人民夺取中国特色社会主义新胜利的政治宣言和行动纲领。大会通过的《中国共产党章程(修正案)》，体现了党的理论创新和实践发展的成果。党的十八大鲜明地向党内外、国内外宣示了我们党举什么旗帜、走什么道路、保持什么样的精神状态、朝着什么样的目标继续前进的重大问题，充分体现了党中央对当前世情、国情、党情的全面把握，对我国发展新要求和人民新期待的全面把握。认真学习宣传贯彻党的十八大精神，关系党和国家工作全局，关系中国特色社会主义事业长远发展，对于动员全校师生在以习近平同志为总书记的党中央领导下，高举中国特色社会主义伟大旗帜，满怀信心为全面建成小康社会、夺取中国特色社会主义新胜利而奋斗，具有重大现实意义和深远历史意义。

(一)学习宣传贯彻党的十八大精神，要认真研读党的十八大文件，原原本本地学习党的十八大报告和党章。要深刻领会党的十八大的主题，深刻领会过去5年和10年党和国家事业取得的新的历史性成就，深刻领会科学发展观的历史地位和指导意义，深刻领会中国特色社会主义的丰富内涵，深刻领会夺取中国特色社会主义新胜利的基本要求，深刻领会全面建成小康社会和全面深化改革开放的目标，深刻领会社会主义经济建设、政治建设、文化建设、社会建设、生态文明建设等方面的重大部署，深刻领会加强党的建设的根本要求和战略部署。

(二)学习宣传贯彻党的十八大精神，要坚定不移地高举中国特色社会主义伟大旗帜。高举中国特色社会主义伟大旗帜是党的十八大报告的灵魂，坚持和发展中国特色社会主义是贯穿党的十八大报告的主线。要紧紧抓住这个灵魂和这条主线，把坚持和发展中国特色社会主义作为学习贯彻党的十八大精神的聚焦点、着力点、落脚点。

(三)学习宣传贯彻党的十八大精神，要进一步把科学发展观贯彻到学校改革发展全过程、融入到人才培养的各个环节、体现到学校党的建设各个方面。要用党的十八大精神动员和激励师生员工解放思想、实事求是、与时俱进、求真务实，以更加奋发有为的精神状态投身到学校改革发展之中。

二、突出主题，联系实际，加快推进“人民满意、世界一流”大学建设步伐

党的十八大提出要推动高等教育内涵式发展，努力办好人民满意的教育，这为全面落实教育规划纲要、推动教育改革发展进一步指明了方向，提出了具体的任务。

学习宣传贯彻党的十八大精神，关键是要理论联系实际。要按照党的十八大对高等教育提出的新要求和新任务，紧密结合学校各项工作实际，以更加昂扬向上的精神状态，以促进学校各项事业科学发展的实际行动和办好人民满意的高等教育的宗旨信念，将各项要求和任务落到实处，加快推进“人民满意、世界一流”大学建设步伐。

一是要把学习党的十八大精神同推动学校科学发展紧密结合起来。要以科学发展观为指导，以科学发展为主题，进一步处理好内涵发展与规模扩张、人文社会科学学科与理工学科、传统学科与新兴学科、硬件建设与软件建设等的关系，保证学校事业在以提升质量为核心的办学道路上健康快速可持续发展。各单位要继续解放思想、实事求是、与时俱进、求真务实，保持锐意进取、奋发有为的精神状态，深入研究和思考本单位本部门带有全局性、战略性的重大问题，提出改革发展的新思路新举措，开创学校工作的新局面。

二是要把学习党的十八大精神同加强学校党的建设紧密结合起来。要全面加强学校党的思想建设、组织建设、作风建设、反腐倡廉建设、制度建设，增强党组织和党员的先进性和纯洁性，开展基层组织建设，完善创先争优的长效机制，充分发挥分党委（党总支）的政治核心、党支部的战斗堡垒和党员的先锋模范作用，建设学习型、服务型、创新型的党组织，不断提高学校党建科学化水平，为学校改革发展保驾护航。

三是要把学习党的十八大精神同更好地履行职责紧密结合起来。要把立德树人作为教育的根本任务，以厚重为核心构建人才培养体系路线图，推进人才培养机制改革，培养学生社会责任感、创新精神、实践能力。要充分发挥我校哲学社会科学各个领域学科齐全的优势，依托“马克思主义与中国道路协同创新中心”、“社会转型与社会管理协同创新中心”和13个教育部人文社会科学重点研究基地，深入研究经济建设、政治建设、文化建设、社会建设和生态文明建设以及国防、外交、党的建设等重大理论和实践课题，建设中国一流的智库。依托国学、西域学、世界汉学、公共外交、汉语国际推广、文化科技园等六大文化传承新平台，加强对中国传统优秀文化的研究与弘扬，加强对国外优秀文化的学习与借鉴，不断提升中国哲学社会科学的国际影响力，推动中华文化走向世界。要从党的高等教育事业后继有人的高度，重视青年教师队伍建设，通过设立教师发展中心、青年教师学术沙龙、青年教师科研资助计划等途径，关心青年教师的健康成长，解决青年教师的实际困难。

三、加强领导，精心安排，迅速掀起学习宣传贯彻党的十八大精神热潮

各分党委（党总支）要进一步增强政治意识、大局意识和责任意识，精心组织，周密部署，把学习宣传贯彻党的十八大精神列入重要工作议程，认真制定学习宣传和贯彻落实工作方案，切实加强组织领导和工作落实，把学习宣传贯彻党的十八大精神不断引向深入。

（一）要突出重点，在掌握基本观点、领会精神实质、提高认识、统一思想上下功夫。学校将举办专家学者、干部教师、青年学生等不同层次的培训班、座谈会、研讨会、经验交流会，深化对党的十八大精神的学习和理解。

（二）要坚持“分层次、有重点”的方针，重点抓好党员特别是领导干部的学习。各级党组织要认真组织、周密安排，把集中学习与个人自学、通读文件与专题研讨结合起来，广大党员特别是领导干部要带头学习好、领会好、掌握好、贯彻好党的十八大精神。

（三）要弘扬理论联系实际的学风，学以致用、用以促学。紧密联系本单位实际，深入研究和解决本单位内存在的问题，进一步推进学校各项工作，加快“人民满意、世界一流”大学的建设进程。要把党的十八大精神贯彻到学校的教学、科研、管理和其他各项工作中去，推进中国特色社会主义理论体系“进课堂、进教材、进学生头脑”工作；要围绕党的十八大报告提出的有关重大理论和实际问题，组织科研力量，开展联合攻关，推出一批有深度、有分量的研究成果；要依托校内雄厚的学术力量，加大对中国特色社会主义道路、理论体系和制度的研究和宣传；要以党的十八大精神为指针，进一步加强和改进学校党的建设和思想政治工作。

（四）要充分利用学校的报刊、电视、广播台、校园网等舆论宣传阵地，做好相关学习活动的宣传报道工作。大力宣传党的十八大的重大意义和党的十八大精神的主要内容，宣传学习党的十八大精神的动态、进展和心得体会，宣传广大党员干部和师生员工学习党的十八大精神、全面贯彻落实科学发展观、推进教育改革和发展的成就与经验。

各分党委（党总支）要按照学校党委的统一安排和要求，制定具体的学习计划，统筹安排，精心组织，扎实推进。各单位学习贯彻党的十八大精神的情况要及时报党委宣传部。

中共中国人民大学委员会
二〇一二年十二月五日

关于印发《中共中国人民大学纪律检查委员会工作办法（试行）》的通知

（人大校党字〔2012〕55号）

各分党委、党总支：

现将《中共中国人民大学纪律检查委员会工作办法（试行）》印发给你们，请遵照执行。

附件：《中共中国人民大学纪律检查委员会工作办法（试行）》

中共中国人民大学委员会
二〇一二年十二月十四日

附件

中共中国人民大学纪律检查委员会工作办法（试行）

为适应学校改革、发展和稳定的需要，进一步推进学校党的纪律检查工作制度化、规范化、程序化建设，充分发挥党的纪律检查工作的职能作用，根据《中国共产党章程》、《中国共产党普通高等学校基层组织工作条例》、《关于党的各级纪委内部机构和干部职务设置的若干规定》（中纪发〔1988〕8号）、《中共教育部党组关于在高校管理体制改革中加强纪检监察工作的通知》（教党〔2000〕33号）、《教育部直属高等学校党的纪律检查工作暂行规定》（教党〔2004〕49号），以及有关党内法规，结合学校实际，制定本办法。

第一章　总　则

第一条　中共中国人民大学纪律检查委员会（以下简称校纪委）负责学校党的纪律检查工作，是学校党内执纪、监督的专门机构，依据党章赋予的权力履行各项工作职能。

第二条　校纪委在中共中国人民大学委员会（以下简称校党委）和上级纪委的双重领导下开展工作，接受中央纪委驻教育部纪检组、北京市教育纪工委等上级部门的工作指导和检查。

第三条　学校党的纪律检查工作以邓小平理论、“三个代表”重要思想和科学发展观为指导，坚持党要管党、从严治党的方针，围绕学校党的中心任务，整体推进教育、制度、监督、改革、纠风、惩处六项工作，加强党风廉政建设，保持党员、干部队伍的纯洁，建立健全教育、制度、监督并重的惩治和预防腐败的工作体系，服务于学校的改革、发展和稳定大局，为学校事业的健康发展提供保障。

第四条　学校党的纪律检查工作必须坚持以下原则：

（一）实事求是原则。处理党员和党组织违犯党纪的行为，应当以事实为依据，准确地认定错误性质，区别不同情况，依照党章和党的纪律处分条例的规定恰当地给犯错误党员和党组织以纪律处分。

（二）党纪面前人人平等原则。不允许有任何不受党纪约束的党组织和党员。凡是违犯党纪的行为，都必须受到追究；应当受到党纪处分的，必须给予相应的处分。

（三）民主集中制原则。对违犯党纪的党员或党组织的处理，必须坚持集体讨论决定，不允许任何个人或少数人决定。

（四）保障党员民主权利原则。对党员所要作出的处分决定和所依据的事实材料必须同本人见面，听取本人说明情况和申辩，当本人对党组织所认定的错误事实有不同意见时，要认真进行复核，采纳其合理意见。

第二章　组织机构

第五条　校纪委实行委员会制，一般包括专兼职委员 9 至 13 人，由学校党代表大会选举产生，对学校党代表大会负责并报告工作，其届数和任期均与学校党委相同。校纪委委员任期内出现缺额时，应在报经上级纪委同意后，由校党委常委会确定人选进行充实和调整。

校纪委设书记 1 人，副书记 1 至 2 人。换届时，校纪委书记、副书记候选人应先报教育部党组审批。

校纪委书记由校党委副书记兼任，经校纪委全会选举产生，并报请校党委常委会讨论通过。校纪委副书记由校纪委全会选举产生后，报校党委常委会批准。

第六条　各学院党委、各直（附）属单位党委、直属党支部、机关党委、离退休党委设兼职纪检委员，负责本单位的纪律检查工作。

第七条　校纪委下设办公室作为常设机构。办公室设正副主任各 1 人，其待遇与校党委各部门正副职级干部相同，其他有关工作人员根据编制职数和实际工作需要配备。

根据纪委工作需要和上级有关规定，校纪委办公室还可设正副处级、正副科级纪检员，分别与正副处长、正副科长享受同等政治、生活待遇。

第八条　校纪委办公室和监察处合署办公，在学校党委和行政的领导下，统一履行纪检监察工作职能。

第三章　工作职责

第九条　校纪委工作职责。

（一）监督检查校内各基层党组织和党员尤其是党员领导干部执行党的路线、方针、政策和决议及遵守党的章程和其他党内法规制度的情况，实施党的章程和有关规定范围内的党内监督。

（二）传达党中央、国务院、教育部和北京市等上级部门有关党风廉政建设的指示和工作部署，协助校党委制定贯彻落实的工作方案或计划，并组织实施，抓好监督检查工作。

（三）及时向校党委和上级纪委汇报学校党风廉政建设情况，提出工作建议，接受上级部门的工作指导和检查。

（四）受理校内外党组织、党员和群众对校内基层党组织、党员尤其是党员领导干部在党纪和党风方面的检举、控告、申诉及建议，保障党员按党的章程和相关党内法规规定享有的权利和其他合法权益，支持基层党组织和党员同违法违纪行为、不正之风进行斗争。查处学校党的基层组织和党员违反党的章程和其他党内法规的案件，按照有关规定决定或撤销涉案党员的处分。

（五）指导校内各基层党组织的党风廉政建设工作。

（六）承办校党委和上级纪委交办的其他党风廉政工作事项。

第十条　校纪委办公室工作职责。

（一）在校党委和校纪委的直接领导下，会同学校党政有关部门，结合学校实际，具体组织落实、监督检查学校党风廉政建设各项工作。

（二）负责校纪委工作报告、计划、总结、文件和决定，以及其他相关文字材料的起草、上报等工作。做好校纪委各种会议、学习和重要活动的组织安排和文字记录工作。负责机要函件、上级文件、报刊的收发、登记、传阅、立卷归档和保密工作。

（三）征订、编印及发放纪检监察刊物和宣传资料，组织宣传教育活动，加强对全校党员，特别是党员领导干部的反腐倡廉教育。

（四）加强对党员干部，特别是重点岗位和关键环节工作人员的监督管理。协调校纪委委员参加校院两级领导班子民主生活会和领导干部述职述廉活动，协助党委组织部门做好干部选拔任用工作。

（五）受理纪检监察信访举报，进行调查核实，并提出处理意见。按照干部管理权限调查和处理校管党员干部的违纪案件。

（六）开展调查研究，收集和掌握全校党风廉政建设工作情况和信息，为领导决策提供意见和建议。

（七）承办上级有关部门、校党委和校纪委交办的其他工作。

第十一条 校纪委书记工作职责。

（一）主持校纪委全面工作，执行党的纪检工作方针、政策，执行和维护党内法规，认真贯彻上级关于纪检监察工作的部署和要求，协助校党委抓好学校的党风廉政建设，贯彻落实校党委决议。

（二）主持召开纪委全会、全校党风廉政建设工作会等重要会议，检查总结工作，安排布置任务，研究、讨论、决定重大问题和有关事宜。定期或不定期向校党委和上级纪委请示汇报工作。

（三）主持研究制订全校纪检工作计划和部署，签发工作文件，检查各项工作任务的落实和完成情况。

（四）亲自接待重要的上访人员，亲自处理重要的信访举报和申诉件。对校纪委办公室的案件调查处理工作进行指导，并亲自参加重要案件的查处工作。

（五）定期听取纪检监察工作开展情况的汇报，并主持研究相关工作，及时解决纪检监察工作中的困难与问题。

（六）按照党风廉政建设和反腐败领导体制与工作机制的要求，全面协调各有关职能部门，分工协作，形成合力。

第十二条 校纪委副书记工作职责。

（一）主持校纪委办公室日常工作，协助校纪委书记抓好学校党风廉政建设各项工作，贯彻落实上级部门和学校党委关于纪检监察工作的文件要求和会议精神。

（二）根据上级部门和学校党委的工作部署，结合实际，制定具体的工作方案，并组织落实和监督检查，对基层各单位的相关工作进行指导。

（三）协助校纪委书记组织召开纪委全会、全校党风廉政建设工作会等重要会议，传达贯彻上级指示精神，安排布置工作任务；落实纪委全会的决议，并定期汇报工作，听取工作意见。

（四）主抓纪检监察信访工作，接待重要来信来访，主持重要信访件的调查核实。根据校党委和校纪委安排，组织落实案件查处工作。

（五）协助校纪委书记做好学校党风廉政建设方面的建章立制工作，推动学校纪检监察组织机构建设。

（六）协助校纪委书记抓好纪检监察干部队伍建设，及时做好专、兼职纪检干部的思想政治工作，解决他们工作中的实际问题。

第十三条 校纪委委员工作职责。

（一）在校党委和校纪委的领导下开展工作；参加纪委全会，研究纪委工作，参与制定有关制度和规定，对党员违纪问题提出处理意见；对纪委工作计划、总结和其他各项工作提出意见和建议。

（二）协助做好对党员、党员领导干部的党性党风党纪和国家法律法规的教育。

（三）受理党内外群众对党员、党员领导干部违纪问题的检举、控告；协助查处案件。

（四）受理党员的申诉。

（五）根据工作分工，与联系单位加强工作沟通，及时向其传达上级纪委和校纪委的有关指示精神，并对其纪检监察工作给予指导。

（六）及时反馈党员、群众对党风廉政建设工作的意见和建议。

（七）认真完成校纪委交办的其他工作任务。

第十四条 基层党组织兼职纪检委员工作职责。

（一）协助本单位党委或党总支书记落实、检查党风廉政建设各项任务，开展党内监督工作。

（二）督促本单位党政一把手认真履行党风廉政建设责任制，严格执行“三重一大”制度和党务、政务公开制度，提出相关工作建议。

（三）密切联系本单位群众，听取党内外意见，开展党风廉政建设的调查研究，向学校纪检监察部门和本单位领导提出工作意见和建议。

（四）受理本单位党员和群众的来信、来访，党员的控告和申诉，及时向校纪委报告，并协助做好信访件的初核工作。协助学校纪检监察部门查处涉及本单位的违纪问题或案件，对本单位受处分党员改正错误的情况进行跟踪考察。

（五）认真完成校纪委交办的其他工作任务。

第四章　工作权限

第十五条 校纪委工作权限。

（一）校纪委有权行使党的章程和其他党内法规赋予的党内监督权，对学校重大决策、重要人事任免、重大项目安排和大额度资金运作等方面工作进行监督。纪委书记参加校长办公会、校务委员会等会议，主持工作的纪委副书记根据需要可列席学校党委常委会或全委会、校长办公会、学校领导班子民主生活会以及其他有关会议。

（二）协助校党委抓好党风廉政建设责任制的贯彻落实和监督检查工作，组织好责任考核，对违反责任制规定的事实，进行责任追究，依据情节给予相应的处分。

（三）对党组织、党员领导干部贯彻执行党的路线、方针、政策及遵纪守法情况进行监督检查，对其中发生的违纪以及重大问题，有权进行初步核实，并及时向校党委和上级纪委报告。按照规定程序和管理权限办理案件处理的相关事宜。

（四）特殊情况下，可以直接向上级纪委反映情况。

（五）建立权力运行过程的监督和制约机制，切实推进学校党风廉政建设和反腐败工作。

第十六条 校纪委办公室工作权限。

（一）对学校拟选拔任用的中层干部提出廉政方面的具体意见；对新任处级领导干部开展廉政谈话，提出廉政勤政的要求；对中层党员领导干部进行监督，并可直接向校党委、校纪委反映有关情况。

（二）经校纪委书记批准，有权对违反党纪的中层党员干部进行立案调查，并提出处理建议，提交纪委全会讨论决定。

（三）根据查案工作的需要，可建议学校对校管党员干部作出停职或调离现岗位的处理。

（四）对给予党纪处分的党员，需给予政纪处理的，有权向有关部门提出建议。

（五）根据监督或查案工作需要，有权检查有关单位、部门的经济、财务资料，要求有关人员就有关问题作出说明或出具证明。

（六）根据工作需要，有权参加学校和基层单位有关会议，了解情况，提出意见或建议。

第五章　议事规则

第十七条　校纪委全会是学校党的纪律检查工作的最高决策机构。

第十八条　纪委全会议事和决策应严格遵守党的民主集中制原则。

第十九条　纪委全会由校纪委书记召集并主持，一般每学期召开 1 至 2 次，根据工作需要也可随时召开。

第二十条　纪委全会应有五分之四以上委员到会方能举行。委员因故不能参加会议，应在会前请假，其意见可用书面形式表达。根据工作需要，可邀请有关人员列席。

第二十一条　纪委全会的议题由书记确定。会议召开时间、议题，应在会议召开之前通知各位委员。

第二十二条　纪委全会议事范围。

（一）讨论并通过校纪委工作计划、工作总结。

（二）讨论、制定和修改有关规章制度。

（三）听取案件汇报，分析案情，做出处分决定以及撤销有关处分的决定。

（四）做出对各级党组织某些重大问题的监督决定。

（五）讨论决定向校党委和上级纪委报批的事宜。

（六）传达贯彻上级党委、纪委的有关文件和会议精神。

第二十三条　纪委全会对于重要事项的表决一律采取票决方式，进行表决时，赞成票超过应到会委员人数的半数为通过。未到会委员的书面意见不能计入票数。对于一般问题的表决也可采取口头、举手等表决方式。

第二十四条　议题遇到意见严重分歧时，可缓议，休会后倾听各方意见，反复酝酿沟通，意见一致时再进行复议、决策；若意见仍不能统一又必须要做出表决时，按少数服从多数原则处理或上报校党委审定。

第二十五条　经纪委全会讨论通过，并以校纪委名义上报或者下发的文件材料，必须由纪委书记签发。

第六章　工作纪律

第二十六条　学校专兼职纪检干部要遵守以下工作纪律：

（一）政治坚定。认真学习马克思列宁主义、毛泽东思想、邓小平理论、“三个代表”重要思想和科学发展观，坚持党的基本路线、基本纲领、基本经验和基本理论，在政治上、思想上自觉同党中央保持一致。

（二）纪律严明。坚决贯彻执行党的路线、方针、政策，严格遵守党纪国法，遵守各项规章制度，做到有令必行，有禁必止。

（三）忠于职守。热爱纪检监察工作，兢兢业业，恪尽职守。不断强化效率意识、服务意识和质量意识，力戒工作拖沓、推诿、敷衍了事。

（四）秉公执纪。坚持原则，不徇私情，严格执行党纪条规和其他政策法规，维护党纪政纪的严肃性。

（五）清正廉洁。不断提高廉洁自律意识，不接受可能影响公正执行公务的宴请或馈赠，严格执行礼品登记制度。

（六）保守机密，增强法律意识和纪律观念，严守工作机密。

第七章　附　则

第二十七条　本办法尚未述及的内容，以上级文件规定为准。

第二十八条　本办法由校纪委负责解释。

第二十九条　本办法经2012年11月29日中共中国人民大学第十三届纪律检查委员会第二十次全会讨论通过，并报学校党委常委会批准，自发布之日起施行。

关于成立中国人民大学通州新校区筹备领导小组及其办公室的决定

（2011—2012学年校政字18号）

各学院（系），机关各部、处及直（附）属单位：

为加强对通州新校区筹备工作的组织领导、建立健全组织机构和运行机制，经学校研究决定，成立中国人民大学通州新校区筹备领导小组，负责统筹指挥通州新校区筹备阶段各项工作。

筹备领导小组下设办公室（简称“通州新校区筹备办公室”），专职负责落实通州新校区筹备阶段具体工作。

附件：1. 中国人民大学通州新校区筹备领导小组组成人员名单

2. 中国人民大学通州新校区筹备领导小组办公室组成人员名单

二〇一二年三月五日

附件1

中国人民大学通州新校区筹备领导小组组成人员名单

组　长：程天权　陈雨露

成　员：袁　卫　牛维麟　林　岗　冯惠玲

马俊杰　陈一兵　王利明　杨慧林

附件2

中国人民大学通州新校区筹备领导小组办公室组成人员名单

主　任：牛维麟

副主任：刘向兵　查显友

办公室内设以下机构，其负责人及职能为：

一、征地工作组

组　长：林建荣

职　能：负责新校区立项征地有关工作。

二、综合协调组

组　长：王小虎

职　能：负责办公室日常事务、内外协调及与上级部门联系；负责经费测算、资金筹集等工作。

三、发展规划组

组　长：杨伟国

职　能：负责新校区发展定位及布局，学科、学院设置规划等事宜。

四、新闻宣传组

组　长：郑水泉

职　能：负责涉及新校区立项建设有关校内外新闻宣传事宜。

五、校区建设组

组　长：张　卯

职　能：负责新校区规划建设的前期准备工作。

关于印发《中国人民大学2012年发展建设十件大事》、《中国人民大学2012年师生关心的二十件实事》的通知

（2011—2012 学年校政字 19 号）

各学院（系），机关各部、处及直（附）属单位：

经过广泛征求意见和深入调查研究，学校拟定了“中国人民大学 2012 年发展建设十件大事”和“中国人民大学 2012 年师生关心的二十件实事”（以下简称“10 件大事、20 件实事”），并以“1020 行动计划”方式全面推进。学校已于 3 月 21 日专门组织召开了相关部、处的工作部署会。现将“10 件大事、20 件实事”印发给你们，并就有关事宜补充通知如下：

第一，请各相关部门按照 3 月 21 日部署会上学校提出的要求，制定详细的工作方案，认真开展相关工作，推动问题解决，确保任务完成。

第二，在全校范围内加强宣传，让广大师生知晓并参与进来，营造良好的工作氛围；同时与师生保持密切的联系，及时掌握反馈信息，不断完善相关工作。

附件：1.《中国人民大学 2012 年发展建设十件大事》

2.《中国人民大学 2012 年师生关心的二十件实事》

二〇一二年三月二十八日

附件 1

中国人民大学2012年发展建设十件大事

序号	项目	目标	牵头校领导	主责部门	参与部门
1	迎接党的十八大	以“服务师生”为中心，创建和谐校园，以良好的精神面貌迎接党的十八大胜利召开。	牛维麟 马俊杰 陈一兵 王利明	党委各部门	各分党委 机关有关部处
2	庆祝建校 75 周年	以校友为中心、以学生为中心、以学术为中心，以节俭为原则，追求、引领新的校庆风尚。	袁　卫 牛维麟 冯惠玲 马俊杰 王利明	学校办公室 （校庆办公室）	机关各部处 学院各直附属单位

序号	项目	目标	牵头校领导	主责部门	参与部门
3	完成好全国第三轮一级学科评估	迎评促建，务求佳绩。	袁　卫	研究生院	各有关学院 相关部处
4	加快人才培养体系改革	以造就更多在东西方两个文化平台上能够自由往来的“国民表率、社会栋梁”为目标，落实《国家中长期教育改革和发展规划纲要（2010—2020年）》精神，勾画全球化时代中国人民大学整体的人才培养路线图。	袁　卫 马俊杰 杨慧林	教务处 研究生院	有关学院 人事处 实验室建设与设备管理处 国际学院 （苏州研究院）
5	加强高水平师资队伍建设	全面实施人才“3231”计划。	林　岗 杨慧林	人事处 教务处	各学院 相关部处
6	参与国家“2011计划”	首批进入“2011计划”，建设国家级人文社会科学协同创新基地。	袁　卫 冯惠玲	发展规划处 科研处	理工学科建设处 有关学院
7	办好中法学院	探索中外高水平合作办学的“人大模式”。按照“高水平、有特色、国际性”的办学理念，打造具有高度吸引力的中法学院。	王利明 杨慧林	国际学院 （苏州研究院） 国际交流处 教务处 研究生院 发展规划处	有关学院
8	推进通州新校区建设	建设中国“最有风格校园”。年内完成通州新校区征地、规划和校园建设的前期准备工作。	牛维麟	新校区筹备领导小组办公室	各有关部处
9	做好现有校区的建设与改造	按照历史概念，对现有各校区进行规划建设与改造。	牛维麟 陈一兵	资产与后勤管理处 校园建设管理处	博物馆 后勤集团
10	推进精细化管理和信息化建设	做好制度设计，狠抓细节落实，通盘考虑、坚决推进，创立中国大学的“精细化管理和服务体系”，为广大师生提供最优质的数字化服务。	袁　卫 林　岗 王利明	学校办公室 党委组织部 人事处 网络与教育技术中心	党委宣传部 纪委办公室 机关党委 机关其他部处

附件2

中国人民大学2012年师生关心的二十件实事

序号	工作项目	出处	牵头校领导	主责部门	参与部门	完成时间
1	进一步拓展民主办学的渠道	领导班子民主生活会会前征集意见、教代会提案、校长信箱来信	袁　卫 马俊杰	学校办公室 校工会	党委宣传部 校团委 各学院	2012.5
2	成立教师发展中心	2010—2011学年第14次校长办公会	林　岗 杨慧林	人事处 教务处	科研处等	2012.6

序号	工作项目	出处	牵头校领导	主责部门	参与部门	完成时间
3	建立教师学术讨论会制度	教代会提案、新年报告会后教代会讨论意见	冯惠玲 杨慧林	教务处 科研处 人事处	各学院	2012.6
4	完善科研考核评价体系	领导班子民主生活会会前征集意见、教代会提案、校领导接待日意见	冯惠玲	科研处	研究生院 教务处 人事处 理工学科建设处	2012.12
5	提高教职工的收入水平、工作条件和福利待遇	领导班子民主生活会会前征集意见、教代会提案	林　岗 冯惠玲 陈一兵	人事处 财务处 资产与后勤管理处	保卫处 校工会 校医院 后勤集团	2012.12
6	提高学院可支配财力	教代会提案、新年报告会后教代会讨论意见	冯惠玲	财务处		2012.4
7	解决学生选课难问题	校长信箱来信、天地人大等学生论坛	杨慧林	教务处	网络与教育技术中心	2012.9
8	增加学生工作的经费投入	领导班子民主生活会会前征集意见、学生工作研讨会	冯惠玲 马俊杰	财务处	学生处 校团委	2012.4
9	加强自习室综合管理	校长信箱来信、学代会提案、天地人大等学生论坛	陈一兵	后勤集团 明德物业	学生处 校团委	2012.6
10	缓解青年教职工住房困难	领导班子民主生活会会前征集意见、教代会提案	陈一兵	资产与后勤管理处	财务处 后勤集团	2012.10
11	增加体育健身设施	领导班子民主生活会会前征集意见、教代会提案、校长信箱来信	陈一兵 杨慧林	资产与后勤管理处 体育部 明德物业	后勤集团 网络与教育技术中心 实验室建设与设备管理处 各相关学院、部处	2012.8
12	加强校园环境综合治理	领导班子民主生活会会前征集意见、教代会提案、校长信箱来信	马俊杰 陈一兵	资产与后勤管理处 保卫处 国际交流处	研究生院 教务处 学生处 招生就业处 网络与教育技术中心 后勤集团	2012.9
13	提升医疗服务水平	教代会提案、校长信箱来信	陈一兵	校医院	人事处 实验室建设与设备管理处 国际学院（苏州研究院）	2012.6
14	提高食堂综合服务水平	教代会提案、校长信箱来信	陈一兵	资产与后勤管理处 后勤集团		2012.9

序号	工作项目	出处	牵头校领导	主责部门	参与部门	完成时间
15	提高图书馆综合服务水平	校长信箱来信 学代会提案 天地人大等学生论坛	林　岗	图书馆	法学院 国际关系学院 公共管理学院等	2012.4
16	继续改善校园网络状况	校长信箱来信 天地人大等学生论坛	王利明	网络与教育技术中心	学校办公室 财务处 实验室建设与设备管理处	2012.6
17	改进教学楼设施的综合管理	校长信箱来信 天地人大等学生论坛	陈一兵	资产与后勤管理处 网络与教育技术中心 后勤集团	实验室建设与设备管理处	2012.9
18	更新全校公共课教学机房计算机设备	教代会提案、新年报告会后教代会讨论意见	杨慧林	实验室建设与设备管理处	教务处 资产与后勤管理处 后勤集团	2012.6
19	保证师生财物安全	校长信箱来信、天地人大等学生论坛	陈一兵	保卫处	后勤集团 实验室建设与设备管理处	2012.9
20	改善师生公寓的设施服务	校长信箱来信、学代会提案、天地人大等学生论坛	牛维麟 陈一兵	资产与后勤管理处 实验室建设与设备管理处 后勤集团	网络与教育技术中心	2012.7

关于印发《中国人民大学三级、四级职员岗位聘任暂行办法》的通知

（2011—2012 学年校政字 27 号）

各学院（系），机关各部、处及直（附）属单位：

《中国人民大学三级、四级职员岗位聘任暂行办法》已于 2012 年 5 月 25 日经党委常委会研究通过，现予以印发，请遵照执行。

附件：《中国人民大学三级、四级职员岗位聘任暂行办法》

二〇一二年五月二十五日

附件

中国人民大学三级、四级职员岗位聘任暂行办法

第一条　为进一步加强队伍建设，根据《人事部教育部关于高等学校岗位设置管理的指导意见》（国人部发〔2007〕59 号）、《教育部直属高等学校岗位设置管理暂行办法》（教人〔2007〕4 号）、《教育部关于印发〈教育部直属高校三级、四级职员岗位聘任暂行办法〉的通知》（教人〔2011〕12 号）有关规定，结合学校实际情况，制定本办法。

第二条　本办法适用于学校副校级干部聘任三级职员岗位，正处级干部聘任四级职员岗位。

第三条 三级、四级职员岗位聘任工作的基本原则：有利于建设高素质干部队伍，有利于调动管理人员积极性、主动性和创造性，有利于鼓励学校领导和中层管理人员将主要精力投入管理工作，有利于提高学校管理水平，有利于加快实现学校发展战略和办学目标。

第四条 三级、四级职员岗位聘任工作，要坚持职务职级相结合，坚持德才兼备、择优聘任，坚持重岗位、重水平、重贡献，坚持绩效优先、工作本位，坚持统筹安排、稳步推进。

第五条 根据教育部有关规定和学校实际，三级、四级职员岗位数量原则上不超过学校领导班子职数的60%。

第六条 受聘三级、四级职员必须符合《人事部教育部关于高等学校岗位设置管理的指导意见》（国人部发〔2007〕59号）规定的基本条件，并具备下列条件：

（一）聘任三级职员岗位的，应为我校现职副校级领导且原则上具备担任副校级领导职务8年以上的经历；

（二）聘任四级职员岗位的，应为我校现职中层主要领导且原则上具备担任中层主要领导职务12年以上的经历；

（三）任现职以来，年度考核均为良好以上等次；

（四）忠于职守、实绩突出、贡献较大、群众认可度高。

第七条 聘任三级、四级职员岗位，优先考虑长期从事学校党政管理工作并取得突出成绩、已纳入职员系列管理的人员。

第八条 成立由书记、校长担任主任委员的中国人民大学三级、四级职员聘任委员会（以下简称委员会），领导学校三级、四级职员聘任工作，决定聘任结果。委员会成员主要包括全体校领导以及组织部部长、人事处处长，也可包括其他领导和部分专家。涉及本人的，应坚持回避的原则。

第九条 组成由主管组织人事工作校领导担任组长、组织部和人事处等相关部门负责同志参加的工作组，处理三级、四级职员岗位聘任日常工作，并受委员会的委托组织提名、受理推荐并对候选人资格进行审查。

第十条 三级、四级职员岗位候选人一般应采取组织提名方式产生，也可由基层单位推荐产生，不受理个人申请。

第十一条 三级、四级职员岗位聘任工作一般与学校岗位聘任工作同步实施，按照组织提名（或基层单位推荐）、资格审查、委员会票决等工作程序产生人选，报教育部备案后聘任上岗。

第十二条 聘任为三级、四级职员岗位的人员，享受相应的职员职级待遇，不作为对应级别校领导管理，其现担任的职务仍按干部管理有关规定执行。退休时仍然受聘三级、四级职员岗位的，可继续享受相应的职员职级待遇。

第十三条 本办法自学校党委常委会批准之日起执行。

第十四条 本办法由组织部、人事处负责解释。

关于印发《中国人民大学核心期刊目录（2011年修订）》的通知

（2011—2012学年校办字14号）

各学院（系），机关各部、处及直（附）属单位：

《中国人民大学核心期刊目录（2011年修订）》已经学校研究批准，现予以印发，请认真研究，遵照执行。

附件：《中国人民大学核心期刊目录（2011年修订）》

二〇一一年十一月二十三日

附件

中国人民大学核心期刊目录（2011年修订）

说　明

一、学校核心期刊不分级，各学院可根据学科特点及学术界公认的原则对本学院所涉相关学科核心期刊进行分级并报学校备案。

二、因学校核心期刊调整有一定周期，凡我校教师被中国人文社会科学引文索引（CSSCI）、中国科技期刊引证报告（CJCR）源期刊各年度版本收录的论文可视为核心期刊论文。

三、发表在《人民日报》、《光明日报》、《经济日报》、《法制日报》、《中国教育报》、《中国社会科学报》理论版或学术版的学术文章，不应少于3 000字，不包括访谈等。

四、国外学术期刊（非英语语种、未被SSCI或A&HCI收录）经相关学院学术委员会认定并经学校学术委员会核准，可作为核心期刊在相应学科使用。

五、在核心期刊上发表的学术论文，人文社会科学类一般不少于5 000字。在核心期刊增刊上发表的论文，不视为核心期刊论文。

六、在国际期刊索引（SSCI、A&HCI、SCI、EI）源期刊中发表的成果形式仅限于论文（article），其他成果形式（书评、会议纪要、学术动态、会议摘要及EI收录的会议论文等）不视为核心期刊论文。

一、人文社会科学类

（一）中文期刊

学科	序号	期刊名称
法学	1	法学研究
	2	中国法学
	3	中外法学
	4	政法论坛
	5	法商研究
	6	法学
	7	法律科学（西北政法大学学报）
	8	法制与社会发展
	9	法学评论
	10	现代法学
	11	环球法律评论
	12	比较法研究
	13	知识产权
	14	法学家
	15	法学论坛
	16	行政法学研究
	17	法学杂志
	18	中国刑事法杂志
	19	政治与法律
	20	当代法学
	21	华东政法大学学报
	22	清华法学

学科	序号	期刊名称
法学	23	刑事法评论
	24	行政法论丛
	25	经济法论丛
	26	诉讼法学研究
	27	刑法论丛
	28	人权研究
	29	国际经济法学刊
高校综合性社科学报	1	中国人民大学学报
	2	北京大学学报（哲学社会科学版）
	3	北京师范大学学报（社会科学版）
	4	复旦学报（社会科学版）
	5	南京大学学报（哲学・人文科学・社会科学）
	6	南开学报（哲学社会科学版）
	7	吉林大学社会科学学报
	8	中山大学学报（社会科学版）
	9	厦门大学学报（哲学社会科学版）
	10	清华大学学报（哲学社会科学版）
	11	上海财经大学学报（哲学社会科学版）
	12	武汉大学学报（哲学社会科学版）
	13	华中师范大学学报（人文社会科学版）
	14	西安交通大学学报（社会科学版）
	15	求是学刊
	16	南京农业大学学报（社会科学版）
	17	浙江大学学报（人文社会科学版）
	18	南京师大学报（社会科学版）
	19	西北师大学报（社会科学版）
	20	四川大学学报（哲学社会科学版）
	21	东北师大学报（哲学社会科学版）
	22	华东师范大学学报（哲学社会科学版）
	23	陕西师范大学学报（哲学社会科学版）
	24	湖南大学学报（社会科学版）
	25	西南大学学报（人文社会科学版）
	26	湘潭大学学报（哲学社会科学版）
	27	北京工商大学学报（社会科学版）
	28	暨南学报（哲学社会科学版）
	29	西北大学学报（哲学社会科学版）
	30	郑州大学学报（哲学社会科学版）
	31	山西大学学报（哲学社会科学版）
	32	兰州大学学报（社会科学版）
	33	首都师范大学学报（社会科学版）
	34	河南师范大学学报（哲学社会科学版）
	35	天津师范大学学报（社会科学版）
	36	上海交通大学学报（哲学社会科学版）
	37	武汉大学学报（人文科学版）

学科	序号	期刊名称
高校综合性社科学报	38	中国农业大学学报（社会科学版）
	39	华南农业大学学报（社会科学版）
	40	天津大学学报（社会科学版）
	41	山东大学学报（哲学社会科学版）
	42	华中科技大学学报（社会科学版）
	43	安徽大学学报（哲学社会科学版）
	44	重庆大学学报（社会科学版）
	45	东南大学学报（哲学社会科学版）
	46	福州大学学报（哲学社会科学版）
	47	湖南师范大学社会科学学报
	48	福建师范大学学报（哲学社会科学版）
	49	武汉理工大学学报（社会科学版）
	50	内蒙古大学学报（人文社会科学版）
	51	北京交通大学学报（社会科学版）
	52	中国地质大学学报（社会科学版）
	53	北京林业大学学报（社会科学版）
	54	杭州师范学院学报（社会科学版）
	55	同济大学学报（社会科学版）
	56	烟台大学学报（哲学社会科学版）
	57	大连理工大学学报（社会科学版）
	58	深圳大学学报（人文社会科学版）
	59	齐鲁学刊
	60	湖北大学学报（哲学社会科学版）
	61	东北大学学报（社会科学版）
	62	河北大学学报（哲学社会科学版）
	63	华南师范大学学报（社会科学版）
	64	宁夏大学学报（人文社会科学版）
	65	上海师范大学学报（哲学社会科学版）
	66	海南大学学报（人文社会科学版）
	67	云南师范大学学报（哲学社会科学版）
管理学	1	管理世界
	2	科研管理
	3	中国软科学
	4	科学学研究
	5	外国经济与管理
	6	南开管理评论
	7	管理科学学报
	8	研究与发展管理
	9	中国管理科学
	10	管理工程学报
	11	科学学与科学技术管理
	12	预测
	13	管理科学
	14	科学管理研究

学科	序号	期刊名称
管理学	15	中国科技论坛
	16	中国行政管理
	17	管理评论
	18	经济管理
	19	软科学
	20	公共管理学报
	21	经济体制改革
	22	科技进步与对策
	23	管理现代化
	24	科技管理研究
	25	中国人力资源开发
	26	管理学报
	27	宏观经济管理
	28	华东经济管理
	29	现代管理科学
环境科学	1	中国人口·资源与环境
	2	资源科学
	3	环境保护
	4	长江流域资源与环境
	5	生态与农村环境学报
人文、经济地理	1	旅游学刊
	2	城市规划
	3	经济地理
	4	城市规划学刊
	5	人文地理
	6	地域研究与开发
	7	国际城市规划
教育学	1	教育研究
	2	高等教育研究
	3	北京大学教育评论
	4	电化教育研究
	5	华东师范大学学报（教育科学版）
	6	比较教育研究
	7	清华大学教育研究
	8	教师教育研究
	9	教育与经济
	10	中国电化教育
	11	教育研究与实验
	12	教育发展研究
	13	教育理论与实践
	14	课程·教材·教法
	15	中国远程教育
	16	全球教育展望
	17	中国高等教育

学科	序号	期刊名称
教育学	18	开放教育研究
	19	教育科学
	20	外国教育研究
	21	学位与研究生教育
	22	复旦教育论坛
	23	现代教育技术
	24	中国高教研究
	25	现代大学教育
	26	中国教育学刊
	27	中国特殊教育
	28	江苏高教
	29	教育学报
	30	高教探索
	31	高等工程教育研究
	32	中国大学教学
	33	国家教育行政学院学报
	34	远程教育杂志
	35	教育与现代化
	36	教育科学研究
	37	思想理论教育导刊
	38	中国人民大学教育学刊
经济学	1	经济研究
	2	中国工业经济
	3	世界经济
	4	金融研究
	5	会计研究
	6	中国农村经济
	7	国际经济评论
	8	经济科学
	9	中国农村观察
	10	世界经济文汇
	11	经济学动态
	12	经济社会体制比较
	13	农业经济问题
	14	财贸经济
	15	财经研究
	16	国际金融研究
	17	改革
	18	南开经济研究
	19	经济理论与经济管理
	20	经济学家
	21	数量经济技术经济研究
	22	世界经济研究
	23	经济评论

学科	序号	期刊名称
经济学	24	审计研究
	25	中国社会经济史研究
	26	财经科学
	27	国际贸易问题
	28	上海经济研究
	29	财经问题研究
	30	产业经济研究
	31	当代经济科学
	32	财经论丛（浙江财经学院学报）
	33	宏观经济研究
	34	国际贸易
	35	中国农史
	36	中国经济问题
	37	当代财经
	38	当代经济研究
	39	财经理论与实践
	40	农业技术经济
	41	中国土地科学
	42	中国经济史研究
	43	税务研究
	44	证券市场导报
	45	财政研究
	46	中央财经大学学报
	47	商业经济与管理
	48	经济纵横
	49	国际经贸探索
	50	国际经济合作
	51	城市问题
	52	经济与管理研究
	53	山西财经大学学报
	54	金融论坛
	55	经济问题
	56	城市发展研究
	57	中南财经政法大学学报
	58	世界经济与政治论坛
	59	经济问题探索
	60	调研世界
	61	中国流通经济
	62	投资研究
	63	上海金融
	64	涉外税务
	65	经济经纬
	66	现代经济探讨
	67	商业研究

学科	序号	期刊名称
经济学	68	消费经济
	69	现代财经（天津财经学院学报）
	70	中国金融
	71	中国物价
	72	保险研究
	73	税务经济
	74	南方经济
	75	政治经济学评论
考古学	1	考古学报
	2	文物
	3	考古
	4	敦煌研究
	5	考古与文物
	6	华夏考古
	7	中国历史文物
	8	农业考古
	9	江汉考古
	10	北疆考古研究
	11	考古学集刊
历史学	1	历史研究
	2	近代史研究
	3	中国史研究
	4	清史研究
	5	史学理论研究
	6	史学月刊
	7	史林
	8	抗日战争研究
	9	中国历史地理论丛
	10	世界历史
	11	当代中国史研究
	12	史学集刊
	13	华侨华人历史研究
	14	民国档案
	15	中国边疆史地研究
	16	历史档案
	17	史学史研究
	18	安徽史学
	19	中华文史论丛
	20	文史
	21	西域研究
	22	历史教学
	23	文献
	24	历史教学问题
	25	中国史研究动态

学科	序号	期刊名称
历史学	26	东南文化
	27	敦煌吐鲁番研究
	28	北京大学中国古文献研究中心集刊
	29	古典文献研究
马克思主义	1	马克思主义与现实
	2	教学与研究
	3	当代世界与社会主义
	4	国外理论动态
	5	马克思主义研究
	6	毛泽东邓小平理论研究
	7	中国特色社会主义研究
	8	科学社会主义
	9	理论前沿
	10	高校理论战线
	11	当代世界社会主义问题
	12	社会主义研究
民族学	1	民族研究
	2	世界民族
	3	中国藏学
	4	广西民族大学学报（哲学社会科学版）
	5	中央民族大学学报（哲学社会科学版）
	6	西北民族研究
	7	中南民族大学学报（人文社会科学版）
	8	广西民族研究
	9	回族研究
	10	西南民族大学学报（人文社会科学版）
	11	西北第二民族学院学报（哲学社会科学版）
	12	民族教育研究
	13	民俗研究
社会学	1	社会学研究
	2	中国人口科学
	3	人口研究
	4	人口与经济
	5	人口学刊
	6	市场与人口分析
	7	社会（社会学丛刊）
	8	南方人口
	9	西北人口
体育学	1	体育科学
	2	中国体育科技
	3	体育与科学
	4	北京体育大学学报
	5	体育学刊
	6	上海体育学院学报

学科	序号	期刊名称
体育学	7	成都体育学院学报
	8	西安体育学院学报
	9	天津体育学院学报
	10	武汉体育学院学报
	11	沈阳体育学院学报
	12	体育文化导刊
	13	广州体育学院学报
统计学	1	统计研究
	2	数理统计与管理
	3	统计与决策
	4	统计与信息论坛
图书、情报、档案学	1	中国图书馆学报
	2	大学图书馆学报
	3	情报学报
	4	图书情报工作
	5	情报理论与实践
	6	图书情报知识
	7	图书馆
	8	现代图书情报技术
	9	情报资料工作
	10	图书馆建设
	11	情报科学
	12	图书馆论坛
	13	图书馆杂志
	14	国家图书馆学刊
	15	图书馆工作与研究
	16	情报杂志
	17	图书馆学研究
	18	图书与情报
	19	档案学研究
	20	档案学通讯
外国文学	1	外国文学评论
	2	外国文学
	3	外国文学研究
	4	国外文学
	5	当代外国文学
	6	俄罗斯文艺
心理学	1	心理学报
	2	心理发展与教育
	3	心理科学进展
	4	心理科学
	5	心理与行为研究
	6	中国临床心理学杂志
	7	应用心理学

学科	序号	期刊名称
新闻与传播学	1	编辑学报
	2	新闻与传播研究
	3	中国科技期刊研究
	4	国际新闻界
	5	现代传播（中国传媒大学学报）
	6	编辑之友
	7	新闻记者
	8	新闻大学
	9	科技与出版
	10	出版科学
	11	出版发行研究
	12	中国出版
	13	当代传播
	14	编辑学刊
	15	中国广播电视学刊
艺术学	1	音乐研究
	2	文艺研究
	3	中央音乐学院学报
	4	中国音乐学
	5	民族艺术
	6	电影艺术
	7	黄钟（武汉音乐学院学报）
	8	音乐艺术（上海音乐学院学报）
	9	当代电影
	10	中国音乐
	11	民族艺术研究
	12	浙江艺术职业学院学报
	13	人民音乐
	14	中国电视
	15	北京电影学院学报
	16	音乐探索
	17	戏剧（中央戏剧学院学报）
	18	交响
	19	南京艺术学院学报（音乐与表演版）
	20	装饰
	21	艺术评论
	22	戏剧艺术
语言学	1	外语教学与研究（北京外国语大学学报）
	2	现代外语
	3	当代语言学
	4	中国语文
	5	外国语（上海外国语大学学报）
	6	外语界
	7	中国翻译

学科	序号	期刊名称
语言学	8	中国外语
	9	世界汉语教学
	10	方言
	11	语言教学与研究
	12	外语与外语教学
	13	外语电化教学
	14	外语教学
	15	语言研究
	16	语言科学
	17	国外外语教学
	18	民族语文
	19	外语学刊
	20	解放军外国语学院学报
	21	汉语学习
	22	语言文字应用
	23	语文研究
	24	古汉语研究
	25	辞书研究
	26	民俗典籍文字研究
	27	古文字研究
	28	语言学论丛
	29	南开语言学刊
	30	汉语史学报
哲学	1	哲学研究
	2	世界哲学
	3	自然辩证法研究
	4	自然辩证法通讯
	5	哲学动态
	6	中国哲学史
	7	现代哲学
	8	科学技术与辩证法
	9	道德与文明
	10	孔子研究
	11	周易研究
	12	伦理学研究
	13	马克思主义美学研究
	14	马克思主义哲学研究
	15	犹太研究
	16	哲学门
	17	中国现象学与哲学评论
宗教学	1	世界宗教研究
	2	宗教学研究
	3	中国宗教
	4	世界宗教文化

学科	序号	期刊名称
宗教学	5	藏外佛教文献
	6	禅学研究
	7	基督教文化学刊
政治学（含国际问题、台港澳）	1	世界经济与政治
	2	欧洲研究
	3	政治学研究
	4	美国研究
	5	现代国际关系
	6	国际问题研究
	7	国家行政学院学报
	8	当代亚太
	9	青年研究
	10	求是
	11	国际论坛
	12	日本学刊
	13	国际观察
	14	南洋问题研究
	15	台湾研究集刊
	16	俄罗斯中亚东欧研究
	17	太平洋学报
	18	中共中央党校学报
	19	北京行政学院学报
	20	中共党史研究
	21	东北亚论坛
	22	上海行政学院学报
	23	新视野
	24	江苏行政学院学报
	25	东南亚研究
	26	外交评论（外交学院学报 ）
	27	德国研究
	28	台湾研究
	29	拉丁美洲研究
	30	国际政治研究
	31	党史研究与教学
	32	妇女研究论丛
	33	党的文献
	34	求实
	35	东南亚纵横
	36	南亚研究季刊
	37	理论与改革
	38	日本研究
	39	西亚非洲
	40	中国青年研究
	41	妇女研究论丛
	42	新视野

学科	序号	期刊名称
中国文学	1	文学评论
	2	文学遗产
	3	文艺争鸣
	4	文艺理论研究
	5	当代作家评论
	6	中国现代文学研究丛刊
	7	中国比较文学
	8	文艺理论与批评
	9	小说评论
	10	鲁迅研究月刊
	11	民族文学研究
	12	南方文坛
	13	新文学史料
	14	红楼梦学刊
	15	明清小说研究
	16	英美文学研究论丛
	17	文学理论前沿
	18	跨文化对话
	19	词学
	20	中国诗学
	21	文学评论丛刊
	22	民俗学刊
国学	1	国学学刊
	2	国学研究
	3	西域历史语言研究集刊
综合性社科期刊	1	中国社会科学（包括内部文稿）
	2	读书
	3	国外社会科学
	4	学术月刊
	5	天津社会科学
	6	浙江社会科学
	7	江海学刊
	8	南京社会科学
	9	社会科学
	10	开放时代
	11	江苏社会科学
	12	文史哲
	13	学术研究
	14	社会科学战线
	15	浙江学刊
	16	社会科学研究
	17	人文杂志
	18	东南学术
	19	河北学刊

学科	序号	期刊名称
综合性社科期刊	20	学术界
	21	学习与探索
	22	思想战线
	23	北京社会科学
	24	江汉论坛
	25	社会科学辑刊
	26	中州学刊
	27	福建论坛（人文社会科学版）
	28	内蒙古社会科学
	29	云南社会科学
	30	中国社会科学院研究生院学报
	31	科学对社会的影响
	32	学术论坛
	33	宁夏社会科学
	34	广东社会科学
	35	社会科学家
	36	甘肃社会科学
	37	东岳论丛
	38	学海
	39	探索与争鸣
	40	中国文化研究
	41	求索
	42	山东社会科学
	43	天府新论
	44	学术交流
	45	江西社会科学
	46	科学·经济·社会
	47	西藏研究
	48	新疆社会科学
	49	青海社会科学
	50	贵州社会科学

（二）外文期刊

《人文社会科学引文索引》(SSCI)、《艺术与人文科学引文索引》(A&HCI) 收录的期刊；《中国社会科学》英文版、中国人民大学英文学报；高校文科学科前沿系列期刊：*Frontiers of Business Research in China*，*Frontiers of Economics in China*，*Frontiers of Education in China*，*Frontiers of History in China*，*Frontiers of Law in China*，*Frontiers of Literary Studies in China*。

（三）文摘

《中国社会科学文摘》,《新华文摘》，中国人民大学“复印报刊资料”学术系列刊（92 种）、人文社科学术文摘系列（14 种）。

"复印报刊资料"学术系列刊：

学科	序号	期刊名称
马克思主义（4种）	1	马克思列宁主义研究
	2	毛泽东思想
	3	中国特色社会主义理论
	4	思想政治教育
哲学（8种）	5	哲学原理
	6	科学技术哲学
	7	逻辑
	8	中国哲学
	9	外国哲学
	10	美学
	11	伦理学
	12	宗教
社会学与民族学（8种）	13	社会学
	14	社会保障制度
	15	社会工作
	16	人口学
	17	青少年导刊
	18	工会工作
	19	妇女研究
	20	民族问题研究
政治学（7种）	21	政治学
	22	公共行政
	23	中国共产党
	24	世界社会主义运动
	25	中国政治
	26	中国外交
	27	国际政治
法学（7种）	28	法理学、法史学
	29	宪法学、行政法学
	30	民商法学
	31	经济法学、劳动法学
	32	刑事法学
	33	诉讼法学、司法制度
	34	国际法学
经济学（17种）	35	国民经济管理
	36	劳动经济与劳动关系
	37	统计与精算
	38	区域与城市经济
	39	理论经济学
	40	社会主义经济理论与实践
	41	农业经济研究
	42	产业经济

学科	序号	期刊名称
经济学（17种）	43	贸易经济
	44	国际贸易研究
	45	财政与税务
	46	金融与保险
	47	投资与证券
	48	经济史
	49	世界经济导刊
	50	生态环境与保护
	51	体制改革
管理学（8种）	52	管理科学
	53	创新政策与管理
	54	人力资源开发与管理
	55	财务与会计导刊（理论版）
	56	物流管理
	57	企业管理研究
	58	市场营销（理论版）
	59	旅游管理
教育学（8种）	60	教育学
	61	中小学教育
	62	中小学学校管理
	63	高等教育
	64	成人教育学刊
	65	职业技术教育
	66	体育
	67	心理学
语言文学（5种）	68	语言文字学
	69	文艺理论
	70	中国古代、近代文学研究
	71	中国现代、当代文学研究
	72	外国文学研究
艺术学（3种）	73	舞台艺术
	74	造型艺术
	75	影视艺术
新闻传播学（2种）	76	新闻与传播
	77	出版业
历史学、地理学（9种）	78	历史学
	79	先秦、秦汉史
	80	魏晋南北朝隋唐史
	81	宋辽金元史
	82	明清史
	83	中国近代史
	84	中国现代史
	85	世界史
	86	地理

学科	序号	期刊名称
图书馆、情报与档案管理（2种）	87	档案学
	88	图书馆学情报学
社科综合类（4种）	89	社会科学总论
	90	台、港、澳研究
	91	文化研究
	92	文化创意产业

人文社科学术文摘系列（14种）：

序号	期刊名称
1	哲学文摘
2	马克思主义文摘
3	管理学文摘
4	社会学文摘
5	政治学文摘
6	法学文摘
7	经济学文摘
8	财会文摘
9	市场营销文摘
10	财政金融文摘
11	国际经济文摘
12	教育学文摘
13	历史学文摘
14	文学研究文摘

（四）报纸

《人民日报》、《光明日报》、《经济日报》、《法制日报》、《中国教育报》、《中国社会科学报》。

二、自然科学类

（一）国内期刊

学科	序号	期刊名称
计算机技术	1	*J COMPUT SCI & TECH*
	2	计算机仿真
	3	计算机辅助设计与图形学学报
	4	计算机工程
	5	计算机工程与科学
	6	计算机工程与应用
	7	计算机集成制造系统——CIMS
	8	计算机科学
	9	计算机学报
	10	计算机研究与发展
	11	计算机应用
	12	计算机应用研究
	13	计算机与应用化学
	14	模式识别与人工智能

学科	序号	期刊名称
计算机技术	15	软件学报
	16	数值计算与计算机应用
	17	微计算机应用
	18	微型电脑应用
	19	物探化探计算技术
	20	小型微型计算机系统
	21	中国图象图形学报
	22	中文信息学报
数学	1	*Acta Mathematica Scientia*
	2	*Acta Mathematica Sinica English Series*
	3	*Analysis in Theory and Appliations*
	4	*Chinese Annals of Mathematics Series B*
	5	*Chinese Quarterly Journal of Mathematics*
	6	*Journal of Partial Differential Equations*
	7	*Northeastern Mathematical Journal*
	8	高等学校计算数学学报
	9	高校应用数学学报
	10	工程数学学报
	11	计算数学
	12	模糊系统与数学
	13	南京大学学报数学半年刊
	14	生物数学学报
	15	数学的实践与认识
	16	数学进展
	17	数学年刊 A
	18	数学物理学报
	19	数学学报
	20	数学研究与评论
	21	数学杂志
	22	应用概率统计
	23	应用数学
	24	应用数学和力学
	25	应用数学学报
	26	运筹学学报
	27	运筹与管理
	28	中国科学 A
物理学	1	*Advances in Atmospheric Sciences*
	2	*Chinese Journal of Chemical Physics*
	3	*Chinese Phsics*
	4	*Chinese Phsics Letters*
	5	*Communications in Theoretical Physics*
	6	波谱学杂志
	7	低温物理学报
	8	低温与超导

学科	序号	期刊名称
物理学	9	发光学报
	10	高能物理与核物理
	11	高压物理学报
	12	工程热物理学报
	13	光谱学与光谱分析
	14	光学学报
	15	光子学报
	16	核聚变与等离子体物理
	17	红外与毫米波学报
	18	计算物理
	19	量子电子学报
	20	量子光学学报
	21	强激光与粒子束
	22	声学技术
	23	声学学报
	24	物理
	25	物理学报
	26	物理学进展
	27	液晶与显示
	28	应用光学
	29	应用声学
	30	原子核物理评论
	31	原子与分子物理学报
	32	质谱学报
	33	中国科学 G
化学	1	*Chemical Research in Chinese Universities*
	2	*Chinese Chemical Letters*
	3	*Chinese Journal of Polymer Science*
	4	催化学报
	5	电化学
	6	分析测试学报
	7	分析化学
	8	分析科学学报
	9	分析试验室
	10	分子催化
	11	分子科学学报
	12	感光科学与光化学
	13	高等学校化学学报
	14	高分子通报
	15	高分子学报
	16	合成化学
	17	化学进展
	18	化学试剂
	19	化学通报

学科	序号	期刊名称
化学	20	化学学报
	21	化学研究
	22	化学研究与应用
	23	化学与黏合
	24	化学与生物工程
	25	环境化学
	26	结构化学
	27	煤炭转化
	28	燃料化学学报
	29	色谱
	30	无机化学学报
	31	物理化学学报
	32	应用化学
	33	有机化学
	34	中国科学 B
环境科学技术	1	*Journal of Environmental Sciences*
	2	安全与环境学报
	3	长江流域资源与环境
	4	电镀与环保
	5	防灾减灾工程学报
	6	工业水处理
	7	工业用水与废水
	8	海洋环境科学
	9	化工环保
	10	环境保护科学
	11	环境工程
	12	环境科学
	13	环境科学学报
	14	环境科学研究
	15	环境科学与技术
	16	环境卫生工程
	17	环境污染与防治
	18	环境污染治理技术与设备
	19	农业环境科学学报
	20	生态环境
	21	生态与农村环境学报
	22	水处理技术
	23	消防科学与技术
	24	植物资源与环境学报
	25	中国安全科学学报

学科	序号	期刊名称
环境科学技术	26	中国安全生产科学技术
	27	中国环境监测
	28	中国环境科学
	29	中国人口·资源与环境
	30	资源科学
	31	自然资源学报
信息科学与系统科学	1	控制理论与应用
	2	控制与决策
	3	系统仿真学报
	4	系统工程
	5	系统工程理论与实践
	6	系统工程学报
	7	系统管理学报
	8	系统科学与数学
	9	信息与控制
	10	应用科学学报

（二）国外期刊

《科学引文索引》(SCI)、《工程索引》(EI) 收录的期刊。

关于印发《中国人民大学科学研究基金项目管理办法》的通知

（2011—2012 学年校办字 54 号）

各学院（系），机关各部、处及直（附）属单位：

《中国人民大学科学研究基金项目管理办法》已经学校研究批准，现予以印发，请认真研究，遵照执行。

附件：《中国人民大学科学研究基金项目管理办法》

二〇一二年六月六日

附件

中国人民大学科学研究基金项目管理办法

第一章　总　则

第一条　为培养有科研潜力的中青年教师，锻炼学生的科研能力，提升自主创新能力和科研原创水平，促进我校科研工作的繁荣与发展，决定利用“中央高校基本科研业务费专项资金”与学校自有科研经费成立科研基金，设立中国人民大学科学研究基金项目。

根据《中央高校基本科研业务费专项资金管理暂行办法》（财教〔2009〕173 号）和《财政部教育部关于中央高校基本科研业务费管理的意见》（财教〔2008〕233 号），并结合我校实际情况，特制定本项目管理办法（以下简称“办法”），用以规范项目管理和经费使用等有关事项。

第二条　中国人民大学科学研究基金项目旨在：

(一) 鼓励创新：提倡自由探索，原则上不设指南，申请者可根据研究兴趣自由选题申报。

(二) 力求精品：鼓励创新，关注成果独创性和思想深度。

(三) 重在培育：培育年轻学者；培育非共识项目；培育重大问题预研项目。

(四) 倡导国际化：鼓励开展国际合作研究。

(五) 支持基础理论研究、交叉学科研究、新兴学科研究和社会调查研究。

第三条 本基金面向全校在职教师和在校研究生，实行公平竞争，择优立项。

第四条 学校成立中国人民大学“中央高校基本科研业务费”工作领导小组（以下简称“工作领导小组”），由校长担任组长，主管科研工作的副校长任常务副组长，主管财务工作的副校长任副组长，成员包括科学研究处、理工学科建设处、研究生院、中国人民大学高等教育学会秘书处、财务处、人事处等部门负责人。

工作领导小组决策立项规划、评审指导思想、经费资助方向等重要问题，审批项目评审结果，确定立项名单。

第二章 立项规划与管理分工

第五条 本基金资助对象分为教师和学生两大类。本办法仅涉及教师资助部分，其中，理工院系教师资助及项目管理工作依据《中国人民大学科学研究基金项目（理工类）实施细则》执行，由理工学科建设处负责；教育管理科学研究基金项目管理工作依据本办法执行，由中国人民大学高等教育学会秘书处负责；其他项目由科学研究处统一管理。学生资助部分按《中国人民大学科学研究基金项目（研究生）实施细则》执行，项目管理工作由研究生院承担。

第六条 对教师的资助设立十三类资助项目：

(一) 重大基础研究计划；

(二) 研究品牌计划；

(三) 明德青年学者计划；

(四) 期刊质量提升计划；

(五) 数据高地计划；

(六) 面上项目；

(七) 教育管理科学研究基金项目；

(八) 社会调查项目；

(九) 新教师启动金项目；

(十) 人文社会科学国际期刊论文发表培育项目；

(十一) 研究报告系列；

(十二) 案例开发项目；

(十三) 决策咨询及预研委托项目。

第七条 各类别项目的申报工作由各主管部门部署，各单位负责组织本单位人员进行申报。项目申请人按要求填写申请材料，由所在单位初审后，上报相应主管部门。

第八条 本基金各类项目每年组织申报一次。年度项目研究周期为1～3年；持续支持项目以3年为一期，每期届满前组织评估；其他项目研究周期根据实际情况确定。

第三章 项目申报

第九条 申请人条件：

(一) 项目申请人须为我校教学科研人员或行政管理人员。

(二) 申请人必须真正承担和负责组织、指导项目的实施；不能从事实质性研究工作的，不得申请。

（三）原则上申请人当年只能申报一个项目。

（四）项目申请人年龄原则上不应超过50周岁（按当年1月1日计算），各类别项目的具体年龄和职称要求见当年申报通知。

第十条 申请人正在承担各类纵向项目或校级项目的，申报资格将受到限制（详见当年申报通知）。

第十一条 申请教育管理科学研究基金项目的，可根据每年发布的《教育管理科学研究基金项目课题指南》申报，也可结合自己对学校面临的重大问题的认识自由选题；其他类别项目不设指南，申请人可自由选题。

第四章 项目评审

第十二条 各主管部门本着公开、公正、公平的原则对申请材料组织评审，可根据不同项目类别选择通讯评审或者会议评审。

第十三条 教育管理科学研究基金项目由中国人民大学高等教育学会秘书处组织评审，专家从校内职能部处和相关学科正高级职称教师中遴选产生。

理工类资助项目由理工学科建设处按照《中国人民大学科学研究基金项目（理工类）实施细则》规定组织评审。

其他类别的教师资助项目由科学研究处组织评审，专家从校内相关学科正高级职称教师中遴选产生，按照每年1/3比例更新专家组成。

第十四条 各类别项目的拟资助清单应报工作领导小组审定并予以公示。公示期一般为7天，期满无异议的，批准立项。

第五章 经费管理与使用

第十五条 项目经费的使用范围包括：

（一）办公用品：项目研究过程中所需购买的办公用品，如：购买的笔、本、文件夹、复印纸等。发票上注明单价、数量、金额，一次购买办公用品1 000元以上的，附销售单位出具的售货清单，并加盖销售单位公章或财务专用章。

（二）专用材料：包括实验室用品、计算机配件、消耗品等。消耗品包括墨盒、碳粉、空白磁带、空白录像带、软盘、硒鼓、胶卷、电池、U盘等，一次购买专用材料在1 000元以上的，附销售单位出具的售货清单，并加盖销售单位公章或财务专用章。

（三）复印费：项目研究过程中用于开展学科建设、教学科研工作的资料录入、复印等费用。

（四）印刷及制作费：项目研究过程中用于教学科研工作的排版印刷及制作业务。报销此类业务时，应同时附有合法的发票、加盖出票单位公章或财务专用章的计价单。金额在1 000元以上的，还应提供与承接印刷、制作业务单位签订的合同。

（五）邮电费：项目研究过程中用于与教学、科研相关的邮寄或快递信件、资料发生的费用，发票是邮局或快递公司开具的正式票据。

（六）通信费：包括网络通信及电话费。网络通信费是指因教学、科研需要使用互联网发生的费用，包括固定的上网费及无线上网费。个人名字的座机及手机费不能报销。

（七）交通差旅费：在项目研究过程中开展科学实验（试验）、科学考察、业务调研、学术交流等所发生的外埠差旅费、市内交通费用以及因私车公用发生的汽车燃料费等。汽车燃料费不得超过经费总额的20%。

（八）会议费：在项目研究过程中为组织开展学术研讨、咨询以及协调项目等活动而发生的会议费用以及零星会议的餐费；会议费标准为每人每天不超过400元，在项目研究期间发生的会议费用（含餐费）不超过经费总额的15%。

（九）国际合作与交流费：在项目研究过程中项目组人员出访和外国专家来访而发生的费用。国际合作交流费用应在合同及预算中明确规定，或在出境、出国之前得到科学研究处、国际交流处的专项批准，否则不予报销。

（十）劳务费：在项目研究过程中支付给课题组成员中没有工资性收入的人员（如在校研究生）和课题组临时聘用人员翻译、录入、研究生培养机制改革等劳务性费用，及在项目研究过程中支付给临时聘请的咨询专家或评审专家的费用。劳务费占经费总额的30%。

（十一）燃料动力费：在项目研究过程中由课题组承担的水电费用。

（十二）设备购置费：在项目研究过程中需要保证的基本科研设备、图书资料以及购置软件等所发生的费用。

（十三）出版补贴：项目研究成果需凭与出版社签订的出版合同办理报销手续，每本著作补贴不超过3万元。

基本科研业务费支出范围不包括有工资性收入的人员工资、奖金、津贴补贴和福利，大型仪器设备购置费，分摊学校公共管理和运行费用以及提取管理费。

本市发生的经济业务活动，结算款项在1 000元以下（不含1 000元）的，可以直接报销现金，单张发票在1 000元以上或多张发票但号码相连且累计金额1 000元以上的资金往来必须领取支票。

第十六条 学校按照《中央高校基本科研业务费专项资金管理暂行办法》和财政部、教育部其他有关规定执行项目经费预算管理制度，把控支出进度。项目结束或通过验收后，项目负责人应及时据实办理科研项目经费结账手续，如结账时经费有结余，由学校统筹安排。

第十七条 项目按照国家、学校有关规定中止或撤销的，各主管部门应及时通知财务处冻结经费，或者停止项目后续拨款并将原拨付的经费结余全部收回。

第十八条 学校对项目负责人的经费开支行使监督权，做到手续完备、账目清楚，确保科研项目经费的资金安全及合理使用。对项目经费使用中的违法违规行为，学校有权对项目负责人采取通报批评、冻结经费、限制申报资格等措施。

第六章 项目管理和验收

第十九条 中国人民大学科学研究基金项目一经立项，《申请书》便作为具有约束力的协议，项目负责人和项目组成员必须严格履行。立项后超过5年仍未完成的，予以撤项并公示。

项目确需延长研究周期的，由项目负责人填写《延期申请表》并详细说明理由，报各主管部门审批，获得批准后应按新的研究周期执行；每个项目最多可延期两次，且每次延期的时间不能超过1年；延期两次后仍不能完成的，学校将予以撤项。

项目负责人、项目名称、研究内容、预期成果形式等事项原则上不得更改。

第二十条 项目负责人全面负责项目的研究工作，组织课题组成员按计划进度和质量要求完成研究任务。项目被撤项的，负责人3年内不能再申报本基金各类项目。

第二十一条 学校对持续支持项目进行周期评估，审核研究工作执行情况、经费使用情况。项目通过评估的，方能进入下一周期资助计划。

第二十二条 项目按期完成后，项目负责人应填写《结项表》并提交相关研究成果，及时办理结项验收手续。

本项目成果形式一般为论文、专著、译著、工具书、研究报告等。

项目成果的知识产权属于中国人民大学，在发表或出版时应按规范标注，标注字样中文为“中国人民大学科学研究基金（中央高校基本科研业务费专项资金资助）项目成果”，英文为“supported by the Fundamental Research Funds for the Central Universities, and the Research Funds of Renmin University of China”。未标注的不能认定为项目成果，不予结项。

项目成果形式为论文的，应发表在《中国人民大学核心期刊目录（2011年修订）》认定的期刊上；成果形式为专著、译著、工具书的，应出版或发行；成果形式为研究报告的，应提供采纳单位出具的采纳证明；其他形式的成果，亦应达到与此相应的标准。

具体要求详见《中国人民大学科学研究基金项目结项办法》（参见科学研究处主页“管理办法”栏）。

第二十三条 本办法自发布之日起施行。

第二十四条 本办法由工作领导小组负责解释。《中国人民大学科学研究基金项目（理工类）实施细则》和《中国人民大学科学研究基金项目（研究生）实施细则》的规定及解释内容应与本办法保持一致。

关于成立中国人民大学教师发展中心的决定

（2012—2013学年校政字1号）

各学院（系），机关各部、处及直（附）属单位：

为建设具有学术创新能力和国际竞争能力、符合国家战略需要和促进学校事业发展的教师队伍，经学校研究，决定在2010年成立的中国人民大学教师教学发展中心的基础上，成立中国人民大学教师发展中心。同时继续保留教师教学发展中心，作为中国人民大学教师发展中心的分支机构。

中国人民大学教师发展中心在学校教师发展领导小组指导下开展工作，应探索运转高效、全面协作的工作机制，调动多方资源，创新工作模式，围绕教师发展需要，在规划职业生涯、提高教学能力、进行学术创新、保障身心健康等方面开展扎实工作，推动教师能力全面提升，为建设“人民满意、世界一流”大学提供坚实的人才保障。

二〇一二年九月五日

关于设立中国人民大学苏州校区的决定

（2012—2013学年校政字2号）

各学院（系），机关各部、处及直（附）属单位：

为进一步扩大学校在华东地区的影响，加强国际学院（苏州研究院）和中法学院的建设，经学校研究，决定设立中国人民大学苏州校区，全面负责苏州国际学院（苏州研究院）和中法学院等教学科研机构和社会服务机构的管理。

苏州校区是我校整体事业发展的重要组成部分和新的增长点，是我校面向华东地区的教学科研基地；是面向国际、探索中外合作办学和培养高端人才的实验基地；是优势学科的拓展与提升基地。

学校成立中国人民大学苏州校区管理委员会，作为学校苏州校区的领导机构，主要负责苏州校区的总体战略规划、重大事项决策和学校对苏州校区相关支持政策的制定和协调。

苏州校区内部行政事务实行统一管理，原国际学院行政事务部门统一并入校区行政事务部门。苏州校区根据教学研究需要设置相关教学研究机构。

学校加大政策支持力度促进苏州校区的建设与发展，苏州校区应秉承“高水平、有特色、国际性”的办学宗旨，充分调动和整合我校相关资源，立足苏州，面向华东地区，紧密联系区域经济发展，努力为区域社会经济文化发展和我校建设“人民满意、世界一流”大学作出重要贡献。

附件：《中国人民大学关于加强苏州校区建设的意见》

二〇一二年九月四日

附件

中国人民大学关于加强苏州校区建设的意见

随着国际学院（苏州研究院）的发展和中法学院的正式成立，苏州校区的办学定位发生变化，中法学院作为中国人民大学培养高层次国际性人才的特区，将在学校的人才培养体系中发挥重要作用；国际学院已经成功运行三年，未来也将在新的形势下继续发展。作为学校整体事业发展的重要组成部分，苏州校区将成为我校面向华东地区的教学科研基地，面向国际、探索中外合作办学和培养高端人才的实验基地，优势学科的拓展与提升基地。为此，学校决定进一步凝聚共识，加大政策支持力度，以促进苏州校区的建设和发展。

一、成立苏州校区管理委员会

成立中国人民大学苏州校区管理委员会，作为学校苏州校区的领导机构，主要负责苏州校区的总体战略规划、重大事项决策和学校对苏州校区相关支持政策的制定和协调。

苏州校区管理委员会由校长担任主任，学校分管人事、教学、国际交流的副校长，相关部处和国际学院、中法学院执行院长担任委员。苏州校区管理委员会的人员构成上体现了与中法学院理事会的校内人员构成的相互重叠对接，以利于工作的开展。苏州校区管理委员会每年至少召开两次全体委员会议。

二、加强苏州校区内部管理

苏州校区内部行政事务实行统一管理，原国际学院行政事务部门统一并入校区行政事务部门。

国际学院、中法学院的院长统一由一位副校级领导兼任，国际学院、中法学院执行院长统一由一人担任。校区设立党委，统一负责党的工作。

校区行政事务部门设校区办公室、学生事务部、国际事务部、教学一部、教学二部等部门，未来根据校区发展需要，可增设相应职能部门，各部门的行政待遇可适当高于校本部。

校区教学研究机构在实际运行中可设置基础教学部、金融系、法语系等，未来根据教学需要可设置不同的系所。

三、加强师资队伍建设

学校在继续执行2009年《关于支持国际学院师资队伍建设的决定》的基础上，制定新的人事政策，在近期出台《关于中国人民大学苏州校区师资队伍建设的若干办法》，将国际学院和中法学院师资队伍建设统一纳入学校的管理体系，在教师岗位设置、聘用以及薪酬待遇等方面给予更大力度的支持。

四、加强管理队伍建设

苏州校区作为中国人民大学所属异地办学机构，为体现学校统一领导，应采取“延伸管理”的模式，核心部门的关键管理岗位干部原则上应由学校派出。同时，积极发挥苏州校区干部培养基地的作用，今后学校本部中层干部晋升时有两年以上苏州工作经历的将给予优先考虑。

五、加强财务政策支持

学校原则上要求苏州校区办学在财务上自求平衡。今后三年，在办学规模未达到财务平衡点之前，学校将给予苏州校区一定的财政支持。原有的学校“985工程”专项经费每年列支100万元支持苏州校区图书馆建设，专项拨付支持苏州校区的设备采购及资产和设备的专项修缮等政策保持不变。

六、加强其他政策支持

各相关职能部门要帮助苏州校区建立既符合学校要求又体现苏州办学特点的制度体系，包括人事制度、财务制度、资产管理制度、教学制度、学生管理制度等。

关于成立中国人民大学“2011计划”领导小组的决定

（2012—2013学年校政字4号）

为确保我校“高等学校创新能力提升计划”（简称“2011计划”）的顺利实施，根据2012年9月4日中共中国人民大学第十三届委员会第65次常委会（扩大）会议决定，成立中国人民大学“2011计划”领导小组，成员名单如下：

组　长：程天权书记、陈雨露校长

副组长：冯惠玲常务副校长

成　员：牛维麟常务副书记、马俊杰副书记、王利明副书记兼副校长、杨慧林副校长、查显友副校长、伊志宏副校长、刘向兵副校长

中国人民大学“2011计划”领导小组作为我校已培育组建及拟将培育组建“2011协同创新中心”的领导机构，负责中国人民大学“2011计划”实施的顶层设计、宏观布局、统筹协调、经费投入等重大事项决策。

二〇一二年九月二十日

关于印发《中国人民大学2012—2013学年第一学期工作计划要点》的通知

（2012—2013学年校政字6号）

各学院（系），机关各部、处及直（附）属单位：

现将《中国人民大学2012—2013学年第一学期工作计划要点》印发给你们，请结合本单位工作实际遵照执行。

附件：《中国人民大学2012—2013学年第一学期工作计划要点》

二〇一二年九月二十六日

附件

中国人民大学2012—2013学年第一学期工作计划要点

一、总体要求

认真贯彻党的十七届六中全会和胡锦涛总书记考察中国人民大学“九九”重要讲话精神，认真贯彻国家中长期教育改革和发展规划纲要，认真贯彻学校2012年学院工作会议精神，大力弘扬“立学为民、治学报国”的办学宗旨，始终保持奋发昂扬的精神状态，牢牢把握在建党100周年之际基本建成“人民满意、世界一流”大学的目标，紧紧抓住学校新时期快速发展的主要矛盾，以学生为中心，以教学科研为中心，全面实施人才培养体系改革、“思想库”建设、学科国际性提升、学校形象建设和新校区建设“五大战略”，开创“十年腾飞”的崭新局面，以优异成绩迎接75周年校庆，迎接党的十八大的胜利召开。

二、工作内容

（一）*着力推进人才培养体系改革*

1. 研究制定本科新生研讨课方案，全面启动本科“一年级工程”，确定本科生导师名单并尽快到位，对入学新生开展有效的学业引导和人生引导。

2. 加强新生党员思想教育工作，在新生党员范围内实行准军事化管理与训练，充分发挥新生党

员的模范带头作用，引领和带动全体新生全面健康成长。

3. 加快课程资源信息化平台建设，全面升级学校已有的网络课程资源。进一步增加校园公开课数量，扩大公开课范围，打造更多的精品公开课程。

4. 研究试点本科学分改革方案，贯彻精实学分理念，在适当减少学生课堂学习负担的同时，提高学生课外学习要求，倡导深度学习，培养学生自主学习能力；精心打造并完善课堂外教育平台，提倡理论联系实际、深入基层的学风，探索并试点第二专业、课堂外学分的培养方案。

5. 改革博士生招生英语入学考试方式以及综合考试方式；试点博士生基本学制四年制，在人文学科先行试点，总结完善后再全面推广，切实提高博士生的学术水平和培养质量。

6. 推广研究生案例教学模式，探索设计博士生双导师制模式，增强博士学术科研成果的应用性并促进其转化。

7. 推进学生外语教学改革，提升学生整体的外语应用能力。提升本科生的英语口语水平，增强研究生学术英语的交流能力，培养能在国际学术界自由交流的优秀学生和创新人才。

（二）大力加强“中国智库”建设

8. 整体规划、系统推进“中国智库”建设。充分发挥我校在人文社科领域的学科优势和人才优势，加强政策研究和成果转化，确立学术研究和学术成果的应用型导向，形成相应的评价机制体系，引导更多的学术研究为推动国家和地区社会经济发展作贡献。

9. 深入推进“2011 计划”，积极开展协同创新。立足学校的学科基础与优势资源，与兄弟院校、研究机构广泛开展合作交流，以“社会转型与社会管理”协同创新中心等机构为重点，通过打造学术支撑平台、行政服务平台和主题研究平台，建立跨学科研究创新机制，有效推动“思想库”建设。

10. 加强科研机构规划与管理。拟定学校科研机构发展规划，修订学校科研机构管理办法，重点培育面向重大战略问题研究及政策咨询的跨学科研究机构、研究团队，积极筹备申报教育部重点研究基地及重点实验室。

11. 加强与相关部门和地方政府合作，形成一批高质量研究报告和发展报告；继续实施“中国人民大学研究报告系列”项目，年内出版第一批成果。

12. 深入推进科研评价体系机制改革。继续突出质量导向和创新导向，修订完善科研奖励办法，切实发挥激励、引导作用，加强系统规划和资源整合。

（三）全面提升国际性

13. 深化国际小学期的示范作用，总结国际小学期的办学经验，学习借鉴国际小学期的教学模式，努力为更多的学生创造条件，使他们在校园内即可接受到跨文化的知识学习和能力训练。

14. 加强国际交流与合作，进一步拓展与国外著名大学、学科的合作路径，各学院、学科充分发挥自身优势和已有资源积极开展工作，逐步实现每个学院、学科都有一个一流的国际合作伙伴。

15. 加大外籍专家的聘任力度，未来 5 年内逐步引进 80 到 100 名外籍专家，增强教研活动和教学过程的国际性，并进一步带动青年教师教学科研水平的提升。

16. 强化人才培养的国际合作，办好“学生国际交流校长奖学金”项目，进一步加大优秀学生参加国际学习交流的力度与广度，改革完善相关机制。

17. 提升留学生培养质量，继续推进留学生招生、培养、管理机制改革，切实提高生源质量，适当增加高水平交换生数量，不断增强办学的国际辐射力。

（四）积极进行大学形象建设

18. 整体推进人民大学形象宣传。充分发挥新闻校友专业委员会的积极作用，充分听取专家、校友的意见建议，从战略上规划人民大学形象建设；进一步提升理论宣传和新闻宣传的主题性，深入挖掘和高度提炼，进一步提升学校的社会影响力。

19. 以 75 周年校庆为契机，通过“师生关爱基金”义卖、“百场社区公益讲座”等活动，宣传

“公益校庆、学术校庆、你我共同的校庆”理念，展示人民大学的办学成果和良好风貌。

20. 进一步加强校园信息化建设，改版并不断完善新的学校主页和新闻网，启动并加快推进二级网站的改版工作，进一步升级优化邮箱系统，成立图片视频制作中心。

21. 继续做好中组部司局级干部选学工作。在课堂教学、组织服务等工作中，充分发挥学校的学科优势，宣传学校的优良传统，展示学校的校风学风，在选学的领导干部中赢得良好的口碑与评价。

（五）加快推进校园建设

22. 加快推进陕北公学旧址纪念馆建设。与延安市有关方面充分沟通协作，尽快完成原有十孔窑洞的修复布展工作，全面回顾陕北公学历史，大力弘扬学校与党和国家同呼吸、共命运的光荣传统，助推75周年校庆活动。

23. 正式成立并不断完善苏州校区建设。正式设立中国人民大学苏州校区，统筹国际学院（苏州研究院）和中法学院等机构的管理，立足于将苏州校区打造成多文化、多语言的国际人才高水平培养基地，并逐步转化成相对独立的办学机构。

24. 加快推进通州新校区建设。牢牢抓住历史机遇，积极推进通州新校区建设征地、用地手续办理等相关工作，精心做好校园总体规划设计，着眼于建设千年学府，打造良好的教学科研环境和高品质的办学环境。

25. 大力推进中关村校区建设。完成好校园景观设计及建筑物外立面改造工程的后续工作，进一步提升校园整体文化感和国际化水平；稳步推进东区锅炉房下沉改造工程，启动并加快东南区项目建设进度；完成“三师”的实体移交并推进相关立项和规划设计工作；积极协调推动大华衬衫厂搬迁工作。

（六）始终抓好队伍建设

26. 成立并建设好“教师发展中心”，全面提升师资队伍的教学、管理水平。发挥优秀教师的传帮带作用，重视青年教师的锻炼培养工作，把教师发展中心建设成为人文社科类高校里的示范，培养打造一支出色的高水平的教学师资队伍。

27. 完善职称评定评价体系。教师突出育人导向，管理职员突出服务导向，进一步明确标准、完善细则，服务学校人才培养目标；继续推动《中国人民大学教师考核管理办法》修订工作，突出教学业绩，强化激励性考核，试行团队考核方式。

28. 进一步加强高层次人才队伍建设。继续推进“3231”人才计划的实施，加大知名学者特别是学科领军人物的引进力度；试行“特聘研究员计划”管理制度，探索海外人才管理制度体系，积极引导更多海内外高层次人才通过各种形式为学校服务。

29. 深入改革和完善薪酬制度体系。深化收入分配制度改革，在保证薪酬整体提升的基础上建立有利于体现教学业绩的薪酬体系；密切关注上级部门有关绩效工资改革的动向，结合学校实际采取切实有效的应对措施。

（七）全面做好党建与思想政治工作

30. 做好党的十八大相关工作。切实做好学校安全稳定等各项工作，迎接十八大的召开；精心设计、组织好相关纪念、教育、学习和表彰活动；贯彻落实“1020行动计划”，以实际举措改善师生工作、学习和生活条件，落实师生关心的若干件实事。

31. 做好创先争优活动总结工作。以开展好创先争优总结活动为契机推进学校党建各项工作，始终围绕中心，把握质量主题，推动学校事业科学发展；始终立足本职，增强为民服务意识，提高各级党组织服务师生群众的水平。

32. 做好“北京高校党建和思想政治工作基本标准”入校检查相关工作。按照《关于开展〈北京普通高等学校党建和思想政治工作基本标准〉集中检查的通知》要求，积极做好相关准备，做好市委教育工委的入校检查工作，力争取得优异的成绩。

33. 进一步推进领导班子和干部队伍建设。继续完善干部工作体系，加强干部工作的规范化和制度化建设，在制定实施学院（系）领导班子任期目标责任制等重点工作上取得新进展；继续做好党风廉政建设宣传教育工作，全面推动廉政风险防范管理工作，推进惩防体系建设。

34. 进一步推进“民主办学、依法治校”。继续做好党务公开工作，做好校务委员会、教代会、工会和离退休职工等相关工作，做好统战工作，充分发挥广大教职工、离退休教职工和民主党派人士的智慧和力量，充分调动广大师生员工的积极性。

35. 进一步加强和改进学生思想政治工作。“抓三班”（班主任、班集体、班干部）、“促三基”（基层、基础、基本）；全面实施思想政治理论课程方案，及时修订教材和教学大纲，改进教学方法，增强教学实效；创新网络思想政治教育，进一步做好心理健康和咨询服务，开好心理健康教育课程，加大辅导员培训力度。

36. 切实维护学校安全与稳定。开展矛盾排查化解，及时掌握影响校园安全的不稳定因素，完善校园治安防控体系，提高应急处置能力；做好信访工作，依法按政策及时化解师生反映的突出问题；广泛开展安全教育和法制教育，加强防范，坚决避免重、特大安全事故发生，确保校园安全。

关于印发中国人民大学第八届学位评定委员会和各分委员会组成人员名单的通知

（2012—2013 学年校政字 10 号）

各学院（系），机关各部、处及直（附）属单位：

中国人民大学第八届学位评定委员会和各分委员会的换届人选名单已经中国共产党中国人民大学第十三届委员会第 67 次常委会讨论通过，并已报国务院学位委员会办公室备案。

现将我校第八届学位评定委员会和各分委员会组成人员名单予以印发，第八届学位评定委员会和各分委员会自通知发出之日起履行职责。

附件：1. 中国人民大学第八届学位评定委员会组成人员名单
2. 中国人民大学第八届学位评定分委员会组成人员名单

二〇一二年十月二十六日

附件 1

中国人民大学第八届学位评定委员会组成人员名单

（委员名单以姓氏笔画为序）

主　席：陈雨露（校长、财政金融学院教授）
副主席：冯惠玲（常务副校长兼研究生院院长、信息资源管理学院教授）
袁　卫（统计学院教授）
刘大椿（哲学院教授）
吴晓求（校长助理、研究生院常务副院长、财政金融学院教授）
委　员：王利明（党委副书记兼副校长、法学院教授）
冯惠玲（常务副校长兼研究生院院长、信息资源管理学院教授）
伊志宏（工商管理与农林经济管理分会主席，副校长，商学院院长、教授）
刘大椿（哲学院教授）

刘春田（法学分会主席，法学院教授）
孙　郁（文学艺术学分会主席，文学院院长、教授）
孙家洲（历史学分会主席，历史学院院长、教授）
杜小勇（理工分会主席，信息学院院长、教授）
杨瑞龙（理论经济学分会主席，经济学院院长、教授）
杨慧林（主管学校本科教学工作的副校长、文学院教授）
吴晓求（校长助理、研究生院常务副院长、财政金融学院教授）
陈　岳（政治学社会学分会主席，国际关系学院执行院长、教授）
陈雨露（校长、财政金融学院教授）
郑杭生（社会与人口学院教授）
郝立新（哲学分会主席，哲学院院长、教授）
胡乃武（经济学院教授）
洪大用（教务处处长，社会与人口学院教授）
袁　卫（统计学院教授）
董克用（公共管理、图情档、教育学分会主席，公共管理学院院长、教授）
曾湘泉（应用经济学分会主席，劳动人事学院院长、教授）
鲍　威（理学院物理系教授）

秘书长：吴晓求（兼）

附件 2

中国人民大学第八届学位评定分委员会组成人员名单

（委员名单以姓氏笔画为序）

一、哲学分会（9 人）

主　席：郝立新
副主席：张志伟
委　员：干春松　刘晓力　张风雷　郑晓华　梁树发　韩东晖　焦国成
秘　书：杨淑华

二、理论经济学分会（8 人）

主　席：杨瑞龙
副主席：高德步　翟振武
委　员：马　中　方福前　刘元春　刘凤良　陈享光
秘　书：王　丹

三、应用经济学分会（9 人）

主　席：曾湘泉
副主席：郭庆旺
委　员：孙久文　谷克鉴　张　杰　金勇进　郑超愚　黄卫平　瞿　强
秘　书：宋　燕

四、法学分会（10 人）

主　席：刘春田
副主席：史际春　韩大元

委　员：马小红　龙翼飞　朱文奇　刘明祥　汤维建　李艳芳　张志铭
秘　书：郝晓明
五、政治学社会学分会（9 人）
主　席：陈　岳
副主席：秦　宣
委　员：杜　鹏　李路路　杨凤城　时殷弘　张雷声　金灿荣　黄嘉树
秘　书：鲁金安
六、文学艺术学分会（9 人）
主　席：孙　郁
副主席：倪　宁
委　员：王贵元　张永青　张勇先　袁济喜　徐唯辛　高　钢　喻国明
秘　书：安　阳
七、历史学分会（8 人）
主　席：孙家洲
副主席：黄朴民
委　员：齐鹏飞　陈　桦　夏明方　徐兆仁　黄爱平　魏　坚
秘　书：李　静
八、理工分会（7 人）
主　席：杜小勇
副主席：鲍　威
委　员：王孝群　龙永红　张　波　张建平　孟小峰
秘　书：娄惠兰
九、工商管理与农林经济管理分会（9 人）
主　席：伊志宏
副主席：孔祥智
委　员：王刊良　孙健敏　宋远方　郑风田　荆　新　徐二明　唐　忠
秘　书：陈　君
十、公共管理、图情档、教育学分会（9 人）
主　席：董克用
副主席：赵国俊　郑功成
委　员：卢小宾　叶剑平　张　斌　张成福　秦惠民　蓝志勇
秘　书：郭桂英

关于成立中国人民大学东校区（通州新校区）筹备工作办公室的决定

（2012—2013 学年校政字 11 号）

建设东校区（通州新校区）是学校为拓展办学空间、带动各项事业发展而采取的重大举措。为落实通州新校区筹备阶段的具体工作，经 2012 年 10 月 23 日中共中国人民大学第十三届委员会第 68 次常委会议研究，决定成立中国人民大学东校区（通州新校区）筹备工作办公室（简称“东校区筹备办公室”）。

东校区筹备办公室作为中国人民大学东校区（通州新校区）筹备领导小组下设的处级专职办事机构，负责以下工作：

一、协调东校区（通州新校区）项目有关行政审批事项；

二、组织东校区（通州新校区）征地、规划、建设工作；

三、协助学校有关部门筹措、管理东校区（通州新校区）建设资金；

四、负责东校区（通州新校区）筹备工作日常行政事务。

东校区筹备办公室设主任1名、副主任若干名。其内部机构和工作人员编制，根据实际需要合理设置。

二〇一二年十一月五日

关于印发《中国人民大学特别研究员聘用管理暂行办法》的通知

（2012—2013学年校政字12号）

各学院（系），机关各部、处及直（附）属单位：

《中国人民大学特别研究员聘用管理暂行办法》已于2012年11月6日经2012—2013学年第2次校长办公会通过，现予以印发，请遵照执行。

附件：《中国人民大学特别研究员聘用管理暂行办法》

二〇一二年十一月六日

附件

中国人民大学特别研究员聘用管理暂行办法

第一条 为汇聚具有学术发展潜力的优秀青年人才，加快推动教师队伍建设，学校决定设立特别研究员岗位，实施本办法。

第二条 特别研究员岗位是学校为加快促进青年拔尖人才快速成长而设定的介于教授和副教授之间、具有过渡性质、兼具激励与约束作用的特设学术岗位，用于引进特殊人才，完成特定学科任务。

第三条 聘任条件。

（一）原则上要求在国内外一流大学取得博士学位已满3年，且在海外一流大学（研究机构）有2年以上教学或研究经历。

（二）科研能力突出，有良好的学术发展潜力，以主要作者身份在本学科领域国际一流期刊上发表过若干篇学术论文，原则上应达到海外一流大学副教授任职条件。具有教学经验，能够胜任人才培养任务，并具有带领学术团队的能力。

（三）首聘时自然科学领域年龄一般不超过35周岁，人文社会科学领域一般不超过40周岁。能够全职来校工作。

（四）“青年千人计划”等国家人才项目入选者可直接受聘。

第四条 岗位设置原则及聘期。

（一）主要设置在学校重点发展学科以及国际通用学科。

（二）聘期一般为3年，最多可连续受聘2个聘期。

第五条 岗位职责。

（一）面向国家重大战略需求和国际科学与技术前沿，每个考核期内积极争取主持1个以上国家重大科研项目或国际合作项目，或获得相应数额的科研经费，经费数额根据学科特点另行确定。在本学科领域国际一流学术期刊上以主要作者身份发表3篇以上论文。

（二）承担一定的教学任务，教学工作量根据学校科研为主型教师岗位确定。指导博士、硕士研究生。

（三）提出具有战略性、前瞻性、创造性的研究构想，组建并带领创新团队在本学科前沿领域赶超或保持国际先进水平。

（四）积极参与学科建设、队伍建设及相关工作。

第六条 岗位待遇。

（一）工作条件。

1. 按学校有关程序申请承担博士研究生指导任务。

2. 根据学科特点和研究需要，聘期内可申请最多不超过200万元的科研启动经费，具体资助额度参照各单位引进海外人才暂行规定实施细则中D岗位的相应标准。同时，学校协助受聘者申请各类科学研究基金或人才项目。科研启动经费与项目入选经费不重复资助。

3. 提供其他必要的工作条件。

（二）薪酬福利。

1. 实行年薪制。根据受聘者情况和学科特点确定薪酬标准，具体资助额度参照各单位引进海外人才暂行规定实施细则中D岗位的相应标准。

2. 受聘者可选择租住校内周转房或领取3 500元/月的住房补贴（含国家住房补贴）。

3. 按有关规定享受医疗等福利待遇。外籍人员可根据国家规定参加社会保险。

（三）其他。

对于特别优秀的人才，其岗位待遇可由学校另行研究决定。

第七条 特别研究员薪酬、科研经费、住房补贴由学校和学院（系）共同承担，分担比例另行确定。若学院（系）获得可用于师资队伍建设的捐赠经费，则可视捐赠情况，适当提高学院（系）承担的比例。学院（系）可在学校核定的薪酬标准基础上适当上调，增加部分由学院（系）全额承担。

第八条 管理、考核及职业发展办法。

（一）实行合同管理。在合同中明确聘期、岗位待遇、工作条件、工作目标、岗位职责、具体工作任务和考核办法。

（二）实行年度考核、聘期考核相结合的考核管理方式。

年度考核由所在院系负责。主要对受聘者履行岗位职责、完成规定任务情况进行考核。受聘者与所在院系按年度签订岗位目标责任书，每学年结束时提交工作业绩自我评估表，学院（系）针对责任书和受聘者的业绩给出年度考核评估意见并向学校提交考核报告。受聘者教学工作量考核纳入学校统一管理。

聘期考核在聘任期满时进行，由学校组织评审委员会对受聘者履职情况进行评议并公示。通过聘期考核的，可按学校规定的条件和程序申请受聘教授岗位，经学校批准者，享受教授岗位的相应待遇；未能受聘教授者，可受聘副教授或自动续聘特别研究员，并在特别研究员续聘考核通过后再次按学校规定的条件和程序申请受聘教授岗位。

未能通过聘期考核的，原则上不再续聘；但如评审委员会认为受聘者具有在一定时期内完成岗位职责的可能性，可给予1年的缓冲期，缓冲期内薪酬调整为原标准的60%。缓冲期结束时，根据再次评审的情况决定聘用情况。

对于工作业绩特别突出者，达到学校教授岗位规定条件的，经学校组织的评审委员会评议和专家委员会认可，可以在聘期内申请受聘教授。

第九条 招聘流程。

（一）各学院（系）根据学科建设和实际工作需要向学校提交特别研究员引进计划。经学校批准后，面向海内外公开招聘。

（二）应聘者向学院（系）提出申请并填写相关申报材料，学院（系）组织应聘者进行公开答辩（或学术报告），并将结果和相关材料报学校人事处。

（三）学校在2个月内完成评价审核程序并将结果和有关意见反馈学院（系）。

（四）学校批准后，签订相应聘用合同，规定双方权利和义务。

第十条 附则。

（一）本办法由学校人才工作领导小组负责解释。

（二）本办法中主要作者身份是指第一作者、通讯作者以及以拼音为序期刊的任一作者，其中以拼音为序的期刊由学校认定。

关于印发《中国人民大学课程教师聘用管理实施细则》的通知

（2012—2013学年校办字17号）

各学院（系），机关各部、处及直（附）属单位：

《中国人民大学课程教师聘用管理实施细则》已于2012年11月6日经2012—2013学年第2次校长办公会通过，现予以印发，请遵照执行。

附件：《中国人民大学课程教师聘用管理实施细则》

二〇一二年十一月六日

附件

中国人民大学课程教师聘用管理实施细则

第一条 为提高人才培养质量，充分利用社会各类优秀人才资源作为我校教师队伍的有益补充，根据《中国人民大学教师岗位设置与聘用管理办法》，结合我校实际，制定本实施细则。

第二条 本实施细则所称课程教师是指未列入学校事业单位编制，但经学校批准与本校形成劳务关系，系统讲授列入教学方案的正式课程并承担其他教学环节及人才培养工作，同时获取相应劳务报酬的教师。

第三条 课程教师岗位主要在教师紧缺的学科或课程设置，主要包括：

（一）数学、计算机、外语、思想政治教育、体育等全校共同课课程以及对外汉语教学的部分课程；

（二）新建学科、基础薄弱学科所需开设课程；

（三）专业学位课程及其他实务性较强的课程。

学院（系）应优先安排本校教师承担课程，在确无合适校内人选的情况下可向学校申请由课程教师承担。

第四条 课程教师应符合如下基本条件：

（一）热爱教育事业，遵纪守法，学有专长，敬业爱生，严谨治学，为人师表，具有良好的思想品质和职业道德。

（二）原则上在学术机构具有副高级及以上专业技术职务，有较高的学术造诣和深厚的专业功底，教学经验丰富，教学业绩突出；或在政府、企业等社会组织的实务部门担任高级管理职务，具有丰富实务工作经验和较强教学能力。

（三）身心健康，能完成规定的工作任务。

第五条 课程教师的基本职责是根据学院（系）的要求开设课程并完成全部教学环节工作及承担其他人才培养工作；严格遵守学校各项管理规定，保质保量完成工作任务。

第六条 邀请课程教师来校任课应履行如下基本工作程序：

（一）开课学院（系）根据本单位岗位情况和实际教学工作需要，在每学期课程排定前两个月提出相关需求，并考察拟邀请授课人员的教学能力、学术水平，经学院（系）学术委员会同意后，将《中国人民大学课程教师登记表》等相关材料报人事处。

（二）学校教师岗位聘用委员会委托课程教师审批工作组对学院（系）提交的拟邀请授课人员材料进行审查，形成审查意见后报学校教师岗位聘用委员会审批，并将结果通知相关学院（系）。

（三）学院（系）将相关课表报人事处备案，作为核发课程教师课酬的依据。

第七条 课程教师的教学及日常管理由学院（系）负责。

课程教师须参加学校组织的课堂教学评估，学院（系）将评估结果报人事处备案，作为是否邀请其再次来校任课的重要依据。

学院（系）在课程教师授课前应审查其教学大纲，必要时进行教学方法指导和培训，并定期进行课堂抽查，确保教学质量和教学效果。课程教师未达到相关要求的，须限期整改；经整改仍未达到要求者，解除劳务关系。

课程教师在工作中出现失职行为的，学院（系）应及时报教务处（或研究生院）和人事处，相关部门视情节轻重根据有关规定进行处理直至解除劳务关系。

第八条 课程教师的课酬是其在本校从事劳务活动获取的劳务报酬，标准由学校参考校内相应级别人员的薪酬标准统一确定。学院（系）所定课酬超过学校标准的，超出部分由学院（系）自行解决。

课程教师的课酬由学院（系）根据课程教师授课实际情况申报，学校审核后，由学院（系）从工资包干总额中支付。按学校课酬标准从工资包干总额中不足以支付的部分，由学校另行拨付。

第九条 学院（系）和学校相关部门为课程教师在图书资料及其他教学资源利用方面提供其履行课程教师职责所必需的服务。

第十条 鉴于课程教师均与其现工作单位存有劳动关系，其人事、社会保险等关系与本校无关。课程教师在非授课期间一切活动及其产生的责任与本校无关。

第十一条 本实施细则既适用于中国公民，也适用于外国公民，但外国公民来校承担授课任务时，涉及外事管理规定的，按国家与学校相关规定办理。

第十二条 本办法自发布之日起施行，由人事处负责解释。

关于印发《中国人民大学关爱师生基金章程》的通知

（2012—2013学年校办字26号）

各学院（系），机关各部、处及直（附）属单位：

《中国人民大学关爱师生基金章程》已经关爱师生基金管理委员会讨论通过，现予以发布，请遵照执行。

附件：《中国人民大学关爱师生基金章程》

二〇一二年十一月二十七日

附件

中国人民大学关爱师生基金章程

第一章　总　则

第一条　本基金的名称是中国人民大学关爱师生基金，简称“关爱师生基金”，英文名称“RUC Campus Care Fund”，缩写为“RCCF”。

第二条　本基金为公益性基金。

第三条　建立本基金的目的是帮助身患重症疾病或者遭遇意外伤害和自然灾害的中国人民大学师生。

第二章　经费来源与受益对象

第四条　本基金可接受社会公募，基金来源为：

（一）校友捐赠；

（二）社会各界的专项捐赠；

（三）专项募集活动所得资金；

（四）基金利息；

（五）心平基金——关爱师生基金配比资金；

（六）其他合法收入。

第五条　本基金受益对象为国家统招的本科生和在我校全脱产学习的全日制研究生（不包括各类在职培养、委托培养和定向培养的研究生）、档案人事关系在我校的正式在职教职工及离退休教职工。

第三章　组织机构

第六条　本基金的决策机构是关爱师生基金管理委员会（以下简称“管理委员会”）。管理委员会设名誉主任、主任、副主任和委员。

第七条　管理委员会原则上由15名成员构成：包括2名名誉主任、1名主任、1名副主任、7名职能部门委员、2名普通教职工委员、2名普通学生委员（任期1年）。

第八条　管理委员会成员任职资格：

（一）热爱中国人民大学公益事业，认同本基金的宗旨，关心和支持本基金的工作，并志愿为本基金服务；

（二）具有良好的公益参与意识，能依据公平、公正、公开的原则，独立客观地参与议事；

（三）具有较强的议事、决策能力和人际沟通能力。

第九条　管理委员会职责：

（一）制定和修改关爱师生基金章程；

（二）制定和修改相关管理办法；

（三）听取、审议本基金的工作报告及基金管理和使用情况的报告；

（四）决定本基金工作的重大方针、政策、规划和项目。

第十条　管理委员会下设办公室，办公室设在中国教科文卫体工会中国人民大学委员会，具体负责基金的日常工作。

第十一条　管理委员会每年召开1～2次会议。如遇特别紧急事项，管理委员会可召开临时会议。管理委员会会议由主任负责召集和主持，由管理委员会办公室负责具体会务工作。管理委员会会议须有2/3以上委员出席方能召开。管理委员会决议须经出席委员过半数通过方为有效。

第四章　基金管理与使用

第十二条　本基金设在中国人民大学教育基金会总账户下，建立“中国人民大学关爱师生基金”分账户，实行单独核算管理。

第十三条　中国人民大学关爱师生基金的资金管理按照教育基金会财务管理制度和中国人民大学财务制度执行。

第五章　基金的监督

第十四条　基金的管理和使用情况接受学校纪委、监察、审计、工会经费审查委员会等职能部门以及全校师生的监督。

第六章　附　则

第十五条　本章程修改、变更、解释权属于关爱师生基金管理委员会。

第十六条　本章程自发布之日起施行。

2012年统计资料

表一 **教职员工人员构成一览表** 单位：人

项目＼类别	合计	专任教师	行政人员	教辅人员	工勤人员	科研机构人员	校办企业职工	其他附设机构人员
总计	3 660	1 859	684	420	188	300	9	200
其中：女性	1 602	668	354	302	45	110	6	117
正高级	645	563	8	19	0	45	1	9
副高级	927	674	40	111	0	50	1	51
中级	1 096	582	0	232	0	205	1	76
初级	81	40	0	38	0	0	0	3
未定职级	911	0	636	20	188	0	6	61

表二 **专任教师学历构成一览表** 单位：人

项目	合计	研究生毕业		本科毕业	专科毕业及以下
		博士	硕士		
总计	1 859	1 487	271	97	4
其中：女性	668	519	118	31	0
正高级	563	476	63	23	1
副高级	674	537	92	43	2
中级	582	467	98	16	1
初级	40	7	18	15	0
未定职级	0	0	0	0	0

表三　　本科生分学科学生数一览表　　单位：人

学科	毕业生数	招生数	在校生数
总计	2 655	3 104	11 577
哲学	61	41	233
经济学	652	791	2 906
法学	403	466	1 748
文学	476	611	2 130
历史学	75	77	294
理学	200	407	1 503
工学	45	28	28
管理学	743	683	2 735

表四　　研究生学生数一览表　　单位：人

	毕业生数	授予学位生数	招生数	在校研究生数			
				合计	一年级	二年级	三年级及以上
总计	4 175	4 209	4 463	11 368	4 463	4 694	2 211
其中：女生	2 392	2 392	2 520	6 227	2 520	2 719	988
博士生	783	785	890	3 390	890	820	1 680
硕士生	3 392	3 424	3 573	7 978	3 573	3 874	531
国家任务小计	3 311	3 308	3 663	9 349	3 663	3 599	2 087
博士生	759	761	858	3 185	858	768	1 559
硕士生	2 552	2 547	2 805	6 164	2 805	2 831	528
委托培养小计	267	266	68	546	68	444	34
博士生	8	8	0	57	0	24	33
硕士生	259	258	68	489	68	420	1
自筹经费小计	597	635	732	1 473	732	651	90
博士生	16	16	32	148	32	28	88
硕士生	581	619	700	1 325	700	623	2

注：另有在职人员攻读硕士学位在校学生 2 812 人。

表五　　留学生情况一览表　　单位：人

	当年毕业生	授予学位数	当年招生数	在校学生数
总计	895	293	913	1 829
博士生	12	12	21	105
硕士生	77	77	91	248
本科生	210	204	163	1 087
培训生	596	—	638	389

表六　　成人教育、网络教育学生数一览表　　单位：人

	当年毕业生数			招生数			在校学生数		
	合计	本科	专科	合计	本科	专科	合计	本科	专科
总计	17 507	9 976	7 531	19 306	12 018	7 288	55 791	38 097	17 694
成人教育	2 144	1 834	310	1 802	1 802	0	8 717	8 391	326
其中：函授	191	141	50	0	0	0	397	329	68
业余	1 930	1670	260	1 802	1 802	0	8 320	8 062	258
脱产	23	23	0	0	0	0	0	0	0
网络教育	15 363	8 142	7 221	17 504	10 216	7 288	47 074	29 706	17 368

表七 校园与校舍面积、固定资产一览表

全校占地面积（平方米）	757 729
校舍面积（平方米）	1 041 706
一、教学科研及辅助用房	326 612
教室	56 580
图书馆	72 722
实验室、实习场所	60 087
专用科研用房	102 510
体育馆	21 024
会堂	13 689
二、行政办公用房	92 014
三、生活用房	308 677
学生宿舍（公寓）	201 532
学生食堂	23 853
教工宿舍（公寓）	20 000
教工食堂	0
生活福利及附属用房	63 292
四、教工住宅	124 656
五、其他用房	189 747
固定资产总值（万元）	338 332
其中：教学、科研仪器设备	46 021
图书（万册）	426.4

表八 学校基建投资状况表 单位：万元

	合计	其中		已完成投资中资金构成				竣工面积（平方米）	
		国家投资	自筹投资	建安工程		设备购置	其他	小计	其中：住宅
				小计	其中：住宅				
投资计划	6 415	2 000	4 415	—	—	—	—	—	—
完成投资	25 400	2 000	23 400	—	—	—	—	—	—

表九 经费收入状况表 单位：万元

总计	财政拨款	事业收入	其他收入
321 850.78	136 271.70	99 112.62	86 466.46

表十 经费支出状况表 单位：万元

总计	事业支出	基建支出
270 053.04	247 494.59	22 558.45

表十一 科学研究基本状况一览表——文科

科技活动人员情况（人）			研究与发展课题数（项）				科研与发展成果情况			应用成果（项）		科研成果获奖情况（项）		研究与发展课题经费拨入(万元)
社科活动人员	研究与发展人员	研究与发展人员全时当量（人年）	合计	基础研究	试验发展	应用研究	合计	出版著作（部）	发表论文（篇）	提交有关部门	鉴定成果	国家级	省部级	
1 763	1 651	627.7	3 305	1 298	0	2 007	3 630	432	3 198	28	—	0	15	17 945.13

表十二　　科学研究基本状况一览表——理科

科技活动人员情况(人)		研究与发展课题数(项)				科研与发展成果情况			科研成果获奖情况(项)		研究与发展课题经费拨入(万元)
理科活动人员	研究与发展人员全时当量(人年)	合计	基础研究	应用研究	试验发展	出版著作(部)	发表论文(篇)	专利(项)	国家级	省部级	
248	109.1	239	147	81	11	5	183	9	0	2	8 008.2

说明：1. 表一至表七根据《中国人民大学高等教育基层统计报表（2012/2013 学年初）》填写，统计时点为 2012 年 9 月 1 日，统计时期为 2011 年 9 月 1 日至 2012 年 8 月 31 日。

2. 表八至表十二，统计时期为 2012 年 1 月 1 日至 2012 年 12 月 31 日，统计时点为 2013 年 1 月 1 日。

3. 表三、表四统计范围不含留学生；表九、表十统计范围含附中、附小，不含幼儿园；其余表格无特殊说明统计范围均不含附中、附小、幼儿园。

中共中国人民大学第十三届委员会常委、委员和纪律检查委员会委员名单

党委常委（以姓氏笔画为序）

马俊杰　王利明　牛维麟　冯惠玲
伊志宏　刘向兵　纪宝成　杨慧林
陈雨露　查显友　程天权

注：2012年5月29日，教育部发文（教党任〔2012〕45号），任命查显友、伊志宏、刘向兵同志为中共中国人民大学委员会常委；免去袁卫、林岗、陈一兵同志的中共中国人民大学委员会常委职务。

党委委员（以姓氏笔画为序）

马俊杰　王利明　牛维麟　冯惠玲
伊志宏　刘向兵　刘彭芝　纪宝成
杨瑞龙　杨慧林　陈　岳　陈一兵
陈雨露　林　岗　周淑真　郑水泉
查显友　贺耀敏　秦　宣　袁　卫
徐志宏　郭洪林　程天权　温铁军

纪委委员（以姓氏笔画为序）

马周年　王宏伟　牛维麟　龙翼飞
关　伟　吴美华　张晓辉　荆　新
涂光晋　董克用

■ 中国人民大学校级领导干部名单

党 委 书 记： 程天权
校　　　长： 陈雨露
党委常务副书记： 牛维麟
常 务 副 校 长： 冯惠玲
副　校　长： 冯惠玲　王利明（兼）　杨慧林
查显友　伊志宏　刘向兵
党 委 副 书 记： 马俊杰　王利明
纪 委 书 记： 牛维麟（兼）

注：2012年5月29日，教育部发文（教任〔2012〕27号），任命冯惠玲同志为中国人民大学常务副校长（正局级），王利明、杨慧林、查显友、伊志宏、刘向兵为中国人民大学副校长；免去袁卫的中国人民大学常务副校长，林岗、陈一兵的中国人民大学副校长职务。

■ 中国人民大学校长助理名单

贺耀敏　黎玖高　吴晓求　郝立新　郭洪林　王孝群

■ 中国人民大学第十届学术委员会组成人员名单

主　任： 纪宝成
副 主 任：（以姓氏笔画为序）
冯　俊　冯惠玲（常务）　刘大椿　林　岗　贺耀敏　袁　卫　曾宪义
温铁军
秘 书 长： 杜　鹏
副秘书长：（以姓氏笔画为序）
王　珊　李景治　杨瑞龙　陈　桦　徐二明　董克用　韩大元
委　员：（以姓氏笔画为序）
王　珊　王化成　王利明　王孝群　毛基业　方立天　冯　俊　冯其庸
冯惠玲　成同社　伊志宏　邬沧萍　刘大椿　杜　鹏　杜小勇　孙家洲
纪宝成　李　泉　李文华　李景治　李路路　杨瑞龙　杨慧林　吴易风
吴晓求　吴喜之　邹　骥　宋志明　宋新宁　张风雷　张成福　张雷声
陈　桦　陈　岳　陈兴滨　陈雨露　林　岗　金元浦　郑功成　郑保卫
赵国俊　贺耀敏　秦　宣　秦惠民　袁　卫　倪　宁　徐二明　徐庆平

高　钢　高德步　郭　湛　郭庆光　郭庆旺　郭志新　唐　忠　黄卫平
黄朴民　董克用　韩大元　焦国成　曾宪义　曾湘泉　温铁军　翟振武

注：中国人民大学第十届学术委员会委员名单于 2005 年 12 月 19 日经 2005—2006 学年第 7 次校长办公会讨论通过。

■ 中国人民大学第三届校务委员会组成人员名单

名誉主任：黄　达　李文海
主　　任：程天权
副 主 任：袁　卫　牛维麟　刘大椿　郑功成
委　　员：（以姓氏笔画为序）
马俊杰　王　珊　牛维麟　刘大椿　刘向兵　刘向东　李　湘　李文海
李景治　何光沪　陈先达　易丹辉　周淑真　郑功成　郑保卫　胡乃武
费　佳　袁　卫　顾海兵　倪　宁　徐二明　徐庆平　黄　达　黄卫平
彭和平　董克用　程天权　曾湘泉　蓝志勇　戴　逸
其他有关单位负责人：理学院　校研究生会　校学生会

■ 中国人民大学第八届学位评定委员会组成人员名单

主　席：陈雨露
副主席：冯惠玲　袁　卫　刘大椿　吴晓求
委　员：（以姓氏笔画为序）
王利明　冯惠玲　伊志宏　刘大椿　刘春田　孙　郁　孙家洲　杜小勇
杨瑞龙　杨慧林　吴晓求　陈　岳　陈雨露　郑杭生　郝立新　胡乃武
洪大用　袁　卫　董克用　曾湘泉　鲍　威
秘书长：吴晓求（兼）

■ 中国人民大学第八届学位评定分委员会主席、副主席、委员名单

（委员名单以姓氏笔画为序）

一、哲学分会（9 人）
主　席：郝立新
副主席：张志伟

委　员：干春松　刘晓力　张风雷　郑晓华　梁树发　韩东晖　焦国成

二、理论经济学分会（8人）

主　席：杨瑞龙

副主席：高德步　翟振武

委　员：马　中　方福前　刘元春　刘凤良　陈享光

三、应用经济学分会（9人）

主　席：曾湘泉

副主席：郭庆旺

委　员：孙久文　谷克鉴　张　杰　金勇进　郑超愚　黄卫平　瞿　强

四、法学分会（10人）

主　席：刘春田

副主席：史际春　韩大元

委　员：马小红　龙翼飞　朱文奇　刘明祥　汤维建　李艳芳　张志铭

五、政治学社会学分会（9人）

主　席：陈　岳

副主席：秦　宣

委　员：杜　鹏　李路路　杨凤城　时殷弘　张雷声　金灿荣　黄嘉树

六、文学艺术学分会（9人）

主　席：孙　郁

副主席：倪　宁

委　员：王贵元　张永青　张勇先　袁济喜　徐唯辛　高　钢　喻国明

七、历史学分会（8人）

主　席：孙家洲

副主席：黄朴民

委　员：齐鹏飞　陈　桦　夏明方　徐兆仁　黄爱平　魏　坚

八、理工分会（7人）

主　席：杜小勇

副主席：鲍　威

委　员：王孝群　龙永红　张　波　张建平　孟小峰

九、工商管理与农林经济管理分会（9人）

主　席：伊志宏

副主席：孔祥智

委　员：王刊良　孙健敏　宋远方　郑风田　荆　新　徐二明　唐　忠

十、公共管理、图情档、教育学分会（9人）

主　席：董克用

副主席：赵国俊　郑功成

委　员：卢小宾　叶剑平　张　斌　张成福　秦惠民　蓝志勇

■ 中国人民大学第六届教职工代表大会主席、副主席、秘书长、副秘书长及成员名单

主　　席：马俊杰（兼）

副 主 席：胡乃武　林　嘉　洪　玫

秘 书 长：孙华玲

副秘书长：余　浩

成　　员：（以姓氏笔画为序）

马周年　马俊杰　仇雨临　牛维麟　田育英　龙永红　刘后滨　刘向兵
刘青建　刘彭芝　安小米　许　鹏　余　浩　吴晓求　宋远方　张伦传
张晓京　林　嘉　周淑真　郑水泉　胡乃武　查显友　洪　玫　洪大用
费　佳　徐金梅　高德步　郭星华　郭洪林　曾贤刚　黎玖高

■ 中国人民大学工会第十五届委员会主席、副主席、委员名单

主　　　席：马俊杰（兼）

常务副主席：孙华玲

专职副主席：余　浩　胡树刚

兼职副主席：（以姓氏笔画为序）

李军林　李树旺　辛　逸　宋大我　武　雷

委　　　员：（以姓氏笔画为序）

马秀芹　马俊杰　王　飞　孔祥智　艾希成　华彦春　刘　震　孙　喆
孙华玲　李军林　李明霞　李树旺　余　浩　辛　逸　汪永红　宋大我
武　雷　周　勇　郑瑞芳　孟　超　赵永奎　赵朝平　郝中建　胡树刚
徐　飞　崔　军　葛秀珍

■ 中国人民大学第六届经费审查委员会组成人员名单

主　任：孙茂竹

副主任：张　雁

委　员：王　健　史彤彪　刘桂香

■ 校部机关、各学院（系、所）、直（附）属单位负责人名单
（截至2012年12月31日）

学校办公室	主　　任	刘向兵（兼）（2012.10免）
（校长办公室、党委办公室）		纪红波（2012.10任）
党委组织部	部　　长	高德步
党委宣传部	部　　长	郑水泉
	副 部 长	徐青森（兼新闻中心主任）（2012.08调出）
党委统战部	部　　长	周淑真
纪　委	书　　记	牛维麟（兼）
	副 书 记	王　健
纪委办公室	主　　任	王　健（兼）
监察处	处　　长	王　健（兼）
研究生院	院　　长	袁　卫（兼）（2012.07免）
		冯惠玲（兼）（2012.07任）
	常务副院长	吴晓求（兼）
	副 院 长	刘凤良
	副 院 长	宋远方
发展规划处	处　　长	杨伟国
高教研究室	主　　任	胡　娟（兼）
教务处	处　　长	洪大用
科研处	处　　长	杜　鹏
人事处	处　　长	郭洪林（兼）
实验室建设与设备管理处	处　　长	武宝瑞
学生工作部（处、武装部）	部（处）长	张晓京
招生就业处	处　　长	蔡荣生
国际交流处	处　　长	唐　忠
财务处	处　　长	查显友（兼）（2012.07免）
		顾　涛（2012.07任）
资产与后勤管理处	处　　长	林建荣
保卫处（部）	处（部）长	武龙生
产业管理处	处　　长	关　伟
校园建设管理处	处　　长	张　卯
	总工程师兼副处长	肖淑梅
理工学科建设处	处　　长	王孝群（兼）
审计处	处　　长	赵永奎
离退休工作处	处　　长	葛秀珍（兼离退休党委书记）（2012.07任）
校工会	主　　席	马俊杰（兼）
	常务副主席	孙华玲

校团委	书　记	费　佳
机关党委	书　记	牛维麟（兼）
	常务副书记	刘向兵（兼）（2012.10免）
		纪红波（兼）（2012.10任）
校友工作办公室	主　任	郭海鹰
教育基金会	秘书长	查显友（兼）
哲学院	院　长	郝立新（兼）
	党委书记	葛晨虹
文学院	院　长	孙　郁
	党委书记	王贵元
历史学院	院　长	孙家洲
	党委书记	陈　桦
国学院	名誉院长	冯其庸（聘）
	院　长	纪宝成（兼）
	执行院长	黄朴民
	党委书记	徐　飞
经济学院	院　长	杨瑞龙
	党委书记	张　宇
财政金融学院	院　长	郭庆旺
	党委书记	王宏伟
	全国金融硕士专业学位教育指导委员会秘书处秘书长	庄毓敏
汉青经济与金融高级研究院	院　长	马修·逊姆（Matthew Shum）（2012.04聘）
	执行院长	梁　晶（2012.04任）
统计学院	院　长	赵彦云
	党委书记	王晓军
农业与农村发展学院	院　长	温铁军
	党委书记	孔祥智
法学院	院　长	韩大元
	党委书记	林　嘉
知识产权学院	院　长	刘春田
马克思主义学院	院　长	秦　宣
	党委书记	张雷声
社会与人口学院	院　长	翟振武
	党委书记	郭星华
国际关系学院	院　长	陈　健（聘）
	执行院长兼党委书记	陈　岳
新闻学院	院　长	赵启正（聘）
	执行院长	倪　宁
	党委书记	高　钢
艺术学院	院　长	吴长江（名誉）（聘）
	执行院长	徐唯辛
	党总支书记	郑晓华

外国语学院	院　　长	何其莘（聘）
	常务副院长	张勇先
	党委书记	张卫平（2012.01免）
环境学院	名誉院长	李文华（聘）
	院　　长	马　中
	党委书记	刘　鹏
信息学院	院　　长	杜小勇
	党委书记	林　颐
理学院	院　　长	冯惠玲（兼）（2012.07任）
	党总支书记	杨燕萍
	副院长兼心理学系主任	孙健敏
	物理学系主任	朱传界（聘）
	化学系主任	曹廷炳（2012.03去世）
商学院	院　　长	伊志宏（兼）
	党委书记	荆　新
	全国会计硕士（MPAcc）专业学位教育指导委员会秘书处秘书长	王化成
公共管理学院	院　　长	董克用
	党委书记	秦惠民（2012.12免）
		李家福（2012.12任）
	全国公共管理硕士（MPA）专业学位教育指导委员会秘书处秘书长	董克用
劳动人事学院	院　　长	曾湘泉
	党委书记	周　石
信息资源管理学院	院　　长	赵国俊（2012.10免）
		张　斌（2012.10任）
	党委书记	纪红波（2012.10免）
		王　丹（2012.10任）
教育学院	执行院长	胡　娟（兼）
	党总支书记	秦惠民
继续教育学院	院　　长	陈兴滨
	党委书记	刘夏阳
培训学院	名誉院长	陈一兵（2012.07聘）
	党总支书记兼副院长	刘京建
国际学院（苏州研究院）	院　　长	王利明（兼）
苏州校区	党委书记兼常务副院长	陈甬军
中法学院	院　　长	伊志宏（兼）（2012.07任）
深圳研究院	院　　长	袁　卫（兼）（2012.07免）
		冯惠玲（兼）（2012.07任）
	常务副院长	陈　建
体育部	主　　任	杨占武
	党总支书记	杨占武（兼）（2012.10免）

		张玲玲（2012.10任）
图书馆	馆　　长	刘大椿
	党总支书记	汪永红
档案馆	馆　　长	冯惠玲（兼）（2012.07免）
		杨慧林（兼）（2012.07任）
	常务副馆长	李　惠
网络与教育技术中心	主　　任	顾　涛（兼）
博物馆	名誉馆长	纪宝成（兼）
	馆　　长	冯惠玲（兼）（2012.07免）
		杨慧林（兼）（2012.07任）
	馆　　长	方　鸣（聘）（兼）
	副 馆 长	李　惠
校医院	院　　长	王桂云
	党总支书记	马秀芹
后勤集团	总 经 理	黎玖高（兼）
	党委书记兼副总经理	裴　晟
	常务副总经理	陈建立
文化科技园管委会	办公室主任	彭　翊
出版社	社　　长	贺耀敏（兼）（2012.10免）
		李永强（2012.10任）
	总　　编	周蔚华（2012.03免）
		贺耀敏（兼）（2012.10任）
	党委书记	李永强（兼）
学术期刊社	社　　长	林　岗（兼）（2012.10免）
		贺耀敏（兼）（2012.10任）
	副 社 长	段忠桥（兼）
	《经济理论与经济管理》主编	方福前
	《中国人民大学学报》主编	段忠桥
	《经济与政治研究》主编	赵锡军（2012.12免）
	《教学与研究》主编	齐鹏飞
书报资料中心	主　　任	盛希贵
	总　　编	高自龙
	党委书记	李遵清
人大资产经营管理公司（人大世纪科技发展有限公司）	总 经 理	关　伟（兼）
	副总经理	彭　翊（兼）
印刷厂	厂　　长	董四湖
附属中学	校　　长	刘彭芝
	党委书记	刘小惠
	常务副校长	翟小宁
附属小学	校　　长	郑瑞芳

学院(部)简介

■ 哲学院

哲学院成立于 2005 年 5 月，前身为中国人民大学哲学系，建系于 1956 年。现任院长为郝立新教授。

学院下设哲学系和宗教学系，有哲学、宗教学和伦理学 3 个本科专业，其中哲学和宗教学专业入选教育部和北京市“第一类特色专业建设点”。学院有马克思主义哲学、中国哲学、外国哲学、伦理学、美学、逻辑学、科学技术哲学、宗教学和管理哲学等 9 个硕士点和博士点，招收高级访问学者、外国留学生和港澳台学生。

学院现有教师 76 人，其中教授 40 人、副教授 28 人、讲师 7 人，助教 1 名，博士研究生导师 48 人（包括兼职教授）。在校生 626 人（留学生 6 人），其中本科生 188 人，硕士研究生 240 人，博士研究生 198 人。

学院是国家文科基础学科（哲学）人才培养和科学研究基地、教育部“十五”“211 工程”重点基地、“985 工程”哲学社会科学创新平台，是国内最早可以授予硕士学位和博士学位、最早设立博士后流动站的学术机构之一，是国内第一批一级学科博士学位授权单位，拥有马克思主义哲学、伦理学和宗教学 3 个国家级重点学科，拥有伦理学与道德建设研究中心、佛教与宗教学理论研究所 2 个“教育部人文社会科学重点研究基地”。

2012 年，学院举办了“人大—辅仁大学”学术论坛、“第四届全国管理哲学创新论坛”、“第十七届中国现象学年会”、“第一届京津高校青年哲学论坛”、“历史唯物主义与当代中国文化发展学术研讨会”、“美学与现代艺术论坛”、“第二届中荷宗教论坛”等一系列学术会议，影响广泛。

2012 年，学院获评全国优秀博士学位论文 1 篇，获得国家社科基金重大项目 3 项，年度项目 4 项。方立天教授荣获北京市人民教师奖，宋志明教授荣获第八届北京市高等学校教学名师奖，马俊峰教授入选 2011 年“长江学者”特聘教授。

■ 文学院

2008 年 1 月，原文学院与原对外语言文化学院组建成立新的文学院，2008 年 12 月，跨学院研究机构“国剧研究中心”调整至文学院建设。现任院长为孙郁教授。

学院现有 12 个教学单位（文艺理论教研室、中国古代文学教研室、中国现当代文学教研室、比较文学与世界文学教研室、影视与多媒体教研室、古代汉语及古典文献教研室、现代汉语教研室、语言学及应用语言学教研室、汉语国际教育教研室、创造性写作教研室、对外汉语教学中心、国剧研究中心）。此外，还设有 2 个校属研究所（汉语国际推广研究所、国剧研究中心），6 个院属研究所（语言文字研究所、文艺思潮研究所、华人文化研究所、比较文学研究所、基督教文化研究所、文化产业研究所）。

学院在职职工 111 人，其中教授 29 人，副教授 32 人。2012 年上半年，学院共有各类在校学生 1 398 人、博士后 7 人。其中：中国学生 854 人（本科生 310 人，学术型硕士 265 人，专业型硕士 192 人，博士生 87 人），留学生 544 人。2012 年下半年，学院共有各类在校学生 1 227 人、博士后 14 人。其中：中国学生 902 人（本科生 325 人，学术型硕士 290 人，专业型硕士 189 人，博士生 98 人），留学生 325 人。

学院是“国家文科基础学科人才培养和科学研究基地”，设有“中国语言文学”一级学科博士学位授权点、博士后流动站，拥有国家级重点学科（文艺学）、北京市重点学科（比较文学与世界文学）等；全面培养文艺学、汉语言文字学、语言学及应用语言学、中国古代文学、中国现当代文学、比较文学与世界文学、中国古典文献学等专业的本科生、硕士研究生、博士研究生和博士后研究人员，并招收“电影学”、“戏剧戏曲学”和“汉语国际教育”等专业的硕士生。

学院继续主编“人大复印报刊资料·中国语言文学系列”的 6 种学术月刊，主办《文学论集》、《语言论集》、《马列文论研究》、《中国苏轼研究》、《文化研究》、《问题》、《基督教文化学刊》等 7 种学术辑刊，与外单位合办《鲁迅研究月刊》、《新文学史料》两种核心期刊。学院同国外 80 多所大学和研究机构建立了多种形式的学术联系。

2012 年上半年，中国语言文学学科被评为北京市一级重点学科，学院学科建设有了新突破。

在师资队伍建设方面，多位青年教师加盟到学院的教师队伍，整体水准有所提高。中青年教师的活力日益凸显出来。作为著名的比较文学和宗教研究学者，杨慧林副校长当选为拉丁美洲科学院院士；作为 2008—2011 年度“长江学者”讲座教授，学院推荐的英国格拉斯哥大学大卫·贾斯珀（David Jasper）教授入选教育部“海外名师”项目，他是学校入选的第四位“海外名师”。

2012 年，学院获得国家社科基金项目 3 项，教育部项目 3 项。一些科研成果反响良好，仅《新华文摘》就转载了 6 篇论文，转载率名列国内文学院前茅。

在科研成果方面，刘小枫教授的著作《刘小枫集》荣获第六届吴玉章人文社会科学奖一等奖，程光炜教授的著作《文学讲稿：“八十年代”作为方法》获得第六届高等学校科学研究优秀成果奖（人文社会科学），朱冠明副教授的专著《〈摩诃僧祇律〉情态动词研究》荣获 2012 年度中国社会科学院吕叔湘语言学奖一等奖，刘震云教授编剧的电影《一九四二》获得意大利电影协会最佳摄影奖和青年评审团最佳影片金蝴蝶奖。

在人才培养方面，首先，学院全力贯彻学校“本科新生导师制”，安排全院最优秀的专家学者，包括杨慧林副校长、孙郁院长、刘小枫教授、阎连科教授、程光炜教授以及中国人民大学讲座教授黄子平等，为2012级本科生开设新生研讨课，取得了良好的教学效果，给本科教学改革带来突破；其次，针对人文学科博士生学制从2013年开始由三年改为四年的政策调整，各个学科正努力制定合理的、切实可行的博士生培养方案；另外，文学节的系列讲座开始成为学院的一个重要品牌。

从2012年年初开始，学院组织了多次重大学术活动，提升了学院的学术声望。4月14日至15日，学院举办了“全国重点大学中文发展论坛第14次会议”，来自北京大学、北京师范大学、复旦大学、南京大学等25所全国重点大学的文学院院长（中文系主任）参会，共商中文学科未来发展大计；10月3日，学院承办了“中国人文社会科学论坛2012”，哲学、文学、历史学、艺术学、宗教学、国学等人文社会科学各领域专家学者汇聚一堂，对1912年以来学术制度的基本脉络、基本特征和基本经验，以及未来发展中面临的问题和挑战进行深入研讨，此次论坛是中国人民大学75周年校庆“学术校庆”体系的重要活动；11月3日至5日，承办了主题为“汉学与当今世界”的第三届世界汉学大会，在学术高度和思想格局上，给世界汉学界以较深的印象：这次大会探讨了世界对中国的阐释以及“中国道路”对世界的意义，通过语言与思想、汉学与国学、“新汉学”与世界大势的相生互动，使“文明对话”与“文化交流”的主题得到进一步深化。在11月4日第三届世界汉学大会“中外文学获奖者论坛”上，1986年诺贝尔文学奖得主沃莱·索因卡与阎连科、刘震云两位教授的对话，在文坛的反响也颇为良好。

2012年，学院国际学术交流步伐不断扩大。学院已与国外众多著名高校建立了长期稳定的学术交流和人才培养合作关系，并着重在英国和北美建立了两个国际交流与合作平台。前者以剑桥大学和格拉斯哥大学为核心，后者以美国哈佛大学、芝加哥大学及两家基金会为依托。学院与剑桥大学东亚研究系和宗教学院建立了牢固的伙伴关系，杨慧林副校长和耿幼壮教授与该校东亚系资深汉学家鲁惟一教授（Michael Loewe）和宗教学院著名学者大卫·福特教授（David Ford）之间，形成了良好的学术互动。1月至3月，耿幼壮教授应鲁惟一教授邀请，作为高级访问学者赴剑桥大学克莱尔学院（Clare Hall）进行学术访问与研究。10月19日，大卫·福特教授访问学院，并发表了题为“想象的与实践的基督教——尼哥德慕的过去与现在”（Imaginative and Practical Christianity：Nicodemus Then and Now）的学术讲演；学院与英国格拉斯哥大学建立了“文学与神学”跨学科研究网络，8月27日在北京召开了“北京—苏格兰”系列研讨会第一次会议，主题为“经文辩读：意义与语境”（Scriptural Reasoning：Its Meaning and Context）；与伦敦国王学院建立了“中国与西方”系列定期人文学术对话，并于6月19日至20日在伦敦举行了第一次学术对话，标题为“中国与西方：宗教、政治与伦理”；7月9日至10日，学院与哈佛大学东亚系联合主办了主题为“小说的读法”之“第二届中国当代文学史国际论坛”，在规模和质量上，都是本学科一流的；9月5日至6日，杨慧林副校长访问芝加哥大学，出席国际比较文学学会2012年理事会及学术研讨会，就他所领导的“经文辩读与比较文学”专业委员会上一年度的工作做了详细汇报。国际比较文学学会会长、美国杨百翰大学教授桑卓普（Steven Sondrup）高度评价了杨慧林副校长领导的专业委员会所取得的成绩。理事会经过讨论确定，杨慧林副校长为下一届理事会理事候选人。

■ 历史学院

历史学院的前身是1948年成立的华北大学中国历史教研室，1956年正式建系，1978年复校后重建历史系和清史研究所。2005年组建成立历史学院，学院下设历史系和清史研究所，是国内外知名的历史研究的学术重镇和历史学人才培养基地。现任院长为孙家洲教授。

学院历史学专业为一级学科点，拥有下属的全部8个二级学科，系教育部国家文科基础学科人才培养和科学研究基地（由历史系与清史研究所共建）。学院现有8个硕士点（中国古代史、中国近现代史、世界史、专门史、史学理论及史学史、历史文献学、历史地理学、考古学），8个博士点（中国古代史、中国近现代史、世界史、历史文献学、专门史、史学理论及史学史、历史地理学、考古学与博物馆学），拥有历史学一级学科学位授予权。中国古代史及中国近现代史为国家级重点学科，历史学为北京市一级重点学科。学院还设有教育部国家文科基础学科人才培养和科学研究基地、教育部人文社会科学重点研究基地。

学院现有专任教师77人，其中教授28人，副教授25人，讲师24人，90%以上的教师具有博士学位，50%的教师具有海外学术背景，形成了一个以各学科带头人和中年学科骨干力量为核心的教学—科研团队。其中，"中国古代史"、"清史研究"、"中国近现代史"、"《资治通鉴》选讲"、"世界文明史"、"历史研究与田野考古"、"中国史史料学"等课程，构建了结构合理、学术力量雄厚的教学团队，在日常教学与人才培养中发挥着中坚作用。在秦汉史、唐宋史、清史、民国史等研究领域，集中了一批有学术声誉的学者，形成了特色鲜明的学术亮点。

学院现有学生406人，其中本科生135人，硕士生178人，博士生93人。

清史研究一直是学院的重要学科品牌。清史研究所作为世界知名的清史研究与教学中心之一，队伍建设完整，科研优势突出，在海内外历史学界具有重大的学术影响。从2002年开始，清史研究所承担了国家"新修清史工程"的主体工作，戴逸教授担任清史编纂委员会主任，直接领导了"新修清史工程"，学院部分教师参加了此项"盛世修史"的工程。另外，清史研究所主创的《清通鉴》，获2001年国家图书出版奖；《18世纪的中国与世界》获第四届吴玉章人文社会科学奖一等奖（2002年）；《清史编年》获2002年北京市哲学社会科学优秀著作一等奖。清史所主持并出版的《新史学》集刊、新史学多元对话丛书系列、《中国荒政书集成》、《民国社会调查丛编》、《民国社会调查丛编二编》（12卷，共27册）等，都获得了学界好评。

学院在教学和科研中取得了重大成绩。在教学中，2008年至2011年，学院教师共获得国家社科基金项目7项，教育部规划项目2项，人民大学重大科研项目4项，与省部级横向联合项目3项。累计发表学术论文290篇，其中，发表在CSSCI上的论文数总计256篇，出版各种学术著作总计50部，在国外期刊上发表外文原创论文2篇。

学院学术交流活动频繁，多名教师先后赴日本、美国、法国、德国、澳大利亚、意大利、俄罗斯、蒙古、韩国、荷兰等国家访问、讲学、进修、研究及参加学术会议；多次邀请外国专家、港台专家前来讲学，与英国伯明翰大学历史系、台湾政治大学历史系等十多个国家和地区的高等院校、学术团体建立了良好的学术交流与合作，聘请了一批专业造诣深厚的校外专家作为客座教授、兼职教授、研究员。学院还积极参加和承办各种国内外学术会议，成功举办了诸多国际和国内学术会议。

■ 国学院

国学院成立于2005年5月28日，是学校为探索和加强新时期国学学科的建设和国学人才的培养，弘扬中华民族优秀传统文化而作出的重大举措。现任院长由纪宝成老校长担任，冯其庸先生任名誉院长，黄朴民教授任执行院长。

截至2012年底，学院共有专任教师32人（其中教授12人，副教授7人，讲师13人），特聘教授4人，讲座教授5人，学术顾问6人，专家委员会委员66人，兼职教授40人；共有在校学生289人，其中本科生173人、硕士75人、博士生41人；有在站博士后1人。

2012年，学院深化国学的主题研究，召开了“国际四书学学术研讨会”，并成功承办了2012中国人文社会科学论坛“国学的走向”分论坛，来自海内外的著名专家学者30余人出席会议；成功举办了首届全国高校国学院院长论坛暨纪宝成国学教育基金成立仪式、“荀子思想的地位和价值”国际学术研讨会、“满蒙档案与蒙古史研究”学术讨论会、汉藏融通 艺文涵泳：第二届汉藏佛学研讨会暨觉囊佛教文化论坛和“王道政治与天下主义”讨论会，在海内外引起了广泛关注；国学院举办的上述一系列学术会议得到了媒体的广泛关注，《光明日报》、《中华读书报》、《中国社会科学报》等媒体都做了相关报道；此外，继续举办了各类学术讲座10余期，为今后继续出版《国学论坛》第3集打下了基础。

2012年，国学院教学、科研取得了丰硕的成果。继续编写经典解读系列教材，《墨子解读》已送出版社待出版，《国学通论》上卷也已基本编写完成；继续编写《国学研究文库丛书》2种，展示国学研究的新成果，为深化国学研究作出了新贡献；启动了“民国国学丛书的整理与研究”项目；组织编写《西域历史语言研究丛书》2种和《汉藏佛学研究丛书》3种，西域历史语言研究得到进一步推进；编辑出版《国学学刊》4期、《西域历史语言研究集刊》1辑、《蒙古学问题与争论》1期，进一步扩大了三个学术平台的国际影响；2012年，学院项目申报也实现了预期目标，学院获得国家社科基金重大项目1项、国家社科基金青年项目1项、教育部人文社科规划项目1项、决策咨询及预研委托项目2项。学院目前在研的各项国家级、省部级、校级项目，全部通过2012年的项目中期检查，部分项目已经顺利结项。2012年8月，中国人民大学国学院与新疆维吾尔自治区文物管理局就共同组织实施“新疆青铜时期古文化与所谓欧洲吐火罗人存在关联”研究签订了合作协议书。国学院执行院长黄朴民和新疆文物管理局常务副局长王卫东分别代表双方在协议书上签字。此外，国学院按照学校的统一要求，向学校提交了“2011计划项目申报书”，提出“国学教育的开拓创新与传播普及”、“历史影视剧的创作与研究”、“西域历史文化语言专题研究”等三个方面供学校决策参考，同时还积极参加由清华大学等提出的“2011计划——出土文献与中国古代文明协同创新中心组建框架协议”，力争能够以发起单位参与该计划。学院还按要求准时完成了学科评估表格的填写，并配合历史学院、文学院、哲学院做好各相关一级学科材料收集、整理等工作，圆满完成学科评估工作。

2012年，学院继续努力强化和提升国际性，大力开展与海外高校和学术机构的学术交流与合作。黄朴民执行院长应邀率团访问了芬兰赫尔辛基大学，并第二次访问德国波恩大学，就师资共享、学生培养、刊物发表、合作办会等方面达成初步合作意向。黄朴民执行院长等还访问了香港中文大学、香港科技大学等高校，并造访了香港新亚研究所，与新亚研究所所长廖伯源教授就双方开展合作的事宜进行了磋商，决定在时机成熟时签署双方合作协议。与此同时，学院还遴选和促成了4名国学院优秀学生赴美国明尼苏达大学、美国印第安纳大学、香港理工大学、香港中文大学攻读博士学位。

此外，学院继2011年2007级博士毕业生卢燕新的博士学位论文被评为全国百篇优秀博士论文后，2012年2008级博士毕业生鞠岩的博士学位论文被评为北京市优秀博士论文；学院其他学生还获得了宝钢奖学金等多项重大奖项。学院顺利完成了2009级本科生及2011级硕士生游学活动，编写出《游学报告集》，圆满举办了首届“国学院学生学术活动季”。

■ 经济学院

经济学院成立于1998年，其前身可以溯源至1946年华北联合大学设立的财经系，是新中国经济学科的重要奠基者和开拓者之一。现任院长为杨瑞龙教授。

经济学院下设经济学系、国际经济系、国民经济管理系、能源经济系、经济研究所、区域与城市经济学研究所，拥有理论经济学、应用经济学 2 个国家重点一级学科，并在教育部组织的连续三轮一级学科评估中均排名全国第一。拥有政治经济学、西方经济学、国民经济学和区域经济学 4 个国家重点二级学科，世界经济学为北京市重点二级学科。学院有国家百家重点人文社会科学研究基地（中国经济改革与发展研究院）和国家经济学基础人才培养基地，设有政治经济学、西方经济学、国民经济学、经济史、经济思想史、世界经济、国际贸易、企业经济学、网络经济学、数量经济学、区域经济学、城市经济学等 12 个博士点，政治经济学、西方经济学、国民经济学、经济史、经济思想史、世界经济、国际贸易、国际商务、企业经济学、网络经济学、数量经济学、国防经济学、区域经济学、城市经济学等 14 个硕士点，理论经济学、应用经济学 2 个博士后流动站，经济学、国际经济与贸易、国民经济管理、能源经济等 4 个本科专业，拥有"经济学—数学"双学位实验班、"中国经济"全英文硕士班、理论经济学硕博连读实验班、政治经济学硕博连读实验班、中国人民大学—九州大学联合培养硕士研究生项目、中国人民大学—蒙特雷国际研究院国际商务专业硕士联合培养项目等 6 个人才培养平台。设立了《资本论》教学与研究中心、企业与组织研究中心等 10 余个研究机构。

学院现有在岗专任教师 124 人，其中教授 52 人，副教授 55 人，博士研究生导师 52 人。现有学生 2 068 人，其中本科生 1 061 人，硕士研究生 475 人，博士研究生 391 人，留学生 141 人。

2012 年，学院教师共在《中国社会科学》、《经济研究》等核心期刊上发表论文 240 余篇，在 ESI、SSCI 和 SCI 上发表高水平论文 23 篇。共获得国家社科基金重大项目 2 项、面上项目 2 项、青年科学基金项目 3 项；获得国家自然科学基金青年科学基金重点项目 2 项、面上项目 1 项、青年科学基金项目 1 项；教育部人文社科基金项目青年项目 2 项、重大项目 4 项、留学归国人员科研启动基金项目 1 项。获第十二届北京市哲学社会科学优秀成果一等奖 1 项，二等奖 4 项；获得第六届吴玉章优秀科研奖一等奖 1 项，第六届吴玉章人文社会科学青年奖 1 项；北京市高等教育教学成果奖 2 项。入选全国优秀博士论文提名论文 1 篇；入选 2012 年教育部"新世纪优秀人才支持计划"1 人；教育部第一批"十二五"规划教材 3 本。承办了教育部主办的"《资本论》骨干教师高级研修班"。

2012 年，学院与美国芝加哥大学、美国加州大学伯克利分校、美国加州大学圣迭戈分校、美国蒙特雷国际问题研究院、美国范德比尔特大学、英国伦敦大学亚非学院、意大利罗马第一大学、俄罗斯圣彼得堡国立经济大学、荷兰鹿特丹大学、日本京都大学、日本早稻田大学、台湾政治大学等国家和地区的著名高校和研究机构开展了广泛的交流与合作；与俄罗斯圣彼得堡国立经济大学、韩国汉阳大学经济金融学院、意大利佛罗伦萨大学经济学院签署合作协议，承办 1 期国家商务部援外人力资源开发合作项目，与俄罗斯圣彼得堡国立经济大学联合举办"中国经贸研修班"。

2012 年，学院举办了中国人民大学—韩国庆北国立大学联合学术研讨会、第五届中国人民大学—汉阳大学联合学术研讨会、第四届海峡两岸财经前沿问题研讨会、第十二届太平洋国际区域科学协会（PRSCO）夏季年会暨第四届中国—国际区域科学协会（RSAI）"区域科学与区域可持续发展"学术研讨会、2012 年微观数据与实证方法国际研讨会、第二届全国高校微观计量经济学高级研修班、第三届亚洲政策论坛、第五届中俄高级经济论坛、第七届中日三校国际学术会议、2012（澳门）两岸四地经济合作交流峰会、"国家、金融，以及走出危机的增长：来自中国和国际的经验"国际研讨会等高水平学术会议，以及世纪经英论坛、杰出院友论坛、人大经济讲堂、组织经济学研讨会、能源经济学研讨会、国际商务论坛、宏观经济学研讨会、研究生学术论坛等高质量学术活动。成功举办中国宏观经济论坛 4 期，发布的中国宏观经济分析与预测报告受到有关部门高度重视，2 部英文版宏观经济报告在海外出版发行。

■ 财政金融学院

财政金融学院成立于1997年，其前身是财政信用系，是中国人民大学创建伊始设立的八大系所之一，是新中国最早的财政金融教学科研基地。现任院长为郭庆旺教授。

学院下设4个教学系：财政系、货币金融系、应用金融系、保险系；10个院属研究所：财政与税收研究所、金融与证券研究所、风险投资研究所、国际并购与投资研究所、信托与基金研究所、投资研究所、保险研究所、金融与财税电子化研究所、国际货币研究所、中国艺术品金融研究所；1个教育部人文社会科学重点研究基地——中国财政金融政策研究中心；全国金融专业硕士教学指导委员会秘书处挂靠在学院。学院现有财政学、金融学、保险学、金融工程、税务、信用管理等6个学士学位二级学科授权点；财政学、金融学、金融工程、税务、保险学、风险投资等6个学术型硕士学位二级学科授权点；金融、税务、保险3个专业硕士学位授权点；财政学、金融学、金融工程、保险学、风险投资等5个学术型博士学位二级学科授权点和1个应用经济学博士后流动站。

学院现有专任教师68人，其中教授27人，副教授31人，讲师10人，90%的教师拥有博士学位，并聘请国际一流学者、实业界知名人士作为学院兼职教授、名誉教授或客座教授。现有学生2 208人，其中本科生1 372人，硕士研究生527人，博士研究生272人，第二学位学生37人。其中包含留学生84人。

2012年，学院共举办了各类会议34场，成功举办国际货币体系改革及其对中国的影响、全球危机下的金融新思维、未来之路：欧元走向何方、债券市场发展机遇与挑战等国际学术研讨会，顺利召开了“2012第三届江山论坛暨首届中国债券市场发展论坛”、“货币金融圆桌会议·2012春”、“货币金融圆桌会议·2012秋”等研讨会。

2012年，学院深化对外办学与交流，6名教师组成的代表团赴韩国参加由韩国江南大学举办的第十一届“中韩财政金融研讨会”；实施杜伦大学“双金融硕士学位项目”；筹备伊利诺伊大学香槟分校“双学位金融硕士项目”；与芝加哥大学、女王大学、哥伦比亚大学、卢森堡大学达成合作协议。

2012年，学院与厦门金圆投资集团有限公司签署战略合作协议书；与方正集团、北京首创期货有限公司、宜信惠民投资管理（北京）有限公司等3家公司签署就业实习基地。

2012年，学院陈雨露、张成思、郑志刚、张顺明等4位教师的课题入选国家社会科学基金项目；郭庆旺、张成思、朱青、岳希明、许荣等5位教师的课题入选教育部人文社科项目；郭庆旺、岳希明、刘芳等3位教师的课题入选中国人民大学科学基金研究项目。

2012年，学院陈雨露教授的《中国农村金融论纲》获得北京市第十二届哲学社会科学优秀成果奖一等奖、吴晓求教授的《变革与崛起——探寻中国金融崛起之路》和吕冰洋教授的《中国税收高速增长的源泉：税收能力和税收努力框架下的解释》获得北京市第十二届哲学社会科学优秀成果奖二等奖；张杰教授荣获第八届北京市高等学校教学名师奖；贾俊雪副教授的《政府间财政收支责任安排的地区经济增长效应》和吕冰洋教授的《政府间税收分权的配置选择和财政影响》分别获得全国优秀财政理论研究成果评选二、三等奖；何青副教授所撰写的论文荣获全美华人金融协会最佳论文奖。

2012年，学院黄达教授的《金融学》（第二版）精编版、陈共教授的《财政学》（第六版）、陈雨露教授的《国际金融》（第三版）精编版、吴晓求教授的《证券投资学》（第三版）、庄毓敏教授的《商业银行业务与经营》、任淮秀教授的《投资银行学》（第三版）、汪昌云教授的《金融衍生工具》、张洪涛教授（第一作者）与郑功成教授合著的《保险学》（第三版）入选第一批“十二五”普通高等教育本科国家级规划教材。

2012年，学院吴晶妹教授的“现代信用”入选“中组部干部培训高校基地最受学员欢迎的特色课程名单”；陈雨露教授入选“中国人民大学2012年最受学员欢迎的选学授课教师名单”；岳树民教授入选“全国中组部干部教育培训专家库名单”；任淮秀教授的“金融危机下的中国投资策略课程”入选“《中国干部大讲堂》第三、四卷课程名单”；张杰教授的“中国经济增长的金融逻辑”、岳树民教授的“构建科学发展的税收制度”、任淮秀教授的“金融危机下的中国投资策略课程”和吴晶妹教授的“现代信用”等4门课程入选“中国干部网络学院”课程。

2012年，学院陈雨露教授出任央行货币政策委员会委员；张杰教授获得“长江学者”称号；庄毓敏教授获“北京市三八红旗奖章”称号；魏丽教授被聘为首批保险消费者权益保护工作社会监督员，并在当年入选2012年度“新世纪优秀人才支持计划”。

■ 汉青经济与金融高级研究院

汉青经济与金融高级研究院（以下简称汉青研究院）是企业家赵汉青先生在中国人民大学捐资建立，于2007年3月正式揭牌成立，中国人民大学原校长纪宝成教授和诺贝尔经济学奖获得者斯蒂格利茨教授任名誉院长。加州理工学院马修·逊姆（Matthew Shum）教授任海外院长。梁晶教授任执行院长，主持工作。研究院同时成立了由中国人民大学原校长黄达教授、普林斯顿大学邹至庄教授、全国人大财经委副主任吴晓灵教授、斯坦福大学洪瀚教授任主任的学术委员会。

研究院现有专任教师17人，其中教授1人，副教授2人，讲师14人，聘请国际一流学者、实业界知名人士作为学院兼职教授、名誉教授或客座教授。

2012年，研究院人才工作取得新进展，在新一轮“千人计划”项目评审中，院长美国加州理工学院马修·逊姆教授以及特聘教授美国斯坦福大学洪瀚教授均通过中组部评审，顺利入选第七批“千人计划”。

2012年，海外师资招聘大获成功，11位海外英才加盟研究院。在汉青教师队伍不断壮大的新形势下，研究院和学术委员会参考学校相关文件，结合汉青研究院特殊实际，制定了《中国人民大学汉青经济与金融高级研究院教师管理办法》和《中国人民大学汉青经济与金融高级研究院关于教师职称评聘的若干规定》，在教学、科研、公共服务等方面对教师提出更高的要求。

汉青研究院自2008年起开始招收和培养金融学、数量经济学专业的硕士研究生，已成功培养了两届学生。2012年起，试行硕博连读培养方式。现有在校学生（均为硕士研究生）151人。研究院注重人才培养质量，以“做人、做事、做学问”为院训，以“提高人才培养质量”为目标，开创了“三年制、三学期、国际化”的人才培养模式。

2012年，研究院共举办各类学术会议20余次，成功举办了第五届“Five Star·金融论坛”。成功举办第二届汉青年会，聚焦金融变革，共话职业发展。

2012年，研究院深化国际交流工作，赴美招聘反响强烈，美国经济学界以多种方式对研究院近几年的快速发展表示肯定。国外知名学者受邀访问增多，包括芝加哥大学哈里斯公共政策学院副院长丹·布莱克（Dan Black）教授、世界著名金融学家富兰克林·艾伦（Franklin Allen）教授、美国前国务卿理查德·库珀（Richard Cooper）教授在内的20余位学者访问研究院。与国际知名高校建立合作增多，已与马里兰大学、女王大学、加州大学伯克利分校等高校展开不同形式的合作。

2012年，研究院成功举办暑期国际学期，打造了10门专题课程，共计12学分，192课时。该项目师资由来自哈佛大学、斯坦福大学、哥伦比亚大学、普林斯顿大学、剑桥大学、加州理工大学、约翰·霍普金斯大学、康奈尔大学、波士顿大学等国际一流高等学府的十几位享有国际声誉的知名专家学者组成。

2012年，汉青研究院专职教师发表（含接收）英文论文（均被SSCI收录）共17篇。其中汤珂副教授有一篇文章发表在国际顶级期刊 *Review of Financial Studies* 上。

2012 年，研究院第二届学生顺利完成学业，成功走向国内外一流高校、顶级金融机构、政府和大型国有企业等。20%的学生赴宾夕法尼亚大学、加州大学洛杉矶分校等世界名校进行深造。汉青创新型研究生培养新模式得到广泛认可。

2012 年，研究院举办招生夏令营，通过严格选拔，60 名学生入选。

■ 统计学院

统计学系成立于 1952 年，是新中国统计学学科的奠基者和开拓者之一。统计学院成立于 2003 年，在原统计学系的基础上组建而成，是全国统计学教学和研究的重要基地，在 2012 年教育部一级学科整体水平评估中位居全国第一。现任院长为赵彦云教授。

学院现有统计学 1 个本科专业，统计学、风险管理与精算 2 个本科专业方向；统计学、概率论与数理统计、风险管理与精算、流行病与卫生统计学 4 个硕士学位点；统计学、风险管理与精算 2 个博士学位点。

学院共有专任教师 37 人，其中教授 13 人，副教授 15 人。聘请兼职教授和客座教授共 9 名，其中，中国人民大学兼职教授 6 人，中国人民大学客座教授 1 人，中国人民大学讲座教授 1 人，教育部“海外名师”项目入选教授 1 人。在校生 629 人，其中本科生 346 人，硕士研究生 209 人，博士研究生 74 人，包括本科留学生 2 人。

学院与美国哥伦比亚大学、台湾辅仁大学合办学术期刊《数据科学期刊》(*Journal of Data Science*)；承担了国家自然科学基金、国家社会科学基金、北京市社会科学基金和国家各部委、企事业单位的大量科研课题。

2012 年，学院教师申请获批的新立项目 41 个，已确定的新立项目经费达 701.92 万元。2012 年，学院教师在各类专业期刊杂志上发表论文 51 篇；出版著作 7 部。

2012 年，学院主办和协办国际国内学术会议 7 次，分别是：政府统计科学发展研讨会、第五届中国 R 语言会议（北京会场）、第四届中韩统计研讨会、2012 年生物统计国际研讨会、全国统计学一级学科建设暨应用统计专业硕士教育研讨会、第五届中国人民大学统计国际论坛、第六届临床医学研究中的统计方法学术研讨会。多年来学院积极开展对外学术交流活动，与多所世界知名高校建立了密切的学术交流和联系。

■ 农业与农村发展学院

农业与农村发展学院于 2004 年在原农业经济系的基础上组建成立。现任院长为温铁军教授。

学院现有农林经济管理及农村区域发展 2 个本科专业，农业经济管理、林业经济管理、技术经济及管理、农村发展、可持续发展管理、食品科学及食品安全管理 7 个硕士学位点，1 个农业推广硕士专业学位点，农业经济管理、林业经济管理、技术经济及管理、农村发展和可持续发展管理 5 个博士学位点，以及农林经济管理、公共管理博士后流动站。

学院现有专任教师 51 人，其中“千人计划”特聘教授 1 人、教授 14 人、返聘教授 1 人，副教授

17人，讲师18人；中国人民大学讲座教授1人；中国人民大学荣誉教授2人；共有学生556人，其中本科生200人，硕士研究生278人，博士研究生76人，留学生2人。

学院现承担各类科研项目100多项，其中国家社会科学基金、国家自然科学基金等研究项目30余项。2012年获批国家社科基金青年项目1项，国家自然科学基金面上项目4项、青年项目1项，教育部人文社科青年项目1项。学院组织本科生赴山东寿光集体专业实习；举办第三届全国优秀大学生夏令营；学院组织出版“神农书系”第三批著作。

2012年，学院主办“美国新法案及其对中国农业的影响”国际学术研讨会、“欧盟新木材法案与中国木业发展”研讨会、“东北亚CDM项目开发与REDD＋实施能力建设”国际培训研讨会、北京农业经济学会第六次代表大会暨学术报告会。学院联合主办亚太地区森林恢复与可持续经营国别比较研究国际研讨会、中国（淮安）合作经济高峰论坛、“爱生活、爱故乡”——第四届全国社区互助农业（CSA）经验交流会。学院与深圳市农产品股份有限公司签订战略合作意向书，与百汇天石农业投资中心共建中国人民大学农村发展研究所。

2012年，北京市委常委牛有成到学院教学实践基地——小毛驴市民农园现场调研。著名经济学家Hans Binswanger-Mkhize、美国加州州立大学弗雷斯诺（Fresno）分校师生代表团、韩国农协经济研究所本部长全灿益及农协北京办事处朴主任、国际食物政策研究所所长樊胜根博士以及国际食物政策研究所北京办事处主任陈志刚教授、美国农业部经济研究局中国组负责人葛飞德（H. Frederick Gale）、美国哈佛大学医学院李豫伟教授、罗格斯新泽西州立大学（Rutgers-The State University of New Jersey）Ramu Govindasamy教授、英国环境食品农村事务部副部长Jim Paice、英国环境食品农村事务部政策顾问Samuel Raff、英联农业政府关系总监Samantha Northey等访问学院。

2012年，学院教师应邀出席农产品流通体系建设专题研讨会、“农业合作社的国际趋势与中国实践”国际研讨会、第十届中国林业经济论坛、佛山食品安全高峰论坛、国务院食品安全办公室食品安全预警座谈会、“两岸社区创新与发展”会议、天津市社会科学第八届学术年会、第十届全国HACCP应用与认证研讨会、“全球化时代中国农业的发展与变迁”国际学术研讨会、第三届中日韩国际学术研讨会、中国农业技术经济学会2012年会、农产品质量安全学术研讨会、第四届山东省家庭服务业可持续发展论坛、“文化认同与文化保护：亚洲实践”国际学术讨论会、“现代中国政治研究方法论诸问题”国际学术讨论会、林业与绿色经济国际研讨会。学院赴日本九州大学、中村学园大学，韩国首尔大学及台湾等地进行学术交流。

法学院

法学院成立于1998年，其前身是1950年成立的法律系，是中国人民大学成立之初建立的八大系所之一，也是新中国诞生后党和政府创立的第一所正规的、新型的高等法学教育机构。现任院长为韩大元教授。

学院是全国首批获准在法学一级学科拥有博士学位授予权的单位，博士点和硕士点覆盖了全部二级学科。学院拥有国家一级重点学科1个、国家二级重点学科4个，拥有“985工程”国家重点创新基地、国家“211工程”项目法制信息港、教育部人文社会科学研究基地2个（中国人民大学刑事法律科学研究中心、中国人民大学民商事法律科学研究中心）。设有全国第一个法学博士后流动站，成立了作为二级学院的知识产权学院、律师学院和亚太法学研究院，拥有各类专业研究机构、教学实践基地、《法学家》杂志社等机构40余个。

学院现有教师114人，其中教授48人、副教授43人、讲师23人，博士研究生导师79人（含返聘教授、校外兼职博导);另有博士后 32 人。共有学生 2 924 人,其中本科生 728 人,双学士生 37 人,法学硕士研究生 509 人,法律硕士研究生 1 123 人,博士研究生 428 人,留学生 99 人。

2012 年教育部学位与研究生教育发展中心发布学科评估结果,中国人民大学法学学科以整体水平 95 分的高分位居全国高校法学一级学科第一名。2012 年,学院成功入选教育部、中央政法委“卓越法律人才教育培养计划”应用型、复合型法律职业人才教育培养基地和涉外法律人才教育培养基地。学院被教育部评为“国家级法学实践教育基地”。

2012 年度学院教师科研教学成果丰硕。4 位教师获得教育部第六届“高等学校科学研究优秀成果人文社会科学奖”(包括一等奖一项、二等奖一项等);9 位教师获 2012 年度国家社科基金项目立项;1 位教师获得教育部人文社科重点项目立项,1 位教师获得国家社科重大项目立项;11 位教师获得 2012 年教育部人文社会科学研究一般项目立项;5 位教师获得 2012 年度中国法学会部级课题立项;3 位教师分获第六届吴玉章人文社会科学奖一等奖、优秀教学奖和青年奖;1 位教师的著作入选 2012 年《国家哲学社会科学成果文库》;3 位教师获得第十二届北京市哲学社科优秀成果奖。学院教师本年度在《中国社会科学》、《中国法学》、《法学研究》发表论文 17 篇。王作富教授、许崇德教授、孙国华教授、郭寿康教授、高铭暄教授荣获首次评选的“全国杰出资深法学家”称号。韩大元教授入选“长江学者”特聘教授、1 位教师入选“新世纪优秀人才支持计划”。

2012 年,学院与慕尼黑大学法学院正式签署联合博士培养协议;与牛津大学法学院合作开展公法暑期班等。学院重点开展了“选派优秀学生到国际机构实习计划”、“暑期海外游学计划”、“人大法学院与世界著名法学院学生圆桌会议”等学生国际化工作。学院邀请了多位享誉海内外的杰出法学家开设“海外杰出法学家系列课程”。学院主办了“2012 中美法学院院长论坛——纪念 CLEEC 项目三十周年”、“首届中国—拉美法治对话”、“中美知识产权司法审判研讨会”、“第二届中欧法学院院长联席会议”等高水平国际学术会议,在扩大交流中相互借鉴,使学院的国际影响力进一步扩大。

2012 年,学院在人才队伍建设方面取得长足进步。学院引进 6 位年轻教师,3 位外籍教师。人才引进方式更为灵活,短期任教的外籍教师每学期都达到 10 名左右。加强博士后流动站建设,进一步积聚各学科领域高素质的学术力量。

■ 马克思主义学院

马克思主义学院成立于 2003 年 7 月,在成立于 1996 年 12 月的原马克思主义学院和成立于 20 世纪 50 年代的中共党史系的基础上组建而成。现任院长为秦宣教授。

学院下设马克思主义理论教育研究所、马克思主义发展史研究所和中共党史系;中国人民大学“三个代表”重要思想研究中心、北京马克思主义研究基地——马克思主义研究院和学校当代中国研究中心和思想理论课教学办公室均挂靠在马克思主义学院。

学院现有中国革命史与中国共产党党史 1 个本科专业,马克思主义哲学、思想政治教育、科学社会主义与国际共产主义运动、马克思主义基本理论、政治经济学、中共党史、当代中国史、中国特色社会主义理论、马克思主义发展史、马克思主义中国化研究、国外马克思主义等 11 个博士学位点和硕士学位点。

学院现有教师 58 人,其中教授 23 人,副教授 16 人,讲师 19 人。学院共有学生 359 人,其中本科生 100 人,硕士研究生 129 人,博士研究生 127 人,留学生 3 人。

学院的马克思主义理论学科是全国唯一的国家级重点一级学科,政治学一级学科之下的“中共党史”学科自 1988 年以来一直是国家级重点二级学科。

2012 年，学院举办了若干场马克思主义理论研究学术前沿系列专题讲座。主要有：10 月 26 日美国东西方研究所副总裁 David Firestein（方大为）讲授“美国大选后的中美关系展望：问题、挑战和机遇”专题讲座；10 月 29 日邀请美国加州大学圣迭戈分校历史系教授 Joseph W. Esherick（周锡瑞）讲授“追随毛泽东转战陕北的足迹——兼谈口述史、田野调查在中共党史研究中的价值和意义”专题讲座；12 月 8 日召开“中国特色社会主义道路、理论和制度”学术研讨会，会议由中国人民大学马克思主义与中国道路协同创新中心、中国特色社会主义理论体系研究中心、马克思主义学院和《教学与研究》编辑部共同主办，来自全国各地的 40 余位专家教授参加此会。

■ 社会与人口学院

社会与人口学院成立于 2003 年 4 月，下设社会学系、人口学系、社会工作系、人类学研究所、老年学研究所，并设有法社会学研究所、女性研究所、性社会学研究所、社会心理学研究所、社会调查中心、英国研究中心等院属研究机构，同时拥有社会学理论和方法研究中心、人口与发展研究中心 2 个教育部重点研究基地。现任院长为翟振武教授。

学院设社会学、社会工作、公共事业管理 3 个本科专业；设社会学，人口学，人类学，民俗学，老年学，人口、资源与环境经济学，社会工作，社会医学与卫生事业管理 8 个硕士学位点；设社会学，人口学，人类学，老年学，人口、资源与环境经济学 5 个博士学位点；社会工作硕士专业学位（MSW）点；拥有社会学，人口学，人口、资源与环境经济学 3 个国家级重点学科，社会学一级学科授予权，社会学一级学科博士后流动站。

学院现有 58 名专任教师，其中教授 21 人，副教授 24 人，讲师 13 人；2012 年引进海外知名大学归国博士 1 人。共有学生 832 人，其中本科生 357 人，硕士研究生 177 人，博士研究生 104 人，留学生 17 人，社会工作专业硕士 177 人。

在中国学术期刊（光盘版）电子杂志社、清华大学图书馆、中国科学文献计量评价研究中心联合举办的《中国学术期刊影响因子年报 & 国际引证报告（2012）》暨“2012 中国最具国际影响力学术期刊”发布会上，中国人口学研究领域的重要期刊——《人口研究》荣获“中国最具国际影响力学术期刊”。

在教育部公布的第一批“十二五”普通高等教育本科国家级规划教材书目中，郝大海教授主编的《社会研究方法》（第二版）和夏建中教授编写的《社区工作》（第二版）入选“十二五”规划教材。《当代中国社会变迁》、《大学生生殖健康课程建设的探索与创新》获得 2012 年第七届中国人民大学高等教育教学成果一等奖。

2012 年学院获国家社科基金立项 4 项（一般项目 2 项、青年项目 2 项），教育部人文社科基地重大项目 4 项，北京哲社规划项目 2 项。

李路路教授入选 2012 年长江学者；郑杭生教授荣获首届“费孝通学术成就奖”；邬沧萍教授荣获首届“吴玉章人文社会科学终身成就奖”；洪大用教授荣获 2012 年宝钢教育基金优秀教师奖；郭星华教授、刘少杰教授荣获中国人民大学 2012 年度“十大教学标兵”称号；2011 级研究生张浣珺荣获 2012 年宝钢奖学金；2010 级博士生盛亦男荣获 2012 年中国人民大学博士研究生新人奖。

人口与发展研究中心、中国人民大学人口研究所主办了“第六次全国人口普查数据开发学术研讨会”；社会工作系、香港大学社会工作与社会行政学系和北京社会建设研究院联合举办了“中国儿童保护：跨界合作”学术研讨会；社会转型与社会管理协同创新中心主办了京津冀和长三角区域人口流动与发展学术研讨会。学院主办了第三届中国人民大学社会学系与辅仁大学社会学系、心理系研讨会。

学院与台湾辅仁大学签署了《中国人民大学与辅仁大学双联学制（联合培养）合作协议书》，自此，中国人民大学社会与人口学院与台湾辅仁大学社会科学院双联学制（联合培养）合作项目正式启动。双联学制（联合培养）旨在建立彼此认可的双边课程机制，相互提供师资、协助学生在人大及辅仁两校的课程学习，并在符合两校毕业资格规定后，分别授予中国人民大学和辅仁大学两校的硕士或博士学位。中国人民大学（中国调查与数据中心、社会与人口学院）和内蒙古自治区鄂尔多斯市政府签订合作共建协议。

朝鲜金日成综合大学经济学院副部长朱永勋率代表团一行 6 人到学院人口学系访问。学院副院长、人口学系主任段成荣教授，人口学研究室主任宋健教授，老年学研究室主任姜向群教授，人口资源环境教研室主任张耀军副教授，社会医学与公共管理教研室主任和红副教授出席了接待仪式并参加了研讨会。

2012 年，学院学生活动成果丰富，在第四届首都地区京北地区社会学知识邀请赛中获亚军；青年志愿者协会获得慧灵机构 2012 慧灵最佳志愿者团体称号。

学生科研项目：2012 年“大学生创新实验计划”获国家级 5 项、北京市级 2 项、校级 1 项。

在教育部组织的 2012 年度全国一级学科评估中，中国人民大学社会学一级学科再次名列全国第一。

■ 国际关系学院

国际关系学院成立于 2000 年，是在 1950 年成立的外交系和马克思主义基础教研室、1964 年组建的国际政治系和东欧中亚研究所，以及 1994 年成立的欧洲问题研究中心的基础上组建而成的。现任院长为陈健教授，执行院长兼党委书记为陈岳教授。

学院现有国际政治、外交学、政治学与行政学 3 个本科专业以及国际政治（国际政治经济学）、政治学与行政学（政党政治）两个本科专业方向，世界经济、国际政治、国际关系、国际政治经济学、外交学、政治学理论、中外政治制度、中国政治、科学社会主义与国际共产主义运动等 9 个硕士学位点和 8 个博士学位点。学院下设国际政治系、外交学系、政治学系、社会主义研究所、俄罗斯东欧中亚研究所、欧洲问题研究中心、欧盟研究中心等 7 个教学科研单位。此外，还有联合国研究中心、国际能源战略研究中心、美国研究中心等以项目和课题方式组织的研究机构。

学院现有专任教师 67 人，其中教授 25 人，副教授 29 人，讲师 13 人。全部教师中具有博士学位者 58 人，获得海外高校博士学位者 12 人。学院共有学生 1 192 人，其中本科生 566 人，硕士研究生 214 人，博士研究生 121 人，留学生 291 人。

2012 年学院正在进行的教育部和国家社科基金重大项目和重点项目有 7 项，一般项目 20 余项，省部级项目 14 项，以及国际合作项目 11 项，多位教师荣获教育部和北京市的科研奖项，在研项目的科研经费总数超过 1 000 万元人民币。同时，学院还承办了复印报刊资料《国际政治》、《中国外交》、《政治学》和《中国政治》等刊物的编辑工作。

2012 年，学院主持召开第三届汉学大会“汉学与当今世界”的第三分论坛“文化差异与国际政治走向”，并成功举办“2012 东北亚国际论坛”、第四轮中美韩战略对话等重大学术活动以及模拟联合国、模拟亚太经合组织峰会等学生学术实践活动。

学院与亚洲、美洲、欧洲多所国际知名学院签署了学生交流协议，双方互换学生已达百余人次，学生交流的长期机制已初步建成，为帮助学生拓展国际视野、提升学院国际性创造了良好平台。与此同时，学院师生还积极参加了 2012 年哈佛大学模拟联合国大会、“面对共同挑战”中欧青年交流项目、外交外事礼仪大赛等国内外学术交流活动并取得佳绩。

此外，学院与美国、欧洲和亚太地区的共 30 多所著名大学和科研机构建立了经常性的学术交流与合作，聘请了 40 多名国内外著名专家和资深学者为名誉教授、兼职教授和客座教授，他们定期来学院讲学或进行合作研究，丰富了学院学术资源的多样性。

■ 新闻学院

新闻学院成立于 1988 年，在原新闻系的基础上组建而成，前身是成立于 1955 年的新闻系。1958 年，北京大学新闻专业并入中国人民大学新闻系，此前，创办于 1924 年的燕京大学新闻系于 1952 年并入北大新闻专业，因此从 20 世纪 50 年代末开始，新闻系集中国人民大学、燕京大学和北京大学三所大学的新闻教育力量于一体。新闻学院是教育部人文社会科学重点研究基地“新闻与社会发展研究中心”所在单位。现任院长为赵启正教授，执行院长为倪宁教授。

学院现有新闻学、广播电视新闻学、广告学、传播学 4 个本科专业，新闻学、传播学、传媒经济学和广播电视传播学 4 个硕士学位点，新闻学、传播学和传媒经济学 3 个博士学位点，新闻传播学博士后流动站。学院现设四系一室（部），即新闻系、传播系、广告与传媒经济系、广播电视系、新闻传播史论教学与研究室（部）。

学院现有专任教师 54 人，其中教授 18 人，副教授 20 人；共有在校生 1 215 人，其中本科生 685 人，硕士生 300 人，博士生 110 人，留学生 120 人。

学院设有新闻传播实验中心和资料室，资料室保存有解放前的报刊样本 3 765 种、报纸影印本 422 本，建国后的报纸合订本 1 300 余本、期刊 3 300 本、中外图书资料 22 000 余册。截至 2012 年底新闻学院编辑出版了全国中文核心期刊《国际新闻界》230 期。

在海外交流与合作方面，学院与美国、加拿大、英国、德国、日本、韩国、新加坡、荷兰和我国香港、台湾地区多所高校的相关院系建立了良好的长期合作关系。

2012 年是学院“实践应用年”，学院举办了一系列学术实践活动。新闻学院再次蝉联由教育部组织的全国新闻传播学科评估第一名；继续深化国际新闻硕士专业培养，组织了 2013 级国际新闻硕士推免生选拔工作，来自全国高校的 78 名本科生参加了该次选拔；新闻学院举办包括“传播与社会”高端论坛、“移动互联时代传播创新”、第八届“中俄大众传媒发展”、“世界舞台上的中国文化”、“全国首届新闻传播教育联席会”、“2012 澳门第二届文化传媒论坛”、“2012 健康传播工作坊”等国内外高层次学术研讨会 10 余场，其中接待来访外宾 50 余人次；深入拓展社会合作，提升社会服务水平，全年针对各级政府部门、各大媒体共举办培训、研修班 25 期，显著扩大了人大新闻传播学科的社会影响力。

■ 艺术学院

艺术学院成立于 1999 年，是集美术、音乐、艺术设计和艺术史论于一体的综合性艺术学院。现任名誉院长为吴长江教授，执行院长为徐唯辛教授。

学院下设绘画系、艺术设计系、音乐表演系、艺术学系、徐悲鸿艺术研究院、东方艺术研究所、文化艺术策划与推广研究所和绘画材料研究与修复工作室。现有绘画、艺术设计、音乐表演、美术学等4个本科专业；艺术学、音乐学、美术学、设计艺术学、艺术（音乐）、艺术（美术）、艺术（艺术设计）等7个硕士专业；在哲学院美学专业下招收东西方绘画的理论与实践、中国美术史研究、中国书画的理论与实践、文艺复兴绘画研究、中西艺术比较研究等方向博士研究生。

学院现有专任教师64人，其中教授11人，副教授19人。学院还聘请了近20位在各艺术领域有突出成就的知名专家和学者担任兼职教授。现有学生633人，其中本科生492人，硕士研究生115人，博士研究生14人，留学生12人。

2012年，绘画系获2011年度“中国人民大学先进集体”称号；青年教师张建宇获北京市第十二届哲学社会科学优秀成果奖；赵前副教授所编写的教材《动画片场景设计与镜头运用》获北京高等教育精品教材；陈炯副教授设计的人民法庭统一标识方案获中国最高人民法院批准；吴冰副教授获全国少数民族美术创作暨黄胄美术奖；团委书记郝丹丹获第四届国际华人声乐大赛特别金奖；绘画系2009级研究生盛超获“首届北京·城南写生邀请展”金奖，2012级研究生赵子鉴获铜奖；绘画系2011级研究生刘仕奇的作品《京剧脸谱》在“亚洲校园”启动仪式上作为国礼赠送日本首相野田佳彦；设计系2008级毕业生陈理扬、黄麓苍、戴舒尧、王祎玮合作的人大张自忠路校区景观整治规划获“2012第二届国际景观规划大会”金奖；音乐系2008级本科生严沁阳在美国佐治亚州立声乐大赛中获青年组二等奖；设计系2008级毕业生陈理扬、黄麓苍分别获得国际绿色建筑与住宅景观协会VI设计大赛一等奖、三等奖。

2012年，“艺术学教研室”更名为“艺术学系”；系主任换届顺利完成；徐唯辛教授油画展在芝加哥大学北京中心揭幕；东方艺术研究所师生赴美举办“中国书法交流展”；赵方教授作曲的首部土家族创世史诗歌舞剧《江山美人》首演成功；中国美协海外研修工程派遣仪式暨“海外研修工程成果进校园”捐赠活动启动仪式举行；学院作为分论坛发起方之一的“中国人文社会科学论坛2012”在校举行；庆祝中国人民大学建校75周年专场音乐会在校上演；“第7届中韩书法名家邀请展”在京开幕；“艺术学院师生系列作品展”在校教师发展中心策划举办；德国科隆媒体艺术学院来院学术交流并共同开发创作北京科隆友好城市缔结25周年互动装置作品；美国佐治亚州立大学、俄克拉何马大学及南犹他大学教师代表团来院交流访问；以色列著名艺术家勒路石应邀来院学术交流；音乐系室内乐木管五重奏组赴东北三省部分院校巡演。

■ 外国语学院

外国语学院成立于2001年11月，是在原外语系的基础上命名组建的，前身为早期的俄文教研室、外语教研室和俄文编译室。现任院长为何其莘教授，常务副院长为张勇先教授。

学院下设俄语、英语、日语、德语、法语5个本科专业，现有俄语语言文学、英语语言文学、日语语言文学、德语语言文学、外国语言学及应用语言学5个硕士点，并有外国语言文学一级学科硕士和博士学位授予权。

学院现有教师124人，教授19人，副教授50人。共有学生899人，其中本科生619人，硕士研究生254人，博士研究生9人，第二学位学生12人，留学生5人。

2012年，学院取得了德语语言文学二级学科博士点；完成了英语语言文学和日语语言文学二级学科博士招生工作；开始拟新增翻译硕士专业学位试点单位的准备工作；取得了1项国家社科基金一般项目、2项教育部人文社科规划项目和1项北京市哲学社会科学规划项目；启动了2012年“985工程”建设项目；学院重大科学研究项目——国剧海外传播工程第二批英文写本已交稿（8部）；开展了研究生拔尖人才培养英语实验班师资培训工作；完成大学英语国家精品课程建设工作；为暑期学校学生开设了英语专业课程、高级英语口语等 8 门课程。

学院成功举办了“中国人民大学日本学名师讲坛”、“美国文学与变动中的世界”国际学术研讨会、“国际视野中的斯·茨威格研究与接受”国际学术研讨会、“跨文化素养与认知：二十一世纪的中国与澳大利亚”国际学术研讨会、第四届“外语文化节”等一系列活动。

学院积极开展国际交流活动，与国外诸多大学保持着良好的合作关系，每年有数十名教师和学生参加国际交流、交换项目。2012 年学院在原有 4 所院际合作高校的基础上，又与日本共立女子大学建立了院际合作关系，互派师生交流交换。

■ 环境学院

环境学院成立于 2001 年 11 月，是集经济学、管理学、理学、工学于一体，综合研究环境问题的教学科研机构。名誉院长为李文华院士，现任院长为马中教授。

学院在环境经济学理论与方法、环境政策、全球气候变化、环境政策评估和风险管理、低碳经济、国家能源战略、城市基础设施建设、可持续发展理论与实践、低碳水环境技术、生物能源技术等领域在国内占据领先的地位。部分研究成果已为政府提供了重要的决策支持，其中马中教授主持的“中国环境保护管理体制”研究成果为我国成立环境保护部提供了重要的决策依据，邹骥教授主持的“联合国气候变化框架公约谈判对案研究”成为我国参加国际气候谈判的重要依据。

2012 年，学院在现有基础上正在进行环境科学与工程大型研究平台的建设，力争在基于高效曝气的低碳水污染治理理论与技术、基于环境基因组学的微生物分子生物学技术、基于污泥处理处置的生物柴油制取技术等热点前沿领域实现突破。

学院为了更好地发展学科建设，建有占地 1 020 平方米的实验分析中心，中心下设低碳水环境技术、环境能源、环境微生物学、环境生态学、环境信息与管理、资源环境与地理信息系统、环境监测 7 个实验室。目前中心拥有固定资产 1 259 余万元、设备 746 余台，专职工作人员 4 人（高级工程师 3 名，工程师 1 名）。

学院拥有公共事业管理（环境经济与管理方向）、环境科学、环境工程 3 个本科专业；人口、资源与环境经济学，自然资源管理，环境工程，环境科学，生态学，地图学与地理信息系统，人文地理，环境政策与管理 8 个硕士点，人文地理硕士点目前暂时未招生；人口、资源与环境经济学和自然资源管理 2 个博士点，目前仅人口、资源与环境经济学博士点招生。人口、资源与环境经济学 2007 年被教育部确定为本学科唯一国家重点学科。

学院现有在职教师 40 人，其中教授 9 人（博士研究生导师 6 人），副教授 20 人。学院共有学生 507 人，其中在校本科生 294 人，硕士研究生 160 人，博士研究生 38 人。聘请美国俄勒冈州立大学、日本京都大学、荷兰瓦赫宁根（Wagenigen）大学和加拿大滑铁卢（Waterloo）大学的教授担任讲座教授。

学院在安徽黄山耿城镇、黑龙江宝清县七星河湿地、黑龙江伊春和西藏林芝县等代表不同社会经济和生态特征的地区建立了 4 个教学科研基地，其中伊春教学基地于 2012 年揭牌建立，各基地为本学科的科学研究和人才培养提供了重要的支持和保障。

2012 年，学院共举办各类学术会议 8 次，学院科研项目总数为 59 项，出版专著 4 部，发表学术论文 67 篇。

加拿大滑铁卢大学杰弗莱·沃尔（Ceoffrey Wall）教授受聘为学院讲座教授，荷兰瓦赫宁根大学阿瑟·摩尔（Arthur Mol）教授、美国纽约州立大学布法罗分校杨自力教授来学院讲授国际课程，美国密歇根州立大学赵金华教授访问学院。学院的国际化日益提升，国际师资队伍进一步加强。

■ 信息学院

信息学院成立于1994年，由1978年成立的经济信息管理系和1986年成立的校信息中心合并组建而成，现设经济信息管理系、计算机科学与技术系、数学系3个系。2005年经批准与本校信息资源管理学院合办教育部“数据工程与知识工程重点实验室”。现任院长为杜小勇教授。

学院现有信息管理与信息系统、计算机科学与技术、数学与应用数学、信息安全4个本科专业；数学、计算机科学与技术2个一级学科博士学位授权点；系统科学、管理科学与工程、软件工程3个一级学科硕士学位授权点；计算机系统结构、计算机应用技术、计算机软件与理论、信息安全、基础数学、应用数学、概率论与数理统计7个博士点；计算机应用技术、计算机软件与理论、计算机系统结构、信息安全、管理科学与工程、系统理论、运筹学与控制论、基础数学、应用数学、概率论与数理统计、计算数学11个硕士学位点；软件工程硕士专业学位点；计算机科学与技术博士后流动站。计算机科学与技术本科专业为国家级特色专业，计算机应用技术为北京市重点学科。

学院现有教师（含教育部“数据工程与知识工程重点实验室”）104人，其中教授18人，已取得博士学位的教师88人。全院共有学生1 139人，其中本科生719人，硕士生275人，博士生145人。

2012年，王珊教授获得中国计算机学会杰出贡献奖和第17届先进应用数据库系统国际会议（DASFAA2012）杰出贡献奖（Outstanding Contribution Award）。龙永红教授获第六届吴玉章奖优秀教学奖。左美云、黄志勇获学校十大教学标兵称号。学院获得国家111引智基金的支持，成立萨师煊大数据分析与管理国际研究中心暨数据工程与知识工程创新引智基地，周晓方教授为中心主任，伊利诺伊大学（UIUC）韩家炜教授为海外团队首席科学家；成立华为—中国人民大学大数据管理与分析中心；成立中国人民大学社会管理与发展大数据中心。王珊、杜小勇、陈红、张孝等的研究成果“数据库管理系统高可靠、高性能、高安全技术创新及产业化”获2012年北京市科技进步二等奖；孟小峰教授的研究成果“网络与移动数据管理研究”荣获2011年北京市科学技术奖二等奖。全国社会计算学术会议在学校召开，孟小峰担任大会共同主席；举办优秀大学生夏令营；学院首次举办中国人民大学“五四信息文化节”。学院学科竞赛再创佳绩：ACM队获得ACM国际大学生程序设计竞赛（简称ACM-ICPC）亚洲区杭州现场赛金奖，全国大学生数学建模竞赛2个队获得全国一等奖，TrapIt团队获“谷歌Android开发中国大学生挑战赛”全国一等奖。

■ 理学院

理学院于2005年10月正式成立。化学系于2004年7月成立，现任系主任由张建平教授代理。物理学系于2005年9月成立，现任系主任为朱传界教授。2009年6月，在原社会与人口学院心理研究所基础上组建心理学系，现任系主任为孙健敏教授。

物理学系现有物理学和材料物理2个本科专业，1个一级学科硕士点，1个二级学科博士点。在编教学研究人员29人，其中特聘教授6名，教授10名，副教授6名，讲师7名。在现有队伍中，国家“千人计划”入选者1名、人事部等七部委“百千万人才”入选者2名、国家杰出青年科学基金获得者3名、中组部“青年千人计划”入选者1名、“长江学者”特聘教授获得者1名、教育部新世纪人才8名、北京市优秀人才1名和全国百篇优秀博士论文获得者1名。此外，拥有外聘“长江学者”讲座教授5名，1个教育部长江学者创新团队。在平台建设方面，已经建成和正在建设2个教学实验室：物理学教学实验室、材料物理教学实验室，5个研究型实验室：凝聚态物性研究实验室、高性能并行计算物理实验室、量子关联材料实验室、光电功能先进材料实验室以及微纳信息新功能材料和器件实验室。2012年，物理系共发表SCI论文51篇，其中在物理学顶级期刊《物理评论快报》上发表论文7篇，并申请获得科技部、基金委和教育部等各种基金项目1 463.5万元人民币。此外，以学校“千人计划”入选者鲍威教授为项目负责人的重大仪器专项“冷中子非弹性散射谱仪的研制”项目获得国家自然科学基金委的批准，资助额度为1.11亿元人民币，执行周期为5年。在人才培养方面，在校本科生187名，硕士生67名，博士生32人，博士后3人。

化学系现设有1个化学本科专业，化学一级学科硕士点及应用化学硕士点，以及化学一级学科博士点。全系目前共有教师29人，其中教授8人，副教授18人，讲师3人。教师队伍中包括博士研究生导师11人，硕士研究生导师23人；3人为中科院“百人计划”入选者，3人入选中组部“青年千人计划”，3人获教育部新世纪优秀人才计划项目资助。目前共有学生237人，其中本科生145人，硕士研究生76人，博士研究生26人。2012年化学系教师在《德国应用化学》（*Angew. Chem.*）、《先进材料》（*Adv. Mater.*）、《欧洲化学》（*Chem. Eur. J.*）、《美国分析化学》（*Anal. Chem.*）、《有机快报》（*Org. Lett.*）、《美国物理化学》（*J. Phys. Chem.*）、《美国无机化学》（*Inorg. Chem.*）等国际著名化学期刊共发表SCI论文30余篇，新申请国家自然科学基金面上项目和其他科研基金24项，其中纵向课题11项、横向课题6项、校级科研项目7项，新增科研经费总额808万元。

心理学系现有应用心理学1个本科专业，心理学硕士一级学科授予权，下设基础心理学和应用心理学两个专业，社会心理学（应用心理学）1个博士专业。现有教师14名，其中4名教授、3名副教授、7名讲师，全部拥有博士学位。2012年心理学系教师发表中文学术论文42篇，SSCI和SCI英文论文16篇；出版著作5部，译著4部。举办“民工荒成因与对策的多学科解读”学术研讨会，参加心理学领域全国学术大会19人次，参加国际学术会议5人次。心理学系共申请科研项目39项，其中纵向课题7项，校级科研项目20项，横向课题12项，科研经费总额为366.69万元。心理学系已建成1个心理学软件实验室和1个心理学行为观察室，正在建设脑电实验室、眼动实验室、虚拟现实实验室和生物反馈实验室。心理学系在校本科生53人，硕士研究生20人，博士研究生8人。

■ 商学院

商学院前身为1950年中国人民大学成立时建立的工厂管理系、贸易系和簿记核算教研室等机构。1988年学校成立工商管理学院，2001年，在工商管理学院和会计系的基础上组建了“中国人民大学商学院”。商学院是中国最早开展工商管理硕士（MBA）、高层管理人员工商管理硕士（EMBA）和会计硕士（MPAcc）教育的商学院（管理学院）之一。现任院长为伊志宏教授。

学院现设企业管理系、组织与人力资源系、管理科学与工程系、贸易经济系、市场营销系、会计系和财务与金融系7个系，并拥有管理案例与教学创新研究中心、工业经济与管理科学研究院、供应链战略管理中心、企业创新与竞争力研究中心4个研究中心/院。商学院实验中心是国家重点实验教学示范中心。

学院拥有工商管理国家重点一级学科，拥有企业管理、产业经济学和会计学3个国家重点二级学科，在工商管理、市场营销、会计学、财务管理、贸易经济等专业的教学和研究领域一直保持全国领先地位。商学院囊括了工商管理学科从本科到博士后的所有学位和培养项目，现有6个本科专业（工商管理、市场营销、会计学、财务管理、贸易经济、管理科学）、5个专业硕士点（工商管理硕士(MBA)、高级管理人员工商管理硕士（EMBA)、会计硕士专业学位（MPAcc)、资产评估专业硕士、国际商务专业硕士）和7个博士点（企业管理、产业经济学、会计学、技术经济及管理、财务管理、市场营销管理、流通经济学）。

学院现有专任教师146人，其中教授53人，副教授54人。全院共有学生3 491人，其中本科生1 361人，普通硕士研究生276人，博士研究生270人，MPAcc学生254人，MBA学生767人，EMBA学生413人，留学生150人。

2012年，学院正式加入由耶鲁大学管理学院发起的“全球高端管理联盟”，成为国内首家加入该联盟的高校，并与耶鲁大学管理学院建立了重点合作伙伴关系，同时借助这一平台，迅速开启了与国际一流商学院间的交流与合作，进一步加深了国际管理学界对商学院的了解，提升了学院的国际知名度和影响力，推动了学院引领中国管理教育的理念和使命。本年度，学院正式受邀加入GMAC（管理专业研究生入学考试委员会）组织，并成为其在中国大陆地区的第六家会员学院；学院合作院校增至50所，合作院校质量进一步提升，其中31所通过AACSB、EQUIS或AMBA国际认证；与美国纽约州立大学布法罗分校、哈佛大学商学院、康奈尔大学强森商学院、康奈尔大学劳工学院，英国兰卡斯特大学管理学院，日本神户大学等院校合作，组织游学和海外模块学习，进一步拓宽了院际交流合作的空间。

2012年，学院继续围绕国际精英商学院协会（The Association to Advance Collegiate Schools of Business，AACSB）认证的标准全面开展各项工作：完成《对标整改报告》可行性审核、《自评报告》撰写等工作。其中，《自评报告》得到了认证专家组组长、AACSB前任董事会主席简·威廉姆斯（Jan Williams）教授的高度评价，他充分肯定了各教学项目AOL工作进展情况以及认证筹备工作。在学校领导的支持和参与下，商学院国际认证委员会2012年年度会议如期召开，为AACSB认证工作“以评促建”并最终成功提供了强有力保障。

2012年1月，学院成立学科评估工作小组，正式启动第三轮学科评估工作。在全院教师和各行政部门的全力配合下，经过了两个多月的多次信息整理核对，于3月20日正式提交第三轮学科评估学科简况表。2013年1月，教育部学位与研究生教育发展中心发布全国第三轮一级学科评估结果，中国人民大学工商管理学科排名全国第一，充分体现了近五年来工商管理学科在师资队伍、科学研究、人才培养质量、学科声誉等方面取得的进步。

2012年，学院举办“中国企业管理案例与质性研究论坛（2012)”暨“第六届中国人民大学管理论坛”。本届论坛共收到海内外112所院校和企业共计154篇参会稿件，收稿数量较去年增加30余篇，稿件质量有大幅提升；本届论坛组委会汇集2007年至2011年期间发表的15篇优秀论文，出版《中国企业管理案例研究集萃》一书，内容涵盖战略、组织与人力资源、财务、营销、创新与创业、信息化等多个领域。

2012年，学院在全校率先试点，正式落实硕博连读培养方案，实施《商学院硕博连读研究生导师组制度》，为首届117名硕博连读研究生开设课程39门，其中12门与博士生同堂，培养方案取得良好效果；为选拔优秀生源，在“入口”环节保证和提升博士生培养质量，学院以财务学专业为试点，成功举办了首届“全国优秀大学生夏令营”；在本科人才培养方面，完成人才培养模式改革，实行院内主辅修结合，均衡学生课堂学习和课后学习任务，提高学生综合素质，改革作为全校试点实施，获得了学校的高度赞扬。

2012年，MBA项目继续深入施行提前批面试政策，面试申请人数较去年增长65.7%，获得面试资格并最终参加面试人数为去年的2倍；全日制MPAcc录取分数线位居全国首位，并首次招收在职双证研究生；MPAcc项目积极参与国际会计师组织认证并拓展合作，得到考察组的高度评价；高层管理教育项目全面进军中国500强企业培训业务，中国人力资源管理系列活动成为业界最具影响力的高端品牌活动。

2012年，学院召开国际顾问委员会年度会议，委员们围绕年度重点工作、学院品牌战略规划设想、人才培养等内容进行认真讨论，提出具有建设性的宝贵建议和意见。陈雨露校长与会并强调，商学院是人民大学未来发展的先锋队，学校将一如既往支持商学院发展，特别是加快北校区的规划建设步伐，改进商学院办学条件。

2012年，学院正式启动“品牌战略规划”咨询项目，项目内容包括商学院品牌调研与诊断、品牌定位规划、品牌资源聚焦规划等。该项目的实施，进一步明确了学院外部竞争环境、发展优劣势以及面临的挑战，为学院品牌核心价值的塑造和品牌宣传推广提供了一系列建设性的建议。

■ 公共管理学院

公共管理学院组建于2001年6月，目前下设行政管理学系、土地管理系、城市规划与管理系、卫生政策与管理系（筹）、公共财政与公共政策研究所、社会保障研究所、组织与人力资源研究所等教学科研机构。全国公共管理专业学位研究生（MPA）教育指导委员会秘书处挂靠在学院。现任院长为董克用教授。

学院现有行政管理、土地资源管理、房地产经济学、公共财政与公共政策、社会保障、公共组织与人力资源6个博士学位点；行政管理、土地资源管理、房地产经济学、城市规划管理、公共财政与公共政策、社会保障、公共组织与人力资源、劳动经济学、社会医学与卫生事业管理、公共财政管理10个学术学位硕士点，1个公共管理专业学位硕士点（包括全日制MPA和在职MPA）；行政管理、土地资源管理、城市管理3个本科专业。同时，学院设有公共管理博士后流动站。在教育部全国第三轮一级学科评估中，学院公共管理一级学科名列全国高校第一。行政管理为国家重点学科，土地资源管理、社会保障为北京市重点学科。

学院现有教师70人，其中教授24人，副教授32人，97%的教师已获得博士学位，其中22.9%为海外归国博士。学院聘有20多位中央政府有关部门领导、专家和国内外知名学者担任兼职教授；另有博士后6人。截至2012年底，学院有学生1 614人（含留学生38人），其中本科生390人、学术学位硕士研究生372人、专业学位硕士研究生788人、博士研究生154人。

中国人民大学是全国首批提供公共管理硕士（MPA）专业学位教育的高校之一。目前，公共管理学院为MPA设立了14个专业方向，招生规模位居全国前列，是我国MPA培养的重要基地。

长期以来，学院与美国哈佛大学、密歇根大学、罗格斯大学，英国约克大学，日本一桥大学等国外多所著名大学保持着广泛的学术交流关系。2012年，学院教师先后到国外著名高校和研究机构授课、交流考察、参加学术会议40余人次；先后邀请国外和我国香港、澳门、台湾地区的学者来访、讲学、参加会议近百人次。2012年，学院先后有31名硕士研究生、博士研究生赴英国、美国、澳大利亚、荷兰、瑞士、芬兰、加拿大、日本等国和台湾地区参加长期交流，15名硕士、博士研究生赴新加坡、香港、澳门等地参加国际学术会议和短期交流活动。2012年，学院的科研经费仍位居全校各学院前列。学院教师获得国家社会科学基金重点项目2项、一般项目1项、青年项目1项，国家自然科学基金面上项目1项，北京市哲学社科一般项目1项。在校内科研基金项目中，学院教师获得研究品牌计划项目1项、明德青年学者计划项目1项、国际发表资助项目1项、教育管理一般项目1项、团队培育计划项目3项。

■ 劳动人事学院

劳动人事学院成立于1983年，由中国人民大学与原国家劳动人事部联合创办；2000年隶属关系归为中国人民大学。现任院长为曾湘泉教授。

学院现有劳动经济学、人力资源管理、社会保障、劳动关系和职业开发与管理5个系（教研室）；设有中国就业研究所、中国社会保障研究中心、中国人民大学领导科学研究中心、劳动关系研究所、组织行为研究所、人力资源评价中心等研究机构；建有劳动科学学术资料研究中心、劳动科学实验室和在职培训中心；拥有劳动与社会保障、人力资源管理和劳动关系3个本科专业；劳动经济学、人力资源管理、社会保障和劳动关系4个硕士点；劳动经济学、社会保障、人力资源管理、劳动关系4个博士点；与其他学院共享一个应用经济学博士后流动站。其中劳动经济学为国家级重点学科，社会保障为北京市重点学科。

学院现有教授17人，副教授18人，院聘兼职教授17人，返聘教授8人。其中博士生导师16人，硕士生导师42人。另有来自美、英、德、日、韩等国和港澳台地区的近20位著名学者担任学院兼职教授。学院有全日制学生982人，其中本科生640人（留学生66人），硕士生249人（留学生2人），博士生93人（留学生2人）。

2012年，学院师生齐心协力、团结拼搏、攻坚克难，全面推进一个中心——全球中国劳动科学的人才培养、学术研究和决策支持中心，实施两项举措——教师与博士生国际发表水平和能力提升计划、国际劳动科学研究十年合作计划，打造三大平台——数据平台、交流平台和模拟训练平台，努力成为在国内外有重大影响、特色鲜明、世界一流的劳动科学学院，在各个方面都取得了丰硕的成果。

学院组织相关专家学者研究和制定了劳动关系博士生培养方案，2013年首次正式招收劳动关系专业博士生；“中国雇主—雇员匹配数据追踪调查”项目第二阶段试调查在全国10个城市顺利开展；成功举办“人力资源管理专业博士生暑期特训班”和两届“劳动科学名家讲坛”。美国芝加哥大学教授、2000年诺贝尔经济学奖得主詹姆斯·海克曼和康奈尔大学产业与劳动关系学院院长、国际著名劳动经济学与劳动关系专家哈瑞·卡茨教授先后做客讲坛并作主题演讲；召开“全英文硕士课程建设项目务虚研讨会”，计划开设10余门全英文授课核心课程；与国际著名跨国公司壳牌（中国）有限公司启动战略合作推动协同创新；同美国康奈尔大学产业与劳动关系学院签订战略合作协议，2013年第一批本科生交流计划全面启动；人力资源管理系荣获中国人民大学先进集体荣誉称号；曾湘泉教授获选国家教育部“长江学者”特聘教授；赵忠教授入选教育部“新世纪优秀人才支持计划”等。

学院参加2012年度美国经济学年会（芝加哥）和美国管理学年会（波士顿）招聘活动，共招收美国密歇根州立大学、霍普金斯大学、夏威夷大学，比利时鲁汶大学和香港大学的5位海外博士。

举办的会议有：劳动经济学双周论坛（13期）、就业季度分析会（4期）、民生名家讲坛（5期）、人力资源管理系“学术半月谈”（6期）和“社会保障半月谈”（6期）。另外，举办了第六届劳动力市场工资价位调查研讨会、“中国管理科学高层论坛：融合创新，持续发展”、2012年吴玉章青年学术沙龙：首届中国人民大学劳动经济学研讨会、第三届芝加哥大学—中国人民大学家庭与劳动经济学国际研讨会、第四届CIER/IZA劳动经济学学术研讨会、人力资源管理博士生暑期培训班、2013年中国人力资源管理新年报告、中国社会保障史研究专家研讨会、中老年福利制度发展战略研讨会等几十场国内外著名专家参加、在业界有重大影响的学术会议。

对外交流不断扩大：本年度学院师生出国出境访学交流增多，目的地包括美国、日本、澳大利亚、爱尔兰、俄罗斯、韩国、港澳台等国家和地区，同时接待了众多来自世界各地的知名学者，就学院的学术科研和学生培养深入交流。曾湘泉院长一行4人访问英国剑桥大学、华威大学、卡迪夫大学，以及爱尔兰都柏林城市大学（DCU）、国立都柏林大学（UCD）、利莫瑞克大学（Limerick）6 所院校，就学生交换、教师交换、合作研究等事宜达成合作意向，签订本科生交换协议。

2012 年，学院共获得纵向科研项目 12 项，其中国家社科基金重大项目 1 项，国家社科基金项目 2 项，国家自然科学基金项目 3 项，教育部人文社科基金项目 1 项，教育部新世纪优秀人才支持项目 1 项；横向科研项目共计 30 项。科研经费 866 万元。

2012 年，学院共发表中英文核心期刊论文 76 篇。其中英文核心期刊 11 篇，且 SSCI 中的 A 类 5 篇，B 类 4 篇。中文核心期刊 65 篇，其中 A 类 5 篇，B 类 20 篇。出版书籍 30 部，其中专著 3 部，著作 7 部，教材 14 部，文集 2 部，其他 4 部。获得教育部、北京市等各类奖项 13 项。

学院在职培训中心组织通过了 183 位同学的在职研究生硕士论文答辩，举办了中国化工集团人力资源管理干部培训班、中国华融资产管理公司人力资源管理专题培训班、云南建工集团领导干部人力资源管理专题培训班、山西省总工会工资集体协商专题研修班、昆明市工会“中国特色社会主义工会发展道路”高级研修班、中国兵器装备集团人力资源管理专业（第三期）研究生课程进修班、江西省人力资源总监高级研修班、中国船舶工业集团组织和人力资源管理人员培训班等各类企事业单位在职培训，社会服务和社会影响持续扩大。

周文霞教授获得宝钢优秀教师奖，2011 级劳动经济学硕士研究生王瀛同学获得 2012 年度宝钢优秀学生奖。2009 级劳动与社会保障班本科生杨鹏博，于 2012 年 10 月 17 日通过造血干细胞提取手术，成功将造血干细胞捐献给一位 23 岁女孩，成为中国人民大学第三位造血干细胞无偿捐献者。

■ 信息资源管理学院

信息资源管理学院成立于 2003 年 12 月，其前身是成立于 1952 年的中国人民大学专修科档案班。现任院长为张斌教授。

信息资源管理学院设档案学、政务信息管理 2 个系。现有档案学、信息管理与信息系统 2 个本科专业；档案学、情报学、图书馆学、信息资源管理、信息分析、中外政治制度 6 个学术型硕士研究生专业，图书情报、公共管理政府 CIO 方向 2 个专业硕士研究生专业；档案学、图书馆学、情报学、信息资源管理、信息分析 5 个学术型博士研究生专业，以及 1 个一级学科博士后流动站。学院拥有图书情报与档案管理博士学位一级学科授予权。学院为档案学国家重点学科点。2012 年，学院图书情报与档案管理一级学科被认定为北京市重点一级学科。

学院下设中国人民大学电子政务研究中心、中国人民大学电子文件管理研究中心、中国人民大学电子文件测试中心和《档案学通讯》杂志社，还与兄弟单位合作建设数据工程与知识工程教育部重点实验室。2012 年学院成立中国人民大学信息分析研究中心。

学院现有专任教师 36 人，其中教授 13 人、副教授 18 人、讲师 5 人。学院聘请了十几位国内外知名学者和高级官员为兼职教授。学院共有学生 513 人，包括本科生 301 人、硕士生 148 人、博士生 64 人，其中，留学生 8 人。

学院教师出版学术著作 8 部，发表学术论文 65 篇，承担国家社科基金、国家自然科学基金等纵向项目 7 项、横向项目 3 项，国际档案理事会项目 1 项。教师获得高等学校科学研究优秀成果奖 1 项，中国人民大学优秀教学成果奖及教学优秀奖 4 项。学院主办两岸图书、情报、档案学教育论坛，第 21 届档案学专业系主任联席会议暨中国档案教育发展论坛，国家社会科学基金重大项目“中国档案事业史”2012 年学术讨论会，2012 中国信息资源管理论坛，2012 中国知识管理论坛，第二届中国电子文件管理论坛等学术会议 9 次。学院举办“21 世纪的档案——创造数字记忆”、SFU 图书馆数字化工作的基本情况与经验、Digital Diplomatics（数字文件身份鉴定学）、世界银行与电子文件——工作进程中的文化转变等4次国际学术交流讲座。学院教师赴美国、日本、英国、澳大利亚、加拿大、瑞士、台湾等国家和地区参加国际学术会议、访问考察，计17人次。

2012年是学院创建60周年。10月20日，学院举办“继往开来，再创辉煌——中国人民大学信息资源管理学院60周年庆典大会”，隆重庆贺学院60周年华诞。

■ 教育学院

教育学院成立于2011年11月1日，在成立于1999年的教育科学研究所和成立于2005年的高等教育研究室的基础上组建而成。现任执行院长为胡娟教授。

学院现拥有教育经济与管理、行政管理（教育行政管理）、高等教育学、教育法学4个硕士学位授予权，教育经济与管理、教育学2个博士学位授予权，教育学一级学科硕士学位授予权；拥有教育经济与管理1个北京市重点建设学科。现拥有教育部中国人民大学教育发展与公共政策研究中心、教育部文科教育改革发展研究基地、同志社大学中国人民大学教育研究中心等。

学院现有专任教师24人，其中教授11人、副教授5人、讲师8人（其中20人具有博士学位，4人具有海外博士学位），另有多名双聘及兼职教授。学院现有学生97人，其中硕士研究生73人，博士研究生24人。

学院继续主办《中国人民大学教育学刊》（季刊），是人大复印报刊资料《高等教育》的学术支持单位。

2012年，教育经济与管理二级学科被评为北京市重点建设学科；首次招收3名博士后；首次举办“全国优秀大学生夏令营”；举办教育学院成立一周年系列讲座。

2012年10月，学院承办中国教育发展战略学会改革与发展规划专业委员会成立大会暨学术研讨会。教育发展与公共政策研究中心主任纪宝成教授担任会长，周光礼教授担任秘书长。

2012年，李立国入选2012年度新世纪优秀人才支持计划；胡莉芳入选2012年度青年骨干教师出国研修项目；李立国所著《古代希腊教育》荣获2012年北京市哲学社会科学二等奖；申素平所著《教育法学：原理、规范与应用》荣获第六届吴玉章人文社会科学奖优秀奖；纪宝成荣获中国教育发展战略学会教育战略研究优秀成果一等奖；胡娟、李立国荣获中国教育发展战略学会教育战略研究优秀成果二等奖；周详获第八届全国高等教育学优秀博士学位论文奖。

2012年，教育学院共接待美国南加州大学、麻州大学波士顿分校、威斯康星大学麦迪逊分校，澳大利亚墨尔本大学，日本同志社大学、北海道大学，台湾淡江大学、铭传大学等境外高校来访，与多所境外高校建立了国际交流与合作关系。学院长期出国1人，短期出国（境）22人次，其中参加学术会议15人次，学术考察7人次。学生代表团出访一次共计31人。

2012年，学院与深圳市宝安区、龙华区合作，先后为当地中小学骨干教师提供5次教育培训，累计培训300余人。

■ 继续教育学院

继续教育学院成立于2004年10月，是在原成人高等教育学院和网络教育学院合并的基础上成立的，是具体实施成人高等教育和网络教育的教学单位。学院主要面向在职人员，以非全日制教育为主，适当开发各种层次和类型的继续教育。现任院长为陈兴滨教授。

继续教育学院下设学院办公室、成人教育部、网络教育部和教学研究部。成人教育部下设教学管理办公室、夜大学办公室、招生培训办公室、学生管理办公室、财务室和物业管理办公室。网络教育部下设行政管理中心、教学管理中心、学生服务中心、技术开发中心、网络教育与资源研发中心和教育推广中心。

■ 培训学院

培训学院成立于 2003 年 9 月 25 日，是在原教育培训中心基础上组建而成，是学校非学历教育培训的主办单位。现任院长为李海彬副研究员。

学院下设学院办公室、国际合作部、高端培训一部、高端培训二部、艺术培训中心、课程研发部、英国高等教育文凭项目（HND）中心、培训与发展研究中心等。学院现有员工 83 人。

■ 苏州校区（国际学院、中法学院）

中国人民大学苏州校区正式成立于 2012 年 9 月，全面负责国际学院（苏州研究院）和中法学院等教学科研机构和社会服务机构的管理。苏州校区是中国人民大学整体事业发展的重要组成部分和新的增长点，是面向华东地区的教学科研基地；是面向国际、探索中外合作办学和培养高端人才的实验基地；是优势学科的拓展与提升基地。中国人民大学校长助理杨伟国兼任苏州校区党委书记，国际学院、中法学院院长。

苏州研究院成立于 2004 年 3 月，2007 年 9 月更名为国际学院（苏州研究院）。国际学院（苏州研究院）是中国人民大学在新的历史条件下与苏州市人民政府合作共建的高层次、国际性教学研究机构。国际学院（苏州研究院）采取“延伸办学”和“自主办学”相结合的模式运行，现有学校文学院、财政金融学院、法学院、社会与人口学院、商学院、公共管理学院等 6 个学院在国际学院进行延伸办学，招收汉语国际教育硕士、金融硕士、税务硕士、法律硕士、社会工作硕士、会计硕士、公共管理硕士等专业学位硕士研究生以及知识产权法学术型硕士研究生。

中法学院成立于 2012 年 6 月，由中国人民大学与法国巴黎索邦大学（巴黎四大）、法国保罗-瓦莱里大学（蒙彼利埃三大）、法国马赛商学院合作共建，是经教育部批准的中外合作办学机构，是属于中国人民大学的非独立法人办学单位。中法学院招收法语专业（含国际财经传媒方向、外交与国际关系方向）、金融学专业、国民经济管理专业的本科生。

此外，苏州校区与法国马赛商学院合作举办了中法财务金融硕士、国际高端品牌管理硕士等合作项目，与美国乔治·华盛顿大学合作举办了金融硕士、会计硕士等合作项目。

苏州校区设立全球化研究中心，该科研平台囊括了气候变化与低碳经济研究所、新兴产业发展研究院、东亚音乐考古研究所、经济法比较研究所、跨文化与语言研究所等科研院所。中国人民大学生物医学统计研究中心设在苏州校区。中国人民大学国家大学科技园（苏州分园）设在苏州校区，现有中国人民大学出版社华东分社、中国人民大学书报资料中心华东分社等企事业单位入驻。

苏州校区按照校本部派驻教师、校区专任教师和聘任教师相结合的原则组建教师队伍，现有各类教师 39 人，含校本部派驻教师 23 人，其中教授 10 人、副教授 8 人、讲师 5 人；专任教师 11 人，其中副教授 2 人、讲师 9 人；聘任教师 5 人。现有各类学生 1 273 人，含统招学生 1 136 人，其中本科生 253 人、硕士研究生 836 人、博士研究生 47 人；非统招学生 137 人。

苏州校区与法国、美国、加拿大、奥地利、德国、意大利、荷兰、英国、日本、新加坡、印度等国家以及香港、澳门、台湾等地区的院校建立了密切的人员互访和学术交流关系。

2012 年，苏州校区先后举办或承办第四届中国财税法博士论坛、中国宏观经济论坛（2012 年中期）、中美法学院院长论坛、中国保险市场暨金融集成创新论坛、第三届独墅湖人大金融论坛等大型学术会议；举办苏州校区学习大讲堂、独墅湖畔法学论坛、语言文化论坛、经济学论坛、管理学论坛、会计硕士论坛、金融论坛、社会实践大讲堂、法律实务大讲堂、职业生涯规划与就业辅导系列讲座等百余场；举行“五四”青春歌会、校园十佳歌手大赛、校区篮球赛、新生拔河比赛、新年晚会、新年舞会等文体活动，其中苏州校区中法足球队获得苏州独墅湖高教区联赛冠军。

■ 深圳研究院

深圳研究院成立于 2002 年 5 月，全权负责中国人民大学在深圳及我国华南地区的一切教学、科研、咨询活动，是中国人民大学在深圳的唯一代表机构。现任院长由袁卫常务副校长兼任，常务副院长为陈建教授。

全院共有教职员工 10 人，注册学生 320 人，其中博士研究生 38 人，非学历教育学员为 220 人。

学院依托学校的学科优势和师资队伍，配合深圳经济建设及社会发展需要，以各类学历教育和非学历教育为重点开展工作。学院成立以来，已开展 MBA、世界经济、民商法、经济法、公共组织与人力资源等 5 个专业的硕士研究生和经济、金融、法学、管理等 16 个研究方向的博士研究生学历教育；举办了民商法学、经济法学、人力资源管理、新闻学、国际贸易（现代国际物流管理方向）、金融学等专业的硕士学位课程进修班。学院同时还与英国、马来西亚等国家的大学开展合作办学，并先后与深圳市中小企业服务中心、深圳市宝安区委等合作举办内部培训。学院推出中日共同论坛、金融高峰论坛、深圳市中小微企业危机突围暨投融资战略论坛等系列论坛。同时，以深圳知识产权研究中心为平台，努力探索开展一系列高质量、高水平的知识产权中介、重大课题研究、信息服务和人才培训活动的新途径。

■ 体育部

体育部是负责学校体育教学、学生课外群体活动和高水平运动队训练的教学部门，下设基础教学教研室、课外群体教研室和竞技训练教研室。现任主任为杨占武。

体育部共有教师 38 人，其中副教授职称 25 人，国际裁判 1 人，国家级裁判 5 人。

2012 年，国际奥委会委员张雄、国际奥委会新闻委员会主席凯文·格斯珀、国际冰球联合会主席瑞尼·费索、国际篮球联合会秘书长派特克·伯曼出席中国人民大学体育文化节开幕式等活动。学校聘请这 4 位国际奥委会委员为名誉教授。此外，学校还与国家体育总局拳跆中心签署合作备忘录，聘任肖天副局长为兼职教授。

2012 年，程天权书记视察人民大学综合性体育场所“人大体育之家”，调研人民大学体育工作情况，对体育部取得的工作成绩表示肯定，并对人大体育工作提出了“继续开展好各种师生体育活动，带动人大师生锻炼体育，强健身心”的三点希望。面向新世纪，学校提出了以“厚重”为核心关键词的新型人才培养体系，陈雨露校长在解释“厚重”一词时强调人才要有体育精神、坚强的意志品质和团结合作的能力。杨慧林副校长考察了本年度学生体质测试工作，参加了首届体育文化节闭幕式并为“12·9 长跑比赛”打响发令枪，明确提出人大体育的发展方向是“迈向一流的人大体育”。

教育教学和学科建设

■ 本科生教育

一、概况

2012 年，在抓实本科教学各项基础工作，确保本科教学体系优质高效运转的基础上，学校以提升人才培养质量为核心，重点组织开展了推进人才培养体系改革，绘制人才培养路线图草案；首聘本科新生导师，面向全校新生开设研讨课；建设“国家级教师教学发展示范中心”，支持教师开展教学工作；加强通识教育教学，增设“跨文化沟通系列公开讲座”；组织本科专业目录整理工作，不断完善学科专业布局；依托本科教学工程平台，推进课程信息化建设；大力加强教材建设，积极组织申报国家“十二五”规划教材；继续举办国际小学期，促进学生国际交流学习；新增大学生创业训练计划，扩大大学生创新实验计划受益面；总结教育教学改革成果，组织第七届校级和北京市级优秀教学成果奖评选；加强毕业审核，做好 2012 届本科毕业生学位授予等方面的工作，并取得成效和新进展。

2012 年，教育部、北京市教委在“本科教学工程”中进行了教师教学发展示范中心、精品视频公开课、教学名师奖、大学生创新创业训练计划、首批卓越法律人才教育培养基地、专业综合改革试点等项目的立项和评审工作。学校共有 169 个项目入选，其中入选教育部的项目 117 个，入选北京市的项目 52 个。

此外，学校继续坚持教学表彰工作，注重发挥优秀教师的示范、引领作用。2012 年，学校有 1 名国家级教学名师入选“国家特支计划”教学名师候选人公示名单，3 名教师获北京市教学名师奖，4 名教师获宝钢教育基金优秀教师奖，32 名教师获学校教学标兵及教学优秀奖。学生参加学科竞赛取得优异成绩：学校学生队伍于 2012 年晋级 ACM 国际大学生程序设计国际总决赛。

2012 年，北京市教育委员会组织开展了第七届高等教育教学成果奖评选工作，学校共有 34 项成果入选，其中，1 项成果获选北京市级特等奖，14 项成果获选北京市级一等奖，19 项成果获选北京市级二等奖。同时，在学校组织开展的第七届中国人民大学高等教育教学成果奖评选工作中，共有 73 项成果获奖，其中，3 项成果获校级特等奖，48 项成果获校级一等奖，22 项成果获校级二等奖。

教材建设方面，2012 年，在教育部组织开展的“十二五”普通高等教育本科国家级规划教材的第一次推荐遴选工作中，学校共有 51 种教材入选。

二、招生

2012 年，学校共录取新生 3 105 人，其中男生 1 254 人，女生 1 851 人，男生比例为 40.4%，比 2011 年下降 1.9 个百分点。在录取的 3 105 名新生中，普通本科生 2 402 人，中法学院 164 人，内地普通保送生 83 人，艺术特长生 55 人，高水平运动员 50 人，艺术类学生 140 人，港澳台侨生 51 人（含澳门保送生 7 人、台湾保送生 2 人、香港免试生 15 人），国防生 119 人，第二学士学位生 38 人，国家优秀运动员 3 人。

2012 年北京市的生源质量仍保持良好势头，录取分数线与一本线的分差保持稳定。北京文科录取分数线为 589 分，高出一本线 94 分（2010 年和 2011 年最低分比一本线分别高出 83 分和 99 分），理科录取分数线为 624 分，高出一本线 147 分（2010 年和 2011 年最低分比一本线分别高出 145 分和 146 分）。文科录取平均分为 606 分，高出一本线 111 分（2011 年高出一本线 110 分）；理科录取平均分为 641 分，高出一本线 164 分（2011 年高出一本线 161 分）。

除山东文科、甘肃文科、云南理科录取分数略低外，全国其他省（区、市）的文理科统招生源均取得了优异成绩，生源质量保持稳定。由于生源质量好，学校对大部分省份都进行了扩招，从录取结果看，招生计划超过 50 人的省份，文科生源基本位列全省 150 名以内，理科生源基本位列全省 500 名以内；招生计划少于 50 人的省份，文科生源基本位列全省 80 名以内，理科生源基本位列全省 300 名以内。

三、教材建设

2012 年，教育部组织了“十二五”普通高等教育本科国家级规划教材（简称“十二五”规划教材）的第一次推荐遴选工作。与“十五”和“十一五”规划教材的推荐遴选工作不同，此次规划教材实施教材精品战略，要求在已出版的、经过两年以上教学实践检验且使用效果好的教材中进行遴选推荐（“马克思主义理论研究和建设工程”哲学社会科学重点教材及涉及课程的教材，不在此次推荐范围内）。教务处结合文件精神，认真组织各院系进行教师主编并出版本科教材情况的统计工作。统计结果显示，“十一五”期间，由学校教师主编并出版的本科教材总数为 1 638 种。最终，学校向教育部推荐了 82 种教材参加“十二五”国家级规划教材遴选。经过专家评审、网上公示，教育部最终确定全国高校 1 102 种教材入选第一批“十二五”普通高等教育本科国家级规划教材，其中学校入选 51 种教材，覆盖管理学、经济学、档案学、新闻学、法学、计算机科学等学科专业，总数位居高校前列。

四、教学改革与教学管理

（一）组织开展人才培养大讨论，广泛征求师生意见，研究制定本科人才培养路线图

2012 年，围绕中国人民大学“十年腾飞”规划，学校启动实施了“1020 行动计划”。为深入贯彻落实“1020 行动计划”，教务处以深化本科教学改革、提高人才培养质量为主题，组织各学院（系）开展了本科人才培养的调研和讨论工作，要求各学院（系）紧密围绕培养目标、专业、课程、教师、学生、教学组织、实践环节、国际交流、课外体验、学业评价、校友网络、就业指导、本硕衔接等方面展开自主调研和深入讨论，查找问题，分析原因，并提出实质性的建议和改进措施。讨论调研期间，全校各学院（系）按照要求共组织召开了本科人才培养工作座谈会、研讨会等 50 多场，问卷调查 10 多次，部分学院还抽查了本科学年论文和毕业论文等。其间，杨慧林副校长、教务处负责人及本科人才培养调研讨论工作组成员共参与旁听了各学院（系）召开的座谈会、研讨会等近 10 次，广泛听取学院师生的意见和建议。在此基础上，教务处联合其他人才培养相关部门以“厚重”为人才培养关键词，以开创美好的本科教育为目标，绘制完成了本科人才培养改革路线图（建议稿）。

（二）坚持以学生为本，紧密围绕人才培养要求加强课程建设，不断推动教师教学方式和学生学习方式改革

1. 首聘本科新生导师，面向全校新生开设研讨课

从 2012 级新生入学开始，学校全面开设新生研讨课，聘请了 179 名本科生导师，这些导师平均年龄为 47 岁，其中教授 121 人，副教授 56 人，讲师 2 人，有 89 人曾获教学奖励。新生研讨课程是学校依托各学院统一组织的面向全体新生开设的必修课程。课程采用小班教学，一般按照 15 人编成一个教学班，每个教学班明确一名主讲教师。课程要求以学生为中心，以问题为中心，着眼于为学生释疑解惑，激发学生的学术兴趣，注重学生的积极参与，强调师生的直接互动。有别于导师制和班主任、辅导员工作体系，新生导师将通过创新课程教学形式，重点引导学生适应大学生活，增进专业认同和学校认同，培养学术兴趣，帮助学生实现从高中生到大学生、从一般本科生到具有理想追求的大学生的转变。

为全面了解课程开设情况，教务处通过课堂听课，召开学生座谈会、教师座谈会和问卷调查等方式，充分听取各方意见。根据反馈，学生们对于新生研讨课在促进自身角色转变、掌握好的学习方法、增进专业认同、开阔学术视野、培养学术兴趣、密切师生关系等方面的作用，以及灵活多样、注重师生互动、强调情景教学的教学方式予以充分肯定，表示在新生研讨课中收获良多。教务处将结合师生意见和建议，尤其是调查问卷中所了解的不足之处，积极采取措施，不断加以改进，以确保新生研讨课的开设质量和授课效果。

2. 加强通识教育教学，增设“跨文化沟通系列公开讲座”

2012 年 3 月，为扩展学生的文化视野，提升学生的跨文化沟通能力，造就能在东西方两个文化平台自由往来、具有全球领导力的高素质人才创造环境和条件，学校教务处创新通识教育形式，在“通识教育大讲堂——学科通识系列公开讲座”的基础上，增设了“通识教育大讲堂——跨文化沟通系列公开讲座”。该系列讲座共举办了 10 讲，先后邀请了叶小文、张立文、向松祚、杨慧林、金灿荣、刘元春、高钢、沈卫荣、陈众议、时殷弘等校内外著名专家学者主讲。据不完全统计，有 2 000 多人次参加了该系列讲座。随堂问卷调查结果显示，有 92.4%的听讲学生表示满意和非常满意，有 95.5%的听讲学生表示希望学校继续开设。

（三）持续加强教学条件建设，为深化教育教学改革、提高人才培养质量提供有力保障

1. 注重加强专业内涵建设，不断优化本科专业结构

2012 年，根据《教育部办公厅关于做好普通高等学校现设本科专业整理和 2012 年度普通高等学校本科专业申报工作的通知》文件精神，教务处组织学院（系）对各专业的专业名称、专业数量、修

业年限与学位授予等情况进行了认真梳理、确认和审核，进一步更新完善了学校在教育部“普通高等学校本科专业公共信息服务与管理平台”系统的数据。经过本次本科专业目录调整，学校共有69个本科专业（不含国学专业）。除国学专业外，学校现有基本目录专业58个，特设专业4个，国家控制布点专业7个。专业覆盖哲学、经济学、法学、文学、历史学、理学、工学、管理学、艺术学等9个学科门类。此外，劳动人事学院、信息资源管理学院、新闻学院等7个学院申报了8个新专业。

2. 依托本科教学工程平台，推进课程信息化建设

2012年4月26日，教育部公布了本年度精品视频公开课建设评审遴选结果，文学院孙郁教授主讲的“鲁迅与现代中国”、新闻学院张征教授主讲的“新闻记者的基本功——采访与写作”、经济学院方福前教授主讲的“宏观经济热点问题解读”和哲学院李海洋教授主讲的“平凡生活中的深沉智慧——辩证唯物论”获选建设和最终上线，入选数量在高校中位居前列。精品视频公开课是以大学生为服务主体，同时面向社会大众免费开放的科学、文化素质教育网络视频课程与学术讲座，学校先后共有8门课程入选教育部精品视频公开课建设计划并上线（包括2011年的4门视频课程），受到社会认可与好评。同时，根据教育部《关于国家精品开放课程建设的实施意见》文件要求，教务处继续组织开展国家精品课程的转型升级等教学资源信息化建设，制定并发布了《关于进一步做好学校国家级精品课程建设及其转型升级为2013年度精品资源共享课工作的通知》，认真筹划2003—2010年国家级精品课程的升级改造，联合网络教育学院对法学院、商学院部分课程的课堂教学进行了拍摄录制，同时抓紧谋划网络课程学习平台建设，努力满足学生多样化的学习要求，引导学生学习方式变革。

此外，在教育部、北京市本科教学工程其他相关项目的申报和建设工作中，统计学院袁卫教授、哲学院宋志明教授、财政金融学院张杰教授等3名教授获北京市级教学名师奖（2012年教育部未开展国家级教学名师奖评选活动）；法学院应用型、复合型法律职业人才教育培养基地，涉外法律人才教育培养基地等2个基地入选教育部首批卓越法律人才教育培养基地计划；法学专业入选教育部“专业综合改革试点”项目。同时，学校将理科教育创新实践基地、教师教学发展中心、大学英语改革、古典学实验班、《资治通鉴》选讲课程建设以及心理学、信息安全、社会工作等部分本科专业等作为共建项目纳入北京市本科教学工程计划，争取了相应的建设经费和发展平台。

（四）围绕提升人才培养的国际性，探索学生国际交流学习管理模式，进一步扩大学生受益面

1. 坚持“常态化、制度化、品牌化”原则，成功举办第四届国际小学期

2012年，学校成功举办了第四届国际小学期，其间，共有24个学院（系、部）开设133门校级核心课程。在以往的中国研究、学科通识及学科前沿和语言培训三大系列课程的基础上，2012年学校又增设中国文化普及系列课程，以满足外国学生了解学习中国历史与文化的需求。国际小学期校级核心课程由134名教师承担。其中学校教师33名，海外教师101名，他们来自美国哈佛大学、美国斯坦福大学、美国密歇根大学、美国耶鲁大学、英国剑桥大学、英国伦敦国王学院等21个国家和地区的92所海外一流大学和研究机构。3 510名中外学生选修了校级核心课程。其中，本校学生3 193人（研究生207人，本科生2 986人），外校学生317名。

国际小学期自2009年开办以来，由于其较高的办学质量和良好的办学效果，得到了国内外的广泛好评和关注。美国《高等教育周刊》于2012年到学校采访，报道学校国际小学期的经验。9月10日，国家教育体制改革领导小组2012年第73期《教育体制改革简报》以“开启中外师生交流的双向之窗——中国人民大学举办暑期学校（国际小学期）”为题，对国际小学期的举措和成效进行了全面报道。

2. 设立“学生国际交流校长奖学金”，鼓励优秀学子赴海外学习

2012年，学校进一步推动与世界知名大学和机构的合作，继续完善“学生国际交流校长奖学金”项目管理，以提升人才培养质量。“学生国际交流校长奖学金”项目遵循“个人申请、学院推荐、专家评审、择优选拔”的原则，经过学生自主网上申报、各学院对申请学生进行综合考察、教务处初审

确定初选名单、学校笔试、专家组面试等一系列严格选拔的程序后，最后由学校根据学生笔试、面试成绩，综合考虑学生所在学院、学科、学习成绩、学生表现等各方面情况确定最终派出名单。由于对派出学生质量严格把关，保证了项目实施的顺利和入选学生的高质量。2012 年统计显示，学校第一批校长奖学金项目的 19 名学生受到了对方学校的好评，有 9 名学生学习成绩达到 GPA4.0 的好成绩。2012 年，项目支持的学校增加到 4 所国际一流大学，即除了 2011 年增加的加州大学戴维斯分校（19 人）外，新增加州大学伯克利分校（20 人）、芝加哥大学（1 人）和爱丁堡大学（3 人），项目覆盖面有所增加，受到学生欢迎。

3. 创新管理模式，做好国际交换学习项目管理

2012 年，学校继续推进“精细化管理”理念，探索学生国际学习交流项目的全新管理模式，帮助参与国际学习交流的学生合理安排课程学习计划，有效完成国内外课程安排的对接，更快适应国外大学生活，满足学生需求。2012 年，学校国际学习中心共组织 101 个本科生境外学习项目的学生选拔工作，其中包括 97 个常规项目，3 个校长奖学金项目，1 个耶鲁大学暑期学校项目。有 886 人次提出了项目申请，共选拔 292 人。目前，学校每学期有 200 名左右的校级和院级本科国际交换学习学生回校进行学分认定和学分转换。

（五）继续加强教师队伍建设，努力提升教师教学能力

1. 成立教师发展中心，为学校教学质量和科研水平的稳步提升提供坚实的人才保障

为促进教师的全面发展，2012 年 9 月 6 日，中国人民大学正式成立教师发展中心。教师发展中心是学校为建设具有学术创新能力和国际竞争能力、符合国家战略需要和促进学校事业发展的教师队伍，在 2010 年成立的中国人民大学教师教学发展中心的基础上所成立的，同时继续保留教师教学发展中心，作为中国人民大学教师发展中心的分支机构。教师发展中心在学校教师发展领导小组指导下开展工作，主要工作职能是探索运转高效、全面协作的工作机制，调动多方资源，创新工作模式，围绕教师发展需要，在规划职业生涯、提高教学能力、进行学术创新、保障身心健康等方面开展扎实工作，推动教师能力全面提升。

2. 建设“国家级教师教学发展示范中心”，支持教师开展教学工作

教师教学发展中心是学校促进教师教学发展的专业化支持机构。中心倡导“以人为本，卓越教学”的理念，致力于为教师教学发展搭建平台，面向全校开展教师教学培训、教学咨询、教学研究、教学表彰等工作，为实现学校人才培养目标提供服务。2012 年 11 月，学校教师教学发展中心被评为“国家级教师教学发展示范中心”。

为加强教师教学发展中心建设，中心除开展日常工作外，加强调研工作，包括到首都经济与贸易大学、厦门大学实地调研，参加教育部教师教学发展工作会议，听取上海交通大学、东北师范大学、西安交通大学等兄弟院校教师教学发展中心建设情况报告等，为学校教师教学发展工作提供借鉴。中心组织教师座谈会，探讨科研优势转化为教学优势的路径。中心完成“国家级教师教学发展示范中心”建设规划（讨论稿），并于 12 月 15 日组织规划专家论证会论证规划内容。在专家意见的基础上，中心将进一步完善工作规划，逐步推进相关工作。

3. 注重建立教师教学激励机制，创建善教为荣的良好风气

通过教学表彰，可以发挥优秀教师的示范、引领作用，为激励广大教师教书育人、积极投身教育教学，并充分发挥名师的教学示范作用，学校长期以来坚持每年开展教学评奖工作，对获奖者进行奖励和表彰。2012 年，学校有 1 名国家级教学名师入选“国家特支计划”教学名师候选人公示名单，3 名教师获北京市教学名师奖，4 名教师获宝钢教育基金优秀教师奖，32 名教师获学校教学标兵及教学优秀奖。

（六）扩大大学生创新实验计划受益面，新增大学生创业训练计划

2012 年上半年，学校完成了大学生创新实验计划 2010 年度项目的结项表彰工作和 2012 年度项

目的立项评审工作。在参与结项的165项2010年度项目中，共有36个项目获评优秀，44名教师被评为优秀指导教师。在此基础上，学校2012年有2个创新项目展板和1篇创新项目论文入选第五届全国大学生创新年会，其中学生创新项目论文获得年会优秀论文奖，并被选定为大会发言论文。2012年5月，共有109个国家级项目、49个北京市级项目和37个校级项目通过项目立项审核，项目参与学生910人，平均每届学生受益率达到31.4%。此外，教务处还通过组织大学生创新年会、优秀项目成果展览、研究方法系列讲座、指导创新社开展系列交流活动等方式，加大项目宣传，提升学生的科研能力，推动项目实施质量的提高。

为加强创业创新教育，增强本科学生在创新基础上的创业能力，2012年7月，由教务处牵头在原有的“大学生创新实验计划”的基础上，新增独立的“大学生创业训练计划”项目训练体系，由教务处和文化科技园（学生创业园）合作实施。与“大学生创新实验计划”相区别，该计划将紧密围绕创业训练和创业实践的规律及特点开展，其训练内容涵盖产品（服务）设计、团队组织、盈利模式、市场分析、市场预测、营销策略、风险控制、财务规划等各个方面，在项目申报、项目评审、项目辅导及实践、指导教师队伍配备、经费支持、运行周期等各个环节均体现出其自身的特点。2012年10月，首批10个创业训练计划项目启动实施。

（七）继续推进国家教育体制改革人才培养试点项目，总结人才培养模式改革经验

2012年7月20日，教务处组织召开了国家教育体制改革人才培养试点项目第四次工作会议。杨慧林副校长出席会议并发表讲话。哲学院、文学院、历史学院、国学院、财政金融学院、商学院、经济学院、公共管理学院以及教务处、研究生院等项目协调单位的相关负责人和项目参与人等20余人参加了会议。

2012年度，教务处组织“改革经济管理类创新人才培养模式”和“人文基础学科拔尖人才培养试验计划”项目的承担学院对人才培养模式改革中的典型经验进行了认真总结，并将总结材料上报国家教育体制改革办公室和教育部。最终，学校共有2项人才培养模式改革典型经验入选《中国教育改革发展丛书》。其中，“人文基础学科拔尖人才培养试验计划”项目组提供的“因材施教，分类培养卓越法律人才”典型材料入选丛书之《高等教育人才培养模式改革》；“改革经济管理类创新人才培养模式”项目组提供的“开启中外师生交流的双向之窗——中国人民大学举办暑期学校（国际小学期）的实践”典型材料入选丛书之《教育改革典型案例（二）》。该丛书由中央政治局委员、国务院副总理刘延东同志作序，教育部部长袁贵仁同志担任总主编，人民教育出版社和高等教育出版社编辑出版。此外，教务处还组织体制改革人才培养试点项目承担学院制定了2013年推进试点项目改革相关工作计划，并先后向国家教育体制改革办公室和教育部报送了《中国人民大学承担的国家教育体制改革人才培养试点项目进展情况及下一步工作安排》等阶段性成果和重要信息。10月11日至12日，教育部检查组到学校就国家教育体制改革重大项目实施情况和“三重一大”决策制度执行情况进行了专项检查，对学校体制改革项目的实施情况给予了肯定。

12月10日，国家教育体制改革领导小组办公室在天津大学组织召开了“创新人才培养模式改革”试点项目调研及交流研讨会。会上，杨慧林副校长简要汇报了学校创新人才培养试点项目的进展情况。

（八）总结教育教学改革成果，组织第七届校级和北京市级优秀教学成果奖评选

第七届校级优秀教学成果奖评选经学院推荐、专家评审和评审工作领导小组终审，最终确定73项成果获奖，其中，3项成果获校级特等奖，48项成果获校级一等奖，22项成果获校级二等奖。按照北京市教委要求，学校组织51项成果参评北京市级奖项。

在北京市教育委员会公示的2012年（第七届）北京市高等教育教学成果奖获奖结果中，学校共有34项成果入选，其中，1项成果获选北京市级特等奖，14项成果获选北京市级一等奖，19项成果获选北京市级二等奖，成果覆盖法学、经济学、管理学、文学、历史学、哲学、国学、教育学、工

学、素质教育和综合类。

（九）加强毕业审核，做好2012届本科毕业生学位授予工作

2012年，经与图书馆协商合作，教务处进一步规范了本科生毕业论文的纸本库存管理，改进了网上提交及论文数据库系统，积极防控学士学位论文中可能存在的学术不端行为，提高了论文审核及管理的效率。在此基础上，教务处继续做好一年一度的本科毕业审核和学位授予工作，加强毕业生的成绩审定，确保毕业生的质量。

6月25日下午，学士学位授予仪式在世纪馆隆重举行。校学位评定委员会主席、校长陈雨露教授，校学位评定委员会委员、常务副校长冯惠玲教授，校学位评定委员会委员、副校长杨慧林教授，校学位评定委员会秘书长吴晓求教授，校学位评定委员会委员李景治教授、董克用教授、陈岳教授等出席。

五、教学质量监控

2012年，学校继续坚持执行期初、期末本科教学工作例会制度和教学检查制度。校领导、本科教务管理部门领导每学期坚持期初、期末进行教学检查，教学巡视人员坚持每天到各教学楼巡视，及时反馈教学秩序、教学工作运转情况。教学保障日常工作方面，学校督导员深入课堂听课共1 114课时，形成督导总结报告汇编2册。同时，学校继续坚持开展本科课堂教学质量评估工作，2012年2个学期，学生通过网络评估系统提交的问卷数为197 685份，参评课堂4 847个。此外，2012年暑期学校继续实行网上课程教学质量评估，学生提交问卷数3 034份，参评课堂153个，为不断提升暑期学校的教学质量，改进教学管理与服务工作提供了保障。

2012年12月—2013年1月间，学校面向全体大三和大四学生开展了关于2009年本科教学方案实施效果的评估调查。本次调查为学校了解培养方案的实际教学效果，加强与学生沟通，了解学生的切实需求和建议，进一步深化本科教学改革，提升人才培养质量提供了翔实的数据基础。

六、体育教学

（一）基础体育教学

2012年，体育教学在“以人为本、以学生为本、以健康为本”的体育教学理念的指导下，开展了以下几项基本工作：

（1）师资队伍培养。充分利用学校庆祝建校75周年校庆之机，加强对体育部教师师资队伍的培养。利用1周的时间，对全体教师进行太极拳培训。同时，充分利用教研室统一备课制度，对教师的业务水平进行培训。聘请校外专家开设体育教学理念和体育科研方面讲座，拓宽教师的视野和提升科研水平。

（2）教学管理制度完善。2011—2012学年试运行“中国人民大学体育教学课时补贴暂行规定”和“中国人民大学体育教学奖励的暂行规定”两项管理制度。“中国人民大学体育教学请假制度”和“中国人民大学体育教学课堂规范体系”两项管理文件正在讨论过程中。通过制度建设，规范教师、学生的课堂行为，维护正常的教学秩序，保证良好的教学质量。

（3）体育教学课程体系的建设。第一，做好课程体系的规划。在学校“通识教育”的大背景下，在学校“本科人才培养路线图”的整体框架内，规划体育教学的改革和发展。以“一拳一泳”为核心，以课程结构调整为抓手，以课程教学大纲的改革为基础，调整、完善人大体育教学的课程体系，使体育教学符合学校人才培养的目标要求，适应人大学生的特色，体现体育对人才培养的科学规律。第二，丰富体育选修课内容。体育部每年为学生开设16门课程，共计262个课堂。2012年体育教学

增设跆拳道课，通过被誉为“世界第一搏击运动”的跆拳道的优美腿法和高雅礼仪对学生的身体和心理给予积极影响。

（4）体育教学的校际交流。积极参与北京市大学生体育协会组织的教学展示和交流活动，借鉴其他院校的成功经验。

（二）群众体育活动

2012 年度，体育部以“一切为学生服务、一切为教职工服务、一切为学校发展服务”为宗旨，开展了丰富多彩的校园体育赛事，使广大师生积极参与到体育锻炼中来。

2012 年，体育部共举办了足球、篮球、排球、乒乓球 4 类院系联赛，2 场校级田径运动会，吸引了数万人次观赛，组织了上千人次的裁判服务和同等规模的赛事运行服务。此外，还协助校工会开展了“首届体育文化节教工羽毛球‘1＋1’团体联谊赛”等比赛。

学校还加大了对普通学生代表队、学生体育社团的支持力度，向墨尘棋牌协会等免费开放体育之家作为其日常训练场地；积极承接“首届北京市大学生围棋联赛”等全国和北京高校的体育赛事，扩大了学校在大学生体育协会和高校体育界中的影响，提升了人民大学的社会形象。

（三）高水平运动队成绩

2012 年，体育部按照高水平运动队发展规划，进一步完善高水平运动队的管理制度，提高训练质量和竞赛成绩，使教练员、运动员们树立为学校荣誉拼搏的信念，形成了敢打敢拼、敢打硬仗的比赛作风。特长生招生工作更加规范。加强对运动员学习生活的指导，统筹兼顾学与训之间关系，带动运动队整体面貌的改变。为进一步提升运动队的凝聚力，展示运动队的成绩和努力，体育部于 12 月 30 日举办了“2012 年中国人民大学高水平运动队新年联欢会”，达到了内聚人心、外塑形象的目的。

卓有成效的管理，使得体育运动成为反映学校综合实力、展示校园文化的重要窗口。在 2012 年的各项比赛中，学校的集体项目方面，高水平运动队在各类赛事中获得金牌 12 块，其中包括田径队 4 块、网球队 6 块、武术队 2 块，此外获得的成绩还包括第二届全国大学生阳光体育乒乓球赛二等奖、北京市大学生智力运动会上的两金一铜、北京市高校游泳团体锦标赛总分第二名等。

七、艺术教育

2012 年，艺术学院为全校本科生开设的音乐、美术等艺术素质课程有“舞蹈艺术修养”、“舞蹈作品赏析”、“中国民间舞蹈”、“中国音乐赏析”、“中外名歌赏析与比较”、“音乐基础理论与简谱视唱”等 11 个课堂，授课效果良好，受到广大师生欢迎。

附录

中国人民大学 2012 年本科专业招生计划

学院名称	专业名称	分流专业	计划数
法学院	法学		145
	法学（国防生）		30

学院名称	专业名称	分流专业	计划数
新闻学院	新闻传播学类	新闻学、广播电视新闻学、广告学、传播学	146
	新闻学（国防生）		30
外国语学院	德语		28
	俄语		18
	法语		28
	日语		28
	英语		72
哲学院	哲学类	哲学、宗教学、伦理学	40
文学院	中国语言文学类	汉语言文学、汉语言	60
	汉语言文学（国防生）		30
历史学院	历史学		33
国学院	人文科学试验班（国学）		40
国际关系学院	国际政治	国际政治、外交学、政治学与行政学	140
信息资源管理学院	档案学		25
	信息管理与信息系统（政务信息管理）		25
	信息管理与信息系统（政务信息管理）（国防生）		30
信息学院	理科试验班（信息与数学）	计算机科学与技术、数学与应用数学、信息管理与信息系统、信息安全	185
商学院	工商管理类	工商管理、市场营销、财务管理、会计学	221
	管理科学		35
	贸易经济	贸易经济、贸易经济（国际商务）	75
公共管理学院	公共管理类	行政管理、土地资源管理、城市管理	100
劳动人事学院	劳动与社会保障		30
	劳动与社会保障（劳动关系）		25
	人力资源管理		85
环境学院	公共事业管理（环境经济与管理）		35
	环境科学		20
	环境工程		30
财政金融学院	财政学		30
	金融学		176
	金融工程		30
	信用管理		25
	保险		30
	税务		25
社会与人口学院	社会学类	社会学、社会工作、公共事业管理（人口与社会管理）	91
经济学院	国际经济与贸易		95
	国民经济管理		50
	经济学		90
	能源经济		30
统计学院	统计学（含风险管理与精算）	统计学、统计学（风险管理与精算）	80

学院名称	专业名称	分流专业	计划数
理学院	化学		35
	物理学（含材料物理）	物理学、材料物理	55
	应用心理学		25
农业与农村发展学院	农业经济管理类	农林经济管理、农村区域发展	50
马克思主义学院	中国革命史与中国共产党党史		20
艺术学院	艺术类（美术）	绘画（油画）、绘画（中国书画）、艺术设计（平面设计）、艺术设计（景观建筑）、艺术设计（动画）、艺术设计（新媒体）、美术学（艺术管理与策划）	99
	音乐表演		30
中法学院	法语（含国际财经传媒和外交与国际关系）		50
	国民经济管理		50
	金融学		50
二学位	知识产权法		25
	金融学		20
合计			3 050

中国人民大学2012年各省（区、市）录取分数、招生计划和录取人数

省份	录取总数		提前批（国防生）				提前批（外语类）				提前批（贫困专项）				中法学院				一批							
			文科		理科		文科		理科		文科		理科		文科		理科		计划数		文科			理科		
	文	理	调档线	录取线	调档线	录取线	调档线	录取线	调档线	录取线	调档线	录取线	调档线	录取线	调档线	录取线	调档线	录取线	文	理	最高	最低	平均	最高	最低	平均
北京	172	168					女614 男601	女610 男591	女644 男644	女640 男634					564	562	524	524	82	77	647	590	606	667	624	641
天津	36	26					648	645											23	20	673	663	667	689	678	682
河北	77	56	613	609	588	605							648	648	593	593	622	622	23	21	652	642	647	687	670	678
山西	52	47	544	544							533	533			548	548	578	576	22	20	614	603	607	652	636	640
内蒙古	33	21	540	540	551	551													18	16	610	601	606	653	628	638
辽宁	70	75	568	562	551	551	631	631	644	644					592	582	595	595	25	24	654	636	642	670	646	655
吉林	65	53	588	588	567	569									567	567	593	593	28	26	641	616	628	673	649	659
黑龙江	65	51	579	579	596	604	608	614							572	572	556	556	21	20	646	615	628	668	641	651
上海	21	18							498	498									15	12	511	495	499	511	489	498
江苏	60	61					387	387	386	386					365	365	364	364	31	30	400	388	392	407	393	398
浙江	65	78					680	680	676	679					648	648	659	659	38	37	695	686	690	719	702	707
安徽	71	49	632	633	591	595	638	638			641	641	638	638					31	29	650	642	645	670	656	661
福建	50	46					女630 男634	女633 男625	女650 男645	女651 男645					592	592	597	597	32	31	646	630	638	669	650	656
江西	44	44	585	585	548	548							640	650					29	26	645	630	638	672	651	657

省份	录取总数		提前批（国防生）				提前批（外语类）				提前批（贫困专项）				中法学院				一批							
			文科		理科		文科		理科		文科		理科		文科		理科		计划数		文科			理科		
	文	理	调档线	录取线	调档线	录取线	调档线	录取线	调档线	录取线	调档线	录取线	调档线	录取线	调档线	录取线	调档线	录取线	文	理	最高	最低	平均	最高	最低	平均
山东	77	63	646	646	663	663									577	577	617	617	36	35	662	650	656	697	672	687
河南	79	55	613	602	600	600	626	626			617	617	633	633					37	36	652	626	632	676	641	648
湖北	81	79	565	565	592	592			633	623	614	604	606	606	564	555	602	602	39	38	637	625	630	667	647	652
湖南	85	63	616	599	616	596	635	615			638	618	626	626					38	36	650	638	644	659	635	642
广东	72	57					646	646	653	654					614	614	639	639	36	34	661	646	653	681	661	667
广西	27	24											627	617					20	18	636	623	627	669	643	652
海南	13	7																	8	7	865	836	850	845	819	830
重庆	53	43					641	641	640	641			610	610					36	33	659	643	649	674	647	656
四川	80	58	517	517	582	568	590	580			563	553	615	590					35	32	609	585	595	645	623	633
贵州	24	20									636	616	623	603					20	16	646	634	639	657	629	642
云南	32	30	555	555	483	483					597	597	591	591					26	22	649	628	634	655	598	630
西藏（汉）	12	9																	2	2	590	589	590	624	624	624
西藏（民）																					417	417	417	410	410	410
陕西	44	37	618	618	591	591					633	633	653	653					27	26	654	643	648	686	666	673
甘肃	22	24	555	555	555	543					602	593	610	610					14	12	620	563	604	646	625	634
青海	2	2											580	560					2	1	570	561	566	623	623	623
宁夏	8	7											584	554					6	6	599	590	596	599	594	596
新疆（汉）	29	24	495	495	557	580					587	587							15	12	613	594	601	638	615	622
新疆（民）																			3	2	620	598	607	590	569	580
港澳台	41	10																	—	—	625	563	587	624	560	585

注：调档线含考生政策性加分，录取线为实考分。

中国人民大学本科专业目录

序号	学科门类	专业代码	专业名称	所属学院
1	哲学	010101	哲学	哲学院
2	哲学	010103K	宗教学	哲学院
3	哲学	010104T	伦理学	哲学院
4	艺术学	130201	音乐表演	艺术学院
5	艺术学	130310	动画	艺术学院
6	艺术学	130401	美术学	艺术学院
7	艺术学	130402	绘画	艺术学院
8	艺术学	130502	视觉传达设计	艺术学院
9	艺术学	130503	环境设计	艺术学院
10	管理学/工学	120102	信息管理与信息系统	信息资源管理学院　信息学院
11	管理学	120502	档案学	信息资源管理学院
12	工学	080901	计算机科学与技术	信息学院

序号	学科门类	专业代码	专业名称	所属学院
13	工学	080904K	信息安全	信息学院
14	理学	070101	数学与应用数学	信息学院
15	文学	050301	新闻学	新闻学院
16	文学	050302	广播电视学	新闻学院
17	文学	050303	广告学	新闻学院
18	文学	050305	编辑出版学	新闻学院
19	文学	050101	汉语言文学	文学院
20	文学	050102	汉语言	文学院
21	文学	050201	英语	外国语学院
22	文学	050202	俄语	外国语学院
23	文学	050203	德语	外国语学院
24	文学	050204	法语	外国语学院　中法学院
25	文学	050207	日语	外国语学院
26	经济学	020102	经济统计学	统计学院
27	理学	071201	统计学	统计学院
28	理学	071202	应用统计学	统计学院
29	法学	030301	社会学	社会与人口学院
30	法学	030302	社会工作	社会与人口学院
31	管理学	120101	管理科学	商学院
32	管理学	120103	工程管理	商学院
33	管理学	120201K	工商管理	商学院
34	管理学	120202	市场营销	商学院
35	管理学	120203K	会计学	商学院
36	管理学	120204	财务管理	商学院
37	经济学	020402	贸易经济	商学院
38	管理学	120301	农林经济管理	农业与农村发展学院
39	管理学	120302	农村区域发展	农业与农村发展学院
40	法学	030502	中国共产党历史	马克思主义学院
41	法学	030503	思想政治教育	马克思主义学院
42	历史学	060101	历史学	历史学院
43	理学	070201	物理学	理学院
44	理学	070301	化学	理学院
45	理学	071102	应用心理学	理学院
46	理学	080402	材料物理	理学院
47	管理学	120206	人力资源管理	劳动人事学院
48	管理学	120403	劳动与社会保障	劳动人事学院
49	经济学	020101	经济学	经济学院
50	经济学	020103T	国民经济管理	经济学院　中法学院
51	经济学	020106T	能源经济	经济学院
52	经济学	020401	国际经济与贸易	经济学院
53	管理学	120401	公共事业管理	环境学院　社会与人口学院
54	理学	082503	环境科学	环境学院
55	工学	082502	环境工程	环境学院
56	法学	030201	政治学与行政学	国际关系学院

序号	学科门类	专业代码	专业名称	所属学院
57	法学	030202	国际政治	国际关系学院
58	法学	030203	外交学	国际关系学院
59	法学	030501	科学社会主义	国际关系学院
60	管理学	120402	行政管理	公共管理学院
61	管理学	120404	土地资源管理	公共管理学院
62	管理学	120405	城市管理	公共管理学院
63	法学	030101K	法学	法学院
64	经济学	020201K	财政学	财政金融学院
65	经济学	020202	税收学	财政金融学院
66	经济学	020301K	金融学	财政金融学院　中法学院
67	经济学	020302	金融工程	财政金融学院
68	经济学	020303	保险学	财政金融学院
69	经济学	020306T	信用管理	财政金融学院
70		学校自设专业	国学	国学院

注：专业代码后带“T”表示特设专业，专业代码后带“K”表示国家控制布点专业。

2012 年中国人民大学教育教学成果和获奖情况

中国人民大学第七届（2012 年）高等教育教学成果奖特等奖获奖成果名单

主要完成单位	成果名称	主要完成人姓名
暑期项目办公室	创办国际小学期，提升人才培养国际性	陈雨露、杨慧林、洪大用、郭洪林、唐忠、旋天颖
法学院	因材施教，分类培养——本科法律人才培养模式改革与创新工程	韩大元、王轶、肖建国、杜焕芳、宋彪
研究生院	回归学术本源，夯实学术基础，全面建立博士点学科专业主文献制度	吴晓求、刘凤良、宋东霞、吕莉莎、李艳丽

中国人民大学第七届（2012 年）高等教育教学成果奖一等奖获奖成果名单

主要完成单位	成果名称	主要完成人姓名
经济学院	经济学拔尖创新人才培养模式探索与实践——经济学—数学实验班创办十年总结	杨瑞龙、龙永红、陈彦斌、程华
财政金融学院	财政金融专业拔尖创新人才培养体系的探索与推广	郭庆旺、岳树民、何平、张成思、贾俊雪
经济学院	创建具有中国气派中国风格的宏观经济学教学体系	方福前、杨瑞龙、刘元春、陈彦斌、于泽
信息资源管理学院	应用型社会科学专业创新人才培养模式的探索与实践	赵国俊、张斌、纪红波、张晓京、王丹
商学院	助力会计改革，强化能力培养，建设立体化会计精品教材体系（教材）	荆新、支晓强、宋建波、周华、叶康涛
公共管理学院	公共精神与专业能力——公共管理本科创新人才培养模式探索与实践	董克用、严金明、唐钧、谭峻、郤艳丽、陈红

主要完成单位	成果名称	主要完成人姓名
马克思主义学院	新形势下的“中共党史”本科特色专业建设与人才培养模式改革	齐鹏飞、杨凤城、吴美华、杨德山、辛逸、汪云生
文化科技园	基于文化科技园区，培养学生创新创业能力	牛维麟、彭翊、王国成、韩莹、曾繁文
招生就业处	完善高校自主选拔录取制度的探索与实践	蔡荣生、李向前、刘甡、周丽、黄宾华、尚晓莉
国际关系学院	全面提升国际性、推动国际政治本科人才培养体系改革	陈岳、时殷弘、方长平、田野、蒲傅
外国语学院	大学英语普及型与拔尖型分类人才培养模式研究	贾国栋、王红、宋传民、唐启明、杨彩霞
国学院	新型国学人才培养的机制及其成效	纪宝成、黄朴民、孟宪实、袁济喜、徐飞
历史学院	依托史学经典、创新通识教育：《资治通鉴》选讲的课程建设与教学实践	刘后滨、李晓菊、韩树峰、杨梅
教务处	主体教育与全面发展：通识教育的“人大模式”	杨慧林、洪大用、蒋香仙、旋天颖、王建
学生工作部	大学生心理健康成长教育实践——通识教育、同伴教育、师资培训三合一的人大模式	马俊杰、张晓京、文书锋、胡邓、周莉、侯瑞鹤
统计学院	精算统计复合型教学体系的建设与实践	袁卫、王晓军、孟生旺、黄向阳、王燕
哲学院	新时期哲学专业人才培养体系的构建与创新	郝立新、韩东晖、张志伟、张风雷、魏德东
新闻学院	中国传播案例教学与案例库建设	蔡雯、王菲、彭兰、陈绚、马少华
农业与农村发展学院	参与式案例教学模式与农林经济管理专业人才培养体系建设	温铁军、孔祥智、刘金龙、朱信凯、谷莘
信息学院	文科类高等院校大学计算机系列课程研究与建设	杨小平、曹淑艳、张莉、尤晓东、龙永红、叶向
继续教育学院	建立质量年报制度，推进高校继续教育质量保障体系建设	林岗、李国斌、刘承郊、顾宗连、李福德、李洋、孟欣、田小梅、陈雷
继续教育学院	基于互联网的分布式社会化终身学习服务模式	岳俊芳、冯霞、杨丛笑、张向阳、杜蕾
国际关系学院	打造精品　突出特色——外交学本科核心课程体系的创新与完善	李宝俊、金正昆、徐莹、王星宇、徐正源
环境学院	复合型环境专业高等教育模式及环境学科群建设	马中、吴健、王洪臣、宋国君、刘鹏
商学院	EMBA 项目“中国实践管理领袖项目——CMPM”的设计与推广	伊志宏、宋华、冯云霞、宋远方
教育学院	创立和发展教育法学学科	秦惠民、申素平、孙宵兵、陈立鹏、周详
研究生院	研究生教育质量保障机制探索与实践	冯惠玲、吴晓求、李霞、宋东霞、李艳丽
教务处	基于知识复合与实践导向培养本科生创新能力	洪大用、旋天颖、王建、蒋香仙
学生工作部	入学—毕业教育联动助力学生全面成长成才新模式探索与实践	张晓京、文书锋、邓晖、金添、布超
信息资源管理学院	以质量保障为中心的精细化教学管理体系的建设与运行	卢小宾、张斌、纪红波、王丹、刘丁君

主要完成单位	成果名称	主要完成人姓名
法学院	法律经济学课程体系建设与成果转化	冯玉军、田宏杰、朱力宇、柯华庆、刘元春
招生就业处	践行“5E”，打造就业指导服务新模式，引领高校毕业生就业工作	杨伟国、蔡荣生、周荣、莫海兵、郭琴
文学院	《新编外国文学史——外国文学名著批评经典》（教材）	梁坤、刘小枫、程朝翔、陈众议、曾艳兵
劳动人事学院	以学生为主体的亲验式教学模式在本科生管理类课程教学中的探索及实践	张丽华、王丽娟、刘松博、苏中兴
社会与人口学院	《当代中国社会变迁》课程建设	郭星华、奂平清、冯仕政、陆益龙、洪大用
公共管理学院	城市管理本科学科建设与教学实践	叶裕民、郤艳丽、李东泉、郑国、秦波、唐杰
财政金融学院	依托信息技术的金融专业方法课双语教学示范课程体系建设	张成思、戴稳胜、刚健华
社会与人口学院	大学生生殖健康课程建设的探索与创新	和红、刘爽、翟振武
法学院	构建“双语双法”国际型比较法律人才培养模式	丁相顺、朱虎、Stephen Mark Leonard
出版社	高等学校文科教材质量保障体系	贺耀敏、刘志、徐莉、王磊
继续教育学院	21世纪远程教育精品教材建设（教材）	顾宗连、徐莉、冯霞、郑怡婷、李丽虹
法学院	证据学教学方法改革	何家弘
哲学院	西方伦理思想史课程建设	龚群、葛晨虹、郭清香、李茂森、杨伟清
法学院	《劳动法和社会保障法》（教材）	林嘉、杨飞、范围、许建宇、邓娟
经济学院	国际商务专业学位的国际化培养体系建设	刘元春、程大为、雷达、韩玉军、于春海
港澳台办公室	新时期对港澳台学生开展国情教育的新思路和新方法	唐忠、李贞实、周淑真、韩飞、黄岩
马克思主义学院	《马克思主义基本原理概论》（教材）	张雷声、袁银传、韩建新、张晓华
环境学院	“五结合”毕业实习模式的创新与实践	王洪臣、刘鹏、马中、宋国君

中国人民大学第七届（2012年）高等教育教学成果奖二等奖获奖成果名单

主要完成单位	成果名称	主要完成人姓名
外国语学院	外语专业研究生科研创新与国际化培养模式	刁克利、张勇先、庞建荣、郭军、任国强
艺术学院	《景观设计基础——植物设计》（教材）	李宇宏
历史学院	《世界中世纪史》（教材）	孟广林
哲学院	中国古代哲学史课程体系改革	宋志明
社会与人口学院	公共事业管理专业（人口管理方向）数据分析方法课程教学模式创新探索	杜本峰
社会与人口学院	《社会统计分析与数据处理技术——STATA软件的应用》（教材）	杨菊华
公共管理学院	《公共管理案例多视角分析教学体系》（教材）	王丛虎、刘太刚、李传军、张璋
信息资源管理学院	有中国特色、有国际影响力的档案学专业教学体系建设	张斌、王健、安小米、张美芳、徐拥军

主要完成单位	成果名称	主要完成人姓名
财政金融学院	“税收管理”教学案例库建设及应用	王秀芝
商学院	本科教学质量保证体系建设	毛基业、孙蔓莉、汪玲、王银屏
统计学院	面向学科发展前沿、引导创新型学习——统计学专业基础理论课程教学改革	张波、张景肖、肖宇谷、吕晓玲
马克思主义学院	“5W”链式教学法在研究生教学中的运用	邱吉
法学院	创新型本科生的调研写作能力培养探索	杨东
法学院	《国际法》（教材）	余民才、程晓霞、邵沙平、朱文奇
法学院	行政法与行政诉讼法课程建设	莫于川、杨建设、李元起、王贵松、林鸿潮
法学院	《中国近代法制史专题研究》（教材）	赵晓耕、王平原、聂鑫
信息学院	经济与管理学科数学基础系列教材（教材）	龙永红、朱来义、卢刚、刘刚、吴岚
教务处	加强“质量工程”项目全过程管理，做好本科教学质量平台建设与创新	蒋香仙、王建、徐婷、弓丹志、黄一顺
教务处	创新管理模式，做好国际交换学习项目管理，提升人才培养国际性	旋天颖、张伟、陈紫光、徐佳
出版社	中国人民大学马克思主义理论学科教材建设	刘志、郭晓明、余盛
学生工作部	本科形势与政策教育教学改革探索与实践	文书锋、白连永、邓晖、金添、布超
学生工作部	支持贫困学生全面发展的实践教育项目	张玲玲、胡树刚、储著斌、高梅红、韩亚萍

中国人民大学入选第一批“十二五”普通高等教育本科国家级规划教材书目

序号	书名	主要作者	第一作者单位	出版社
1	保险学（第三版）	张洪涛、郑功成	财政金融学院	中国人民大学出版社
2	财政学（第六版）	陈共	财政金融学院	中国人民大学出版社
3	国际金融（第三版）精编版	陈雨露	财政金融学院	中国人民大学出版社
4	金融学（第二版）精编版	黄达	财政金融学院	中国人民大学出版社
5	金融衍生工具	汪昌云	财政金融学院	中国人民大学出版社
6	商业银行业务与经营	庄毓敏	财政金融学院	中国人民大学出版社
7	投资经济学（第三版）	任淮秀	财政金融学院	中国人民大学出版社
8	证券投资学（第三版）	吴晓求	财政金融学院	中国人民大学出版社
9	比较法总论（第二版）	朱景文	法学院	中国人民大学出版社
10	合同法（第三版）	王利明、房绍坤、王轶	法学院	中国人民大学出版社
11	简明证据法学	何家弘、张卫平	法学院	中国人民大学出版社
12	企业和公司法（第二版）	史际春	法学院	中国人民大学出版社
13	外国宪法（第三版）	韩大元	法学院	中国人民大学出版社
14	证券法（第三版）	叶林	法学院	中国人民大学出版社
15	房地产开发与经营（第二版）	吕萍	公共管理学院	中国人民大学出版社
16	公共部门人力资源开发与管理（第二版）	孙柏瑛、祁光华	公共管理学院	中国人民大学出版社
17	公共关系——理论、实务与技巧（第二版）	周安华、苗晋平	公共管理学院	中国人民大学出版社
18	行政伦理学教程（第二版）	张康之、李传军	公共管理学院	中国人民大学出版社
19	薪酬管理（第二版）	刘昕	公共管理学院	中国人民大学出版社
20	战略性绩效管理（第二版）	方振邦	公共管理学院	中国人民大学出版社

序号	书名	主要作者	第一作者单位	出版社
21	产业组织理论（本科生用）	吴汉洪	经济学院	中国人民大学出版社
22	国际贸易教程（第三版）	高成兴、黄卫平、朱立南	经济学院	中国人民大学出版社
23	计量经济学（第二版）	赵国庆	经济学院	中国人民大学出版社
24	财务管理学（第五版）	荆新、王化成、刘俊彦	商学院	中国人民大学出版社
25	财务会计学（第五版）	戴德明、林钢、赵西卜	商学院	中国人民大学出版社
26	成本会计学（第四版）	于富生、王俊生、黎文珠	商学院	中国人民大学出版社
27	初级会计学（第五版）	朱小平、徐泓	商学院	中国人民大学出版社
28	高级财务管理学（第二版）	王化成	商学院	中国人民大学出版社
29	管理会计学（第五版）	孙茂竹、文光伟、杨万贵	商学院	中国人民大学出版社
30	审计学（第四版）	耿建新、宋常	商学院	中国人民大学出版社
31	市场营销学教程（第四版）	纪宝成	商学院	中国人民大学出版社
32	市场营销学通论（第四版）	郭国庆	商学院	中国人民大学出版社
33	社会调查研究方法（第二版）	郝大海	社会与人口学院	中国人民大学出版社
34	社区工作（第二版）	夏建中	社会与人口学院	中国人民大学出版社
35	统计学（第三版）	贾俊平、何晓群、金勇进	统计学院	中国人民大学出版社
36	大学体验英语教学参考书 2（第二版）	贾国栋	外国语学院	高等教育出版社
37	大学体验英语扩展教程 2（第二版）	贾国栋	外国语学院	高等教育出版社
38	大学体验英语综合教程 2（第二版）	贾国栋	外国语学院	高等教育出版社
39	阅读教程（通用本）学生用书（4）	张勇先	外国语学院	上海外语教育出版社
40	先秦两汉散文分类选讲	李炳海	文学院	高等教育出版社
41	传媒经济学教程	喻国明、丁汉青、支庭荣等	新闻学院	中国人民大学出版社
42	外国新闻传播史纲要	陈力丹、王辰瑶	新闻学院	中国人民大学出版社
43	网络传播概论（第二版）	彭兰	新闻学院	中国人民大学出版社
44	新闻摄影教程（第三版）	盛希贵	新闻学院	中国人民大学出版社
45	概率论与数理统计（第三版）	龙永红	信息学院	高等教育出版社
46	数据库系统概论（第四版）	王珊、萨师煊	信息学院	高等教育出版社
47	微积分（第三版）	朱来义	信息学院	高等教育出版社
48	线性代数	卢刚	信息学院	高等教育出版社
49	线性代数（第四版）	赵树嫄	信息学院	中国人民大学出版社
50	档案管理学（第三版）	陈智为、邓绍兴、刘越男	信息资源管理学院	中国人民大学出版社
51	档案学概论（第二版）	冯惠玲、张辑哲	信息资源管理学院	中国人民大学出版社

2012 年中国人民大学入选国家级精品视频公开课课程

课程名称	课程负责人	所在学院
鲁迅与现代中国	孙　郁	文学院
宏观经济热点问题解读	方福前	经济学院
新闻记者的基本功——采访与写作	张　征	新闻学院
平凡生活中的深沉智慧——辩证唯物论	李海洋	哲学院

第八届（2012 年）北京市高等学校教学名师奖

姓名	所在学院
张　杰	财政金融学院
袁　卫	统计学院
宋志明	哲学院

2012 年宝钢教育基金优秀教师奖

姓名	所在学院
郭　杰	经济学院
洪大用	社会与人口学院
周文霞	劳动人事学院
贾俊雪	财政金融学院

2012 年中国人民大学教学标兵

姓名	所在学院	姓名	所在学院
高　钢	新闻学院	张　威	理学院物理系
郭星华	社会与人口学院	张新宝	法学院
黄志勇	信息学院	张占录	公共管理学院
刘　刚	商学院	赵西卜	商学院
刘少杰	社会与人口学院	赵　岩	外国语学院
张　杰	财政金融学院	左美云	信息学院

2012 年中国人民大学教学优秀奖

姓名	所在学院	姓名	所在学院
程大为	经济学院	王燕飞	外国语学院
黎来芳	商学院	吴　健	环境学院
李茂森	哲学院	吴清军	劳动人事学院
梁继红	信息资源管理学院	吴　洋	国学院
罗　骞	哲学院	郗　戈	马克思主义学院
祁凡骅	公共管理学院	徐建委	文学院
宋建武	体育部	徐　莹	国际关系学院
田茂再	统计学院	张　璞	理学院化学系
田　野	国际关系学院	张　翔	法学院
王　芳	财政金融学院	周　铭	外国语学院

中国人民大学“大学生创新实验计划”2012 年项目名单

序号	所在单位	项目名称	项目负责人姓名	指导教师姓名	立项级别
1	哲学院	“微公益”发展状况及伦理审视	查　立	葛晨虹	国家级
2	哲学院	手语心声：聋人群体的基督信仰问题调查研究——以北京朝阳教堂为例	姜晓丹	魏德东	国家级
3	艺术学院	“买得起的艺术”：消费视角下探究我国艺术衍生品市场的发展路径——来自京、沪、深三地艺术中心的实地调查	卢迪斯	郑晓华　杨　鹏	国家级

序号	所在单位	项目名称	项目负责人姓名	指导教师姓名	立项级别
4	艺术学院	中国漆器发展现状调查及其传播继承问题研究——以北京、天水、扬州漆器为例	李　博	王文娟	国家级
5	艺术学院	探究免费开放语境下首都高校博物馆的角色定位与实践状况	王洋星月	王文娟　魏　坚	国家级
6	信息资源管理学院	用户信息需求视角下的城市信息亭内容建设研究——来自北京、上海的调查分析	李雪源	赵国俊　周晓英	国家级
7	信息资源管理学院	城市记忆工程中方言的保护与传承—— 以广州、青岛、杭州为例	祁天娇	张　斌　王　健	国家级
8	信息学院	细粒度的 Android 权限机制设计与实现	陈　怡	梁　彬	国家级
9	信息学院	社会网络分析视角下中国高校校友资源利用开发的现状与展望	孙道元	左美云　许　伟	国家级
10	信息学院	基于数据挖掘的股票自动交易系统构建研究	何雨桐	许　伟	国家级
11	信息学院	基于文本分析技术的文章“代笔”判定问题研究——以韩寒代笔门为例	刘开蕊	杜小勇	国家级
12	新闻学院	在网络互动时代条件下对农村留守初中生媒体使用倾向的调查分析研究——以 8 所农村中学为例	王　蔚	张　征	国家级
13	新闻学院	冲突与融合：东北农村地区基督教传播与传统信仰的现状调查	周楚珺	王润泽	国家级
14	新闻学院	从乡村戏班看关中地区新农村文化建设下民间基层文艺团体的生存现状——基于对华县、蓝田县两地的调查	杨奇光	蔡　雯	国家级
15	新闻学院	新闻媒体的媒介支持与西部城市“空巢老人”问题的解决——以新疆乌鲁木齐、石河子和四川宜宾市为例	杨泽宇	张　征	国家级
16	新闻学院	农村媒介环境对农村留守儿童成人化的影响——以河南省卧龙区、江西省于都县和广西壮族自治区天等县为例	黄昭华	陈　阳	国家级
17	新闻学院	新媒体环境下农村留守儿童的媒介使用与满足研究——基于浙江淳安、湖北英山、贵州印江的比较分析	包路冶	温铁军　周　勇	国家级
18	文学院	从青林寺谜语看巴楚地区文化村落中民间口头文学的保护、传承和转型出路——以湖北省宜都市高坝洲镇青林寺村为例	袁满芳	孙　郁　王　昕	国家级
19	文学院	满族萨满文化遗存现状调查——以吉林九台市莽卡乡满族家祭为例	石敏力	李炳海　吴永焕	国家级
20	文学院	民族非物质文化遗产保护探究——基于哈萨克族民间达斯坦生存现状及保护发展措施的调研	张雅童	朱万曙	国家级
21	文学院	少林武术文化产业化模式探究 ——基于少林武术和跆拳道的对比分析	王朋飞	陈奇佳	国家级
22	外国语学院	语言文化传播中的内容与形式分析——基于法语联盟、歌德学院、孔子学院的教学研究	张丹妮	徐　艳	国家级
23	外国语学院	如何应对英语外来词——基于数据统计基础上的德法语言政策比较	方榕佳	刘　丽	国家级

序号	所在单位	项目名称	项目负责人姓名	指导教师姓名	立项级别
24	外国语学院	模拟联合国活动引入课堂教学的可行性分析	张稷钰	徐　艳	国家级
25	外国语学院	从刻板印象角度探究中外大学生跨文化交流障碍及解决建议——以北京地区高校为例	冯书航	郭庆民	国家级
26	统计学院	大学生道德观现状及其影响因素研究——基于北京、福建高校大学生的调研	吴晓宇	易丹辉	国家级
27	统计学院	关于社区医院为老年人开展“一站式服务”的探索——以北京市社区卫生服务中心为例	吴春玲	王　燕	国家级
28	统计学院	创而新则优：大学生自主创业意愿及创业类型探究——以北京部分高校大学生为例	赵鹏宇	金勇进　张　鹤	国家级
29	统计学院	多维度扩展下社会心态现状的调查及其与政策评价关联的研究	刘　圆	赵彦云	国家级
30	社会与人口学院	草根公益组织商业化的成因、路径与困境研究：组织社会学的视角	彭桥杨	王水雄	国家级
31	社会与人口学院	微博辟谣的效用研究——以新浪官方辟谣微博“微博辟谣”为例	刘华章	郭星华	国家级
32	社会与人口学院	成长的代价——关于当下入幼儿园难、上幼儿园贵的问题研究（以北京市、成都市为例）	李若璘	李路路　赵　峰	国家级
33	社会与人口学院	政府主导下农村宅基地置换异地房产模式中农民的置换意愿——基于上海松江区佘山镇及嘉定区徐行镇的实证研究	张　洋	宋　健	国家级
34	社会与人口学院	民间信仰在村落秩序构建中的功能和机制——对云南大理白族Z村本主信仰的考察	李珊珊	陆益龙	国家级
35	商学院	政策变局下民营快递企业权策解析——基于北京快递业网点布局和经营策略的调查研究	李灵珊	王亚星　李　智	国家级
36	商学院	网络时代下实体书店的经营模式探究及前景展望——以北京地区实体书店为例	孙　琪	李东贤　李　智	国家级
37	商学院	“粗放管理的爱心”——大学生志愿服务的供需现状调查及管理制度优化	徐丝然	李　智	国家级
38	商学院	消费者个人特质对购买仿冒奢侈品意愿的影响：基于态度功能理论的研究	宋一频	刘　军	国家级
39	商学院	非营利组织的网络营销现状、挑战及应对——基于格桑花、宜农贷、免费午餐的调研	曲英杰	王　霞	国家级
40	商学院	社区支持农业模式下消费者购买意愿的实证研究	王　敏	许年行	国家级
41	商学院	高校新浪官方微博的发展现状及运营模式探究——以北京市为例	于秉南	牛海鹏	国家级
42	商学院	多角度探究公益化商业广告盈利价值与社会价值的相互让渡——基于北京、浙江、湖南调研的定量分析	刘红状	计小宇　刘　军	国家级
43	商学院	城乡一体化背景下的农家乐竞争力分析——基于北京、怀化、凯里三地的调研	王　晶	刘国山	国家级
44	商学院	中国出租车行业发展现状调查与研究——基于政府行业管理的视角	黄　倩	李东贤	国家级
45	商学院	符号消费视角下我国旅游纪念品市场发展现状研究——基于北京、安徽两地的实证调研	梁万佳	郭　海	国家级

序号	所在单位	项目名称	项目负责人姓名	指导教师姓名	立项级别
46	商学院	中国修学励志类夏令营行业发展现状与商业模式创新——基于世纪明德等公司的调查研究	姚明月	仲理峰　李东贤	国家级
47	农业与农村发展学院	农村金融创新背景下资金互助合作社的运行机制和绩效分析——基于江苏、山东两地的实证调查	申正茂	周　立	国家级
48	农业与农村发展学院	高端农产品产业链各环节成本及利润分配分析——基于黑龙江五常市“五常大米”的追踪调查	曾维炯	郑风田	国家级
49	农业与农村发展学院	农民工纳入城镇住房保障体系的效果研究——以四川成都、山东青岛为例	陈如雨	曾寅初	国家级
50	马克思主义学院	陕西省神木县“全民免费医疗”政策推广的可行性分析与制度优化设计	王　乔	辛　逸	国家级
51	历史学院	浙江省宁海县自民国以来婚俗变迁的调查研究	娄山山	陈　昊　伍婷婷	国家级
52	历史学院	都市寺庙功能的时代变迁与现实启示——以北京市区寺庙为例	张　翼	魏　坚　杨　梅	国家级
53	理学院心理学系	“大学生创新实验计划”项目团队中社会惰性现象的影响因素和干预机制的研究	江　珊	李欢欢	国家级
54	理学院物理系	GaN 纳米线光催化分解水的机制探索及其性能调控	王方园	季　威	国家级
55	理学院物理系	水热法制备用于活体检测的 core-shell 结构双功能光学、磁性纳米材料——以 Fe3O4@Gd2O3：Eu3＋为例	吴柯潞	夏天龙	国家级
56	理学院物理系	基于高性能并行计算的阿诺德扩散的模拟研究	毛林枫	王　雷	国家级
57	理学院化学系	三核金属磷酸生物结构单元的分子模拟	高　萌	曹　睿	国家级
58	理学院化学系	过渡金属催化的酰胺的氢转移还原反应研究	张　广	徐立进	国家级
59	理学院化学系	基于三氮大环配体 Tacn 的单核钌配合物的催化水氧化性质研究	张宗尧	曹　睿	国家级
60	劳动人事学院	大学生实习效果评估及其影响因素的实证研究——基于北京几所高校的横向对比	黄灿炜	曾湘泉　李育辉	国家级
61	劳动人事学院	顶岗实习——以陕西省某地中等职业技术学校为例	余　田	李丽林　吴清军	国家级
62	劳动人事学院	家庭结构对“新生代”留守儿童社会适应行为的影响	吴　正	张丽华　刘尔铎	国家级
63	劳动人事学院	运营模式与司机的收入水平和结构的关系：对北京、上海、温州三地出租车行业的调研与分析	洪丽帆	苏中兴	国家级
64	经济学院	单姓村、杂姓村在农村公共物品供给及其效率上的比较和经济影响	章逸然	陆方文	国家级
65	经济学院	社会企业的有效性	马　啸	韩　松	国家级
66	经济学院	中国稀土资源发展战略探索	张　驰	贾根良	国家级
67	经济学院	政府管制下出租车行业运营模式探索	吴斯泓	聂辉华	国家级
68	经济学院	农村经纪人——在农户与企业间牵线搭桥的“红娘”	王　真	侯景新　赵　勇	国家级
69	经济学院	实行我国个人所得税免征额动态调整的必要性、可行性与具体方案设计	余晨阳	陈彦斌	国家级
70	经济学院	“非遗”为何难以传承？一个契约理论的解释	李珠君	杨其静	国家级

序号	所在单位	项目名称	项目负责人姓名	指导教师姓名	立项级别
71	经济学院	我国专业硕士与学术硕士就业差异现状及工资差异成因探究	刘晨光	聂辉华	国家级
72	经济学院	农民工也能上网找工作	潘　航	关　权	国家级
73	经济学院	农村青年初中毕业后是否应该上技校	朱绵玉	赵　勇	国家级
74	经济学院	从“以医补药”到“以医补医　医药分业”研究	孟　程	杨其静	国家级
75	环境学院	我国污泥处理处置技术路线对比分析及监管政策的研究——基于北京、上海、无锡、长春的案例研究	熊文师	王洪臣　李　洁	国家级
76	环境学院	西藏自治区生态保护补助奖励机制的政策效果分析——以那曲、阿里地区为例	谢汶妤	马　中	国家级
77	国学院	两岸学前儿童的国学教育比较研究——以北京市、台北市为例	何颜玎	孟宪实	国家级
78	国学院	古籍整理与文化传承——以近代以来商务印书馆、中华书局、上海古籍出版社等为中心	齐冠凯	黄朴民　陈壁生	国家级
79	国学院	探寻传承千年的民间古音——河北河间歌诗调查与研究	曲晓霜	袁济喜	国家级
80	国际关系学院	高中教育资源城乡分配差异研究——以吉林省吉林市、松原市及其下属乡镇和江苏省南通市及其下属乡镇为例	姚啸宇	闫　瑾	国家级
81	国际关系学院	老龄化背景下城市养老机构运营机制探究及建议——以北京市城四区（东城、西城、海淀、朝阳）养老机构为例	黄昱帆	林　红	国家级
82	国际关系学院	两岸文教交流政策的现状分析——基于对北京7所高校在读台湾留学生的调查	陈兆源	杨光斌	国家级
83	国际关系学院	中日民间交往中中方青少年参与者的反馈调研——以“中国高中生长期邀请项目”为例	袁丽品	黄大慧	国家级
84	国际关系学院	香港回归后青少年国民教育研究——以“香港领袖生奖励计划”为例	于灵歌	任剑涛	国家级
85	公共管理学院	田野里的太阳从何处升起——从农村社区文化建设的角度探究青少年健康成长的途径	丁　宁	唐　钧	国家级
86	公共管理学院	人口老龄化背景下政府在社区老年教育中的角色分析	郑君竹	秦惠民　刘　鹏	国家级
87	公共管理学院	“小产权房”现状分析与政府治理政策和风险探究——基于湖北十堰、襄阳及其市县的实地调研	杜楚涵	谭　峻	国家级
88	公共管理学院	转型期我国沿海居民海洋环境调查——以上海、泉州、宁德为例	钱　通	吴　鹏	国家级
89	法学院	宗教事务法制化视野下的寺庙管理模式探析——以四地的寺庙承包问题为切入点	裴蛟雷	冯玉军	国家级
90	法学院	法律与政策之上的达摩克利斯之剑：农村小产权房清理的法效评估——以北京、郑州、海口为例	王信淳	肖建国	国家级
91	法学院	大兴安岭林区林权流转制度的现状与发展	刘　锐	王　轶	国家级
92	法学院	法治视野下退休职工异地就医制度现状研究——以湖北省地方样本为例	文　稔	林　嘉	国家级

序号	所在单位	项目名称	项目负责人姓名	指导教师姓名	立项级别
93	法学院	金融消费纠纷调解机制的新探索——对陕西省西安市金融消费者权益保护的实践调研	薛　佳	杨　东	国家级
94	法学院	社会管理创新：政府购买民间公益组织的服务法律探究 ——以深圳为例	张炜雄	肖建国	国家级
95	法学院	“为校车系好‘安全带’”——对现行校车制度的落实与完善（以浙江德清、辽宁桓仁、甘肃正宁、陕西阎良为例）	冯嘉怡	韩大元	国家级
96	财政金融学院	我国高校研究生助教制度现状调研及发展道路探索——以清华、北大、人大、北理工和北师大为例	曹　阳	黄文彬　张　鹤	国家级
97	财政金融学院	定价机制调整对出租车司机福利状况的影响——以北京为例	吴　悠	刚建华	国家级
98	财政金融学院	人力资本视角下开发性移民就业与收入差距的问题研究——给予三峡库区的调查分析	宋慧荟	薛涧坡	国家级
99	财政金融学院	高校优质教育资源社会共享的现状与发展——基于大学视频公开课的实证研究	郑诗韵	岳树民	国家级
100	财政金融学院	从累积投票探中小股东权益保护的局限——基于股东大会的实地调研	文　婧	何　青	国家级
101	财政金融学院	居民效用视角下的新型社会保障卡金融功能使用度分析——基于天津、太原两地的实地调研	刘斯旸	谢波峰　李时宇	国家级
102	财政金融学院	义务教育阶段农村学生辍学原因研究——基于鲁、陕、鄂三地实地调研	高　艺	吕冰洋	国家级
103	财政金融学院	金融创新背景下小微企业信贷现状的实证分析——以北京和温州两地为例	刘　菁	宋　玮	国家级
104	财政金融学院	城乡经济互动发展模式与绩效研究——基于成都统筹城乡配套改革试验区的调研	吕　磊	张顺明	国家级
105	财政金融学院	基本养老保险省际统筹及跨省关系转移接续相关政策的实施情况调研——基于上海市、四川省及东三省的调查	王冠初	朱　青	国家级
106	财政金融学院	关于现行大学生支教体系所存在的问题及其解决方案的研究——基于山西南界都小学的支教活动	赵彦若	张俊岩	国家级
107	财政金融学院	众说纷纭：该听何言？——以北京市为例对新生代农民工“短工化”原因的探究	吕品品	张文春	国家级
108	财政金融学院	北京市居民对大气污染物 PM2.5 减排的支付意愿——基于或有估价法（CVM）的实证分析	翟福昕	刘晓路	国家级
109	财政金融学院	从毕业流向结构反观经济类专业本科人才培养模式——基于中国人民大学、上海财经大学、南开大学的调研	陈　晗	贾俊雪	国家级
197	团委	绿色开敞空间的社会功能研究——基于成都市绿道建设的考察	丁雪松	唐　杰	国家级
110	哲学院	以萨满教为主体的满族传统信仰的现状——以黑龙江东京城镇和北京喇叭沟门满族自治乡为例	关沐森	魏德东	北京市级
111	艺术学院	当代艺术本土化背景下独立策展人调查与研究——以北京、上海、广州地区为例	万梦琦	郑晓华　张建宇	北京市级

序号	所在单位	项目名称	项目负责人姓名	指导教师姓名	立项级别
112	信息资源管理学院	信息之火，以何燎原——社会转型期政务信息公开对农民生活改善情况的调查与研究	王为久	卢小宾　王英玮	北京市级
113	信息学院	基于微博数据的情感分析统计编制消费者信心指数	丁海韬	孟小峰	北京市级
114	信息学院	在博弈论视角下对“奥数热”成因的分析及对家长个体理性水平的再考量——基于在北京和西安的实地调研	张铁龙	龙永红	北京市级
115	新闻学院	环保 NGO 的形象传播与社会动员研究——以“自然之友”、“绿色和平”等环保 NGO 为例	杨　晴	胡百精　张迪	北京市级
116	新闻学院	我国传统产业工人媒介使用与满足研究——以天津市葛沽镇冶金工业园区、兰州市西固工业大区为例	杨　畅	高贵武	北京市级
117	文学院	高校外语类专业的汉语教育现状调查研究——以北京地区高校外语专业的大学语文课程教学为例	李　享	骆　峰	北京市级
118	文学院	蒙古语的传承困境——基于对辽宁省朝阳市高考蒙古族考生民族语言使用情况的追踪调查	李佳芳	骆　峰 宝音朝克图	北京市级
119	外国语学院	重点大学本科英语专业课程设置及教学方法现状研究及优化建议——基于中国人民大学、北京外国语大学等“211 工程”大学的调研	赵嘉雯	贾国栋　丁宝恒	北京市级
120	统计学院	探究社交网络时代公共事件信息传播机制——基于人人网中大学生行为的研究	李泽昱	蒋　妍	北京市级
121	社会与人口学院	影响经营性公墓购买决策的微观因子探究——以北京、南京、成都三地的城市消费者为例	刘　洁	齐亚强	北京市级
122	社会与人口学院	二线城市“双独”、“单独”、“双非”夫妇生育意愿及其影响因素的调查——以太原和烟台为例	王璟峰	宋　健	北京市级
123	商学院	农村光网建设与推广模式的调研——以上海市浦东新区新春村、久丰村为例	吴若男	仲理峰	北京市级
124	商学院	家族企业中高层管理者胜任力水平与企业可持续发展的关系探究——以南通地区典型家族企业为例	沈　睿	冯云霞	北京市级
125	商学院	不同层面公益性组织发展模式的探究及建议——以高校社团和地方性红十字会为例	张书博	荆　新　赵　晶	北京市级
126	商学院	迅速反应、灵活管理、初级创新的山寨模式研究——以电子商务情境下我国山寨手机厂商为例	张岳宝	刘军	北京市级
127	商学院	基于产业化发展视角对休闲农业商业模式创新的研究——以北京、天津、江西、广西等地休闲农业为例	喻　甜	李东贤	北京市级
128	农业与农村发展学院	职业农民培训准备好了吗？——基于南通通州区和河南焦作市博爱县等的实证	顾　媛	郑风田	北京市级
129	马克思主义学院	奢侈消费年轻化浪潮中的中国大学生奢侈消费的调研——基于中国人民大学和上海复旦大学的调查	路子达	郗　戈	北京市级

序号	所在单位	项目名称	项目负责人姓名	指导教师姓名	立项级别
130	历史学院	由喇嘛群体透视雍和宫的现代转型——基于对清乾隆朝以来雍和宫喇嘛群体的调查研究	方　舟	曹刚华　沈卫荣	北京市级
131	理学院心理学系	农村彩礼飞涨下对高额彩礼分配及其上涨原因的研究	刘　戬	张登浩	北京市级
132	理学院物理系	二硫化钼晶体的置备及其电子结构的研究	林　翼	王善才	北京市级
133	理学院物理系	利用自然冷源和液冷优化机房空调制冷设备　以实现节能及能量再利用	吴梦希	王孝群	北京市级
134	理学院化学系	碳纳米管功能复合微球的制备及性能研究	马艺鸣	秦玉军	北京市级
135	理学院化学系	抗癌药物 Doxorubicin 聚合物胶束的包裹与释放研究	王　乐	金朝霞	北京市级
136	劳动人事学院	高等职业技术学院“招生难”问题的实证分析——以山东青岛、潍坊、德州、济南为例	刘圣明	林新奇　刘尔铎	北京市级
137	劳动人事学院	养老院志愿者激励机制调研	李　方	潘锦棠　管延军	北京市级
138	经济学院	农田水利产权改革效果实证	余　航	陈勇勤	北京市级
139	经济学院	沿海地区经济结构的自发转型	李慧慧	李军林	北京市级
140	经济学院	透视农民工“40岁现象”下中青年返乡民工群体的现状与出路	王仲尧	胡　霞	北京市级
141	经济学院	从需求角度审视二、三线城市地铁票价的合理制定	刘振中	沈久沄	北京市级
142	环境学院	基于PSR模型的石油开发对湿地生态系统健康的影响评价方法研究——以大庆油田为例	张　萌	盛　岩	北京市级
143	国学院	财神信仰现状调研与传承方式探索——以陕西周志赵公明庙和浙江杭州“天下第一财神庙”及两地周边为例	董思捷	徐　飞　张齐明	北京市级
144	国际关系学院	当代大学生宗教信仰状况调查——以北京、广州、重庆三地十所高校在校大学生为例	高任宇	闫　瑾	北京市级
145	国际关系学院	海外中国文化中心与孔子学院：两大中国文化对外传播平台建设研究——基于韩国首尔、中国北京为主体的实地调研	李天启	金灿荣	北京市级
146	国际关系学院	城市居民自治背景下对居委会自治能力的调研	丁　然	牛　彤	北京市级
147	公共管理学院	我国校车的公共服务民营化程度对校车综合收益的影响研究——基于陕西西安阎良区、辽宁本溪桓仁县、山东滨州无棣县的调查	王　力	唐　钧　刘　伟	北京市级
148	公共管理学院	打农经济的现状和影响因素探究——以河南滑县、天津为例	穆瑶森	张秀智	北京市级
149	法学院	谁能真正代表“沉默的大多数”——基于对人民陪审员制度下的东莞市庭审听审制度的实证调研	邓　伊	胡锦光	北京市级
150	法学院	走出“灯下黑”：家政服务行业中用户人身损害救济机制研究——以北京市为例	丁　琳	姚欢庆	北京市级
151	法学院	“从地下到地上”：民间借贷阳光化规制研究——基于温州民间借贷登记服务中心的调研	胡昕理	杨　东	北京市级
152	财政金融学院	对“农村义务教育学生营养改善计划”实施效果的研究——基于湖南省和贵州省小学的实地调研	周凌一	吕冰洋	北京市级
153	财政金融学院	城市社区医疗机构就诊率情况及其影响因素的调查分析	王雪媛	岳树民　刘元春	北京市级

序号	所在单位	项目名称	项目负责人姓名	指导教师姓名	立项级别
154	财政金融学院	拥挤性公共物品的政府提供问题研究——以北京市政府提供公共自行车租赁系统为例	刘文佳	薛涧坡	北京市级
155	财政金融学院	灵活就业人员养老保险转移接续问题研究——基于京冀两地的调查分析	郝超婕	朱　青　薛涧坡	北京市级
156	财政金融学院	移动支付使用意愿影响因素优化模型	陈紫琳	刚健华	北京市级
157	财政金融学院	基于对“百人援蒙”计划的调查探究地区性慈善的现状及发展	王梦瑶	岳树民	北京市级
158	财政金融学院	“城中村”改造与健康城市化研究——基于北京和深圳典型“城中村”的调查与思考	刘申敏	张　杰	北京市级
204	团委	病有所医，心有所依——“新农合”政策对农民就医行为的影响研究	马俊青	唐　杰	北京市级
159	哲学院	关怀伦理视角下城市社区养老的供需差异调查——基于北京市不同类别社区的调研	龚　奥	龚　群　鲁　全	校级
160	艺术学院	河北民间艺术的产业化发展状况——基于武强、蔚县、曲阳、唐山的调查	高宇航	安姚舜	校级
161	信息资源管理学院	行业性电子文件目录中心建设模式与实施对策研究	张若溪	卢小宾　王英玮	校级
162	信息学院	艾滋病用药时间点优化策略研究	李　强	韩丽涛	校级
163	信息学院	医疗领域基于本体库的语义检索应用研究	柴若琪	杨小平	校级
164	新闻学院	组织传播在农业信息流通中的效果分析——以瑞安市高楼镇杨梅产业为例	潘冰晶	蔡　雯	校级
165	新闻学院	少数民族地区电视传媒产业化研究——以内蒙古呼和浩特市、鄂尔多斯市为例	于　璐	倪　宁	校级
166	新闻学院	历史文化名城宣传片中文化因子研究——以凤凰古城、大理城市形象宣传片为例	金　鸽	涂光晋	校级
167	文学院	两岸三地著名高校中文本科古典文学课程的现状分析——基于对大陆、香港、台湾十所大学的调查	张琬琦	朱万曙　徐建委	校级
168	外国语学院	西安、奈良文化传承和发展之比较——以西安大慈恩寺和奈良唐招提寺为例	付　朋	张昌玉	校级
169	统计学院	关于考生及其高中自主招生效益的调研分析	刘思宏	严　平	校级
170	社会与人口学院	两岸大学生公民意识与政治参与行为的比较研究——基于北京区县人大代表选举与高雄地方选举的调查与分析	陈　晨	齐亚强	校级
171	商学院	基于价值链的“快时尚”中国本土化研究——以上海美特斯邦威股份有限公司为例	阙梦婷	宋　常	校级
172	商学院	针对北京地区时装业假洋品牌泛滥现象的实地调研——以西单、王府井、三里屯主要百货中心为例	郑声达	王亚星	校级
173	商学院	以价格为切入点研究高校食堂管理模式和定价体系——以清华、北大、人大三所学校为例	李佳莹	姚建明	校级
174	理学院物理系	六角锰氧化物 YMnO3 多铁体系的实验研究	卢文静	鲍　威	校级
175	理学院物理系	低维度晶体的制备和相关性质的研究	汤方栋	张立源	校级
176	理学院化学系	三级胺的去甲基化酰胺化反应及其应用研究	李　康	李志平	校级

序号	所在单位	项目名称	项目负责人姓名	指导教师姓名	立项级别
177	劳动人事学院	中国国情下以房养老问题的调查研究	邓梦瑶	周文霞　刘尔铎	校级
178	劳动人事学院	新员工职业适应性的影响因素及其对工作绩效的影响——基于四家大中型国有企业的追踪研究	梁　越	李育辉	校级
179	劳动人事学院	多元利益主体视角下由员工满意创造顾客满意的可行性探索——基于快递行业员工满意度的调查研究	王小娟	苏中兴	校级
180	经济学院	新型农村金融发展现状	曾博涵	刘元春	校级
181	经济学院	模型化视角下的家族企业转型风险测评和转型道路的探讨	黄奕松	郭　海	校级
182	经济学院	人口红利渐失的新形势下二胎政策的实践效果评估及其优化选择	梁志龙	陈享光	校级
183	环境学院	湿地自然保护区有效管理模式初探——以辽宁省双台河口国家级自然保护区为例	张煦昀	石　磊	校级
184	国学院	挽救消失中的中国古建筑的视角回归：对古建筑现今职能的重新审视——以雍和宫为例	张倩茹	乌云毕力格	校级
185	国际关系学院	探讨烟草专卖制度下烟农利益的维护——以云南省玉溪市江川县为例	唐彧頔	李宝俊	校级
186	国际关系学院	跨区域品牌构建中的政府与民众的互动——基于泉州港和“福建土楼”等案例的调研	陈　兰	孙　龙	校级
187	公共管理学院	不同组织形式下农民专业合作社竞争力研究——基于资源基础理论的视角	廖　越	施昱年	校级
188	公共管理学院	基于农民视角的“宅基地换房”土地流转模式效果分析——以天津华明镇为例	孟凡天	张正峰	校级
189	公共管理学院	民间组织如何在自闭症儿童教育中发挥作用——以北京民间自闭症儿童教育机构为例	王佳华	唐　杰	校级
190	法学院	网络侵害人格权的现状分析与法律对策研究——基于对江西省南昌市及周边县市和北京地区的实地调研	刘　宁	王利明　张新宝	校级
191	法学院	新医改　新保障：行政法视角下的国家基本药物采购制度研究——以安徽模式为例	徐家明	胡锦光　王　旭	校级
192	法学院	对集体协商指导员制度的实证研究——以京、桂、豫三地为例	冯博林	郑爱青	校级
193	财政金融学院	环境污染责任保险市场供求研究及保险产品设计——以化工行业为例	陆雯琦	张俊岩	校级
194	财政金融学院	居民健康、经济发展与相关财政税收政策研究——以煤炭资源性城市为例	张袁昕	岳希明	校级
195	财政金融学院	书业的守望者——独立书店路在何方（基于北京和上海两地独立书店的调研）	李迪一	李时宇	校级
196	团委	智力资本在科技型企业成长期的作用研究	王笑非	李　平	校级
198	团委	从菜园子到菜篮子的农产品供应价值链研究——基于对山东寿光至北京地区蔬菜流通路线的调查	史明兰	李佳洁	校级
199	团委	新型金融组织对民间借贷的可替代性分析——以温州金融改革实验区为例	郑心泓	李　焰	校级
200	团委	北京“看病村”人群就医行为研究	秦　婧	仇雨临	校级

序号	所在单位	项目名称	项目负责人姓名	指导教师姓名	立项级别
201	团委	北京市海淀区社区卫生服务现状调查	贾子赫	唐　杰	校级
202	团委	三峡生态隔离带生态效益调查	赵格格	陈占明	校级
203	团委	沿海城市海产品质量监管现状评估——基于对山东省烟台市的调研与分析	赵　越	曹文华	校级
205	团委	北京市公共停车场的规划现状调查	石　磊	王秀芝	校级
206	团委	大学生使用SNS社交网站的现状及影响研究——以人人网的使用为例	岳江歌	彭剑锋　管延军	校级
207	团委	关注中国高等教育：谁拿到了国家助学贷款？——基于北京地区本科、专科高校贫困生接受国家助学贷款现状的调研	俞辰瑶	黄文彬　王秀芝	校级
208	团委	农民专业合作社融资问题研究——基于新疆玛纳斯县合作社的分析	迪力沙提·亚库甫	谭　峻　余华义	校级
209	团委	香港回归后中美对香港的文化影响比较——以对比美国—香港“富布莱特”项目计划和大陆对港“国民教育”改革为例	殷　邦	金灿荣　庞中英	校级

中国人民大学“大学生创业训练计划”2012年项目名单

序号	学院	项目名称	项目负责人姓名
1	商学院	意兔文化传媒有限公司	白茂鑫
2	社会与人口学院	佰仕拓休闲娱乐足球文化有限公司	周启泰
3	经济学院	缔美餐饮有限责任公司	刘　晔
4	国际关系学院	无穷动有限责任公司	王江泽
5	经济学院	“舞象网”商务社交平台	金荣贵
6	法学院	乐途（中国）有限责任公司	胡昕理
7	商学院	“接了网”科技有限责任公司	黄　江
8	商学院	VEGA维格牛仔有限责任公司	张　杨
9	公共管理学院	“仙草记”石斛综合开发有限公司	丛　上
10	商学院	北京曼斯威服装咨询有限公司	顾　曼

2012年中国人民大学高水平运动队参赛成绩统计

队名	比赛名称	获奖情况
田径	全国大学生第九届田径运动会	男子跳高第二名　冯云光
	2012年北京第二十九届田径精英赛	男子60米第一名　芦安
		男子800米第一名　张松
		男子1 500米第一名　顾关荣
		男子10 000米第一名　付宇晨
		男子跳高第二名　冯云光
		男子跳远第二名　钱大鹏

队名	比赛名称	获奖情况
田径	首都高等院校第五十届学生田径运动会	男子甲组 100 米第四名　芦安
		男子甲组 5 000 米第七名　付宇晨
		男子甲组 5 000 米第五名　徐庆凯
		男子甲组 10 000 米第四名　徐庆凯
		男子甲组 10 000 米第六名　付宇晨
		男子甲组 4×100 米接力第三名　芦安、赵天元、高森、唐端
		女子甲组 4×100 米接力第七名　翁嘉嶷、林琼、王思颖、赵琛
		男子甲组 4×400 米接力第六名　芦安、徐庆凯、杜墨晗、张松
		男子甲组铅球第七名　张骁惟
		女子甲组跳高第五名　胡婷
		男子甲组跳高第五名　冯云光
		女子甲组跳高第六名　刘彤
		男子甲组三级跳远第七名　袁地洋
		男子甲组三级跳远第八名　刘雨冰
网球	2012 年首都高校大学生网球联赛（春季团体赛）	甲 A 组女团冠军
		丙组女团亚军
		体育道德风尚奖
	2012 年首都高校大学生网球联赛（秋季单项赛）	男子双打冠军　王楚涵、李玉成
		男子双打亚军　陈锡伟、何雷鸣
		男子双打冠军　李萌、朱季惟
		男子单打亚军　冯越
		女子单打冠军　范雨洁
	2012 年首都高校大学生网球精英赛	女子单打冠军　范雨洁
		男子双打冠军　李萌、朱季惟
		男子双打冠军　陈锡伟、何雷鸣
		女子双打亚军　张思昊、李天骄
	2012 年全国大学生网球锦标赛	男子单打亚军　李玉成
女篮	2012 年 star 杯首都高校大学生篮球联赛	第五名
	2012 年 CUBA 北京赛区	第四名
女足	2012 年首都高校女子五人制足球锦标赛	第四名
	2012 年全国女子足球锦标赛	第五名
男篮	2011—2012 赛季中国大学生男子篮球超级联赛	东北赛区第五名
	2012—2013 赛季 CUBA 联赛	北京赛区第二名
	2012 年全国大学生运动会男子篮球	第三名
男排	北京市大学生男子排球联赛	第二名
	中国大学生男子排球超级联赛	第六名
	2012 年全国大学生运动会（男子排球）	第三名
乒乓球	北京市 2011 年首都高校乒乓球锦标赛	女团第四名
		男单第三名
	第二届全国大学生阳光体育乒乓球比赛	二等奖
	火红的青春——“五四”杯 2012 年首都大学生乒乓球邀请赛首都体育学院分赛区	男团冠军
		女团冠军
	“TST 杯”2012 年首都高校乒乓球锦标赛团体赛	甲 C 男团冠军
		甲 B 女团第四名
		精神文明风尚奖

队名	比赛名称	获奖情况
武术	2012年北京高校武术比赛	女子传统一类拳第一名　张然
		女子传统双器械第二名　张然
		男子传统四类拳第一名　刘少松
		男子传统单器械第四名　刘少松

中国人民大学学校田径纪录

校最高纪录（男子）

项目名称	成绩	运动员	时间	地点	备注
100米	10″60	芦　安	2012/04/21	中国人民大学	手计时
	10″72	芦　安	2010/05	北京大学	电计时
200米	21″8	亓宪鹏	2005/04/21	中国人民大学	手计时
	22″02	贾浩森	2002/05	北京航空航天大学	电计时
400米	50″4	杨　光	2003/10	中国人民大学	手计时
	49″36	亓宪鹏	2003/10	北京交通大学	电计时
800米	1′56″7	张　松	2012/04/21	中国人民大学	手计时
	1′54″5	王念裕	2003/10	北京交通大学	电计时
1 500米	4′05″70	徐庆凯	2012/04/21	中国人民大学	手计时
	4′04″99	孙天齐	2002/08/01	东北财经大学	电计时
5 000米	15′40″03	徐庆凯	2012/04/21	中国人民大学	手计时
	16′04″17	孙天齐	2002/08/01	东北财经大学	电计时
10 000米	34′54″9	刘　雨	1998/05/01	北京体育学院	手计时
110米中栏	14″1	李　鹏	2003/10	中国人民大学	手计时
110米栏	14″32	王　申	2008/05	国家体育场	电计时
400米栏	54″8	李　鹏	1998/05/01	北京体育学院	手计时
4×100米接力	44″3		2003/10	中国人民大学	手计时
	42″64		2003/10	北京交通大学	电计时
4×400米接力	3′42″1		1997/04	中国人民大学	手计时
	3′24″54		1997/08/01	清华大学	电计时
3 000米障碍	9′56″9	韩景峰	1998/05/01	北京体育学院	手计时
跳高	2.15m	冯云光	2012/09/14	天津市体育中心	
跳远	7.58m	张海滨	2005/05/21	北京师范大学	
三级跳远	16.13m	刘伟利	2005/05/22	北京师范大学	
铅球	15.20m	郭　岱	1994/08/01	山东师范大学	
铁饼	48.39m	王　辉	2006/04/21	中国人民大学	
链球	44.90m	马格努斯	1999/08/01	东北师范大学	

校最高纪录（女子）

项目名称	成绩	运动员	时间	地点	备注
100 米	12″4	孙　卓	2001/05/01	清华大学	手计时
	12″64	翁嘉嶷	2010/05	北京大学	电计时
200 米	25″8	孙　卓	2002/05	北京航空航天大学	手计时
	25″26	杨　晴	2004/04/22	北京交通大学	电计时
400 米	58″6	刘　念	2011/04/22	中国人民大学	手计时
	57″10	周　巧	2007/05	北京邮电大学	电计时
800 米	2′07″6	刘　念	2011/04/22	中国人民大学	手计时
	2′05″78	刘　念	2011/04/29	北京体育大学	电计时
1 500 米	4′11″22	何　盼	2007/11	湖北武汉	电计时
3 000 米	9′55″0	刘　念	2011/04/22	中国人民大学	手计时
5 000 米	15′08″03	何　盼	2007/11	湖北武汉	电计时
10 000 米	31′39″84	宋晓雪	2007/11	湖北武汉	电计时
3 000 米障碍	9′26″25	刘　念	2007/11	湖北武汉	电计时
100 米栏	14″7	白　静	2000/05/01	北京工业大学	手计时
400 米栏	1′02″00	杨　晴	2005/05	北京师范大学	电计时
4×100 米接力	50″2		2003/10	中国人民大学	手计时
	49″94		2003/10	北京交通大学	电计时
4×400 米接力	4′19″8		2007/05/13	中国人民大学	手计时
	4′05″42		1997/07/01	东北师范大学	电计时
跳高	1.74m	殷　舜	1999/07/01	东北师范大学	
跳远	5.86m	殷　舜	2001/05/01	清华大学	
三级跳远	12.55m	孔　然	1992/05/01	北京奥体中心	
铅球	13.71m	张　瑞	2005/04/22	中国人民大学	
铁饼	43.07m	张　瑞	2004/04/22	中国人民大学	
标枪	38.18m	张　扬	2000/05/01	北京工业大学	

校运会纪录（男子）

项目名称	成绩	运动员	队籍	时间
100 米	10″8	吴　冰	财政金融学院	2009/04
200 米	21″8	亓宪鹏	环境学院	2005/04/21
400 米	50″4	杨　光	经济学院	2003/10/01
800 米	1′58″60	杜墨晗	信息资源管理学院	2012/04/21
1 500 米	4′09″16	孙天齐	法学院	2004/04/22
5 000 米	16′10″9	孙天齐	法学院	2003/10/01
110 米栏	14″1	李　鹏	财政金融学院	2003/10/01
4×100 米接力	44″3		商学院	2003/10/01
4×400 米接力	3′42″1		法学院	1997/04/01
跳高	2.03m	云　高	经济学院	1996/04/01
跳远	7.46m	张海滨	经济学院	2005/04/21
三级跳远	15.81m	刘伟力	财政金融学院	2007/05/13
铅球	15.12m	张骁惟	商学院	2012/04/21
铁饼	43.65m	王　辉	法学院	2005/04/22
五项全能	495 分	刘大会	信息资源学院	1997/04/01

校运会纪录（女子）

项目名称	成绩	运动员	队籍	时间
100 米	12″4	杨　晴	商学院	2003/10/01
200 米	25″5	杨　晴	商学院	2004/04/22
400 米	58″6	刘　念	信息资源管理学院	2011/04/22
800 米	2′07″6	刘　念	信息资源管理学院	2011/04/22
1 500 米	4′34″8	宋晓雪	信息资源管理学院	2007/05/13
3 000 米	9′55″0	何　盼	信息资源管理学院	2011/04/22
100 米栏	15″0	白　静	财政金融学院	2003/10/01
4×100 米接力	50″2		商学院	2003/10/01
4×400 米接力	4′19″8		信息资源管理学院	2007/05/13
跳高	1.68m	殷　舜	财政金融学院	1999/04/01
跳远	5.59m	刘晓丹	公共管理学院	2003/10/01
三级跳远	12.31m	张　娇	国际关系学院	2003/10/01
铅球	13.71m	张　瑞	公共管理学院	2005/04/22
铁饼	43.07m	张　瑞	公共管理学院	2004/04/22
五项全能	495 分	孔小燕	信息资源管理学院	2000/04/01

■ 研究生教育

一、概况

2012 年 1 月，教育部组织开展全国一级学科评估工作，学校具有博士学位授权的 20 个一级学科和具有硕士学位授权的 15 个一级学科参加了评估。在研究生院的统一协调下，各学院、有关部处相互配合，通力合作，相互支持，依托于学校在人文社会学科领域门类全、水平高的优势，通过资源共享、优化组合，充分展示了学校学科的整体优势。按照文件要求，3 月底前完整提交了学校有关学科的参评材料。

2012 年，学校在研究生招生过程中，围绕全面提升生源质量的宗旨，通过完善多元化的招生模式，全方位吸引优质生源。本年度，学校改革了博士生招生宣传模式，并试行部分博士生入学考试免外语初试制度探索，突出博士生招生的科研导向，着力提高博士生录取质量。

3 月至 4 月，根据北京市教育委员会文件精神，学校开展北京市重点学科调整及增补工作，中国语言文学、图书情报与档案管理被批准为北京市重点一级学科，政治学、中国史和教育经济与管理被批准为北京市重点支持学科。

6 月，为真正体现落实《国家中长期教育改革和发展规划纲要（2010—2020 年）》，在学校统一组织下，研究生院开始制定“研究生人才培养模式改革及路线图”。

9 月，研究生院组织召开在人文学科博士生培养试行四年学制改革座谈会，组织研究生导师认真研究符合人文学科特点的人才培养规律，尽快拟定学校人文学科博士生四年学制改革的具体实施方案，在提升国际性、课程设置、综合考试、开题报告、论文指导、导师责任等环节提出具体措施。至 12 月底，研究生院先后几次组织召开座谈会，与相关学院共同拟定具体实施方案并报学校领导审核通过。

11 月，为了加快培养学以致用的高层次创造性人才，发挥学校的国家智库作用，经陈雨露校长提议，并经学校研究讨论，决定在学校部分应用性较强的学科试行博士生双导师制，并研究制定了《中国人民大学关于在部分学院试点开展博士生双导师工作的指导意见》，参与试点的学院有法学院、财政金融学院等。

11月27日，校学位评定委员会召开换届大会。校长、新任校学位评定委员会主席陈雨露教授讲话，并向不再担任校学位评定委员会委员的第七届委员代表赠送校学位委员服。第八届校学位评定委员会委员合影留念后，校学位评定委员会主席陈雨露教授主持召开了第八届第一次校学位评定委员会全体会议。

二、招生工作

2012年，学校全方位梳理招生制度，广泛拓展招生渠道，积极推进各项招生改革，在稳步发展中取得新的成绩。

（一）研究生报名、录取情况

1. 内地硕士研究生招生

2012年，内地共有17 570人（含“少数民族高层次骨干人才计划”195人）报考中国人民大学硕士研究生，其中推荐免试1 292人，全国统考11 973人，专业学位联考4 066人，单独考试157人，援藏计划82人。

最终，学校共录取硕士研究生3 513人（不含往年录取、本年资格返回107人），其中学术型硕士研究生2 086人，专业学位硕士研究生1 427人。接收优秀本科毕业生推荐免试攻读硕士学位1 290人（含“少数民族高层次骨干人才计划”3人），其中接收本校推免生617人，接收外校推免生673人。全国统考硕士研究生1 373人（含“少数民族高层次骨干人才计划”34人），单独考试硕士研究生101人（含西藏自治区单考生35人），管理类专业学位硕士和法律硕士研究生749人（含“少数民族高层次骨干人才计划”3人）。录取专业学位硕士研究生占录取硕士研究生总数的比例为40.6%，较2011年提高0.4个百分点。录取的3 513名硕士生中包括男生1 372人，女生2 141人；党员1 817人，团员1 481人；汉族考生3 261人，少数民族考生252人。

2012年，学校继续招收国际新闻传播方向硕士研究生，共录取29人。学校可持续发展研究院招收硕士研究生16人，中国经济改革与发展研究院招收硕士研究生10人。

2012年学校国际学院（苏州研究院）共招收专业学位硕士研究生441人，其中金融硕士60人、税务硕士16人、法律硕士（法学）55人、汉语国际教育硕士66人、社会工作硕士102人、会计硕士51人、公共管理硕士91人。

2. 内地博士研究生招生

2012年，中国内地共有4 486人报考中国人民大学博士研究生，其中男生2 574人，女生1 912人；党员3 337人，团员496人；汉族考生4 190人，少数民族考生296人。报名人数在100人以上的专业共9个，依次是金融学、民商法学、行政管理、人力资源管理、马克思主义哲学、刑法学、企业管理、传播学、社会学。经过初试、复试、政审等环节，共录取877人，其中，男生514人，女生363人；党员641人，团员127人；汉族考生827人，少数民族考生50人；硕博连读78人，本科直博17人。

2012年学校研究生招生专项计划中，“高校思想政治理论课教师在职攻读马克思主义理论博士学位”研究生专项计划，生源面向各高校从事思想政治理论课教学的业务骨干教师，学校单独组织该专项计划的招生工作，共有15人报考，录取6人；“少数民族高层次骨干人才”专项计划，共119人报考，录取15人，其中少数民族考生13人；录取对口支援院校“新疆财经大学”的高校教师4人，“西藏民族学院”的高校教师3人，“井冈山大学”的高校教师3人。中国改革与发展研究院招收博士研究生 8 人，可持续发展研究院招收博士研究生 5 人，深圳研究院招收博士研究生 13 人，国际学院（苏州研究院）招收博士研究生 9 人。

3. 港澳台地区招生

面向港澳台地区招收研究生是学校研究生招生工作的重要部分，是提升学校海外影响力的重要招生方式。2012 年，港澳台地区考生共 75 人报考中国人民大学研究生。其中，报考攻读博士学位研究生 19 人，报考攻读硕士学位研究生 56 人；香港特区考生 26 人，澳门特区考生 18 人，台湾地区考生 31 人。共录取港澳台地区研究生 39 人，其中录取博士研究生 14 人，录取硕士研究生 25 人。录取的 39 人中有香港考生 12 人，澳门考生 7 人，台湾考生 20 人。其中，接收境内外部分高校港澳台生源推免生 16 人。

4. 留学研究生招生

2012 年，学校的外国来华留学研究生招生模式改革全面推行，学校招收外国来华留学研究生主要有以下五种方式：（1）政府交换来华公费留学生；（2）面试招考；（3）全英文硕士研究生项目；（4）笔试加面试招考；（5）推荐免试招生。为进一步提升学校的国际性，扩大招收留学研究生，学校 2012 年继续招收国内外知名大学非中国籍优秀应届本科毕业生推荐免试攻读硕士学位研究生。

2012 年，共 196 名外国来华留学生报考中国人民大学研究生。其中，报考硕士研究生考生 166 人，报考博士研究生考生 30 人。报考全英文项目硕士研究生共 69 人；面试招考硕士研究生 33 人、博士研究生 20 人；普通招考硕士研究生 16 人、博士研究生 4 人；推荐免试硕士研究生 4 人；政府交换来华公费留学硕士研究生 44 人、博士研究生 6 人。

共录取留学研究生 161 人。其中录取硕士研究生 139 人、博士研究生 22 人。录取全英文项目硕士研究生 69 人；面试招考硕士研究生 19 人、博士研究生 13 人；普通招考硕士研究生 5 人、博士研究生 3 人；推荐免试硕士研究生 4 人；政府交换来华公费留学硕士研究生 42 人、博士研究生 6 人。

5. 在职专业学位硕士招生

2012 年，学校继续招收在职攻读法律硕士、会计硕士、公共管理硕士、农业推广硕士、工程硕士等硕士专业学位研究生。

报考中国人民大学在职研究生共 1 171 人，其中法律硕士 189 人、会计硕士 61 人、公共管理硕士 281 人、农业推广硕士 468 人、工程硕士 172 人。

共录取 413 人，其中法律硕士 27 人、会计硕士 24 人、公共管理硕士 97 人、农业推广硕士 178 人、工程硕士 87 人。

2012 年，学校录取高级工商管理硕士（EMBA）研究生 263 人。

（二）研究生招生改革情况

1. 稳定规模，改善结构，不断优化学校高层次人才培养布局

“稳定规模”的核心是稳定博士生招生规模。2004 年以来，学校有意识严格控制博士生招生规模，其间，博导人数增长 61.9%，而博士生录取人数始终保持 860 人左右，年均增长 0.7%，平均国家招生计划完成率为 94.5%。2012 年，学校博士生招生规模 877 人，招生规模持续稳定，其目的就是保证博士生人才选拔质量，确保精中选优。

“改善结构”，一方面，体现为改善硕士生招生结构。近十年来，学术型硕士生占比由 73.2%下降至 59.3%，双证专业学位占比由 26.8%上升至 40.7%。另一方面，体现为改善博士生招生结构，随着 2012 年部分学院试点全员硕博连读制度，学校的“硕博连读”和“本科直博”博士生占比达到 10.8%。

2. 开阔思路、拓展渠道，构建多元化招生模式

推荐免试制度由内地拓展到港澳台地区，并进一步拓展到海外留学生，主要推荐对象包括内地“985 工程”院校、“211 工程”院校、国家重点学科、国家重点实验室的优秀应届本科毕业生。在此基础上，作为全国唯一试点院校，在港澳台地区部分重点院校招收优秀应届本科毕业生免试攻读学校

硕士研究生，同时推荐免试招生对象进一步扩大到国外知名大学中国籍和非中国籍优秀应届本科毕业生。选拔方式包括暑期学术夏令营提前招考，组织教授团赴国内外知名高校现场复试招考，网上报名复试招考等。

不断改革普通招考模式，尽可能多地选拔出优秀人才。根据教育部要求，学校在内地硕士生选拔中不断优化初试科目改革，率先在全国开展经济类联考综合能力的考核，在试点成功的基础上，受教育部委托，带领全国8所重点院校推进改革试点。同时，不断加大复试环节对人才选拔的调节力度，通过联合培养、专项招生等模式（外国来华留学研究生通过全英文项目、政府交换项目等），扩大优质生源比例。在博士生招生方面，学校探索改革博导的招生宣传模式，逐步形成了以科研、学术为导向的招生宣传模式，同时研讨试行部分博士生入学考试免外语初试制度，逐步探索符合不同学科特点的直博制度和全员硕博连读制度，着力提高博士生录取质量。

3. 不断扩大导师和学院招生自主权，充分发挥学术评价在人才选拔中的作用

突出导师和学院在复试录取中的学术评价自主权，逐步加大差额复试比例、扩大复试权重，突出导师的学术评价作用。硕士生的差额复试比例为1∶1.2、1∶1.5至1∶2；博士生的差额复试比例为1∶1.5至1∶2，部分学院为1∶2.5；初复试成绩权重为7∶3、6∶4或5∶5。与此同时，学校还配套建立了研究生复试工作的巡考旁听机制，确保人才选拔工作规范、严谨。

突出导师和学院在推荐免试人才甄选上的自主权，对于推荐免试模式，学校完全依靠学院和教授进行人才遴选。主要包括组织教授团赴内地“985”和“211”重点院校现场复试招收内地推免生；组织教授团赴香港、澳门地区六校开展招生宣讲并现场复试招收港澳推免生；教授出国讲学或访问期间，可推荐或选拔国外优秀生源免试攻读学校研究生等。

4. 全面规范研究生招生管理制度，为高质量的人才选拔提供制度保障

构建科学、合理的高层次人才选拔机制，是学校以质量为核心的高层次创新人才培养的基础和保障。在教育部研究生招生管理框架内，学校经过几年的改革和完善，针对各类研究生招生的推荐免试、报名、命题、初试、保密、理卷、评卷、复试、录取等各个阶段工作，修订和完善了《中国人民大学硕士研究生入学考试命题工作管理办法》等19项系列文件，已逐步构建起符合学校学科发展特点的，能够促进优秀研究生选拔的制度规章。

5. 改革创新招生宣传模式，着力提高招生宣传效力

2012年，学校全面升级了研究生招生信息网，以层级分明、导航清晰的新版研究生招生信息网为主要宣传平台，以教育部研招信息网、学校研究生招生在线咨询、宣传板等作为辅助宣传平台，全面开展了研究生招生宣传。编写了硕士研究生、博士研究生、在职专业学位硕士研究生、港澳台研究生、外国来华留学研究生招生简章近30种（含19种全日制专业学位简章），编制了硕士研究生、博士研究生、港澳台研究生、外国来华留学研究生招生专业目录，编制了学校各专业的专业介绍、导师介绍、录取简报等等。除此之外，学校在研究生招生网上实时公布各级、各类研究生招生的相关信息，包括现场报名须知、初试成绩查询、复试名单、录取名单及各种实时信息公告等等，真正做到了政策透明、信息公开。

同时，针对招生宣传效果，学校继续试行对2012年的博士招生专业目录的改革，改革后的博士研究生招生专业目录更加突出科研导向，有助于提高博士研究生培养质量：（1）在博士研究生招生专业目录中增加导师在研项目或研究课题的简要介绍（项目名称、项目来源）；（2）在博士研究生招生专业目录介绍中增加导师对本年度招收博士研究生的研究方向要求。对各博士研究生学科专业介绍与博导介绍模版作了适当分离，并通过简单链接实现完整介绍，以确保更加清晰地将各博士研究生学科专业、博导介绍呈现在考生面前。

6. 实施研究生招生精细化管理，全面提升招生考试工作质量

为全面提升研究生招生工作质量，学校在研究生招生工作的报名、初试、复试、录取各个环节深

入贯彻“精细化管理”的工作宗旨。

考务工作方面，学校在制度化管理基础上，建立全方位的考务管理机制，例如主考负责制、责任追究制、层层负责制、考务人员培训机制、安全保密自查机制、内部防控机制、规范的工作交接机制等等，通过严谨、细致、完善的考务管理机制严格考务管理，确保考务安全、考务公平，从而确保人才选拔质量。

报名、组考工作方面，学校改革了硕士生、博士生现场报名方式，引入二代身份证验证仪、扫描枪等先进设备数据接口，增设照片上传、照片审核等环节，并加强资格审核、学历审核、学位审核力度，全面提高报名及组考工作的效率和质量。2012 年学校顺利完成了硕士研究生、博士研究生、港澳台研究生、外国来华留学研究生（含面试招考、普通招考、全英文硕士项目）约 2.2 万名考生的报名、资格审查、组考工作，同时继续承担北京地区高校 2012 年在职攻读硕士专业学位约 3 400 名考生的报名、组考工作，组织了 4 000 余名外校推免生的报名、复试工作。

复试、录取工作方面，学校在扩大差额复试比例、调整初复试权重的基础上，为确保复试工作规范、有序，组织了研究生院带队、纪委干部参加的若干巡视组开展了笔试考场的巡视和对各学院所有面试小组的现场巡查和旁听，对复试、录取工作的规范性、公平性进行把关。2012 年，学校顺利完成了硕士研究生、博士研究生、港澳台研究生、外国来华留学研究生（含面试招考、普通招考、全英文硕士项目）初试评卷、复试、体检、录取工作。组织各学院和校内相关部门共同完成了学校录取硕士研究生、博士研究生的收费、签协议、政治审查、调档等工作，设计了新版录取通知书、入学须知，组织了各级、各类研究生的录取通知书、新生入学须知的发放工作。

三、培养工作

（一）学术型硕士研究生

1. 硕博连读研究生培养机制

目前学校正在进行研究生结构调整，加快发展专业学位，专业学位研究生招生数量和种类大幅增加，学术型硕士生相对减少。在这样一个背景下，统筹学术型硕士和博士的培养方案，打通硕、博之间的教学通道，将优秀的学术型硕士作为博士生的重要人才储备，显得必要而有重要意义。为此，学校从 2012 年开始试行全员硕博连读实验班培养制度。参与试点的学院有商学院、哲学院、汉青研究院。

具体的培养模式为试点学院 2012 年招收的学术型硕士研究生全部进入硕博连读培养计划，基本学习年限五年，第四学期通过资格考试，从硕博连读生中选拔确定博士候选人。学生前两学年为硕博连读研究生身份，前两学年完成全部课程的学习。在第四学期通过博士候选人资格考试的，后三学年为博士研究生身份，成绩优秀者享受一等奖学金；积极鼓励博士候选人在第三学年出国联合培养。未通过博士候选人资格考试的，第三学年撰写硕士学位论文。

2. 在人文学科博士生培养中试行四年学制改革

为提高博士生培养质量，全面了解目前国内高校实行博士生学制改革的情况，研究生院会同学校有关部门于 2009 年开始在校内外开展博士生学制改革的调研工作。经过对已经实行博士生四年基本学制的兄弟院校关于学制改革的基本思路、基本方案、成功经验和面临的问题进行了解，以及学校有关学院对于博士生学制的基本意见，普遍认为，博士生三年学制不足以打磨出高水平的学位论文。结合学校的实际情况和学科特点，拟在人文学科博士生培养中试行四年学制改革，拟从 2013 年开始在文学院、历史学院、哲学院、国学院试点。

2012 年 9 月至 12 月，研究生院先后几次组织召开座谈会，与相关学院共同拟定具体实施方案并报学校领导审核通过。

3. 博士点学科专业主文献制度建设

2012年7月，启动涉及13个学院41个博士点的主文献修订、增订工作（共计41卷76册，印数达1 732册），组织学院落实新目录下博士点主文献的修订、增订工作。同时，对2012年博士研究生学科综合考试试题进行了备案。截至2012年底，博士点学科专业主文献共覆盖125个博士点，111卷180册。

4. 研究生教育创新计划

2012年圆满完成由研究生院、社会与人口学院共同承办的教育部研究生教育创新计划项目，成功举办了“社会调查研究与数据分析方法暑期学校”，共有来自国内外64所大学的170名优秀研究生和青年骨干教师作为学员，参加了暑期学校学习。

5. 教育部“博士研究生学术新人奖”

博士研究生学术新人奖是教育部和学校拔尖创新人才培养的一项重要举措，目的是培养有学术理想、学术追求、学术兴趣和学术潜力的拔尖创新人才，鼓励他们选择基础理论和代表学术发展主流方向的课题进行研究。2012年6月，学校组织完成了2011年25名获奖者的结项审核。获奖者中，4名博士生经导师同意自愿延长学位论文写作时间半年或一年，以求打造出优秀的博士学位论文。2012年7月，按照教育部文件要求完成2012年度的选拔与上报工作，全校共25人入选。

6. 提升国际性

研究生院积极与国家留学基金委、北京市教委沟通，充分调动学院、导师和研究生的积极性，切实推进研究生教育国际性的提升。2012年，学校“国家建设高水平大学公派研究生项目”共派出研究生83人，其中，攻读博士学位31人，联合培养博士研究生52人；“北京市国内外联合培养研究生项目”共派出研究生27人；资助研究生参加国际学术活动54人次；选拔派出研究生交换生84人。2012年，学校7个全英文硕士项目正式开课，69名全英文硕士项目外国留学生报到入学。

7. 召开全校博士研究生新生大会

2012年9月17日下午，中国人民大学2012级博士研究生新生大会在明德堂举行。程天权书记、陈雨露校长出席会议并发表重要讲话，常务副校长、研究生院院长冯惠玲教授主持会议，校长助理、研究生院常务副院长吴晓求教授作了学校研究生教育管理制度与质量监控的报告。博士研究生新生大会的召开，为建立严谨认真的学术风气打下了良好的基础。

8. 研究生奖助工作

2012年共设立“三助”岗位2 630人次（助教1 028人次，助管883人次，助研719人次）。组织2012年研究生科学研究基金项目219个项目结项工作和2013年立项工作（批准立项251项）。逐一审核每个项目的结项材料，整理汇总，组织召开结项评审会，总结经验和问题，对下一步工作提出改革意见和建议。219个项目中，173个项目成果顺利发表，结项率79%，其中19个项目的成果在B类及以上期刊上发表。

9. 研究生培养方案修订和毕业审核工作

2012年组织制定了191个学术型硕士研究生培养方案，其中全英文硕士研究生培养方案5个；组织制定了109个博士研究生培养方案，4个直博生培养方案。

2012年共为4 287名毕业研究生办理了培养计划审核和学历证书电子注册，为4 250名研究生发放了毕业证书，为29名研究生发放了结业证书。另外，还为8名研究生发放了肄业证书。

10. 研究生教务工作

2012年，全校共开设研究生课程3 166门，处理调停课223门次，对全部课程进行了课程评估，审核了全校教师研究生课程工作量考核，组织和安排了47门全校研究生期末考试和考场巡视工作，为58名研究生认证了102门赴境外大学学习的课程学分。

11. 研究生学籍管理

2012年，研究生院共办理研究生学籍异动手续1 000余人次，对即将达到最长学习年限的444名研究生（其中博士研究生391名）发放《研究生学业情况告知单》，并督促其在规定的时间内完成学业。

12. 北京市高教学会研究生教育分会秘书处工作

学校是北京市高等教育学会二级分会——研究生教育研究会的理事长单位、秘书长单位，常务副校长兼研究生院院长袁卫教授为研究会理事长，秘书处设在学校研究生院。研究生院承担了学会全部日常工作，于2012年5月17—18日召开了学术年会。国务院学位委员会办公室副主任、教育部学位管理与研究生教育司副司长黄宝印，北京市教委副主任付志峰教授，中国人民大学常务副校长、研究会理事长袁卫教授出席会议。国防大学研究生院院长张江宁少将等50余家会员单位（包括北京地区的高校、科研机构、军队院校、军队科研机构等）的100余位代表参加了本次会议，对促进北京地区高校的交流起到了积极的促进作用。

（二）专业学位硕士研究生培养管理

1. 公共管理等五个专业学位研究生教育指导委员会秘书处汇报工作

2012年3月1日上午，国务院学位委员会办公室到学校听取公共管理等五个专业学位研究生教育指导委员会秘书处的工作汇报。汇报会由常务副校长袁卫主持，国务院学位委员会办公室副主任孙也刚听取汇报，陈雨露校长出席会议并讲话。校长助理、研究生院常务副院长吴晓求汇报了学校专业学位研究生教育的有关情况。全国公共管理专业学位研究生教育指导委员会秘书长董克用教授、全国法律专业学位研究生教育指导委员会副秘书长韩大元教授、全国会计专业学位研究生教育指导委员会秘书长王化成教授、全国金融专业学位研究生教育指导委员会秘书长庄毓敏教授、全国应用统计专业学位研究生教育指导委员会秘书长赵彦云教授分别汇报了各教育指导委员会秘书处2011年的工作情况和2012年的工作计划。国务院学位委员会办公室专业学位处处长唐继卫，调研员陆敏、朱瑞，校长助理、学校办公室主任刘向兵，研究生院副院长刘凤良、副院长宋远方参加了会议。

2. 召开专业学位研究生教育和研究生培养路线图工作研讨会议

2012年12月21日下午，研究生院召开中国人民大学专业学位研究生教育和研究生培养路线图工作研讨会议。校长助理、研究生院常务副院长吴晓求出席会议并讲话，会议由刘凤良副院长主持，宋远方副院长作工作报告，研究生院全体干部参加了会议。

3. 专业学位硕士研究生培养管理工作

2012年，组织制定了19种专业学位类型的36个培养方案，共审核专业学位研究生培养材料1 966人；共开设专业学位研究生课程897门，处理调停课50门次；专业学位研究生共1 966人毕业（其中双证1 169人，单证797人），1 966人获得硕士专业学位证书。

四、学科和学位工作

（一）全国第三轮一级学科评估工作

教育部学位与研究生教育发展中心组织开展的全国性的一级学科评估，是涵盖了高等学校和科研院所教学、科研、人才培养、队伍建设等核心竞争力、学术影响力和社会贡献度的一项全面性的评估工作。本次学科评估按照2011年新公布的研究生学位授予和人才培养学科目录进行，共涉及目录内的95个一级学科。学校具有博士学位授权的20个一级学科和仅具有硕士学位授权的15个一级学科参加了评估。2012年1月9日下午，袁卫常务副校长主持召开学校参加教育部学位中心全国第三轮一级学科评估工作会，程天权书记、陈雨露校长到会讲话，校长助理、研究生院常务副院长吴晓求教授就教育部学位中心全国第三轮一级学科评估的范围、特点和原则，以及学校开展此项工作的原则和要求、具体时间安排等作了说明。各学院院长、学科带头人，校部机关有关部处负责人 70 余人出席了会议。按照文件要求，研究生院以“自信、重视、思考”六个字为核心组织开展了此项工作，2012 年 3 月底向教育部学位与研究生教育发展中心完整提交了学校有关学科的参评材料。随后，学校按照要求推荐业界评估专家，对学校以外的其他高校评估材料进行主观评价和打分，并对国内其他高校对学校评估材料的质疑和问询提供证明材料。

（二）一级学科简介和学位基本要求的征求意见工作

根据国务院学位办文件精神，组织学校相关学院开展了《研究生学科专业目录一级学科简介》和《博士、硕士学位基本要求》的审核和咨询工作，并形成了修改花脸稿汇总提交教育部。

（三）北京市重点学科调整及增补工作

2012 年初，研究生院组织开展了北京市重点学科调整及增补工作，按照北京市文件精神，学校共组织申报北京市重点一级学科 2 个，调整北京市重点一级学科 1 个，申报北京市重点支持学科 3 个。经过对申报重点学科的审核、现场答辩和同行专家评议，学校中国语言文学、图书情报与档案管理被批准为北京市重点一级学科，政治学、中国史、教育经济与管理被批准为北京市重点支持学科。原历史学北京市重点一级学科调整为中国史北京市重点一级学科。按照北京市要求，研究生院组织有关学院完成了《北京市重点学科建设任务书》的制定工作。

（四）北京市支持中央在京高校共建项目管理工作

根据北京市教育委员会和北京市学位办要求，完成了 2012 年度北京市重点学科项目和北京市优秀博士学位论文指导教师项目的概算和预算工作，并对项目的前期运行进行了分析和总结。与往年不同的是，2012 年度北京市重点学科项目经费采取集中投入使用的方式，全力支持需重点建设的重点学科，学校政治学、历史学两个北京市重点一级学科，教育经济与管理北京市重点二级学科获得北京市重点经费支持。

（五）博士双导师制的研究和讨论

为了加快培养学以致用的高层次创造性人才，发挥学校的国家智库作用，经陈雨露校长提议，并经学校研究讨论，决定在学校部分应用性较强的学科试行博士生双导师制，并研究制定了《中国人民大学关于在部分学院试点开展博士生双导师工作的指导意见》，参与试点的学院有法学院、财政金融学院等。

（六）校学位评定委员会换届工作

根据《中国人民大学学位评定委员会工作细则》的规定，学校第七届学位评定委员会任期已满。按照学院推荐、学校审批、国务院学位委员会办公室备案核准的程序，学校第八届学位评定委员会成立。2012 年 11 月 27 日，学校举办了第七届、第八届校学位评定委员会换届仪式。常务副校长冯惠玲教授主持仪式，第七届校学位评定委员会委员兼秘书长、校长助理、研究生院常务副院长吴晓求教授作了第七届校学位评定委员会工作报告。校长、校学位评定委员会主席陈雨露教授发表讲话，代表学校向第七届学位委员会委员们表示衷心感谢，并向不再担任第八届校学位评定委员会委员的第七届委员代表陈先达教授、李景治教授、陈桦教授赠送了校学位委员服，以示纪念。随后，校长、校学位评定委员会主席陈雨露教授主持召开了第八届第一次校学位评定委员会全体会议。

（七）优秀博士、硕士学位论文评选

1. 全国和校级优秀博士学位论文评选

2012 年，全校有 1 篇博士学位论文获全国优秀博士学位论文奖，3 篇博士学位论文获全国优秀博士学位论文提名奖。4 月至 10 月，学校开展了校级优秀博士学位论文评选活动，各分会共推荐 42 篇，其中 17 篇获得 2012 年中国人民大学优秀博士学位论文奖。

2. 北京市优秀博士学位论文评选

2012 年，在北京市优秀博士学位论文评选工作中，学校 2 篇论文获得北京市优秀博士学位论文奖。

3. 校级优秀硕士学位论文评选

经各学院推荐、学位分委员会审议、校学位委员会核准，2012 年学校共评选出校级优秀硕士学位论文 74 篇。

（八）博士学位论文匿名评审工作

2012 年分上、下学期学校继续开展博士学位论文的匿名评审工作，共随机抽取了 267 篇博士学位论文参加匿名评审，先后聘请 500 多位专家评审论文。

（九）学位授予工作

2012 年全校共授予博士学位 798 人；授予硕士学位 5 500 人（其中同等学力硕士 1 365 人，专业学位硕士 1 849 人）。

2012 年完成硕士、博士研究生科技档案的收集汇总、装订立卷的归档共计 6 056 卷；并分别送交国家图书馆、中国社会科学院情报中心各类学位论文 12 112 套。

11 月，根据国务院学位委员会办公室的文件精神，学校开展了 2011—2012 学年学位授予信息年报工作，共上报 12 378 人的学位授予信息。

（十）博士研究生导师工作

10 月至 12 月，学校主要面向 2012 年新评聘的教授人员组织开展 2012 年博士研究生导师增补工作。通过各学院推荐、分会审核、校学位评定委员会核准并公示，学校批准审定 38 人为新增博士研究生导师。

（十一）硕士研究生导师工作

经各学院推荐、分会审核，研究生院分别于 1、3、6、10 月批准同意备案共 73 人为学校 2012 年新增硕士研究生导师。

（十二）组织开展学位论文学术不端行为检测

为了进一步保证学位论文的质量，2012 年各学院利用学术不端检测软件对即将毕业的 900 余名博士研究生的学位论文进行抽检。同时，在博士研究生完成答辩后，研究生院随机抽取 150 篇论文检测，以进一步确保博士学位论文质量。此外，研究生院还利用该软件对分会上报的 79 篇优秀硕士学位论文进行了检测。

（十三）名誉博士学位的申报、审批

组织进行了国际残奥会主席克雷文爵士名誉博士学位的申报工作，2012 年 3 月得到教育部批复，同意授予其中国人民大学名誉博士学位。

（十四）校学位评定委员会会议

2012 年 1 月 9 日，校学位评定委员会召开第七届第十六次全体会议。会议审议并通过了 2011—2012 学年第一学期授予学位人员名单，审核并通过 2011 年增补博士生导师 61 人（其中副教授 14 人、特聘研究员 1 人）名单。

6 月 14 日，校学位评定委员会召开第七届第十七次全体会议，校长、新任校学位评定委员会主席陈雨露教授首次主持校学位评定委员会会议。会议重点审议并通过了 2011—2012 学年第二学期授予博士、硕士和学士学位人员名单。

11 月 27 日，校学位评定委员会召开换届暨第八届第一次全体会议。会议分两个阶段进行。常务副校长兼研究生院院长、校学位评定委员会副主席冯惠玲教授主持换届仪式，第七届校学位评定委员会委员、秘书长、校长助理、研究生院常务副院长吴晓求教授代表第七届校学位评定委员会作工作报告。校学位评定委员会主席陈雨露教授主持召开了第八届第一次校学位评定委员会全体会议。

会议审议并通过了 17 篇 2012 年校级优秀博士学位论文，并推选参评 2013 年全国优秀博士学位论文；审议并通过学校“古典学”为目录外自主设置博士、硕士学位授权点，“中国法”为目录外自主设置硕士学位授权点；通报学校博士生双导师制试点工作；通报学校人文学科博士生四年学制改革工作。

五、其他形式的研究生教育

（一）举办研究生课程进修班、研修班

组织落实全校举办研究生课程进修班、研修班计划，共开班上课 77 个（进修班 70 个，研修班 7 个）；审核各学院申请结算办班学费报告；审核并组织颁发研究生课程进修班、研修班结业证书，共计 8 693 人（本）（进修班 7 382，研修班 1 311）。从 1995 年至 2012 年，全校累计颁发研究生进修、研修结业证书 88 669 人（本）。

（二）同等学力人员申请硕士学位课程考试的组织和管理工作

2012 年，全校接受同等学力人员申请硕士学位资格有效期内的人数为 18 779 人，其中本年度认定资格并办理手续的 6 017 人；全部通过申请硕士学位规定的课程考试（包括全国水平考试），进入学位论文写作和答辩阶段的计 1 330 人；按同等学力类别通过学位论文答辩，并获得硕士学位的 1 300 人。

2012 年，全校共组织 23 173 人（门）次 126 门课程的学位课程考试，4 441 人通过 2012 年同等学力人员全国学科综合和外国语水平考试。

从 1995 年开始，学校已接受同等学力人员申请硕士学位，累计达 47 600 人。14 756 人完成全部规定的课程考试（含全国水平考试），占 31.0%；其中 11 657 人通过学位论文答辩，获得硕士学位，占完成全部规定的课程考试人员的 79.0%。

附录

中国人民大学国家重点一级学科一览表

所属学科门类	国家重点一级学科（8 个）
哲学	哲学
经济学	理论经济学
	应用经济学
法学	法学
	社会学
	马克思主义理论
文学	新闻传播学
管理学	工商管理

中国人民大学非国家重点一级学科内国家重点二级学科一览表

一级学科	国家重点二级学科（8个）
政治学	中共党史
	国际政治
中国语言文学	文艺学
历史学	中国古代史
	中国近现代史
农林经济管理	农业经济管理
公共管理	行政管理
图书情报与档案管理	档案学

中国人民大学北京市重点一级学科一览表

所属学科门类	北京市重点一级学科（5个）
法学	政治学
文学	中国语言文学
历史学	中国史
管理学	农林经济管理
管理学	图书情报与档案管理

中国人民大学北京市重点二级学科一览表

所属一级学科	北京市重点二级学科（4个）
计算机科学与技术	计算机应用技术
公共管理	教育经济与管理
	社会保障
	土地资源管理

中国人民大学交叉学科北京市重点学科一览表

交叉学科北京市重点学科（1个）
农业发展管理

2012年中国人民大学获全国优秀博士学位论文奖名单

专业名称	作者	导师	论文题目
宗教学	梁中和	李秋零	斐奇诺“柏拉图神学”研究

2012年中国人民大学获全国优秀博士学位论文奖论文简介

《斐奇诺“柏拉图神学”研究》

作者：梁中和　作品类型：博士学位论文

本文全面介绍和评论文艺复兴时期主要哲学家、神学家斐奇诺的主要思想，特别是其最主要的哲学、神学著作《柏拉图神学》中的思想。文中介绍了斐奇诺时代的思想背景，记述了文艺复兴时期哲学讨论的历史、社会和宗教背景，介绍了斐奇诺的生平和主要著作及其在哲学史和神学史上承前启后的重要影响。论述了斐奇诺“柏拉图神学”诞生的理论活动园地“佛罗伦萨柏拉图学园”的产生背景、理论活动及对当时人文主义哲学和欧洲思想界的重要影响。而后说明了“柏拉图神学”属于“古代神学”范畴，古代神学是斐奇诺用以综合各古代宗教神学和哲学传统的努力，他糅合了古希腊、古犹太、古波斯、古埃及以及希腊化时期新柏拉图主义、至尊赫尔墨斯等神秘主义思想，形成了一种兼收并蓄的、开放的基督宗教论，开启了普世主义的径路。文中主体内容是论述斐奇诺“柏拉图神学”的三个主要思想：个体灵魂不朽、上帝存在和爱在人的自我理解与归向上帝中的作用。最后总结了斐奇诺思想对哲学和宗教神学的重要贡献。本文是文艺复兴哲学和宗教神学研究领域的开拓性作品，首次将斐奇诺作品和思想引入华语学术界。目前梁中和正在主编《斐奇诺集》（华东师范大学出版社），负责组织翻译工作，将系统引介其思想。

博士论文中有1万余字发表于《宗教学研究》，全文扩充15万字后已于2012年3月在华东师范大学出版社出版。博士论文曾获得中国人民大学研究生科研基金、光华奖学金、香港道风奖学金奖励，获得中国人民大学哲学院东方毅优秀论文奖、2011年度中国人民大学优秀博士论文奖。

2012年中国人民大学获全国优秀博士学位论文提名奖名单

序号	专业名称	作者	导师	论文题目
1	西方经济学	赵文哲	卢　荻	财政分权和辖区竞争视角下的价格水平和通货膨胀问题研究
2	外交学	李志永	李宝俊	国家自主性视角下的外交政策分析——结构、模式与行为
3	传媒经济学	李　彪	喻国明	网络事件的传播场域研究

2012年中国人民大学获北京市优秀博士学位论文奖名单

序号	专业名称	作者	导师	论文题目
1	统计学	陶　然	金勇进	普查涵盖误差及其事后抽查的理论与应用研究
2	中国古代文学	鞠　岩	傅璇琮	唐代中书舍人与文学研究

2012年中国人民大学优秀博士学位论文名单

序号	专业名称	作者	导师	论文题目
1	马克思主义哲学	李旸	段忠桥	分析的马克思主义的政治哲学转向
2	中国哲学	邓庆平	向世陵	朱子门人与朱子学
3	网络经济学	张　成	于同申	基于S-C-P范式的中国环境规制问题研究
4	国民经济学	余华义	方竹兰	中国城市房价泡沫的测算、影响因素及空间效应研究
5	统计学	徐　静	张　波	G-期望及其在金融中的应用
6	宪法学与行政法学	李蕊佚	韩大元	议会主权下的英国违宪审查
7	民商法学	刘召成	杨立新	准人格研究
8	经济法学	陈晓芳	刘俊海	我国建设用地使用权一级市场法律制度研究
9	国际关系	熊　昊	陈新明	入盟后波兰对美欧俄外交政策演变——基本政策与主要难题
10	中国古代文学	李　俊	袁济喜	南朝与北朝文学思想融合研究
11	中国近现代史	王大任	夏明方	压力与共生——动变中的生态系统与近代东北农民经济
12	历史地理学	胡　恒	华林甫	清代县辖政区研究
13	计算机应用技术	卢　卫	杜小勇	近似查询的有效性及性能优化问题研究
14	会计学	曾雪云	徐经长	公允价值计量与资产价格波动
15	农业经济管理	钟　真	孔祥智	生产组织方式、市场交易类型与生鲜乳质量安全："后三聚氰胺时代"中国奶业发展模式审视
16	社会保障	王海东	李　珍	基于保障水平的基本养老保险制度研究
17	档案学	马林青	冯惠玲	基于职能的文件分类体系研究

中国人民大学授予博士、硕士学位和培养研究生的学科、专业目录

制表日期：2012年12月31日

学科门类	一级学科	专业代码、名称	博士点批准时间	硕士点批准时间
01 哲学	0101 哲学 ☆☆（1998/06/19） ★★（2007/08/20）	010101 马克思主义哲学	1981/11/03	1981/11/03
		010102 中国哲学	1981/11/03	1981/11/03
		010103 外国哲学	1984/01/13	1981/11/03

学科门类	一级学科	专业代码、名称	博士点批准时间	硕士点批准时间
01 哲学	0101 哲学 ☆☆（1998/06/19） ★★（2007/08/20）	010104 逻辑学	1998/06/19	1984/01/13
		010105 伦理学	1984/01/13	1981/11/03
		010106 美学	1998/06/19	1986/07/28
		010107 宗教学	1998/06/19	1993/12/17
		010108 科学技术哲学	1986/07/28	1981/11/03
		0101Z1 管理哲学	**2004 自**	**2004 自**
		0101Z2 政治哲学	**2011 自**	**2011 自**
02 经济学	0201 理论经济学 ☆☆（1998/06/19） ★★（2007/08/20）	020101 政治经济学	1981/11/03	1981/11/03
		020102 经济思想史	1984/01/13	1981/11/03
		020103 经济史	1998/06/19	1981/11/03
		020104 西方经济学	1996/04/29	1993/12/17
		020105 世界经济	1981/11/03	1981/11/03
		020106 人口、资源与环境经济学	1998/06/19	1998/06/19
		0201Z1 网络经济学	**2002 自**	**2002 自**
		0201Z2 企业经济学	**2004 自**	**2004 自**
	0202 应用经济学 ☆☆（1999/06/10） ★★（2007/08/20）	020201 国民经济学	1984/01/13	1981/11/03
		020202 区域经济学	1986/07/28	1984/01/13
		020203 财政学	1984/01/13	1981/11/03
		020204 金融学	1981/11/03	1981/11/03
		020205 产业经济学	1984/01/13	1981/11/03
		020206 国际贸易学	1999/06/10	1993/12/17
		020207 劳动经济学	1993/12/17	1986/07/28
		020209 数量经济学	1999/06/10	1984/01/13
		020210 国防经济		1999/06/10
		0202Z1 保险学	**2004 自**	**2002 自**
		0202Z2 商业经济学	**2011 自**	**2011 自**
		0202Z3 房地产经济与管理	**2011 自**	**2011 自**
		0202Z4 城市经济学	**2004 自**	**2004 自**
03 法学	0301 法学 ☆☆（2003/07/01） ★★（2007/08/20）	030101 法学理论	1986/07/28	1981/11/03
		030102 法律史	1990/11/20	1981/11/03
		030103 宪法学与行政法学	1986/07/28	1981/11/03
		030104 刑法学	1984/01/13	1981/11/03
		030105 民商法学	1986/07/28	1981/11/03
		030106 诉讼法学	1993/12/17	1981/11/03
		030107 经济法学	1993/12/17	1990/11/20
		030108 环境与资源保护法学	2004/06/24	2000/12/07
		030109 国际法学	2003/09/01	1981/11/03
		0301Z1 知识产权法	**2005 自**	**2005 自**
		0301Z2 比较法	**2011 自**	**2011 自**
		0301Z3 中国法		**2012 自**
	0302 政治学 ☆☆（2000/12/29） ★★（2008/04/23）	030201 政治学理论	1986/07/28	1981/11/03
		030202 中外政治制度	2002/06/27	1986/07/28
		030203 科学社会主义与国际共产主义运动	1981/11/03	1981/11/03
		030204 中共党史★	1981/11/03	1981/11/03

学科门类	一级学科	专业代码、名称	博士点批准时间	硕士点批准时间
03 法学	0302 政治学 ☆☆（2000/12/29） ▲▲（2008/04/23）	030206 国际政治★	2001/01/09	1981/11/03
		030207 国际关系	2000/12/29	1996/04/29
		030208 外交学	2002/06/27	1998/06/30
		0302Z1 中国政治	**2002 自**	**2002 自**
		0302Z2 国际政治经济学	**2011 自**	**2005 自**
	0303 社会学 ☆☆（2000/12/29） ★★（2007/08/20）	030301 社会学	1993/12/17	1986/07/28
		030302 人口学	1984/01/13	1981/11/03
		030303 人类学	2000/12/29	1998/06/30
		030304 民俗学		2000/12/07
		0303Z1 老年学	**2002 自**	**2002 自**
		0303Z2 社会心理学	**2004 自**	**2004 自**
	0305 马克思主义理论 ☆☆（2006/01/25） ★★（2007/08/20）	030501 马克思主义基本原理	1990/11/20	1990/11/20
		030502 马克思主义发展史	2006/06/20	2006/06/20
		030503 马克思主义中国化研究	2006/06/20	2006/06/20
		030504 国外马克思主义研究	2006/06/20	2006/06/20
		030505 思想政治教育	1990/11/20	1990/11/20
		030506 中国近现代史基本问题研究	2008/06/20	2008/06/20
04 教育学	0401 教育学 ☆（2006/01/25）	040106 高等教育学		2006/06/20
		0401Z1 教育法学		**2012 自**
	0402 心理学（可授教育学、理学学位） ☆（2011/03/03）	040201 基础心理学		2011/06/13
		040203 应用心理学		2011/06/13
05 文学	0501 中国语言文学 ☆☆（2006/01/25） ▲▲（2012/04/25）	050101 文艺学★	1993/12/17	1984/01/13
		050102 语言学及应用语言学	2006/06/20	1981/11/03
		050103 汉语言文字学	2003/09/01	1986/07/28
		050104 中国古典文献学	2006/06/20	1998/06/30
		050105 中国古代文学	2003/09/01	1986/07/28
		050106 中国现当代文学	2006/06/20	1981/11/03
		050108 比较文学与世界文学	2006/01/25	1981/11/03
	0502 外国语言文学 ☆☆（2011/03/03）	050201 英语语言文学	2011/06/13	1986/07/28
		050202 俄语语言文学		1998/06/30
		050204 德语语言文学	2013/01/14	2003/09/01
		050205 日语语言文学	2011/06/13	1996/04/29
		050211 外国语言学及应用语言学		2006/01/25
	0503 新闻传播学 ☆☆（2000/12/29） ★★（2007/08/20）	050301 新闻学	1984/01/13	1981/11/03
		050302 传播学	1998/06/19	1998/06/19
		0503Z1 传媒经济学	**2002 自**	**2002 自**
		0503Z2 广播电视学	**2011 自**	**2011 自**
06 历史学（原 0601 历史学 2008/04/23）	0601 考古学 ☆☆（2011/08/05）	060102 考古学及博物馆学	2007/01/26	2005/06/22
	0602 中国史 ☆☆（2011/08/05） ▲▲（2012/04/25）	060101 史学理论及史学史	2003/01/14	1981/11/03
		060103 历史地理学	2005/01/06	2003/01/14
		060104 历史文献学	2003/01/14	2000/12/07
		060105 专门史	2000/12/29	1998/06/30

学科门类	一级学科	专业代码、名称	博士点批准时间	硕士点批准时间
06 历史学（原 0601 历史学 2008/04/23）	0602 中国史 ☆☆（2011/08/05） ▲▲（2012/04/25）	060106 中国古代史★	1981/11/03	1981/11/03
		060107 中国近现代史★	1986/07/28	1981/11/03
		0602Z1 当代中国史	**2002 自**	**2002 自**
	0603 世界史 ☆☆（2011/08/05）	060108 世界史	1998/06/19	1986/07/28
07 理学	0701 数学 ☆☆（2011/03/03）	070101 基础数学	2011/06/13	2000/12/07
		070102 计算数学		2008/06/20
		070104 应用数学	2011/06/13	2003/09/01
		070105 运筹学与控制论		1998/07/03
	0701 数学（物理学）	0701Z1 物理学	**2011 自**	**2011 自**
	0701 数学（化学）	0701Z2 化学	**2011 自**	**2011 自**
	0702 物理学 ☆（2011/03/03）	070201 理论物理		2006/01/25
		070203 原子与分子物理		2011/06/13
		070205 凝聚态物理		2006/01/25
	0703 化学 ☆（2011/03/03）	070301 无机化学		2006/01/25
		070302 分析化学		2011/06/13
		070303 有机化学		2006/01/25
		070304 物理化学（含：化学物理）		2006/01/25
		070305 高分子化学与物理		2011/06/13
	0705 地理学 ☆（2011/03/03）	070502 人文地理学		2011/06/13
		070503 地图学与地理信息系统		2006/01/25
	0711 系统科学 ☆（2006/01/25）	071101 系统理论		2000/12/07
	0713 生态学 ☆（2011/08/05）	目录内二级学科待定		
	0714 统计学（可授理学、经济学学位） ☆☆（2011/08/05）	目录内二级学科待定		
08 工学	0812 计算机科学与技术（可授工学、理学学位） ☆☆（2011/03/03）	081201 计算机系统结构		2008/06/20
		081203 计算机应用技术▲	2000/12/29	1981/11/03
		0812Z1 信息安全	**2011 自**	**2011 自**
	0817 化学工程与技术	081704 应用化学		2000/12/07
	0830 环境科学与工程（可授工学、理学、农学学位） ☆（2011/03/03）	083001 环境科学		2003/09/01
		083002 环境工程		2006/01/25
	0832 食品科学与工程（可授工学、农学学位） ☆（2011/03/03）	083201 食品科学		1998/07/03
	0835 软件工程 ☆（2011/08/05）	目录内二级学科待定		

学科门类	一级学科	专业代码、名称	博士点批准时间	硕士点批准时间
10 医学	1004 公共卫生与预防医学（可授医学、理学学位）☆（2011/03/03）	100401 流行病与卫生统计学		2006/01/25
12 管理学	1201 管理科学与工程（可授管理学、工学学位）☆（2011/03/03）	120100 管理科学与工程		2000/12/26
	1202 工商管理 ☆☆（2000/12/29）★★（2007/08/20）	120201 会计学	1986/07/28	1981/11/03
		120202 企业管理	1986/07/28	1981/11/03
		120203 旅游管理	2003/01/14	1998/06/30
		120204 技术经济及管理	2000/12/29	1986/07/28
		1202Z1 人力资源管理	**2002 自**	**2002 自**
		1202Z2 市场营销管理	**2002 自**	**2002 自**
		1202Z3 财务学	**2011 自**	**2011 自**
	1203 农林经济管理 ☆☆（2000/12/29）▲▲（2010/05/26）	120301 农业经济管理★	1986/07/28	1981/11/03
		120302 林业经济管理	2009/01/07	2001/01/09
		1203Z1 自然资源管理	**2011 自**	**2002 自**
		1203Z2 农村发展（农村发展管理（2008/04/23）为交叉学科北京市重点学科）	**2004 自**	**2004 自**
	1204 公共管理 ☆☆（2003/07/01）	120401 行政管理★	1998/06/19	1990/11/20
		120402 社会医学与卫生事业管理		2005/06/22
		120403 教育经济与管理▲	2003/09/01	2000/12/07
		120404 社会保障▲（2010/05/26）	2003/09/01	1998/06/19
		120405 土地资源管理▲	2000/12/29	1998/06/19
		1204Z1 公共财政与公共政策	**2011 自**	**2011 自**
		1204Z2 公共组织与人力资源	**2004 自**	**2004 自**
	1204 公共管理（教育学）	1204Z3 教育学	**2011 自**	**2011 自**
	1205 图书情报与档案管理 ☆☆（2006/01/25）▲▲（2012/04/25）	120501 图书馆学	2006/06/20	1998/06/30
		120502 情报学	2006/01/25	2000/12/07
		120503 档案学★	1993/12/17	1984/01/13
		1205Z1 信息资源管理	**2008 自**	**2008 自**
		1205Z2 信息分析	**2011 自**	**2011 自**
13 艺术学	1301 艺术学理论	050401 艺术学		2003/09/01
	1302 音乐与舞蹈学 ☆（2011/08/05）	050402 音乐学		2009/01/07
	1303 戏剧与影视学 ☆（2011/08/05）	050405 戏剧戏曲学		2008/06/20
		050406 电影学		2007/01/26
	1304 美术学 ☆（2011/08/05）	050403 美术学		2003/09/01
	1305 设计学（可授艺术学、工学学位）	050404 设计艺术学		2003/09/01

注：1. 加“☆☆”的一级学科表示该一级学科具有博士学位授予权；加“☆”的一级学科表示该一级学科具有硕士学位授予权；加“★★”的一级学科为国家重点一级学科；加“★”的专业为国家重点二级学科；加“▲▲”的一级学科为北京市重点一级学科；加“▲”的专业为北京市重点二级学科。

2. 学科点“批准时间”栏目内标注“年度＋自”并用黑字体显示的学科点是学校在一级学科授权范围内自主设置并上报教育部备案的学科点。

3. 学校共有国家重点一级学科 8 个，国家重点二级学科 8 个，北京市重点一级学科 5 个，北京市重点二级学科 4 个，交叉学科北京市重点学科 1 个。

中国人民大学研究生交叉学科设置一览表（2012年）

交叉学科代码、名称	相关一级学科	博士点 批准时间	硕士点 批准时间
99J1 金融工程	0202 应用经济学 0701 数学	2011 自	2011 自
99J2 风险管理与精算学	0202 应用经济学 0701 数学	2011 自	2011 自
99J3 劳动关系学	0202 应用经济学 0301 法学	2011 自	2011 自
99J4 中国特色社会主义理论	0302 政治学 0305 马克思主义理论 0201 理论经济学 0101 哲学	2011 自	2011 自
99J5 国学	0602 中国史 0501 中国语言文学 0101 哲学	2011 自	2011 自
99J6 城乡发展与规划	1204 公共管理 0303 社会学 0602 中国史	2011 自	2011 自
99J7 可持续发展管理	1204 公共管理 1203 农林经济管理 0202 应用经济学	2011 自	2011 自
99J8 环境政策与管理	1204 公共管理 0830 环境科学与工程		2011 自
99J9 食品安全管理	1204 公共管理 0832 食品科学与工程 1203 农林经济管理 0301 法学		2011 自

中国人民大学研究生专业学位学科专业目录

专业代码、名称	硕士点 批准时间
0251 金融硕士	2010/09/02
0252 应用统计硕士	2010/09/02
0253 税务硕士	2010/09/02
0254 国际商务硕士	2010/09/02
0255 保险硕士	2010/09/02
0256 资产评估硕士	2010/09/02

专业代码、名称	硕士点批准时间
0257 审计硕士	2011/08/19
0351 法律硕士	1996
0352 社会工作硕士	2009/07/21
0453 汉语国际教育硕士	2007/06/06
0552 新闻与传播硕士	2010/09/02
0651 文物与博物馆硕士	2010/09/02
0852 工程硕士	2008/05
095110 农业推广硕士	2007/06/06
125101 工商管理硕士	1990
125102 高级管理人员工商管理硕士（EMBA）	2002/07
1252 公共管理硕士	2000/04/25
1253 会计专业硕士	2004/03
1255 图书情报硕士	2010/09/02
1351 艺术硕士	2010/09/02

中国人民大学博士研究生指导教师名单

（以姓氏拼音为序）

专业名称	姓名	学院
马克思主义哲学	安启念　陈先达　郭　湛　郝立新　李　燕　马俊峰　张文喜	哲学院
中国哲学	罗安宪　彭永捷　宋志明　向世陵　张立文	
外国哲学	冯　俊　韩东晖　欧阳谦　张志伟	
逻辑学	陈慕泽　刘晓力　杨武金	
伦理学	曹　刚　葛晨虹　焦国成　罗国杰　夏伟东　肖群忠　姚新中	
美学	陈传席　丁　方　牛宏宝　王旭晓　吴长江　吴　琼　徐庆平　徐唯辛　张　法　郑晓华	
宗教学	方立天　何光沪　何建明　李秋零　温金玉　叶小文　张风雷	
科学技术哲学	刘大椿　王伯鲁　王鸿生	
管理哲学	李　萍　刘敬鲁　彭新武　周文彰	
政治哲学	段忠桥　干春松　龚　群	
国学	黄克剑　黄朴民　梁　涛　孟宪实　沈卫荣　王子今　乌云毕力格　杨庆中　袁济喜　诸葛忆兵	国学院

专业名称	姓名	学院
政治经济学	陈享光 陈秀山 胡钧 黄泰岩 李义平 林岗 刘树杰 马庆泉 孟捷 邱海平 宋立 卫兴华 杨瑞龙 杨志 张宇	经济学院
经济思想史	贾根良 吴易风 姚开建	
经济史	陈勇勤 高德步 贺耀敏	
西方经济学	陈彦斌 方福前 郭杰 刘凤良 卢荻 潘功胜 陶然 王健 吴汉洪 郑新业 周业安	
世界经济	毕吉耀 陈建 关雪凌 雷达 刘元春 毛振华 彭刚 王晋斌 张燕生	
网络经济学	韩小明 于同申	
企业经济学	辜胜阻 李军林 韦伟 杨其静	
国民经济学	陈璋 方芳 方竹兰 顾海兵 胡乃武 黄隽 刘鹤 刘瑞 杨天宇 叶卫平 郑超愚 朱之鑫	
区域经济学	范恒山 宁吉喆 孙久文 王青云 张可云	
国际贸易学	曹远征 关权 韩玉军 黄卫平	
数量经济学	赵国庆	
城市经济学	侯景新 王海平	
财政学	安体富 郭庆旺 郝硕博 刘振亚 鲁昕 米建国 谭荣华 王小龙 岳树民 岳希明 朱青	财政金融学院
金融学	贝多广 陈雨露 陈忠阳 成思危 关伟 何平 黄达 瞿强 李剑阁 刘曼红 任淮秀 沈伟基 涂永红 吴晶妹 吴晓灵 吴晓求 项俊波 张成思 张杰 赵锡军 郑志刚 朱毅峰 庄毓敏	
金融工程	林清泉 汪昌云 张顺明	
保险学	魏丽 张洪涛	
劳动经济学	杨伟国 姚裕群 易定红 曾湘泉 赵履宽 赵忠	劳动人事学院
人力资源管理	程延园 林新奇 彭剑锋 石伟 孙健敏 张丽华 周文霞	
社会保障	仇雨临 潘锦棠 王延中 郑秉文 郑功成	
劳动关系学	常凯 唐鑛	
统计学	杜子芳 高敏雪 何晓群 胡飞芳 胡毅 金勇进 林共进 马建堂 田茂再 王琪延 吴喜之 许宪春 易丹辉 袁卫 张波 赵彦云 周晓华 朱力行	统计学院
风险管理与精算学	孟生旺 彭非 王晓军	
法学理论	范愉 冯玉军 黄宗智 吕世伦 马小红 史彤彪 孙国华 张志铭 朱景文 朱力宇	法学院
法律史	程天权 刘海年 王云霞 肖扬 叶秋华 赵晓耕	
宪法学与行政法学	韩大元 胡锦光 莫于川 许崇德 杨建顺	
刑法学	戴玉忠 冯军 高铭暄 韩玉胜 胡云腾 黄京平 姜伟 刘明祥 田宏杰 王作富 肖中华 谢望原 熊选国 袁卫 张军 张小虎	
民商法学	董安生 郭明瑞 黎建飞 林嘉 龙翼飞 王利明 王轶 吴汉东 杨大文 杨立新 姚辉 叶林 张新宝 赵中孚 朱岩	
诉讼法学	陈卫东 程荣斌 何家弘 汤维建 王新清 肖建国 甄贞	
经济法学	刘俊海 刘文华 史际春 王欣新 吴宏伟 徐孟洲 朱大旗	
环境与资源保护法学	李艳芳 周珂	
国际法学	韩立余 邵沙平 万鄂湘 尹立 余劲松 赵秀文 朱文奇	
知识产权法	郭禾 郭寿康 李琛 刘春田	

专业名称	姓名	学院
世界经济	保建云	国际关系学院
政治学理论	任剑涛　王英津　闫润鱼	
中外政治制度	王续添　周淑真	
科学社会主义与国际共产主义运动	高　放　郭春生　李景治　蒲国良　王学东　张惟英	
国际政治	时殷弘　吴征宇	
国际关系	陈新明　陈　岳　刘青建　裘援平	
外交学	黄大慧　金灿荣　金正昆　李宝俊　李庆四　于洪君	
中国政治	黄嘉树　杨光斌　俞可平　张　鸣	
国际政治经济学	庞中英　宋新宁	
房地产经济与管理	黄燕芬　吕　萍　谢经荣	公共管理学院
行政管理	康晓光　刘太刚　孙柏瑛　魏礼群　魏　娜　张成福　张康之	
社会保障	程永宏　董克用　李　珍　宋晓梧　杨宜勇	
土地资源管理	甘藏春　林增杰　严金明　叶剑平　张占录	
公共财政与公共政策	崔　军　高培勇　蓝志勇　毛寿龙　孙玉栋　谢　明　许光建	
公共组织与人力资源	方振邦　刘　昕　吴春波　朱立言	
城乡发展与规划	仇保兴　叶裕民	
文艺学	金元浦　刘小枫　卢铁澎　张永清	文学院
语言学及应用语言学	陈满华　贺　阳　劲　松　李　泉	
汉语言文字学	王贵元	
中国古代文学	冷成金　李炳海　王　昕　徐正英　叶君远　朱万曙	
中国现当代文学	程光炜　黄乔生　李　今　马俊杰　孙　毅（孙　郁）　王家新	
比较文学与世界文学	高旭东　耿幼壮　梁　坤　孙　宏　杨恒达　杨慧林　曾艳兵	
比较文学与世界文学	任国强	外国语学院
英语语言文学	陈世丹　刁克利　郭　军　王建平　吴红云　张勇先　朱　源	
日语语言文学	李铭敬　张　威	
新闻学	蔡　雯　方汉奇　高　钢　涂光晋　王润泽　杨保军　张　征　郑保卫　周建明	新闻学院
传播学	陈力丹　陈　绚　匡文波　倪　宁　彭　兰　盛希贵　赵启正	
传媒经济学	喻国明　周蔚华	
广播电视学	钟　新　周小普	
史学理论及史学史	牛润珍　徐兆仁	历史学院
考古学及博物馆学	宋大川　魏　坚	
中国古代史	包伟民　戴　逸　韩树峰　刘凤云　刘后滨　毛佩琦　祁美琴　孙家洲	
中国近现代史	陈　桦　郭双林　何　瑜　黄兴涛　李文海　马克锋　夏明方	
世界史	孟广林　王皖强　徐　浩　许海云	
历史地理学	华林甫	
历史文献学	黄爱平	
专门史	杨念群　张世明　张永江	
基础数学	杨云雁　张庆彩　朱来义	信息学院
概率论与数理统计	龙永红　张伦传	
应用数学	李世东　林　勇　许作良	
计算机软件与理论	李德英　孟小峰　王　珊	
计算机应用技术	陈　红　杜小勇　李翠平　梁　循　陆嘉恒　王海勋　文继荣　杨小平　周晓方	
信息安全	石文昌	

专业名称	姓名	学院
人口、资源与环境经济学	李文华 鲁明中 马 中 马忠玉 宋国君 王洪臣 曾贤刚 张光明 张象枢 邹 骥	环境学院
自然资源管理	沈大军	
化学	艾希成 曹 睿 杜文斌 郭志新 金朝霞 李志平 林 隽 徐立进 于澍燕 张建平	理学院
物理学	曹永革 陈根富 韩 强 李茂枝 李 涛 刘玉良 卢仲毅 王 雷 王善才 王孝群 魏建华 于伟强 张立源 张 芃 张清明 朱传界	
社会心理（应用心理学）	雷 雳 时 勘 俞国良	
产业经济学	蔡荣生 陈甬军 谷克鉴 王亚星 晏维龙	商学院
商业经济学	程 红 纪宝成 刘向东 马龙龙 王晓东 徐从才	
会计学	曹 伟 戴德明 冯淑萍 耿建新 荆 新 林 钢 秦荣生 徐 泓 徐经长 于富生 赵西卜 朱小平	
企业管理	包 政 成 栋 凌 文 刘 刚 吕景胜 秦志华 宋 华 宋远方 王凤彬 王利平 徐二明 杨 杜 章 凯	
技术经济及管理	黄卫伟 李 平 刘国山 毛基业 王保林 王刊良 赵 苹 左美云	
市场营销管理	郭国庆 江 林 刘凤军 刘晓梅 吕一林 周庭锐	
财务学	Kenneth Andrew Kim 姜付秀 况伟大 李 焰 宋 常 孙茂竹 王化成 伊志宏 张瑞君	
技术经济及管理	张利庠	农业与农村发展学院
农业经济管理	Thomas Reardon 陈锡文 韩长赋 孔祥智 罗斯高 马晓河 唐 忠 王志刚 曾寅初 郑风田 朱信凯	
林业经济管理	刘金龙	
农村发展	马九杰 汪三贵 王西琴 温铁军 周 立	
可持续发展管理	高 梁	
图书馆学	倪晓健	信息资源管理学院
档案学	冯惠玲 胡鸿杰 王英玮 张 斌	
情报学	周晓英	
信息资源管理	安小米 侯卫真 赵国俊	
信息分析	卢小宾 杨 健	
金融学	汤 珂	汉青经济与金融高级研究院
马克思主义哲学	梁树发	马克思主义学院
政治经济学	顾海良 张 旭 周新城	
科学社会主义与国际共产主义运动	陶文昭 赵 汇	
中共党史	李 捷 王 东 吴美华 杨德山 杨凤城 张启华	
中国特色社会主义理论	秦 宣	
马克思主义基本原理	张雷声 张云飞	
马克思主义发展史	张 新	
马克思主义中国化研究	王顺生 徐志宏	
国外马克思主义研究	黄继锋	

专业名称	姓名	学院
思想政治教育	冯　刚　刘建军　王　易	马克思主义学院
中国近现代史基本问题研究	齐鹏飞　辛　逸	
当代中国史	何虎生　朱佳木	
人口、资源与环境经济学	陈　卫　翟振武	社会与人口学院
社会学	郭星华　郝大海　洪大用　李路路　李迎生　刘少杰　鲁　刚　陆益龙　潘绥铭　沙莲香　夏建中　于显洋　张金鹏　张桥贵　郑杭生	
人口学	段成荣　顾宝昌　刘　爽　谢　宇　杨菊华	
人类学	赵旭东	
老年学	杜　鹏　姜向群　邬沧萍　姚　远	
教育经济与管理	胡　娟　李立国　秦惠民　申素平　孙霄兵　周光礼	教育学院
教育学	程方平　项贤明	

2012年中国人民大学博士学位获得者名单

（以姓氏拼音为序）

专业名称	姓名
马克思主义哲学	丁　峰　丁　洁　龚剑飞　靳安广　雷树虎　李云霞　刘彦涛　刘志洪　刘忠友　罗连祥　沈江平　王云鹏　魏艳芳　吴　恒　张海军　张　丽　张全胜　张永光
中国哲学	蒋孝军　刘增光　孙　兵　张永路　张志宏　朱　璐
外国哲学	高　洋　王　鹏
逻辑学	贾　青　李慧华　郁　锋
伦理学	班高杰　陈伟功　胡军方　吉　凯　李　杰　李秀艳　聂静港　欧阳辉纯　谭亚莉　王　乐　张溢木
美学	白　雪　陈　艳　成联方　邓月影　贾　静　刘　强　张玉花　郑绍楠
宗教学	蔡晓菁　刘晓玉　秦国帅　史经鹏　松森秀幸　宋传民
科学技术哲学	黄　婷　邱德胜
管理哲学	胡克明　李培挺　李伟斌　刘晓庆　张守连
政治经济学	包林生　陈伯军　董　琰　方明月　高晨伟　黄晓芳　贾　甫　蒋　茜　李丛笑　李海飞　廖上胜　刘文婷　刘志峰　马　芳　邱春杨　万燕鸣　王　翀　王　丹　王宁西　王　维　席　枫　徐志仓　张　开　赵　净　赵　楠
经济思想史	王锦秋　尹双明　张杰平
经济史	艾永梅　魏紫川　张　滨
西方经济学	纪红丽　连洪泉　刘学梅　鲁　旭　秦　岭　史　岩　屠俊明　徐小鹰　尹秀超　张　强　张艳丽　周德发　周洪荣　朱　杰
世界经济	李　南　廖泽芳　孟秀惠　任秋宇　孙　涛　王剑雨　肖祖珽　闫文涛　张辅群　张　婧　郑　直
人口、资源与环境经济学	鲍自然　傅　莎　韩冬梅　李　溪　林　娜　万年青　王东宇　闫　平　杨　凡　张　庆
网络经济学	陈　博　郭兆晖　刘勇燕　马晓飞　马旭东　马玉荣　肖文静　谢　军
企业经济学	陈　贺　黄小云　薛东阳　张英杰　赵坚毅

专业名称	姓名
国民经济学	曹大伟　陈文殊　崔惠民　戴为民　戴豫升　高　昊　谷　峰　李文庆　刘　鹏　刘　霞 刘　杨　马　涛　米　强　戎承法　谭　诤　王之泉　徐晓华　徐毅鸣　于海涛　张宝军 张　超　张　沁　张一弓　郑　红　周　帅
区域经济学	陈丽娜　丁鸿君　董　文　胡安俊　李华香　施晓丽　孙浩康　夏文清　项　目　赵霄伟
财政学	丁　康　董艳梅　窦　欣　付树林　何国煜　兰永生　梁　军　刘　超　刘　方　刘　莹 栾春华　米　璨　孙　磊　王洪涛　杨　凯　张永杰　张云华　赵建刚　赵旭杰　郑　涌
金融学	陈丽洁　杜　斌　段军文　段希文　范文波　高　丽　郭梅亮　胡　斌　贾秋然　江晶晶 姜雪冰　巨　强　李　宁　李　萍　刘知博　罗　松　马　勇　倪晋武　欧阳珑　蒲斯纬 邱昱翔　宋　科　孙安琴　王　建　王文松　王新亮　王　雪　韦静强　武　钰　夏润中 夏园园　徐　珏　颜　慧　杨　光　于　宁　张　鹏　张　琦　张守川　张文斌　张　颖 赵　婧　赵　然　郑金花　朱太辉
产业经济学	邓丽姝　黄乐文　李　辉　刘红英　倪梓桐　朴　玉　浦　湛　王良举　王永培　吴崇宇 吴姗姗　周　末
国际贸易学	黄基伟　黄日康　刘可佳　刘一姣　宋　祺　许建春　张发茂　钟　表
劳动经济学	陈玉杰　代　懋　李晓霞　孟　泉　童汝根　闻效仪　夏青云　熊新发　杨玉梅　张　珂
统计学	毕　涛　巩红禹　贺本岚　侯　鹏　华　鹏　李艳丽　李因果　刘思明　刘亚文　罗幼喜 盛　剑　王惠惠　王依军　徐美萍　杨　伟　郧彦辉　赵　萍
数量经济学	刘维泉　尹　慧　赵迎迎
保险学	樊　川
商业经济学	蔡　勇　陈文昌　郭　娜　李逢春　马志刚　宋丕丞　赵峻镭
城市经济学	李晓鹏　赵国亮
风险投资	孙　硕　王　琦　杨献龙　朱元甲
法学理论	巴哈提牙尔·米吉提　方　林　郭　辉　刘宝坤　刘臻荣　聂宏光　齐崇文　邵　晖 沈太霞　田喜清　王茂生　王若磊　王晓烁　张伟明
法律史	柴　英　韩　伟　姜海雯　蒋家棣　李　丽　刘红军　马凤春　沈玮玮　孙振庆　吴　江 徐广兵　于　游　张玲玉　张秋实
宪法学与行政法学	曾　娜　曾祥明　崔世昌　李　敏　李秋萍　梁　爽　王宇飞　易赛键　于文豪　赵　真
刑法学	安　军　曹　菲　曾　琳　程凡卿　韩建祥　侯　刚　李继华　栗相恩　刘春园　刘　荣 罗　灿　马渊杰　毛乃纯　聂慧苹　钱　岩　史丹如　孙　晓　王　然　温克志　徐　琛 徐俊驰　颜九红　张开骏　周岸岽　竹莹莹
民商法学	陈柏祥　陈昶屹　管洪彦　靳友成　雷　鸿　李国旗　李瑞登　李志刚　刘　恬　马　辉 潘皞宇　潘　杰　彭丽萍　汪　涌　王　娟　吴秋余　肖　鹏　杨　巍　袁圣韵乐 张　弓　张海涛　张　鹤　张家骥　张　振　赵岚音　郑文睿
诉讼法学	陈　敏　方　斌　高　通　韩　香　简乐伟　李卫东　李先伟　刘春玲　刘英明　卢文海 宋洨沙　杨锦璈　杨小利
经济法学	蔡云红　陈小东　陈鑫艳　陈勇峰　崔光珍　胡林林　胡延玲　亢　力　李　劼　李培华 李伟舜　林家亨　吴长军　徐义景　杨　晖　张　弛　赵忠龙
环境与资源保护法学	何俊辉　李姗姗　李　铮　秦建芝　温慧卿　武奕成　徐　雅
国际法学	阿不都热合曼·卡德尔　杜　宁　冯雅囡　郭锦鹏　李　颖　马松涛　徐　超　章　毅 朱江明
知识产权法	宫士友　梅　锋　孙英伟　卫绪华　张玲玲
政治学理论	江玲宝　张生堰
中外政治制度	蔡永君　阮宏波　孙　林　姚　捷　钟金燕
科学社会主义与国际共产主义运动	董德兵　郭宝兴　韩　禄　郝　遥　何玉江　王舒圆　张　雷

专业名称	姓名
中共党史	巩志华　韩晓青　周秀明　朱晓艳
国际政治	陈　潇　沈秋欢　余金城　张　鑫
国际关系	杜　旸　李守石　刘利琼　毛维准　苗　吉　王卓宇
外交学	高咏梅　韩爱勇　刘世强　朴泰姬　屠希亮　汪曙申　徐庆超　张　楠
中国政治	路　阳　王鸿志　闫　健　周长鲜
社会学	方　劲　方　舒　高雅楠　李　诚　罗英豪　马良灿　孟亚男　朴哲显　秦广强　王国伟　杨义凤　张金俊　张菊枝　张　娜
人口学	陈志光　郭　琳　王富百慧　俞　华　赵　勇
人类学	高　萍　赵晓荣
老年学	陈　昫　南　隽　王莉莉　杨庆芳
社会心理学	马晓辉　乔红霞
马克思主义基本原理	郭小香　王晓青　王振宇　赵雪峰　赵　洋
马克思主义发展史	高　娜
马克思主义中国化研究	李春江　刘丽琼　王立宪
国外马克思主义研究	王　逆　许春荣
思想政治教育	蔡中华　柳　丽　潘　静　王　威　张云莲
文艺学	杜　佳　林志猛　刘颜玲　王丽娜　王林生　吴小锋　张　力　庄鹏涛
语言学及应用语言学	丁安琪　肖应平
汉语言文字学	金允贞　金真姬　尹旼希　袁　莹　张颖慧
中国古代文学	顾大朋　李　波　潘　霞　杨冬晓　杨明刚
中国现当代文学	陈华积　刘芳坤　罗文军
比较文学与世界文学	黄薇薇　李　英　聂子楠　邱业祥　史岩林　武　竞　张　靖　张丽秀　郑　钰
新闻学	郭传芹　李文竹　刘新利　马弋飞　宋　婧　吴惠凡　肖　伟　俞运宏
传播学	陈　叙　丁世涛　高　岩　侯　健　靳　雷　李康乐　李　炜　刘小三　马正恺　申玲玲　孙江波　王更喜　王　晶　易正林　张　勤
传媒经济学	黄兆玺　刘建华　胥琳佳　闫伟华
史学理论及史学史	赵晨岭
考古学及博物馆学	毕德广　赵明星
历史地理学	牛淑贞　杨　帆
历史文献学	雷春芳
专门史	安允儿　白平则　陈　力　姜金顺　牛　军　宋　瞳　王　旭　熊剑平　徐华兰　闫　雪　袁　剑　赵志超
中国古代史	陈　扬　崔建华　杜志明　郝英明　李治国　刘　庆　刘叶华　吕　方　孙先伟　吴　鹏　薛小林　周　蓓
中国近现代史	丁德超　李二苓　密素敏　山本卓也　杨红运　袁　野　张树军　赵晓阳
世界史	柴晨清　崔洪健　黄小东　鞠长猛　马泽民　吴岳霞
当代中国史	普瑞敏　王铁成　吴绮雯　张露璐　张　亚　周守高　朱广亮
应用数学	马青华
化学	梁　然　谢廷正　薛面起
计算机软件与理论	李　晖　王会举　张　倩
计算机应用技术	杜　巍　何　伟　刘　娟　武文娟　徐　敏　宇文姝丽　原锦辉
会计学	陈　智　成颖利　程晓佳　丁　鑫　海　洋　贺　宏　林春雷　卢轶乔　谭　青　王　斌　王海燕　王　琨　王胜海　颜其忠　张金松　张　敏　张　胜　郑路航

专业名称	姓名
企业管理	邓　汉　范　新　高　伟　荆全忠　李　彬　李　春　林　屏　刘林艳　刘　洋　罗震世　王恩辉　奚艳燕　杨德宏　杨　阳　姚望春　于　辉　于亢亢　张鲁生　张　彦　郑品石　朱超威
技术经济及管理	陈　凯　陈　曦　侯艳良　李晓晟　潘启龙　杨志勇　赵大丽
人力资源管理	冯彩玲　吕　翠　王　震　杨　柳　张瑞娟
市场营销管理	何　训　江　滨　李光明　李敬强　肖轶楠　严　欢
财务学	丁庭栋　公晓晖　李丰也　李　华　李静禅　李志华　李子祎　刘笑松　秦义虎　卿小权　王　睿　杨黎民　于　涛　张宏宇
农业经济管理	董　翀　房风文　胡拥军　江金启　李伟毅　刘文勇　刘亚鹏　毛　爽　许竹青　薛丹琦　张永升
农村发展	陈　兰　崔明明　蒋金富　王金凯　谢　颜　袁月兴
行政管理	陈　慧　崔玉开　傅缨茗　李丹婷　李正奇　杨　宝　张小进
教育经济与管理	付春梅　黄海军　赵义华
社会保障	安　华　曹　琦　杜长宇　关　博　郭开军　郝　佳　李松花　孙　博　王　平　文姚丽　尧金仁　俞贺楠　朱小玉
土地资源管理	刘　蕾　王红野　袁开红　张继祥　张绍基　张远索　周　莉　邹　威　邹晓燕
公共组织与人力资源	高中华　洪如玲　刘兰华　刘　尧　颜廷锐
公共财政与公共政策	廖芙秀　林　帆　刘海庆　蒙　剑　赵　宇
可持续发展管理	曾俊霞　李志阳
情报学	白献阳　陈兰杰　侯人华　孟　玺　王　冰
档案学	黄建军　麻新纯　王运彬　徐欣云　周林兴
金融工程	黄振新　李丽平　罗　刚
风险管理与精算学	孙旷怡　夏孟余
中国特色社会主义理论	陆　静

2012年中国人民大学分专业硕士学位获得情况

专业名称	双证	单证	合计
马克思主义哲学	14	0	14
中国哲学	6	0	6
外国哲学	8	0	8
逻辑学	3	0	3
伦理学	7	0	7
美学	5	3	8
宗教学	9	0	9
科学技术哲学	3	1	4
管理哲学	5	0	5
政治经济学	32	13	45
经济思想史	4	0	4
经济史	4	0	4
西方经济学	36	37	73

专业名称	双证	单证	合计
世界经济	40	44	84
人口、资源与环境经济学	29	0	29
网络经济学	6	1	7
企业经济学	11	0	11
国民经济学	49	32	81
区域经济学	19	24	43
财政学	16	7	23
金融学	209	205	414
产业经济学	9	0	9
国际贸易学	38	10	48
劳动经济学	28	37	65
统计学	41	12	53
数量经济学	24	0	24
国防经济	3	0	3
税务	38	7	45
保险学	8	5	13
房地产经济与管理	25	14	39
商业经济学	5	0	5
城市经济学	6	5	11
风险投资	2	0	2
法学理论	22	2	24
法律史	15	2	17
宪法学与行政法学	10	4	14
刑法学	20	1	21
民商法学	33	65	98
诉讼法学	21	5	26
经济法学	25	33	58
环境与资源保护法学	7	3	10
国际法学	19	0	19
知识产权法	19	3	22
政治学理论	12	0	12
中外政治制度	10	0	10
科学社会主义与国际共产主义运动	14	0	14
中共党史	16	0	16
国际政治	28	8	36
国际关系	19	14	33
外交学	17	22	39
中国政治	27	0	27
国际政治经济学	6	0	6
社会学	37	16	53
人口学	10	0	10
人类学	5	0	5
民俗学	1	0	1
老年学	6	0	6
社会心理学	6	0	6

专业名称	双证	单证	合计
马克思主义基本原理	4	0	4
马克思主义发展史	3	0	3
马克思主义中国化研究	8	0	8
国外马克思主义研究	5	0	5
思想政治教育	7	5	12
中国近现代史基本问题研究	2	0	2
高等教育学	2	0	2
教育法学	3	0	3
文艺学	14	0	14
语言学及应用语言学	12	0	12
汉语言文字学	11	0	11
中国古典文献学	1	0	1
中国古代文学	10	0	10
中国古代文学（国学）	6	0	6
中国现当代文学	16	0	16
比较文学与世界文学	13	0	13
英语语言文学	48	12	60
俄语语言文学	6	0	6
德语语言文学	6	0	6
日语语言文学	8	0	8
新闻学	55	35	90
传播学	30	74	104
传媒经济学	11	2	13
广播电视学	12	0	12
艺术学	3	7	10
美术学	6	1	7
设计艺术学	9	10	19
戏剧戏曲学	6	0	6
电影学	5	0	5
史学理论及史学史	2	0	2
考古学及博物馆学	5	0	5
历史地理学	2	0	2
历史文献学	2	0	2
专门史（国学）	21	0	21
中国古代史	8	0	8
中国古代史（国学）	10	0	10
中国近现代史	12	0	12
世界史	13	0	13
当代中国史	2	0	2
基础数学	4	0	4
计算数学	2	0	2
概率论与数理统计	15	0	15
应用数学	9	0	9
运筹学与控制论	9	0	9
理论物理	3	0	3

专业名称	双证	单证	合计
凝聚态物理	2	0	2
无机化学	3	0	3
有机化学	6	0	6
物理化学（含：化学物理）	5	0	5
地图学与地理信息系统	7	0	7
生态学	8	0	8
系统理论	4	0	4
计算机系统结构	3	0	3
计算机软件与理论	14	2	16
计算机应用技术	21	1	22
应用化学	3	0	3
环境科学	13	0	13
食品科学	7	0	7
流行病与卫生统计学	3	0	3
管理科学与工程	30	8	38
会计学	43	43	86
企业管理	38	208	246
技术经济及管理	15	24	39
人力资源管理	58	214	272
市场营销管理	19	0	19
财务学	27	0	27
农业经济管理	28	0	28
林业经济管理	1	0	1
自然资源管理	3	0	3
农村发展	11	0	11
行政管理	76	23	99
社会医学与卫生事业管理	11	0	11
教育经济与管理	6	0	6
社会保障	32	0	32
土地资源管理	10	6	16
公共财政与公共政策	24	8	32
公共组织与人力资源	28	5	33
图书馆学	1	0	1
情报学	15	12	27
档案学	45	4	49
信息资源管理	4	0	4
金融工程	16	20	36
风险管理与精算学	13	6	19
劳动关系学	16	0	16
城乡发展与规划	13	0	13
可持续发展管理	16	0	16
合计	2 286	1 365	3 651

2012年中国人民大学硕士专业学位获得情况

专业学位专业名称	人数
法律硕士	423
社会工作硕士	88
汉语国际教育硕士	132
工程硕士	70
农业推广硕士	167
工商管理硕士	388
高级管理人员工商管理硕士	182
公共管理硕士	234
会计硕士	165
合计	1 849

■ 对外教育教学

一、概况

2012年在校留学生人数继续稳步增长，截至2012年12月，学校注册各类长期留学生共1 829人，包括：本科生1 081人，研究生356人，普通进修生107人，高级进修生82人，语言生203人（芝加哥项目留学生26人、短期项目留学生14人）。接受学历教育的留学生人数占长期在校留学生的比例接近80%。学校在注重外国留学生招收规模的同时，更注重留学生的质量和结构，严格把好入学关，进一步完善培养环节。

2012年毕业学历留学生共299名，其中本科生210人，研究生89人，来自阿曼、阿塞拜疆、爱尔兰、澳大利亚、巴基斯坦、巴西、白俄罗斯、布隆迪、德国、法国、菲律宾、刚果共和国、哥斯达黎加、哈萨克斯坦、韩国、荷兰、几内亚比绍、加拿大、加纳、莱索托、罗马尼亚、马来西亚、毛里求斯、美国、蒙古、葡萄牙、日本、塔吉克斯坦、泰国、土耳其、乌克兰、西班牙、新西兰、伊拉克、意大利、印度尼西亚、越南等国家。

2012年共有196名外国留学生获得奖学金，其中33人获得北京市在校外国留学生奖学金，73人获得北京市外国留学生新生奖学金，另有76人获得中国人民大学外国留学生学习成绩奖，6人获得中国人民大学外国留学生社会活动奖，3人获得中国人民大学优秀留学生干部奖，5人获得中国人民大学留学生学习进步奖。

2012年新增两个国家级奖学金项目——“国家开发银行优秀留学生奖励金”项目和“亚洲校园”项目。其中，学校作为全国6所试点院校之一，推荐了来自越南、印度尼西亚、泰国、蒙古、哈萨克斯坦、阿根廷和坦桑尼亚的10名同学（5名本科、5名硕士）参评“国家开发银行优秀留学生奖励金”，最终全部通过奖学金的评定，获得奖励金；同期还录取来自日本名古屋大学、韩国首尔国立大学和成均馆大学的10名同学作为2012年“亚洲校园”项目的学生，在学校法学院进修学习（实际报到9人）。

二、招生工作

2012年，学校自费本科生留学生报名人数766人，最终录取293名本科生。2012年9月，共有159名本科生、92名硕士研究生和22名博士研究生到校报到。2012年校级、院级的交换生接近400人次，其中院级交换生超过200人次。

2012年共录取124名中国政府奖学金生来校学习，使学校的中国政府奖学金公费生总数达到297名。2012—2013学年，学校共录取36名孔子学院奖学金生（实际报到35人），其中汉语国际教育硕士7人，一学年语言进修生10人，一学期语言进修生18人。目前在校孔子学院奖学金生共计46人，其中本科生5人，硕士研究生13人，各类进修生28人。

全英文硕士招生取得新进展，2012年共有7个项目实现招生，共录取66名外籍学生，实际报到42人，分别进入国际关系学院、商学院、财政金融学院、经济学院、法学院、哲学院和公共管理学院攻读2年制全英文授课的硕士项目，学生来自25个国家，其中美国6人，韩国5人，加拿大3人，意大利3人，法国3人，津巴布韦2人，英国2人，阿根廷、埃塞俄比亚、巴拿马、保加利亚、波兰、德国、俄罗斯、芬兰、哥伦比亚、哥斯达黎加、马达加斯加、马拉维、墨西哥、南非、日本、瑞士、印度尼西亚、约旦各1人。

2012年1月16日下午，中国人民大学留学生招生委员会第一次全体会议在国际文化交流中心103会议室召开。党委书记程天权、校长陈雨露出席会议，副校长、留学生招生委员会主任杨慧林主持会议，留学生招生委员会组成单位负责人出席会议。会议对学校留学生教育取得的成绩和面临的主要问题进行了深入分析，讨论了对策，达成了共识。陈雨露校长和程天权书记对留学生工作做出了重要指示。

三、留学生生活

为丰富外国留学生业余文化生活，积极组织全校留学生参加各级各类文体活动，如：中国人民大学第三届留学生汉语才艺大赛、第十二届中国人民大学国际文化节、北京市第四届汉语之星大赛、北京市高校外国留学生中华大讲堂、北京市留学生“来华杯”游泳比赛、2012国际友人环昆明湖长走活动、海淀区驻区高校外语展示活动、冬季滑雪健身等。2012年国际文化节的主题是“WELCOME HOME”，除举行开幕式、风情展和闭幕晚会外，紧密结合学校75周年校庆活动，邀请知名留学生校友返校参加各项校庆活动。

附录

中国人民大学2012年秋季外国留学生类别统计

学院	学生类别							总计
	本科生	硕士生	博士生	普进生	高进生	语言生	预科生	
财政金融学院	53	23	9					85
法学院	64	35	22	15	2			138

学院	学生类别							总计
	本科生	硕士生	博士生	普进生	高进生	语言生	预科生	
公共管理学院	15	14	5					34
国际关系学院	175	61	26	9	1	1		273
国学院				1				1
经济学院	84	33	10	5				132
劳动人事学院	60	2	2					64
历史学院（含清史所）	17	5		2	3			27
马克思主义学院		1	2		1			4
农村与农业发展学院	1	1						2
商学院	138	25	9	61	3			236
社会与人口学院	18	3	3	3	1			28
统计学院	2							2
外语学院	5							5
文学院	304	35	13	8		202		562
新闻学院	122	2	3	1				128
信息资源管理学院	9							9
艺术学院	9	3						12
哲学院	5	7	2	2	1			17
中法学院					70			70
总计	1 081	250	106	107	82	203	0	1 829

说明：以上统计数据截至 2012 年 12 月 31 日。

中国人民大学 2012 年秋季外国留学生国别统计

国籍	学生类别							总计
	本科生	硕士生	博士生	普进生	高进生	语言生	预科生	
阿根廷	1	3	1					5
阿曼	1	1						2
阿塞拜疆	1	1						2
埃及			1			2		3
埃塞俄比亚	1	1						2
爱尔兰		2				15		17
安哥拉	1							1
奥地利			2		1			3
澳大利亚	1	5		2		2		10
巴布亚新几内亚		1						1
巴拿马	2	1	1					4
巴西	4	2	1		1	1		9
白俄罗斯				1		1		2
保加利亚		1						1
比利时	3	2		2	1	2		10
波兰	1	3	3			3		10
玻利维亚	1							1

国籍	学生类别							总计
	本科生	硕士生	博士生	普进生	高进生	语言生	预科生	
博茨瓦纳			1			1		2
布隆迪	1	1	1					3
朝鲜	4							4
赤道几内亚	3							3
丹麦				3		3		6
德国		2	1	11	1	4		19
俄罗斯	14	11	1	2		11		39
厄瓜多尔		1						1
法国		7		12	68	6		93
菲律宾	1	2						3
芬兰		1		7		9		17
佛得角		1						1
刚果共和国		1	1					2
刚果民主共和国	1							1
哥伦比亚		2						2
哥斯达黎加	1	1	1					3
哈萨克斯坦	15	6				7		28
韩国	868	46	45	12	1	27		999
荷兰		1	1	5	1	1		9
吉布提	1							1
吉尔吉斯斯坦	8							8
几内亚比绍	1							1
加拿大	9	10	3	1	0	4		27
柬埔寨	3	1	1			1		6
津巴布韦		9				7		16
喀麦隆	1							1
科特迪瓦		1						1
肯尼亚				1				1
老挝	3	1				1		5
立陶宛				1				1
利比里亚		1						1
卢森堡				1				1
罗马尼亚	1	1						2
马达加斯加		1						1
马拉维	1	1						2
马来西亚	16	2						18
马里	2	1						3
马其顿	1	1						2
美国	9	29	4	4	3	30		79
蒙古	17	6				3		26
秘鲁	1		1			2		4
缅甸	2	1						3
摩尔多瓦		1						1

国籍	学生类别							总计
	本科生	硕士生	博士生	普进生	高进生	语言生	预科生	
摩洛哥					2			2
莫桑比克	1							1
墨西哥	1	1		1				3
南非	1	2				3		6
挪威	1			4				5
帕劳	1							1
葡萄牙		1		5				6
日本	18	7	3	13	2	24		67
瑞典		1		3		1		5
瑞士		2	1					3
萨摩亚	1							1
斯洛伐克		1						1
塔吉克斯坦	3							3
泰国	9	10	3			2		24
坦桑尼亚		1						1
土耳其	3	3						6
土库曼斯坦	1							1
委内瑞拉	1					2		3
乌克兰	1	3				1		5
乌拉圭	2							2
乌兹别克斯坦			1					1
西班牙		1		3		12		16
希腊			1					1
新加坡		1	1					2
新西兰	4		1			3		8
匈牙利	1				1			2
牙买加		1						1
也门	1							1
伊拉克		1						1
以色列		1						1
意大利	3	8	1	4		2		18
印度			1					1
印度尼西亚	13	3				4		20
英国		4		3		4		11
约旦		1						1
越南	8	24	23	2		1		58
赞比亚	2							2
乍得	4							4
智利						1		1
中国籍交换生				4				4
总计	1 081	250	106	107	82	203	0	1 829

说明：以上统计数据截至 2012 年 12 月 31 日。

中国人民大学2012年留学生获奖名单

奖励名称	获奖等级	获奖人数
北京市外国留学生奖学金（在校生）	全奖	李雪茹等 17 人
北京市外国留学生奖学金（在校生）	半奖	曹惠拿等 16 人
北京市外国留学生奖学金（本科新生）	全奖	李淑仙等 26 人
北京市外国留学生奖学金（本科新生）	半奖	金灿汎等 37 人
北京市外国留学生奖学金（研究生新生）	博士全奖	徐廷玗等 2 人
北京市外国留学生奖学金（研究生新生）	博士半奖	丁一男等 3 人
北京市外国留学生奖学金（研究生新生）	硕士全奖	Vernita Tertullien 1 人
北京市外国留学生奖学金（研究生新生）	硕士半奖	骆仑等 4 人
本科留学生学习成绩奖	一等奖	申叡恩等 14 人
本科留学生学习成绩奖	二等奖	那杰克等 27 人
本科留学生学习成绩奖	三等奖	崔珉硕等 16 人
外国留学研究生学习成绩奖	博士一等奖	阮氏海平 1 人
外国留学研究生学习成绩奖	博士二等奖	阮氏明商 1 人
外国留学研究生学习成绩奖	博士三等奖	徐清平等 2 人
外国留学研究生学习成绩奖	硕士一等奖	阮重平等 7 人
外国留学研究生学习成绩奖	硕士二等奖	李以撒等 5 人
外国留学研究生学习成绩奖	硕士三等奖	李昊衡等 3 人
留学生社会活动奖		阮孟强等 6 人
优秀留学生干部奖		尹敞煜等 3 人
外国留学生学习进步奖		邓茜等 5 人

■ 继续教育

☞ 成人高等教育

一、概况

2012 年，继续教育学院成人教育部在外省市设有云南昆明 1 个教学站，北京市设有 1 个教学站；共开设 7 个专业。现有专职教师 35 人，其中教授 6 人，副教授 23 人，讲师 6 人。2012 年，夜大学有 7 个专业，共有学生 7 376 名；函授有 2 个专业，共有学生 94 人；各种培训（包括各类考前辅导班）共培训学员 486 人次。

在校生共有 7 470 人，其中夜大生 7 376 人（专升本 5 657 人，高中起点本科 1 709 人，专科 10 人），函授生 94 人（专升本 0 人，高中起点本科 92 人，专科 2 人）。2012 年共毕业学生 2 144 人。

二、招生工作

2012 年，在 2010 年 3 月学校做出适应形势变化、调整办学结构、压缩成人学历教育招生规模并逐步停止成人教育部招生的决定前提下，根据社会需求和成人教育部的情况又做了相应调整，在北京市计划招生 2 000 名。

2012 年报考成教部的学生在北京地区有 3 078 人，比 2011 年减少了 972 人，下降了 24%。根据北京市录取分数线，4 个专升本层次共上线 1 370 人，2012 年成人教育部共招收专升本层次学生 1 358 人。

三、教学管理

（一）专业设置

2012 年，成人教育部共开设 14 个专业，其中专科升本科有会计学、国际经济与贸易、金融学、市场营销、工商管理、法学、新闻学、人力资源学 8 个专业；高中起点本科有会计学、国际经济与贸易、金融学、工商管理、市场营销学 5 个专业；高中起点专科有会计学 1 个专业。

（二）课程及教材建设

2012 年，经过招生布局调整和专业调整，编写和更新的教材有：《市场调查与市场分析微观经济学》、《宏观经济学》（第四版）、《会计原理》（第四版）、《管理会计学》（第三版）、《政治》（第九版）。专著有：《企业股权激励财务会计问题研究》、《社会主义核心价值体系》。编著有：《中国旅游大词典》、《休闲绿皮书》（其中的《北京市民旅游活动分析》）、《网络数据库技术 PHP+MYSQL》（第二版）、《中国古代政教关系史》、《组织行为管理》、《儒学与中国宗教》。

☞ 网络教育

一、概况

2012 年，继续教育学院网络教育部共有教职工 164 人，其中专职教师 19 人，教学策划人员 20 人，研发人员和技术人员 45 人，教学管理人员 63 人，行政人员 17 人。

截至 2012 年底，网络教育部共有学历教育在读学生 56 152 名，非学历教育在读学生 7 146 名。在全国建立校外教学服务中心 137 个，其中授权奥鹏远程教育中心建立的教学服务中心 55 个，自建或共建的教学服务中心 82 个。

2012 年共有毕业生 15 858 名（其中本科毕业生 8 425 名，专科毕业生 7 433 名），优秀毕业生 375 人，本科毕业生中符合学士学位授予条件的有 1 585 名。

2012 年春、秋两季学历教育报名 21 535 人，注册 19 213 人，非学历教育报读 7 500 人，其中专业进修 2 人，单科选修 1 420 人，开放课程生 6 078 人。

二、考试情况

2012 年共组织了 4 次课程考试，累计设立考点 497 个，安排考场 13 276 个，预约课程考试 315 801 门次，预约人数 93 557 人，人均预约为 3.36 门次/人。实考 276 747 门次，实考人数 82 830 人，缺考率为 12.54%，共处理各种违纪 148 人次，共派出巡考员 506 人次。

2012 年共组织了三次部分公共基础课全国统一考试，报考人数共 16 562 人，23 473 门次，平均及格率为 76.69%，高于全国平均及格率 9.28 个百分点。

2012 年组织了 2 次学位英语考试，预约人数为 8 123 人，实考人数为 5 269 人，平均及格率为

24.92%，高于全国平均合格率7个百分点。

三、资源建设和教学研究

2012年，网络教育资源建设有新的发展。首先，新建了社会工作专业，该专业于2012年9月正式招生。在社工专业的建设过程中，采用了一些创新思路，在专业设计上兼顾了专业性和职业性，在课程设计上突出了该专业的实务性特点，并且扩大了师资选拔范围，优选了社工领域的知名专家学者担纲授课。

其次，在学历课程开发方面，完成了31门新课开发，改造1门课程，目前A版课程（5.0版本课程）平台上已有67门，占全部课程的1/3；2012年新出教材10本、修订教材6本。到目前为止远程教材共113种；完成2门参选教育部网络精品资源共享课程的开发。

第三，受学校教务处委托，为教育部制作视频公开课4门，精品资源共享课3门；拍摄、剪辑通识大讲堂课程9门，共20小时。

2012年，学院在教学研究方面获得多项教学研究成果奖。其中“21世纪远程教育精品教材建设”、“基于互联网的分布式社会化终身学习服务模式”、“建立质量年报制度，推进高校继续教育质量保障体系建设”获得中国人民大学高等教育教学成果一等奖。同时，“基于互联网的分布式社会化终身学习服务模式”获得北京市高等教育教学成果一等奖。

四、探索社会工作人才培养新模式

为了实现终身教育、终身学习的目标，特别是推进供需缺口很大的社工工作人才的培养，网络教育部在发挥人民大学社会学学科优势以及网上人大信息技术和网络教学优势的基础上，集合多方社会资源、师资力量，共同构建了社会工作人才培养新模式。该模式以社工学习网这一专业性学习网站为资源整合和学习平台，以社会工作从业人员为服务对象，向他们提供一站式的社会工作专业学历教育、非学历教育、行业资讯和社区交流等服务。2012年4月社工学习网成功上线，2012年底与河北省民政局、成都市民政局、北京市民政局签订社工人才合作培养协议，招收了第一批社工专业学历学生，并进一步探讨社工人才的继续教育合作问题。

附录

2012年继续教育学院网络教育部招生人数统计表

层次	专业名称	报名人数	录取人数	注册人数
高中起点专科	财政学	16	16	15
	法学	777	748	712
	工商管理	2 253	2 167	2 064
	公共事业管理	692	666	635

层次	专业名称	报名人数	录取人数	注册人数
高中起点专科	国际经济与贸易	188	181	173
	汉语言文学	218	210	200
	会计学	1 561	1 501	1 430
	金融学	809	778	741
	人力资源管理	1 536	1 477	1 407
	市场营销	810	779	742
	社会工作	74	71	68
	合计	8 934	8 594	8 187
高中起点本科	财政学	1	1	1
	法学	41	39	37
	工商管理	46	44	42
	公共事业管理	20	19	18
	国际经济与贸易	8	8	7
	汉语言文学	12	11	10
	会计学	33	32	30
	金融学	35	34	32
	人力资源管理	56	54	52
	市场营销	12	12	11
	财务管理	5	5	4
	社会工作	1	1	1
	传播学	27	26	25
	合计	297	286	270
专科起点本科	财政学	27	26	22
	法学	975	938	799
	工商管理	1 727	1 661	1 547
	公共事业管理	565	544	506
	国际经济与贸易	229	221	203
	汉语言文学	511	492	413
	会计学	2 306	2 218	1 977
	金融学	2 494	2 399	2 210
	人力资源管理	1 687	1 623	1 488
	市场营销	581	559	526
	财务管理	241	232	187
	社会工作	191	184	149
	传播学	198	191	182
	合计	11 732	11 288	10 209
本科第二学历	财政学	4	4	3
	法学	99	97	95
	工商管理	36	35	35
	公共事业管理	13	13	13
	国际经济与贸易	9	8	8
	汉语言文学	58	57	56
	会计学	144	140	136
	金融学	79	77	75
	人力资源管理	60	59	58

层次	专业名称	报名人数	录取人数	注册人数
本科第二学历	市场营销	7	7	7
	财务管理	36	35	34
	社会工作	27	27	27
	传播学	0	0	0
	合计	572	559	547
学历教育招生合计		21 535	20 727	19 213
非学历	专业进修	2	2	2
	单科选修	1 420	1 420	1 420
	开放课程生	6 078	6 078	6 078
非学历教育招生合计		7 500	7 500	7 500

2012年继续教育学院网络教育部在读学生（学历教育）人数统计表

层次	专业名称	年度（每年含两个批次）							合计
		2006	2007	2008	2009	2010	2011	2012	
高中起点专科	财政学			2	6	13	13	14	48
	法学			112	162	444	544	711	1 973
	工商管理			227	237	920	1 486	1 921	4 791
	公共事业管理			36	54	425	512	623	1 650
	国际经济与贸易			39	41	98	147	113	438
	汉语言文学			46	57	184	161	196	644
	会计学			124	187	903	1 265	1 426	3 905
	金融学			121	170	676	606	580	2 153
	人力资源管理			119	163	652	1 129	1 399	3 462
	市场营销			111	131	372	581	740	1 935
	社会工作							69	69
	合计			937	1 208	4 687	6 444	7 792	21 068
高中起点本科	财政学	2	5	1	3	2		1	14
	法学	44	38	74	67	86	33	35	377
	工商管理	95	127	156	72	124	63	40	677
	公共事业管理		1	22	15	38	16	18	110
	国际经济与贸易	27	21	42	17	19	9	7	142
	汉语言文学	25	24	37	31	31	7	9	164
	会计学	40	53	115	59	96	42	29	434
	金融学	22	25	42	34	88	47	33	291
	人力资源管理	27	36	81	35	102	52	50	383
	市场营销	35	22	49	33	81	18	11	249
	财务管理						1	4	5
	社会工作							1	1
	传播学							25	25
	合计	317	352	619	366	667	288	263	2 872

层次	专业名称	年度（每年含两个批次）							合计
		2006	2007	2008	2009	2010	2011	2012	
专科起点本科	财政学			8	9	32	29	21	99
	法学			177	214	500	666	774	2 331
	工商企业管理			415	509	918	1 444	1 534	4 820
	公共事业管理			107	136	363	432	500	1 538
	国际经济与贸易			97	120	195	275	199	886
	汉语言文学			119	124	296	412	406	1 357
	会计学			411	633	1 390	1 925	1 972	6 331
	金融学			228	366	1 806	2 315	2 198	6 913
	人力资源管理			269	375	839	1 348	1 479	4 310
	市场营销			123	153	271	383	521	1 451
	财务管理					1	49	183	233
	社会工作							152	152
	传播学						2	163	165
	合计			1 954	2 639	6 611	9 280	10 102	30 586
本科第二学历	财政学			1	4	9	4	3	21
	法学			25	22	53	72	109	281
	工商企业管理			16	17	21	24	38	116
	公共事业管理			1	2	11	17	16	47
	国际经济与贸易			7	4	9	13	8	41
	汉语言文学			10	16	35	49	58	168
	会计学			24	39	79	124	134	400
	金融学			25	31	67	64	78	265
	人力资源管理			19	26	46	29	57	177
	市场营销			1	4	3	7	8	23
	财务管理						6	35	41
	社会工作							26	26
	传播学						1	19	20
	合计			129	165	333	410	589	1 626
学历教育的学生人数合计		56 152							

2012年继续教育学院网络教育部毕业生人数统计表

学科门类	专业名称	毕业生人数		申请学位人数
		本科毕业生人数	专科毕业生人数	
管理学	会计	1 898	1 101	436
	工商企业管理	1 375	1 281	264
	市场营销	385	537	64
	公共事业管理	460	670	76
	人力资源管理	1 071	900	207

学科门类	专业名称	毕业生人数		申请学位人数
		本科毕业生人数	专科毕业生人数	
经济学	金融	1 640	1 729	174
	国际贸易	328	168	120
	财政学	41	23	18
法学	法学	773	759	155
文学	汉语言文学	454	265	71
合计		8 425	7 433	1 585

说明：以上统计数据截至 2012 年 12 月 31 日。

☞ 教育培训

一、概况

培训学院是学校非学历教育培训的主办单位。经过几年的培训工作，培训学院进一步明确了工作性质和工作定位，建成了向社会提供优质教育资源的平台，通过规范的教育服务，不断促进人文社会科学向社会生产力的转化。

二、各类培训

（一）中央和国家机关司局级干部选学培训

2012 年，培训学院按照学校党委组织部要求，承担了中央和国家机关司局级干部选学工作。全年共举办了 9 个专题班，10 个讲座，学员 1 611 名。

（二）高端培训项目

2012 年高端培训共开新班、论坛和讲座 143 个，企业内部培训和 MBA 研修班 56 个，干部培训班 76 个，论坛、讲座 11 个，服务对象 9 513 人次。

为中央组织部、教育部、中央直属机关事务管理局、全国电子口岸数据中心、北京市委组织部、云南省委组织部、云南省总工会、云南省招商局、云南省发改委、云南省国土资源厅、云南省财政厅、江西省交通厅、重庆市卫生局、重庆市两江新区管委会、桂林市国资委、昆明市委组织部、武汉市委组织部、重庆市委组织部、昆明市委组织部、中山市委组织部、庆阳市委组织部、武汉市工委、临沂市委组织部、石家庄市教育局等单位提供干部培训。为中国航天集团、天津港集团、百丽集团、江淮汽车、浙江建行、徽商银行、四川农发行、辽宁银行、北京银行、华夏银行、黑龙江建行、陕西建行、光大银行、北京市邮政局等单位提供企业内训。

（三）国际合作项目

2012 年，国际合作项目对招生工作进行了调整，延续往届项目模式，分本硕两个层次三大类项目进行招生，报考学生可以在美国、英国、澳大利亚、加拿大、新加坡、挪威和阿根廷七个国家的多所高校间选择经济、管理、商务、文学文化领域的上百个不同专业，基本满足学生的多样性需求。2012 年，国际合作项目开设本科和硕士项目共 25 个，其中，学士项目合作院校 13 所，硕士项目合作院校 8 所，涉及 60 个不同的专业。美国预科项目成为学院合作项目新的增长点。2012 年，新招学生 276 人，结业 260 人，出国 226 人，出国率为 87%，比 2011 年略有提升。结业学生中，绝大部分获得了合作院校录取通知书，其中经由学院提供途径获得签证的 221 人，获签率 100%，已分别前往英国伦敦大学皇家豪勒威学院、英国伦敦大学玛丽皇后学院、英国伦敦城市大学、英国威斯敏斯特大学、英国布鲁内尔大学、澳大利亚国立大学、澳大利亚堪培拉大学、加拿大纽芬兰纪念大学、加拿大戴尔豪西大学、新西兰梅西大学、美国加州大学洛杉矶分校、美国凯斯西储大学等诸多名校继续深造。

承办了教育部留学服务中心引进的英国高等教育文凭项目，2012 年新招学生 913 人，2012 年结业学生 781 人。

（四）短训项目

2012 年各类短训项目稳步发展。成人高考考前辅导培训 8 800 人次。

（五）艺术培训项目

2012 年艺术培训持续发展，专业教学和交流活动进一步完善。各艺术工作室教学成果显著，先后有 75 人次入选国家级展览，27 人次获奖。3 月，和榆林市政府在中国人民大学联合主办“魅力榆林”画展，在日本举办“水墨境域”中日美术作品交流展，在西安美术馆举办“新传统方阵”——中国人民大学画院首届名家班亮相展；4 月，在国家画院美术馆成功举办“新传统方阵”——中国人民大学画院首届名家班汇报展；5 月，在英国伦敦威斯敏斯特大学成功举办“庆祝中国人民大学建校 75 周年——丹青奥运情”中国画展；6 月，成功举办中国人民大学画院 2011—2012 届结业画展，同时出版《丹青天地》大型结业画集；12 月，在泰国举办“大山回响——李宝林师生作品展”。积极参与推进校园文化建设，为庆祝中国人民大学建校 75 周年，学院组织了以本院师生为主体的画家团队，创作了长 122 米，宽 1.1 米，全面反映中国人民大学发展历程的巨幅中国画山水画卷《光辉历程》，并出版《光辉历程》大型画册。

附录

2012 年培训项目统计

培训项目	人数（次）
企业培训、干部培训、MBA 研修班	9 513
国际合作学生（新生）	276
英国高等教育文凭项目（新生）	913
各类短期培训班	8 880
艺术培训	131

说明：以上统计数据截至 2012 年 12 月 31 日。

■ 实验室建设与仪器设备管理

一、概况

2012 年，实验室建设与设备管理处落实学校“十二五”规划，按照学校“十年腾飞”学科建设规划纲要目标和总体要求，结合学校实验室建设的实际情况，本着“优化资源配置，调整结构布局，突出学科优势”的原则，系统分析学校实验室建设现状和存在的问题，制定详细工作计划，采取有效发展措施，扎实推进全校实验室建设。

2012 年，仪器设备购置与管理工作认真执行上级主管部门及学校有关的各项规章制度，在学校招投标工作领导小组的领导下，以学校各单位的实际需求为主导，充分运用市场机制，加大采购预算的执行力度，规范采购程序，提高采购效率，较好地完成各类经费的设备购置工作。2012 年在全校范围内开展了仪器设备类固定资产实盘工作。

二、实验室建设工作和成果

2012 年，信息技术与管理实验教学中心被评为国家级实验教学示范中心。学校现已建成国家级实验教学示范中心 3 个，北京市示范中心 5 个。2012 年，全校理工科实验室建设成绩显著。物理系材料物理实验室、心理学系实验室、数据工程与知识工程重点实验室、低碳水环境技术实验室建成并投入使用。公共政策实验室作为学校实验室建设的重点项目，已于 2012 年底建成并投入使用。该实验室拥有国内领先的沉浸式、八通道、无缝拼接的三维环形背投系统，结合高性能计算机群与决策支持平台，将成为公共管理与公共政策等学科领域的校级教学科研平台、人才培养基地与公共决策社会服务的项目基地。

截至 2012 年底，学校独立运作的实验室数量已达到 105 个，其中正在建设中的实验室有 1 个。实验课和实验教学项目基本上覆盖了学校全部本科学科发展方向。2011—2012 学年全校开设的实验项目总数为 274 个，实验课时数达到 14 817 个学时，体现出学校实验与实践教学的发展和进步。学校打破院系行政管理体制，以实验室建设为纽带，学科建设为支撑，学院为基础，充分利用现代化技术手段，建立起能够适应创新型人才培养目标的多层次、多视角、多维度、多媒体开放共享的实验教学平台。

截至 2012 年底，实验室新增设备资产 928 台（件），总值 1 646 万元。用于实验室单价为 500 元及以上的在用设备资产总量为 10 215 台（件），总值 15 795 万元。

三、仪器设备购置与管理工作

（一）稳步推进设备购置工作

2012 年，学校在政府采购过程严格按照国家的相关规定执行，积极响应国家支持民族品牌的发展和节能减排的号召，不断完善政府采购的执行规范和监督机制。通过政府采购方式组织货物类购置总计 11 277.64 万元。其中公开招标 9 077.12 万元，占采购金额的 80.49%；询价购置 1 184.11 万元，占采购金额的 10.5%；竞争性谈判 191.36 万元，占采购金额的 1.69%；单一来源谈判 825.05 万元，占采购金额的 7.32%。2012 年学校对计算机、服务器、空调、办公设备、数码产品等通用设备继续采取协议供货的方式组织购置。

（二）有序开展固定资产管理工作

2012 年，固定资产管理以精细化管理为目标，继续做好新增教学、科研、行政办公仪器设备、家具、图书、软件的报增、审核、调拨和报废工作。2012 年全年仪器设备类固定资产报增 6 492（台）件，总价为 7 358 万元。截至 2012 年底，仪器设备类固定资产（价值 500 元以上）共 59 211 台（件），仪器设备总值达到 62 181 万元。

中国人民大学 2012 年实验室情况一览表

学院名称	实验室名称		实验室类别	建立时间（年份）	实验室地点	所属二级学科	备注
信息学院、信息资源管理学院	数据工程与知识工程实验室		综合	2006	信息楼 4～5 层	计算机科学与技术	教育部重点实验室
	信息技术与管理实验教学中心		综合	2012	信息楼 2、4、5 层，理工配楼 2 层	计算机科学与技术、计算机体系结构、计算机理论、软件工程、情报学、档案学	国家级实验教学示范中心
新闻学院	新闻传播实验教学中心	新闻与广告摄影实验室	教学	1955	明德新闻楼 2 层 208～210，3 层 301～311，8 层 801～802	新闻学、广播电视新闻学、广告学、编辑出版学	国家级实验教学示范中心，北京市实验教学示范中心
		广播电视与多媒体出版实验室	教学				
		新闻采编与网络传播实验室	教学				
		思科网真演播室	教学				
		认知神经科学—传播学实验室	综合	2011			
经济学院	经济与管理示范教学中心	经济组织与经济行为实验室	综合	2007	明德楼主楼 5 层 508、510	经济学	国家级实验教学示范中心，北京市实验教学示范中心
商学院		CRM 实验室	教学	2007	明德楼商学院 5 层 509	工商管理	
		ERP 实验室	教学	2006		工商管理	
		“@Task”项目管理实验室	教学	2009	明德楼商学院 5 层 507	工商管理	
		工商管理综合实验室	教学	1996		工商管理	
		RFID 卖场行为实验室	科研	2010	北京市金四季购物中心 B1 层 HOLA（特力屋）、上海市龙之梦购物中心 5 楼黄中庭 HOLA（特力屋）	工商管理	
统计学院		数据分析实验室	科研	1984	明德主楼 5 层 513	应用统计学	
		电话调查实验室	科研	2000	明德主楼 5 层 511	应用统计学	
		数据处理仿真研究实验室	科研	2006	明德主楼 5 层 513	应用统计学	
财政金融学院		金融管理与工程实验室	综合	1997	明德楼 5 层 507、509	金融学	
		财税政策与管理实验室	综合	1997		财政学	

学院名称	实验室名称		实验室类别	建立时间（年份）	实验室地点	所属二级学科	备注
信息学院	信息技术综合实验室	ERP沙盘实战实验室	教学	2006	理工配楼2层205B、206B、207B、208B	电气工程及其自动化	北京市实验教学示范中心
		电工与电子实验室	教学	1999	信息楼128、129，理工配楼101	电气工程及其自动化	
		网络技术实验室	教学	1999	理工配楼2层205B、206B、207B、208B	计算机科学与技术	
		嵌入式系统实验室	教学	2006	理工配楼2层201B	计算机科学与技术	
		多媒体技术实验室	教学	2006	理工配楼2层202B	计算机科学与技术	
		信息安全实验室	教学	2010	理工配楼2层203B、204B、207B	计算机科学与技术	
	数据库与智能信息检索实验室		科研	2006	信息楼4～5层	计算机科学与技术	
	网络与移动数据管理实验室		科研	2006	信息楼1层	计算机科学与技术	
	数据仓库与商务智能实验室		科研	2006	信息楼4～5层	计算机科学与技术	
	经济科学实验室		综合	1994	信息楼4层	经济学	
法学院	法学实验实践教学示范中心	法学院物证技术实验室	综合	1953	明德法学楼6层603，7层701至705、710至711	诉讼法学	北京市实验教学示范中心
外国语学院	文科实验教学综合训练中心	外语教学课件开发研究室	综合	2008	明德国际楼310	外国语言文学	北京市实验教学示范中心
		外语网络教学实验中心	综合	2008	明德国际楼310	外国语言文学	
		视频点播实验室	综合	2009	明德国际楼B111	外国语言文学	
网络与教育技术中心		文科实验中心网络教学平台	教学	2010	明德楼地下广场	计算机科学与技术	
文学院	汉语语音实验室		科研	1989	人文楼1层125	汉语言	
社会与人口学院	人类学实验室		教学	2006	科研楼A202	劳动与社会管理	
	社工实验室		教学	2009	科研楼A201	劳动与社会管理	
	社工实验室（苏州）		教学	2010	苏州研究院	劳动与社会管理	
	社会调查与统计分析实验室		教学	2007	科研楼A610、611	劳动与社会管理	

学院名称	实验室名称		实验室类别	建立时间（年份）	实验室地点	所属二级学科	备注
国际关系学院	国政经济模拟联合国专业实验室		综合	2005	明德国际楼 4 层 408	国际政治	
艺术学院	创意媒体实验室		综合	2003	老教工食堂	戏剧影视美术设计	
环境学院	环境学院实验分析中心	仪器分析实验室	科研	2006	理工楼 9 层＋求是楼后边平房小院＋3 个野外实验基地	环境科学＋环境经济	
		环境信息实验室	科研				
		环境监测实验室	科研				
		生态学实验室	科研				
		微生物实验室	综合				
		环境化学实验室	教学				
		低碳水环境技术实验室	科研				
		新能源实验室	科研				
		环境经济试验室	教学				
		西藏林芝野外基地	科研				
		黄山野外基地	综合				
		黑龙江七兴河国家级湿地保护区	科研				
理学院	化学实验教学中心	普通化学实验室	教学	2005	理工楼 1、4 层	普通化学	
		分析化学实验室	教学			分析化学	
		有机化学实验室	教学			有机化学	
		物理化学实验室	教学			物理化学	
		仪器分析实验室	教学			分析化学	
		化工基础实验室	教学			有机化学	
	功能分子与材料动态结构实验室		综合	2006	理工楼 1 层	材料化学	
	材料化学实验室	自组装实验室	科研	2005	理工楼 2～3 层	材料化学	
		微纳器件实验室	科研				

学院名称	实验室名称			实验室类别	建立时间（年份）	实验室地点	所属二级学科	备注
理学院	材料化学实验室	高分子材料实验室		科研	2005	理工楼 2～3 层	材料化学	
		非均相催化实验室		科研				
		超临界流体技术实验室		科研				
		有机化学方法学实验室		科研				
		计算化学实验室		科研				
		有机碳材料实验室		科研				
		不对称合成实验室		科研				
		生物结构实验室		科研				
	凝聚态物性研究实验室			科研	2006	理工楼 6 层	凝聚态物理	
	材料物理实验室			科研	2010	理工楼 6 层	材料物理与化学	
	计算物理实验室			科研	2006	理工楼地下室	理论物理	
	物理实验中心	普通物理实验室		教学	2006	理工楼 5 层	物理学	
		近代物理实验室		教学			物理学	
		电子学实验室		教学			应用物理	
		物理演示实验室		教学			物理学	
公共管理学院	公共管理实验中心	GIS 实验室		综合	2002	求是楼 322、324、424、425	土地资源管理	
		高绩效管理实验室		综合			行政管理	
		土地利用规划实验室		综合			土地资源管理	
		管理学实验室		综合			公共事业管理	
		课件制作及网络管理实验室		综合			计算机科学与技术	
	公共政策实验室			综合	2012	公共教学一楼	公共管理	
信息资源管理学院	信息资源管理学院实验中心	档案管理实验室		综合	2006	信息楼 0101 至 0102、0110 至 0114、0207、0315、0402 至 0406、0409、0413、0505、0507、0510 至 0511	档案学	
		档案保护实验室	缩微摄影技术实验室	综合				
			档案文献保护化学实验室	综合				
			档案修复实验室	综合				
			档案有害生物防治实验室	综合				

<table>
<tr><th>学院名称</th><th colspan="3">实验室名称</th><th>实验室类别</th><th>建立时间（年份）</th><th>实验室地点</th><th>所属二级学科</th><th>备注</th></tr>
<tr><td rowspan="10">信息资源管理学院</td><td rowspan="10">信息资源管理学院实验中心</td><td colspan="2">信息认录技术实验室</td><td>综合</td><td rowspan="10">2006</td><td rowspan="10">信息楼 0101 至 0102、0110 至 0114、0207、0315、0402 至 0406、0409、0413、0505、0507、0510 至 0511</td><td rowspan="10">档案学</td><td rowspan="10"></td></tr>
<tr><td colspan="2">计算机应用实验室</td><td>综合</td></tr>
<tr><td colspan="2">信息分析实验室</td><td>综合</td></tr>
<tr><td colspan="2">电子文件管理研究中心</td><td>综合</td></tr>
<tr><td colspan="2">web 开发室</td><td>综合</td></tr>
<tr><td colspan="2">文件处理与档案管理实验室</td><td>综合</td></tr>
<tr><td colspan="2">电子文件系统测试中心</td><td>综合</td></tr>
<tr><td rowspan="3">元数据数据元与知识管理工作室</td><td>数据永久性存储与恢复技术超净化室</td><td>综合</td></tr>
<tr><td>中国人民大学物证技术鉴定中心</td><td>综合</td></tr>
<tr><td>数据永久性存储与恢复实验室</td><td>综合</td></tr>
<tr><td rowspan="3">农业与农村发展学院</td><td colspan="3">农村调查与计量分析实验室</td><td>综合</td><td>2008</td><td>明德主楼 505</td><td>农村发展</td><td></td></tr>
<tr><td colspan="3">乡村发展实验室</td><td>综合</td><td>2009</td><td>明德国际楼 B1 层 105</td><td>农村发展</td><td></td></tr>
<tr><td colspan="3">农产品市场模拟实验室</td><td>综合</td><td>2005</td><td>明德主楼 506</td><td>农村发展</td><td></td></tr>
<tr><td>劳动人事学院</td><td colspan="3">劳动科学实验室</td><td></td><td>待定</td><td>待定</td><td>待定</td><td>建设中</td></tr>
<tr><td rowspan="4">心理学系</td><td colspan="3">眼动实验室</td><td>科研</td><td>2013</td><td>汇贤大厦 D 座 908</td><td>基础心理学、应用心理学</td><td></td></tr>
<tr><td colspan="3">虚拟现实实验室</td><td>科研</td><td>2013</td><td>汇贤大厦 D 座 911</td><td>应用心理学</td><td></td></tr>
<tr><td colspan="3">脑电实验室</td><td>科研</td><td>2012</td><td>汇贤大厦 D 座 901</td><td>基础心理学、应用心理学</td><td></td></tr>
<tr><td colspan="3">生物反馈实验室</td><td>科研</td><td>2012</td><td>汇贤大厦 D 座 909</td><td>基础心理学、应用心理学</td><td></td></tr>
</table>

中国人民大学2012年固定资产分类汇总表

金额单位：元

大类号	资产类名	年初数	年初额	报增数	报增额	报减数	报减额	年末数	年末额
1	仪器仪表	4 805	91 521 259	805	11 832 169	241	1 786 598	5 369	101 566 830
2	机电设备	7 423	81 097 975	623	7 912 651	189	2 844 528	7 857	86 166 098
3	电子设备	35 909	346 535 577	4 678	51 440 688	1 566	14 394 635	39 021	383 581 630
4	印刷机械	459	8 888 714	44	773 131	22	488 945	481	9 172 900
5	卫生医疗器械	316	9 808 051	11	361 925	70	1 401 638	257	8 768 338
6	文体设备	1 846	7 043 538	61	348 426	142	170 704	1 765	7 221 260
7	标本模型	79	400 692	0	0	0	0	79	400 692
8	工具、量具和器皿	93	249 242	11	14 135	4	5 624	100	257 753
9	行政办公设备	3 515	11 715 102	141	752 056	155	768 485	3 501	11 698 673
10	被服装具	585	983 495	118	149 101	2	8 500	701	1 124 096
11	文物及陈列品	80	11 854 490	0	0	0	0	80	11 854 490
12	合计	55 110	570 098 135	6 492	73 584 282	2 391	21 869 657	59 211	621 812 760

说明：以上数据不包括附属单位。数据为四舍五入，保留至个位。

■ 图书馆

一、概况

中国人民大学图书馆由新馆、藏书馆两部分组成，馆舍总面积近55 000平方米，馆藏文献总量为4 260 000余册。图书馆设有13个部室：馆长办公室、总务与规划部、借阅部、报刊部、采编部、咨询部、多媒体信息部、系统部、古籍特藏部、技术服务部、经管文献馆、国关分馆、人大文库工作部。设有10余个阅览区，阅览座位共计3 000余个。与14个国家和地区的图书馆建立了书刊交换关系，并接受来自世界79个机构赠送的书刊。本年度在职馆员141人。

新馆投入使用后，图书馆在服务技术手段和服务内容等方面均有新的拓展。一是构建了自助服务体系，主要包括两大部分：RFID图书智能管理系统中的自助借还系统、联创图书馆自助服务系统。应用这些新技术新增的智能服务有：自助借还书、自助电子阅览室上机、自助打印复印扫描、自助缴纳超期罚款、自助预约研修小间。二是新增了研讨室、学习厢、IC空间、多功能会议室、人图展厅、艺图苑等，拓展了图书馆的服务内涵和外延。

自新图书馆投入使用以后，国际及港澳台代表团组和个人来馆参观访问的次数成倍增长；同时图书馆也积极拓展与海外或境外图书馆界的交流和联系。本年度来馆参观访问的主要有：日本一桥大学图书馆代表团、台北医学大学图书馆陈瑞文女士、台湾图书馆柯淑绚主任、台湾淡江大学图书馆馆长宋雪芳女士、美国印第安纳大学图书情报学院夏竞峰教授、加拿大女王大学代表团、美国麻州大学波士顿分校、澳大利亚麦考瑞大学代表团等。本年度图书馆赴海外或境外交流学习的主要有：刘大椿馆长率代表团对日本一桥大学图书馆等五个图书馆进行了访问考察，并正式签署了双方合作协议书；党总支书记汪永红参加了学校第十期教育行政管理团赴台湾逢甲大学等高校进行考察访问；刘春鸿副馆长赴德国参加法兰克福书展；武继山副馆长赴新西兰、澳大利亚参加中新、中澳数字图书馆研讨会；肖群忠副馆长赴芬兰参加第78届国际图联大会。

二、文献信息资源建设

（一）文献采集整理量

2012年，共购进中文图书45 605种，96 140册；外文图书5 062种，5 604册；中文报刊1 565种，外文报刊614种，港台期刊104种。现有数据库382种；音像制品11 790件。收集本校学位论文电子版8 645篇、印刷版8 797册。接受捐赠图书17 531册；捐赠期刊867册。全年编目加工上架中文图书50 526种，112 734册；西文图书6 883种，7 432册；日文图书295种，295册。

（二）文献信息资源建设特色

按照丰富人图特藏的工作思路和大力推动文库建设的工作部署，图书馆继续加大了人大文库建设力度。2012年，共收到捐赠1 590种，3 183册图书。目前人大文库图书已达到30 000余册，论文约50 000册。

三、文献信息服务

2012年图书馆各阅览室接待读者1 863 069人次，共借、还图书1 080 000余册，复印量为344 587张，装订各类书刊杂志6 131册，制作论文24 000余本。

2012年，继续通过CALIS、CASHL、BALIS三个系统实现原文传递服务，文献传递发生量15 657篇。

为学校师生702人次提供了查收查引服务，提供收录引用报告702份；为21项校内外科研项目提供科技查新服务。

为本科生、研究生、留学生、培训学院的新生提供入馆培训49场，共计7 500余人次，组织参观新馆10场次；为各个院系读者举办图书馆资源与服务利用专题讲座42讲，合计771人次。

新馆设立的16间学习室和4间研讨室深受读者欢迎，2012年，研讨室，读者预约1 019次，总计使用人数6 114人；学习室，读者预约6 006次。

2010年图书馆首聘学科馆员，开展学科服务，学科服务工作逐步深入，2012年学科馆员人数达到35人，服务覆盖学校所有院系。2012年，图书馆积极开展学科服务平台的建设，利用LibGudies平台建设完成7个学科的指南建设，涉及经济统计、环境学科、马克思主义理论、财务会计、科技哲学、物理学、图书馆/情报学等。

四、古籍、特藏收集整理

2012年，国务院正式批准公布了第四批“全国古籍重点保护单位”名单，学校图书馆被命名为“全国古籍重点保护单位”。

继续“CALIS高校古文献资源库三期”建设项目，截至2012年底总计提交古文献元数据31 551条，完成书影扫描19 025幅。

五、教学、科研工作

完成本科生“人文社会科学信息检索”课程，共计 6 个班 330 人 216 个学时的教学任务。2012 年，共发表学术论文 53 篇，开展了 11 个馆内课题研究。

六、分馆建设和全校的资源共建

2012 年，深入商学院、法学院、环境学院、信息学院、理学院组织 5 次专题书展及 2 次综合书展和 2 次港台书展。

2012 年尝试与院系开展了数字资源的共建，与化学系共建了 SciFinder 化学文摘库，与商学院共建了万得数据库，与法学院共建了 HeinOnline 数据库。

科学研究

一、概况

2012年，学校的科研工作继续保持了良好的发展势头，以质量为导向，注重内涵提升，在多方面取得了新的进展。

相比2011年，2012年的科研项目立项数和经费取得突破性增长，全校共获得各类科研项目1 206项，总经费达到44 175.56万元，其中纵向项目经费首次突破3个亿。

科研成果方面，学校2011年在CSSCI（中文社会科学引文索引）源期刊上以第一署名机构发文数达2 129篇，连续第八年保持全国高校第一；陈雨露教授等的3部专著入选国家社科基金成果文库。2012年，学校在《中国社会科学》以第一作者署名发表学术论文13篇。

学校学者关注国计民生，科研成果的咨政效果显著。2012年，全国哲学社会科学规划办公室《成果要报》采用学校学者成果4篇。北京市哲学社会科学规划办公室《成果要报》采用学校学者成果3篇，其中1篇获得北京市委书记刘淇同志的批示。中共中央办公厅法规局采用学校法学院教师成果2篇。

学校的科研机构建设继续取得进展，在重要研究领域布局不断完善。2012年，根据“2011计划”总体安排，学校先后成立了“马克思主义与中国道路”、“社会转型与社会管理”两个协同创新中心。

科研评奖和学术活动方面，举办了第六届吴玉章人文社会科学奖暨首届吴玉章人文社会科学终身成就奖颁奖典礼、校庆百场社区公益讲座、第十六届中国资本市场论坛、中国人文社会科学论坛（2012）等一系列有重大影响的学术活动。

理工学科科研工作成绩喜人，获批承担国家重大科研仪器设备研制专项、国家“973计划”、国家“863计划”等一批重大项目，使中国人民大学成为为数不多的同时拥有这三类重大项目的高校。同时，2012年，学校正式发布了《理工科研项目（课题）间接费用绩效支出办理流程》、《中国人民大学专利管理办法（试行）》。

二、科研机构

截至2012年底，学校共有13个教育部普通高等学校人文社会科学重点研究基地，1个教育部重点实验室，1个教育部工程研究中心，3个北京市哲学社会科学重点研究基地，20个跨学院研究机构，168个院属科研机构。

（一）中国经济改革与发展研究院

中国经济改革与发展研究院成立于1996年1月，1999年5月重组为学校与国家发改委宏观经济研究院联合共建的经济研究机构。1999年12月被批准为“教育部人文社会科学百所重点研究基地”之一。现任学术委员会主任由纪宝成教授和国家发改委常务副主任朱之鑫教授共同担任。院长为中国人民大学副校长林岗教授和国家发改委宏观经济研究院常务副院长王一鸣研究员，常务副院长为刘元春教授和国家发改委宏观经济研究院副院长马晓河研究员。研究院下设经济形势分析与对策研究室、企业治理与结构优化研究室、财政货币政策研究室、产业与区域经济研究室等。现有专职研究人员18人，兼职研究人员17人。主要学术带头人有：林岗教授、黄泰岩教授、黄卫平教授、高德步教授、张宇教授、陈甬军教授、刘元春教授等。

（二）刑事法律科学研究中心

刑事法律科学研究中心成立于1988年10月，重新组建于1993年12月。现任主任为戴玉忠教授，名誉主任为高铭暄教授，专职顾问为王作富教授，执行主任为黄京平教授、陈卫东教授。中心下设中国刑法研究所、外国刑法研究所、国际刑法研究所、刑事程序法研究所、区际刑法研究所、犯罪和监狱学研究所、证据法研究所、刑事法律史研究所等子机构。中心现有专职研究人员14人，兼职研究人员30人。主要学术骨干有：高铭暄教授、王作富教授、戴玉忠教授、黄京平教授、陈卫东教授、刘明祥教授、冯军教授、朱文奇教授、何家弘教授、赵晓耕教授、谢望原教授、韩玉胜教授、张小虎教授等。

（三）伦理学与道德建设研究中心

伦理学与道德建设研究中心以1987年成立的伦理学研究所和1996年成立的道德科学院为基础，于1999年12月重新组建，现任主任为葛晨虹教授，常务副主任为龚群教授。下设伦理学理论研究所、中西伦理比较研究所、现实道德问题研究所、企业伦理研究所、经济伦理研究所和中国农村发展研究所。现有专职研究人员18人，兼职研究人员9人。主要学术骨干有：罗国杰教授、宋希仁教授、焦国成教授、夏伟东编审、龚群教授、葛晨虹教授、肖群忠教授、郝立新教授、安启念教授、刘建军教授、万俊人教授、廖申白教授、王小锡教授、樊和平教授等。

（四）佛教与宗教学理论研究所

佛教与宗教学理论研究所以1991年成立的宗教学研究所和1996年成立的基督教文化研究所为基础，于1999年12月重新组建，现任所长为方立天教授，执行所长为张风雷教授。下设佛教、宗教学理论、基督教、道教、当代宗教等研究室。现有专职研究人员15人，国内兼职研究人员10人，国外兼职研究人员3人。主要学术带头人有：方立天教授、何光沪教授、李秋零教授、杨慧林教授、张风雷教授、何建明教授、温金玉教授。

（五）清史研究所

清史研究所成立于1978年5月，重新组建于1999年6月，现任所长为黄兴涛教授。2005年以来，清史所为加强学科建设，根据各专业和研究方向的需要，进行了教研室的调整，下设中国古代史、中国近现代史、专门史、中外关系史、历史地理学、历史文献学等教研室。现有专职研究人员12人，兼职研究人员12人。主要学术带头人有：黄爱平教授、黄兴涛教授、张研教授、郭成康教授等。

（六）中国财政金融政策研究中心

中国财政金融政策研究中心成立于1999年，于2000年9月获批成为“教育部人文社会科学百所重点研究基地”之一，下设金融与证券研究所、财政与税收研究所、风险投资研究所、国际货币研究所等机构。中心现有专兼职研究员28人，国内客座研究员25人，国外客座研究员10人。这些研究员来自财政部、中国社会科学院、国务院发展研究中心、北京大学、清华大学、中国人民大学、美国麻省理工学院、纽约大学、日本一桥大学等著名的学术研究机构。著名经济学家黄达教授和陈共教授担任研究中心名誉主任，中国国际金融学会副会长、中国人民大学校长陈雨露担任学术委员会主任，现任中心主任为汪昌云教授。

（七）民商事法律科学研究中心

民商事法律科学研究中心成立于1999年9月，现任主任为杨立新教授。中心下设民法研究所、商法研究所、知识产权研究所、婚姻家庭法研究所、劳动和社会保障法研究所、民事诉讼法研究所、跨国商事法律研究所、地产研究所、金融证券法研究所、建筑房地产法律实务研究所、典当研究所、侵权法研究所等。现有专职研究人员17人，兼职研究人员32人，客座研究员10人。主要学术带头人有：王利明教授、杨立新教授、刘春田教授、龙翼飞教授、张新宝教授、董安生教授、姚辉教授、林嘉教授、汤维建教授、黎建飞教授、叶林教授等。

（八）人口与发展研究中心

人口与发展研究中心是2000年1月在原中国人民大学人口研究所的基础上重新组建而成的，2000年9月，中心被教育部正式确定为“教育部人文社会科学百所重点研究基地”之一，并且是国内唯一的人口学重点研究基地。中心现有专职研究人员11名，兼职研究人员7名。中心下设人口学与人口政策研究室、人口与可持续发展研究室、老龄研究室、资料室、办公室、健康实验室、电话调查室、人口学（老年学）数据库等。主要研究领域有：人口学理论与方法、中国人口问题与政策、老龄化与社会经济发展。主要学术带头人有：邬沧萍教授、翟振武教授、姚远教授、杜鹏教授、刘爽教授、段成荣教授。

（九）新闻与社会发展研究中心

新闻与社会发展研究中心成立于1986年10月，重新组建于1999年11月，2000年9月被批准为“教育部人文社会科学百所重点研究基地”之一，现任主任为郑保卫教授。下设新闻传播研究所、舆论研究所、媒介经济研究所。现有专职研究人员15人，兼职研究人员6人。主要学术带头人有：方汉奇教授、郑保卫教授、涂光晋教授、高钢教授、喻国明教授、陈力丹教授、蔡雯教授、杨保军教授、彭兰教授等。

（十）应用统计科学研究中心

应用统计科学研究中心成立于1988年，重新组建于1999年，第一任主任为赵彦云教授，现任主任为金勇进教授。下设统计调查与数据分析研究室、经济与社会统计研究室、风险管理与精算研究室。现有专职研究人员16人，兼职研究人员13人。主要学术带头人有：袁卫教授、吴喜之教授、赵彦云教授、易丹辉教授、金勇进教授等。

（十一）欧洲问题研究中心

欧洲问题研究中心成立于1994年9月，系原国际政治系和国际经济系联合成立的系属研究中心，1996年9月改建为校属研究中心，1999年12月进行了重新组建，现任主任为杨慧林教授。研究中心下设欧洲政体与政治、欧洲对外关系与对外政策、欧洲经济与货币联盟、欧洲社会政策、欧洲共同体法等5个研究室。现有专职研究人员13人，兼职研究人员31人。主要学术带头人有：杜厚文教授、宋新宁教授、黄卫平教授、方福前教授、彭刚教授、邹骥教授、夏建中教授等。

（十二）社会学理论与方法研究中心

社会学理论与方法研究中心成立于1984年9月，重新组建于1999年6月，现任主任为郑杭生教授。下设理论社会学研究室、社会学方法研究室（CGSS）、社会工作研究室和分支社会学研究室（法律社会学、经济社会学）。现有专职研究人员10人，兼职研究人员8人。主要学术带头人有：郑杭生教授、李路路教授、潘绥铭教授、洪大用教授、刘少杰教授、郭星华教授、李迎生教授、夏建中教授。

（十三）中国特色社会主义理论体系研究中心（原"三个代表"重要思想研究中心）

"三个代表"重要思想研究中心成立于2002年11月29日，2004年12月被确认为教育部普通高等学校人文社会科学重点研究基地，2010年经教育部批准更名为"中国特色社会主义理论体系研究中心"。现任主任为程天权教授，执行主任为秦宣教授。下设马克思主义理论创新研究室、全面建设小康社会研究室和执政党建设研究室。中心现有专兼职研究人员32人，其中校内专职研究人员15人，校内兼职研究人员5人，校外兼职研究人员12人。主要学术带头人有：程天权教授、王顺生教授、秦宣教授、郝立新教授、张雷声教授、吴潜涛教授等。

（十四）人文北京研究中心

人文北京研究中心成立于2009年6月30日，其前身为人文奥运研究中心，是中国人民大学在与北京市政府合作的基础上组建的专门进行"人文北京"相关课题研究的校属跨学科研究机构，也是北京市哲学社会科学重点研究基地。现任中心顾问为纪宝成教授、程天权教授，中心主任为冯惠玲教授，中心执行主任为郝立新教授、金元浦教授。中心研究团队现有研究人员12名。主要学术带头人有：冯惠玲教授、郝立新教授。

（十五）马克思主义研究院

马克思主义研究院成立于2006年12月21日，是国内马克思主义理论研究的重要阵地之一，同时也是北京市哲学社会科学重点研究基地。主任为林岗教授，刘大椿教授任研究院首席专家，副主任为李景治教授、秦宣教授、张宇教授。现有研究人员23人。主要学术带头人有：林岗教授、刘大椿教授、秦宣教授、张宇教授、张雷声教授、张新教授、安启念教授、梁树发教授、吴潜涛教授、马俊峰教授、李景治教授、杨凤城教授。

（十六）北京社会建设研究院

北京社会建设研究院成立于2008年4月18日，由北京市委社工委与中国人民大学联合成立，主要研究北京社会发展过程中出现的各种问题，开展专项调查、承担科研课题、建立数据资料中心等工作。该研究院同时也是北京市哲学社会科学重点研究基地。现任院长为纪宝成教授。学术带头人为冯惠玲教授、翟振武教授等。研究院现下设办公室、研究一部、研究二部、研究三部。

（十七）数据工程与知识工程教育部重点实验室

数据工程与知识工程教育部重点实验室于2005年12月经教育部批复开始筹建，2008年10月经教育部专家组验收通过，正式开放运行。实验室主任为杜小勇教授，副主任为赵国俊教授。中国科学院数学研究所陆汝钤院士为学术委员会主任，信息学院王珊教授为学术委员会常务副主任。实验室现有核心专家9人，专职研究人员8人，兼职研究人员28人。主要学术带头人有：王珊教授、周晓方教授、冯惠玲教授、杜小勇教授、赵国俊教授、孟小峰教授、陈红教授、石文昌教授、安小米教授等。

三、学术刊物

中国人民大学现有学术期刊15种，复印报刊资料系列刊115种，文摘卡系列刊14种，报刊资料索引系列刊 7 种。

2012 年，学校共有 8 种期刊获得国家社科基金资助，分别是《中国人民大学学报》、《教学与研究》、《国际新闻界》、《经济理论与经济管理》、《人口研究》、《档案学通讯》、《法学家》和《清史研究》。

（一）《中国人民大学学报》

1987 年 1 月创刊，双月刊，是哲学社会科学综合性刊物，曾两次获得我国期刊界的最高奖——中国期刊奖，并于 2004 年首批进入“教育部高校哲学社会科学名刊工程”，2009 年入选中国期刊协会、中国出版科学研究所组织评选的“新中国 60 年有影响力的期刊”。主要栏目有：专题研究、经济学研究、哲学研究、应用伦理学研究、科技与社会、社会学研究、宗教学研究、管理学研究、政治学研究、法学研究、文学研究、历史学研究、当代学术思潮评介等。主编为段忠桥教授。

（二）《教学与研究》

1953 年 5 月创刊，月刊，是教育部委托中国人民大学主办的理论刊物，是 CSSCI 来源期刊、全国中文核心期刊、中国人文社会科学核心期刊、中国期刊方阵“双效期刊”。2005 年，“当代中国社会发展研究”栏目入选“教育部高等学校哲学社会科学学报名栏”。主要栏目有：当代中国社会发展研究、教学与研究论坛、马克思主义与现时代、前沿问题、学术评论、研究述评、当代世界经济与政治、西方思潮评介、近现代中国社会研究、思想政治教育研究、教学难点解析、教材·教学·教改等。主编为梁树发教授。

（三）《经济理论与经济管理》

1981 年 1 月创刊，月刊，中国人民大学主办，教育部主管，是中文核心期刊、中国人文社会科学核心期刊、经济学理论专业核心期刊、CSSCI 来源期刊，并被国家级各类科研基金确定为科研成果发表认定期刊。主要栏目有：理论探索、学术前沿、经济热点、公共经济、金融研究、产业经济、区域经济、“三农”研究、工商管理、国际经济、动态与综述等。主编为方福前教授。

（四）《经济与政治研究》（*Economic and Political Studies*）

《经济与政治研究》是教育部主管、中国人民大学主办的同行评议英文学术季刊（收入中国人民大学核心期刊目录）。主要刊登国内外学者在经济学和政治学尤其是二者交叉领域的英文原创论文；以问题为中心，以创新为依归，侧重中国问题，鼓励跨学科视角，理论和经验研究并举，定量与定性方法兼容，旨在成为向国际学界展示中国学术动态、促进中外学者交流与对话的开放性平台。所设栏目有研究论文、专题研究、学术述评、研究报告、书评等。执行主编为张成思教授。

（五）《档案学通讯》

1983 年 1 月创刊，双月刊，是档案学研究和档案专业教育的学术性刊物。主要栏目有：档案学理论与档案管理、经济科技档案管理、档案现代化管理、档案资源开发利用、档案保护、研究生论坛、档案教育。杂志社社长为冯惠玲教授，主编为胡鸿杰教授。

（六）《国际新闻界》

1961 年 4 月创刊，月刊，中国人民大学主办，教育部主管。研究范围涉及新闻学、传播学领域，探讨大众传播业界、广电、编辑出版、广告、公共关系和传媒经济的各种理论与实践的问题，探讨网络信息传播、传播科技的各种现象和问题，以及与传播相关的跨学科领域的研究。主要栏目有：本期话题、环球视窗、网络时代、传播论坛、媒介经济、比较研究、新闻教育、实务探讨、名人名作、公关广告、传播史话、学术动态、百草园等。杂志社社长为高钢教授，主编为陈力丹教授。

（七）《法学家》

1986 年创刊，原名为《法律学习与研究》，1993 年第 1 期改名为《法学家》，双月刊，是全国法学类中文核心期刊、中国人文社会科学核心期刊、CSSCI 来源期刊和中国期刊方阵双效期刊；《中国学术期刊综合评价数据库》、《中国人文社会科学引文数据库》和《中国学术期刊（光盘版）》全文收录期刊。主要栏目有：法学研究综述、法学专论、三大讲坛、本期视点、法制改革、法学争鸣与评论、域外法学、青年法苑、司法官谈法治、法学教育、外国法述评、法学信息等。主编为史际春教授。

（八）《人口研究》

1977年创刊，双月刊，是教育部主管、中国人民大学主办、人口与发展研究中心（教育部人文社科百所重点研究基地）承办的学术刊物，是人口学专业唯一被国家新闻出版总署选定的国家期刊方阵（双效）期刊、中国人口学会会刊、CSSCI来源期刊、全国中文核心期刊，也是我国最早创办、国内外公开发行的综合性人口学专业杂志。主要栏目有：人口与发展论坛、人口与社会、老龄问题研究、人口调查与分析、人口流迁、人口资源与环境研究、社会医学、计划生育研究、世界人口、少数民族人口、数字人口等。主编为翟振武教授。

（九）《清史研究》

1992年3月创刊，季刊，是清史研究方面的学术性、资料性和信息性刊物。主要刊载清史理论、清代政治、经济、社会、军事、民族、宗教、外交、人物、文化、学术思想等方面的学术论文等，并报道国内外清史研究动态。主要栏目有：学术专论、读史札记、清史纂修、学术动态、新书评介、论文索引等。主编为祁美琴教授。

（十）《中国人民大学教育学刊》

1995年6月创刊，原名《成人高教学刊》，2011年1月正式更名为《中国人民大学教育学刊》，季刊，为教育性理论期刊，注重学术性、理论性、政策性研究，并以论文的学术质量为唯一标准。主要发表反映国内外教育发展的重要理论、重要政策和实践问题的学术论文、调查实验报告、政策报告；对特定时期国内外教育理论研究进行回顾、总结和前瞻的原创性研究成果；有学术品位的教育经典和教育新书评论等。主要栏目有：专题研究、高等教育研究、基础教育研究、教育基本理论等。主编为秦惠民教授，执行主编为胡娟教授、李立国教授。

（十一）《情报资料工作》

1980年创刊，双月刊，是中国社会科学情报学会学报、全国中文核心期刊、全国图书馆学情报学核心期刊。主要栏目有：理论探索、信息化与网络化建设、信息资源建设与管理、数字图书馆论坛、事业改革与发展、信息需求与服务等。主编为高自龙教授。

（十二）《国学学刊》

2009年3月创刊，季刊，定位于大专院校和科研机构文史哲等相关专业教师学生、研究人员，以及中国传统文化关注爱好者，以研究中华民族的传统文化为宗旨，以经史子集和新出国学资料为研究对象，倡导百家争鸣、百花齐放的精神，为海内外国学研究者传播学术资讯、切磋学术心得、展示学术成果、贡献学术理念提供一个广阔的学术平台。主要栏目有：国学与文化、经学研究、国史研究、思想史研究、国文研究等。主编为冯其庸教授，执行主编为黄朴民教授。

（十三）《政治经济学评论》

2010年创刊，季刊，致力于推进马克思主义政治经济学的中国化和时代化，发展具有中国特色、中国风格、中国气派和时代特点的经济学理论；反映国内外政治经济学的最新成果，探讨中国经济和世界经济中的重大现实问题，推动对中国经验、中国道路和中国模式的理论研究；提倡兼容并包，鼓励思想创新；促进国内外经济学界的对话、交流与合作，推动中国的政治经济学走向世界。主编为张宇教授。

（十四）《基督教文化学刊》

1999年创刊，半年刊，中国人民大学基督教文化研究所主办，宗教文化出版社出版，为教育部人文社会科学"宗教学"重点研究基地主要学术刊物，2005年入选CSSCI来源期刊。研究范围涉及宗教学、比较文学、文艺理论、汉学等。主要栏目有：道无常名——理论与经典解读，混元之性——

基督教思想家研究，化通玄理——基督教与社会、伦理问题研究，法浴水风——中国文化与基督教的对话，镜观物色——基督教文化与文学研究，法流十道——汉语基督教史料研究，书殿翻经——书评及新书介绍，和而不同——学术争鸣与回应，罄集明宫——学术动态。主编为杨慧林教授、罗秉祥教授。

（十五）《数据科学》（*Journal of Data Science*）

2003年1月创刊的英文期刊，季刊，是由中国人民大学、辅仁大学、哥伦比亚大学共同创办的，主要接收国际学者在数据分析方面的原创性文章，包括理论、方法与应用，即应用统计的所有领域。杂志注重文章应有确切应用背景与实际案例，而不强调技术细节特别是极端情形。杂志的目标是为所有数据工作者提供一个交流观点和想法的平台。执行主编为中国人民大学袁卫教授、辅仁大学谢邦昌教授和哥伦比亚大学 Lo Shaw Hwa 教授。

四、科研项目和科研经费

2012年度，全校共获得各类科研项目1 048项，经费43 393.55万元，比2011年增加21 124.81万元，同比增幅为94.86%。纵向项目经费首次突破3个亿。其中纵向项目393项，立项经费30 336.41万元，占经费总数的69.9%；横向项目655项，到账经费13 057.14万元（含往年立项2012年到款），占总数的30.1%。

以下为纵向项目的分类别简况：

国家社科基金项目76项，经费2 008万元，其中重大项目11项860万元，重点项目7项175万元，一般项目17项255万元，青年项目20项300万元，后期资助项目9项72万元，特别委托项目1项10万元，入选国家社科基金成果文库3项16万元，获得国家社科基金学术期刊资助8项320万元；国家“973计划”项目1项3 114万元；国家“863计划”项目1项3 000万元；国家自然科学各类项目共71项，经费16 612万元，其中国家重大科研仪器设备研制专项1项，基金委拨付经费11 100万元。

教育部重大课题攻关项目（马克思主义工程）3项190万元，教育部人文社会科学重点研究基地重大项目25项500万元，教育部人文社科规划项目12项107.8万元，青年项目15项105万元，专项任务项目18项122万元，后期资助项目1项12万元，委托项目2项27万元。

北京市哲学社会科学规划重点项目2项16万元、一般项目12项55万元（其中1项自筹经费）、青年项目6项12万元（其中2项为自筹）；北京市自然科学基金面上项目3项40万元。

此外，还有全国教育科学规划国家青年项目2项20万元，一般项目1项12万元，教育部重点课题1项3万元；北京市社科联青年社科人才资助项目6项12万元；教育部留学归国人员科研启动基金项目11项24.7万元；北京市教委共建项目12项340.31万元；教育部高等学校博士学科点专项科研基金博导类课题1项12万元，新教师类课题5项20万元。

五、科研成果与奖励

2012年，中国人民大学教师出版专著224部，编著或教材201部，工具书或参考书3部，译著40部，发表论文3 198篇。向有关部门提交研究报告28篇。

75周年校庆之际，中国人民大学隆重举行了第六届吴玉章人文社会科学奖暨首届吴玉章人文社会科学终身成就奖颁奖典礼。首度设立的终身成就奖，颁发给在人文社科研究领域做出杰出学术成就的学者。

（一）入选国家社科基金成果文库成果介绍

1. 成果名称：大金融论纲

作品类别：专著

作者：陈雨露、马勇

出版社：中国人民大学出版社

出版时间：2013 年 3 月

2008 年全球金融危机的爆发，不仅使全球的经济和金融体系处于巨大的压力之下，而且导致了经济学理论的危机。这场百年一遇的金融危机给了我们三个方面的基本启示：一是金融因素在经济运行中的性质和机制远未得到充分认识，系统性金融风险被长期低估；二是金融发展越来越脱离实体经济，金融和实体经济之间的关系和定位有待进一步厘清；三是传统的经济学框架未能很好地整合宏观层面和微观层面的金融理论，存在一定程度的认知缺陷。针对上述问题，该研究提出并系统论证了“大金融”命题的基本内涵、方法论基础和总体分析框架，并对其在现代金融体系发展中的应用进行了深入的理论和实证分析。与传统的经济学方法论相比，“大金融”命题更加强调系统的思维、整体的视野、发展的观点和动态的实践，并致力于构建逻辑与事实一致、理论与实践相联结的一般分析框架。围绕“大金融”命题的三大基本内涵，该书从一个长期视角全面审视了全球范围内金融体系发展的历史规律和演变趋势，并对现代金融体系下一国金融竞争力的影响因素进行了系统研究。这一研究为全面构建有利于促进长期经济增长和增强国家竞争力的“大金融”体系框架奠定了理论和实证基础。

2. 成果名称：建设公正高效权威的社会主义司法制度研究

作品类别：编著

作者：陈卫东

出版社：中国人民大学出版社

出版时间：2013 年 3 月

该书从两个维度四个方向对公正、高效、权威的社会主义司法制度展开了具体研究。首先是抽象的维度。司法制度是人类社会发展的产物，也是综合分析的组成部分，对于司法制度的研究离不开法理学的阐释；司法制度也是政治体制的组成部分，程序发展的历史，能够清晰地展现国家观念的转变，因此对于司法制度的研讨也必须站在宪政的高度。所以，在抽象维度层面，站在法理学和宪政的角度理解司法制度，分析什么是社会主义司法制度，探究如何建设公正、高效、权威的社会主义司法制度。

其次是具体的维度。将社会主义司法制度分成两个支柱进行探讨。一个是与公民权利联系最为密切的刑事司法制度，从限制权力的角度，围绕刑事诉讼法律制度的侦查权、检察权、审判权、刑罚执行权研究司法制度的公正、高效、权威问题。另一个则是与市民社会息息相关的民事司法制度，从维护公民诉权的原点出发，探讨程序完善、权利保障与公正、高效、权威司法的内在联系。

3. 成果名称：制度、市场与中国农村发展

作品类别：专著

作者：陆益龙

出版单位：中国人民大学出版社

出版时间：2013 年 3 月

该书通过制度—市场—农村发展和经验—理论两条线索，探讨了制度创新、市场和农村发展三者的关系问题。书中内容主要包括三个部分：第一部分讨论了农村发展中的“制度”问题；第二部分主要考察农村市场发展中的具体问题；第三部分主要探讨了中国农村发展的路径选择问题。

在实证经验与理论相结合的研究基础上，作者提出了如下基本理论观点：（1）新时期的中国农村要取得新发展，必须充分发挥市场的作用。（2）在推进农村新发展的过程中，引导性制度创新和制度变迁可能是政府和市场的最优结合点。（3）在探寻农村发展道路问题上，需要避免道路单一化的陷

阱，即便是城镇化道路，也需要多元化的城镇化。(4) 制度创新的动力不仅仅在于国家层面，地方及基层政府，还有广大农民，都能在实践中对制度创新与制度变迁有推动作用，关键在于要有充分开放的创新环境。

该书的特点是借鉴了新制度经济学的方法和市场分析视角，具有跨学科研究特征，为中国农村社会学的研究贡献了一个新视角。书中研究所采用的定量研究与定性研究、经验研究与理论探讨相结合的策略，也为“三农”研究提供了方法多元的参考。

（二）首届吴玉章人文社会科学终身成就奖及第六届吴玉章人文社会科学奖获奖情况

首届吴玉章人文社会科学终身成就奖

邬沧萍　冯其庸　汤一介

首届吴玉章人文社会科学终身成就奖
获奖者简介

邬沧萍，生于1922年9月。新中国成立前在香港工作，后到美国纽约大学、哥伦比亚大学留学。为响应党和国家关于海外知识分子回国建设新中国的号召，1951年回国，在中国人民大学从事教学与研究工作60年。现为中国人民大学社会与人口学院教授、博士生导师。我国人口学、老年学的开拓者和奠基者。曾任第五届北京市政协委员，第六届全国政协委员，第七、八届全国政协常委；中国老年学学会会长，中国人口学会副会长；国际人口研究机构联合会常务理事、国际计生联亚太地区常务理事，国际老年学会亚太分会常务理事等。

参与编写了我国第一套人口统计学教程，翻译了大量人口学专著、论文，公开出版教科书、专著、译著、辞典等30多种，如《人口学辞典》、《人口统计学》、《商业统计学》、《世界人口》、《中国人口老龄化》、《人口老龄化过程中的中国老年人》、《社会老年学》、《人口学学科体系》、《转变中的中国人口与发展》等，公开发表论文、文章300余篇，1995年获第二届中华人口奖（科学奖）。

进入21世纪后，多次被评为全国和北京市健康老人。2005年办理退休手续后继续担任博士生导师，每年都发表多篇文章，先后出版三本著作，为迎接十八大召开主编出版了《老龄社会与和谐社会》。

2011年9月，在邬沧萍教授90华诞和从教60周年之际，国务院副总理李克强在贺信中写道：“六十年来您热心投身祖国建设，以严谨求实的科学态度，潜心治学，系统研究，积极为国家制定人口计生政策和应对人口老龄化建言献策，并培养了一大批人口学老年学领域的人才，贡献突出、成就斐然。”

冯其庸，1924年2月生。现任中国《红楼梦》学会名誉会长、中国汉画学会名誉会长、中华炎黄文化研究会副会长、中国戏曲学会副会长、《红楼梦学刊》名誉主编、敦煌吐鲁番学会顾问、中国人民大学国学院名誉院长等职。曾任中国艺术研究院副院长、中国人民大学国学院院长、中国文字博物馆馆长。学术研究涉及领域广泛，包括中国古典文学、古典戏曲、中国文化史、中国绘画书法等，其中尤以红学研究、中国西部文化历史研究最为突出、贡献最大。

35卷册的《瓜饭楼丛稿》（青岛出版集团出版）分为《冯其庸文集》、《冯其庸评批集》和《冯其庸辑校集》，共1 700万字，集冯其庸一生学术研究之大成。国务院副总理马凯认为《丛稿》“文史哲地，诗书画曲，领域之广泛，内容之浩瀚，研究之深入，给人以心灵的震撼”。

最具代表性成果：(1)《曹雪芹家世新考》，目前国内外学者公认研究曹雪芹家世最权威的著作。

(2)《〈石头记〉脂本研究》，在《红楼梦》版本研究方面最有创见的专著。(3)《瓜饭楼重校评批红楼梦》，《红楼梦》文本研究的集大成著作。

2010 年，冯其庸教授从教 60 年之际，习近平同志在贺信中写道："您从教 60 年来，在多个学术领域都有着重要影响，尤其是红学研究成就突出，今已 88 岁高龄，仍带领中国人民大学国学院为国学新时期的发展，为促进中国传统文化的研究发挥着重要作用。您治学报国的精神，令人钦佩。"

汤一介，1927 年 2 月生。现任北京大学哲学系教授、博士生导师，中国哲学与文化研究所名誉所长，《儒藏》编撰中心主任，兼任中国文化书院创院院长、中华孔子学会会长。1990 年获加拿大麦克玛斯特大学荣誉文学博士学位，2006 年获日本关西大学科学与人文荣誉博士学位。率先把中国传统哲学作为认识史来思考，并以真善美概念为基础，综合各家所言，建构出一套中国哲学理论体系。提出了"和而不同"、"普遍和谐"、"内在超越"、"中国解释学"、"新轴心时代"等一系列有价值的论断，推动文化界对传统哲学的大讨论。其中，关于传统哲学"走出中西古今之争，融会中西古今之学"的论断促进了中国传统哲学与现代相结合。

学术专著有《郭象与魏晋玄学》、《早期道教史》、《中国传统文化中的儒道释》、《儒道释与内在超越问题》、《儒教、佛教、道教、基督教与中国文化》等，在国内外哲学界产生很大影响。主编《20 世纪西方哲学东渐史》丛书，第一次系统、完整地展示了 20 世纪西方哲学东渐的百年历程。季羡林先生评价这套书（《20 世纪西方哲学东渐史》）是"知时节的好雨"；张岱年先生称之为"一项贯通中西哲学视野的难得的学术工程"。2003 年起主持儒藏工程。

第六届吴玉章人文社会科学奖获奖名单

一等奖（8 项）

马克思主义理论（1 项）

《20 世纪国外马克思主义经济思想史》　　顾海良、张雷声

哲学（2 项）

《陈先达文集》（六卷本）　　陈先达

《中国伦理思想史》　　罗国杰

中国语言文学（1 项）

《刘小枫集》　　刘小枫

新闻学（1 项）

《精神交往论：马克思恩格斯的传播观》　　陈力丹

经济学（1 项）

中国市场化进程　　李晓西

法学（2 项）

《百年回眸：法律史研究在中国》（四卷本）　　曾宪义

刑法哲学　　陈兴良

第六届吴玉章人文社会科学奖获奖成果简介

《20世纪国外马克思主义经济思想史》

顾海良　张雷声　著

经济科学出版社　2006年

一等奖

成果简介

该书主要阐述内容或观点有：第一，19世纪和20世纪之交，关于马克思主义经济学历史命运的大争论；第二，在社会主义革命胜利后，资本主义如何向社会主义过渡的理论；第三，在社会主义政治经济学确立中，如何进行社会主义经济建设的理论；第四，战后取得民族独立的发展中国家探索关于经济发展道路选择的理论与实践；第五，苏联东欧等共产党执政的国家关于社会主义经济建设和改革的理论与实践；第六，探讨西方主要发达资本主义国家的社会主义经济理论；第七，经济全球化背景下马克思主义经济学的发展。

该成果在理论界被誉为“国内研究20世纪国外马克思主义经济思想史的一部里程碑式的著作”，“颇有特色、给读者诸多教益的一部著作，向我们展示了马克思主义经济思想史研究的当代价值”。同时，该成果有力地推动了高校国外马克思主义的教学和马克思主义经济思想史的教学，已被国内多所高校如中国人民大学、复旦大学、武汉大学等作为马克思主义理论、马克思主义思想史等专业硕士生、博士生的阅读文献和参考用书。

《陈先达文集》（六卷本）

陈先达　著

中国人民大学出版社　2006年

一等奖

成果简介

《陈先达文集》共六卷。第一卷《走向历史的深处——马克思历史观研究》，以人类对历史规律的探索为前导，研究马克思如何突破以往历史观的局限而走向历史的深处，从而在历史观方面产生具有重大意义的革命变革，是当代中国研究马克思主义思想史的一部扛鼎之作。

第二卷《马克思早期思想研究》，通过阐述马克思与黑格尔、费尔巴哈的关系，阐释马克思早期哲学思想形成的实际历程，以大量事实和深刻的分析阐述了马克思异化理论的进步意义及其历史局限性，对青年马克思在马克思主义发展史上的地位作了深刻并富有说服力的论证。

第三卷《马克思和马克思主义》，主要探讨马克思主义产生的历史必然性，马克思主义的本质、结构和功能，马克思主义在当代中国的发展等。

第四卷《哲学与文化》，对有关哲学和文化的一些重大理论问题，特别是当代中国特色社会主义建设中提出的关于哲学与文化的问题，发表了具有学术性和针对性的看法。

第五卷《漫步遐思》和第六卷《静园夜语》这两本随笔式的著作涉及了当代哲学界争论的几乎所有前沿问题，把经济、政治、文化、哲学等各方面的思想熔为一炉、贯通一体，文风清新活泼而又幽默风趣，使枯燥深奥的哲学变得鲜活而生动起来。

《中国伦理思想史》

罗国杰　主编

中国人民大学出版社　2008 年
一等奖

成果简介

《中国伦理思想史》以历史发展为经，上溯先秦，下迄新中国成立前期，对中国伦理思想的发展线索、演变过程和理论体系作了系统详细的论述；以重要著作、重要思想家和重要理论观点为纬，全面呈现中国伦理思想史的风貌。该书将中国伦理思想史涉及的基本问题概括为道德原则同物质利益的关系问题、道德的最高理想问题、人性问题、道德品质的形成问题、道德评价问题、人生的意义问题、道德的必然和自由的关系问题、道德规范问题、德治和法治问题等十个方面，力求在全面掌握第一手资料的基础上，作准确深入的分析，把资料运用同观点分析紧密结合起来，是全面把握中国伦理思想史的必读之作。

该书以古鉴今、底蕴深厚、论域深远，在阐述中国伦理思想史的过程中回应当代热点问题。作者以时代的眼光，结合现实需要，挖掘中国伦理思想史的潜在价值，向世人展示了博大精深的中国道德传统和优秀的民族传统文化。因而，该书对弘扬优秀的中国传统道德，建设社会主义核心价值体系，促进中国特色社会主义文化大发展大繁荣，具有重要的现实意义。

《刘小枫集》

刘小枫　著
华夏出版社　2006—2010 年
一等奖

成果简介

自 20 世纪 80 年代以来，刘小枫教授致力于对现代性问题与中西文明的重新认识，先后在国内引入基督教思想、社会理论、政治神学、古典政治哲学、古典学等学术资源，推进了汉语学界对西方思想传统的深度理解，为汉语思想的复兴和勃发积累了丰厚的学术基础，并确立了以“经典与解释”为中心的学术研究范式。

刘小枫教授目前主要研究和教学方向包括：古希腊—罗马文史、中西方古典诗学、德国近现代思想、古典政治哲学。《刘小枫集》包括十余种刘小枫不同时期的著作，主要有：《诗化哲学》、《拯救与逍遥》、《走向十字架上的真》、《现代性社会理论绪论》、《这一代人的怕与爱》、《圣灵降临的叙事》、《沉重的肉身》、《现代人及其敌人》、《拣尽寒枝》、《儒教与民族国家》、《罪与欠》、《重启古典诗学》、《共和与经纶》、《普罗米修斯之罪》、《凯若斯：古希腊语文教程》等。

《精神交往论——马克思恩格斯的传播观》

陈力丹　著
中国人民大学出版社　2008 年
一等奖

成果简介

《精神交往论——马克思恩格斯的传播观》从信息传播的角度，系统展现了马克思和恩格斯开放的思想体系。全书 16 章 75 节，共 45 万字，论证了马克思恩格斯历史唯物主义的传播理论和世界交往的基本理念，详尽地阐述了马克思恩格斯所谈到的几乎所有涉及人类传播的各种现象和形态，诸如思维、语言、文字、印刷术、宗教、文艺、宣传、新闻、报刊等等，还论证了他们关于传播与法、传播心理、工人政党内部的精神交往、人类传播历经的三个发展形态等观点。

作者写作此书历时十年，通读马克思恩格斯的全部著作，积累名目索引约 1 万条、卡片 3 000 张和一本提要笔记，书中介绍的马克思和恩格斯的许多传播观点，是人们所不熟悉的，对于开阔思想很有教益。一些大学的新闻传播院系已将该书列为马克思主义新闻学基础理论书目。

《百年回眸——法律史研究在中国》(四卷本)

曾宪义 主编

中国人民大学出版社 2009 年

一等奖

成果简介

《百年回眸——法律史研究在中国》对近代以来的法律史学研究成果进行了汇集、精选、分析，并作出评价。全书分为四卷，分别是清末民国卷、当代大陆卷、当代台湾香港卷以及目录索引卷。清末民国卷收录了近代法律史研究中具有代表性的研究成果和大量不常为大家关注但具有很高学术价值的研究成果，可以说是对近代法律史研究成果进行了系统的发掘和整理；当代大陆卷面向 2005 年底我国大陆从事法律史学研究的具有正高职称的学者，由其本人选取最能代表他们各自的研究水准的一篇作品加以收录；当代台港卷首次综合了台港地区主要法律史学者的具有代表性的作品，共收录了 21 篇由学者自选的代表性学术论文；目录索引卷第一次对百余年来中国法律史研究的成果进行了汇集，工程浩大，有两万多条目录索引，是研究法律史者必备的参考用书。

该书首次对近代以来的中国法律史学科成果进行了全面而又系统的总结，具有填补学术研究空白的重要意义。该书的出版为避免今后低水平的重复研究提供了条件和可能，同时，作为法学研究的基础性学科，也为法学其他学科，如宪法学、刑法学、民法学等的研究提供了基础性和资料性的支持。

（三）中国人民大学获北京市第十二届哲学社会科学优秀成果奖简况

一等奖

雅克·拉康：阅读你的症状（上、下）	吴琼
面对艾滋风险的自律与文化：对低交易价格商业性行为的人类学研究	刘谦
中国农村金融论纲	陈雨露等
马克思主义危机理论和 1975—2008 年美国经济的利润率	谢富胜等
马克思主义理论学科体系建构与建设研究	张雷声
中国社会保障改革与发展战略（总论卷、养老保险卷、医疗保障卷、救助与福利卷）	郑功成
微博：一种新传播形态的考察——影响力模型和社会性应用	喻国明等
北京奥运的人文价值	冯惠玲等

二等奖

价值论的视野	马俊峰
中国宏观经济分析的理论体系	郑超愚
中国宏观经济分析与预测（2010—2011）——流动性回收与新规划效应下的中国宏观经济	中国人民大学经济研究所
中国通货膨胀的预期、形成机制和治理政策	陈彦斌
中国税收高速增长的源泉：税收能力和税收努力框架下的解释	吕冰洋
变革与崛起——探寻中国金融崛起之路	吴晓求

WTO框架下的国际反倾销政策与实践	宋利芳
追寻中国经济与世界的联系——对外经济统计数据估算与计量分析	高敏雪
建立与物价变动相适应的城乡低保标准调整机制研究	杨立雄
公民参与：北京城市居民态度与行为实证研究	孙龙
高等学校的公法人地位研究	申素平
古代希腊教育	李立国
犯罪构成理论：比较研究与路径选择	付立庆
柔性行政方式法治化研究——从建设法治政府、服务型政府的视角	莫于川
明代佛教方志研究	曹刚华
系统分析方法集成研究及其在预测和监测中的应用	许伟
解读苏南	温铁军
苏州早期宅第园林之宅园关系考	张建宇

一等奖成果简介

《雅克·拉康：阅读你的症状》（专著）

吴琼　著

中国人民大学出版社　2011年

成果简介

雅克·拉康（1901—1980）是20世纪法国最著名的精神分析学家，也是20世纪60年代法国（后）结构主义运动的代表人之一。该研究立足于拉康的文本（包括他的《文集》和已出版的研讨班报告），以主体间性作为进入拉康理论的基本角度，以拓扑学变换作为运作其理论体系的基本方法，以无意识主体作为阐发其理论概念的出发点，以这一主体的分裂或离心化作为把握其理论意义的核心，力图为拉康那庞杂的思想提供一幅较为完整的地图。

该研究分为上下两编，共十二章。上编“拉康的事业”结合拉康的生平追述了法国精神分析运动的历史及拉康思想与拉康学派的发展过程。下编“主体间性的科学”将围绕主体间性的构架来讨论拉康理论的各个方面。

《面对艾滋风险的自律与文化：对低交易价格商业性行为的人类等研究》（著作）

刘谦　著

中国社会出版社　2010年

成果简介

《面对艾滋风险的自律与文化：对低交易价格商业性行为的人类学研究》，通过运用人类学田野工作方法，在西南地区A市特有的低价格性交易形式“板板茶”中开展田野观察，探讨当地性产业中的组织文化、人们的思维与行为方式等，将人类学关于组织、自律和医患关系的相关理论运用在性病、艾滋病防治领域，寻求人类学理论支持下卓有成效的干预实践，从而使传统的学院式研究转向理论指导下的公共卫生与人类学的联合应用性研究。

著作以人类学视角检视“板板茶”中人们追寻健康的种种文化考量与生动实践，最终目的在于阐释健康意味着人类生存状态的完整与安康，若欲促进健康，必须俯身观察其所依附的社会文化环境特质，寻找富有文化敏感性的措施。作者身为女性，以健康工作者和研究者的双重身份开展田野工作，获得社区的接纳与尊重。研究体现了学者锲而不舍的治学精神，也展现了田野工作方法在认识论上的意义，为作品的成功奠定了坚实的基础。

这是一部充满人文关怀，颇具实证色彩，兼富理论反思的优秀人文社科著作。

《中国农村金融论纲》（著作）

陈雨露　马勇　著

中国金融出版社　2010 年

成果简介

《中国农村金融论纲》一书从现场调研获得的微观基础实证出发，强调立足中国农村和农民的实情，以一种动态、持续变迁的视角来理解中国的农村金融改革和发展问题。这一视角恢复了经济理性在农户经济行为和农村金融市场中的基础性作用，同时纳入了中国现阶段的社会、政治和文化制度背景，尝试在主流经济学的框架内通过纳入特定国家和特定发展阶段的"局限条件"来重构中国农村金融研究的基本框架和逻辑体系。

全书内容共分五章，分别以中国农村金融困境的形成背景、农户行为、农贷市场、政府与金融机构、农村金融体系为切入点，渐进式和全景式地阐述了中国农村金融领域的核心问题。并将内容的逻辑和方法论的逻辑贯穿始终，大部分章节都从相对具体的问题切入，而其背后展现的却是中国农村金融的大问题与大逻辑。无论是从语言基础的准确性和流畅性，还是从逻辑论证的严密性和深入性，该书都堪称近年来研究中国农村金融问题少有的力作。

《马克思主义危机理论和 1975—2008 年美国经济的利润率》（论文）

谢富胜　等　著

《中国社会科学》　2010 年第 5 期

成果简介

谢富胜等人的《马克思主义危机理论和 1975—2008 年美国经济的利润率》一文，着眼于 2007 年始于美国次贷市场的金融危机根源的研究。作者分析了西方马克思主义学者对当前经济危机的三种理论解释：生产过剩论、金融化或金融掠夺论和新自由主义体制失败论。作者认为，这些理论解释缺乏一个一致的分析框架，甚至混淆了危机的原因、形式和结果，并没有触及导致经济危机的根本原因。需要以马克思的利润率下降理论为基础，发展一个系统的马克思主义经济危机理论，并在实证基础上更深刻地审视 30 多年来劳资之间以及资本与资本之间的矛盾运动及其与危机的联系。

谢富胜等人的文章不是简单地用马克思的已有理论往新的现实上套，而是针对新的现实，搜集新的资料发展理论，然后再用这种发展了的理论来解释现实。其对马克思主义危机理论的新综合是很有创新的，经验解释是符合实际的。这也是国内第一篇从马克思主义经济学的角度，将规范分析和实证分析相结合，同时将实体经济部门和金融部门相结合来研究现实问题的作品，在国际上处于领先地位。

《马克思主义理论学科体系建构与建设研究》（专著）

张雷声　著

经济科学出版社　2011 年

成果简介

《马克思主义理论学科体系建构与建设研究》一书，运用历史、理论与现实相结合的方法，逻辑与历史相统一的方法，以及文献梳理、实际调研和理论概括的方法，论证了马克思主义理论学科形成的基础，阐述了马克思主义理论一级学科的内在逻辑体系，以及所属的六个二级学科的研究范围、研究重点和学科建设方向，探讨了马克思主义理论学科的突出特征，讨论了马克思主义理论学科与思想政治理论课程之间的关系，研究了马克思主义理论学科建设中的师资队伍、人才培养、学术交流等问题，并提出了一些相应的具体建设意见和建议，基本代表了马克思主义理论学科发展的趋势。这一研究成果的系统性和创新性，对于马克思主义理论学科的建构和发展，必然会起到奠基性和开拓性的重要作用。

《中国社会保障改革与发展战略》（总论卷、养老保险卷、医疗保障卷、救助与福利卷）（著作）

郑功成　主编

人民出版社　2011 年

成果简介

社会保障是攸关全民切身利益的重大制度安排，是维系国家长治久安和健康、持续发展的基本制度保障。郑功成教授主编的《中国社会保障改革与发展战略》（《总论卷》、《养老保险卷》、《医疗保障卷》、《救助与福利卷》）是一项由全国众多学者参与并历时四年才完成的重大战略成果。它立足于国家层面与战略高度，从人民福祉与社保制度长远发展视角出发，不仅从理论上厘清了我国社会保障的建制理念、目标与原则，而且规划了战略步骤与推进措施，并对养老保险、医疗保障、社会救助、社会福利及其具体制度安排的长远发展进行了深入探索，从理论上阐述了合理的发展路径与行动方案，从而是对我国社保发展战略的全景式战略规划与顶层设计。

该成果不仅被学术界誉为“中国式的贝弗里奇报告”，而且受到了决策层的高度重视，多位中央领导同志作出重要批示，为我国近几年及未来的社会保障改革与发展提供了科学的理论背景并对相关立法与重大政策出台起到了重要的指导作用。

《微博：一种新传播形态的考察——影响力模型和社会性应用》（专著）

喻国明　欧亚　张佰明　王斌　著

人民日报出版社　2011 年

成果简介

微博是当下中国舆论形成的第一大传播平台，其仅仅三年多的规模化发展便取得了如此重大的社会影响力，这在过去的传播形式的发展中是罕见的。

该项成果完成于 2009 年 11 月，它既是以喻国明为首席专家的团队所承担的教育部哲学社会科学重大攻关课题“新媒体环境下的危机传播及舆论引导”（项目批准号：09JZD0011）科研项目成果之一，同时也是新浪网在筹备规模化推出微博之前委托进行的关于“微博在中国发展的技术路线及社会影响力”的课题项目。

该专著共四大章，三重附录。第一章是微博传播形态解读，第二章是微博的国际经验个案研究，第三章是微博的中国本土化实践，第四章是微博市场调研报告；三重附录分别为 Twitter 大事年表、Twitter 第三方软件范例与微博用户深度访谈。该项成果对微博产生以来的历史沿革进行了从理论到实践的系统梳理，考察了微博发展的关键事件，编制了微博发展的大事年表，并使用嵌套性理论对微博的发展逻辑和价值本质进行了深入探讨，是目前关于微博的学术研究中最具影响力的一项成果。

《北京奥运的人文价值》（专著）

冯惠玲　等　著

中国人民大学出版社/中国人民大学出版社、McGraw-Hill Education（麦格劳希尔教育出版集团）、SILKROAD　PRESS（丝路出版社）联合出版

2010年8月/2010年10月

成果简介

北京奥运会是新世纪开元十年北京地区和中国社会最为重大的历史事件之一，在体育和文化、经济和社会、政治和意识形态、国际关系与国际格局等诸多领域产生了重要而深远的影响。作为一届“无与伦比”的奥运会，对其重大意义与基本经验的总结是创造性地转化传统文化、繁荣社会主义先进文化的需要，是实现公共管理与制度创新的需要，是凝聚共识、实现可持续发展的需要，是构建国家软实力体系、增强国家传播力、提升国家形象的需要，同时也是增益奥林匹克精神、推进和谐世界秩序建设的需要。

《北京奥运的人文价值》一书聚焦北京奥运会的精神遗产，以古今中西为经纬，从文化、社会、政治和传播四个模块切入，通过十四个专题全面、深入地总结、开掘了北京奥运会成功举办的重大意义和基本经验。其中，文化模块着重记录、诠释了中国元素与传统文化的当代价值，中国传统文化的世界意义，文化与共同体精神，体育精神与人的全面发展等主题；社会模块提出北京奥运会为公民参与国家事务创造了典范，促进了理性、成熟的社会性格的培育；政治模块论述了北京奥运对以人为本、科学发展等国家治理原则的强化，“人文”、“绿色”、“科技”三大奥运理念转化为北京城市发展理念；传播模块认为，北京奥运会塑造了开放的国家形象，显现了在新的全球秩序之下中国与世界的对话之道。

六、学术活动

2012年，中国人民大学举办各类学术研讨会227次，其中国际会议104次，港澳台会议19次，全国性会议105次。兹介绍其中的部分重要学术会议：

（一）第十六届中国资本市场论坛

1月7日，由中国人民大学金融与证券研究所（FSI）、中国证券报社、兴业证券股份有限公司和《资本市场》杂志社共同主办的第十六届（2012年度）中国资本市场论坛在中国人民大学逸夫会堂举行。中国证券报社社长兼总编辑林晨、兴业证券总裁刘志辉、中国人民大学校长陈雨露分别作开幕式致辞，全国人大常委会前副委员长成思危作主旨演讲，中国人民大学校长助理吴晓求作主题报告，中国金融学会名誉会长黄达教授、中国人民大学前校长纪宝成教授、国务院研究室副主任宁吉喆等出席开幕式。来自全国人大、中央国家机关、著名高校、著名研究机构等的有关负责人和国内外著名专家学者及有关商业银行、保险公司、证券公司、资产管理公司、基金公司、证券公司的代表，上市公司及企业高管人员和多家新闻媒体记者等参加了此次论坛。

本次论坛的主题是“中国资本市场：新起点、新机遇、新突破”。论坛分三个模块进行：模块一议题为“内外协调：中国宏观经济政策如何调整”，模块二议题为“竞争与发展：中国证券公司如何变革”，模块三议题为“功能转型与国际化：中国资本市场如何突破”。

（二）中国社会保障30人论坛年会（2012）

2月11日至12日，由中国社会保障30人论坛、中国人民大学中国社会保障研究中心共同主办，人民网、太平人寿保险有限公司协办的“中国社会保障30人论坛年会（2012）”在中国人民大学举行。本届年会的主题为“城乡统筹：走向公平的社会保障”。中国人民大学党委书记程天权教授为本

届年会致辞，国家发改委副主任孙志刚，人力资源和社会保障部副部长胡晓义等出席论坛并作主旨报告。来自国家发改委、人力资源和社会保障部、民政部、财政部等中央部门的有关负责人，中国社会保险学会等全国性学术团体的负责人，以及来自杭州市、成都市等富有代表性的地方政府的负责人和太平人寿、新华人寿等全国性保险公司的负责人 120 多名正式代表出席了本届年会。

中国社会保障 30 人论坛年会，是中国社会保障界最重要的年度学术会议，也是社会保障界知名专家学者与相关政策层面重要官员进行直接交流对话的高级平台。本届年会发布了 2011 年中国社会保障十大事件的评选结果，分设“社会保障综合”、“医疗保险”、“养老保险”、“老年人福利”、“儿童、残疾福利与慈善”、“社保基金与老年服务”六个分论坛。

（三）郑杭生教授从教 50 周年学术研讨会暨北京郑杭生社会发展基金会成立大会

2 月 29 日，由中国人民大学社会与人口学院、中国人民大学社会学系、中国人民大学社会学理论与方法研究中心、北京郑杭生社会发展基金会联合主办的郑杭生教授从教 50 周年学术研讨会暨北京郑杭生社会发展基金会成立大会在中国人民大学逸夫会堂举行。中共中央政治局委员、国务委员刘延东同志以学生名义赠送花篮祝贺。中国人民大学党委书记程天权、校长陈雨露，中国社会学会名誉会长、中国人民大学社会学理论与方法研究中心主任郑杭生，中国社会学会名誉会长、中国社会科学院荣誉学部委员陆学艺，中国社会学会会长宋林飞，北京市社会科学界联合会党组书记、常务副主席史秋秋，北京市委副秘书长张建明，中国社会科学院学部委员、社会学研究所所长李培林，中国人民大学党委副书记马俊杰，北京市民政局副局长谢延智等出席大会。来自中国社会科学院、北京大学、清华大学、复旦大学等众多科研院所和高校的专家学者以及郑杭生教授的朋友、学生等 400 余人参加大会。

（四）《中国社会舆情年度报告（2012）》发布会

4 月 13 日，《中国社会舆情年度报告（2012）》发布会在中国人民大学举行。全国政协常委、中国人民大学新闻学院院长赵启正，中国人民大学党委书记程天权，人民日报出版社社长董伟，中国人民大学新闻学院执行院长倪宁，百度副总裁朱光出席发布会并致辞，共同为蓝皮书的发布揭幕。中国人民大学新闻学院副院长、中国人民大学舆论研究所所长喻国明教授解读报告，人民网舆情监测室秘书长祝华新等专家就报告内容进行深入探讨。

《中国社会舆情年度报告（2012）》蓝皮书采用现代科学技术手段和社会科学的新兴研究范式，通过分析民众对民生、经济、社会期待、社会责任、环境生态安全、公共安全、卫生安全等一系列问题的关注指数，集中呈现了 2011 年中国网民关注的信息领域、信息偏好以及网民关注度的变化趋势，为中国未来的社会发展提供极为重要的来自民意的参照，对推动现实社会的健康发展具有极高的参考价值及借鉴意义。

（五）2012 年第一季度中国就业形势分析会

4 月 14 日，中国人民大学中国就业研究所举办 2012 年第一季度中国就业形势分析会。国家人力资源和社会保障部就业促进司副司长尹建堃、国家统计局人口和就业统计司处长张志斌、国家发展和改革委员会就业和收入分配司处长孙中震等应邀出席了会议。中国人民大学劳动人事学院院长、中国就业研究所所长曾湘泉教授以及相关教师和研究人员参加了会议。与会学者就中国就业研究所对 2012 年第一季度中国就业形势和状况所作的分析和研究结论进行了交流，并对今后深入开展就业形势季度分析进行了探讨。

2012 年第二、三季度中国就业形势分析会分别于 7 月、10 月举办。

（六）首届中国社会工作论坛

5 月 12 日至 13 日，由中国人民大学社会工作系和中国人民大学北京社会建设研究院共同主办的“社会建设中的社会工作”首届中国社会工作论坛在逸夫会堂召开。中国人民大学副校长、北京社会建设研究院常务副院长冯惠玲，民政部社会工作司副司长柳拯，中国社会工作教育协会会长王思斌，中华女子学院副院长刘梦，中国人民大学社会与人口学院院长翟振武等出席论坛。来自中国人民大学、香港大学、北京大学、南京大学、中山大学等50余所高等院校的专家学者和全国部分社会工作服务机构的一线社会工作者代表100余人共同探讨社会工作如何在社会建设中发挥积极作用。

（七）新中国土地管理事业与土地科学发展五十年研讨会暨马克伟先生八十寿辰祝寿会

5月13日，由公共管理学院土地管理系主办的“新中国土地管理事业与土地科学发展五十年研讨会暨马克伟先生八十寿辰祝寿会”在公共管理学院报告厅召开。中国人民大学副校长冯惠玲、国土资源部副部长胡存智、中国人民大学公共管理学院院长董克用、欧美同学会留苏分会代表和部分高校代表到会祝贺并致辞。从各地赶来的部分上世纪50年代留苏学子，来自国土资源系统、高校的领导和专家学者，马克伟先生的家人及留苏学子的朋友、学生等200余人参加大会。

（八）中国国际问题论坛2012

5月24日，由国内17家国际问题教研单位发起，中国人民大学国际关系学院主办，全国高校国际政治研究会协办的“中国国际问题论坛2012：中国崛起的安全环境与对外战略”在中国人民大学召开。来自芝加哥大学、中国人民大学、北京大学、清华大学、澳门大学、国际关系学院、外交学院、国务院发展研究中心、中国社会科学院亚太所等高校和学术机构的40多位国际问题专家出席了本次论坛。论坛围绕“中国崛起的安全环境与战略选择”这一主题，在“中国崛起的周边安全环境”、“中国崛起的国际安全环境”和“中国崛起的对外战略”等方面展开讨论。

（九）中美知识产权司法审判研讨会

5月28日，由中国法学会主办，中国知识产权法学研究会承办的“中美知识产权司法审判研讨会”在中国人民大学明德堂举行。美国驻华大使骆家辉、美国联邦巡回上诉法院首席法官兰德尔·雷德、美国商务部副部长兼美国专利商标局副局长大卫·卡波斯，以及中国法学会常务副会长陈冀平、最高人民法院常务副院长沈德咏、商务部国际贸易谈判副代表崇泉、国家知识产权局局长田力普、国家版权局副局长阎晓宏，中国人民大学校长陈雨露、副书记兼副校长王利明出席开幕式。中美两国从事知识产权审判工作的法官进行了主题报告，并联合进行模拟法庭活动。美国联邦巡回上诉法院的法官、知识产权业界人士在为期三天的会议中与中国各级人民法院从事知识产权审判工作的法官，围绕“司法、诉讼、创新”等多层次备受关注的知识产权领域法律应用主题展开了对话与交流。

（十）第五届“Five Star·金融论坛”

6月8日，由中国人民大学、北京大学、长江商学院、清华大学、中央财经大学共同发起，由中国人民大学汉青经济与金融高级研究院、财政金融学院主办的第五届“Five Star·金融论坛”在中国人民大学召开。论坛主席K. C John Wei教授代表主办方致辞，美国密歇根大学教授、长江商学院访问教授李海涛发表了主旨演讲，来自五所发起院校以及美国亚利桑那大学、新加坡国立大学、香港科技大学、加拿大戴豪斯大学、美国得克萨斯大学奥斯汀分校、加拿大里贾纳大学的教授在两个分会场进行了主题演讲和点评讨论。

（十一）第五届“黄达-蒙代尔经济学奖”颁奖典礼暨《人民币国际化报告2012》发布

6月16日，第五届“黄达-蒙代尔经济学奖”颁奖，中国人民大学赵文哲博士等三名青年学者获此殊荣。1999年诺贝尔经济学奖得主、“欧元之父”罗伯特·蒙代尔教授，中国金融学会名誉会长、中国人民大学原校长黄达教授，中国人民大学校长陈雨露教授出席典礼并共同为获奖者与获奖导师颁奖。中国人民大学同时发布《人民币国际化报告2012》，陈雨露教授对报告作了解读。

本届“黄达-蒙代尔经济学奖”获奖者为：中国人民大学赵文哲博士，获奖论文《财政分权和辖区竞争视角下的价格水平和通货膨胀问题研究》，导师为中国人民大学卢获教授；中国人民银行研究生部张怀清博士，获奖论文《铸币税研究》，导师为中国人民银行研究生部谢平研究员；复旦大学范子英博士，获奖论文《中央地方关系与区域经济格局：财政转移支付的视角》，导师为复旦大学张军教授。

（十二）第三届江山论坛暨首届中国债券市场发展论坛

6 月 30 日，由中国人民大学校友会、中国人民大学财政金融学院和中央国债登记结算有限责任公司联合主办，主题为“债券市场发展机遇与挑战”的第三届江山论坛暨首届中国债券市场发展论坛在中国人民大学明德堂举行。中国人民大学常务副校长冯惠玲、中国人民大学财政金融学院院长郭庆旺、国债登记结算有限公司董事长刘成相出席论坛开幕式并致辞。国家统计局副局长许宪春、国家发改委财政金融司司长徐林、银监会政策研究局副局长李文泓、中国人民大学经济学院副院长刘元春教授、中国人民银行调查统计司副司长王毅等先后作了主题演讲。

（十三）第 12 届太平洋国际区域科学协会（PRSCO）夏季年会

7 月 3 日至 6 日，第 12 届太平洋国际区域科学协会（PRSCO）夏季年会暨第 4 届中国－国际区域科学协会（RSAI）“区域科学与区域可持续发展”学术研讨会在中国人民大学举行。会议由太平洋国际区域科学协会（PRSCO）、国际区域科学协会（RSAI）和中国人民大学共同主办，中国人民大学经济学院和区域与城市经济研究所承办。中国人民大学常务副校长冯惠玲教授、国际区域科学协会（RSAI）主席 Yoshiro Higano 教授、国际区域科学协会候任主席 Jean-Claude Thill 教授等分别致辞，国家发改委地区经济司司长范恒山教授、荷兰阿姆斯特丹自由大学 Peter Nijkamp 教授、韩国中央大学副校长 Seong-Kyu Ha 教授、中国人民大学经济学院区域与城市经济研究所所长孙久文教授发表主旨演讲。来自美国、欧洲、日本、韩国、新西兰、印度尼西亚和中国等十余个国家和地区的约 200 名代表参与了近 20 个主题的分会会场。

（十四）第二届生物统计国际研讨会

7 月 8 日至 9 日，由中国人民大学举办的第二届生物统计国际研讨会在如论讲堂及明德商学楼召开。中国人民大学校长陈雨露、原常务副校长袁卫、统计学院院长赵彦云，世界中医医学会联合会副秘书长姜再增、中国中医科学院常务副院长刘保延等出席会议。来自英国、美国、法国、德国、瑞士、比利时、印度、新加坡、日本、韩国、澳大利亚、加拿大、丹麦、港澳台等多个国家和地区的 450 余位专家学者参会并分别在 43 个学术分会场交流分享了二百余篇生物统计学的前沿研究成果。

（十五）第五届中国人民大学国际统计论坛

7 月 14 日至 15 日，由中国人民大学、北京大学、国家统计局和中国统计学会联合主办，国家统计局科研所、教育部重点研究基地应用统计研究中心、中国人民大学统计学院和中国人民大学政府统计研究院承办的第五届中国人民大学国际统计论坛在逸夫会议中心举办。国家统计局许宪春副局长、中国人民大学查显友副校长、国家统计局北京调查总队李纲总队长、原学校常务副校长袁卫教授等出席论坛开幕式，袁卫教授、胡飞芳教授和伦敦政治经济学院统计系主任姚奇伟教授作了大会主题发言，国内外上百名统计学界的专家学者及各高校学生在七个分会场围绕统计规范、数据分析、数据挖掘等主题进行了观点阐述和理论探讨。

（十六）中国化学会第五届全国分子手性学术研讨会暨国际分子手性会议

8 月 1 日至 4 日，由中国人民大学化学系承办的中国化学会第五届全国分子手性学术研讨会暨国际分子手性会议在湖南省张家界举办。本届会议主题为“手性的物理、化学与生物学效应”。中国化学会副理事长、中国科学院化学研究所所长、中国科学院院士万立骏研究员担任本届会议学术委员会主任，香港大学任咏华等 11 位中国科学院院士担任学术委员会名誉主任，中国人民大学化学系于澍燕教授担任组织委员会主任。

（十七）第二届东亚民法学术大会

8 月 18 日，由中国人民大学民商事法律科学研究中心、中国民法学研究会、日本私法学会、韩国民事法学会和我国台湾地区财团法人民法研究基金会联合主办，吉林大学法学院、吉林省法官学院、延边大学法学院和延边朝鲜族自治州中级人民法院联合承办的第二届东亚民法学术大会——“民法视野下的消费者权益保护”国际研讨会在延边大学举行。来自日本、韩国、中国台湾地区以及中国人民大学、清华大学、中国政法大学等高校和全国人大法工委、最高人民法院出版社等机构的70余位国内外学者和司法实务界专家参加了本次研讨会。

本次研讨会共分为四节，分别围绕“东亚消费者权益保护的立法现状与最新发展”、“新形势下的消费者权益扩张”、“东亚消费者契约的争议问题与展望”和“东亚消费者权益损害赔偿制度的比较法经验”进行了主题发言和讨论。

（十八）第三届亚洲政策论坛

8月31日，由中国人民大学与日本一桥大学联合举办的主题为“市场经济中的竞争自由和规制”第三届亚洲政策论坛在日本一桥大学举行。论坛开幕式由日本一桥大学知名民法学者松本正雄教授主持，一桥大学校长山内进教授、一桥大学大学院法学研究科长山部俊文教授，以及学校袁卫教授、法学院韩大元院长、经济学院王晋斌副院长分别致辞。主题演讲分为三个单元，两校法学专家与经济学专家分别针对“民事规制的诸问题”、“行政规制的诸问题”、“规制的经济学方面的诸问题”进行讨论。学校法学院院长韩大元教授、民商法专家杨立新教授、行政法专家杨建顺教授、经济学院副院长王晋斌教授、经济学专家杨其静教授、法学院杨东副教授组成专家团参加了本次论坛。

（十九）2012年中国资本市场法治论坛

9月22日，由中国人民大学商法研究所主办、宏源证券股份有限公司协办的“2012年中国资本市场法治论坛：PE（私募股权投资基金）前沿法律问题高峰会”在逸夫会议中心举行。来自全国人大法工委、全国人大财经委、国务院法制办公室、最高人民法院、国家工商行政管理总局、中国证券登记结算公司等相关部门与机构的领导和来自中国人民大学、北京大学、清华大学等国内著名高校和科研机构的专家学者以及来自PE界、PE行业协会与法律实务界相关方面的180余名嘉宾代表出席了论坛。与会专家学者围绕PE立法、监管与司法救济体系的建立健全展开了深入讨论。

（二十）人文奥运中心研讨会

10月2日，75周年校庆系列活动之——人文奥运中心研讨会在中国人民大学举行。出席本次研讨会的外宾有国际奥委会委员张雄、国际奥委会新闻委员会主席 Richard Kevan GOSPER、国际冰球联合会主席 Rene FASEL、国际篮球联合会秘书长 Patrick BAUMANN。冯慧玲常务副校长及学校专家学者出席本次研讨会。冯惠玲常务副校长代表学校和人文奥运研究中心，向国际奥委会委员赠送了人文奥运中心研究出版的书籍和纪念品。

（二十一）第六届吴玉章人文社会科学奖暨首届吴玉章人文社会科学终身成就奖颁奖典礼

10月3日，第六届吴玉章人文社会科学奖暨首届吴玉章人文社会科学终身成就奖颁奖典礼在中国人民大学世纪馆举行。吴玉章基金会名誉主任李鹏同志为颁奖典礼发来贺信，教育部副部长李卫红、中国人民大学党委书记程天权致辞；中国人民大学校长陈雨露宣布第六届吴玉章人文社会科学奖、优秀教学科研奖、终身成就奖颁奖决定；教育部副部长李卫红，教育部党组成员、国家教育行政学院院长顾海良，中国人民大学老校长黄达、纪宝成，原北京大学校长吴树青，中国人民大学党委书记程天权、校长陈雨露共同为获奖者颁奖。著名人口学家、中国人民大学荣誉一级教授邬沧萍，著名国学家、中国人民大学国学院名誉院长冯其庸和著名哲学家、北京大学教授汤一介获得首届“吴玉章人文社会科学终身成就奖”。

（二十二）中国人文社会科学论坛2012

10月3日，以“百年学术制度的形成与流变”为主题的中国人文社会科学论坛2012在中国人民大学逸夫会堂举行。中国人民大学校长陈雨露出席论坛并作主题报告，中国社会科学院文学所所长陆建德、世界宗教研究所所长卓新平等出席开幕式，中国人民大学副校长杨慧林主持开幕式及主论坛。来自哲学、文学、历史学、艺术学、宗教学、国学等人文社会科学各领域的专家学者对1912年以来学术制度的基本脉络、基本特征和基本经验，以及未来发展中面临的问题和挑战进行了深入研讨。

作为人文社会科学界的年度盛会，中国人文社会科学论坛是中国人民大学进入新世纪为发展繁荣人文社会科学而发起主办的高端学术论坛。自2001年以来，中国人文社科论坛连续举办，紧扣当代中国与当代世界人文社会科学发展的脉动，为中外学者提供了一个前沿对话和思想碰撞的学术平台。

（二十三）海峡两岸欧洲研究学术研讨会

10月12日，由中国欧洲学会主办，中国人民大学欧洲问题研究中心、欧盟研究中心承办的“海峡两岸欧洲研究学术研讨会”人大分会在明德国际楼召开。中国人民大学副校长、欧洲问题研究中心主任、欧盟研究中心主任杨慧林，台湾大学讲座教授让·莫内、欧洲联盟中心主任苏宏达出席会议。学者们齐聚一堂，共论“欧债危机对海峡两岸的影响”，对于两岸在国际竞争中把握先机，加快两岸经济转型升级，实现共同发展与繁荣，具有特殊的重要意义。

（二十四）第五届中俄高级经济论坛

10月24日，由中国人民大学和俄罗斯圣彼得堡国立经济大学联合主办，中国人民大学经济学院承办，中国人民大学俄罗斯研究中心协办的“第五届中俄高级经济论坛”在中国人民大学国学馆报告厅举行。中国人民大学常务副校长冯惠玲、俄罗斯圣彼得堡国立经济大学副校长卡尔里克、中华人民共和国外交部欧亚司副司长桂从友、俄罗斯联邦驻华公使陶米恒等出席开幕仪式并致辞。

（二十五）学术期刊与学术评价论坛暨复印报刊资料品牌创建50周年庆典

10月30日，中国人民大学举行学术期刊与学术评价论坛暨复印报刊资料品牌创建50周年庆典。中国人民大学党委书记程天权出席庆典并致辞，中宣部、教育部、新闻出版总署等有关部门负责人，中国人民大学校长陈雨露、党委常务副书记牛维麟、党委副书记兼副校长王利明出席庆典。来自全国高校的科研部（处）、图书馆负责人，人文社科评价研究专家，人文社科学术期刊负责人等各界代表以及学校相关部门、院系负责人共150余人参加大会。本次论坛主题为“以创新为导向的学术期刊出版与学术成果评价”，围绕科研管理创新、学术成果评价创新、学术期刊出版创新等议题展开交流研讨。中国人民大学人文社会科学学术成果评价研究中心同时发布2012年版“复印报刊资料”重要转载来源期刊。

（二十六）第三届世界汉学大会

11月3日，由中国人民大学与国家汉办共同举办的“第三届世界汉学大会”在中国人民大学明德堂召开。开幕式上，第九届、第十届全国人大常委会副委员长许嘉璐、教育部副部长郝平、中国人民大学校长陈雨露等出席会议并讲话，共有一百多位来自海内外的专家学者参加。本届大会的主题为“汉学与当今世界”，设有“‘新汉学’的趋势与展望”、“中国道路与世界经济秩序”、“文化差异与国际政治的走向”、“传统伦理与人类的未来”及“中国典籍的翻译及其当代意义：对译及其差异”五个议题，并设“汉学的未来与‘孔子新汉学计划’”一个大会专场，以及“中外文学大奖获奖者论坛”、“孔子学院与世界多元文化交流”两个专题论坛。

（二十七）全国社会计算学术会议（NCSC2012）

11月15日、16日，2012年全国社会计算学术会议（China National Conference on Social Computing）在逸夫会堂召开。本次会议由中国计算机学会、中国自动化学会、国际信息系统协会中国分会、中国人民大学、中科院自动化所、香港城市大学、清华大学、北京大学承办。中国人民大学常务副校长冯惠玲教授代表学校到会致辞，学校孟小峰教授和香港城市大学祝建华教授担任大会主席。会议强调社会计算的多学科交叉，分设“社会计算与信息技术”、“社会计算与新闻传播”、“社会计算与管理科学”、“社会计算与物理学”和“社会计算之企业应用”六个专场，来自国内外的三百余人参加了本次会议。

（二十八）中国宏观经济论坛（2012—2013）

11月24日，由中国人民大学经济研究所、东海证券有限责任公司、中国诚信信用管理有限公司主办，中国人民大学经济学院承办的中国宏观经济论坛（2012—2013）在逸夫会堂举行。中国人民大学校长陈雨露教授出席论坛并致辞。全国人大常委、民建中央副主席辜胜阻教授，中国社科院金融研究所所长王国刚教授，中金公司投资银行部总经理王庆博士，中国人民大学常务校董、经济研究所联席所长、东海证券有限责任公司董事长朱科敏教授，中国诚信信用管理有限公司董事长、董辅礽经济科学发展基金会副理事长关敬如博士，经济研究所联席副所长、中国诚信信用管理有限公司副总裁闫衍博士出席会议，来自中国社会科学院、中国人民大学经济研究所及经济学院等宏观经济研究机构的专家和业界代表参加会议。会上，经济研究所课题组发布了《中国宏观经济形势分析与预测（2012—2013）——迈向新复苏和新结构、超越新常态的中国宏观经济》。

（二十九）2012（第五届）中国人力资源管理年会

11月24日至25日，由中国人民大学商学院和中国人力资源理论与实践联盟联合主办的“2012（第五届）中国人力资源管理年会”在中国人民大学举行。中国人民大学党委书记程天权、人力资源和社会保障部副部长邱小平、康奈尔大学产业与劳工关系学院院长 Harry C. Katz 教授发表致辞。年会包含四场主题演讲、两场主题论坛和四场平行分论坛，同时举办“2012（第二届）中国人力资源管理学院奖”颁奖典礼并推出《2012中国企业人力资源管理最佳实践白皮书》。

（三十）2012亚太诊所法律教育论坛暨中国诊所法律教育年会

11月24日、25日，由中国诊所法律教育专业委员会、中国人民大学法学院、联合国开发计划署共同主办的“2012亚太诊所法律教育论坛暨中国诊所法律教育年会”在中国人民大学召开。中国人民大学常务副校长冯惠玲，中国法学会党组成员、秘书长林中梁先生，联合国开发计划署国别主任白桦（Christophe Bahuet）先生，福特基金会项目官员魏梦欣（Katherine Wilhelm）女士和中国法学教育研究会诊所法律教育专业委员会主任、中国人民大学法学院副院长龙翼飞教授分别在开幕式上致辞。本届论坛共分为四个单元，分别就“亚太国家和地区诊所法律教育的经验与展望”、“法律职业发展与诊所法律教育发展方向”等主题进行探讨，并观摩了中国人民大学、北京大学、清华大学和中国政法大学的法律诊所课程展示。论坛有来自中国大陆、中国台湾、日本、韩国、越南、泰国、印度、印度尼西亚、蒙古、美国、澳大利亚等国家和地区的共150余名代表参加了研讨。

（三十一）2012年“东北亚CDM项目开发与REDD+实施能力建设”国际培训研讨会

11月30日至12月2日，由联合国粮农组织（FAO）、亚太森林恢复与可持续管理网络（APF-Net）支持，农业与农村发展学院林业、环境与资源政策研究中心主办的“东北亚CDM项目开发与REDD+实施能力建设”国际培训研讨会在中国人民大学明德国际楼召开。开幕式由林业、环境与资源政策研究中心主任刘金龙教授主持，亚太森林恢复与可持续管理网络秘书长曲桂林、FAO项目官员 Danilo、朝鲜土地和资源部国际司司长 Kim Yong Il、农业与农村发展学院副院长郑风田教授等分别致辞。本次研讨会旨在为东北亚国家开发林业CDM项目活动，并提高东北亚国家启动REDD+的能力。来自FAO、朝鲜、蒙古、印度尼西亚和国内的30余位专家学者参加了研讨会。

（三十二）第九届国际儒学论坛

12月2日、3日，第九届国际儒学论坛在中国人民大学举办，并庆祝中国人民大学孔子研究院建院十周年。中国人民大学校长陈雨露，韩国高等教育财团总裁朴仁国，亚洲和平贡献中心理事长、日本早稻田大学原校长西原春夫，台湾辅仁大学原校长黎建球，中国人民大学孔子研究院院长张立文，中国国际教育交流协会秘书长邵巍，中国宋庆龄基金会研究中心副主任陈红军等出席开幕式。论坛以“儒学与生态文明”为主题，来自中国大陆、韩国、日本、美国、加拿大、巴西、马来西亚、新加坡、中国台湾、中国香港、中国澳门等十多个国家和地区的近300名学者在6轮18场的分组讨论环节中，围绕“儒家思想与学术”、“儒家一般生态理论”、“儒家具体生态理论”、“儒家生态理论的现代意义”、“儒家生态智慧与实践”五个分论题展开探讨和交流。

（三十三）中国人民大学中国艺术品金融研究所成立仪式暨学术论坛

12月8日，中国人民大学中国艺术品金融研究所成立仪式暨学术论坛在中国人民大学逸夫会堂举行。中国人民大学校长陈雨露、常务副校长冯惠玲，书画大家王镛先生、李宝林先生、王振中先生，上海文化产权交易所总经理张天，中国银行中国文化产业基金董事总经理陈杭，中国民生银行文化产业金融事业部总裁万晓芳，中国人民大学财政金融学院院长郭庆旺、经济学院黄隽教授，研究所副所长、上海保珍堂艺术品公司董事长陆华强等多位专家学者出席大会并演讲。多位书画名家、收藏家、金融机构人士以及来自北京、上海的十多家新闻媒体参加大会。

中国艺术品金融研究所是由中国人民大学、中国文化艺术界联合会和上海文化产权交易所作为联合发起单位，以中国人民大学财政金融学院为基地设立的跨学科研究机构，是国内首家以艺术品金融为研究方向的科研机构。

（三十四）京津冀和长三角区域人口流动与发展学术研讨会

12 月 14 日，由中国人民大学社会转型与社会管理协同创新中心主办的京津冀和长三角区域人口流动与发展学术研讨会在中国人民大学中国调查与数据中心会议厅举办。学校常务副校长、社会转型与社会管理协同创新中心主任冯惠玲和国家人口计生委流动人口服务管理司司长王谦到会致辞，社会转型与社会管理协同创新中心首席专家袁卫出席会议。来自社会转型与社会管理协同创新中心主要参与单位复旦大学、南京大学等高校的专家学者和中国人民大学的研究人员参加会议，共同探讨推动区域人口流动与发展的比较研究与创新拓展的理论和方法。研讨会举行了两个单元的大会发言，围绕“中国流动人口问题的建构”、“当前我国流动人口生存发展面临的主要问题与对策思考”、“我国劳动力流动对迁出地经济发展的影响”、“人口流动家庭化及其影响因素”、“京津冀区域近十年来人口分布格局研究”等主题展开具体分析。

（三十五）国家社会福利制度发展战略研讨会

12 月 15 日、16 日，由社会转型与社会管理协同创新中心、中国人民大学中国社会保障研究中心联合举办的“国家社会福利制度发展战略研讨会”在明德楼举行。民政部副部长窦玉沛、全国老龄办副主任朱勇、中国人民大学常务副校长冯惠玲致辞，国家社会福利制度发展战略项目首席专家郑功成教授在会上介绍了国家社会福利制度发展战略研究项目的进展。来自中国人民大学、中国社科院、北京师范大学、南京大学、浙江大学等 20 多所高校与研究机构和中国残联、中国社会福利协会、中国老龄产业协会等机构的 80 余人出席了会议。研讨会围绕着国家社会福利制度发展战略设立了“总体规划与国外借鉴”、“老年人福利制度发展战略”、“残疾人福利制度发展战略”等专题研讨会场，与会者围绕各个专题分别进行了深入研讨。

（三十六）第四届“文化创意产业与品牌城市”国际论坛

12 月 22 日、23 日，以“文化消费与城市文化产业发展”为主题的第四届“文化创意产业与品牌城市”国际论坛在中国人民大学举行。此次论坛由中国人民大学和文化部文化产业司共同主办。中国人民大学党委副书记牛维麟、文化部文化产业司司长刘玉珠、北京市委宣传部副部长张淼等出席开幕式并致辞。中国人民大学文化创意产业研究中心向社会公开发布“中国省市文化产业发展指数（2012）”和“中国文化消费评价指标体系”。来自国内外的专家学者围绕论坛主题分别作了精彩演讲，数家投资机构与文化产业园区及企业 共同参与了“文化产业精品项目推介会暨投融资洽谈会”的讨论。

（三十七）“货币圆桌会议·2012 冬”暨中国人民大学国际货币研究所学术委员会年度会议

12 月 29 日，“货币圆桌会议·2012 冬”暨中国人民大学国际货币研究所学术委员会年度会议在中国人民大学明德主楼举行。中国人民大学校长陈雨露，中国人民银行研究局局长纪志宏，前国家外汇管理局副局长、东盟＋3 宏观经济研究室主任魏本华，前中国人民银行国际司司长张之骧，《环球财经》杂志社副社长彭晓光，中国银监会政策研究局副局长张晓朴，摩根大通银行（中国）有限公司行长贲圣林，中国人民大学财政金融学院院长郭庆旺及国际货币研究所全体研究员出席了本次会议。会议由中信银行副行长、中国人民大学国际货币研究所联席所长曹彤主持。向松祚教授围绕着中国能否跨越中等收入陷阱这一议题发表了主题演讲，之后与会嘉宾就中等收入陷阱问题、中国 2012 年发展状况以及未来发展展望展开了深入讨论。

附录

党的十六大以来中国人民大学教授为中共中央政治局集体学习作辅导报告情况一览表

时间	会议	主题	主讲或发言人
2002年12月26日	十六届中共中央政治局第1次集体学习	认真贯彻实施宪法和全面建设小康社会	法学院 许崇德教授
2003年3月28日	十六届中共中央政治局第3次集体学习	世界就业发展趋势和我国就业政策研究	劳动人事学院 曾湘泉教授
2004年4月26日	十六届中共中央政治局第12次集体学习	法制建设与完善社会主义市场经济体制	法学院 王利明教授
2005年5月31日	十六届中共中央政治局第22次集体学习	经济全球化趋势与当前国际贸易发展	经济学院 黄卫平教授
2005年12月20日	十六届中共中央政治局第27次集体学习	行政管理体制改革和完善经济法律制度	法学院 史际春教授
2007年3月23日	十六届中共中央政治局第40次集体学习	制定和完善物权法的若干问题	法学院 王利明教授
2008年9月28日	十七届中共中央政治局第8次集体学习	中国特色社会主义理论体系研究	马克思主义学院 秦宣教授
2009年6月29日	十七届中共中央政治局第14次集体学习	积极推进党内民主建设	国际关系学院 李景治教授
2011年4月26日	十七届中共中央政治局第28次集体学习	世界人口发展和全面做好新形势下我国人口工作	社会与人口学院 翟振武教授
2011年6月28日	十七届中共中央政治局第30次集体学习	保持和发展党的先进性	马克思主义学院 杨凤城教授

中国人民大学跨学院研究机构一览表

序号	机构名称	成立时间	依托单位
1	清史研究所	2004年12月31日	历史学院
2	中国经济改革与发展研究院	2006年7月12日	经济学院
3	国学研究院	2006年7月12日	国学院
4	马克思主义研究院	2006年7月12日	马克思主义学院
5	公共政策研究院	2006年7月12日	公共管理学院
6	汉语国际推广研究所	2006年11月2日	文学院
7	残疾人事业发展研究院	2007年6月13日	劳动人事学院、社会与人口学院等学院

序号	机构名称	成立时间	依托单位
8	国剧研究中心	2007 年 10 月 25 日	文学院
9	中国合作社研究院	2008 年 3 月 24 日	农业与农村发展学院
10	北京社会建设研究	2008 年 4 月 27 日	社会与人口学院
11	中国调查与数据中心	2008 年 12 月 31 日	统计学院
12	可持续发展高等研究院	2008 年 12 月 31 日	农业与农村发展学院
13	宗教高等研究院	2009 年 3 月 17 日	哲学院、文学院、国学院
14	人文北京研究中心	2009 年 6 月 30 日	哲学院
15	发展与战略研究院	2012 年 5 月 21 日	经济学院、国际关系学院、教育学院
16	公共治理研究院	2012 年 5 月 21 日	公共管理学院
17	国家社会发展研究院	2012 年 5 月 21 日	社会与人口学院
18	中国社会科学案例中心	2012 年 6 月 13 日	商学院
19	中国共产党历史与理论研究院	2012 年 6 月 13 日	马克思主义学院
20	社会发展与管理大数据中心	2012 年 9 月 15 日	信息学院、信息资源管理学院

中国人民大学院属科研机构一览表

序号	名　称	成立时间
哲学院		
1	美学与现代艺术研究所（原名为美学研究所）	1986/11/10
2	现代逻辑与科技哲学研究所（原名为现代逻辑与人工智能应用开发研究所）	1992/12/19
3	马克思主义哲学与当代世界问题研究中心	2002/01/23
4	外国哲学研究所（原名为希腊哲学与欧洲古典哲学研究中心）	2002/05/28
5	人文社会科学发展研究中心	2004/01/08
6	管理哲学研究中心	2007/01/05
7	国际中国哲学与比较哲学研究中心	2008/07/10
8	国际佛学研究中心	2010/11/24
文学院		
9	文艺思潮研究所	1987
10	比较文学研究所	1990
11	华人文化研究所	1993/12/02
12	基督教文化研究所	1996/01/09
历史学院		
13	史学理论研究所	1991
14	北方民族考古研究所	2004/12/23
15	清代皇家园林研究中心	2008/07/10
16	生态史研究中心	2012/06/18
经济学院		
17	太平洋经济研究所	1987/03
18	运筹学与数量经济研究所	1988
19	风险资本与网络经济研究中心	2000/04/26
20	俄罗斯研究中心	2004/01/08

序号	名　称	成立时间
21	中国民营企业研究中心	2004/12/23
22	发展中国家经济研究中心	2007/01/04
23	产业经济与竞争政策研究中心	2007/01/04
24	比较政治经济学研究中心	2007/01/04
25	企业与组织理论研究中心	2008/07/10
26	微观数据与实证方法研究中心	2010/11/24
27	公共经济与治理研究中心	2010/11/24
28	世界经济研究中心	2012/06/18
财政金融学院		
29	投资与房地产研究中心	1992/09
30	金融与证券研究所	1996/11/20
31	投资研究所	1998/05/27
32	风险投资发展研究中心	1999/09/06
33	财税研究所	2000/01/14
34	金融与财税电子化研究所	2000/04/04
35	信托与基金研究所	2002/09/11
36	金融工程研究所	2008/07/10
37	国际货币研究所	2009/11/18
38	国际并购与投资研究所	2011/07/13
统计学院		
39	风险管理与精算研究中心	1996/07/05
40	调查技术研究所	1997/12/22
41	竞争力与评价研究中心	1998/12/21
42	概率论与数理统计研究所	2007/01/05
43	国民经济核算研究所	2007/01/05
44	统计咨询研究中心	2007/01/15
45	地理空间信息研究中心	2012/06/18
农业与农村发展学院		
46	农村发展研究所	1987/06
47	土地经济研究所	1988/01
48	乡镇企业发展研究所	1992/10
49	不动产研究中心	1994/12/28
50	西部开发中心	2000/04/29
51	中国农村金融研究所	2007/01/15
52	反贫困问题研究中心	2009/09/25
53	中国畜牧饲料产业研究中心	2011/07/13
法学院		
54	台湾法律问题研究所	1989/02
55	经济法学研究中心（原名为金融法研究所）	1991
56	不动产法研究中心（原名为国际刑法研究所）	1993/10/27
57	中日比较法律文化研究中心	1994/09/05
58	犯罪与监狱学研究所	1994/09/05
59	法律文化研究中心（原名为比较法律文化研究中心）	2004/12/23
60	朝阳法学研究中心	2004/12/23

序号	名　称	成立时间
61	法律与全球化研究中心	2004/12/23
62	国际法研究所	2004/12/23
63	国际人道法研究中心	2004/12/23
64	婚姻家庭法研究所	2004/12/23
65	劳动法和社会保障法研究所	2004/12/23
66	诉讼制度与司法改革研究中心	2004/12/23
67	宪政与行政法治研究中心	2004/12/23
68	信息法研究中心	2004/12/23
69	诊所式法律教学与研究中心	2008/07/10
70	纠纷解决研究中心	2010/11/24
71	破产法研究中心	
72	亚太法学研究院	2011/07/13
73	法律与宗教研究中心	2012/06/18
马克思主义学院		
74	比较文明理论研究所	1991/05
75	台港澳研究中心	1993/11
76	思想政治教育研究所	1997/05/08
77	社会发展研究中心	1998/05/05
社会与人口学院		
78	心理科学研究中心	1987
79	社会调查中心	1990
80	女性研究中心	1994/02/22
81	性社会学研究所	1994/03/24
82	社会心理学研究所	1994/05/04
83	老年学研究所	1994/12/28
84	法律社会学研究所	1999/01/20
85	人类学研究所（原名为人类学民族学研究所）	2002/04/23
86	健康科学研究所	2004/01/08
87	基金会研究所	2007/01/15
88	环境社会学研究所	2009/04/13
89	体育与社会发展研究中心	2012/06/18
国际关系学院		
90	国际事务研究所	1987
91	联合国研究中心	1994/01/07
92	政治思想文化研究所	1994/05/25
93	当代中国政党研究中心	2000/01/04
94	美国研究中心	2000/10/02
95	联合国教科文组织研究中心	2004/01/08
96	比较政治制度研究所	2007/01/05
97	国际能源战略研究中心	2007/01/05
98	廉政建设研究中心	2008/07/14
99	中国对外战略研究中心	2012/06/18
新闻学院		
100	舆论研究所	1986/10/01

序号	名　称	成立时间
101	现代广告研究中心	1993/11/28
102	传播媒介管理研究所	1995/09/04
103	视听传播研究中心	1996/09/19
104	危机传播管理研究中心	2006/09/05
105	新闻伦理与传媒法律研究所	2007/01/05
106	公共传播研究所	2008/07/10
107	网络舆情研究中心	2010/11/24
108	公共外交研究中心	2012/06/18
艺术学院		
109	东方艺术研究所	2004/12/23
110	文化艺术策划与推广研究所	2010/11/24
111	绘画材料研究与修复工作室	2011/07/13
外国语学院		
112	澳大利亚研究中心	1999/05/20
113	德国研究中心	2000/10/08
114	日本人文社会科学研究中心	2002/01/10
信息学院		
115	萨师煊大数据管理与分析国际研究中心（原名为数据工程与知识工程研究所）	1987
商学院		
116	工业经济与管理科学研究所	1987
117	财务会计研究所	1992/02
118	市场调查所	1992/04/07
119	政策科学研究中心	1992/10
120	中国市场营销研究中心	1995/06/06
121	中小企业发展研究中心	1999/01/20
122	中国供应链战略管理研究中心（原名为中国医药物流研究中心）	2002/03/26
123	中国贝迩工商管理与可持续发展研究中心	2004/12/23
124	国民幸福（生活方式与产业经济）研究中心	2010/11/24
125	粮食产业研究中心	2010/11/24
126	高礼研究院	2011/09/20
126	企业创新与竞争力研究中心	2012/06/18
公共管理学院		
128	政府管理与改革研究中心（原名为社会公共事务管理与发展研究中心）	1995/12/27
129	人力资源开发与管理研究中心	2000/02/25
130	商品储备与流通研究中心	2001/09/01
131	房地产信息中心	2002/05/15
132	领导科学研究中心	2002/12/27
133	危机管理研究中心	2004/12/23
134	土地规划研究中心	2006/09/05
135	公共管理定量分析研究所	2007/01/05
136	卫生医疗体制改革与发展研究中心	2007/01/15
137	土地政策与制度研究中心	2007/02/02
138	非营利组织研究所	2009/09/25
139	城乡发展规划与管理研究中心	2009/09/25

序号	名　称	成立时间
140	公共治理与和谐城市研究中心	2010/11/24
141	地方政府发展战略研究中心	2012/06/18
劳动人事学院		
142	组织行为学研究所	1988
143	劳动关系研究所	1991
144	人力资源开发与评价中心	1993/04/15
145	中国社会保障研究中心（原名为社会保障研究所）	1997/11/27
146	中国就业研究所	2004/01/08
147	中国人力资本审计研究所	2011/07/13
信息资源管理学院		
148	电子政务研究中心	2004/01/08
149	电子文件管理研究中心	2010/10/24
150	信息分析研究中心	2012/06/18
继续教育学院		
151	休闲经济研究中心	2004/01/08
科研处		
152	韩国研究中心	1996/09/03
招生就业处		
153	大学生就业问题研究所	1996/04/26
国际交流处		
154	亚洲研究中心	2003/02/27
图书馆		
155	古籍整理研究所	1986/05
出版社		
156	教材研究与开发中心	1999/05/20
157	出版研究中心	2004/01/08
书报资料中心		
158	管理信息研究中心	1993
159	人文社会科学学术成果评价研究中心	2008/10/31
博物馆		
160	家书文化研究中心	2009/09/25
国际学院（苏州研究院）		
161	气候变化与低碳经济研究所	2009/09/06
162	全球化研究中心	2011/07/13
可持续发展高等研究院		
163	历史与社会高等研究所	2009/09/25
文化科技园管委会办公室		
164	文化产业研究院（原名为文化创意产业研究中心）	2009/11/18
环境学院		
165	环境政策与环境规划研究所	2009/04/13
166	低碳水环境技术研究中心	2011/07/13

序号	名 称	成立时间
心理系		
167	终身学习研究中心	2011/07/13
168	中国企业员工心理援助研究中心	2011/07/13

入选国家社科基金成果文库的专著

课题名称	申请人	单位	年份
大金融论纲	陈雨露	财政金融学院	2012 年
制度、市场与中国农村发展	陆益龙	社会与人口学院	2012 年
建设公正高效权威的社会主义司法制度研究	陈卫东	法学院	2012 年

2012 年中国人民大学纵向科研项目一览表

序号	项目名称	负责人	所属单位
国家社会科学基金重大项目			
1	中国特色社会主义文化发展道路研究	郝立新	哲学院
2	中国文化产业人才培养体系建设研究	牛维麟	教育学院
3	完善金融宏观调控体系研究	陈雨露	财政金融学院
4	国际金融危机后资本主义的历史走向与我国的应对方略研究	张 宇	经济学院
5	加快推进经济发展方式转变和经济结构调整的我国财政政策及财政管理模式研究	郭 杰	经济学院
6	中国特色社会主义道德体系研究	焦国成	哲学院
7	和谐劳动关系构建中的政府规制研究	常 凯	劳动人事学院
8	科学哲学史研究	刘大椿	哲学院
9	清史地图集	华林甫	历史学院
10	云计算环境下的信息资源集成与服务研究	杜小勇 卢小宾	信息学院 信息资源管理学院
11	法治评估创新及其在中国的推广应用研究	朱景文	法学院
国家社会科学基金重点项目			
12	经济结构调整中的通胀预期管理研究	张成思	财政金融学院
13	促进社会公平正义的理论和实践研究	孙国华	法学院
14	新疆地区中西文化交流研究	李 肖	国学院
15	现阶段通货膨胀与预期管理问题研究	许光建	公共管理学院
16	中国地方政府债务形成机制与风险控制研究	孙玉栋	公共管理学院
17	档案学专业创新人才培养模式研究	张 斌	信息资源管理学院
18	《资本论》及其手稿的技术哲学思想研究	王伯鲁	哲学院
国家社会科学基金一般项目			
19	应收账款担保融资法律制度研究	高圣平	法学院

序号	项目名称	负责人	所属单位
20	媒体侵权与媒体权利保护的司法界限研究	杨立新	法学院
21	垄断行业反垄断执法问题研究	孟燕北	法学院
22	涉外民事诉讼程序修改理念与制度完善研究	杜焕芳	法学院
23	快速城市化进程中关键基础设施系统性危机应急模式研究	王宏伟	公共管理学院
24	近三十年台湾政治发展研究	王英津	国际关系学院
25	马克思经济学“六册结构”计划与现代生产方式研究	刘明远	经济学院
26	社会偏好理论与社会合作机制研究	周业安	经济学院
27	转型发展中城市主导产业选择方法研究	付晓东	经济学院
28	金融危机与政治、社会关系的历史考察	李世安	历史学院
29	沿海发达地区私营企业和谐劳动关系影响机制的实证研究	吕景胜	商学院
30	农民工随迁子女城市社会融入问题的人类学研究	刘　谦	社会与人口学院
31	建立我国社会保障卫星账户的理论方法与对策研究	黄向阳	统计学院
32	托马斯·品钦小说研究	王建平	外国语学院
33	重大突发公共事件依法报道研究	周建明	新闻学院
34	中国当代新闻界人物的口述史研究	王润泽	新闻学院
35	学科创新视域下的公共哲学：中日比较研究	林美茂	哲学院
国家社会科学基金青年项目			
36	城乡结合部规划建设模式与土地利用协调机制研究	李　强	公共管理学院
37	我国对非洲能源合作中的国家风险评估研究	崔守军	国际关系学院
38	民国今文经学研究	陈壁生	国学院
39	低碳经济背景下企业节能减排行为分析与优化管理研究	石　磊	环境学院
40	保障国民经济可持续发展的水利投资最优规模研究	张培丽	经济学院
41	我国养老保险制度中的中央与地方关系研究	鲁　全	劳动人事学院
42	清代县辖政区与基层社会管理研究	胡　恒	历史学院
43	基于新 MEGA 文献的“《资本论》恩格斯编辑问题”研究	陈　浩	马克思主义学院
44	《马克思恩格斯全集》历史考证版（MEGA）的开创者——梁诺赞夫专题研究	赵玉兰	马克思主义学院
45	国际金融危机与社会主义的发展机遇研究	沈尤佳	马克思主义学院
46	国际粮食价格波动与中国粮食供需平衡影响研究	吕　捷	农业与农村发展学院
47	信息化时代庭审方式变迁的实证研究	梁　坤	社会与人口学院
48	我国城市女性的社会经济地位与婚姻质量研究	张会平	社会与人口学院
49	第六次全国人口普查生育水平、年龄结构数据质量评估	陶　涛	社会与人口学院
50	创新和质量导向的中国人文社科学术成果评价管理控制机制研究	杨红艳	书报资料中心
51	柏拉图书信的翻译与研究	彭　磊	文学院
52	清代来华西士与中国古典小说的早期海外传播研究	王　燕	文学院
53	类型学背景下的汉语非核心论元实现及允准研究	孙天琦	文学院
54	中国智库核心竞争力研究	王莉丽	新闻学院
55	国有企业境外档案监管体系研究	徐拥军	信息资源管理学院
国家社会科学基金后期资助项目			
56	人民、权威与权利	张　龑	法学院
57	古都邺城研究——中世纪东亚都城制度探源	牛润珍	历史学院
58	价值转型	沈民鸣	经济学院
59	儒家实意伦理学	温海明	哲学院
60	马克思现代性思想与当代社会发展	郗　戈	马克思主义学院
61	马克思主义基本原理与当代中国思想政治教育	刘建军	马克思主义学院

序号	项目名称	负责人	所属单位
62	大国竞争的金融战略	陈雨露	财政金融学院
63	金融消费者保护统合法论	杨　东	法学院
64	合同法分则研究	王利明	法学院
国家社会科学基金特别委托项目			
65	文化市场管理与执法研究	韩大元	法学院
国家社科基金学术期刊资助			
66	中国人民大学学报	段忠桥	哲学院
67	人口研究	翟振武	社会与人口学院
68	经济理论与经济管理	方福前	经济学院
69	教学与研究	齐鹏飞	马克思主义学院
70	国际新闻界	陈力丹	新闻学院
71	法学家	史际春	法学院
72	清史研究	祁美琴	历史学院
73	档案学通讯	胡鸿杰	信息资源管理学院
国家重点基础研究发展计划（973 计划）课题			
74	功能关联电子材料及其体能及发育拓扑量子性质的调控研究（课题 1）	鲍威（项目首席）	物理学系
75	功能关联电子材料及其体能及发育拓扑量子性质的调控研究（课题 4）	布鲁斯·诺曼	物理学系
76	海量弱可用信息上知识发现、演化与服务的理论和技术研究	杜小勇	信息学院
国家高技术研究发展计划（863 计划）课题			
77	开放环境下海量 web 数据提取集成分析和管理系统平台与应用	周晓方（项目首席）	信息学院
国家科技支撑计划课题			
78	国土空间利用的约束条件识别与动态潜力评估关键技术	严金明	公共管理学院
国家重大科研仪器设备研制专项			
79	冷中子非弹性散射谱仪的研制	鲍　威	物理学系
国家自然科学基金优秀青年科学基金项目			
80	超冷原子分子体系和固体量子器件中的量子少体问题	张　芃	物理学系
81	关联电子材料的固体核磁共振物性研究	于伟强	物理学系
国家自然科学基金面上项目			
82	离散分析—分形和图上的分析及其应用	林　勇	信息学院
93	基于当代分位回归与鞍点逼近方法的复杂数据分析	田茂再	统计学院
84	准二维超冷费米体系的研究	张　威	物理学系
85	自旋轨道耦合的拓扑量子系统的理论研究	韩　强	物理学系
86	氢键结合水纳米结构的电子输运性质	季　威	物理学系
87	铁基超导体的电子结构实验研究	王善才	物理学系
88	微观体系中热传导的发散行为及其智能控制	王　雷	物理学系
89	金属配合物与朊蛋白神经肽的相互作用	杜为红	化学系
90	铁催化功能性有机过氧化合物的合成及其应用	李志平	化学系
91	金催化联烯的分子间环加成反应研究	陈自立	化学系
92	室温离子液体结构非均匀性的超快激光光谱研究	吕　荣	化学系
93	深价带半导体氧化物高效可见光催化材料的研究	林　隽	化学系

序号	项目名称	负责人	所属单位
94	高等植物捕光天线 LHC—Ⅱ中非光化学淬灭的超快动力学机制	王　鹏	化学系
95	非晶合金结构单元的特征及其与形变和弛豫关系的模拟研究	李茂枝	物理学系
96	超低散射损耗激光透明陶瓷	曹永革	物理学系
97	光合细菌污水处理系统中利用生化工程方法调控物质代谢与能量转化提高菌体产量的研究	张光明	环境学院
98	信息网络关联关系分析技术研究	李翠平	信息学院
99	基于语义分析的数据库交互技术	周　烜	信息学院
100	打开黑箱的网络 DEA 模型及应用研究	韩　松	经济学院
101	“推荐—采纳”模式下病毒营销用户影响传播机制研究	余　力	信息学院
102	金融资产配置中面板数据动态因子模型研究	张　波	统计学院
103	基于互联网海量金融情感信息的多方位金融市场智能关联研究及在线决策支持系统	梁　循	信息学院
104	客户关系管理（CRM）系统的管理控制作用及其价值机理研究	董树涛	商学院
105	投资者保护与声誉机制的作用机理	李　焰	商学院
106	分析师特征与市场价格发现效率研究	伊志宏	商学院
107	基于会计制度变迁的所得税会计信息有用性研究	戴德明	商学院
108	企业社会责任影响消费者品牌态度的内化机制研究——社会认同和互惠理论视角	刘凤军	商学院
109	紧张觉醒与活力觉醒路径对消费者态度、自我控制与亲社会行为的影响——RFID 技术之应用与实证	张恩忠	商学院
110	产业供应链服务化条件下的服务外包决策与风险管理	宋　华	商学院
111	组织文化对并购有效性的影响机制及干预模式	时　勘	心理学系
112	人力资源管理系统双元性的内容结构、实施效果与作用机制研究	苏中兴	劳动人事学院
113	兼顾员工幸福感与组织绩效的人力资源管理实践及其机制的多层次研究——人本主义的视角	孙健敏	劳动人事学院
114	独立董事激励机制的影响因素和激励效果——来自我国上市公司的证据	郑志刚	财政金融学院
115	线上线下互动对老年人在虚拟社区知识分享的影响研究	左美云	信息学院
116	基于政策执行评估的政府采购政策功能实现机制研究	王丛虎	公共管理学院
117	成员异质性、合作社理论创新与农民专业合作社发展政策体系构建	孔祥智	农业与农村发展学院
118	基于制度视角的北方干旱半干旱区草地资源的可持续管理研究	谭淑豪	农业与农村发展学院
119	中国食品产业链转型中的能源使用与碳足迹研究	Thomas Reardon	农业与农村发展学院
120	反垄断管制的新视角：参与性管制的理论和实践	叶光亮	经济学院
121	私有内部信息条件下的两阶段做市定价规则研究	张顺明	财政金融学院
122	中国人口老龄化对宏观经济的定量影响	陈彦斌	经济学院
123	一氧化氮对采后番茄果实 CBF 抗冷信号途径的调控	生吉萍	农业与农村发展学院
国家自然科学基金青年项目			
124	高维数据的图模型学习与统计推断	尹建鑫	统计学院
125	具有可调节范数的支持向量机模型与算法的研究	张春华	信息学院
126	多层石墨烯体系的杂质与磁场效应和转移矩方法的推广	张桂平	物理学系
127	铁基超导材料的晶体生长与中子散射实验研究	程　鹏	物理学系
128	新型大环主体化合物的设计、合成、分子识别性能及以之为构筑单元的超分子自组装研究	龚汉元	化学系
129	芳环断裂双加氧酶反应机理及结构—功能关系的理论研究	赖文珍	化学系

序号	项目名称	负责人	所属单位
130	用于细菌趋化性定量检测和筛选的液滴微流控平台及其应用	杜文斌	化学系
131	性别比例失衡对经济决策的影响	邢　采	心理学系
132	自动情绪调节的神经机制及其可塑性研究	张　晶	心理学系
133	我国遗产旅游社区参与综合评估模型研究	苏明明	环境学院
134	中国自然保护区空间分布的经济分析与驱动因素研究	吴　健	环境学院
135	基于模糊粗糙集的概率数据挖掘方法研究	赵素云	信息学院
136	基于访问特征分析的流媒体存储系统节能方法研究	柴云鹏	信息学院
137	通用Web结构化信息检索引擎的关键技术研究	王秋月	信息学院
138	面向企业2.0的研发团队知识共享与创新多层次模型研究	余　艳	信息学院
139	软文对消费者购买决策的影响：主效应、与平面广告的交互效应及网络环境下的涟漪效应研究	王　霞	商学院
140	基金经理短视对基金投资和市场效率影响的研究	韩　燕	商学院
141	中国民营企业利润分享计划的实施前因与影响过程探索	Byron Yee Sing Lee	商学院
142	领导—成员交换关系差异化对团队和个体的作用机制研究：基于中美两国的跨文化分析	李育辉	劳动人事学院
143	新兴经济体天生全球化企业国际扩张与绩效关系研究	邓子梁	商学院
144	农户参与、合作行为和灌溉水使用：基于中国农村的一组调查和实验数据	龚亚珍	环境学院
145	基于碳价值特征测度的碳金融资产定价模型及其应用研究	夏晓华	经济学院
146	企业创新的就业创造机制研究——基于中国制造业企业的微观实证	吴翌琳	统计学院
147	交通违法治理：基于随机社会实验的实证分析	陆方文	经济学院
148	产业链转型视角下的生鲜乳质量安全保障机制研究	钟　真	农业与农村发展学院
149	国际贸易保护主义盛行背景下中国企业应对贸易壁垒的策略体系研究	王孝松	经济学院
150	兼顾公平与效率的区域碳排放权分配方案设计与比较	魏　楚	经济学院
国家自然科学基金国际合作与交流项目			
151	公共管理与政策研究方法暑期研讨班	蓝志勇	公共管理学院
152	光合细菌反应中心和捕光天线的结构与光谱学研究	张建平	化学系
153	第一届国际健康信息科学会议	孟小峰	信息学院
154	亚洲超大数据库国际学术会议	杨　刚	信息学院
155	公共管理与政策研究方法暑期研讨班	蓝志勇	公共管理学院
教育部人文社科重大课题攻关项目			
156	亚太地区形势演变及中国亚太战略研究	黄大慧	国际关系学院
157	转型时期中国的行业垄断与居民收入分配研究	岳希明	财政金融学院
158	中国社会学史	郑杭生	社会与人口学院
教育部人文社科重点研究基地重大项目			
159	国际政教关系比较研究	张　践	佛教与宗教学理论研究所
160	古希腊罗马政治伦理研究	白彤东	伦理学与道德建设研究中心
161	中国近代政治伦理思想研究	宋志明	伦理学与道德建设研究中心
162	中国强制执行法体系研究	肖建国	民商事法律科学研究中心

序号	项目名称	负责人	所属单位
163	侵权责任法的若干疑难问题研究	杨　震	民商事法律科学研究中心
164	合作与冲突：2000 年以来俄罗斯与欧盟关系	陈新明	欧洲问题研究中心
165	全球化背景下中欧关系的发展态势与挑战	房乐宪	欧洲问题研究中心
166	清代灾赈档案史料汇编	陈　桦	清史研究所
167	清季新设中央机构研究（1901—1911）	迟云飞	清史研究所
168	人口老龄化与老年社会保障制度设计	石人炳	人口与发展研究中心
169	中国住房与人口变化研究	陈卫民	人口与发展研究中心
170	中国社会学的理论自觉及理论与方法创新研究	郑杭生	社会学理论与方法研究中心
171	农村社区建设与农村发展的社会学研究	陆益龙	社会学理论与方法研究中心
172	社会化媒体时代的媒介素养研究	彭　兰	新闻与社会发展研究中心
173	中国新闻本体史研究	王润泽	新闻与社会发展研究中心
174	刑法中的责任原则	冯　军	刑事法律科学研究中心
175	死刑制度的宪法控制	韩大元	刑事法律科学研究中心
176	政府统计数据质量保证体系研究	傅德印	应用统计科学研究中心
177	随机效应模型及其在非寿险风险管理中的应用	孟生旺	应用统计科学研究中心
178	中国经济波动与财政货币政策研究	张成思	中国财政金融政策研究中心
179	扩大内需的财税政策研究	朱　青	中国财政金融政策研究中心
180	稳增长背景下管理好通货膨胀预期的财政与货币政策组合研究	郭　杰	中国经济改革与发展研究院
181	国际货币体系与人民币国际化	雷　达	中国经济改革与发展研究院
181	西方左翼学者的马克思主义观研究	黄继锋	中国特色社会主义理论体系研究中心（原“三个代表”重要思想研究中心）
182	传统文化与中国文化软实力研究	王　易	中国特色社会主义理论体系研究中心（原“三个代表”重要思想研究中心）
教育部人文社科后期资助项目			
184	新编金文编	王贵元	文学院
教育部人文社科规划项目			
185	话语符号历史模态重构当代中国国家认同	杨　敏	外国语学院
186	现代作者理论研究	刁克利	外国语学院
187	艾滋病歧视与反歧视策略研究	张有春	社会与人口学院
188	城市群人口空间分布机制及优化研究——以京津冀城市群为例	张耀军	社会与人口学院

序号	项目名称	负责人	所属单位
189	中国节能管理城市分类技术与管理策略研究——基于287个城市面板数据的分析	宋国君	环境学院
190	新生代农民工市民化过程中的制度冲突与协调问题研究	黄　锟	经济学院
191	“韩（非）学”史略	宋洪兵	国学院
192	人口统计数据空间化与区域人口风险管理机制研究	杜本峰	社会与人口学院
193	随机环境下技术选择与人力资源集成规划及算法	蒋洪迅	信息学院
194	基本医疗保险关系转移接续路径研究——基于典型地区试点运行的实证调查	仇雨临	劳动人事学院
195	国际经济纠纷的司法解决：秩序重构与法律对策	杜焕芳	法学院
196	夫妻财产制研究	孙若军	法学院
教育部人文社科青年项目			
197	唐诗语言学批评研究	朱子辉	文学院
198	清代佛教史学与史家研究	曹刚华	清史所
199	《马克思恩格斯全集》历史考证第一版（MEGA1）与第二版（MEGA2）的比较研究	赵玉兰	马克思主义学院
200	类型学背景下的汉语非核心论元实现模式及允准机制研究	孙天琦	文学院
201	唐宋时期佛教经藏插图研究	张建宇	艺术学院
202	儿童同伴交往中的资源获得行为及其社会适应意义的跨文化比较	曹睿昕	国际学院
203	集成创新系统的测度与实证：来自中国的经验证据	吴翌琳	统计学院
204	生命历程视角下的失业者就业观点和就业障碍研究	吴　蕾	社会与人口学院
205	为什么汇率干预不能解决贸易失衡——基于出口边际视角	赵　勇	经济学院
206	我国扩大内需长效机制的微观基础与政策构建——基于家庭消费函数与大样本调查的研究	石明明	商学院
207	中国地区制度质量对企业行为和绩效的影响	聂辉华	经济学院
208	经济学研究的性别视角	沈尤佳	马克思主义学院
209	国际贸易隐含能源转移问题研究：机制、影响及应对政策	陈占明	经济学院
210	程序利益论：民事诉讼程序运转的逻辑基础及社会动力	许尚豪	法学院
211	逆向选择还是正向选择——对董事责任保险购买需求的研究	许　荣	财政金融学院
教育部人文社科专项任务项目			
212	当代主要社会思潮对大学生思想道德的影响及对策研究	王　易	马克思主义学院
213	高校稳定工作预警研判机制	武龙生	保卫处
214	教育部R&D数据清查资料汇编（人文社会科学）	陈　健	出版社
215	科学发展观的重大理论和实践意义研究	刘建军	马克思主义学院
216	马克思主义中国化与哲学社会科学创新发展	秦　宣	马克思主义学院
217	品味社会学	郑杭生	社会与人口学院
218	数说经济与社会	袁　卫	统计学院
219	图解中国市场	马龙龙	商学院
220	微博时代的舆情管理——领导干部通俗读本	喻国明	新闻学院
221	学习宣传贯彻党的十八大精神理论研究课题1	喻国明	新闻学院
222	学习宣传贯彻党的十八大精神理论研究课题2	方立天	哲学院
223	学习宣传贯彻党的十八大精神理论研究课题3	张雷声	马克思主义学院
224	学习宣传贯彻党的十八大精神理论研究课题4	秦　宣	马克思主义学院
225	学习宣传贯彻党的十八大精神理论研究课题5	王利明	法学院
226	学习宣传贯彻党的十八大精神理论研究课题6	程天权	马克思主义学院

序号	项目名称	负责人	所属单位
227	中国工业化历程简明读本	温铁军	农业与农村发展学院
228	中国特色社会主义简明读本	秦　宣	马克思主义学院
229	中国特色社会主义制度若干问题研究	秦　宣	马克思主义学院
教育部人文社科委托项目			
230	关于个人所得税改革的几点建议	郭庆旺	财政金融学院
231	中国的法学教育	韩大元	法学院
北京市哲学社会科学规划重点项目			
232	马克思主义基本原理在当代中国的发展	张雷声	马克思主义学院
233	线上话语空间建构与线下动员——突发公共事件的微博传播与预警机制研究	喻国明	新闻学院
北京市哲学社会科学规划一般项目			
234	在押人员未成年子女救助问题研究	田宏杰	法学院
235	北京居民消费价格指数波动规律及其驱动因素研究	许光建	公共管理学院
236	打造具有“北京精神”的“世界城市”文化——北京市文化创意产业特色与定位研究	倪　宁	新闻学院
237	当代北京金融风险管理中若干重大问题的基础理论研究与防范对策	田茂再	统计学院
238	新中国成立初期（1949—1956）的社会建设与社会认同研究——以北京地区为中心的考察	宋学勤	马克思主义学院
239	《外国人眼中的老北京——晚清民国译丛》（第一辑）	黄兴涛	历史学院
240	厚德载物与人文之魂：北京史迹研究	刘凤云	历史学院
241	从健康视角探讨新生代农民工的城市融合问题	和　红	社会与人口学院
242	农民工随迁子女城市社会融入问题研究	刘　谦	社会与人口学院
243	汉日结果可能句研究	张　威	外国语学院
244	社会转型期的危机传播与社会认同	胡百精	新闻学院
北京市哲学社会科学规划青年项目			
245	民事诉讼中的检察监督研究	姜晓妍	科研处
246	侵权责任法的一般条款构成要件该当性重构	林承铎	国际学院
247	首都学校法人制度建设的基础法律问题	周　详	教育学院
248	成本快速上升对京郊观光农业的影响研究	钟　真	农业与农村发展学院
249	提高劳动报酬在初次分配中的比重研究——基于北京市最低工资政策实施状况的调查	黄　伟	劳动人事学院
250	北京市新媒体发展与社会管理创新研究	黄　河	新闻学院
北京市自然科学基金面上项目			
251	基于文献推荐的科研选题决策支持系统	余　力	信息学院
252	面向跨平台微博的复杂社区发现和用户网络结构关系研究	梁　循	信息学院
253	北京市碳排放影响因素、削减潜力及低碳发展策略研究	柯水发	农业与农村发展学院
全国教育科学规划国家青年项目			
254	招生计划宏观调控对我国青年人口迁移的影响及作用机制研究	潘昆峰	教育学院
255	基于教育价格差异的中国地区间义务教育资源配置公平问题研究	付　尧	教育学院
全国教育科学规划国家一般项目			
256	青少年的网络游戏体验及其与网络游戏行为的关系	雷　雳	心理学系
全国教育科学规划教育部重点课题			
257	学习型社会构建进程中家长委员会的枢轴作用及其实现路径研究	严　平	中国人民大学

序号	项目名称	负责人	所属单位
北京市教育委员会共建项目			
258	科学研究与研究生培养共建项目——科研基地（马克思主义研究基地）	秦　宣	马克思主义学院
259	科学研究与研究生培养共建项目——科研基地（人文北京研究基地）	郝立新	哲学院
260	科学研究与研究生培养共建项目——科研基地（社会建设研究院）	翟振武	社会与人口学院
261	北京市基础教育空间信息整理和分析	赵彦云	统计学院
262	高等教育资源分配模式与效益的比较研究——基于在京部属高校与市属院校的对比考察	查显友	财务处
263	基地项目——北京市有效调控人口规模的政策与措施研究	陈　卫	社会与人口学院
264	基地项目——中国共产党的信仰建设研究	刘建军	马克思主义学院
265	京郊新型农业经营主体的形成与现代农业发展研究	孔祥智	农业与农村发展学院
266	科学研究与研究生培养共建项目——科研成果转化与产业化项目(大功率LED陶瓷薄膜封装材料与技术)	曹永革	物理学系
267	民法疑难案例研究	王利明	法学院
268	研究生培养质量保障体系研究	刘凤良	经济学院
269	中国传统文化与货币改革：历史经验	陈雨露	财政金融学院
北京市社科联青年社科人才资助项目			
270	北京地区寺陵聚落的历史地理考察	刘新光	国学院
271	西周燕国的族群和社会等级——基于墓葬和金文的研究	曹　斌	历史学院
272	北京社会企业的培育与发展策略研究	祝玉红	社会与人口学院
273	北京社会工作者队伍建设——社工教育与就业	郭　瑜	劳动人事学院
274	社会主义平等观——全球语境中核心价值体系建设	张晓萌	马克思主义学院
275	民变、邪教与清中叶的政治、学术与社会	张瑞龙	历史学院
教育部留学归国人员科研启动基金项目			
276	简牍文书中的概念、称谓与汉唐时期的社会变化	韩树峰	历史学院
277	维特根斯坦后《哲学研究》论稿研究	刘　畅	哲学院
278	中、日、韩三国社会网络资本测量的比较研究	王卫东	社会与人口学院
279	投资决策过程中的情绪调节	邢　采	心理学系
280	外资进入速度与节奏对我国内资企业的影响	邓子梁	商学院
281	绝缘体表面分子纳米结构的电子输运性质及相关物理问题	季　威	物理学系
282	现代教育技术与大学生外语自主学习能力研究	江晓丽	外国语学院
283	战后日本的护宪运动与护宪思想研究	邱　静	国际关系学院
284	世界遗产地旅游发展中社区参与模式与有效性的实证研究	苏明明	环境学院
285	不确定数据管理关键技术研究	覃　飙	信息学院
286	母语与二语词汇学习：二语心理词汇表征视角	田丽丽	外国语学院
教育部高等学校博士学科点专项科研基金课题			
287	几类含奇异性的非线性扩散问题	柯媛元	信息学院
288	高维数据模型选择与假设检验若干问题研究	尹建鑫	统计学院
289	土地政策与宏观经济的关系：理论基础与实证研究	张清勇	农业与农村发展学院
290	基于专业合作的农产品质量安全内生保障机制研究——以奶业为例	钟　真	农业与农村发展学院
291	企业技术创新与国际市场生存：基于权变视角的研究	邓子梁	商学院
292	基于普惠要求的农村金融市场创新体系研究	周　立	农业与农村发展学院

中国人民大学教授考察团情况一览表（2005—2012年）

序号	团长	地点	时间	主要内容
1	冯惠玲	浙江杭州	2005年4月11日至13日	政府部门座谈、研究项目
2	袁　卫	湖北宜昌	2005年6月6日至9日	政府部门座谈、学术报告
3	牛维麟	广西南宁	2005年6月12日至15日	政府部门座谈、看望挂职干部
4	王新清	吉林长春	2005年7月9日至17日	政府部门座谈、学术报告、农村调研
5	纪宝成	新疆乌鲁木齐	2005年7月10日至19日	政府部门座谈、学术报告
6	程天权	西藏拉萨	2005年7月19日至27日	政府部门座谈、学术报告、硕士学位授予
7	王新清	福建三明	2005年8月21日	政府部门座谈、研究项目、合作协议
8	冯惠玲	黑龙江哈尔滨	2005年12月15日至17日	政府部门座谈、企业座谈、研究项目
9	纪宝成	安徽安庆	2005年12月20日至22日	政府部门座谈、学术报告、合作协议
10	王新清	陕西延安	2006年9月21日至24日	学术报告、合作协议
11	冯惠玲	山东济宁	2007年1月10日至15日	政府部门座谈、研究项目
12	冯惠玲	山东寿光	2008年5月18日至20日	政府部门座谈、学术报告
13	冯惠玲	贵州遵义	2008年7月10日至14日	政府部门座谈、研究项目、农村调研
14	纪宝成	江西鹰潭	2008年7月21日至25日	政府部门座谈、学术报告、研究项目、合作协议
15	纪宝成	江苏扬州	2008年4月23日至24日	政府部门座谈、学术报告、合作协议
16	袁　卫	广西南宁	2009年6月30日至7月2日	政府部门座谈、学术报告
17	牛维麟	贵州毕节	2009年7月14日至17日	政府部门座谈、学术报告
18	牛维麟	内蒙古多伦县	2009年7月22日至24日	政府部门座谈、学术报告及文化科技园签署战略合作协议
19	牛维麟	安徽合肥	2009年8月12日至13日	政府部门座谈、学术报告
20	纪宝成	西藏拉萨	2009年8月21日至26日	政府部门座谈、合作备忘录
21	杨慧林	山西大同	2010年8月19日至21日	政府部门座谈、学术报告、研究项目、大型国企调研
22	纪宝成	重庆	2010年10月11日至14日	政府部门座谈、学术报告、研究项目、区县企业调研
23	牛维麟	安徽滁州	2010年12月22日至24日	企业农村调研、学术报告、研究项目、合作协议
24	牛维麟	海南	2011年3月2日至5日	政府部门座谈、研究项目
25	冯惠玲	四川成都	2011年4月13日至16日	政府部门座谈、学术报告、区县企业调研
26	纪宝成	贵州	2011年7月25日至29日	政府部门座谈、学术报告、研究项目

中国人民大学教师在全国及北京市学术团体中兼职情况一览表

姓名	单位	学会名称	职务
罗国杰	哲学院	中国伦理学会	会长
宋志明	哲学院	中国哲学史学会	秘书长
陈先达	哲学院	全国历史唯物主义学会	会长
葛荣晋	哲学院	中国实学研究会	会长
		中华孔子学会	副会长
郭　湛	哲学院	中国辩证唯物主义研究会	副会长

姓名	单位	学会名称	职务
夏甄陶	哲学院	中国辩证唯物主义研究会	副会长
		中国人学学会	副会长
张立文	哲学院	中国周易学会	副会长
冯　俊	哲学院	中华全国外国哲学史学会	理事长
		中国欧盟学会	副会长
		中国自然辩证法研究会	副理事长
		中国人权研究会	常务理事
焦国成	哲学院	中国伦理学会	秘书长
孙中原	哲学院	中国逻辑学会	副会长
		中国墨子学会	副会长
陆贵山	文学院	全国马列文论研究会	副会长
		中国中外文艺理论学会	副会长
周忠厚	文学院	全国马列文论研究会	副会长
杨慧林	文学院	中国比较文学学会	副会长
金元浦	文学院	中国中外文艺理论学会	常务副会长
程光炜	文学院	中国闻一多研究会	副会长
成崇德	历史学院	中国蒙古史学会	会长
		国家清史编纂委员会	副主任
		北京历史学会	副会长
		中国历史学会	副秘书长
王子今	国学院	中国秦汉研究会	会长
袁济喜	国学院	中国《文心雕龙》学会	副会长
林　岗	经济学院	中国《资本论》研究会	会长
		北京经济学总会	会长
		中国教育审计学会	会长
刘凤良	经济学院	中华外国经济学说研究会	副秘书长
黄泰岩	经济学院	北京市企业文化建设协会	副会长
杜厚文	经济学院	中国世界经济学会	副会长
雷　达	经济学院	中国世界经济学会	副秘书长
吴易风	经济学院	中华外国经济学说研究会	会长
		全国马克思主义经济学说史学会	副会长
贺耀敏	经济学院	中国大学出版社协会	副理事长
方福前	经济学院	中华外国经济学说研究会	副会长
		北京外国经济学说研究会	会长
姚开建	经济学院	全国马克思主义经济学说史学会	秘书长
吴汉洪	经济学院	北京外国经济学说研究会	秘书长
黄　达	财政金融学院	中国金融学会	名誉会长
安体富	财政金融学院	中国财政学会	副会长
陈雨露	财政金融学院	中国金融学会	副秘书长、常务理事
		中国国际金融学会	副会长
袁　卫	统计学院	全国会计硕士（MPAcc）专业学位教育指导委员会	副主任
		中国统计学会	顾问
		中国统计教育学会	副会长
		中国统计教育学会高教分会	会长
		北京市统计学会	名誉会长

姓名	单位	学会名称	职务
赵彦云	统计学院	中国国民经济核算研究会	副会长
		中国统计教育学会	副秘书长
		中国统计教育学会高教分会	秘书长
		北京统计学会	副秘书长
高敏雪	统计学院	中国会计学会环境会计工作委员会	副主任委员
金勇进	统计学院	中国商业统计学会	副会长
		中国商业统计学会市场调查与分析研究会	副会长
何晓群	统计学院	中国现场统计研究会	常务理事、副秘书长
易丹辉	统计学院	北京市统计学会	副会长
陈一兵	统计学院	北京高教学会后勤管理研究会	副理事长
唐　忠	农业与农村发展学院	中国农业经济学会	副秘书长
张象枢	农业与农村发展学院	中国农业经济学会	副会长
叶秋华	法学院	全国外国法制史研究会	副会长
		中国法学教育研究会	秘书长
孙国华	法学院	中国法学会	名誉理事
吕世伦	法学院	中国西方法学会法律思想史研究会	副会长
朱景文	法学院	中国法学会比较法学研究会	副会长
		中国法学会法理学研究会	副会长
王振东	法学院	中国法学会法律史分会老庄与传统中国法文化研究会	秘书长
许崇德	法学院	中国政治学会	副会长、常务理事
		中国法学会宪法学研究会	名誉会长
		香港法律研究会	副会长、秘书长
韩大元	法学院	中国法学会宪法学研究会	会长
胡锦光	法学院	中国法学会宪法学研究会	副会长
		北京市法学会宪法学研究会	副会长、常务理事
杨建顺	法学院	中国法学会行政法学研究会	副会长
莫于川	法学院	中国法学会行政法学研究会	副会长
李元起	法学院	中国法学会宪法学研究会	副秘书长
高铭暄	法学院	国际刑法学协会	副主席
		国际刑法学协会中国分会	主席
		中国法学会刑法学研究会	名誉会长
		北京市法学会	名誉会长
力康泰	法学院	中国监狱学会	副会长
韩玉胜	法学院	中国监狱学会	副会长
黄京平	法学院	中国犯罪学会	常务理事、副秘书长
		中国青少年犯罪研究会	副会长
王利明	法学院	中国法学会民法学研究会	会长
		中国法学会法学教育研究会	副会长
		中国法学会审判理论研究会	副会长
龙翼飞	法学院	中国土地学会法律专业委员会	副主任
		中国法学会婚姻家庭法学研究会	副会长
		北京市法学会民商法研究会	副会长
		北京市法学会房地产研究会	副会长

姓名	单位	学会名称	职务
杨大文	法学院	中国婚姻家庭研究会	副会长
		中国法学会婚姻家庭法学研究会	常务副会长
		北京市妇女法研究会	会长
赵中孚	法学院	中国民法学经济法学研究会	副会长
		北京市法学会	副会长
		北京市法学会民商法学研究会	会长
关　怀	法学院	北京市劳动法学会	会长
杨立新	法学院	中国法学会婚姻法学会	副会长
		北京市消费者权益保护法学研究会	会长
林　嘉	法学院	北京市法学会劳动法和社会保障法研究会	副会长
		中国劳动法学研究会	副会长
叶　林	法学院	中国法学会商法学研究会	副会长
		北京市法学会民商法学研究会	副会长
姚　辉	法学院	中国法学会民法学研究会	副秘书长
邢海宝	法学院	中国法学会商法学研究会	副秘书长
刘春田	法学院	中国版权协会	副会长
		中华商标协会	常务理事、副秘书长
刘文华	法学院	北京市法学会经济法研究会	会长
史际春	法学院	中国法学会经济法学会	副会长
张新宝	法学院	中国法学会民法学研究会	常务理事、秘书长
徐孟洲	法学院	中国财税法学会	副会长
		中国法学会经济法学研究会	副秘书长、常务理事
		中国商业法学会	副会长
朱大旗	法学院	中国财税法学研究会	常务理事、副秘书长
		北京市金融财税法学研究会	常务理事、副秘书长
李艳芳	法学院	北京市法学会经济法学研究会	副秘书长
郭寿康	法学院	中国法学会中国世界贸易组织研究会	副会长
余劲松	法学院	中国国际经济法研究会	副会长
余民才	法学院	北京市国际法研究会	常务理事、副秘书长
陈卫东	法学院	中国法学会诉讼法学研究会	副会长
		北京市诉讼法学会	副会长
汤维建	法学院	中国法学会诉讼法学研究会	理事、副秘书长
何家弘	法学院	中国行为法学会	副会长
庄福龄	马克思主义学院	中国马克思主义哲学史学会	名誉会长
梁树发	马克思主义学院	中国马克思主义哲学史学会	会长
秦　宣	马克思主义学院	中国科学社会主义学会	副会长
郝立新	哲学院	中国马克思主义哲学史学会 马克思恩格斯哲学分会	会长
王顺生	马克思主义学院	北京市中共党史学会	监事长
		中国中共党史学会	副会长
		北京市中共党史学会	监事长
陈明显	马克思主义学院	全国近现代史料学会	副会长
翟振武	社会与人口学院	中国人口学会	常务副会长
		北京市人口学会	会长

姓名	单位	学会名称	职务
段成荣	社会与人口学院	中国人口学会	副会长
邬沧萍	社会与人口学院	全国老龄协会专家组	组长
		中国老年学学会	名誉会长
杜　鹏	社会与人口学院	中国老年学学会	副会长
		北京市人口学会	副会长
郑杭生	社会与人口学院	中国社会学会	会长
		北京市社会学学会	会长
		北京市社会科学学会联合会	副主席
		中国国情研究会	副会长
		中国家庭文化研究会	副会长
		中国青年志愿者协会	副会长
		中国文化交流与合作促进会	副理事长
		中华爱国主义教育研究会	副会长
		北京市决策学学会	副理事长
洪大用	社会与人口学院	中国社会学学会	副秘书长
沙莲香	社会与人口学院	中国社会心理学会	副会长
庄孔韶	社会与人口学院	中国人类学与民族学研究会	副会长
李景治	国际关系学院	中国国际共运史学会	副会长
		北京市国际共运史学会	会长
		北京市政治学会	副会长
蒲国良	国际关系学院	北京市国际共运史学会	副会长、秘书长
陈　岳	国际关系学院	全国高校国际政治研究会	副理事长
李宝俊	国际关系学院	北京市高校国际政治研究会	常务副会长
金正昆	国际关系学院	中国公关礼仪研究会	副会长
周淑真	国际关系学院	北京市统一战线理论研究会	副会长
时殷弘	国际关系学院	中华美国史学会	会长
金灿荣	国际关系学院	中国国际关系学会中青年专业委员会	副会长
程虎啸	国际关系学院	中国义和团研究会	副会长
方汉奇	新闻学院	中国新闻史学会	会长
谷长岭	新闻学院	中国新闻史学会	副会长、秘书长
何梓华	新闻学院	中国新闻教育学会	会长
涂光晋	新闻学院	中国新闻教育学会	秘书长、常务理事
李文华	环境学院	中国生态学会	理事长
张象枢	环境学院	中国农业经济学会	副理事长
杨昌举	环境学院	中国商品学会	副会长
傅绪哲	环境学院	中国商品学会	副会长、秘书长
王　珊	信息学院	中国计算机学会	副理事长
陈　禹	信息学院	中国信息经济学会	理事长
		全国高等院校教育技术协作委员会	副秘书长
魏权龄	信息学院	中国系统工程学会	常务理事、副秘书长
方美琪	信息学院	中国信息经济学会	副理事长、秘书长
龙永红	信息学院	全国经济数学与管理数学学会	副会长
宋远方	商学院	中国物流学会	副会长
刘凤军	商学院	中国市场学会	副秘书长

姓名	单位	学会名称	职务
郭国庆	商学院	中国高校市场学研究会	副会长
徐二明	商学院	中国企业管理研究会	副理事长
		北京现代企业研究会	会长
李　平	商学院	中国工业经济研究与开发促进会	副理事长
邓荣霖	商学院	中国工业经济联合会	学术委员会副主任
纪宝成	商学院	中国市场学会	副会长
		中国商业经济学会	副会长
		中国高校市场学研究会	会长
		中国高校市场营销研究会	副会长
		全国高校商业经济教学研究会	会长
		中国教育发展战略研究会	副理事长
		中国公共管理硕士（MPA）专业学位教育指导委员会	副主任委员
		中国高等教育学会	副会长
		中国教育国际交流协会	副会长
		中韩友好协会	副会长
李金轩	商学院	中国商业高等教育学会	副会长
李占祥	商学院	北京现代企业研究会	名誉会长
吕一林	商学院	中国高校市场研究学会	秘书长
		中国商科高等教育学会	秘书长
黄国雄	商学院	中国商业经济学会	副会长
戴德明	商学院	中国会计学会	副会长
万　融	商学院	中国商品学会	会长
董克用	公共管理学院	中国劳动学会	副会长
		中国行政学会	副会长
		中国人力资源开发研究会	常务理事、副秘书长
		中国人力资源开发研究会教学与实践分会	会长
		中国人力资源管理教学与实践研究会	会长
陈璋	公共管理学院	中国投入产出学会	副理事长
刘成瑞	公共管理学院	中国宏观管理教育学会	会长
刘瑞	公共管理学院	中国宏观管理教育学会	副会长
许光建	公共管理学院	全国高等院校物价教学研究会	副会长
刘希明	公共管理学院	全国高校社科信息资料研究会	副会长
侯景新	公共管理学院	全国经济地理研究会	秘书长
陈秀山	公共管理学院	全国经济地理研究会	理事长
		中国翻译家学会社科翻译委员会 区域经济学教学委员会	主任
孙久文	公共管理学院	中国区域科学学会区域经济委员会	副主任
张可云	公共管理学院	中国区域科学学会区域经济委员会	副主任
牛维麟	公共管理学院	中国高等教育学会	常务理事
		中国高等教育学会产学研合作教育分会	副会长
		北京高教学会办公室工作研究分会	理事长
		北京市高校党建研究会	副会长
张敦富	公共管理学院	中国投资环境学会	常务副理事长、 秘书长

姓名	单位	学会名称	职务
秦惠民	公共管理学院	中国教育学会教育政策与法律研究专业委员会	副理事长
		全国高等学校信息资料学会	名誉会长
叶剑平	公共管理学院	中国房地产估价师与经纪人学会	副会长
郑功成	劳动人事学院	中国社会保险学会	副会长
		中国劳动学会劳动科学教育分会	副会长
马俊杰	劳动人事学院	中国领导科学研究会	常务理事
		中国艺术教育促进会	常务理事
曾湘泉	劳动人事学院	中国劳动学会	副会长
		中国劳动学会劳动科学教育分会	会长
常　凯	劳动人事学院	中国人力资源开发研究会劳动关系分会	会长
冯惠玲	信息资源管理学院	中国档案学会	副理事长
		北京市档案学会	副理事长
张　践	继续教育学院	中国实学研究会	常务副会长
程天权	法学院	中国高校校报协会	理事长
郑水泉	党委宣传部	中国高校校报协会	副理事长
沈德来	图书馆	北京高校图书馆期刊工作研究会	副理事长
孟庆彬	图书馆	北京高校图书馆声像工作研究会	秘书长
杨东梁	图书馆	北京地区高校图书情报工作委员会	副主任、秘书长
		中国老教协图书情报分会	理事长
武继山	图书馆	北京地区高校图书馆学会	副理事长
		中国老教协图书情报分会办公室	主任
		北京高校图书馆学会	秘书长
		北京高校情报资料研究会	理事长
梁守素	图书馆	北京高校图书馆学会	副秘书长
胡　宁	图书馆	北京高校图书馆编目工作研究会	副理事长
李　伶	图书馆	北京高校文献检索与利用课教学研究会	副理事长
刘建良	图书馆	北京图书馆学会	副秘书长

2012年学校及各院系举办的学术活动一览表

序号	会议名称	会议类型	学科分类	举办时间
1	中国国际问题高级讲坛	国内	政治学	1月3日
2	第十六届中国资本市场论坛	国内	经济学	1月7日
3	学习贯彻十八大精神　推进法治政府建设	国内	法学	1月10日
4	公共管理学下的规划学科建设研讨会	国内	管理学	1月11日
5	中国档案和电子文件发展交流会议	国内	管理学	1月12日
6	台湾地区领导人选举之后的两岸关系及台湾政经法律情势	国际	法学	2月9日
7	中国社会保障30人论坛年会（2012）	国内	管理学	2月11日
8	中国人民大学—日本九州大学产业经济研讨会	国际	经济学	2月17日
9	“佛源老和尚与云门寺”学术研讨会	国内	哲学	2月20日
10	重拾社会科学的实践性：实践（第三届人大社会学与辅仁大学社会系、心理系师生学术交流）	港澳台	社会学	2月21日

序号	会议名称	会议类型	学科分类	举办时间
11	媒体侵权案件司法手册适用法官培训研讨会	国际	法学	2月25日
12	中国题材的日本文学研究学术研讨会	国际	文学	2月25日
13	货币金融圆桌会议·2012春	国际	经济学	2月26日
14	当代世界论坛法比尤斯报告会	国际	政治学	2月26日
15	个人信息的法律保护	国内	法学	2月28日
16	郑杭生教授从教50周年学术研讨会暨北京郑杭生社会发展基金会成立大会	国内	社会学	2月29日
17	中国和欧洲在21世纪的全球政治	国际	政治学	3月5日
18	德国无罪推定原则的新发展	国际	法学	3月7日
19	司法审查制度作为良好治理的基石：香港的经验	国际	法学	3月8日
20	亲历中国法治进程中的若干问题与争议	国内	法学	3月12日
21	创新与知识产权：纽约联邦法院审案经验	国际	法学	3月13日
22	中国特色的犯罪参与体系	国内	法学	3月16日
23	自媒体相关法律问题研讨会	国内	法学	3月17日
24	执法曝光的依据与限度	国内	法学	3月20日
25	中国经济法律制度现状及改革——对话名古屋大学法学院访问团	国内	法学	3月20日
26	国际企业并购案例分析——新日铁与住友金属合并案	国内	法学	3月20日
27	刑事司法与恢复性司法：处罚和正当程序的不同概念	国际	法学	3月22日
28	法治主义与韩国司法部的经验	国际	法学	3月27日
29	日本刑事政策的最新动向——以刑罚制度为中心	国际	法学	3月27日
30	韩国的FTA经验	国际	法学	3月28日
31	当代中国法治的分析与建构	国内	法学	4月1日
32	人大—辅仁宗教学论坛	港澳台	哲学	4月5日
33	刑事诉讼法修改若干问题	国内	法学	4月6日
34	陈共教授学术思想暨深化财税体制改革研讨会	国内	经济学	4月8日
35	《中国社会舆情年度报告（2012）》发布会	国内	新闻	4月13日
36	比较视野下的国家建设与民主	国内	政治学	4月13日
37	全国重点大学中文发展论坛第14次会议	国内	文学	4月14日
38	2012年第一季度中国就业形势分析会	国内	社会学	4月14日
39	知识创新与垄断规制：互联网行业的规范发展	国内	法学	4月15日
40	二十一世纪人类学讲坛——面向一个文化转型的世界	国内	社会学	4月17日
41	The Future of the Union：Devolution and the Break Up of the United Kingdom	国际	法学	4月18日
42	首届公共政策年会	国内	管理学	4月21日
43	货币金融圆桌会议·海南峰会	国际	经济学	4月21日
44	政府统计科学发展研讨会	国内	统计学	4月27日
45	“流动人口刑事案件之政策与法制应对”专题研讨会	国内	法学	4月27日
46	第五届中国人民大学—汉阳大学联合学术研讨会	国际	综合	4月27日
47	公共部门人力资源管理研讨会	国内	管理学	4月28日
48	国际四书学学术研讨会	国际	国学	4月28日
49	辅大、人大校际哲学论坛：中西哲学的人文意蕴	港澳台	哲学	5月2日
50	Comparative administrative law 比较行政法	国际	法学	5月3日
51	让·莫内行动计划在中国	国际	政治学	5月3日
52	《中国新媒体艺术发展简史》作者会暨学术研讨会	国内	文学	5月5日
53	后里斯本时代的欧盟与世界	国际	政治学	5月7日
54	2012年海峡两岸民法论坛暨第十届民法典学术研讨会	港澳台	法学	5月8日
55	第四届海峡两岸硕博士生民法研讨会	港澳台	法学	5月10日

序号	会议名称	会议类型	学科分类	举办时间
56	社会建设中的社会工作学术研讨会	国内	社会学	5月12日
57	新中国土地管理事业和土地科学发展50年研讨会	国内	管理学	5月13日
58	罗马法在中国的传播暨中国人民大学民商事法律科学研究中心罗马法研究所成立大会	国际	法学	5月18日
59	罗马法在中国的传播	国内	法学	5月18日
60	首届中国—拉美法治对话	国际	法学	5月19日
61	巴西、日本、中国的反垄断法制度和实务的最新发展	国际	法学	5月19日
62	北京青年政治学论坛2012	国内	政治学	5月19日
63	货币金融圆桌会议·2012夏	国际	经济学	5月20日
64	文化咨询与工商人类学论坛——中外学者高层对话	国际	社会学	5月21日
65	中国人民大学生态史研究中心成立仪式暨历史的生态学解释国际学术论坛	国际	历史学	5月23日
66	海外反腐败法以及白领犯罪	国际	法学	5月24日
67	中国国际问题论坛2012：中国崛起的安全环境与对外战略	国际	政治学	5月24日
68	第五届中国R语言会议（北京会场）	国内	统计学	5月26日
69	第八届“中俄大众传媒发展”学术研讨会	国际	新闻传播学	5月26日
70	第四届海峡两岸财经前沿问题研讨会	港澳台	经济学	5月28日
71	中美知识产权司法审判研讨会	国际	法学	5月28日
72	转型中国的宗教法治	国内	法学	6月2日
73	气候传播与气候变化“进社区、进校园、进农村、进企业”活动启动仪式暨中国气候传播项目中心顾问委员会成立会议	国内	环境科学与工程	6月2日
74	法官在对抗制庭审中的角色与作用	国际	法学	6月4日
75	天主教在中国社会中的角色与地位	国际	文学	6月5日
76	中美公共管理国际学术研讨会	国际	管理学	6月5日
77	第五届“Five Star·金融论坛”	国际	经济学	6月8日
78	中英“犯罪学与刑事法制改革”	国际	法学	6月11日
79	“犯罪学与刑事法制改革”学术研讨会	国际	法学	6月11日
80	中国宏观经济论坛（2012年中期）	国内	经济学	6月12日
81	第四届中韩统计研讨会	国际	统计学	6月15日
82	“清帝逊位与民国肇建”一百周年国际学术研讨会	国际	历史学	6月15日
83	第五届“黄达-蒙代尔经济学奖”颁奖典礼暨《人民币国际化报告2012》发布会	国际	经济学	6月16日
84	China and West：Confucianism，Christianity，and Marxism	国际	文学	6月17日
85	两岸图书、情报、档案学教育论坛	港澳台	管理学	6月21日
86	和平发展与两岸文化交流	港澳台	综合	6月22日
87	中美法学院院长论坛——纪念CLEEC项目30周年	国际	法学	6月22日
88	超大规模数据库国际会议（XLDB Asia）	国内	计算机科学	6月22日
89	中亚地区安全问题学术研讨会	国际	政治学	6月26日
90	第三届江山论坛暨首届中国债券市场发展论坛	国内	经济学	6月30日
91	“美国文学与变动中的世界”国际学术研讨会	国际	文学	6月30日
92	中国古代档案库房智慧与弘扬	国际	管理学	7月1日
93	第12届太平洋国际区域科学协会（PRSCO）夏季年会暨第4届中国—国际区域科学协会（RSAI）“区域科学与区域可持续发展”学术研讨会	国际	综合	7月3日
94	第九届中美欧暑期宗教学高级研讨班暨第三届宗教社会学教师进修班	港澳台	哲学	7月4日
95	2012年微观数据与实证方法国际研讨会	国际	经济学	7月7日

序号	会议名称	会议类型	学科分类	举办时间
96	2012年生物统计国际研讨会	国际	统计学	7月8日
97	第二届中国当代文学史国际论坛	国际	文学	7月9日
98	第九届宗教社会科学年会	国内	哲学	7月11日
99	中国企业走出去及中非经济文化交流报告会	国内	经济学	7月13日
100	2012年中国社会学会年会“农村社会学”分论坛	国内	社会学	7月14日
101	第五届中国人民大学国际统计论坛	国际	统计学	7月14日
102	第九届法官与学者对话暨第三届国际民法论坛	国际	法学	7月25日
103	马克思主义中国化理论创新学术研讨会	国内	马克思主义理论	8月1日
104	中国化学会第五届全国分子手性学术研讨会暨国际分子手性会议	国际	化学	8月1日
105	完善司法制度　预防刑事错案	国际	法学	8月6日
106	《全清戏曲》整理编纂研讨会	国内	文学	8月10日
107	第四届中美韩战略对话	国际	政治学	8月12日
108	“现代社会与刑事司法”研讨会	国内	法学	8月16日
109	2012中国社会发展高层论坛暨首届北京郑杭生社会发展基金会青年学者论坛	国内	社会学	8月17日
110	网络化时代的社会变迁与社会管理学术研讨会	国内	社会学	8月17日
111	第二届东亚民法学术大会——“民法视野下的消费者权益保护”国际研讨会	国际	法学	8月18日
112	“日常秩序中的秦汉社会与政治”国际学术研讨会	国际	历史学	8月23日
113	“我与档案的一生情缘”学术访谈会	国内	管理学	8月24日
114	经文辩读：意义与语境	国际	文学	8月27日
115	北京—苏格兰论坛	国际	文学	8月27日
116	人文学、古典学研究及神学资源	国际	文学	8月28日
117	第三届亚洲政策论坛	国际	政治学	8月31日
118	2012年心灵与机器北京会议：知觉与意识	国内	哲学	9月1日
119	2012海峡两岸信息管理论坛	国内	计算机科学	9月2日
120	2012年海峡两岸会计与信息管理学术研讨会	国内	计算机科学	9月5日
121	知识与价值第三次会议	国际	社会学	9月7日
122	《白鹿原》出版二十周年庆典暨名家学术论坛	国内	文学	9月12日
123	中国公立医院改革：质量效率与治理高峰论坛	国际	管理学	9月14日
124	中国的欧盟研究五年规划第二次座谈会	国内	政治学	9月14日
125	规则与治理：理论现实与政策选择研讨会	国际	管理学	9月15日
126	“清史研究百年学术史”体例研讨会	国内	历史学	9月15日
127	第二届汉藏佛学研讨会	国际	国学	9月21日
128	2012年中国资本市场法治论坛	国内	经济学	9月22日
129	货币金融圆桌会议·2012秋	国内	经济学	9月23日
130	德国刑法理论的现状：优势与不足	国际	法学	9月24日
131	人文奥运论坛	国际	综合	10月1日
132	人文奥运中心研讨会	国际	综合	10月2日
133	中国人文社会科学论坛2012	国际	文学	10月3日
134	房地产市场发展与财政金融政策论坛	国内	经济学	10月3日
135	第六届吴玉章人文社会科学坚暨首届吴玉章人文社会科学经易成就奖颁奖典礼	国内	综合	10月3日
136	宗教与社会整合暨第二届中荷宗教论坛	国际	哲学	10月10日
137	欧债危机对海峡两岸的影响	港澳台	政治学	10月10日
138	“历史唯物主义与当代中国文化发展”学术研讨会	国内	哲学	10月12日

序号	会议名称	会议类型	学科分类	举办时间
139	“荀子思想的地位与价值”国际学术研讨会	国际	国学	10月12日
140	海峡两岸欧洲研究学术研讨会	港澳台	综合	10月12日
141	“满蒙档案与蒙古史研究”学术讨论会	国际	国学	10月13日
142	新昌大佛寺佛教文化发展交流会	国内	哲学	10月13日
143	学习与创新城市论坛	国内	管理学	10月14日
144	Role of Judges in US Judicial Process	国际	法学	10月15日
145	跨文化素养：二十一世纪的中国与澳大利亚	国际	综合	10月15日
146	刑法典对犯罪论体系的制约关系	国内	法学	10月17日
147	法律和国际律师的未来展望：跨境律师在中国的未来	国际	法学	10月18日
148	我国档案高等教育的继承与创新	国内	管理学	10月19日
149	东北亚古代聚落与城市考古国际学术研讨会	国际	历史学	10月19日
150	欧债危机与中欧关系	国际	政治学	10月20日
151	中国档案事业史	国内	管理学	10月21日
152	世界音乐考古大会——第8届国际音乐考古学会研讨会暨第4届东亚音乐考古学会年会	国际	综合	10月21日
153	公证职业发展的中法比较	国际	法学	10月22日
154	Comparison between the US and German Legal Education	国际	法学	10月22日
155	Transnational Embryonic Stem Cell Research in Europe and the United States	国际	法学	10月24日
156	第五届中俄高级经济论坛	国际	经济学	10月24日
157	The American Jury System	国际	法学	10月26日
158	民事案件的证据与诉讼策略——从一起著作权纠纷案件谈起	国内	法学	10月26日
159	中国教育发展战略学会改革与发展规划专业委员会成立大会暨学术研讨会	国内	教育学	10月27日
160	燕山论坛·2012秋	国内	经济学	10月28日
161	第五届两岸四地佛教学术研讨会暨第七届青年佛教学者学术研讨会	港澳台	哲学	10月29日
162	Development of Global Health	国际	法学	10月29日
163	学术期刊与学术评价论坛暨复印报刊资料品牌创建50周年庆典	国内	综合	10月30日
164	第17届中国现象学年会“现象学与康德哲学”	国内	哲学	11月2日
165	第二届慈济论坛暨第六届宗教慈善公益事业论坛	港澳台	哲学	11月3日
166	汉学与当今世界	国际	文学	11月3日
167	民法典起草背景下的《消费者权益保护法》修订	国内	法学	11月3日
168	US Presidential Election and Its Impact to US-China Relationship	国际	法学	11月5日
169	东亚合作论坛2012	国际	政治学	11月5日
170	日本刑事诉讼法的过去、现在和未来	国际	法学	11月5日
171	国际视野中的斯·茨威格研究与接受	国际	文学	11月5日
172	Career Development：US Legal Education and US Lawyers	国际	法学	11月7日
173	中国企业管理案例与质性研究论坛暨第六届中国人民大学管理论坛	国际	管理学	11月10日
174	首届国际诗人工作坊国际会议	国际	文学	11月11日
175	人权：普世性还是相对性	国际	法学	11月11日
176	中国的欧盟研究五年规划第三次座谈会	国内	政治学	11月13日
177	第二届中欧社会生态与法律比较论坛	国际	法学	11月14日
178	民事审判中的证据问题：自由心证、经验法则与庭审认证	国内	法学	11月15日
179	2012年全国社会计算学术会议（China National Conference on Social Computing）	国内	计算机科学	11月15日
180	违约责任研究的方法论	国内	法学	11月16日
181	第七届中日三校国际学术会议	国际	经济学	11月16日

序号	会议名称	会议类型	学科分类	举办时间
182	第三届北京科史哲研究生学术论坛	国内	哲学	11月17日
183	人格权之基本理论及立法研讨会	国内	法学	11月17日
184	《法律、资源与时空建构》出版及学术研讨会	国内	历史学	11月18日
185	佛教与社会建设	国内	法学	11月20日
186	第六次全国人口普查数据资料开发全国研讨会	国内	社会学	11月21日
187	市场经济思维下的行贿罪重构	国内	法学	11月22日
188	全球化语境中的世界文学与文化学术研讨会	国内	文学	11月23日
189	诺贝尔文学奖与中国：从鲁迅到莫言	国内	文学	11月24日
190	禅定思想研究——第二届国际佛学论坛	国际	哲学	11月24日
191	第四届中国少数民族地区信息传播与社会发展论坛	国内	新闻传播学	11月24日
192	2012中国人力资源管理年会	国内	管理学	11月24日
193	中国宏观经济论坛（2012—2013）	国内	经济学	11月24日
194	2012亚太诊所法律教育论坛暨中国诊所法律教育年会	国内	法学	11月24日
195	信息分析与品牌评价	国内	管理学	11月25日
196	内幕交易之法律与经济分析	国内	法学	11月26日
197	气候变化对文化遗址和地方社区的影响	国内	法学	11月27日
198	金融危机后的欧盟及意大利税务政策评论及展望	国际	法学	11月27日
199	朝阳百年：近代中国法学教育与法律文化	国内	法学	11月28日
200	建筑法律领域的律师业务和律师工作方法	国内	法学	11月29日
201	美国奥巴马总统连任后的美国税收政策的发展趋势	国际	法学	11月29日
202	中国人口变迁与发展的应对研究全国学术研讨会	国内	社会学	11月30日
203	2012年“东北区CDM项目开发与REDD+实施能力建设”国际培训研讨会	国际	综合	11月30日
204	中国佛教与中国哲学的现代诠释——《方立天文集》出版座谈会	国内	哲学	12月1日
205	*Journal of Accounting Studies* 学术年会	国际	管理学	12月1日
206	第九届国际儒学论坛	国际	哲学	12月2日
207	中韩建交二十周年暨“中韩自由贸易协定的实施和贸易条款”研讨会	国际	法学	12月3日
208	专门知识产权法院对企业活动的影响	国际	法学	12月5日
209	世界经验和中国路径——电子文件管理的新发展	国内	管理学	12月5日
210	中国律师百年：回顾与展望	国内	法学	12月8日
211	“中国特色社会主义道路、理论和制度”学术研讨会	国内	马克思主义理论	12月8日
212	中国人民大学中国艺术品金融研究所成立仪式暨学术论坛	国内	经济学	12月8日
213	第六届临床医学研究中的统计方法学术研讨会	国内	统计学	12月8日
214	Sexual Harassment in Employment Law	国际	法学	12月8日
215	第三届独墅湖人大金融论坛	国内	经济学	12月8日
216	中国人民大学中国艺术品金融研究所成立仪式暨学术论坛	国内	综合	12月8日
217	TPP与中国	国际	法学	12月9日
218	中国和欧洲的人权	国际	法学	12月10日
219	形式与现实——公司法的结构性问题与变革	国内	法学	12月12日
220	2012（澳门）两岸四地经济合作交流峰会暨第二届文化传媒论坛	港澳台	经济学	12月12日
221	政策模拟与人口预测技术研讨会	国内	社会学	12月13日
222	亚太经济合作组织国际会议暨分布式能源国际论坛	国际	政治学	12月13日
223	京津冀和长三角区域流动人口与发展学术研讨会	国内	社会学	12月14日
224	中国新闻学与传播学学科发展论坛	国内	新闻传播学	12月14日

序号	会议名称	会议类型	学科分类	举办时间
225	港澳基本法实施中的问题	港澳台	法学	12月14日
226	国家社会福利制度发展战略研讨会	国内	社会学	12月15日
227	商鞅变法的启示	国内	法学	12月17日
228	世界大学联盟学术研讨会	国内	综合	12月18日
229	“国家、金融以及走出危机的增长：来自中国和国际的经验”国际研讨会	国际	经济学	12月18日
230	两岸安全合作论坛	港澳台	政治学	12月21日
231	新刑事诉讼法实施与在押人员权利保障	国内	法学	12月22日
232	2012中国知识管理论坛：知识管理实施模式的变革	国内	管理学	12月22日
233	海峡两岸金融消费者保护法治论坛	港澳台	法学	12月22日
234	第四届“文化创意产业与品牌城市”国际论坛	国际	综合	12月22日
235	“货币圆桌会议·2012冬”暨中国人民大学国际货币研究所学术委员会年度会议	国内	经济学	12月29日

发展规划

学科和事业发展规划

一、事业规划、学科规划及发展战略研究

（一）“十二五”规划修改及公开工作

2012年8—10月，根据教育部对直属高校的统一要求，学校对“十二五”规划进行了微调，并以此次微调为契机，尽力将新形势下学校的重要办学新思路体现在规划修改稿中，学校“十二五”规划修改稿经学校党委常委会、校长办公会通过后上报教育部。

2012年12月，教育部通知要求公开直属高校“十二五”规划，学校对“十二五”规划进一步审读核定后将《中国人民大学“十二五”规划（公开稿）》上报教育部。

（二）发展战略研究工作

1. 学校战略管理制度研究工作。2012年，学校发展规划处在总结学校历年规划工作，充分学习借鉴世界一流大学战略管理工作经验的基础上，深感学校从战略规划上升到战略管理的重要性，因此，按照建设“人民满意、世界一流”大学的目标要求，对适合学校发展需要的战略管理制度进行了深入研究，相关研究成果已上报主管校领导。

2. 大学战略规划系列研究工作。（1）宾州州立大学战略规划研究。对宾州州立大学战略规划的组织结构、制定流程、评估实施进行深入的分

析，形成《大学战略管理与规划研究——以宾州州立大学为例》报告。(2) 耶鲁大学本科精英人才培养模式研究。对耶鲁大学本科人才培养的路线图、课程和课外设置等系列问题进行研究，形成《世界一流大学本科精英人才培养模式：以耶鲁大学为例》报告。(3) 高校智库运作模式研究。对胡佛研究所进行深入研究，对胡佛研究所的历史与定位、人才选拔与配置、资金筹措与使用、项目的管理与成果推广等方面进行深入剖析，形成《世界大学智库的标杆：胡佛研究所》报告。

（三）通州校区（东校区）相关工作

2012 年 1 月，根据教育部相关要求，撰写《中国人民大学关于请求核定通州校区事业规模和建设规模的请示》，正式上报教育部，并已获得教育部相关批示。

2012 年 3 月 30 日，中国人民大学与北京市通州区人民政府正式签署《合作建设中国人民大学东校区协议》。双方将本着扩大优质教育资源，推动一流大学建设和"世界城市"建设的宗旨，推进中国人民大学东校区建设，进而带动北京东部地区文化产业创新、国际学术文化交流的发展。

根据初步规划，通州校区（东校区）将与中关村校区（西校区）一起构成中国人民大学在北京的双主校区，共同承担中国人民大学人才培养、科学研究、社会服务、文化传承的职能。两校区将合理分工，在办学规模、学科布局、教学科研机构设置等方面，按照总体平衡、略侧重通州校区的原则进行。

根据东校区将按照世界一流大学学科布局的一般规律，结合国家战略、北京市经济社会发展需要，以培养高水平、复合型、创新型人才和高水平跨学科研究服务为目标，对学校未来整体学科发展方向和通州校区学科布局设置不同的发展方案，深入分析不同方案的利弊和对学校未来发展的影响，形成了《中国人民大学和通州校区未来学科发展方案（讨论稿）》，经过了学校党政领导班子务虚会的讨论。

（四）苏州校区相关工作

2012 年 10—12 月，就学校苏州校区的相关产权事宜，撰写《中国人民大学关于办理苏州研究院产权事宜的请示》等文件，文件已正式上报教育部。

学校经过多次调研论证，对苏州校区的整体定位和组织架构进行方案设计，颁布实施《关于设立中国人民大学苏州校区的决定》（2012—2013 学年校政字 2 号），文件决定成立苏州校区管理委员会、加强校区内部管理，并在师资队伍、管理队伍、财务等方面予以政策支持。

二、统计信息管理工作

（一）数据填报

1. 组织、协调有关单位及时、准确地填报了上级部门下发的以及其他机构发放的一系列综合性统计报表，包括上报北京市教育委员会的《高等教育基层统计报表（2012—2013 学年初）》，上报教育部的《2012 年高等教育招生计划执行情况》、《中国人民大学 2013 年预算编制基础数据表》、《中国人民大学 2012 年财务决算编制数据表》、《中国人民大学 2011 年成人高等教育招生计划执行情况》、《中国人民大学关于申请增加 2012 年全国普通高等教育招生名额的请示》，上报北京市统计局的《中国人民大学信息化情况表》、《境外来中国大陆工作专家调查表》，以及《汤森路透全球教育机构概况项目数据调查表》、《QS 亚洲大学排名调查表》、《985 审计数据相关表》等。

2. 在研究生院、教务处等 15 个职能部处的支持与配合下，完成了《中国人民大学统计报表（2011—2012 学年第二学期）》调查、整理和填报工作，报表设有 70 张表格，包含学院、学校两个层级的数据，翔实记录了人才培养、师资队伍、学科建设、科学研究、国际交流、办学条件六个方面的发展状况。

（二）数据发布

为方便大家及时了解学校的发展状况，学校发展规划处面向校内进行了两次数据发布，一次是 4

月发布的《中国人民大学2011—2012学年第二学期重要统计数据》(2011—2012学年校办字32号),一次是11月发布的《中国人民大学2012—2013学年第一学期重要统计数据》(2012—2013学年校办字16号)。

为简要记录学校2011年的发展状况,为学校各项发展提供基础资料,促进学校对外交流与宣传,推动学校管理水平不断提高,学校发展规划处编撰了《中国人民大学事业发展年度数据2011》(2011—2012学年校办字40号),内容涉及人才培养、师资队伍、学科建设、科学研究、国际交流、办学条件等六个方面。

(三)统计信息化建设

中国人民大学事业发展数据平台是一个综合了数据填报、数据管理、数据展示等三大功能的在线数据平台。2012年,学校在原有平台的基础上进行了数据更新,定期检查平台的运行状况,平台建设进一步完善。

加强中国人民大学发展规划处网站统计信息功能的建设,设有统计数据、统计管理办法、办学标准、专业目录四个板块,对统计数据的阅读设置了一定的权限。

(四)统计评估

为提高统计能力,提高统计数据质量和政府统计公信力,推进教育事业统计规范化建设,加快统计队伍建设,北京市教育委员会面向北京市各区县教委、各高等学校及普通中等专业学校开展了2012年教育事业统计工作质量评估工作,学校积极参与该项评估,提交了相关评估材料和《新世纪以来中国人民大学人才培养及其支撑条件》一文,此次评估,学校成绩显著,中国人民大学被评为优秀集体一等奖,发展规划处统计工作人员吕艳被评为优秀个人一等奖。

■ 校园规划与建设

一、在建及竣工项目情况

(一)锅炉房工程

锅炉房工程总建筑面积2 929平方米,为全地下锅炉房,地下三层,地上局部一层。

2012年完成了锅炉房工程的规划许可证、人防、消防、前期缴费、开工证等前期申报工作;完成了锅炉房工程的招标代理、施工、监理、锅炉采购、设备安装、天然气施工、外线工程及B类材料招投标工作。

工程于2012年5月18日开工建设,2012年完成了土方开挖、结构施工和锅炉设备吊装工作。

(二)竣工结算和后期维保工作

2012年积极推进已竣工工程国际文化交流中心、品园6楼、图书馆新馆、国学馆、校医院等工程的竣工结算、资产报增工作及后续质量维保工作。

二、拟建项目情况

(一)东南区建设项目

根据学校建设规划开展东南区建设项目工作,具体包括东南区综合楼、留学生宿舍工程。其中东南区综合楼规划总建筑面积80 850平方米,地上21层,地下3层;留学生宿舍项目规划总建筑面积

30 600 平方米，地上 16 层，地下 2 层。

2012 年完成了东南区建设项目设计方案的咨询、调研、申报、设计任务书的编制及设计方案比选等工作。

（二）北校区建设项目

北校区拟规划建设约 99 000 平方米的学院楼楼群。

2012 年完成了北校区规划设计及规划调整工作，完成项目建议书的编写工作，并呈报教育部审批。

（三）黄山实验实习基地建设项目

黄山实验实习基地建设项目拟建规模 19 875 平方米。

2012 年完成了黄山实验实习基地建设项目项目建议书的编写工作，并呈报教育部审批。

（四）通州东校区

2012 年按照学校总体工作部署参与完成了通州校区的总体规划设计相关工作。

■ 专项资金管理

一、专项资金管理机构

专项资金管理办公室全面负责学校专项资金项目的管理，包括中央高校改善基本办学条件专项资金项目（原“修购专项”资金项目）、“211 工程”和“985 工程”建设项目。

2012 年，响应国家实施“高等学校创新能力提升计划”（简称“2011 计划”）的号召，学校按照“国家急需、世界一流”的要求，成立了“2011 计划”领导小组和“2011 计划”办公室，并牵头培育、组建了马克思主义与中国道路协同创新中心、社会转型与社会管理协同创新中心，成立了相关学术支撑机构和行政辅助机构，积极探索和实施了组织机制、人事制度、科研组织等方面的创新措施。

（一）“2011 计划”领导小组

2012 年 9 月 25 日，学校印发《关于成立中国人民大学“2011 计划”领导小组的决定》（2012—2013 学年校政字 4 号），成立中国人民大学“2011 计划”领导小组，作为学校已培育组建及拟培育组建“2011 协同创新中心”的领导机构，负责中国人民大学“2011 计划”实施的顶层设计、宏观布局、统筹协调、经费投入等重大事项决策。

（二）“2011 计划”办公室

2012 年 9 月 20 日，学校印发《关于成立中国人民大学“2011 计划”办公室的决定》（2012—2013 学年校政字 5 号），明确“2011 计划”办公室为学校“2011 计划”相关工作的办事机构，主要负责对外联络、规划设计、组织实施等各项工作。中国人民大学“2011 计划”办公室为正处级单位，挂靠发展规划处。

（三）马克思主义与中国道路协同创新中心

2012 年 8 月 14 日，学校印发《关于成立马克思主义与中国道路协同创新中心的决定》（2011—2012 学年校政字 35 号），明确该中心是国家“2011 计划”协同创新体系的重要组成部分。中心实行管理委员会领导下的中心主任负责制和开放、流动、联合、竞争的运行机制。学校鼓励中心积极进行体制机制创新，产出具有重大国际影响的创新成果，建设世界一流智库，为党和国家事业发展作出贡献。

（四）社会转型与社会管理协同创新中心

2012 年 8 月 17 日，学校印发《关于成立社会转型与社会管理协同创新中心的决定》（2011—

2012 学年校政字 36 号)，明确该中心为跨学校、跨学科的独立机构，是国家“2011 计划”协同创新体系的重要组成部分。该中心实行中心管理委员会领导下的中心主任负责制、首席专家责任制的管理体制和“开放、流动、联合、竞争”的运行机制。学校支持中心进行体制机制创新，以汇聚国内外高层次人才，培养具有跨学科创新能力的研究生，协同国内外教育、科研、企业、政府等机构，为新时期国家社会转型和社会管理做出具有重大国际影响的创新成果。

(五) 中国人民大学中国社会科学案例中心

2012 年 6 月 13 日，学校印发《关于成立中国人民大学中国社会科学案例中心的决定》(2011—2012 学年校政字 31 号)，明确该中心是跨学院的教学与科研基础公共平台，要求该中心充分发挥学科整合优势，努力建设成为国内第一、世界一流的跨学科案例开发与共享平台。

(六) 中国人民大学社会发展与管理大数据中心

2012 年 9 月 15 日，学校印发《关于成立中国人民大学社会发展与管理大数据中心的决定》(2012—2013 学年校政字 24 号)，明确该中心是跨学院的教学与科研基础公共平台，为相关领域的协同创新提供充分的信息支持和知识服务，积极探索文理交叉的研究方法。

(七)“2011 计划”行政服务中心

2012 年 10 月 23 日，学校印发《关于设立“2011 计划”行政服务中心的决定》(2012—2013 学年校政字 8 号)，明确其职能为集中负责学校“2011 计划”各协同创新平台的校内行政事务办理，为各协同创新平台提供有关财务、资产、人事、宣传等方面的“一站式”集约化服务；统一负责各协同创新平台的成果传播、推广和转化工作，加强对外联络，为各协同创新平台发展创造良好的外部环境。该中心现阶段暂定为副处级单位，挂靠发展规划处，在条件成熟的时候可按正处级单位独立设置。

(八) 明确“2011 计划”四大学术支撑平台定位

2012 年 9 月 15 日，学校印发《关于明确“2011 计划”四大学术支撑平台定位的决定》(2012—2013 学年校政字 23 号)，明确中国人民大学中国调查与数据中心、中国人民大学社会科学案例中心、中国人民大学公共政策实验室、中国人民大学社会发展与管理大数据中心为学校“2011 计划”四大学术支撑平台。四大学术支撑平台是学校“2011 计划”体制机制创新的关键内容，均为独立于学校“2011 计划”各协同创新中心之外的机构，与各学院平行存在，在人、财、物等方面具有一定自主权。

二、改善基本办学条件专项资金项目管理

(一) 项目申报评估工作

2012 年 4 月 6 日，教育部下达关于部属预算单位 2012 年预算的批复，中国人民大学 21 个申报项目被批准列入 2012 年度改善基本办学条件专项资金项目，总预算 5 400 万元(名单见附录)。

2012 年 5 月 23 日，财政部教科文司和教育部财务司向学校下达《关于开展 2013 年度中央高校及附属中小学改善基本办学条件专项资金申报、评审工作的通知》(财教便函〔2012〕104 号)，对 2013 年的项目进行申报和评审。评审的主要内容包括申报项目是否符合规定的条件，项目立项的必要性、科学性和可行性，项目经费是否合理，项目申报材料是否齐全等。

2012 年 7 月 10 日，受财政部教科文司和教育部财务司的委托，福建华兴会计师事务所北京分所对学校 2013 年申报的改善基本办学条件专项资金项目进行现场调研评估。学校共有 50 个项目参评，其中设备购置项目 28 个，房屋修缮项目 16 个，基础设施维修改造项目 6 个。

(二) 改善基本办学条件专项资金项目日常管理

2012 年，专项资金管理办公室对 2011—2012 年已经批准的 36 个改善基本办学条件专项资金项

目进行日常管理，包括组织实施项目的立项批复、细化论证、预算批复等前期工作，参与并监督项目单位的设备招投标、受理项目单位的调整变更申请等过程管理工作。

附录

中国人民大学2012年度改善基本办学条件专项资金项目批复情况统计表

序号	项目名称
1	物理系材料物理专业本科教学实验室建设（二期）
2	化学系公共教学实验室平台建设
3	心理学系心理测评实验室
4	VPN系统升级改造项目
5	中国人民大学等级保护整改与测评项目
6	门户网站群内容管理系统升级项目
7	学生体育运动设施（篮球场、网球场、老体育馆）大修
8	图书馆东馆修缮改造
9	张自忠路3号院基础设施大修改造
10	购置家具、设备（电梯）
11	高性能计算机集成机群公用平台（二期）
12	信息学院本科教学计算机及设备更新
13	艺术学院教学条件改善设备购置
14	信息学院EDA实验室设备采购
15	地下管线与地上物勘测及地理信息平台计算机管理系统开发
16	校园水暖电基础设施大修改造
17	档案馆（西图书馆一层）建设
18	法律学科物证技术实验室建设
19	招生就业信息化平台建设
20	全校消防中控室联网改造工程
21	网络设备更换

■“985工程”建设项目

一、概况

2012年，学校继续按照“985工程”2010—2020年总体规划和2010—2013年建设方案的部署，在教育部、财政部相关要求指导下，在“学科建设”、“拔尖创新人才培养”、“学术领军人物和创新团队建设”、“提升自主创新和社会服务能力”、“国际交流与合作”等五个方面制定了详细的建设计划，并启动了具体建设任务。

截至2012年12月31日，中国人民大学“985工程”三期2010—2013年建设项目中央财政拨款累计到位67 000万元，其中2012年拨款22 000万元，包括学科建设经费6 300万元，拔尖创新人才培养经费920万元，学术领军人物和创新团队建设经费9 000万元，提升自主创新和社会服务能力经费4 700万元，国际交流与合作经费1 080万元。

二、项目管理及进展情况

（一）“985工程”二期审计工作

2012年1—3月，“985工程”办公室与财务处密切配合，完成了国家对学校“985工程”二期的审计工作。2012年4月18日，教育部财务司召开会议，向学校及北京师范大学等6所高校反馈了审计署驻校工作组的结论性意见。2012年4月20日，学校向教育部报送了《中国人民大学关于报送〈审计署关于北京师范大学等6所高校“985工程”涉及情况的报告（征求意见稿）〉回复意见的报告》（人大校字〔2012〕50号），充分说明了“985工程”对我国高等教育的促进作用及对学校发展的支撑作用，同时，对审计报告中不符合高等教育发展规律的意见提出了具体修改意见，并对涉及学校的情况进行了逐一澄清。2012年7月17日，学校向审计署报送了《中国人民大学关于对〈审计署关于北京师范大学等6所高校“985工程”涉及情况的报告〉提出的问题进行整改的报告》（人大校字〔2012〕118号），对相关整改措施进行了汇报。

（二）“985工程”阶段性总结

2012年4月，根据教育部、财政部“985工程”办公室《关于召开“985工程”建设座谈会的通知》（教重办〔2012〕1号）精神，学校组织22个院系和10个公共部门开展了“985工程”阶段性检查工作，形成了《中国人民大学新一轮“985工程”阶段性总结报告》上报教育部。

（三）2013年预算申报和评审工作

2012年10月，按照教育部、财政部《关于编报2013年“985工程”中央财政专项资金项目预算的通知》（财教便函〔2012〕309号）精神，“985工程”办公室根据学校发展战略，拟定了2013年学校“985工程”预算资金分配原则、分配计划、申报提纲等，报请学校工作组审议后，组织各项目单位进行了申报，在此基础上形成《中国人民大学“985工程”2013年预算》，于2012年11月1日顺利通过了教育部专家组的评审。

（四）2012年预算资金的批复和执行

学校按照国家“985工程”相关规定，如期完成了“985工程”2012年预算资金的批复、执行及日常管理工作。

■“211工程”三期建设项目

一、概况

2012年是国家“十一五”“211工程”结项之年，财政部会同国家发展改革委、教育部启动了“211工程”三期建设验收工作，在学校自行组织校内验收基础上，三部委采取网络验收、抽查验收、委托社会独立机构验收等形式，各有侧重地对建设项目进行了全面细致的国家验收。按照“客观公正、围绕核心；分类奖励、统筹兼顾；按校奖励、适度支持”的原则，三部委决定对“211工程”三期建设项目中重点学科建设项目综合排名靠前且具有一定数量特别优秀重点学科建设项目（在本学科所属一级领域排名前10%）的高校给予奖励。这是国家第一次根据评审结果对“211工程”三期建设项目进行奖励。

按照教育部要求，学校认真组织开展了结项验收相关工作，系统总结了“十一五”期间中国人民大学“211工程”建设项目取得的成效和经验，得到教育部、国家发展改革委、财政部组织的评审专家和第三方评审机构的认可，成为获得国家“211工程”三期奖励资金的28所高校之一。

二、项目管理及进展情况

（一）“211工程”三期结项校内验收工作

2012年1—4月，根据211部协办《关于做好“211工程”三期验收工作的通知》（211部协办〔2012〕1号）精神，学校组织21个“211工程”建设项目开展了校内验收工作，在此基础上，形成了《中国人民大学“211工程”三期总结报告》上报教育部。

（二）“211工程”三期第三方验收工作

2012年7月，211部协办印发了《关于做好“211工程”三期第三方验收工作的通知》（211部协办〔2012〕7号），通知各高校准备相关材料，接受中国国际工程咨询公司、国家投资项目评审中心、中天宏国际咨询有限责任公司和北京华盛中天国际咨询有限责任公司等中介机构，以非现场验收的方式，对“211工程”三期建设项目的资金使用管理情况、使用效益等进行评审。这是国家第一次采用委托社会独立机构验收的形式对“211工程”建设项目进行绩效评估。

根据211部协办通知要求，学校向中介机构如期提交了《“211工程”三期建设专项资金使用和管理验收资料》，包括涉及财务制度、资金使用情况、设备购置、队伍建设、人才培养等方面的十余种验收材料。

（三）获得“211工程”三期建设奖励资金

2012年11月，中国人民大学接到《教育部办公厅国家发展改革委办公厅财政部办公厅关于对“211工程”三期建设成效显著的高校给予奖励的通知》（教重厅〔2012〕1号），学校“211工程”三期建设获得国家1 360万元奖励资金，其中国家发展改革委安排900万元、财政部安排460万元。学校成为首批获得国家“211工程”三期建设奖励资金的高校之一。

2012年12月，学校接到211部协办下发的《关于反馈“211工程”三期国家验收结果的通知》（211部协办〔2012〕8号），中国人民大学8个重点学科建设项目综合得分为90分以上，所有重点学科建设项目综合得分均在85分以上。其中，在“经济”一级领域排名中，“中国特色经济学体系建设”建设项目在全国排名第一，“财政金融政策与管理”排名第二，“现代统计技术的创新与应用”排名第五；在“人文社会科学”一级领域排名中，“哲学理论创新与当代中国社会发展”建设项目在全国排名第三，“新世纪媒介融合与国家公共传播教学科研创新平台”排名第七；在“政法”一级领域排名中，“中国特色社会主义法学理论与实践创新平台”在全国排名第三，“社会转型期的社会学：学科基础和中国实践”排名第五，“全球化时代中国对外战略与政治发展道路”排名第八；在“管理”一级领域排名中，“中国产业变革与管理创新”建设项目在全国排名第九。

按照教育部、发改委、财政部“211工程”三期奖励资金使用管理要求，中国人民大学“211工程”三期奖励资金主要用于重点学科、人才培养和孵化新兴交叉学科所需的基础设施建设以及支撑人才培养和学科建设的高水平实验室建设，力争以重点学科建设为带动，全面提高学校办学质量，加快建设“人民满意、世界一流”大学，为建设创新型国家、推动经济社会又好又快发展作出新的更大贡献。

（四）起草“211 工程”四期建设项目设想

2012 年 9 月，根据 211 部协办《关于召开“211 工程”建设座谈会的通知》（部协办便字 20120911 号）精神，学校“211 工程”办公室起草了中国人民大学“211 工程”四期建设项目设想，对建设目标、建设思路、建设方式等相关问题进行了探讨。

■“2011 计划”

一、概况

根据《教育部财政部关于实施高等学校创新能力提升计划的意见》（教技〔2012〕6 号）和《教育部财政部关于印发高等学校创新能力提升计划实施方案的通知》（教技〔2012〕7 号）精神，国家自 2012 年起开始实施“高等学校创新能力提升计划”（简称“2011 计划”）。该计划以“国家急需、世界一流”为根本出发点，以人才、学科、科研三位一体创新能力提升为核心任务，通过构建面向科学前沿、文化传承创新、行业产业以及区域发展重大需求的四类协同创新模式，深化高校的机制体制改革，转变高校创新方式。

“2011 计划”提倡“以机制体制改革引领协同创新，以协同创新引领高等学校创新能力的全面提升”，力争突破高校内部以及与外部的机制体制壁垒，改变“分散、封闭、低效”的现状，释放人才、资源等创新要素的活力，着力推动八个方面的改革，即构建科学有效的组织管理体系、探索促进协同创新的人事管理制度、健全寓教于研的拔尖创新人才培养模式、形成以创新质量和贡献为导向的评价机制、建立持续创新的科研组织模式、优化以学科交叉融合为导向的资源配置方式、创新国际交流与合作模式、营造有利于协同创新的文化环境。

按照教育部要求，学校积极组织实施了“2011 计划”，初步完成了学校“2011 计划”的总体规划，探索了体制机制改革的路径，并组织社会转型与社会管理协同创新中心、马克思主义与中国道路协同创新中心完成了 2012 年“2011 计划”协同创新中心的申报工作。

二、项目管理及进展情况

（一）“2011 计划”校内申报工作

2012 年 4—5 月，学校组织各院系进行了“2011 计划”校内申报，在此基础上，明确了学校“2011 计划”总体规划思路和 2012 年重点申报方向。

（二）学校“2011 计划”的总体规划

2012 年 9 月 2 日，学校党委常委会审议通过了《中国人民大学“2011 计划”战略规划纲要（草案）》，明确了学校“2011 计划”的总体目标、指导思想、重点任务、实施步骤等，并明确了学校未来几年拟建的若干协同创新中心。

（三）2012 年“2011 计划”协同创新中心申报工作

2012 年 6—10 月，根据教育部《关于组织 2012 年度“2011 协同创新中心”评审认定工作的通知》（教技司〔2012〕162 号）精神，学校面向国家当前急需解决的重大战略问题，汇聚了国内一流的学科和专家，牵头培育、组建了“社会转型与社会管理协同创新中心”和“马克思主义与中国道路协同创新中心”，按照国家要求积极探索体制机制改革措施，并组织有关学科专家，按照教育部先后两次下发的申报提纲，经过十余次校内审稿、修改，完成了“社会转型与社会管理协同创新中心”和“马克思主义与中国道路协同创新中心”实施方案的起草、报送工作。

（四）“2011 计划”评审专家推荐

2012 年 8 月，根据教育部《关于推荐“2011 协同创新中心”评审专家的通知》（教技司［2012］246 号）精神，学校联络并推荐了 181 位本校及兄弟院校相关学科领域具有较高学术水平的知名学者、相关行业的专家，以及部分院系与财务等职能部门负责人，其中包括 88 位校内专家和 93 位校外专家，组织专家完成了推荐表填写工作，按时报送教育部。

（五）参与其他高校牵头组建的协同创新中心

2012 年，应清华大学“出土文献与中国古代文明”协同创新中心邀请，为推动学校相关学科学习借鉴国内外先进经验，经过认真论证，学校决定鼓励中国古代史、考古学等相关学科参与该协同创新中心。此外，“211 工程”办公室还积极推动学校参与北京外国语大学、西藏民族学院、井冈山大学、西南财经大学等高校的“2011 计划”协同创新中心建设，多方汇聚资源。

■ 高等教育研究

一、科研项目与成果

2012 年，高等教育研究室继续推进高等教育改革与政策研究。中国高等教育学会委托课题“建设高等教育强国的体制机制创新研究”完成结项工作。作为中国人民大学教育管理科学研究基金常设项目，“中国大学评价”课题组连续进行了第五次年度发布——“2012 中国大学 50 强”排行榜，并持续在社会上产生广泛影响；近年来，高等教育研究室携“中国大学 50 强”成果连续参加 QS-APPLE 等大学排行国际会议，有效增进了国外对学校的了解，扩大了学校影响力。2012 年 10 月，英国《泰晤士报高等教育副刊》（*Times Higher Education*）发布 2012—2013 年世界大学排行榜，对全球 400 强高校进行了排序，中国人民大学首次进入该榜单，位列全球高校第 301－350 位和中国大陆高校的第 7 位。

围绕教育热点和课题，高等教育研究室本年度在核心学术期刊上发表了论文 10 余篇。

2012 年，高等教育研究室一些研究成果在各类评奖中脱颖而出。纪宝成教授撰写的《坚持教育事业公益性的方向》荣获中国教育发展战略学会教育战略研究优秀成果一等奖，胡娟教授、李立国教授主编的《大学协会组织研究》荣获中国教育发展战略学会教育战略研究优秀成果二等奖。李立国教授的专著《古代希腊教育》荣获 2012 年度北京市哲学社会科学优秀成果二等奖。

此外，高等教育研究室还承担着“我国研究生教育规模结构与我国经济发展水平的适应性研究”、“关系营销视角下的我国大学校友捐赠行为理论与实证研究”、“20 世纪 80 年代美国‘学校大辩论’研究”等一批国家自然科学基金课题、教育部人文社会科学基金课题、教育发展与公共政策研究中心重大课题的学术研究工作。

二、政策研究和决策咨询

2012 年，高等教育研究室积极参与教育部文科教育改革发展研究基地各项研究工作，持续推进 2

个系列的研究：世界一流大学本科人才培养模式研究和美国顶尖学科课程设置研究；撰写完成14篇研究报告，编印、发送14期《简报》，共涉及美国、英国、日本、中国大陆和香港、台湾地区著名高校近50所（次）。

与此同时，高等教育研究室积极助力学校本科人才培养改革及其他政策研究工作。

三、学术活动与交流

2012年正值学校建校75周年，高等教育研究室积极配合学校办公室和相关部处开展校庆筹备工作，并在10月2—4日的校庆系列活动中，与学校有关部处联合承办了以“著名高中学生综合素质培养与高水平大学拔尖创新人才培养”为主题的“百所著名中学校长论坛”。

同时，在对外学术活动与交流方面，高等教育研究室参加了中国联合国教科文组织全国委员会秘书处、中国教育发展战略学会、中国高等教育学会、北京高等教育学会等组织召开的代表大会、学术年会、十八大精神座谈会。高等教育研究室副主任舒颖岗等出席了11月14—16日在印度尼西亚举行的第八届QS-APPLE年会。在现有基础上，课题组召开专题会议，讨论研究如何在“中国大学50强”的基础上更好更强地推动“中国大学”评价研究，进一步扩大和提升影响力。

四、其他工作

2012年，作为中国人民大学高等教育学会秘书处，高等教育研究室于11月底组织推荐申报北京市高等教育学会第八次高等教育研究优秀成果评选，完成北京市高等教育学会学术活动信息统计报送工作；12月底参加中国高等教育学会成立30周年系列活动，制作中国人民大学高等教育学会画册，推荐申报中国高等教育学会先进团体和优秀工作者评选，推荐申报第八次优秀高等教育科学研究成果和从事高教30年高教研究有重要贡献学者的评选。2012年初，高等教育研究室开展2012年度中国人民大学教育管理科学研究基金项目申报与评审工作，经过专家匿名通讯评审、会议评审和公示程序，共有27个科研项目获批立项，其中，常设项目1项，重点项目11项，一般项目15项。在项目管理方面，高等教育研究室于3—5月根据学校科研处、财务处统一部署，对以往立项项目的结项情况进行了清查，督促在研项目按期结项或根据规定办理项目延期手续，加强项目经费报账管理。

2012年，高等教育研究室协同教育学院共组织、编辑《中国人民大学教育学刊》4期；高等教育研究室与学校书报资料中心合作编辑复印报刊资料《高等教育》，出版12期。

附录

2012年度中国人民大学教育管理科学研究基金项目立项名单

序号	项目名称	所在单位	负责人	项目类型	项目批准号
1	中国大学评价	高等教育研究室	胡　娟	常设项目	10XND002
2	中外一流大学发展规划的比较研究	发展规划处	刘　昊	重点项目	12XND001

序号	项目名称	所在单位	负责人	项目类型	项目批准号
3	基于职业生涯发展的我国高校非教师队伍激励机制研究——组织的分析视角	人事处	钟兰芳	重点项目	12XND002
4	教育投入增长背景下以效益为导向的中国高等教育财政支出结构研究	理工学科建设处	沈　健	重点项目	12XND003
5	教师社会兼职与科研创作的关系研究——来自独立董事的个体数据证据	科研处	吴　瑾	重点项目	12XND004
6	基于流程化管理的高校项目管理信息系统研究及应用	发展规划处	李振生	重点项目	12XND005
7	中国人民大学经济学科学术研究成果影响力分析	图书馆	李辉华	重点项目	12XND006
8	体育生活方式与大学生身心健康发展的实验研究——以中国人民大学为例	体育部	张　磊	重点项目	12XND007
9	大学生能力课程开发与建设	公共管理学院	秦惠民	重点项目	12XND008
10	高校绩效管理研究及其指标体系构建的初步探索	发展规划处	刘昌乾	重点项目	12XND009
11	高校朋辈心理咨询项目实践初探	学生处心理健康教育与咨询中心	周　莉	重点项目	12XND010
12	高等学校学生培养成本确认和计量研究	财务处	武　雷	重点项目	12XND011
13	研究型大学博士教育的目标导向与培养模式探析	研究生院	李艳丽	一般项目	12XNE001
14	高校医院实现社区卫生服务功能对促进师生健康的意义与作用	校医院	王红军	一般项目	12XNE002
15	人文社会科学大学在建设文化强国中的地位与作用研究——以中国人民大学为例	学校办公室	熊俐嘉	一般项目	12XNE003
16	国际教育品牌认知度范式研究——以中国人民大学“国际化”建设阶段性成果为例	国际关系学院	李宝俊	一般项目	12XNE004
17	加快教育信息化进程下高校数字化课程中心建设研究	教务处	赵晓宇	一般项目	12XNE005
18	现代大学制度视域下的中国人民大学组织体系研究	学校办公室	何加纯	一般项目	12XNE006
19	新的人才培养模式下教师资源配置及课程编排优化方法的研究	信息学院	蔡晓雨	一般项目	12XNE007
20	以学科建设为核心的高校文献资源体系构建	图书馆	孙　权	一般项目	12XNE008
21	高校学报的发展空间：基于跨学科研究的视角	学术期刊社	李淑英	一般项目	12XNE009
22	高校 SNS 主体性教育功能的实证研究	财政金融学院	刘　芳	一般项目	12XNE010
23	高校内部治理框架下财务预决算审计的创新性策略研究	审计处	张文利	一般项目	12XNE011
24	基于灰色系统理论的学科建设成效评价与发展预测研究	理工学科建设处	石　源	一般项目	12XNE012
25	构建学习型政府背景下开设高级公共管理硕士的必要性和可行性研究	公共管理学院	谢佳宏	一般项目	12XNE013
26	中国人民大学青年校友（2002—2011 届）生存状况全调查	校友工作办公室	孟繁颖	一般项目	12XNE014
27	高等学校体育事业发展战略与一流大学经验研究	体育部	冯启娜	一般项目	12XNE015

教育部文科教育改革发展研究基地 2012 年度研究成果

已完成研究	成果形式	开展时间
一、世界一流大学本科人才培养模式研究系列		

已完成研究	成果形式	开展时间
1. 从新生研讨课看本科人才培养——哈佛大学的案例	《简报》总第 1 期	2012 年 3—6 月
2. 实施跨学科战略——普林斯顿大学本科人才培养启示	《简报》总第 2 期	
3. 本科创新人才培养模式研究——基于京都大学课程设置的视角	《简报》总第 3 期	
4. 课程与教授并重——剑桥大学本科生教育案例研究	《简报》总第 4 期	
5. 20 世纪美国大学本科课程的历史演进与最新发展	《简报》总第 5 期	
6. 中外著名高校本科教学指导机构设置报告——以 17 所高校为案例	《简报》总第 8 期	2012 年 7—8 月
二、美国顶尖学科课程研究系列		
1. 美国顶尖法学专业课程设置报告 ——以哈佛大学、耶鲁大学和斯坦福大学为案例	《简报》总第 6 期	2012 年 9—10 月
2. 美国顶尖商学专业课程设置报告 ——以哈佛大学、斯坦福大学和宾夕法尼亚大学为案例	《简报》总第 7 期	
3. 美国顶尖经济学专业课程设置报告 ——以哈佛大学、麻省理工学院、斯坦福大学为案例	《简报》总第 9 期	
4. 美国顶尖新闻学专业课程设置报告 ——以斯坦福大学、哥伦比亚大学、密苏里大学为案例	《简报》总第 10 期	2012 年 11—12 月
5. 美国顶尖社会学专业课程设置报告 ——以哈佛大学、芝加哥大学、哥伦比亚大学为案例	《简报》总第 11 期	
6. 美国顶尖政治学专业课程设置报告 ——以哈佛大学、耶鲁大学、斯坦福大学为案例	《简报》总第 12 期	
7. 美国顶尖教育学专业课程设置报告 ——以哈佛大学、斯坦福大学、范德堡大学为案例	《简报》总第 13 期	
8. 美国顶尖哲学专业课程设置报告 ——以哈佛大学、加州伯克利大学、普林斯顿大学为案例	《简报》总第 14 期	

对外交流与合作

按照《国家中长期教育改革和发展规划纲要（2010—2020年）》精神及《中国人民大学全面提升国际性规划纲要及实施细则》发展步骤，在校领导的高度重视及各部门的共同努力下，2012年，学校全球合作伙伴网络更趋完善，中外合作办学取得了突破性的发展，学生国际性项目和派出人数增长势头强劲，学校海外存在已成格局并已发挥其海外平台的作用，留学生教育进入以控制规模、改善结构和提升质量为主的发展阶段，学校的国际性有了极大的提高。

一、概况

2012年，学校与18所大学签署了22个校际合作协议，与2所大学（机构）续签了合作协议。截至2012年12月，学校共与53个国家的202所高校签订了合作协议，与港澳台地区22所高校（机构）签订了合作协议。

2012年，全校出国及赴港澳台进行学术交流活动共计2 152人次，其中在校学生出国及赴港澳台长短期交流活动共计1 002人次。派出校级代表团25团次，先后访问了美国、加拿大、墨西哥、哥斯达黎加、智利、英国、法国、比利时、德国、西班牙、捷克、奥地利、瑞士、意大利、以色列、韩国、日本、朝鲜及中国港澳台地区的教育科研机构。2012年，教师94人获得学校国际会议资助，推动了青年教师走向国际学术舞台，了解最新学术动态，加强与国际同行间的交流。本年度，继续组织干部海外培训项目，并继续组织“影子处长”海外培训项目，积极与海外名校交流，将学校优秀干部派出学习，提升管理干部的国际视野。

为提升学生的国际竞争力，进一步开阔学生的国际视野，2012 年，通过“校长奖学金”项目派出学生 59 名，通过校际长期学生交换项目派出学生 253 名，通过国家公派项目派出学生 123 名，通过寒暑期国际交流项目派出学生 286 名。

2012 年，境外高校副校长以上级别代表团来访 87 个，港澳台学生团组 5 个。邀请长期外籍教师 66 人，邀请短期来华访问学者 176 人次，聘请外籍客座教授 7 人，授予名誉教授称号 4 人。截至 2012 年秋季，学校共接收来自 99 个国家的外国留学生 1 829 人，其中本科生 1 081 人，硕士生 250 人，博士生 106 人，学历留学生合计 1 437 人，占留学生总人数的 79%。普通进修生 107 人，高级进修生 82 人，语言进修生 177 人，合计 366 人，芝加哥大学项目在校生 26 人。2012 年来自国外大学共计 308 人参加了学校暑期学校。

截至 2012 年 12 月 30 日，学校参与共建了海外 13 家孔子学院，其中欧洲 6 家，美洲 5 家，非洲 1 家，亚洲 1 家。目前学校共有 14 名经验丰富的专职教师和 25 名志愿者在 12 家海外孔子学院任教。

2012 年，经教育部批准，学校主办、合办国际会议 12 个。

二、主要工作

（一）学校全球合作伙伴网络更趋完善

2012 年，学校与世界一流大学如美国康奈尔大学、美国哥伦比亚大学、加拿大英属哥伦比亚大学等签署了合作协议。截至 2012 年 12 月，学校共与 53 个国家的 202 所高校签订了合作协议，与港澳台地区 22 所高校（机构）签订了合作协议。学校的合作伙伴在数量和质量上都有了很大的提升，并已开展了多项实质性的合作。经过整理和筛选协议院校，形成了“以我为主，为我所用”的中国人民大学重点国际合作伙伴共计 40 个，分布世界五大洲，代表着世界主要文明，形成了学校的全球重点合作伙伴网络。

（二）中外合作办学形成新的局面

自 2010 年始，学校利用苏州研究院平台，在与法国友好合作关系的基础上，探索中外合作办学新模式——“中法学院”。2012 年 6 月 12 日中国人民大学中法学院在苏州正式成立，9 月 159 名新生入学；学校“中法实验班”第一批入学的 2010 级学生也于 2012 年赴法国马赛商学院进行为期一年的学习。“中法学院”的成立是中外高水平联合办学新模式的探索，也是学校贯彻落实《国家中长期教育改革和发展规划纲要（2010—2020 年）》的战略措施之一。“中法学院”不仅为中国人民大学培养国际化优秀人才，也承担法国乃至欧洲大量留学生的培养任务。

（三）学生国际性项目和派出人数增长势头强劲

2012 年学校提出以“厚重”为核心构建人才培养体系，培养面向未来、面向世界的新一代杰出人才，学校加大力度支持学生国际交流。截至 2012 年 12 月 30 日，学校校际学生交换项目已达 65 个，通过“校长奖学金”项目派出学生 59 名，通过校际长期学生交换项目派出学生 253 名，通过国家公派项目派出学生 123 名，通过寒暑期国际交流项目派出学生 286 名。派出学生人数比 2011 年增长一倍。

（四）学校在海外孔子学院建设方面取得优异成绩，被评为“孔子学院先进中方合作院校”

孔子学院是教授中国语言、传播中国文化、开展公众外交、促进文明对话的重要平台。截至 12 月 30 日，学校参与共建了海外 13 家孔子学院，其中欧洲 6 家，美洲 5 家，非洲 1 家，亚洲 1 家，均为其所在国的著名学府。2012 年编印了《中国人民大学孔子学院工作年度报告 2012》，学校印发了《中国人民大学关于加强派往承建的孔子学院工作的干部、教师队伍建设的若干意见》，此文件的印发，标志着学校在海外孔子学院教师选派上做出了制度性的改革。

2012年学校先后举办了第二届孔子学院文化节、中国人民大学承建孔子学院工作会议、中国人民大学承建孔子学院家庭聚会、中国人民大学承建孔子学院中方院长交流午餐会、国际青年声乐家中外名剧名曲音乐会等活动，并承办了第三届世界汉学大会中“孔子学院与世界多元文化交流”圆桌论坛，取得了良好的效果。

2012年12月16日，在第七届全球孔子学院大会上学校被评为“孔子学院先进中方合作院校”。此奖项是国家汉办2012年首次设立的重要奖项，全国300多个中方合作单位仅有10所学校和机构获得了此荣誉。在本次大会上，学校承建的意大利博洛尼亚大学孔子学院、德国莱比锡大学孔子学院和津巴布韦大学孔子学院荣获先进孔子学院奖项。学校承建的美国密歇根大学孔子学院所在的密歇根大学常务副校长莱斯特·莫茨（Lester Monts）还荣获了“全球孔子学院先进个人”称号。

（五）留学生教育进入以控制规模、改善结构和提升质量为主的发展阶段

2012年学校共接收来自99个国家的外国留学生1 829人，其中本科生1 081人，硕士生250人，博士生106人，学历留学生合计1 437人，占留学生总人数的79%；普通进修生107人，高级进修生82人，语言进修生177人，合计366人；芝加哥项目在校生26人。2012年来自国外大学共计308人参加了学校暑期学校。

在校生国别情况有了新的变化，韩国留学生人数首次降至999人，第二位是法国93人，以下依次为日本67人、越南58人、美国79人、俄罗斯39人、哈萨克斯坦28人、加拿大27人、蒙古26人、泰国24人、印度尼西亚20人。此外还有德国、意大利、爱尔兰、芬兰、西班牙、英国、比利时、波兰等欧洲国家的学生人数也上升到两位数。这种国别变化得益于学校各级各类交换生项目的不断开展，比如中法学院70人、学院交换生100人、学校交换生63人，很多交换生都来自欧美国家。

2012年学校还成功申请到了“国家开发银行优秀留学生奖励金”项目、“亚洲校园”项目，用以吸引优秀的留学生到学校学习。

（六）与台湾地区高校交流工作全面铺开

学校长期重视与台湾地区高校的交流工作，在多年卓有成效工作的积累下，截至2012年12月学校与台湾地区12所重点高校建立了合作伙伴关系，并开展了学生交换项目。2012年，学校派出104人赴台湾13所高校交换学习，派出131人赴台湾高校参加寒暑期学校，接收来自台湾11所高校共计109名学生到学校交换学习。学校与台湾高校的学生交换工作已然形成了你中有我、我中有你的交流格局。

（七）围绕75周年校庆，开展系列庆祝活动

2012年，围绕着“公益校庆、学术校庆、你我共同的校庆”，学校先后举办了外国名人系列演讲活动、中国人民大学校友会留学生分会筹备会、我唱北京·I SING BEIJING——国际青年声乐家中外名剧名曲演唱会、国际奥委会委员演讲活动、中国人民大学国际文化节、第四届中韩大学校长论坛、中国人民大学承建海外孔子学院庆祝75周年校庆系列活动、中国人民大学交换生海外庆祝75周年校庆系列活动、中国人民大学孔子学院文化节、京剧百部经典英译系列新书发布会等活动，构筑了75周年校庆的国际舞台。

附录

2012年校领导出访团组一览表

校领导	出访国家/地区	访问机构/组织	出访任务	出访时间
程天权书记	韩国		中韩建交20周年纪念国际学术会议	7月18日—7月21日
	哥斯达黎加	哥斯达黎加大学	访问高校	8月15日—8月25日
	墨西哥	维拉克鲁斯大学		
	土耳其	伊斯坦布尔大学 Koc大学	访问考察	12月1日—12月8日
	以色列	特拉维夫大学		
	香港	香港中文大学 香港科技大学 中央驻港联络办公室		12月9日—12月12日
	澳门		2012（澳门）两岸四地经济合作交流峰会暨第二届文化传媒论坛	12月13日
陈雨露校长	比利时		2012“留学中国教育展暨中欧大学合作高峰论坛”	4月17日—4月20日
	比利时		中欧城镇化高层论坛	5月1日—5月5日
牛维麟常务副书记	哥斯达黎加	哥斯达黎加大学	访问考察	3月7日—3月17日
	智利	Gabriela Mistral大学		
	朝鲜		“为社会的进步和繁荣”国际学术研讨会	8月20日—8月24日
	台湾	台湾淡江大学	学术交流	10月24日—10月28日
冯惠玲常务副校长	日本		随教育部团组参加国际会议	6月8日—6月12日
	捷克	布拉格查理大学	访问高校	6月14日—6月24日
	奥地利	维也纳大学	访问高校	
	瑞士	瑞士公共管理学院 国际奥委会总部博物馆和研究中心	体育与欧盟组织论坛 访问交流	
	英国		随北京奥促会组团参加与伦敦奥运会相关的活动及会议	7月26日—7月31日
王利明副书记兼副校长	意大利	博洛尼亚大学 博洛尼亚大学孔子学院	学术访问	10月4日—10月7日
杨慧林副校长	英国	伯明翰大学 爱丁堡大学 格拉斯哥大学 杜伦大学 伦敦国王学院	拓展校际合作项目	3月14日—3月23日
	加拿大	蒙特埃里森大学	第二届中加通识教育论坛	9月26日—9月27日

校领导	出访国家/地区	访问机构/组织	出访任务	出访时间
杨慧林副校长	英国	爱丁堡大学	孔子学院欧洲地区联席会议	6月5日—6月9日
	美国	麻州大学波士顿分校	中国人民大学承建孔子学院全体工作会议、麻州大学波士顿分校孔子学院理事会	8月28日—9月8日
		圣母大学	哥斯达黎加大学孔子学院理事会，探讨与圣母大学的合作交流	
		芝加哥大学	国际比较文学学会理事会暨学术研讨会	
伊志宏副校长	以色列	以色列教育部、特拉维夫大学、耶路撒冷希伯来大学	学术访问，签署学校与特拉维夫大学共建孔子学院执行协议	9月11日—9月15日
	香港	香港教育局	《香港与内地高等学校关于进一步深化交流与合作的意向书》签署仪式	6月27日—6月28日
		香港科技大学	学生交换、学生联合培养	6月27日—6月28日
		香港理工大学	出席香港理工大学建校75周年校庆活动	11月13日—11月15日

2012年重要来访一览表

序号	来访团组国家/地区及来访人职务、姓名	时间
来访政要		
1	荷兰前首相兼总务部长扬·彼得·巴尔克嫩德（Jan Peter Balkenende）	10月22日
2	美国财政部助理部长查尔斯·柯林斯（Charles Collyns）	10月16日
3	欧盟就业、社会事务与包容总司总司长库斯·里歇尔（Koos Richelle）	9月21日
4	朝鲜教育委员会委员长金昇斗（ Kim Sung Du）	11月2日
5	韩国法制部部长郑善太（Jeong Sun Tae）	5月16日
6	国际奥委会委员凯文·格斯珀（Kevan Gosper）、瑞尼·费索（René Fasel）、张雄（Ung Chang）、派特克·伯曼（Patrick Baumann）	10月1—3日
7	英国农业部副大臣吉姆·佩斯（Jim Paice）	5月22日
8	香港立法会议员梁美芬（Meifen Liang）	5月21日
9	以色列驻华大使安泰毅（Amos Nadai）	6月29日
10	叙利亚驻华大使伊马德·穆斯塔法（Imad Moustapha）	9月25日
11	阿富汗驻华大使苏丹·艾哈迈德·巴辛（Sultan Ahmad Baheen）	11月7日
12	巴西驻华大使胡格内（Clodoaldo Hugueney）	10月31日
13	哥斯达黎加驻华大使夫人卡罗来纳·帕尔马（Carolina Palma）	7月10日
14	首任韩国驻上海总领事尹海重（Yun Hai-jung）	8月28日 9月13日
来访高校		
15	美国耶鲁大学校长理查德·雷文（Richard Levin）	3月12日

序号	来访团组国家/地区及来访人职务、姓名	时间
16	美国芝加哥大学校长罗伯特·季默（Robert J. Zimmer）	4月26日
17	美国纽约州立大学布法罗分校校长萨蒂什·特里帕蒂（Satish Tripathi）	3月27日
18	美国罗格斯大学校长理查德·麦考密克（Richard L. McCormick）	1月9日
19	美国伊萨卡大学校长汤姆·罗尚（Tom Rochon）	4月9日
20	美国麻州大学波士顿分校校长基思·莫特利（J. Keith Motley）	5月17日
21	美国纽约城市大学布鲁克林分校校长卡伦·古尔德（Karen Gould）	6月14日
22	美国贝勒大学校长肯·斯塔尔（Ken Starr）	6月27日
23	加拿大女王大学校长丹尼尔·伍尔夫（Daniel Woolf）	2月16日
24	加拿大英属哥伦比亚大学校长斯蒂芬·图普（Stephen J. Toope）	3月6日
25	加拿大西门菲莎大学校长安德鲁·派伯（Andrew Pepper）	11月14日
26	巴西南大河州联邦大学校长卡洛斯·亚历山大·内托（Carlos Alexandre Netto）	7月12日
27	法国巴黎索邦大学（巴黎四大）校长巴勒雷米·若贝尔（Barthélémy Jobert）	6月11日
28	法国保罗瓦莱里大学（蒙彼利埃三大）校长安娜·弗拉伊斯（Anne Fraïsse）	6月11日
29	法国马赛商学院校长伯纳德·贝尔唐特（Bernard Belletante）	6月11日
30	法国波尔多高等商学院校长菲利普·马克洛弗林（Philip Mclaughlin）	6月11日
31	意大利博洛尼亚大学校长伊凡诺·迪奥尼基（Ivano Dionigi）	12月15日
32	荷兰鹿特丹伊拉斯姆斯大学校长波林·范·德·米尔·摩尔（P. F. M. van der Meer Mohr）	3月19日
33	爱尔兰都柏林大学校长休·布雷迪（Hugh Brady）	6月25日 11月21日
34	芬兰拉普兰大学校长毛里·元朗（Mauri YLÃ-KOTOLA）	10月31日
35	沙特穆罕默德·本·法德王子大学秘书长苏莱曼·优素福（Yousif Sulieman）	3月2日
36	以色列特拉维夫大学校长约瑟夫·克拉夫特（Joseph Klafter）	5月11日
37	新加坡管理大学校长梅耶尔（De Meyer）	4月24日
38	泰国国立法政大学校长索姆基特（Somkit Lertpaithoon）	11月22日
39	韩国首尔国立大学校长吴然天（OH Yeon-Cheon）	10月24日
40	韩国外国语大学校长朴哲（Chul Park）	11月26日
41	韩国岭南大学校长李孝秀（Hyo Soo Lee）	11月26日
42	韩国高等教育财团（KFAS）事务总长朴仁国（Park In-kook）	8月30日 12月2日
43	韩国韩亚高中校长金珍星（Kim Jin-sung）	5月29日
44	香港理工大学校长唐伟章（ Weizhang Tang）	2月25日

2012年与中国人民大学签订校际交流协议的境外院校一览表

序号	国家/地区	学校/机构名称	签署时间
1	马来西亚	马来西亚华校董事联合会总会	1月2日
2	英国	肯特大学	1月4日
3	英国	雷丁大学	2月3日
4	加拿大	加拿大英属哥伦比亚大学	3月6日
5	日本	同志社大学	3月13日
6	荷兰	鹿特丹伊拉斯姆斯大学	3月19日

序号	国家/地区	学校/机构名称	签署时间
7	英国	爱丁堡大学	3月19日
8	美国	纽约州立大学布法罗分校	3月27日
9	南非	斯坦陵布什大学	5月8日
10	澳门	澳门大学	5月16日
11	韩国	韩国法制处（法制部）	5月16日
12	美国	美国哥伦比亚大学	5月18日
13	奥地利	维也纳大学	6月18日
14	韩国	成均馆大学	7月5日
15	以色列	特拉维夫大学	9月13日
16	美国	康奈尔大学	10月5日
17	加拿大	蒙特利尔大学	10月22日
18	加拿大	西门菲莎大学	11月14日

2012年与中国人民大学续签校际交流协议的境外院校一览表

序号	国家	学校名称	首签时间/续签时间
1	英国	英国伦敦国王学院	2008年11月/2012年3月22日
2	俄罗斯	俄罗斯莫斯科国立大学	2004年10月/2012年5月30日

中国人民大学校际交流协议院校一览表

（以下总计：56个国家和地区、225个高校和机构）

国家和地区名称	高校和机构名称	首签时间
欧洲（25国，78校）		
奥地利（1）	维也纳大学 University of Vienna	2001.11
西班牙（4）	巴塞罗那自治大学 Universotat Autonoma de Barcelona	1998.6
	巴塞罗那大学 Universitat de Barcelona	2003.10
	卡斯蒂利亚-拉曼查大学 University of Castilla-La Mancha	2006.5
	马德里卡洛斯三世大学 Universidad Carlos Ⅲ de Madrid	2009.9
荷兰（5）	蒂尔堡大学 Tilburg University	2004.4
	阿姆斯特丹自由大学 Vrije Universiteit Amsterdam	2006.4
	联合国大学技术创新中心 United Nations University-Maastricht Economic and social Research and training centre on Innovation and Technology（UNU-MERIT）	2009.7
	马斯特里赫特大学 Maastricht University	2009.7
	鹿特丹伊拉斯姆斯大学 Erasmus Universiteit Rotterdam	2012.3.19
比利时（1）	根特大学 Ghent University	2010.12
卢森堡（1）	卢森堡大学 University of Luxembourg	2006.9

国家和地区名称	高校和机构名称	首签时间
欧盟（1）	多边教育资助 Joint European Projects	2008.9
意大利（9）	那不勒斯费德里克二世大学 University of Naples "Federico Ⅱ"	1998.6
	米兰大学 University of Milano	1994
	那不勒斯东方大学 Università degli Studi di Napoli l'Orientale	1997.7
	那不勒斯第二大学 Seconda Università degli Studi di Napoli	2000.4
	佛罗伦萨大学 University of Florence	2000.8
	那不勒斯省 Province of Naples	2006.1
	国际高等研究院 SISSA	2007.3
	欧洲大学学院 Europe University Institute	2011.10.31
	萨尼奥大学 University of Sannio	不详
德国（7）	莱比锡大学 University of Leipzig	1986.1
	统一社会党中央社会科学院 Sozialistischen Einheitspartei Deutschlands	1988.7
	图宾根大学 Tuebingen University	2001.9
	斯图加特大学 University Stuttgart	2002.6
	柏林洪堡大学 Humboldt-Universität zu Berlin	2005.6
	科隆大学 University of Cologne	2007.5
	哥廷根大学 Geog-August-University of Goettingen	2011.1
英国（14）	杜伦大学 Durham University	1988.10
	英国伦敦经济与政治学院 London School of Economics and Political Science	1989.4
	威尔士大学兰彼得分校 University of Walses Lampeter	1997.5
	曼彻斯特大学 The University of Manchester	1999.10
	华威大学 University of Warwick	2001.11
	牛津布鲁克斯大学 Oxford Brookes University	2002.5
	伦敦国王学院 King's College London	2008.11
	纽卡斯尔大学 University of Newcastle	1992.4
	萨塞克斯大学 University of Sussex	2009.5
	剑桥大学 University of Cambridge	2009.9
	肯特大学 University of Kent	2010.4
	诺丁汉大学 Nottingham University	2010.8
	爱丁堡大学 University of Edinburgh	2011.11
	雷丁大学 University of Reading	2012.2
爱尔兰（1）	都柏林大学 University College Dublin	2007.10
丹麦（3）	奥尔堡大学 Aalborg University	1998.11
	哥本哈根大学 University of Copenhagen	2004.3
	哥本哈根商学院 Copenhagen Business School	2008.11
法国（9）	巴黎国际新闻学院 L'Institut International de Communication de Paris	1986.10
	波尔多第一大学 L'Universite Bordeaux1 Sciences et Technologie	1994.12
	法国国立东方语言文化学院 L'Institut National des Langues et Civilisations Orientales	1997.10
	埃克斯-马赛法律经济与科技大学 Université de Droit，d'Economie et de Science d'Aix-Marseille Ⅲ	1998.5
	巴黎政治学院 L'Universite D'Etudes Politiques de Paris	2000.4
	巴黎第一大学 L'Universite Paris Ⅰ	2003.10
	巴黎第十大学 L'Universite Paris X	2006.4
	中法学院合作协议：马赛高等商学院（Euromed Marseille Ecole de Management）、巴黎四大、蒙彼利埃三大	2010.10.22

国家和地区名称	高校和机构名称	首签时间
芬兰（3）	图尔库大学 University of Turku	1996.4
	赫尔辛基大学 University of Helsinki	2004.9
	拉普兰大学 University of Lapland	2006.5
挪威（1）	挪威理工大学 Norwegian University of Science and Technology	2002.1
瑞典（3）	隆德大学 Lund University	1997.9
	斯德哥尔摩大学 Stockholm University	2004.9
	韦克舍大学 Vaxjo University	2008.11
俄罗斯（6）	俄罗斯外交部外交学院 The Diplomatic Academy of the Ministry of Foreign Affairs of Russian Federation	1997.4
	俄罗斯联邦政府财政金融科学院 Finance Academy under the Government of the Russian Federation	1997.6
	俄罗斯人民友谊大学 Peoples' Friendship University of Russia	2000.6
	俄罗斯国立普希金俄语学院 Pushkin State Russian Language Institute	2001.6
	俄罗斯国立圣彼得堡财政经济大学 National St Petersburg University of Finance and Economics	2004.9
	莫斯科国立大学 Lomonosov Moscow State University	2004.10
黑山（1）	黑山大学 University of Montenegro	1999.8
捷克（1）	查理大学 Charles University	1998.11
匈牙利（2）	圣伊士特万国王大学 Szent Istvan University	2007.10
	卡尔文纽什大学 Corvinus University	2007.10
波兰（1）	华沙大学政治科学研究中心 Political Science Research Center，University of Warsaw	1988.6
南斯拉夫（1）	贝尔格莱德大学 University of Belgrade	1998.11
斯洛文尼亚（1）	卢比安娜大学 University of Ljubljana	2001.11
克罗地亚（1）	萨格勒布大学 University of Zagreb	2001.11
希腊（1）	雅典大学 National and Capodistrian University of Athens	2011.5
瑞士（1）	日内瓦大学 University of Geneva	2011.11.8
美洲（9国，47校）		
加拿大（10）	康科迪亚大学 Concordia University	1987.2
	维多利亚大学 The University of Victoria	1992.10
	麦吉尔大学 McGill University	1995.11
	赫瑞森学院 Horizon College	1997.4
	蒙特圣文森特大学 Mount Saint Vincent University	2001.2
	美洲科技学院 American Institute of Technology（AIOT）	2005.1
	世纪管理学院 Century College	2005.3
	英属哥伦比亚大学 University of British Columbia	2012.3
	蒙特利尔大学 University of Montreal	2012.10.22
	西门菲莎大学 Simon Fraser University	2012.11.14
美国（28）	伊利诺伊大学 The University of Illinois	1985.4
	夏威夷大学 The University of Hawaii	1987.5
	南康涅狄格州立大学商学院 The School of Business at Southern Connecticut State University	1993.1
	圣道大学 University of the Incarnate Word	1997.4
	丹佛大学 University of Denver	1997.11
	西康涅狄格州立大学 Western Connecticut State University	1998.12
	得州大学圣安东尼奥分校 University of Texas at San Antonio	2000.3
	艾奥瓦大学 The University of Iowa	2001.4

国家和地区名称	高校和机构名称	首签时间
美国（28）	乔治华盛顿大学 The George Washington University	2001.11
	陶森州立大学 Towson State University	2002.4
	加州州立大学 The California State University	2002.5
	圣何塞州立大学 San Jose State University	2002.5
	密歇根大学 University of Michigan	2002.6
	乔治敦大学 University of Georgetown	2004.11
	康奈尔大学 Cornell University	2005.12
	佐治亚理工学院 Georgia Institute of Technology	2007.6
	加州州立大学富勒顿分校 California State University Fullerton	2010.3
	芝加哥大学 University of Chicago	2010.6
	耶鲁大学 Yale University	2010.6
	莱斯大学 University of Rice	2010.6
	麻州大学波士顿分校 University of Massachusetts Boston	2010.12.14
	肯恩大学 Kean University	2011.4.11
	明尼苏达大学 University of Minnesota	2011.4.14
	加州大学戴维斯分校 University of California，Davis	2011.4.18
	马里兰大学科利吉帕克分校 The University of Maryland	2011.6.6
	罗格斯大学 Rutgers，State University of New Jersey	2011.12.14
	哥伦比亚大学 University of Columbia	2012.5.18
	纽约州立大学布法罗分校 University at Buffalo，The State University of New York	2012.3
哥斯达黎加（1）	哥斯达黎加大学 La Universidad de Costa Rica	2008.10
巴西（1）	巴西利亚大学 Universidade de Brasilia	2006.5
古巴（1）	中央大学 Central University de LasVillas，Cuba	1999.6
秘鲁（2）	卡西拉索大学 Universidad Inca Garcilaso de la Vega	1988.12
	圣马丁德波莱斯大学 Universidad de San Martin De Porres	1999.7
委内瑞拉（1）	中央大学 La Universidad Central de Venezvela	1999.10
阿根廷（1）	企业与社会科学大学 Universidad de Cienclas Empresariales y of Sociales	2000.5
墨西哥（2）	国立自治大学 Universidad Nacional Autónoma de México	1988.12
	维拉克鲁斯大学 Universidad Veracruzana	2011.9.27
亚洲（12国，61校）		
越南（2）	越南国民经济大学 Hanoi Foreign Trade University	1995.12
	河内人文社会科学大学 University of Humanities and Social Sciences，Vietnam National University，Hanoi	2011.10.13
韩国（21）	庆南大学 KoreaKyungnam University	1992.11
	国民大学 Kookmin University	1993.6
	延世大学 Yonsei University	1993.9
	明知大学 Myongji University	1996.4
	中央大学 Chung－Ang University	1996.8
	高丽大学 Korea University	1997.1
	朝鲜大学 Chosun University	1997.5
	釜庆大学 Pukyong National University	2001.7
	庆熙大学 Kyung Hee University	2002.9
	启明大学 Keimyung University	2003.7
	全北大学 Chonbuk National University	2003.9
	首尔国立大学 Seoul National University	2005.5
	釜山大学 Pusan National University	2005.5

国家和地区名称	高校和机构名称	首签时间
韩国（21）	翰林大学 Hallym University	2006. 3
	庆北大学 Kyungpook National University	2006. 5
	梨花女子大学 Ewha Womans University	2007. 7
	韩国国际交流财团、高丽大学 Korean Foundation，Korea University	2009. 9
	韩国艺术综合大学 Korea National University of Arts	2009. 1. 29
	韩国特许厅 Korea Intellectual Property Office	2011. 11. 3
	韩国法制处（法制部）Korea Legislation Research Institute	2012. 5. 16
	成均馆大学 Sungkyunkwan University	2012. 7. 5
泰国（1）	法政大学 Thammasat University of Thailand	1992. 11
印度（2）	印度哲学大会 The Indian Philosophical Congress	1992. 1
	德里大学 University of Delhi	1996. 12
以色列（3）	本古里安大学 Ben-Gurion University of the Negev	1993. 7
	海法大学 University of Haifa	2000. 2
	特拉维夫大学 Tel Aviv University	2012. 9. 13
朝鲜（1）	朝鲜主体科学院 Academy of Juche Sciences	1996. 9
马来西亚（4）	新纪元学院 New Era College	1997. 9
	马来西亚韩江学院 Han Chiang College，Malaysia	1998. 9
	马来西亚南方学院 South College，Malaysia	1998. 9
	马来西亚华校董事联合会总会 The United Chinese School Committees' Association of Malaysia	2012. 1. 2
沙特阿拉伯（1）	阿卜杜阿齐兹大学 King Abdulaziz University	2009. 9
日本（23）	东海大学 Tokai University	1986. 6
	同志社大学 Doshisha University	1990. 1
	日中学院 Nittyuu Gakuin College	1990
	关西学院大学 Kwansei Gakuin University	1994. 2
	札幌学院大学 Sapporo Gakuin University	1997. 9
	爱媛大学 Ehime University	1998. 12
	早稻田大学 Waseda University	1999. 3
	埼玉大学 Saitama University	1999. 8
	东洋大学 Toyo University	1999. 8
	明治大学 Meiji University	2000. 3
	实践女子大学 Jissen Women's University	2000. 4
	九州产业大学 Kyushu Sangyo University	2001. 4
	龙谷大学 Ryukoku University	2002. 3
	鹿儿岛大学 Kagoshima University	2002. 7
	熊本学园大学 Kumamoto Gakuen University	2002. 11
	中央大学 Chuo University	2003. 3
	神户大学 Kobe University	2003. 7
	爱知大学 Aichi University	2004. 1
	九州大学 Kyushu University	2004. 6
	京都女子大学 Kyoto Women's University	2005. 4
	立命馆大学 Ritsumeikan University	2005. 5
	庆应义塾大学 Keio University	2007. 11
	一桥大学 Hitotsubashi University	2009. 9
阿塞拜疆（1）	巴库大学 Baku State University	2011. 9. 23
吉尔吉斯（1）	比什凯克人文大学 Bishkek Humanities University	2011. 9. 19
哈萨克斯坦（1）	哈萨克斯坦阿尔-法拉比国立大学 Al-Farabi Kazakh State National University	1998. 5

国家和地区名称	高校和机构名称	首签时间
非洲(5国,5校)		
津巴布韦(1)	津巴布韦大学 University of Zimbabwe	2006.9
肯尼亚(1)	内罗毕大学 University of Nairobi	2010.9
尼日利亚(1)	拉各斯大学 University of Lagos	2010.11
南非(1)	斯坦陵布什大学 University of Stellenbosch	2011.3.15
埃及(1)	开罗大学 Cairo University	2011.1.27
大洋洲(2国,11校)		
澳大利亚(8)	澳大利亚国立大学 The Australian National University	1995.3
	悉尼科技大学 The University of Technology Sydney	1996.11
	维多利亚理工大学 Victoria University of Technology	2000.4
	埃迪斯科文大学 Edith Cowan University	2002.8
	堪培拉大学 The University of Canberra	2004.2
	西悉尼大学 The University of Western Sydney	2004.2
	蒙纳士大学 Monash University	2005.2
	昆士兰大学 The University of Queensland	2008.1
新西兰(3)	怀卡托大学 The University of Waikato	2004.2
	惠林顿维多利亚大学 Victoria University of Wellington	2005.1
	梅西大学 Massey University	2007.5
港澳台地区(3地,23校)		
香港(8)	香港树仁学院 Hong Kong Shue Yan University	1993.3
	香港中文大学 The Chinese University of Hong Kong	1994.11
	香港城市大学 City University of Hong Kong	1995.6
	香港理工大学 The Hong Kong Polytechnic University	2003.9
	香港岭南大学 Lingnan University	2001.9
	香港生产力促进局 Hong Kong Productivity Council	2002.6
	香港大学 The University of Hong Kong	2005.9
	蒋震工业慈善基金(香港)有限公司 Chiang Chen Industrial Charity Foundation	2006.9
澳门(2)	澳门科技大学 Macau University of Science and Technology	2002.3
	澳门大学 University of Macau	2006.1
台湾(13)	台湾辅仁大学 Fu Jen Catholic University	1996.9
	台湾逢甲大学 Feng Chia University	1999.6
	台湾政治大学 National Chengchi University	2002.1
	台湾淡江大学 Tamkang University	2002.4
	台湾中正大学 National Chung Cheng University	2004.12
	台湾大学 National Taiwan University	2007.9
	高雄师范大学 National Kaohsiung Normal University	2009.1
	中国文化大学 Chinese Culture University	2009.5
	台湾文藻外国语学院 Wenzao Ursuline College of Languages	2010.4
	台湾世新大学 Shih Hsih University	2010.5
	台湾"清华大学" Tsinghua University	2010.11
	台北大学 Taipei University	2011.5.4
	台湾师范大学 National Taiwan Normal University	2011.7.22

中国人民大学海外孔子学院一览表

序号	地区（数量）	孔子学院名称	国别	外方合作院校	成立时间
1	欧洲（6）	爱尔兰都柏林大学孔子学院	爱尔兰	都柏林大学	2006.9
2		芬兰赫尔辛基大学孔子学院	芬兰	赫尔辛基大学	2006.9
3		德国莱比锡大学孔子学院	德国	莱比锡大学	2007.10
4		丹麦哥本哈根商务孔子学院	丹麦	哥本哈根商学院	2007.11
5		意大利博洛尼亚大学孔子学院	意大利	博洛尼亚大学	2008.7
6		日内瓦孔子学院	日内瓦	日内瓦大学	2010.12
7	美洲（5）	美国麻州大学（波士顿）孔子学院	美国	麻州大学（波士顿）	2006.3
8		哥斯达黎加大学孔子学院	哥斯达黎加	哥斯达黎加大学	2008.11
9		美国密歇根大学孔子学院	美国	密歇根大学	2009.6
10		美国哥伦比亚大学孔子学院	美国	哥伦比亚大学	2009.9
11		美国芝加哥大学孔子学院	美国	芝加哥大学	2009.9
12	非洲（1）	津巴布韦大学孔子学院	津巴布韦	津巴布韦大学	2006.8
13	亚洲（1）	以色列特拉维夫大学孔子学院	以色列	特拉维夫大学	2007.5

2012年中国人民大学通过校际交换生项目派出学生一览表

洲别	国家/地区	学校名称	派出长期交换生人数
欧洲	英国	伦敦国王学院	9
		曼彻斯特大学	5
	法国	巴黎政治学院	7
		巴黎第十大学	5
	西班牙	巴塞罗那自治大学	9
		卡洛斯三世大学	8
	匈牙利	卡尔文纽什大学	2
	瑞典	斯德哥尔摩大学	8
	丹麦	哥本哈根商学院	5
		哥本哈根大学	2
		阿尔堡大学	1
	德国	莱比锡大学	10
		哥廷根大学	10
		图宾根大学	1
	俄罗斯	国立圣彼得堡财政经济大学	7
	荷兰	阿姆斯特丹自由大学	2
	芬兰	赫尔辛基大学	2
		图尔库大学	1
		拉普兰大学	3
大洋洲	新西兰	惠灵顿维多利亚大学	2

洲别	国家/地区	学校名称	派出长期交换生人数
美洲	美国	加州大学圣迭戈分校	1
	加拿大	麦吉尔大学	4
亚洲	韩国	高丽大学	9
	日本	一桥大学	2
		龙谷大学	3
		琦玉大学	2
		明治大学	1
		早稻田大学	1
		庆应大学	1
		同志社大学	1
		神户大学	2
		爱知大学	1
	香港	香港大学	10
		香港城市大学	5
		香港岭南大学	7
	台湾	辅仁大学	20
		台湾大学	4
		台湾师范大学	2
		政治大学	10
		中国文化大学	7
		铭传大学	5
		东吴大学	4
		台湾“清华大学”	6
		台北大学	5
		高雄师范大学	3
		中正大学	10
		文藻外国语学院	8
		逢甲大学	20
总计			253

2012年中国人民大学通过国家公派项目派出学生一览表

项目名称	派出人数
2012年国家建设高水平大学公派研究生项目	81
中法欧洲法项目（2012年第十三期）	9
新闻专业硕士研究生赴海外实习项目	1
全国俄语大赛获奖者赴俄罗斯公派留学	2
俄罗斯政府单方奖学金项目	2
国际区域问题研究及外语高层次人才培养项目	2
本科生赴加拿大实习项目	1
中美富布莱特联合培养博士生子项目	2

项目名称	派出人数
优秀本科生国际交流项目	23
总计	123

2012年中国人民大学通过暑期境外项目派出学生一览表

项目名称	派出人数
哥伦比亚大学暑期学期项目	9
麦吉尔大学暑期学期项目	6
耶鲁大学暑期项目	20
日内瓦大学暑期项目	1
APL项目	2
丹麦哥本哈根商学院暑期学校项目	6
芬兰赫尔辛基大学暑期学校项目	3
法国EDHEC高等商学院暑期学校项目	3
法国巴黎十大暑期学校项目	10
英国伦敦国王学院	44
美国CYDP中国青年发展项目寒假学校	12
美国加州大学欧文分校暑期学校项目	10
美国乔治敦大学暑期学校项目	22
日本九州大学暑期学校项目	4
日本明治大学暑期学校项目	2
韩国釜山大学暑期学校项目	1
统计学院赴辅仁大学	17
人大一辅大学生交流团	20
台湾佛光大学暑期项目	10
台湾文化大学暑期项目	20
台湾政治大学夏日学院团	20
台湾文藻外国语学院暑期项目	10
台湾东吴大学团	6
踏寻孔子行脚支教团	10
台湾“中山大学”优秀志愿团	10
台湾“中山大学”文化交流	8
总计	286

2012年中国人民大学通过“校长奖学金项目”派出学生一览表

学校名称	派出人数
爱丁堡大学	3
芝加哥大学	1

学校名称	派出人数
加州大学戴维斯分校	26
加州大学伯克利分校	20
麦考瑞大学	9
总计	59

2012年中国人民大学聘请客座教授一览表

姓名	国别	职称职务	授予日期
兰德尔·雷德	美国	联邦巡回上诉法院首席法官	5月28日
尹海重	韩国	首任韩国驻上海总领事	9月13日

2012年中国人民大学授予名誉教授称号人员一览表

授予人姓名	国籍/地区	时任职务、职称	授予日期
张雄	朝鲜	国际奥委会委员	10月3日
Richard Kevan Gosper	澳大利亚	国际奥委会新闻委员会主席	10月3日
Rene Fasel	瑞士	国际奥委会委员、国际冰球联合会主席	10月3日
Patrick Baumann	瑞士	国际奥委会委员、国际篮球联合会秘书长	10月3日

2012年中国人民大学授予名誉博士称号人员一览表

授予人姓名	国籍	时任职务、职称	授予日期
菲利普·克雷文	英国	国际残疾人奥运会主席、国际奥运会委员	4月9日

2012年中国人民大学因公短期出国/境人员统计表

单位：人次

合计	访问考察	合作研究	国际会议	短期讲学	学生交流	其他
2242	420	82	859	10	702	169

2012年中国人民大学因公长期出国/境人员统计表

单位：人次

合计	（高级）访问学者	讲学	学生留学
319	43	11	265

2012年中国人民大学主要国际会议汇总表

序号	会议名称	主办单位	举办日期
1	中美公共管理国际学术研讨会	公共管理学院	6.5—6.6
2	2012年生物统计国际研讨会	统计学院	7.8—7.9
3	美国文学与变动中的世界国际研讨会	外语学院	6.30—7.1
4	亚洲超大数据库国际会议	信息学院	6.22—6.23
5	传统价值、德性与当代社会国际研讨会	哲学院	6.2—6.3
6	2012年太平洋国际区域科学协会夏季年会	经济学院	7.3—6.6
7	中国人民大学国际统计论坛2012	统计学院	7.14—7.15
8	中欧法学院院长联席会议	法学院	9.21—9.22
9	东北亚古代聚落与城市考古国际学术研讨会	历史学院	10.19—10.23
10	国际视野中的斯·茨威格研究与接受国际学术研讨会	外语学院	11.4—11.7
11	第三届世界汉学大会	文学院	11.3—11.5
12	国际儒学论坛2012	哲学院	12.1—12.2

2012年中国人民大学国际会议资助汇总表

序号	受助人姓名	所在学院	参加会议	会议时间	提交论文题目
1	韩松	经济学院	2012数据包络分析国际研讨会	2.21—2.22	区间数据的分位-DEA分类方法
2	张世明	清史研究所	亚洲研究学会2012年年会	3.15—3.18	体制的制约和创新：晚清中国发审局的案例研究
3	魏德东	哲学院	从宗教多样性到宗教多元主义	2.15—2.16	从边缘到中心——中国宗教社会学的转型
4	孟庆斌	商学院	美国中西部金融学年会	2.22—2.25	相关性、传染和价格发现：一个国际股市研究
5	梁树发	马克思主义学院	全球学术出版社《决策伦理》杂志第4届春季年会	3.14—3.20	文明多样性的历史意义
6	黄继锋	马克思主义学院	全球学术出版社《决策伦理》杂志第4届春季年会	3.14—3.20	全球主义的意识形态陷阱

序号	受助人姓名	所在学院	参加会议	会议时间	提交论文题目
7	安启念	哲学院	全球学术出版社《决策伦理》杂志第 4 届春季年会	3.14—3.20	中国共产党的科学发展观及其意义
8	耿幼壮	文学院	语言艺术和神学语言国际会议	3.14—3.16	现实想象间的中国当代艺术
9	马中	环境学院	世界银行环境行政管理体制研讨会	3.28—3.31	加强中国环境保护部的行政管理能力：分析和建议
10	杨海燕	继续教育学院	美国教育研究协会 2012 年年会	4.13—4.17	基于学习中心的校长评价机制——北京和密歇根州的比较研究
11	孟向京	社会与人口学院	欧洲人口大会	6.13—6.16	迁移选择性对中国三江源地区生态移民工程的影响
12	朱青	信息学院	扩展数据库技术国际会议	3.26—3.30	I/O Minimization Reachability Queries Processing over Massive Graphs
13	江庆心	外国语学院	多元文化主义：理论与实践	5.14—5.17	当今中国的文化冲突
14	苏明明	环境学院	第 8 届国际旅游大会	6.11—6.14	中国自然保护区的生态旅游：保护与发展
15	姚永玲	经济学院	第 9 届国际区域科学大会	5.9—5.12	世界城市网络与动力因素关系
16	何青	财政金融学院	2012FMA 亚洲大会	7.12—7.13	中国独立董事制度研究：中国公司治理独立董事机制改革试验。
17	张东辉	教育学院	比较与国际教育协会第 56 届年会	4.23—4.27	民族融合还是隔离：北京市内地新疆班
18	陈立鹏	教育学院	比较与国际教育协会第 56 届年会	4.23—4.27	中国少数民族教育政策 60 年
19	陈满华	苏州学院	第 10 届纽约国际中文教学会议	5.15—5.16	教学视野下的汉英双及物动词比较
20	邓子梁	商学院	第 39 届国际商务学会年会	3.29—3.31	新兴市场中小企业的快速国际化战略
21	吴江华	商学院	生产运作管理学会年会	4.20—4.23	供应链中信息的可视性及其影响
22	江林	商学院	新兴市场及管理新动向国际会议	5.17—5.18	从全面搜索到垂直搜索：搜索引擎公司怎样成功实现市场转型—以酷讯公司为例
23	马琳	哲学院	现象学之多样性国际会议	6.7—6.9	朝向 Eignis 之前院——海德格尔关于 Gestellnis 的沉思
24	李璠	国际关系学院	现代管理：问题与前景国际会议	4.12—4.13	中国经济转型与发展的特点
25	郑晓红	艺术学院	日本色彩学会第 42 届国际大会	5.25—5.27	“范儿”与“气”——论中国传统审美教育
26	李昊	信息学院	第 25 届坎伯兰组合、图论及计算数学会议	5.10—5.12	伪数图的无效指标
27	杨志	经济学院	世界政治经济学学会年会第 7 届论坛	5.25—5.27	资本理论比较：基于经济思想史的视角
28	宋云伟	历史学院	中国与西方关系中的国际媒体及公共外交	5.30—5.31	论新闻媒体和美国外交关系形成的关系
29	王虎峰	公共管理学院	社会科学前沿学术网络第 24 届会议——亚洲的资本主义	6.28—6.30	中国农村合作医疗的演进（1949—2011）：基于制度经济学的视角

序号	受助人姓名	所在学院	参加会议	会议时间	提交论文题目
30	赵国庆	经济学院	斯坦福大学国际发展中心年会	6.1—6.2	外商直接投资溢出效应：环境污染与生产率
31	杨刚	信息学院	2012IEEE 计算智能国际会议	6.10—6.15	面向旅行商问题的无监督由上而下等级分簇弹性网络算法
32	刘颖	公共管理学院	工业心理学年会	4.26—4.28	跨文化性格测评
33	姜栋	法学院	2012 法学与社会国际大会	6.4—6.8	中国传统家庭法：以财产权利与礼制思想下纠纷解决为中心
34	王珏	经济学院	第 16 届世界经济史大会	7.9—7.13	英美不同霸权体系下的债权国地位
35	陶然	经济学院	中国土地政策与经济发展国际研讨会	5.20—5.21	中国城市化过程中的土地征用与村民政治信任
36	陆嘉恒	数据工程与知识工程教育部重点实验室	美国计算机协会 SIG SIGMOD2012 年会	5.20—5.24	基于排序表的属性组合的最优 TOP-K 生成
37	徐正源	国际关系学院	墨尔本中国研讨会	6.1—6.5	微博媒体如何影响中国政府的对内公共外交
38	李青	公共管理学院	第 87 届美国西部经济学年会	6.29—7.3	中国个人所得税如何影响个人收入分配：基于 2000—2009 年的数据研究
39	何平	财政金融学院	第 16 届世界经济史大会	7.9—7.13	中国铜铸币流通时期的短陌研究
40	杨波	信息学院	2012 世界商务、营销与管理学术会议	7.16—7.19	中外学术期刊 IT/IS 外包比较研究
41	董克用	公共管理学院	国际行政科学学会亚洲公共行政网络 2012 年年会	5.8—5.10	城乡统筹发展中的公共服务标准
42	魏娜	公共管理学院	国际行政科学学会亚洲公共行政网络 2012 年年会	5.8—5.10	中国志愿者发展：历程、政府角色和影响
43	方福前	经济学院	斯坦福大学国际发展研究中心访问学者第 2 届年会	6.1—6.3	西方经济在中国
44	刘维熙	苏州学院	2012 巴布森学院创业研究会议	6.6—6.9	信用的需求、供给和消极信贷：对金融危机下的英国中小企业的实证研究
45	曹睿昕	苏州学院	国际行为发展研究会 2012 双年会	7.8—7.12	亲子互动中的亲近行为对儿童社会适应的预测：一个历时 5 年的追踪研究
46	邢采	理学院	第 30 届国际心理大会	7.22—7.27	时间知觉与投资决策；积极情感和心理弹性在投资决策中的角色
47	隋玉杰	社会与人口学院	社会工作与社会发展 2012 年会议	7.8—7.12	推动中国立法：消除针对妇女和女童的家庭暴力
48	吴蕾	社会与人口学院	社会工作与社会发展 2012 年会议	7.8—7.12	儿童社会工作者的工作、生活平衡度及其相关影响因素
49	许光建	公共管理学院	国际行政科学学会 2012 年年会	6.18—6.22	中国公共预算治理改革的挑战：透明、问责和公共参与
50	黄艳芬	公共管理学院	国际行政科学学会 2012 年年会	6.18—6.22	中国资源税改革对地方经济发展的影响

序号	受助人姓名	所在学院	参加会议	会议时间	提交论文题目
51	张文良	哲学院	第一届中日韩佛学学术会议	6.22—6.23	《涅槃经》与唐代佛性思想
52	张风雷	哲学院	第一届中日韩佛学学术会议	6.22—6.23	佛性论在中国佛教天台宗早期思想中的开展
53	余艳	信息学院	欧洲信息系统大会	6.10—6.13	电子政务促进城市转型："数字武夷"案例研究
54	薛涧坡	财政金融学院	2012 美国西部经济学年会	6.29—7.3	总体替代弹性与经济增长：一个综合分析
55	徐园	外国语学院	日本漫画学会第 2 届大会	6.23—6.24	关于战前报纸漫画广告的研究
56	周春来	信息学院	第 26 届 AAAI 人工智能国际会议	7.22—7.26	分配格上的信任函数
57	胡平	理学院	第 30 届国际心理大会	7.22—7.27	挑战性压力和阻断性压力对大学教师的身心健康的影响研究
58	李永娜	理学院	第 30 届国际心理大会	7.22—7.27	不同刺激维度对反应冲突解决的影响
59	李英武	理学院	第 30 届国际心理大会	7.22—7.27	中国公务员大规模考试主观题目评分者偏差
60	曾湘泉	劳动人事学院	国际劳动和雇佣关系协会全球会议	7.2—7.5	信息科技产业中压力之下的大脑回路
61	常凯	劳动人事学院	国际劳动和雇佣关系协会全球会议	7.2—7.5	中国劳动关系从个别到集体的转型：劳动政策的含义
62	黄伟	劳动人事学院	国际劳动和雇佣关系协会全球会议	7.2—7.5	中国员工参与机制：煤炭业和汽车加工业的案例研究
63	徐二明	商学院	2012 美国管理学会年会	8.3—8.7	税收激励对创新水平影响的多层次分析
64	孙建敏	劳动人事学院	2012 美国管理学会年会	8.3—8.7	为什么人们投入工作：一个工作承诺的视角
65	齐豪	汉青经济与金融高级研究院	2012 美国西部经济学年会	6.29—7.3	福利政策和儿童早期认知发展
66	宋继文	商学院	2012 美国管理学会年会	8.3—8.7	领导积极情绪对团队成员离职意向以及团队组织公民行为的影响
67	周禹	商学院	2012 美国管理学会年会	8.3—8.7	从上至下、从下至上还是从外到内：影响中国企业创新的三种机制及其交互效应研究
68	宋建波	商学院	美国会计协会年会	8.4—8.8	内部转移价格体系下部门预算研究
69	李德英	信息学院	计算机通信与网络国际会议	7.30—8.2	三维无线传感器网络中保证确定性传输的一个新的局部几何路由策略
70	王健	信息资源管理学院	2012 国际档案大会	8.20—8.24	中国档案教育的发展
71	刘越男	信息资源管理学院	2012 国际档案大会	8.20—8.24	数字文件管理国家战略：中国的故事
72	马林青	信息资源管理学院	2012 国际档案大会	8.20—8.24	数字文件管理国家战略：加拿大的故事

序号	受助人姓名	所在学院	参加会议	会议时间	提交论文题目
73	孔祥智	农业与农村发展学院	2012农业与应用经济学术年会	8.16—8.20	中国农业与农村发展的阶段性特征及趋势研究
74	张利庠	农业与农村发展学院	2012农业与应用经济学术年会	8.16—8.20	外部冲击对生猪产业链价格波动的影响
75	宋少鹏	马克思主义学院	国际社会学会第二次年会	8.1—8.4	家属：1050年代关于家庭妇女和家庭劳动的国际话语
76	龚群	哲学院	欧洲观念研究协会第13次国际会议	7.2—7.6	艺术、哲学与科学：冲突或和谐
77	丁汉青	新闻学院	2012全球市场营销年会	7.19—7.22	谁更有说服力：植入式广告还是商业广告?
78	钟新	新闻学院	2012全球市场营销年会	7.19—7.23	EEG反应说明文化差异：中国国家形象片传播效果个案分析
79	刘松博	劳动人事学院	美国管理学会2012年年会	8.3—8.7	后英雄领导对个体学习的影响：一个跨层面研究
80	王桢	劳动人事学院	美国管理学会2012年年会	8.3—8.7	CEO变革性领导，合作性人力资源和员工产出的关系
81	高敏雪	统计学院	第32届国际收入与财富研究会常规会议	8.5—8.11	基于所有权估算中国货物贸易
82	李茂森	哲学院	世界道德教育学会第38届年会	11.8—11.10	关于文明差异或冲突中的新价值
83	王伟	信息学院	2012年系统和控制多方会议	10.3—10.5	基于双重调节控制机制的一类混杂系统的跟踪控制
84	朱文奇	法学院	亚洲国际法学会执行理事会及亚洲国际法学会研讨会	10.25—10.26	中国与国际司法正义
85	李岩	环境学院	第31届美国能源经济年会	11.4—11.7	中国合同能源管理合同条款解释
86	李永娜	理学院	美国基础心理学2012年年会	11.15—11.18	图片的情绪性和唤醒水平对注意加工的影响
87	孙鹃娟	社会与人口学院	第65届美国老年学年会	11.11—11.21	流动子女和非流动子女对中国农村老年人的社会支持及老年人的生活满意度
88	何超	汉青经济与金融高级研究院	美国中西部宏观会议	11.9—11.11	通胀、企业家和增长
89	余艳	信息学院	2012国际信息系统大会	12.15—12.19	中小企业战略选择云计算作为在线服务的驱动力
90	余力	信息学院	2012国际信息系统大会	12.16—12.19	面向营销情景的病毒营销传播研究
91	李倩	信息学院	2012国际信息系统大会	12.16—12.19	The Shadow of Microbigging Use
92	张素玲	苏州学院	2012国际信息系统大会	12.16—12.19	理解信息技术外包关系中的竞争问题
93	林新奇	劳动人事学院	第11届世界管理大会	6.26—6.29	改革开放以来中国人力资源管理的变革与发展

管理工作

■ 行政管理工作

一、信息工作

2012年，学校办公室继续积极发挥信息枢纽作用，做好常规刊物的编写工作，以信息刊物为内宣手段，做好学校事业发展的宣传工作，积极发挥《情况反映》、《每周信息》、《工作简报》的宣传作用。同时，紧紧围绕人才培养、教学科研中心工作，持续提高工作效能，不断提升信息工作质量和信息服务水平。

2012年，共编发《信息快报》61期（约21万字）、《每周信息》36期（约25万字）、《情况反映》约56期、《工作简报》13期，制作各类演示文稿20余次，并完成2万余条信息记录的数据库录入，为领导决策、上传下达、相互沟通、推进有关职能部门和院系工作提供了有力支持。

2012年，学校办公室进一步认真贯彻落实《高等学校信息公开办法》和《中国人民大学信息公开办法》，维护信息公开网站的运行，按照《中国人民大学信息公开目录》及时更新相关信息，主动公开各类信息1 800余条，通过受理有效信息公开申请5件，并认真接受信息公开的电话申请和电子邮件申请，依据相关规章办法在规定期限内予以回复。

在各类资料编辑、汇编方面，学校办公室编辑《中国人民大学大事记(2012)》6万余字，编辑《北京教育年鉴》（中国人民大学部分）1万余字，上报重要文件230余篇，印发各类文件310余件。

2012 版《年鉴》编辑工作继续采用模板方式，压缩编写审稿周期，提高编辑质量，并对部分内容作了适当调整。

二、综合协调工作

2012 年，各种彰显学校实力的高层次活动不断在学校举行，学校办公室继续发挥协调、保障、规范和参谋作用，综合协调、积极配合有关部门开展工作，做到日常协调规范有序，紧急协调及时有效，有力保障了学校重要工作和重大活动的顺利开展。

2012 年是中国人民大学 75 周年校庆之年。在重要工作的推进落实方面，校庆办公室挂靠在学校办公室，积极参与筹备校庆各项工作，成功举办了一场“公益校庆、学术校庆、你我共同的校庆”，受到社会各界广泛好评。同时，学校办公室成功承办了校庆主题活动之一“第六届吴玉章人文社会科学奖暨终身成就奖颁奖典礼”。

在各类重大活动组织管理方面，完成中共中央政治局常委、国家副主席习近平视察中国人民大学，中国人民大学与北京外国语大学战略共同体合作框架协议签字仪式、中国人民大学第二届董事会第二次全体会议、中法学院成立大会、“百所高校进河北”签约仪式、通州区人民政府与中国人民大学合作建设中国人民大学东校区签字仪式、中国京剧百部经典英译系列新书发布会、上海重阳投资有限公司向中国人民大学捐赠人民币两亿元仪式等重大型活动。

在突发事件的处理方面，学校办公室从容、有效地加以应对，积极向上级报送动态信息，并及时调配人力，为确保学校在各种突发事件中秩序井然作出了贡献。2012 年，总值班室在夜间和节假日共接传上级重要来电、传真 800 余件次；安排紧急会议 20 余次，通知有关人员、接待来访和来电咨询数百次。加强在元旦、春节、“五一”、“十一”等假期和“两会”期间的值班工作，保证了全校工作的顺利进行。

三、文书管理工作

2012 年，学校办公室组织召开校长办公会 3 次，专题办公会 50 次，党委全委会 1 次，党委常委会（含扩大会）16 次；接收并处理已登记文件 4 200 余件，其中校内来文 2 200 余件，校外来文 2 000 余件；共核发各类文件 541 件，接收并处理包括突发急件在内的各类公文急件 300 余件；承担学校其他部门大量的材料印制工作；审批办理出国手续 2 152 人次。

2012 年，整理正式印发的规章制度 26 件，为继续编印新版规章制度汇编做准备，努力建立长效工作机制。继续完善和宣传数字人大 OA 系统规章制度查询利用等工作。

四、校史工作

2012 年，在校史编纂工作委员会的指导和相关部门的支持下，学校办公室（校史研究室）紧密围绕学校中心工作，发挥校史“存史、资政、育人”的功能，进一步创新工作形式，丰富工作内容，在校史研究和宣传两方面取得了较大的进展。

继续开展口述史工作。《求是园名家自述（第二辑）》于 2012 年 9 月由中国人民大学出版社出版，共收录 37 位老教授和 3 位校友的自述或事件回忆文章，共计 50 余万字。第二辑编纂过程中，共整理采访录音 3 997 分钟，约 66.6 小时，整理录音稿总计 56.8 万字，加上受访教授本人提供的有关材料，留存校史材料逾 200 万字。该系列丛书出版后，受到师生、校友的普遍欢迎，《求是园名家自述（第一辑）》也于 2012 年 7 月第二次印刷。

积极创新校史研究形式。校史研究室于2012—2013学年第一学期继续开设“中国人民大学校史”全校选修课，不断更新教学内容，拓展教学手段，将体验式、参与式教学引入课堂，在学习形式上注重教师讲授与课堂讨论相结合、课堂学习与实地考察相结合，在内容安排上注重理论与实践相结合、历史脉络梳理与专题研究讲授相结合。课程得到学生们的一致好评，也得到校领导的高度评价，进一步发挥了普及校史知识、宣传校史研究成果、增强学生爱校荣校之情、促进校史研究与教学相结合的作用。

积极做好陕北公学旧址修复的相关工作。收集整理陕北公学相关资料、文件、实物，完成陕北公学旧址成仿吾旧居和陕北公学展览馆的脚本撰写，协助完成旧址修复、布展等有关工作，保证了陕北公学旧址暨中国人民大学延安教育基地11月1日正式揭牌，并得到了社会各界的广泛关注；积极参与新校史馆展览筹备工作，承担复校至90年代末校史展览和“大师洪范”专题展资料搜集、脚本编写等有关工作。

积极做好75周年校庆相关工作。收集学校领导、学校办公室（校史研究室）、学校教师、校友以及校外学者近年来撰写、发表的关于学校校史的论文以及部分与校史相关的资料，编辑成《中国人民大学校史论文选》，在校庆前送发给全校各单位办公室和主要负责人，供校庆宣传参考；与《中国社会科学报》合作，在“学林”版开辟了“名家自述”专栏，陆续刊载了冯其庸、戴逸等12位学校知名学者的自述文章；梳理“校史上的今天”内容，提供给党委宣传部和校庆办公室，同时在校园大显示屏和校庆网站展示；梳理了各学院发展演变的情况，提供给校庆办公室印制《观礼手册》使用。

进一步加强校史宣传。为新生开学典礼、“人大使者家乡行”、新入职人员岗前培训及财务处等单位的支部活动作校史知识讲座；编发4期《中国人民大学校史研究通讯》，共计800余份；策划并开通了新浪官方微博“人大校史笔记”，设置“校史上的今天”、“人大校史故事”、“人大名家轶事”、“人大校友故事”、“人大映像故事”、“校史课播报”、“人大之最”、“校史问答”、“从诗词看校史”等栏目，更新微博数百条，粉丝数逾千人，有关院系沿革、名家大师等话题引起师生、校友及社会各界人士的广泛关注和热烈讨论。

继续做好校史研究工作。在通史梳理的基础上进一步加大专题研究的力度，在《中国人民大学学报》等刊物发表4篇校史研究论文，较好地起到了运用校史研究成果广泛传播校史知识的作用；校史研究项目“苏联专家与中国人民大学学科地位的形成”通过教育管理科学基金项目专家组评审。

继续完善内部学习和外部交流机制，不断提高业务水平。参加中国高等教育学会校史研究分会第12届学术年会，展示了近年校史研究成果，并向大会提交会议论文，与兄弟院校校史研究同仁就校史选修课开设及其他校史研究工作情况进行研讨；进行《北京教育志》、《北京志·教育志》中国人民大学部分的资料收集、编写工作，并向北京市教委、北京市教工委上报。

五、董事会工作

2012年，在继续做好为董事服务的各项工作的同时，董事会不断加强内部建设，通过组织董事参加座谈会、咨询会，参加学校学术会议及大型活动等多种形式，广泛听取董事对学校发展的意见和建议，加强民主办学、依法治校工作的开展，推动学校办学治理结构的优化改革，同时加强与社会各界的联系，积极宣传学校发展建设情况，广泛介绍董事会相关政策，扩大学校以及董事会的社会影响力，为学校发展建设助力。

2012年，董事会新增协议捐款11笔，金额为人民币5 955万元，已到账3 055万元。先后新聘任13位董事（含2位副董事长，4位常务董事，7位董事），举办了孟祥胜、王云龙、李伯潭、沈小平、王玉锁、何启强、赵洪顺等董事的聘任仪式。截至2012年12月31日，董事会共有124位董事及董事单位。

■ 人事工作

一、教职工基本情况

（一）在职人员情况

截至 12 月 31 日，学校在职教工共计 4 286 人（包括附属中学、附属小学），比 2011 年实际减少 120 人，其中专业技术人员 3 246 人，管理人员 796 人，工勤人员 244 人。

（二）增员情况

截至 12 月 31 日，学校在职人员新增 229 人。

附录

中国人民大学 2012 年教职工增员情况表

	类　别
增员的系列分布	教学科研 103 人
	党政教辅 61 人
	工勤人员 0 人
	中小学、幼教 65 人
增员的学历分布	获博士学位 123 人
	获硕士学位 80 人
	获本科学历 25 人
	获专科学历 1 人
	专科以下学历 0 人
增员的来源分布	选留毕业生 102 人
	其中：外校 56 人
	博士 36 人
	硕士 66 人
	调入 127 人
	其中：海外归国 47 人

（三）减员情况

截至 12 月 31 日，学校在职人员减少 349 人。

中国人民大学 2012 年在职教职工减员情况表

	类　别
减员的类别分布	离退休 103 人
	调出校外 235 人
	辞职、辞退、自动离职 8 人
	在职死亡 3 人

二、制度建设

(一)研究制定人事制度文件

制定《中国人民大学课程教师聘用管理实施细则》，就课程教师岗位设置、受聘条件、基本职责、聘用程序、聘期内管理及课酬发放等方面内容作出了具体规定。该文件对于合理配置、集约使用教师资源，提高课程讲授水平及人才培养质量将会起到推动作用。

(二)规范选留毕业生和优秀人才调入工作

2012年，学校选聘教师168人，其中毕业生60人(含附中42人、附小1人)。选聘教师中正高级职务8人(其中1人同时为海归博士)，副高级职务12人(其中3人同时为海归博士)，海外优秀博士53人。

为调整管理职员、教师以外专业技术队伍的结构，更好地为教学、科研服务，2012年新选留毕业生42人，2人为博士研究生学历，40人为硕士研究生学历。

(三)加快用人制度的完善和创新

2012年，继续对新入校人员全部实行聘用合同管理，与新选留的102名应届毕业生签订了人事代理合同。同时，进一步探索教师聘用中的专职与兼职、固定与流动、短期聘任与长期聘任相结合的用人模式，增加用人形式的多样性。做好聘任名誉教授、聘任客座教授工作，2012年共聘任名誉教授7人，客座教授10人；做好课程教师聘用工作，以合理配置教师资源，提高人才培养质量，2012年聘用课程教师25人次。

2012年，为促进人才合理流动，规范调配管理工作，应对引进人才工作中面临的特殊情况，制定了《关于教师报到工作中部分特殊情况的处理意见》并在实际工作中投入使用。

三、人才工作

(一)国家、北京市人才项目进展顺利，人才培养与引进工作取得重大成就

1. 国家“千人计划”项目。

组织完成了第八、第九批“千人计划”项目申报，共有3位长期项目候选人入选，分别是：美国俄亥俄州立大学生物数学教授楼元、美国佛罗里达州立大学公共管理学教授杨开峰以及微软亚洲研究院高级研究员文继荣，学校“千人计划”项目入选者已有10位；组织完成了首批“青年拔尖人才”项目申报，共有4位青年学者入选，分别是：经济学院聂辉华副教授、法学院张翔副教授、商学院许年行副教授以及汉青经济与金融高级研究院汤珂副教授。

2. 教育部项目。

新增7位“长江学者”项目入选者，其中法学院韩大元教授、劳动人事学院曾湘泉教授、社会与人口学院李路路教授、财政金融学院张杰教授、商学院毛基业教授以及哲学院马俊峰教授等6人入选特聘教授项目，统计学院推荐的香港中文大学陈毅恒教授入选讲座教授项目，学校长江学者数量已达28人，其中特聘教授17人，讲座教授11人。组织完成了2012年度“新世纪优秀人才(海外人才)”项目申报工作，艺术学院唐克扬副教授入选。

3. 国家外国专家局有关项目。

新增3位“引进海外高层次文教专家重点支持计划”项目入选者，分别是：历史学院推荐的美国堪萨斯大学唐纳德·沃斯特教授、外国语学院推荐的澳大利亚迪肯大学大卫·沃克教授以及哲学院推荐的美国夏威夷大学成中英教授；新增2位“高端外国专家”项目入选者，分别为统计学院推荐的联合国大

学—MERIT 和马斯特里赫特大学皮埃尔·莫内教授以及农业与农村发展学院推荐的美国斯坦福大学罗斯高教授；新增 1 位“海外名师”项目入选者，为文学院推荐的英国格拉斯哥大学大卫·贾斯帕教授。

4. 北京市人才项目。

组织完成了 2012 年度北京市优秀人才支持计划项目申报，信息学院许伟副教授、经济学院谢富胜副教授以及社会与人口学院陶涛讲师等 3 人入选。

（二）“985”、“211”汇聚人才效应得到体现

1. 通过“985”人才引进项目，不断汇聚拔尖创新人才。

2012 年，按照“巩固优势、加强基础、发展新兴、改善弱势”的学科发展思路，结合“985”人才工程项目，有针对性地开展人才队伍建设工作。其中理学院心理学系引进了 1 位高层次人才全职来校工作。同时，学校还积极利用“985”工程、“211”工程等资源，通过中国人民大学讲座教授等人才项目，加大人才聘用力度，本年度共聘请 14 位“中国人民大学讲座教授”。

2. 引进海外人才工作初见成效。

《中国人民大学引进海外人才暂行规定》（2009—2010 学年校政字 25 号）颁布实施以来，学校制定实施细则、明确工作机制、规范办理程序，稳步推进各项人才引进工作。截至 2012 年底，学校共与 69 名海外人才签订聘用合同或洽谈工作条件。引进的海外人才主要分布在关键学科和亟须提升国际性的学科领域，对于提升学校教师队伍国际性，汇聚拔尖人才，构建创新团队，积聚后备力量，实现关键学科、关键领域的突破创新具有重要意义。

四、教职工培训

（一）中国人民大学教师发展中心工作扎实开展

1. 成立中国人民大学教师发展中心。

2012 年 9 月 5 日，学校正式下发《关于成立中国人民大学教师发展中心的决定》，正式成立中国人民大学教师发展中心。10 月 29 日，学校正式下发《关于健全教师发展中心机构的决定》（2012—2013 学年校政字 9 号），成立中心相应组织机构，包括成立中心领导小组、任命中心主任、设立中心分支机构、成立专家委员会、建立专家咨询组。

2. 起草中心规划及章程。

为推动中心各项工作落到实处，学校审核通过了《中国人民大学教师发展中心章程》，并起草了《中国人民大学教师发展中心建设规划（2012—2015 年讨论稿）》。

3. 推动中心各项活动。

（1）创新组织新教师岗前培训。

结合学校关于深化人才培养体系改革、大力提升管理服务水平的工作要求，学校认真研究了新职工岗前培训工作，在听取专家建议、召开相关部处和学院专题会议征求意见的基础上，对培训方案进行了较大调整和精心设计。本年度岗前培训，有 147 名教师（其中海外归国人员 78 名）、55 名博士后人员参加，培训取得良好效果，达到了提高教师工作技能与业务水平的目的。

（2）实施并完善新入职教师助教制度。

根据学校领导指示，从 2012—2013 学年第一学期开始，学校恢复并完善新入职教师助教制度。各学院（系）对学校恢复实施助教制度非常支持、积极配合，认真组织专家对本单位新教师专业方向、学术特长、研究爱好进行研究分析，并结合每一位新教师的特点，制定了针对性强、方向明确的工作安排。各学院（系）指定的指导教师和旁听课程授课教师，大多为具有丰富一线教学经验的优秀教师，包括 9 名国家级、北京市教学名师，27 名学院（系）负责人，旁听课程不少为学科方向的精品课程。

（3）邀请海外优秀大学教师发展中心专家访问。

为推动中心国际化建设，2012年11月13日，学校邀请美国密歇根大学（安娜堡分校）教学研究中心主任库克（Cook）教授一行来校访问，学校领导与其会面并就合作事宜进行协商，达成了初步合作意向。

（4）举办中心系列专题讲座。

为进一步提升教师职业发展能力，中心围绕职业生涯规划、提高教学能力、保障身心健康等方面，分别邀请美国密歇根大学（安娜堡分校）教学研究中心主任库克教授，中央音乐学院韩丽艳教授，学校金正昆教授、胡百精副教授等举办中心系列讲座。四次专题讲座共吸引了包括学校教师、博士后及感兴趣的教职工近千人参加，取得了良好的效果和反响。

（5）推动教师培训工作。

为提升教师的国际交流能力，学校组织教师参加第63、64期北京市高等学校教师岗前培训班，与北外合作举办了国家公派英语高级培训班，举办了第19、20期教师英语强化培训班，共有近140名教师参加培训。

4. 推动学院（系）开展活动。

为推动学院（系）开展各项教师发展活动，学校先后分5批次邀请学院（系）召开专题座谈会，动员相关学院（系）结合学院和学科特点，开展富有特色的教师发展活动。历史学院、经济学院、汉青经济与金融高级研究院、法学院、新闻学院、信息学院、商学院、公共管理学院、劳动人事学院、统计学院、农业与农村发展学院、心理学系等一批院系已经开展了包括"教师沙龙"、"双周论坛"在内的形式多样的教师发展活动。

5. 加强中心宣传及网站建设。

为做好中心的宣传，介绍中心各项工作，学校编印了中心系列中英文工作手册，内容主要包括中心机构、人员构成及章程、规划、大事记、系列讲座等。

为加强中心信息化建设，学校建设了中国人民大学教师发展中心中英文网站，主要栏目有中心概况、中心动态、教师发展、中心团队、中心培训、院系活动、讲座视频、中心成果、下载中心等。网站实现了中心资源共享，吸引教师、学生和研究者共同参与学习和讨论。

（二）教师国际培训

1. 教师派出及回国报到工作。2012年共派出40名教师赴国外长期研修，其中青年骨干教师出国研修项目（1∶1配套资助）33人，国家公派访问学者（含博士后研究）项目（留学基金委全额资助）4人（其中一人获得新世纪优秀人才资助），国际区域问题研究及外语高层次人才培养项目1人且获得新世纪优秀人才资助，中美富布莱特项目2人。此外，全年共有30名派出教师完成了海外研修计划办理回国报到手续。

2. 教师出国遴选工作。2012年学校进一步加大与国家留学基金管理委员会的合作力度，全年共有28名教师入选青年骨干教师出国研修项目（1∶1配套资助），1名教师入选国家公派高级研究学者项目，3名教师入选国家公派访问学者项目，1名教师入选国际区域问题研究及外语高层次人才培养项目，2名教师入选中美富布莱特项目研究学者子项目，2名教师入选博士生导师短期出国交流项目，另有2名中层管理干部入选高等教育行政管理人员出国研修子项目。

3. 学科国际前沿培训。通过组织实施"学科国际前沿教师培训"项目，邀请海外学者为学校教师开展学术国际前沿培训。2012年共组织32场次培训，参加培训教师达600余人次。

（三）岗位业务技能培训

1. 新职工入职培训。为便于新入校党政教辅人员尽快熟悉和融入学校的教学、科研及管理环境，学校相关部门为2012年新入校教职工举办岗前培训，共计64人参加。

2. 管理职员英语培训。为落实学校全面提升国际性行动计划，提高管理干部的外语应用能力和国际交流能力，学校举办第7、8期管理干部外语培训班，共53名干部参训。

五、专业技术职务评聘与岗位聘用工作

教师职务评聘和岗位聘用工作以提升人才培养质量为核心，健全教学、教育优秀人才激励机制；以提升科学研究质量为重点，完善科研成果评价机制；以提升学科国际竞争力为目标，改革人才评价机制；注重拔尖创新人才选拔，营造优秀人才脱颖而出的制度环境；进一步完善评聘组织和公开述职制度；试行将副教授职务评聘权限移至学院（系）的管理方式。2012年教师职务评聘工作继续坚持重岗位、重水平、重贡献的指导思想，坚持总量控制及结构比例控制的原则。学校教师岗位聘用委员会共评聘通过校本部各级职务教师174人（教授38人、副教授72人、讲师64人），其中：校外应聘的教授12人，副教授24人；中小学各级教师67人，其中：中学高级21人，中学一级20人，中学二级25人，小学高级教师1人。2012年教师以外专业技术人员评审中，经过学校评审共通过46人，其中24人（含转系列2人）为高级专业技术人员。

根据国家关于事业单位实行岗位聘用制度的有关文件和精神，学校继续实行岗位聘用制度，2012年组织实施了第六次岗位聘用工作。

2012年学校教师岗位聘用委员会审议通过各级教师岗位348人，其中教授二级14人，教授三级23人，教授四级35人，副教授一级20人，副教授二级33人，副教授三级72人；通过中小学各级教师岗位100人，其中：中学高级教师一级岗位1人，中学高级教师二级岗位11人，中学高级教师三级岗位19人。

根据2012年12月25日学校党委常委会决定，完成中国人民大学荣誉一级教授增补工作，授予黄顺基、孙国华、陈共、许征帆、周诚、何沁、李占祥、周升业、王作富、胡钧、许崇德、庄福龄、严瑞珍等13人荣誉一级教授称号，以表彰他们长期以来为学校人才培养、学科发展、学术繁荣所作出的突出贡献。

2012年学校通过教师以外专业技术岗位聘用的有115人，其中聘用到教师以外专业技术岗位六级岗及以上岗位的有10人，占人员总数的8.7%。2012年通过管理职员岗位聘用的有118人，其中聘用到管理职员六级岗及以上的有25人，占人员总数的21.2%。2012年通过工勤技能岗位聘用的有7人。

六、考核工作

2011—2012学年学校共有1 625名教师参加年度教学考核，其中942人超额完成教学工作任务，占参加考核教师总数的58.0%；6人年度考核不合格，占参加考核教师总数的0.37%，教师队伍工作自觉性和积极性明显提高。

2012年6月，全校进行管理职员、教师以外专业技术人员年度业绩考核，校本部参加年度考核的人员总数为870人（不含世纪明德物业公司、文化科技园、印刷厂、后勤集团、出版社、书报资料中心、附中、附小），其中考核等级为优秀的148人，良好的695人，合格的26人，不合格的1人。

2012年，学校结束了对2010年聘期到期教师以外专业技术人员的聘期科研考核，实际参加考核423人，其中正高23人，副高149人，中级213人，初级及以下38人。其中，考核结果优秀的36人，合格的379人，不合格的2人，另有6人调整薪酬待遇。学校对聘期到期管理职员、工勤技能人员进行岗位聘期考核，参加考核的管理职员92人，其中考核结果优秀的17人，合格的75人；参加考核的工勤技能人员共7人，考核结果均为合格。

七、对外专家推荐

根据《教育部办公厅关于开展2012年享受政府特殊津贴人员选拔推荐工作的通知》(教人厅函〔2012〕10号)精神及有关规定，布置并组织2012年享受政府特殊津贴人员遴选、推荐及材料报批工作。向教育部推荐李秋零、孙家洲、谷克鉴、金勇进、刘凤良、刘少杰、张康之、赵国俊、常凯、倪宁10位教授为学校2012年度享受政府特殊津贴专家人选，最终结果为全部入选。另杨光斌、段成荣、黄兴涛、卢仲毅、张顺明5人，因其本身为新世纪百千万人才国家级人选，根据规定，也入选2012年度享受政府特殊津贴专家。

根据中共北京市委教育工作委员会等部门联合发布的《关于做好2012年北京市人民教师奖评选表彰工作的通知》(京教人〔2012〕10号)，要求推荐专家参评2012年“北京市人民教师”奖。经认真研究，学校推荐哲学院方立天先生为学校2012年“北京市人民教师”奖的候选人。方立天先生最终获奖并于9月6日在北京市委、市政府召开的庆祝教师节大会上受到表彰。

八、薪酬、福利和离退休工作

(一)深入推进学校收入分配制度改革，体现绩效导向，提升教职工收入水平

推进收入分配制度改革是当前国家的重要工作，也是学校“1020计划”的重要组成部分，能够为学校深化人才培养体系改革、提高人才培养质量提供坚实的保障和正确的导向。2012年学校以“统筹兼顾、导向明确、保障有力、优劳优酬”为原则，在参考北京市有关政策及历年增长水平，借鉴兄弟院校的做法和经验，深入分析学校薪酬福利现状和发掘现有问题的基础上，形成了由“普遍调整、业绩奖励和重点支持”三部分组成的方案，全面开展收入分配制度改革。截至2012年底，“普遍调整”方案已经实施，人均月收入增加1 500多元；“业绩奖励”总体方案已经党委委员会通过，具体方案正在紧锣密鼓制定中；“重点支持”方案的前期调研工作也已开展。

(二)提高离退休人员待遇，保障离退休人员生活

在深入开展在职人员收入分配改革的同时，2012年12月，学校采取按月发放节日慰问金等方式，调整并补发离退休人员待遇，保障离退休人员生活水平。与此同时，学校继续密切关注国家关于离退休人员生活待遇的相关政策，采取一切措施保障离退休人员生活水平。

(三)规范并提高课程教师课酬标准

课程教师是学校为补充部分课程师资而聘请的授课教师，规范前课程教师课酬按照课时计发，且标准多年未予调整。2012年学校对课程教师课酬标准进行了梳理和规范，不仅优化了课程教师课酬计发方法，由按照课时计发变为按照学分计发，而且参照校内教师待遇，重新核算并提高了课程教师课酬水平，有利于吸引优秀教师，提升人才培养质量。

(四)开展校庆慰问，发放校庆慰问金

2012年校庆75周年之际，学校为体现对广大在职及离退休人员的校庆关怀，为广大在职及离退休教职工每人发放了2 000元校庆慰问金，并以慰问信形式传达了学校的关心和慰问。

(五)持续完成教职工福利工作，为教职工排忧解难

子女医疗统筹全年共支出210 748元；为22名教职员工发放困难补助51 000元；为76名去世教职工家属发放丧葬费和抚恤金。

2012年，学校共有103位教职工办理退休手续，截至2012年底，共有离退休教职工2 606人，其中离休干部435人。

九、博士后工作

（一）博士后进、出站情况

2012年学校共招收博士后研究人员85人，其中一、二、六类博士后合计53人，企业博士后32人，分别进入20个院系的15个博士后科研流动站从事研究工作。全年共为54名博士后办理了出站手续。

（二）博士后流动站情况

截至2012年底，经国家人力资源和社会保障部、全国博士后管理委员会批准，学校已相继设立了应用经济学、工商管理、理论经济学、法学、社会学、哲学、中国史、中国语言文学、政治学、新闻传播学、计算机科学与技术、农林经济管理、公共管理、图书情报与档案管理学、马克思主义理论、统计学、考古学和世界史共18个博士后科研流动站，涵盖119个博士学位授予点。

2012年，经全国博士后管委会专家组评审，人力资源和社会保障部、全国博士后管委会研究决定，学校增设统计学、考古学、世界史三个博士后科研流动站，原有的历史学博士后科研流动站确认为中国史博士后科研流动站。至此，学校又新增3个博士后科研流动站，共有18个博士后科研流动站。

（三）企业博士后工作

2012年，学校与招商证券股份有限公司、阿里巴巴集团、中国长城资产管理公司、中国石油规划总院、山东广播电影电视局、大连银行、广发银行、苏州工业园区人力资源开发有限公司、时代出版传媒股份有限公司等9家单位新签订合作协议，全年共联合招收了32名企业博士后研究人员。截至2012年底，与学校签署合作协议联合招收博士后研究人员的单位已经达到67家。

（四）博士后科学基金申请情况

第五十一批中国博士后科学基金申请中，全校共45人申请，7人获得博士后科学基金资助，获奖比例为16%，共获资助经费35万元。

第五十二批中国博士后科学基金申请中，全校共45人申请，14人获得博士后科学基金资助，获奖比例为31%，共获资助经费70万元。

第五批中国博士后科学基金特别资助申报中，学校共推荐6人，有1人获资助，共获资助经费15万元。

附录

中国人民大学博士后流动站名单

流动站（一级学科）	所含二级学科	所在学院
0101 哲学	010101 马克思主义哲学	哲学院 马克思主义学院
	010102 中国哲学	哲学院
	010103 外国哲学	哲学院
	010104 逻辑学	哲学院
	010105 伦理学	哲学院
	010106 美学	哲学院
	010107 宗教学	哲学院
	010108 科学技术哲学	哲学院
	0101Z1 管理哲学	哲学院
	0101Z2 政治哲学	哲学院
	0101J1 国学	国学院

流动站（一级学科）	所含二级学科	所在学院
0201 理论经济学	020101 政治经济学	经济学院 马克思主义学院
	020102 经济思想史	经济学院
	020103 经济史	经济学院
	020104 西方经济学	经济学院
	020105 世界经济	经济学院
	020106 人口、资源与环境经济学	环境学院 社会与人口学院
	0201Z1 网络经济学	经济学院
	0201Z2 企业经济学	经济学院
0202 应用经济学	020201 国民经济学	经济学院
	020202 区域经济学	经济学院
	020203 财政学	财政金融学院
	020204 金融学	财政金融学院
		汉青研究院
	020205 产业经济学	商学院
	020206 国际贸易学	经济学院
	020207 劳动经济学	劳动人事学院
	020209 数量经济学	经济学院
		汉青研究院
	0202Z1 保险学	财政金融学院
	0202Z2 商业经济学	商学院
	0202Z3 房地产经济与管理	公共管理学院
	0202Z4 城市经济学	经济学院
	0202J1 金融工程	财政金融学院
	0202J2 风险管理与精算学	统计学院
	0202J3 劳动关系学	劳动人事学院
0301 法学	030101 法学理论	法学院
	030102 法律史	法学院
	030103 宪法学与行政法学	法学院
	030104 刑法学	法学院
	030105 民商法学	法学院
	030106 诉讼法学	法学院
	030107 经济法学	法学院
	030108 环境与资源保护法学	法学院
	030109 国际法学	法学院
	0301Z1 知识产权法	法学院
	0301Z2 比较法	法学院
0302 政治学	030201 政治学理论	国际关系学院
	030202 中外政治制度	国际关系学院
	030203 科学社会主义与国际共产主义运动	国际关系学院 马克思主义学院
	030204 中共党史	马克思主义学院
	030206 国际政治	国际关系学院
	030207 国际关系	国际关系学院
	030208 外交学	国际关系学院
	0302Z1 中国政治	国际关系学院

流动站（一级学科）	所含二级学科	所在学院
0302 政治学	0302Z2 国际政治经济学	国际关系学院
	0302J1 中国特色社会主义理论	马克思主义学院
0303 社会学	030301 社会学	社会与人口学院
	030302 人口学	社会与人口学院
	030303 人类学	社会与人口学院
	0303Z1 老年学	社会与人口学院
	0303Z2 社会心理学	理学院心理学系
0305 马克思主义理论	030501 马克思主义基本原理	马克思主义学院
	030502 马克思主义发展史	马克思主义学院
	030503 马克思主义中国化研究	马克思主义学院
	030504 国外马克思主义研究	马克思主义学院
	030505 思想政治教育	马克思主义学院
	030506 中国近现代史基本问题研究	马克思主义学院
0501 中国语言文学	050101 文艺学	文学院
	050102 语言学及应用语言学	文学院
	050103 汉语言文字学	文学院
	050105 中国古代文学	文学院
	050106 中国现当代文学	文学院
	050108 比较文学与世界文学	文学院
	0501J1 国学	国学院
0503 新闻传播学	050301 新闻学	新闻学院
	050302 传播学	新闻学院
	0503Z1 传媒经济学	新闻学院
	0503Z2 广播电视学	新闻学院
0601 考古学	0601Z1 考古学及博物馆学	历史学院
0602 中国史	0602Z2 史学理论及史学史	历史学院
	0602Z3 历史地理学	历史学院
	0602Z4 历史文献学	历史学院
	0602Z5 专门史	历史学院
	0602Z6 中国古代史	历史学院
	0602Z7 中国近现代史	历史学院
	0602Z1 当代中国史	马克思主义学院
	0602J1 国学	国学院
0603 世界史	0603Z1 世界史	历史学院
0812 计算机科学与技术	081202 计算机软件与理论	信息学院
	081203 计算机应用技术	信息学院
	0812Z1 信息安全	信息学院
1202 工商管理	120201 会计学	商学院
	120202 企业管理	商学院
	120204 技术经济及管理	商学院 农业与农村发展学院
	1202Z1 人力资源管理	劳动人事学院
	1202Z2 市场营销管理	商学院
	1202Z3 财务学	商学院
1203 农林经济管理	120301 农业经济管理	农业与农村发展学院
	120302 林业经济管理	农业与农村发展学院
	1203Z1 自然资源管理	环境学院

流动站（一级学科）	所含二级学科	所在学院
1203 农林经济管理	1203Z2 农村发展	农业与农村发展学院
1204 公共管理	120401 行政管理	公共管理学院
	120403 教育经济与管理	教育学院
	120404 社会保障	劳动人事学院 公共管理学院
	120405 土地资源管理	公共管理学院
	1204Z1 公共财政与公共政策	公共管理学院
	1204Z2 公共组织与人力资源	公共管理学院
	1204J1 城乡发展与规划	公共管理学院
	1204J2 可持续发展管理	农业与农村发展学院
1205 图书情报与档案管理	120501 图书馆学	信息资源管理学院
	120502 情报学	信息资源管理学院
	120503 档案学	信息资源管理学院
	1205Z1 信息资源管理	信息资源管理学院
	1205Z2 信息分析	信息资源管理学院
0714 统计学	020208 统计学	统计学院

■ 学生工作

一、思想政治教育工作

（一）“精彩第一年”新生引航计划促进新生教育工作精致化、专业化、规范化开展

为提升新生入学教育的精致化、专业化水平，2012 年，学生工作部（处）首次推出“精彩第一年”新生引航计划，将入学教育周期延长至一年。计划坚持人才培养的整体性原则，将课堂内外有机结合，依托学院、班级、学生社团等基层组织，强调专业教师、管理人员、学生的全方位参与，围绕“适应”、“融入”、“引领”和“发展”四个主题模块设计开展了十余个新生入学适应与辅导项目。

“适应”模块旨在帮助新生尽快适应大学学习生活。首次在入学前的暑期提前启动“新生入学导航网”和“新生 i 问”综合网络服务平台。平台进一步整合了 BBS、微博、人人网、QQ 群等新生常用的网络资源，通过发布转载各类活动信息、个人体验、校园生活常识，开展嘉宾在线咨询答疑，提供即时、便捷的入学辅导。朋辈学业辅导及朋辈心理咨询首次面向新生开展，住宿生活适应辅导与服务有序推进。

“融入”模块旨在帮助新生建立归属感、尽快完成角色转换。9 月，新生入学之初特邀校党委书记程天权教授作入学教育首场报告——“大学精神与大学生活”，开展“破冰”班集体凝聚力建设项目。组织新生参加校庆 75 周年表演，并策划出版《校庆集结号》专刊，设立“校史校情”专版，普及校史校情知识，全面增强新生作为“人大人”的归属感。同时，学生工作部（处）将 9 月设计为“归属感建设月”和“家长沟通月”，将本科新生入学教育及相关工作日程安排和校庆活动“无缝衔接”。

“引领”模块旨在帮助新生坚定理想信念，树立正确“三观”。11 月，特邀《中国周刊》总编辑、校友朱学东先生以“触摸活的中国”为主题作“理想人生”名家讲坛首场讲座。举办“当代中国国情与青年的历史责任”网络课堂，开展“红船领航”新生党员先进性熔铸计划及“当国歌响起的时候”

升国旗活动，为新生思想导航。

“发展”模块旨在促进新生综合素质和规划能力提升。2012 年，首次策划推出“达人来啦”经验分享品牌活动，以学习、学术和实践为主题举办与“毕业十星”面对面三场系列经验分享会，特邀吴玉章奖学金获得者录制访谈视频节目，为新生分享成长成才故事。首次推出“乐学网”，继续面向新生编发《2012 毕业十星的大学故事》，继续开展“新生骨干领导力训练营”项目。

除学校统一组织的入学教育活动外，社会与人口学院“朋辈互助优质成长计划”、经济学院“经英启航”项目、历史学院“新生熔炼”项目、商学院“新生入学导向”主题教育等各学院入学教育活动亦深入开展。

（二）“红船领航”新生党员先进性熔铸计划成效斐然，获得中央领导肯定和多项奖励

2012 年，学生工作部（处）对“红船领航”新生党员先进性熔铸计划进行了进一步的丰富和完善。2012 年上半年，启动新生党员马克思主义经典研习活动，依托学校学科优势，发动“两课”教师和学生理论社团青年马克思主义研究会成员一对一辅导新生党员小组结合社会调查研习《论十大关系》、《关于正确处理人民内部矛盾的问题》等马克思主义经典著作，有效提升新生党员思想内涵和理论水平，受到新生党员欢迎。时任国家副主席的习近平同志来学校调研高校党建工作时，观摩了新生党员马克思主义经典研习会并发表重要讲话，对该活动给予了肯定，并就如何学习马克思主义经典著作向同学们提出了几点要求。2011 届“红船领航”计划实施一年来，17 个小组累计开展主题学习实践活动 269 次，新生党员提交各类汇报心得 1 260 份。308 名新生党员圆满完成培训计划结业，总结表彰环节评出 10 名标兵学员、75 名优秀学员、6 个优秀小组、10 名优秀辅导员。

2012 年下半年，学生工作部（处）在新一届“红船领航”计划中新增军事训练管理环节，以 2012 届新生党员和“红船领航”计划辅导员为主体组建中国人民大学“党员先锋营”，向海淀武装部申请成立“双 37 民兵高炮营”，以军事训练和政治学习相结合的形式锤炼党员队伍，丰富发展了“理想信念”、“根本宗旨”、“意志品质”、“行为习惯”、“党史党情”、“团队协作”等六大教育模块，设计了“熟悉”、“训练”、“聆听”、“阅读”、“讨论”、“实践”等六个教育环节，提出了“三炼三融”的教育方针，带领新生党员淬炼思想、融入组织，修炼品行、融入群众，锤炼队伍、融入实践，切实增强党员意识，提升党性修养，熔铸先进品行。学校聘请 38 名军事训练辅导员、40 名小组辅导员、10 名马克思主义经典研习辅导员，以及 5 名活动策划辅导员，将 318 名新生党员整编为 10 个排开展训练和学习活动。经过半年训练，新生党员中男女生分别完成了 3 000 米和 2 000 米长跑的体能训练计划，参加学习贯彻十八大精神等主题政治学习活动 40 次，提交思想汇报 2 728 条，身体素质、意志品质、组织纪律性及政治素养均有显著提升。

《创先争优高擎信仰火炬　“三炼三融”熔铸先进品行》荣获北京高校党的建设和思想政治工作优秀成果二等奖和创新成果奖。《“红船领航”党员擎旗掀起学习热潮　理论结合实践深刻领会贯彻十八大精神》荣获首都高校学习宣传党的十八大精神优秀活动。

（三）抓“三班”、促“三基”，凸显成效

2012 年，学生工作部（处）以“爱国爱校、遵纪守法好，发奋成才、学习风气好，团结友爱、同学感情好，活动丰富、综合素质好，组织得力、骨干示范好”的五好标准为基准大力开展班级活动，力促“五好”班集体建设；通过加大奖励力度、扩大奖励范围、改进评选程序、强化激励机制，完善北京市、学校、学院三级先进班集体评选活动；联合校团委举办中国人民大学 2012 级本科学生骨干领导力训练营，对 2012 级本科班级的 181 名班干部进行了专门培训；与美国专业教育服务机构开展合作，开展“明德领袖生培训计划”，促进学生骨干对外交流；修订改版《班主任工作手册》，完善班主任绩效考核机制；在优秀班主任评选中增加学生网上投票、述评交流会公开评选环节，增强了评选的民主性，促进经验交流与总结，“以评促建”，成效显著。

2012 年，学校信息资源管理学院 2009 级本科档案班参与北京高校“我的班级我的家”优秀班集体

建设评比活动，获得“北京市优秀示范班集体”的荣誉称号，展示了人大学子良好的精神风貌。学生处因精心组织、周密部署，再次荣获北京高校“我的班级我的家”优秀班集体创建活动优秀组织奖。

2012年，学生工作部（处）共组织班主任、辅导员培训近700余人次；向643名班主任发放津贴46.29万元；评选出“十佳班主任”11名、“十佳班主任”提名获得者10名、优秀班主任156名，发放奖金24.55万元；校级先进班集体151个，其中11个最优秀的班级推荐为北京市先进班集体，发放奖金30万元。

（四）积极推进住宿辅导和社区建设工作，创建平安温馨文明公寓

2012年，学生工作部（处）继续推进住宿辅导工作。加强公寓辅导员和自管会队伍建设；拓展辅导员工作室、成长辅导室、活动室、学习室等工作平台，提高住宿学生生活服务水平；健全宿舍督察工作机制，加强学生日常管理；举办各类公寓文化活动，倡导健康文明的生活方式；保障住宿学生安全稳定，促进学生公寓工作稳步推进。

2012年，学生工作部（处）筹建住宿辅导中心，积极探索住宿辅导工作体系建设，以学生公寓管理委员会办公室为平台，完善各项工作机制和工作职能，修订完成《中国人民大学学生公寓管理办法》，开展其他学生公寓管理制度起草前期准备工作。

2012年，学校首次将文明宿舍评选纳入年度学生奖励工作体系之中，并将“文明宿舍”和“十佳宿舍”设置为校级集体类奖项。共有11个宿舍荣获“十佳宿舍”荣誉称号，49个宿舍荣获“文明宿舍”荣誉称号。

2012年，共招聘本科生公寓学生兼职辅导员95人，研究生公寓教师兼职辅导员14人。自管会共有成员近300人。组织安全、心理等各类培训共计约40小时。

2012年，继续做好9个本科学生公寓辅导员工作室和5个活动室的建设，为每个工作室配置50余种修身励志、心灵成长、时政理论等类型的图书，订阅《南方周末》、《新周刊》、《心理月刊》、《参考消息》等报刊，并开放本楼同学借阅；配置羽毛球、足球等体育器材和针线包、工具箱等物品，方便同学使用。建设东风7楼阅读室——“时光小屋”，规划建设品园6楼阅读空间。继续做好东风6楼、品园1楼、品园2楼和知行5楼活动室及品园6楼自习室的日常管理工作。

2012年，自管会和公寓辅导员努力打造内容丰富多彩、同学喜闻乐见的公寓文化。举办第一届公寓文化节活动；做好新生生日会、社区女生节活动、万圣节主题文化活动、社区光棍节活动、社区感恩节活动等传统活动的组织工作；开展“地球一小时”活动，举办两期生活沙龙和一期大学成长分享会。

2012年，学生工作部（处）完善“公寓事务恳谈会”工作机制，促进学校与学生的沟通与交流：继续做好公寓辅导员宿舍访谈工作，做好对学生意见建议的收集和整理；发挥自管会作用，加强对学生普遍关心的住宿生活问题的反馈力度，切实维护学生权益；举办两次公寓事务师生恳谈会，建立定期与学生进行交流的工作机制。自管会制作有关浴室改造、晾晒衣被空间设置、无障碍通道设置、成长活动空间拓展等4个公寓事务的提案。

（五）完善辅导员队伍管理，加强对学生的深度辅导

学生工作部（处）完善辅导员电子履历档案，加强辅导员队伍建设，并积极贯彻落实北京市政策，加强对学生的“深度辅导”工作，为121辅导员发放岗位津贴。学生工作部（处）继续发挥研究生管理助理岗位和勤工助学岗位的优势，选拔聘任140名院系学生工作辅导员、175名班级辅导员、109名学生兼职公寓辅导员，进一步加强学生的思想政治教育工作，并推荐6名优秀辅导员参加北京市高校辅导员专业化培训，推荐1名优秀辅导员参评教育部“2012全国高校辅导员年度人物评选”。2012年，全校共评选出33名“优秀辅导员”、136名“优秀学生兼职辅导员”。

（六）毕业教育创新形式，贴近毕业生，打造完美“毕业季”

2012年，学生工作部（处）继续按照活跃基层、部门联动、全员参与、学生主体的工作原则，

努力打造“毕业季”工作品牌，以理想信念引领、毕业适应关怀、感恩奉献传承和毕业情感交融为四大模块开展十二项主题活动，提出2012毕业生要做的12件事，招募学生“毕业季”志愿者自主策划开展毕业季系列活动，并在此基础上改革创新，为毕业生们留下了一份最美好的青春回忆。

2012年，毕业季传统特色项目不断拓展。“毕业宣誓”活动中毕业生热烈讨论毕业誓词，提出数十条方案，2012届毕业誓词最终定为：“明德博学，求是笃行，忠诚勤勉，朴实友爱，行为精英，心为平民。争做国民表率，勇为社会栋梁，肩负时代使命，报效祖国人民！”2012毕业十星评选以弘扬奉献、感恩、开拓、奋斗精神为导向，并首次依托数字人大平台进行实名制投票。首次在天地人大BBS上开设“那些年，我们在一起”毕业季专区，将毕业博客大赛、毕业摄影大赛、毕业问答、毕业十星宣传等内容囊括其中。

2012年，毕业季全新活动项目闪亮推出，营造积极和谐毕业氛围。首次制作以“我爱人大，从未离开”为主题的毕业视频，激发了毕业生的感悟思考与情感共鸣；首次举办毕业季公寓文化节活动，成长·蜕变——成长历程照片征集活动，生活·乐趣——公寓达人秀展示活动，温暖·情谊——开心寝事征选活动，担当·责任——书籍衣物捐赠活动，憧憬·寄托——感恩祝福留言活动，立足社区形成互动。

2012年，毕业典礼转变思路将毕业季推向高潮。整场典礼以回忆成长、收获成就、感恩祝福和展望未来为主线设计仪式和进程，以毕业视频开场充分预热毕业典礼，首创学生主持模式增添典礼亲和感，领导嘉宾台下就座与学生零距离，首次安排毕业生向学校赠礼，毕业生发言更重真情实感，多块液晶屏介绍典礼流程及发言获奖代表基本情况增强各环节台上台下互动，让毕业典礼更具参与性，更富有亲和力。

（七）依托基层组织，发挥学生主体作用，全面推进形势与政策教育

2012年，学生工作部（处）以课堂学习与主题活动相结合，现场学习与网络学习相结合，聆听阅读与实践调查相结合，学校规定模式与学生自选内容相结合，学校总体规划与学院、班级、社团等基层组织自主策划开展相结合的形式，全面推进形势与政策教育深入开展。

2012年，学生工作部（处）深入开展学习贯彻十八大精神系列活动：组织学生收看十八大开幕式。举办“聚焦十八大、展望新发展”中国人民大学第六届国情知识竞赛，吸引来自全校各学院的105支队伍、315名选手报名参赛。大力推广“百万师生微党课”学习，特邀程天权书记、陈雨露校长撰写“书记校长心语”微博。邀请杨凤城、王向明等理论专家提供微党课专题讲解2讲，整理编写秦宣、郑功成等多位名师解读十八大的微党课学习材料58条。举行“微党课，微分享，微言十八大”征文活动，报送学生微博参赛征文55条，1人获奖；报送微党课使用感悟46条、学习十八大新闻微博21条。31个班级建立新浪微博，将班级亮点、文化凝练成微博，关注微党课学习；81名辅导员建立个人微博，发布工作信息。11月21日，学校值日当天，“微党课”新增粉丝万余人，粉丝数达7 000人。在一个月时间里，由学校提供的“微党课”内容转发量已达2 168余次，评论数多达792余条。

2012年，学生工作部（处）深入开展“践行‘北京精神’争做时代先锋”主题教育实践活动，积极发动学院、党团支部、班级和学生社团力量，将“北京精神”的学习融入学生日常学习生活。文学院举办“树立道德风尚，弘扬北京精神”主题班会，统计学院开展寻访“北京精神”活动，商学院举行“学雷锋、爱北京”党班团建设系列活动，由新生班级竞标承办“践行‘北京精神’争做时代先锋”主题公益微电影暨“北京精神”形象大使评选等多项活动。青年求是研究社举办“邂逅古都文化，感悟‘北京精神’”第五届国情知识竞赛，吸引了来自全校各院系的数十支队伍参与其中。

2012年，学生工作部（处）承办“当代中国国情与青年的历史责任”网络课堂；应中宣部安排特邀前驻黑山大使李满长先生、日内瓦外交与国际关系学院张维为教授以“多党制与南斯拉夫的解

体”、“中国道路与中国话语”为主题举办形势与政策报告会；组织学生参观《启蒙的艺术》展览，参观科学发展、成就辉煌大型展览，参加鹦哥岭青年事迹报告会、“百名法学家百场报告会”、北京市创意文化节等多项活动；组织开展《金砖之国》纪录片观片讨论活动，举行《金砖之国》观感交流会；举办读书文化节，开展读书沙龙、书评大赛等活动。

2012年，学生工作部（处）结合“学雷锋”、纪念九一八事变81周年、纪念“一二·九”运动等主题，开展升国旗爱国主义教育活动。指导国旗护卫队、求是社和学工社开展“学雷锋、做好事、明明德”美丽心愿主题活动。指导2011级新生党员开展学雷锋活动，并向全校同学发起“学习雷锋好榜样”的倡议。

（八）开展研究生科学道德与学风建设活动，营造诚信学术氛围

2012年，学生工作部（处）在组织研究生参加科学道德与学风建设宣讲会的同时，还重点在毕业研究生中评选“学术之星”与“诚信之星”，并依托“新生i问”平台为研究生提供入学导航答疑咨询服务，开展“达人来啦”——与“毕业十星”面对面学术专场经验分享会，挖掘、树立和推广研究生身边的诚信治学榜样。同时，依托各学院以及研究生组织和社团深入开展研究生科学道德与学风建设活动：法学院以“诚信是法律人的生命”为口号，以新生为重点，开展“学术诚信与学术道德”主题沙龙、“武装学术人”系列讲座、“诚信宣誓”等一系列具有特色的宣教活动；农业与农村发展学院以“青年的理想与修养”为题举办院党课专题讲座；公管学院多个研究生党支部在支部会上开展科学道德与学风建设学习活动；信息学院研究生班级发起“诚信约定”活动；研究生会举办“科学精神在人大”系列“明德论坛”讲座，营造学术氛围、打造交流平台、宣传学术诚信。

（九）规范学生事务管理，全面服务学生所需

2012年，学生工作部（处）不断完善管理机制，创新工作路径，全面做好公派出国政审、研究生入学政审等各项工作。按学校规定，办理学生公派出国（境）政审共600余人、硕士生入学政审3 500余人，博士生800余人。

另外，学生工作部（处）按规定程序做好学生违纪处理工作，共处分21名违纪学生，批评教育学生40余人次，帮助同学提高自我管理、自我保护能力，协同做好学生突发事件的处理工作。

二、心理健康教育与咨询

（一）开设心理健康教育通识课，备受欢迎

2012年，学校心理健康教育与咨询中心（以下简称“中心”）继续面向全体本科生开设心理健康教育通识课，共有25个教学班（2011级12个，2012级13个）、4 458名本科生（含留学生，2011级2 486人，2012级1 972人）修读该课程。在教务处开展的2011—2012学年春季学期本科课堂教学质量评教工作中，中心三位教师胡邓、侯瑞鹤、周莉的心理健康通识课分别获得98.64分、97.04分、91.98分。心理健康通识课成为一门学生想听、爱听、级级相传的“口碑课”。此外，共有423名本科生选修中心开设的6门选修课：其中“自助旅行与心理素质教育”153人，“情感心理学”150人，“校园心理健康专题”60人（两学期各30人），“朋辈心理辅导”60人（上学期29人，下学期31人）。

（二）持之以恒做好日常心理咨询服务，加速推动咨询工作规范化进程

2012年，为更好地为同学提供服务，中心保证每周开放15次，每次至少3小时咨询时间，共接待前来咨询的同学1 099人次。本学期学生心理问题主要集中于情绪问题、情感问题、人际冲突、就业困惑和个人发展等方面。在国际小学期，中心坚持为留校学生服务。在学生宿舍楼设置的朋辈心理咨询中心的“朋辈小屋”也接待咨询122人次。中心还着重提高咨询的数字化水平，在预约登记、咨询记录、评估分类标准和咨询档案四方面进行数字化处理，建立规范的数据库。

（三）《心声》报按期出版，同学们反响强烈

2012年，心理健康报纸《心声》按期出版。《心声》以提供“有趣、有用、有益”的内容为宗旨，围绕人大人的学习与生活，采取“有趣”的形式提供“有用”的心理知识，通过透视生活现象背后的心理过程，力求“有益”于帮助同学解决现实问题，促进学生实现自我成长。报纸运用大量心理学的专业知识解读现象背后的心理机制，在普及心理健康知识、提高心理健康意识的同时，帮助学生了解自我，促进自我成长，在学生中引起强烈共鸣。2012年下半年，《心声》以电子版形式发行，同时推出《心声》杂志，进一步加强了传播力度，扩大了受众面，增加了阅读的趣味性和及时性。

（四）开展“5·25心理健康教育月”活动，提高心理健康意识

2012年，进一步加强与理学院的合作，将第四届“心里乐翻天”心理健康知识竞赛推广至全校范围，以娱乐、趣味的方式向同学们宣传和普及心理健康知识，提高大学生的心理健康意识，倡导积极关注自身心理健康。注重加强与兄弟院校的联系，受邀参加北京部分高校的心理文化月活动，并积极邀请外校社团来校交流，彼此之间互相学习、互相帮助，保持社团旺盛的生命力。

（五）继续推进学生成长与发展服务体系建设，实现精致化辅导、专业化服务

2012年，学生工作部（处）继续加强法学院、信息学院、信息资源管理学院、新闻学院的发展辅导室和5栋学生公寓楼的成长辅导室建设，同时，进一步加强中心音乐放松室和沙盘游戏室的建设。目前，已逐步形成团体活动室、辅导员工作室和朋辈小屋三类形式各异、功能互补的公寓成长辅导服务平台。其中品园3楼（男生楼）和品园6楼（女生楼）分别建设1间朋辈小屋，在公寓社区就近分别为男生和女生提供专业化的朋辈辅导心理咨询服务，通过缓解学生学业、适应、人际关系等方面的心理压力，促进在校学生更好地融入大学生活和宿舍群体。

（六）继续深化斯坦福“桥”——朋辈辅导项目合作，提升朋辈心理咨询服务专业化水平

2012年1月，继续与美国DEI合作举办第二期高校朋辈心理咨询工作坊，同时正式成立中国人民大学朋辈心理咨询中心。借鉴斯坦福大学朋辈心理咨询受训模式，通过课堂教授、小组练习和相互模拟咨询练习等多样形式帮助学生掌握非言语咨询技巧、共情、复述、积极倾听、情绪处理及问题解决等一系列朋辈心理咨询技巧。截至12月21日，朋辈心理咨询中心开展咨询122人次，接待同学来访280人次。

同时，朋辈心理咨询中心深入校园开展心理健康普及与宣传活动，每月根据校园突出的心理健康主题策划举办活动。3月举办“爱生活·爱自己”自杀预防工作坊，4月赴苏州举办朋辈互助工作坊及开放日，5月借母亲节主题举办“一封情书表达爱”明信片传递活动，10月举办朋辈拥抱活动，11月借单身日举办“科学教你谈恋爱”工作坊等。系列活动在校园中得到了广泛肯定和热烈反响，参与学生逾千人。朋辈心理咨询师们走出朋辈小屋，向更广泛的受众传递心理健康知识和自助方法。11月，朋辈心理咨询中心举办成立一周年庆典活动，就一周年成果与全校师生同庆。

三、奖励与资助工作

（一）做好国家助学贷款工作，为学生提供切实帮助

2012年，学校有365名家庭经济困难学生新申请国家助学贷款，贷款合同金额达444.9万元。生源地国家助学贷款人数为215人，贷款金额125.95万元（一年申请额），校园地国家助学贷款人数为150人，贷款金额317.2万元。为了做好283名贷款毕业生的还款服务工作，学生工作部（处）通过发放还款手册和组织培训会的方式，方便学生了解国家助学贷款还款的相关政策，其中，根据西部就业政策规定，为5名赴西部就业的同学代偿50%的国家助学贷款5.54万元，为13名去西部基层就业的学生办理学费补偿和国家助学贷款代偿22.16万元，并每年跟踪调查学生在职在岗情况。2012

年，为 6 名退伍返校学生发放 5.3 万元补助，为 7 名参军入伍的同学发放学费补偿 8.5 万元，贷款代偿 4.06 万元。

（二）做好奖学金评选工作，发挥奖励育人功效

2012 年，学校共评选出荣誉类、学习类和专项类三大类个人奖项合计 33 个项目，同时评选出集体奖项 5 大项。从奖励情况来看，2012 年，共评选出获奖学生 10 496 人（次），其中，各类奖学金 7 540人（次）、优秀研究生荣誉称号 1 532 人、三好学生荣誉称号 1 424 人，评选出获奖集体 226 个（优秀班集体 151 个，标兵社团 5 个，优秀社团 10 个，十佳宿舍 11 个，文明宿舍 49 个），合计奖励金额超过 1 800 万元。经济学院王汉儒等 10 名同学荣获吴玉章奖学金。农业与农村发展学院何安华荣获宝钢优秀学生特等奖，这是学校连续第六年荣获该奖项。2012 年新增了研究生国家奖学金，共 339 人获得该奖项，奖励金额 811 万元。

2012 年，学校组织召开中国人民大学学生奖励暨“三班建设”表彰座谈会，对全校的获奖个人和集体进行集中表彰，并制作中国人民大学学生奖励工作视频专题片。同时，邀请资助单位和个人到学校组织举行颁奖活动，包括光华奖学金、三星奖学金颁奖会等。在宣传方面，学校重新修订了《中国人民大学学生奖励与资助手册》和《中国人民大学学生奖励工作手册》，专门制作了中国人民大学 2012 年获奖学生电子光荣榜，在学生工作部（处）网站、学校橱窗及《中国人民大学校报》、《青年人大》等校内媒体对获奖的优秀学生典型进行宣传报道。

2012 年，学校还评选出优秀毕业生 1 356 人，其中，市级优秀毕业生 337 人，校级优秀毕业生 504 人，院级优秀毕业生 515 人，并为市级和校级优秀毕业生设计制作了优秀毕业生纪念品。此外，学校还为 2012 届全体毕业生制作了毕业纪念衫，并在学生中进行了毕业纪念衫的创意征集活动。

（三）做好助学金发放工作，延伸资助触角，奖优济困

2012 年，在全校开展了两次家庭经济困难学生认定工作。举办了 6 次助学金颁奖会，2 次受助学生座谈会，1 次受助毕业生联谊会，1 次西藏籍学生藏历年联欢活动，1 次新疆籍少数民族学生节日。获助学生代表分别参加了教育部曾宪梓奖学金颁奖会、立邦助学金颁奖会、友邦助学金颁奖会及圆梦计划助学金颁奖会等。

2012 年，学校共有 1 577 名同学获得了国家助学金，资助额度为 473.1 万元；为 10 355 名同学发放伙食补贴 745.5 万元；为来自新疆的家庭经济困难学生发放节日补助 6.65 万元。社会捐资在学校设立助学金 14 项，共资助 418 名家庭经济困难学生，资助金额 146.93 万余元。

（四）做好家庭经济困难学生帮扶，多元促进成长成才

2012 年，共为 1 698 人次发放困难补助 65.5 万元，共为 12 名学生（包括孤残、因公牺牲和烈士子女等）减免了学费；并为 360 名家庭经济困难学生发放了羽绒服；为学生发放自行车、书包、手机等学习生活用品，共计金额 29.5 万元；为 826 名学生办理学生意外伤害保险，共计 6.2 万元。2012 年，学校继续举行“爱在中秋”贫困生联欢晚会，在寒假留校学生中开展系列文体联欢活动和新春团拜活动，学校师生共同欢度佳节。

（五）做好贷学金发放，缓解学生经济压力，提升责任感

2012 年，学校在新生入学“绿色通道”现场向 171 名家庭经济困难的新生发放奖励性贷学金 34.2 万元。为方便贫困学生积极参与暑期国际小学期活动，继续推进针对暑期国际小学期的奖励性贷学金项目。2012 年，共为 25 名贫困学生发放奖励性贷学金 4.1 万元，缓解学生的经济压力。

为努力提高学生的社会责任感和诚信度，鼓励学生培养自立、自强意识，积极参与国际交流，提升国际视野，2012 年，学校为 155 名学生发放心平贷学金达 816.2 万元。其中，66 人申请心平留学贷学金，申请金额为 728.5 万元；89 人申请心平自立贷学金，申请金额为 87.7 万元。所用资金均来

自段永平、刘昕校友捐赠。

（六）校内勤工助学资助育人，培养学生自强自立意识

2012年，学校充分发挥校内勤工助学在资助家庭经济困难学生、锻炼学生技能、培养学生自立自强意识方面的重要作用，继续组织策划“人大使者家乡行”和“爱心回馈报他人——院系团体勤工助学活动”，将“主体性”教育活动融入勤工助学活动，增强资助效果，实现资助育人的目标。2012年，学校为在校本科学生提供了660多个勤工助学岗位，为2 987人次发放77.52万元的勤工助学酬金。本年度，学校还组织了两期“人大使者家乡行”活动，参加同学300多人次，编辑两本《中国人民大学“人大使者家乡行”活动资料汇编》；在5个学院中实施院系团队勤工助学项目。

（七）加强家庭经济困难学生培养，为其发展提供有力支持

2012年，学校在不断丰富发展物质资助体系的基础上，通过项目培养、心理帮扶、情感交流等途径，并依托家庭经济困难学生自强社，努力为学校家庭经济困难学生打造成长、发展平台。现已形成较为完善的家庭经济困难学生成长发展项目体系，老生新生结对交流项目从新生入学绿色通道家庭经济困难学生入学帮扶开始，到“爱在中秋”晚会、“师兄师姐经验谈”专题讲座，充分体现了学校老生对新入学家庭经济困难学生的关心。“励志成才看世界”项目为新入学的家庭经济困难学生提供了开眼看世界和动手从事社会公益志愿服务活动的机会。“家庭经济困难学生素质提升计划”通过计算机讲座培训、英语口语培训、社会知名人士讲座及各种专项技能培训，努力提升学校家庭经济困难学生的综合素质。此外，学校还依托自强社为学校家庭经济困难学生营造和谐之“家”，通过加强社团组织建设为学生提供情感交流平台。

2012年，学校继续为少数民族学生的成长发展提供支持，学校领导高度重视此项工作。同时，学校还通过数学手拉手专项辅导、藏语互助学习课等形式为藏族学生提供学业帮扶，并支持藏族学生开展体育、文体活动。学校还通过“2012年度穆斯林古尔邦节庆祝活动”等支持新疆少数民族学生开展活动。

（八）拓展社会实践平台，促进家庭经济困难学生增长才干

学校积极拓展家庭经济困难学生社会实践平台，为家庭经济困难学生开阔视野、提升技能、增长才干创造途径。首先，学校通过创新资助工作方式，为学生提供了“人大使者家乡行”、“励志成才看世界”、“爱心回馈报他人——院系团体勤工助学”等实践项目。其次，与中国青少年发展基金会、中国扶贫基金会和其他高等学校合作，为学校贫困学生参与社会实践及与其他高校家庭经济困难学生之间的交流合作赢得机会。截至2012年底，已组织学生数百人参与中国青少年发展基金会的“希望工程激励行动”项目和中国扶贫基金会的“新长城”项目，涵盖10多个子项目：“爱心传递，与梦齐飞”，“耐克爱超越”，“激励行动公益计划”，“激励行动·BC计划”，“爱心包裹”，“爱心宿舍”等。

四、学籍管理工作

2012年，学籍管理部门共办理学籍变动及备案手续总计2 439人次，其中休学114人、退学119人、复学69人、恢复学籍172人、转专业168人、保留学籍259人、大类分流专业770人、放弃入学资格57人、保留入学资格12人、恢复入学资格52人、其他（死亡、改名、改身份证号等）647人。学生学籍管理工作顺利进行。学校7 505条2012级新生数据顺利通过教育部平台审核。

2012年两个学期的学生电子注册率分别为96.48%和91.13%。

五、国防教育工作

党委人民武装部圆满完成2012年的征兵组织工作，充分发挥基层和学生社团力量，开展多次定向越野竞赛和参军入伍同学先进事迹宣传活动，效果良好，7名学生光荣入伍。大学生整体素质高、作风好，入伍后的表现赢得了部队一致认可，多名同学在服役期间立功受奖，为学校赢得了荣誉。学校被评为“海淀区2012年冬季征兵工作先进单位”。军事理论课、6名退役复学学生安置等工作也有序完成。2012年，武装部共为退役复学学生发放国防奖学金6万元。

学校于2012年8月25日至9月5日在北京昌平盛华人才培训中心开展2011级本科学生军训工作。军训团编为3个营、17个连，共有2 539名2011级学生参加军训，近50名带队教师参与军训工作。编辑12期《迷彩青春》，总计达20余万字；首次开通军训专题网站。共有171名同学荣获团嘉奖荣誉，303名同学荣获连嘉奖荣誉。本次军训按照“安全第一、严格管理、以人为本、科学施训”的工作要求组织实施。全体参训同学顽强拼搏、刻苦训练，军训教官严格施训、科学施训，带队老师关爱学生、细致工作，各项后勤保障工作及时周到、体贴入微，军训工作取得了圆满成功。本次军训期间，进行了政治教育、条令教育、紧急集合等各项军事训练，以及篮球比赛、歌咏比赛、联欢晚会等丰富多彩的活动。

六、就业工作

2012年，学校毕业生总人数6 761人（就业工作学生数据均不含港澳台侨学生、留学生），总体落实率为98.30%，其中本科生（含第二学士学位生）落实率97.84%，研究生落实率98.85%（截至2012年12月31日）。2012年1月，学校被批准为北京市就业特色项目建设单位。7月，招生就业处处长蔡荣生被国务院评为“全国就业先进工作者”。

（一）毕业本科生（含第二学士学位生）就业情况

2012年，学校共有本科和第二学士学位毕业生2 598人。其中，就业928人（占35.72%）；攻读研究生954人（占36.72%）；出国留学660人（占25.40%）；北京生源待分配、京外生源回生源地二次分配的毕业生共56人（占毕业生总数的2.16 %）。

2012届已落实就业去向的928名毕业本科生（含第二学士学位生）中，到党政机关就业87人（占9.38%）；北京“村官”和服务北京基层13人（占1.40%）；科研教学单位2人（占0.22%）；其他事业单位40人（占4.31%）；国有企业313人（占33.73 %）；三资企业88人（占9.48%）；其他企业161人（占17.35%）；参军115人（占12.39%）；签劳动合同70人（占7.54%）；自主创业2人，自由职业37人（合计占4.21%）。

（二）毕业研究生就业情况

2012年，学校共有硕士和博士毕业生4 163人。其中就业3 775人（占90.68 %）；攻读博士研究生209人（占5.02%）；出国留学120人（占2.88%）；北京生源待分配、京外生源回生源地二次分配的毕业生共59人（占毕业生总数的1.42%）。

2012届已落实就业去向的3 775名毕业研究生中，到党政机关就业442人（占11.71%）；北京“村官”和服务北京基层33人（占0.87%）；科研教学单位374人（占9.91%）；其他事业单位535人（占14.17%）；国有企业1 521人（占40.29%）；三资企业311人（占8.24%）；其他企业472人（占12.50%）；参军3人（占0.08%）；签劳动合同73人（占1.94%）；自主创业2人，自由职业9人（合计占0.29%）。

中国人民大学 2012 年度在校学生分学院、类别、年级人数统计表

	合计	博士生				硕士生				本科生					二学位		
		共计	2010 级	2011 级	2012 级	共计	2010 级	2011 级	2012 级	共计	2009 级	2010 级	2011 级	2012 级	共计	2011 级	2012 级
合计	22 811	3 370	1 679	810	881	7 909	988	3 382	3 539	11 462	2 871	2 715	2 837	3 039	70	37	33
财政金融学院	2 171	266	152	54	60	531	10	247	274	1340	318	381	318	323	34	19	15
法学院	2 413	561	289	139	133	1079	218	442	419	737	196	188	175	178	36	18	18
公共管理学院	1 188	189	97	49	43	617	100	236	281	382	100	70	106	106			
国际关系学院	927	159	80	37	42	209	6	100	103	559	146	134	139	140			
国学院	287	40	19	10	11	75	5	34	36	172	40	44	46	42			
汉青研究院	149					149	38	55	56								
环境学院	492	42	25	8	9	160	22	67	71	290	63	71	70	86			
教育学院	102	28	11	5	12	74	1	35	38								
经济学院	1 868	379	191	93	95	462	12	231	219	1 027	248	235	291	253			
劳动人事学院	931	110	54	28	28	245	3	129	113	576	144	146	140	146			
理学院	648	48	19	23	6	189	34	82	73	411	104	97	96	114			
历史学院	388	97	40	26	31	172	44	54	74	119	34	28	22	35			
马克思主义学院	391	153	76	38	39	138	10	62	66	100	25	19	28	28			
农业与农村发展学院	502	82	31	22	29	210	5	101	104	210	56	48	50	56			
商学院	3 004	356	194	81	81	1 293	78	612	603	1 355	383	311	327	334			
社会与人口学院	841	139	72	33	34	346	1	157	188	356	90	84	86	96			
统计学院	634	87	37	23	27	201	25	83	93	346	95	83	85	83			
外国语学院	834	9			9	251	79	82	90	574	170	122	135	147			
文学院	876	110	55	26	29	440	127	151	162	326	101	67	64	94			
新闻学院	1 110	113	50	28	35	307	22	130	155	690	160	177	179	174			
信息学院	1 055	101	40	14	47	264	66	99	99	690	155	171	179	185			
信息资源管理学院	500	64	31	16	17	143		68	75	293	63	76	74	80			
艺术学院	595					113	28	38	47	482	106	104	132	140			
哲学院	710	237	116	57	64	241	54	87	100	232	74	59	58	41			
中法学院	195									195			37	158			

中国人民大学2012年学生奖助学金类别及额度

名称	金额（元/人）	人数	设立者
吴玉章奖学金	8 000	10	学校
吴玉章提名奖	—	12	学校
科研创新奖学金	3 000	34	学校
学习优秀奖学金	1 000～10 000	2 775	学校
优秀研究生荣誉称号	—	1 532	学校
三好学生荣誉称号	—	1 424	学校
国学基础奖学金	2 000	243	学校
基础学科奖学金	500～800	205	学校
校级优秀学生干部奖学金	500～1 000	642	学校
优秀班干部奖学金	500～1 000	451	学校
文体优秀奖学金	500～2 000	267	学校
社会工作与志愿服务奖学金	200～400	2 009	学校
爱心奖学金	200	148	学校
国家奖学金	8 000	164	教育部
国家励志奖学金	5 000	370	教育部
研究生国家奖学金	20 000～30 000	339	教育部
港澳及华侨学生奖学金	3 000～9 000	59	教育部
台湾学生奖学金	3 000～9 000	24	教育部
宝钢奖学金	5 000～10 000	10	宝钢教育基金会
三星奖学金	5 000～7 000	18	三星（中国）投资有限公司
平安励志奖学金	1 000～5 000	65	中国平安
中国石油奖学金	8 000	30	中国石油天然气集团有限公司
费孝通奖学金	5 000	8	费孝通教育基金会
香港信善奖学金	3 000～4 000	70	香港道教信善玄宫慈善基金会
新华都奖学金	3 000	20	新华都基金会
东方毅奖学金	2 000～3 000	20	未来建设集团有限公司
时尚奖学金	2 000～3 000	12	时尚杂志社
华为奖学金	5 000～6 000	8	深圳华为技术公司
聚芳奖学金	2 000	20	丹京华尔服装有限公司
光华奖学金	1 000～1 500	204	光华教育基金会
国家助学金	2 000～3 000	1 577	教育部
曾宪梓优秀大学生奖学金	3 600	50	曾宪梓基金会
雁行人大助学金	3 200	30	雁行基金
香港信善助学金	2 000～4 000	127	香港道教信善玄宫慈善基金会
中海油助学金	3 000	25	宋庆龄基金会
友邦助学金	3 000	10	友邦保险
立邦助学金	3 000	15	立邦基金、学校基金会
兴大助学金	5 000	30	北京兴大助学基金会
博时关爱助学金	5 000	20	博时基金会
新疆少数民族助学金	300～1 500	55	新疆维吾尔自治区学生办公室
福临门助学金	5 000	20	中国教育发展基金会
圆梦计划助学金	5 000	46	北京华育助学基金会
82级校友助学金	5 000	10	学校基金会
新长城助学金	1 840～2 000	20	中国扶贫基金会

中国人民大学2012年主要奖学金获奖名单

奖励名称	奖励等级	获奖名单
吴玉章奖学金	校级	刘泽豪、潘骐畅、程琼慰、王阳、周航、王建华、梁荣、黄晨、王汉儒、王瑜 10 人
吴玉章提名奖	校级	何颜玎、井水玉、姬泰然、钟灵啸、陈华栋、陈佳鞠、范紫薇、刘文杰、倪春霞、宁静、黄继承、赵斌 12 人
宝钢奖学金	部级	何安华、童丽静、武亮、王瀛、张涴珺、于浩、张罂、黄彪文、吴韵曦、冯燕芳 10 人
三好学生荣誉称号	校级	2010 级法学院潘侠等 1 424 人
校级优秀学生干部奖学金	一等	2010 级法学院杨王爽等 79 人
	二等	2009 级国际关系学院王越等 198 人
	三等	2011 级商学院王丹等 365 人
科研创新奖学金	校级	岳业鹏、李佳明、李隽旸、曾毅、杨新宾、王文军、王琪、郑觅、毛畅果、潘静洲、马龙、何俊宝、李丹丹、丁丽、刘伟、倪春霞、王星、宋玖青、王阳、张文祥、曹文星、范紫薇、胡文谷、刘东、年猛、李辉、张昊、宁静、魏义方、赵斌、楼栋、姚东旻、张冀南、徐御之 34 人
基础学科奖学金	一等	2011 级历史学院洪文等 7 人
	二等	2012 级文学院安心等 198 人
国学基础奖学金	校级	2012 级国学院张宁等 243 人
优秀研究生荣誉称号	校级	2011 级法学院刘欢等 1 532 人
学习优秀奖学金	特等	2009 级法学院汪洋等 36 人
	一等	2009 级信息学院马宁等 563 人
	二等	2011 级经济学院李一等 943 人
	三等	2009 级艺术学院赵越等 1 383 人
优秀班干部奖学金	一等	2009 级信息学院赵可君等 52 人
	二等	2011 级环境学院肖寒等 137 人
	三等	2009 级信息资源管理学院黄胜国等 262 人
文体优秀奖学金	特等	2009 级艺术学院刘艺博等 43 人
	一等	2010 级文学院姚震等 70 人
	二等	2010 级农业与农村发展学院王端端等 154 人
社会工作与志愿服务奖学金	一等	2011 级商学院张尚雯等 471 人
	二等	2011 级信息学院付一航等 1 538 人
爱心奖学金	校级	2011 级经济学院李东霖等 148 人
国家奖学金	国家级	2009 级公共管理学院冯四良等 164 人
国家励志奖学金	国家级	2011 级新闻学院王敏等 370 人
东方毅奖学金	一等	2011 级马克思主义学院孙明增等 9 人
	二等	2011 级马克思主义学院马力等 11 人
平安励志奖学金	一等	2011 级信息学院郝泽慧等 10 人
	二等	2009 级历史学院符云川等 25 人
	三等	2010 级法学院崔墨等 30 人
光华奖学金	校级	2011 级外国语学院李一凡等 204 人
三星奖学金	校级	2011 级经济学院罗皞一等 18 人

奖励名称	奖励等级	获奖名单
华为奖学金	校级	2009 级劳动人事学院吴慧芳等 8 人
香港信善奖学金	校级	2011 级统计学院李璐等 70 人
中国石油奖学金	校级	2009 级文学院张弛等 30 人
新华都奖学金	校级	2010 级环境学院陈晓芬等 20 人
时尚奖学金	校级	2009 级新闻学院张小雪等 7 人
费孝通奖学金	校级	2011 级社会与人口学院宋辰婷等 8 人
台湾学生奖学金	一等	2011 级哲学院谭力新等 5 人
	二等	2012 级文学院秦子纮等 8 人
	三等	2011 级法学院叶修文等 11 人
港澳及华侨学生奖学金	一等	2010 级历史学院梁健聰等 11 人
	二等	2011 级劳动人事学院林辰乐等 19 人
	三等	2011 级劳动人事学院柯丽香等 29 人
硕士研究生国家奖学金	国家级	秦聪等 206 人
博士研究生国家奖学金	国家级	周芳等 133 人

2011—2012 学年“十佳班主任”、优秀班主任名单

“十佳班主任”名单

姓名	所在学院	班级
姚海放	法学院	2008 级法学本科 1 班
王学军	信息资源管理学院	2009 级政务 2 班
徐建萍	统计学院	2010 级本科班
程大为	经济学院	2011 级国际商务硕士班
李萌昀	国学院	2010 级本科班
范　婷	哲学院	2011 级本科普通班
来　炯	外国语学院	2011 级德语本科班
许洁萍	信息学院	2011 级理科实验班 5 班
李　智	商学院	2009 级贸易经济专业班
王　克	环境学院	2009 级公共事业管理班
王树良	新闻学院	2010 级新闻 3 班、广告班

“十佳班主任”提名奖名单

姓名	所在学院	班级
陈传波	农业与农村发展学院	2011 级博士班
吕　荣	理学院	2010 级本科班
章　欣	文学院	2011 级本科班
张林虎	历史学院	2010 级本科班
丁　凡	国际关系学院	2011 级本科 3 班
魏　丽	财政金融学院	2009 级保险本科班
郑　杰	马克思主义学院	2011 级硕士 1 班
余华义	公共管理学院	2010 级土地资源管理班
严　平	教育学院	2011 级硕士班
郭　静	社会与人口学院	2009 级公共事业管理班

优秀班主任名单（156 人）

所在学院	姓名
哲学院	范婷　刘玮　张霄　王伯鲁
文学院	章欣　娄林　彭磊　苏涛　李丙权
历史学院	张林虎　姜萌　胡恒　陈昊
国学院	李萌昀　华建光
经济学院	程大为　李佩洁　沈久沄　邹正方　宋枫　李三希　张杰　贾根良　于春海　刘小鲁　关雪凌　刘玉
财政金融学院	魏丽　王宏伟　黄文彬　金添　李时宇　张俊岩　胡树刚　郭栋　张润英　魏红　蔡泓　吕雁　张文春　李洁　储著斌
统计学院	徐建萍　许王莉　高敏雪
农业与农村发展学院	李佳洁　吕捷　孙振祥　王雨濛　陈传波　张清勇　钟真
法学院	姚海放　高仰光　竺效　徐阳光　邢姝　程雷　喻文光　尤陈俊　朱虎　王莹　张龑　李修棋　曹文华　王旭　娜鹤雅　路磊　邓矜婷　周兴华　任宪伟
马克思主义学院	郑杰　段蕾　徐进
社会与人口学院	郭静　巫锡炜　何欣　张慧
国际关系学院	丁凡　李巍　庞中英　王英津　冉冉　夏敏　张妍
新闻学院	王树良　雷蔚真　周勇　许向东　罗雪蕾　郭志海　徐雅琴　阎芳
艺术学院	杨毅　吴文越　付阳华　马蹦非
外国语学院	来炯　刘海清　钱昕怡　王轶群　周铭　郭军　庞建荣
环境学院	王克　李岩　李海萍　蓝虹
信息学院	许洁萍　柯媛元　黄伟　张春华　蔡晓雨　韩丽涛
理学院	周晓玮　庞斐　吕荣　金朝霞
商学院	王文潭　施小斌　李智　戴鹏杰　王银屏　金霞　苏畅　范玉荣　巢昱　柳晓妮　朱春玲　刘国山　刘军　许年行　黄微　曾琪
公共管理学院	余华义　张秀智　张磊　吴鹏　娜拉　林勇　段晖　唐杰　刘鹏
劳动人事学院	管延军　金炳彻　刘宇　王桢　陈继馨　许倩　袁世琨
信息资源管理学院	王学军　王丹　杨孟辉
国际学院（苏州研究院）	徐孟洲　刘亚丽
教育学院	严平

2011—2012 学年“优秀辅导员”、“优秀学生兼职辅导员”名单

优秀辅导员名单（33 人）

姓名	学院（部门）	姓名	学院（部门）
边策	统计学院	布超	学生工作部
陈夏	公共管理学院	丁大鹏	财政金融学院
丁凯	经济学院	方蔚玮	党委组织部
方玉萍	历史学院	高佳	农业与农村发展学院
郝丹丹	艺术学院	何军鸣	商学院
黄彦菲	文学院	胡邓	学生工作部

姓　名	学院（部门）	姓　名	学院（部门）
靳兴初	国际学院（苏州研究院）	康　凤	校团委
梁敬芝	国学院	刘　佳	新闻学院
刘慧卓	劳动人事学院	李　晶	教育学院
马　晴	信息资源管理学院	乔　鹏	法学院
商　竞	外国语学院	史小宁	国际关系学院
孙亚琳	信息学院	唐　颖	社会与人口学院
田传锋	哲学院	王　钧	环境学院
邢　姝	法学院	杨　殊	国际学院（苏州研究院）
杨燕萍	理学院	于国红	马克思主义学院
张红灵	商学院	张玲玲	学生工作部
朱　婷	招生就业处		

优秀学生兼职辅导员名单（136 人）

学　院	姓　名
哲学院	修金梅　张亚楠　王馨伟
文学院	刘春海　李雨檬　柳　豹　程　萍　程　艳　李　雪　刘旭奕　潘　灿
历史学院	苏柏玉　苏江山　陈　鹏　刘广涛　汤丽云　王国军
国学院	王佳思　刘玉叶　柴　冰
经济学院	李广俊　张一鹏　汪福伟　张雨潇　刘云钦　郑　磊　陈光兴　陈利利　李　希　刘晓蕊　毛楠楠　潘晓佳
财政金融学院	杨　铎　陈瑶函　杨　倩　李　修　蒋　燕　徐　威　陈　珏　李　伟　刘晨曦
统计学院	林　寅　宫元瑞
农业与农村发展学院	刘　霜　吕佩瑶　蒋越眉　陈姝彤　黄　蓓
法学院	宋建设　冯会波　李代君　孙立娜　罗　莎　徐　展　蒋　咏　吴锦斌　张　琰　姚保灿　于雪飞　梁骄阳　程　颖　黄海云　魏佳明　张伟航
马克思主义学院	穆阿妮　聂宇彤　陈志环　吴双娜
社会与人口学院	孔国书　朱　斌　伍海诚　杨胜慧　黄晓娟
国际关系学院	苏卫全　赵　婷　张　洁
新闻学院	谢丽莎　黄魏巍　杜韵竹　胡晓娟　陈明子　倪　婷　徐丽莉
艺术学院	刘　昱　陈　睿　张　熙　李思雨　刘　婷
外国语学院	胡　晨　陈　琦　董智颖　马雪军　王文丽　杨延玖
环境学院	郑　霁　庄　健　李小冬　郭美瑜　赵俊娜　姜惠民　龙海涛　阮玖旖
信息学院	刘　辰　苏锦鹏　谭力文　张晓莹　谢芳文
理学院	唐俊荣　何庭雄
商学院	乃　音　孙云云　朴仁玉　邢龙翔　王　琳　牛保顺　葛　超　李　静　刘　凡　刘　腾　陈晓龙
公共管理学院	霍亚平　范　坤　刘晓川　张延吉　王丹丽　杨亚哲
劳动人事学院	陈　超　张文良　付媛媛　杨栋先
信息资源管理学院	何一乐　赵　程　杨　姣
国际学院（苏州研究院）	张苏剑　费晓敏　沙　鸥
教育学院	王穗洁　郑瑞妍　吴再松

中国人民大学 2011—2012 学年先进班集体名单

所在学院	获 奖 班 级
财政金融学院	2009 级本科金融学—数学双语实验班
	2010 级本科金融二班
	2010 级本科金融学—数学双语实验班
	2011 级学术硕士一班
	2011 级本科信用管理班
	2010 级本科金融三班
	2011 级本科财税实验班
	2010 级本科财税实验班
	2011 级本科金融一班
	2010 级本科信用管理班
	2009 级本科财税实验班
	2011 级专业硕士二班
	2011 级本科金融二班
	2011 级本科税务班
国际关系学院	2009 级国政班
	2009 级外交班
	2010 级本科二班
	2011 级本科三班
	2011 级本科二班
	2011 级博士班
国学院	2010 级博士班
	2011 级本科班
历史学院	2011 级本科班
	2011 级历史系硕士班
	2011 级清史所硕士班
	2011 级文物与博物馆硕士班
马克思主义学院	2010 级中共党史本科班
	2011 级硕士一班
	2011 级硕士二班
农业与农村发展学院	2010 级本科 1 班
	2011 级本科 1 班
	2011 级硕士 2 班
	2011 级博士班
国际学院（苏州研究院）	中法学院 2011 级金融班
统计学院	2010 级本科班
	2010 级硕士班
	2011 级硕士班
	2009 级本科班

所在学院	获 奖 班 级
文学院	2010 级本科班
	2009 级本科基地班
	2009 级古典班
	2011 级本科班
新闻学院	2009 级广播电视新闻班
	2011 级硕士 3 班（传播班）
	2009 级新闻学 2 班
	2010 级新闻学一班
	2010 级广播电视新闻班
	2010 级传播班
	2011 级新闻国际政治实验班
	2011 级新闻法学实验班
信息学院	2010 级理科试验班 2 班
	2010 级理科试验班 1 班
	2010 级理科试验班 3 班
	2010 级理科试验班 4 班
	2010 级理科试验班 6 班
	2011 级理科试验班 2 班
	2011 级理科试验班 3 班
	2011 级理科试验班 4 班
艺术学院	2010 景观班
	2010 中国书画班
	2010 动画班
	2011 美术学班
经济学院	2010 经济学本科基地班
	2009 级经济学本科基地班
	2009 级国际经济与贸易本科 2 班
	2009 级经济学数学双学位实验班
	2009 级国民经济管理本科班
	2010 级国际经济与贸易本科 2 班
	2010 级经济学数学双学位实验班
	2010 级经济学博士班
	2011 级经济学本科基地班
	2011 级国民经济管理本科班
	2011 级经济学硕士班
	2011 级国际商务硕士班
哲学院	2010 级国防班
	2011 级博士班
	2011 级硕士班
	2011 级本科普通班
外国语学院	2011 级英语班
	2010 级英语班
	2011 级德语班
	2011 级日语班
	2011 级俄语班
	2010 级日语班

所在学院	获 奖 班 级
信息资源管理学院	2010 级信息管理与信息系统国防班
	2010 级档案班
	2011 级档案班
环境学院	2011 级公共事业管理班
	2010 级公共事业管理班
	2009 级公共事业管理班
	2011 级环境科学班
社会与人口学院	2009 级公共事业管理班
	2009 级本科社会学班
	2010 级公共事业管理（公共政策与人口管理方向）本科班
	2011 级本科社会学类三四班
商学院	2011 级贸易经济一班
	2011 级贸易经济二班
	2011 级工商管理类三班
	2011 级工商管理类五班
	2011 级商法实验班
	2011 级管理科学班
	2010 级贸易经济班
	2010 级国际商务班
	2010 级会计一班
	2010 级商英实验班
	2010 级管理科学班
	2010 级财务管理班
	2010 级市场营销班
	2011 级资产评估硕士班
	2011 级 MBA F1 班
	2011 级 MBA F2 班
	2011 级国际商务班
	2011 级产经博士班
公共管理学院	2009 级土地管理本科班
	2011 级 MPA 试点班
	2010 级城管班
	2009 级行政管理 2 班
	2009 级行政管理系本科 1 班
	2010 级土地资源管理班
	2009 级城市管理本科班
	2011 级行政管理博士班
	2010 级行政管理班
理学院	2011 级物理本科班
	2011 级心理本科班
	2011 级化学硕士班
劳动人事学院	2010 级本科人力资源管理 2 班
	2011 级博士班
	2011 级本科劳动关系班
	2011 级本科劳动与社会保障班
	2011 级本科人力资源管理二班
	2009 级本科人力资源管理一班

所在学院	获 奖 班 级
法学院	2009 级法学工商管理实验班
	2009 级法学本科二班
	2009 级本科三班
	2009 级本科国防班
	2010 级本科一班
	2010 级本科二班
	2010 级本科三班
	2010 级本科国防班
	2010 级法学工商管理班
	2011 级本科二班
	2011 级法学本科三班
	2011 级法学工商管理实验班
	2011 级法学新闻实验班
	2011 级宪法学与行政法学硕士班
	2011 级诉讼法法学硕士
	2011 级比较法法律硕士班
	2011 级政务法务法律硕士班
	2011 级职侦方向法律硕士班
	2011 级民商法博士班
教育学院	2011 级硕士研究生班

2011—2012 学年“十佳宿舍”、“文明宿舍”名单

“十佳宿舍”名单

学院	年级	地址
法学院、信息资源管理学院	2009 级、2010 级	知行二楼 114
经济学院	2010 级	东风七楼 409
经济学院	2011 级	东风七楼 325
法学院	2011 级	品园一楼 109
公共管理学院	2009 级	知行二楼 107
统计学院	2010 级	品园一楼 612
文学院	2011 级	知行四楼 406
国际关系学院	2010 级	品园二楼 415
财政金融学院	2011 级	品园六楼 1101
财政金融学院	2011 级	品园六楼 1105
经济学院	2010 级	东风六楼 511

“文明宿舍”名单

学院	年级	地址
公共管理学院、财政金融学院	2010 级	东风六楼 105
文学院、农业与农村发展学院	2010 级	东风六楼 131
新闻学院	2010 级	东风六楼 217
新闻学院	2010 级	东风六楼 228

学院	年级	地址
商学院	2010 级	东风六楼 312
商学院	2010 级	东风六楼 321
法学院	2010 级	东风六楼 533
财政金融学院	2010 级	东风六楼 601
商学院、财政金融学院	2011 级	东风七楼 120
商学院	2011 级	东风七楼 122
新闻学院	2011 级	东风七楼 225
国学院、经济学院	2011 级	东风七楼 306
商学院	2010 级	东风七楼 611
法学院	2011 级	品园一楼 107
文学院、哲学院	2011 级	品园一楼 126
劳动人事学院	2011 级	品园一楼 134
劳动人事学院	2011 级	品园一楼 142
理学院、统计学院	2009 级	品园一楼 330
公共管理学院	2009 级	品园一楼 429
劳动人事学院、财政金融学院	2009 级	品园一楼 510
劳动人事学院	2010 级	品园一楼 624
历史学院	2010 级	品园一楼 651
理学院	2010 级	品园二楼 319
理学院	2011 级	品园二楼 501
理学院	2011 级	品园二楼 502
环境学院	2011 级	品园二楼 518
新闻学院	2009 级	品园六楼 219
国际关系学院	2009 级	品园六楼 508
公共管理学院	2009 级	品园六楼 605
哲学院、国际关系学院	2009 级	品园六楼 632
信息学院	2009 级	品园六楼 712
外国语学院	2009 级	品园六楼 740
国学院	2011 级	品园六楼 804
历史学院、经济学院、农业与农村发展学院、公共管理学院	2011 级	品园六楼 920
劳动人事学院、商学院	2011 级	品园六楼 1007
财政金融学院	2011 级	品园六楼 1116
财政金融学院	2011 级	品园六楼 1122
财政金融学院	2011 级	品园六楼 1130
法学院	2011 级	品园六楼 1145
法学院	2011 级	品园六楼 1146
法学院	2011 级	品园六楼 1148
公共管理学院	2009 级	知行二楼 105
法学院	2011 级	知行二楼 304
新闻学院	2011 级	知行二楼 309
新闻学院	2011 级	知行二楼 310
信息资源管理学院	2011 级	知行二楼 313
新闻学院	2010 级	知行二楼 411
信息学院	2010 级	知行四楼 314
马克思主义学院、国际关系学院	2011 级	知行四楼 803

中国人民大学2012届毕业生分院系人数统计表

学院名称	总数	本科生（含第二学士学位）	硕士研究生	博士研究生
财政金融学院	652	333	250	69
法学院	855	194	526	135
公共管理学院	321	91	198	32
国际关系学院	257	122	107	28
国学院	84	39	34	11
汉青经济与金融高级研究院	42	0	42	0
环境学院	119	57	53	9
教育学院	29	0	26	3
经济学院	565	225	223	117
劳动人事学院	271	132	120	19
理学院	96	63	27	6
历史学院	120	33	50	37
马克思主义学院	113	16	57	40
农业与农村发展学院	236	47	170	19
商学院	1 048	342	619	87
社会与人口学院	275	87	161	27
统计学院	174	84	72	18
外国语学院	216	148	68	0
文学院	303	86	192	25
新闻学院	281	149	107	25
信息学院	286	140	136	10
信息资源管理学院	139	62	67	10
艺术学院	109	87	19	3
哲学院	170	61	57	52
合计	6 761	2 598	3 381	782

中国人民大学2012届毕业生落实情况表

学历	总人数	就业				升学		出国		二（待）分		就业率
		签约人数	比例	灵活就业	比例	人数	比例	人数	比例	人数	比例	
本科（含第二学士学位）	2 598	537	20.67%	391	15.05%	954	36.72%	660	25.40%	56	2.16%	97.84%
硕士生	3 381	2 514	74.36%	533	15.76%	170	5.03%	117	3.46%	47	1.39%	98.61%
博士生	782	683	87.34%	45	5.75%	39	4.99%	3	0.38%	12	1.53%	98.46%
合计	6 761	3 734	55.23%	969	14.33%	1 163	17.20%	780	11.54%	115	1.70%	98.30%

中国人民大学2012届毕业生就业地区分布情况表

学历	就业人数	重点城市								西部地区	比例	其他省市	比例
		北京	比例	上海	比例	广州	比例	深圳	比例				
本科毕业生	928	314	33.84%	8	0.86%	29	3.13%	25	2.69%	157	16.92%	395	42.56%
硕士毕业生	3 047	1 737	57.01%	107	3.51%	66	2.17%	93	3.05%	199	6.53%	845	27.73%
博士毕业生	728	371	50.96%	13	1.79%	6	0.82%	5	0.69%	91	12.50%	242	33.24%
合计	4 703	2 422	51.50%	128	2.72%	101	2.15%	123	2.62%	447	9.50%	1 482	31.51%

中国人民大学2012届毕业生就业单位性质统计表

学历	总计	党政机关		北京“村官”和服务北京基层		科研教学单位		其他事业单位		国有企业		三资企业		其他企业		部队		自由职业、自主创业及签劳动合同	
		人数	比例	人数	比例	人数	比例	人数	比例	人数	比例	人数	比例	人数	比例	人数	比例	人数	比例
本科生（含第二学士学位）	928	87	9.38%	13	1.40%	2	0.22%	40	4.31%	313	33.73%	88	9.48%	161	17.35%	115	12.39%	109	11.75%
硕士生	3 047	355	11.65%	33	1.08%	148	4.86%	309	10.14%	1 383	45.39%	301	9.88%	433	14.21%	3	0.10%	82	2.69%
博士生	728	87	11.95%			226	31.04%	226	31.04%	138	18.96%	10	1.37%	39	5.36%			2	0.27%
总计	4 703	529	11.25%	46	0.98%	376	7.99%	575	12.23%	1 834	39.00%	399	8.48%	633	13.46%	118	2.51%	193	4.10%

中国人民大学2012届毕业生就业供需情况表

学历	需求数量	学生数量	供需比
本科生（含第二学士学位）	20 698	2 598	1∶7.97
硕士生	35 092	3 381	1∶10.38
博士生	21 592	782	1∶27.61
合计	77 382	6 761	1∶11.45

注：就业工作数据均不含港澳台侨学生、留学生。

■ 资产管理工作

一、拓展办学空间工作

（一）通州新校区建设规划工作

2012年11月1日，学校与通州区人民政府合作建设东校区的补充协议签订仪式在潞城镇政府会议中心举行，这标志着中国人民大学东校区建设进入新阶段。根据学校与通州区政府签订的协议内容，11月21日学校向通州区潞城镇政府支付通州新校区首笔地价款人民币2亿元。此外，学校积极与北京市及通州区相关部门沟通，就通州新校区建设用地范围城市道路、市政设施以及地铁M6号线东小营站规划设计事宜进行磋商。

（二）青年教职工住宅用地选址工作

学校积极与北京市政府及市外联办、市住房城乡建设委员会沟通，汇报学校拓展办学空间和青年教师住房用地问题，得到北京市政府的支持。学校重点就青龙湖等多个用地选址方案的可行性与北京市住建委等有关部门进行研究。

（三）首都师范大学海淀校区土地及校舍移交工作

2012年10月23日，学校领导与首师大校领导举行会谈，双方就三师校舍与土地于2013年3月31日之前移交学校达成一致；2012年12月3日，双方正式签署《首师大海淀校区土地和校舍移交补充协议书》。学校即刻着手制定北校区土地和校舍移交接收工作方案，统筹联络协调北校区土地和校舍移交接收、北校区土地和校舍图纸与材料移交接收、土地和房屋清查接收等工作。学校相关部门前往北校区进行实地踏勘，现场查看北校区现有建筑物的建筑结构、房屋功能及使用现状，研究确定北校区现有建筑物的过渡使用功能，制定北校区土地校舍实物移交后、重新规划建设前周转过渡使用期的临时使用分配方案。

（四）苏州校区资产回购工作

学校与苏州工业园区管委会于2011年5月签订了《代建资产移交协议》，并已向教育部递交报告呈请批准学校设立苏州校区和申请进行资产回购工作。目前，正在进行苏州校区土地、房屋资产等基础数据的统计工作。

（五）做好大华衬衫厂、拈花寺和黄山学术交流中心相关工作

学校积极与市政府及市外联办、市国资委、市财政局等有关部门沟通，推进大华衬衫厂搬迁相关工作；积极与北京市佛教协会、北京市宗教局等有关单位沟通，推进拈花寺腾退相关工作；积极与黄山区有关部门沟通，办理原黄山学术交流中心土地、房屋资产移交手续及资产处置事宜。

二、房地产管理工作

（一）教学、科研、行政办公用房管理工作

2012年9月启动全面调查，统计学校各院系、机关部处及直附属单位办公用房使用现状及现场核查工作。按照学校办公用房管理办法，根据党委组织部、人事处、招生就业处、科研处等单位提供的基础数据，测算2012—2013学年第一学期各单位办公用房定额。在充分调研、反复沟通的基础上，研究制定公共管理学院、环境学院、档案馆、图书馆等单位办公用房调整方案，研究测算人文楼、科研楼A座、北区食堂楼上、理工楼、校友之家（原工字楼）等楼宇的办公用房调整分配方案。

根据《中关村校区教学、科研、行政办公用房调整方案》确定的调整规划，在前期完成网络与教育技术中心由公共教学三楼西侧搬迁至游泳馆配楼、校医院由老校医院搬迁至新校医院、教学5楼腾退等工作的基础上，继续推进中关村校区办公用房调整工作。组织实施体育部搬迁调整至体育部楼（原公共教学五楼）、艺术学院搬迁调整至艺术学院楼（原图书馆西馆），劳动人事学院办公用房调整分配，汉青高级研究院与汉青基金会办公用房调整，理工学科建设处、人事处、发展规划处等部处办公用房调整等工作。

（二）报销教职工物业费供暖费、住房补贴，落实房改售房等相关工作

2012年，学校为2 700多户校外购房职工办理物业费、供暖费报销工作，本年度累计支付物业费、供暖费890余万元。为校外产权房住户集中支付物业费、供暖费。为煤改电及其他校外产权房住户办理物业费、供暖费支付手续200人次。

学校按国家有关规定发放2 200余名无房职工按月补贴和向职务职级晋升人员发放国家差额补贴约3 373.17万元，处理校内职工住宅调整集并遗留问题，审核因特殊情况未参加集体报销人员的时雨园契税补贴申请材料。

（三）周转房管理工作

随着学校引进人才工作的力度不断加大，引进人才周转房管理工作日趋繁重。为维护教师队伍稳定，吸引、留住优秀人才，解决引进人才短期周转住房困难的有关问题，向学校建议通过货币化方式鼓励引进人才到校外租住房屋，并获得校长办公会通过，发布了《关于引进人才校外租房房租报销有关事宜的通知》。本学期共为国际关系学院、农业与农村发展学院等院系的近20位引进人才安排了校内周转房，为32位2012级入站博士后办理了入住手续，为本学期初来校的156位进修访问学者办理了入住手续，为往年来校的135位进修访问学者办理了退宿手续。

（四）加强人防设施管理

2012年，继续推进完成学校人防数据库建设工作。根据中央国家机关人防办和教育部人防办文件精神，为规范人防工程和普通地下室的管理和使用，学校对人防设施进行多媒体资料采集、电子图纸制作、安全巡查等工作，建设学校人防数据库。

对学校普通地下室及人防工程进行检查，现场查看普通地下室及人防工程使用、管理情况，通知有关使用单位加强管理。

附录

2012年房屋、土地、教职工住宅汇总表

2012年房屋基本情况汇总表（按用途划分）

房屋用途	房屋名称	面积（平方米）
一、教学及辅助用房		224 101.58
教室	求是楼（教室）	56 579.50
	公共教学一楼	
	公共教学二楼	
	公共教学三楼	
	教学5楼	
	信息楼（教室）	
	明德楼（教室）	
	国学馆（教室）	
图书馆	图书馆（西馆）	72 722.08
	图书馆（东馆）	
	求是楼（资料室）	
	明德楼（资料室）	
	信息楼（资料室）	
	人文楼（资料室）	
	图书馆新馆	
	国学馆（资料室）	
	知行六楼（资料室）	
	理工楼及配楼（资料室）	
	科研楼A座（资料室）	
实验室及附属用房	艺术学院（原职工食堂）	60 087
	理工楼及其配楼	
	游泳馆及附属用房（教学6楼）	
	求是楼（实验室）	
	信息楼（实验室）	
	明德楼（实验室）	
	明德楼（教师工作室）	
	人文楼（教师工作室）	
	求是楼（教师工作室）	
	科研楼A座（教师工作室）	
	理工楼及配楼（教师工作室）	
	信息楼（教师工作室）	
	知行六楼（教师工作室）	
	艺术学院（工字楼）	
体育馆	世纪馆	21 024
	体育馆	
	风雨操场	
	附小操场	

房屋用途	房屋名称	面积（平方米）
会堂	八百人大教室（第三会议室）	13 689
	八百人大教室	
	逸夫会堂	
	明德堂	
二、行政办公用房	科研楼 A 座	92 013.85
	科研楼 B 座	
	人文楼	
	知行六楼（办公）	
	教学 6 楼（办公）	
	理工楼及配楼（办公）	
	国际文化交流中心（办公）	
	信息楼（办公）	
	求是楼（办公）	
	贤进楼（办公）	
	国学馆（办公）	
	明德楼（办公）	
三、生活用房		600 934.75
学生宿舍	西北区学生公寓 A 栋	201 532
	东风 1 楼（留学生楼）	
	东风 4 楼（东风 1 楼）	
	东风 5 楼（学 3 楼）	
	东风 6 楼（学 2 楼）	
	东风 7 楼（学 1 楼）	
	红 1 楼	
	红 2 楼	
	红 3 楼	
	留学生 2 楼（二招）	
	留学生 3 楼（老干部楼）	
	培训 1 楼	
	品园 1 楼（学 9 楼）	
	品园 2 楼（学 8 楼）	
	品园 3 楼（研 1 楼）	
	品园 4 楼（研 2 楼）	
	品园 5 楼（研 3 楼）	
	学生公寓 B—E 栋	
	国际文化交流中心（东风 2 楼）	
	品园 6 楼	
学生食堂	东区食堂	23 854
	西区食堂	
	中区食堂	
	西北区食堂	
	京港连线茶餐厅	
	集天小吃（南区食堂）	
	留学生餐厅	
	韩国餐厅	
	南区食堂（八百碗）	
教工集体宿舍	青年公寓	20 000

房屋用途	房屋名称	面积（平方米）
生活福利及其他附属用房	兴发大厦	355 548.75
	校内生活福利配套用房	
	张自忠路铁一号生活福利配套用房	
	清华东路成教院生活福利配套用房	
	北戴河生活福利配套用房	
	文化大厦	
	黄山生活福利配套用房	
	国学馆生活福利配套用房	
	图书馆新馆生活福利配套用房	
	校医院生活福利配套用房	
	校外产权住宅	
四、教工住宅	静园1～22号楼	124 656
	林园1～4、12号楼	
	宜园1～3、5号楼	
合计		1 041 706.18

注：房屋面积不含法律手续划转后的首都师范大学海淀校区校舍面积17 716.6平方米，不含已置换的黄山学术交流中心校舍面积4 513.21平方米。

2012年土地资源基本情况汇总表（按区片划分）

区　　片	面积（平方米）
校本部（中关村大街59号）	604 003.00
老校区（张自忠路3号）	43 334.00
东四十条109号	4 462.00
志新村31、38号楼	702.90
清华东路甲7号	8 582.00
二里庄1号楼	696.90
芙蓉里7号楼	427.50
塔院迎春园11号楼	470.20
知春里小区13号楼	20.00
北戴河学术交流中心	6 867.00
黄山环境经济教学科研基地	52 586.26
北校区（海淀区通慧寺1号院）	35 577.06
合计	757 728.82

■ 财务与审计工作

☞ 财务工作

一、年度收支及预算执行情况

2012年度学校收入总额321 851万元，支出总额270 053万元。总收入中，中央财政拨款146 797万元，占45.61%；事业收入99 113万元，占30.79%；其他收入75 923万元，占23.59%；上级补助收入 18 万元，占 0.01%。总支出中，基本支出 172 630 万元，占 63.92%，项目支出 97 423 万元，占 36.08%。

2012 年度收入预算总批复 269 334.6 万元（含“985 工程”、中央高校改善基本办学条件专项、基本建设等），实际收入 321 851 万元，比预算批复增加 52 516.4 万元，主要是获得的中央专项资金以及北京市专项拨款的增加；支出预算总批复 269 334.6 万元（含“985 工程”、中央高校改善基本办学条件专项、基本建设等），实际支出 270 053 万元，比预算增加 718.4 万元，基本与预算持平。

2012 年学校基本建设实际到位投资 25 891 万元，实际完成投资 23 008 万元。

二、财务状况专题分析

（一）年末财务状况分析

2012 年年末，学校资产总额 927 520 万元，比 2011 年增加 135 104 万元，增长 17.05%，主要是银行存款的增加。其中，流动资产年末余额 399 393 万元，比 2011 年增加 65 328 万元，增长 19.56%；固定资产年末余额 367 440 万元，比 2011 年增加 40 072 万元，增长 12.24%，其中主要包括大学本级增加房屋建筑物 31 238 万元、一般设备 3 741 万元、图书 1 183 万元、其他 1 919 万元；对外投资年末余额 53 755 万元。

2012 年年末，负债总额 51 769 万元，比 2011 年增加 7 069 万元，增长 15.81%，其中应付及暂存款的增加主要是学校待确定课题经费等汇款。2012 起应缴财政专户实行年末扫尾入库，因此年末没有余额。2012 年末净资产总额 768 818 万元，比 2011 年增加 98 308 万元，增长 14.66%，主要原因是事业基金增加 58 256 万元，固定基金增加 40 072 万元，专项结转减少 192 万元。专项结转年末余额 50 397 万元。

2012 年年末基本建设占用资金和基本建设来源资金均为 106 933 万元。

（二）年度收支情况分析

1. 年度收入情况总体分析

2012 年度学校获得中央财政拨款 146 797 万元，比 2011 年增加 8 962 万元，增长 6.50%，主要因本科和研究生综合定额调整、中央高校改善基本办学条件专项增加、预算执行绩效奖励等拨款等增加。事业收入 99 113 万元，比 2011 年增加 2 308 万元，增长 2.38%。上级补助收入 18 万元，比 2011 年减少 23 万元。其他收入 75 923 万元，比 2011 年增加 34 070 万元，增加 81.40%，主要是取得的北京市专项增加。

2. 年度支出情况总体分析

2012 年度基本支出 172 630 万元，比 2011 年增加 46 832 万元，增长 37.23%，项目支出 97 423 万元，比 2011 年增加 2 120 万元，增长 2.22%，主要原因是商品和服务支出以及对个人和家庭补助支出增加。

三、财务管理

（一）提高学生培养经费投入，保障学校发展的资金需求

2012 年，学校继续加大对学生培养的投入，大幅提高向各学院划拨的留学生培养经费标准，并向学院增拨学生活动专项经费。同时，通过加强财务管理、统筹安排资金、推进绩效考评，学校获得了预算执行绩效奖励和综合财务能力建设绩效奖励。

（二）调整全日制专业学位硕士研究生学费分配政策，增加学院可用财力

鉴于专业学位硕士研究生培养方案调整后，学生培养成本上升，而学费标准又因为国家政策有规定难以大幅调整，学院取得的学费分成已不能补偿其成本。因此，综合考虑学校财力、专业硕士培养成本在学校与学院之间的分担情况、学院之间的财力平衡等因素，学校调整了全日制专业学位硕士研究生学费分成政策，学校转移给学院的经费平均增长率达到50%以上。

（三）统筹安排各类资金，推动学校“985工程”等专项资金预算执行进度

学校相关职能部门积极沟通，做好专项资金的拨付和后期的审计、管理等工作，为提高国家相关专项资金的使用效率打下了坚实的基础。同时，采取多种形式，积极配合学院开展相关业务活动，年末国家专项资金预算执行情况良好。

（四）积极落实学校“1020”计划相关内容，发挥财务支撑保障职能

统筹各种渠道资金，大力保障学校“1020”计划相关政策所需的资金。筹措自有资金实现了学校提出的“提高教职工的收入水平、工作条件和福利待遇”的政策。根据学校加强校园环境美化及治理等的总体设计框架，投入资金用于各楼宇外立面粉刷、改造、设备购置等，以及教师发展中心的环境改造和设备购置等。

（五）做好中法学院各项财务工作，保障中法学院业务的顺利开展

为保证中法学院工作的顺利开展，陆续完成了中法学院专用银行账户开设的审批备案工作、银行预留印鉴的刻制工作、财务系统的开通工作等，保障了中法学院学生的顺利入学。随后，协调财政部票据监管中心解决了中法学院的票据使用问题。

☞ 审计工作

2012年，审计工作以经济责任审计和基建修缮工程审计为工作重点，全年共完成各类审计项目（不包括科研审签）120项，审计资金总额480 570万元。

一、基建、修缮工程结算审计

（一）基建、修缮工程结算审计工作

2012年度财务处完成送审的各类基建、修缮工程结算审计项目共计109项，其中基建、修缮工程结算审计项目33项，附中修缮改造工程结算审计项目40项，小型修缮工程审签项目36项。送审总金额为5 199.15万元，审定总金额5 090.45万元，审减额108.70万元，平均审减率2.1%。

（二）新建锅炉房工程的全过程跟踪审计工作

锅炉房工程的全过程跟踪审计工作自2012年元月施工招标阶段开始，委托经招标选择的工程造价咨询公司协助进行。本年度完成的工作如下：

1. 审核总承包施工及专业分包工程的预付款及每月工程进度款计7份，累计审核付款金额780万元。

2. 审核招标文件、合同文件12份，编制审核锅炉房工程、锅炉设备采购、工艺及热工自控工程、室外工程、燃气切改工程标底5份。参加工程开标、评标的监标工作，累计出具清标意见5份。

3. 暂估价材料设备询价及审核确定洽商变更综合单价10项。

二、经济责任审计及其他项目审计

1. 接受党委组织部委托，完成中层领导干部经济责任审计 7 项，审计资金总额合计 388 475.12 万元，提出审计建议 16 条。

2. 经主管校领导批准，对学校“211 工程”三期建设项目资金使用情况进行了审计，审计资金总额 10 000 万元。

3. 接受中国人民大学基金会理事会委托，对其原秘书长彭和平同志进行离任经济责任审计，审计资金总额 76 895.54 万元，并根据审计中发现的问题向基金会财务部出具了《财务管理建议书》，提出管理建议 12 条。

4. 负责组织安排校属企业的年度审计工作；与产业管理处和会计师事务所协同妥善处理校属企业 2011 年度审计中出现的各类问题，督促有关校属企业根据会计师事务所出具的管理建议书进行整改。

5. 加强人员培训，做好队伍建设工作，充分发挥职工的工作主动性、积极性与创造性。

6. 起草了《中国人民大学物资采购管理内部控制审计实施办法（试行）》，并向校内有关职能部门征求意见。

7. 配合纪委（监察处）工作，在查处有关案件中提供专业服务。

8. 财务撰写的研究报告《内部审计在高校廉政建设中的作用探究》获得中国教育审计学会 2011—2012 年度科研项目研究成果二等奖。

三、其他工作情况

完成科研审签共 135 项，总计金额 1 978.31 万元。完成了银行对账单审签工作。根据上级的最新文件规定，结合学校建设与发展的需要，修订《中国人民大学领导干部任期经济责任审计制度》。

■ 后勤工作

一、后勤改革

（一）设立学生食堂饭菜价格平抑基金

2012 年 5 月，学校印发《中国人民大学关于贯彻落实〈教育部等五部门关于进一步加强高等学校学生食堂工作的意见〉实施意见》（2011—2012 学年校政字 20 号）和《中国人民大学学生食堂饭菜价格平抑基金实施办法》（2011—2012 学年校政字 21 号），正式建立了学生食堂饭菜价格平抑基金。后勤集团有效并合理利用平抑基金，在采购物流系统设立补贴专门科目，严格监管物价补贴发放对象、种类、数量和流程等，确保物价补贴落实到位，真正惠及师生。2012 年全年，后勤集团为学生食堂下拨物价补贴款 325 万。

（二）完成西区食堂经营体制调整

暑期，后勤集团与西区食堂原委托经营方围绕系列问题进行了多次谈判并确定了交接方案，进行了西区食堂经营管理体制的调整。9 月 1 日，西区食堂开始正常营业。到 2012 年底，西区食堂饭菜质量、服务质量明显改善，师生满意度显著提高。

二、后勤经营管理和服务保障工作

(一)保质保量完成学校“75周年校庆”的后勤服务保障工作

5月，后勤集团专门成立了“75周年校庆”工作组，对校庆的后勤保障工作进行安排布置。后勤集团服务保障学校75周年校庆的工作主要包括：

1. 校友及师生用餐服务。校庆当日，四大区食堂共为校友、师生提供了25 000份怀旧午餐。清真餐厅主要为少数民族校友及师生提供清真餐。各食堂餐厅还承担校友返校、中学校长论坛和人文社科论坛、吴玉章颁奖典礼和“人大之夜”校庆文艺晚会用餐接待任务。

2. 校庆蛋糕制作。校庆蛋糕由后勤集团主动请缨制作，中区食堂西饼屋承担了具体制作任务。校庆蛋糕直径1米，重200余斤，由25个方形蛋糕坯拼接而成。除主蛋糕外，还制作了75个10寸的校庆小蛋糕。在75周年校庆总结表彰大会上，校庆蛋糕制作团队荣获“最上镜奖”。

3. 校友用车运输服务和住宿接待。校庆当天，增发了世纪城、育新花园(回龙观)、铁一号三个方向的班车车次，完成26车次共计600余人的运输服务任务。9月30日—10月3日，共接待校庆嘉宾和校友175人次，提供了165间客房。

4. 校庆活动用电保障。校庆期间，电力运行中心值班员24小时上岗，密切监视各项供电指标，保障配电室、新图书馆配电室及各高低压分配电室(11座)的安全供电；10月2—3日，完成世纪馆东侧田径场150KW电子显示屏供电，电源由人文楼配电室引出至田径场东侧风雨箱任务；10月3日全天，完成安全供电。

5. 校园绿化美化与布场搭台。9月，物业管理部累计完成10项绿化补植、移栽工作：移栽乔木9株、灌木420余株、草坪340余平方米、园椅20个等，配合资产与后勤管理处对喷雾进行改造并对喷泉进行调试。9月30日晚9时至次日凌晨，在东门搭建花坛6座。在人文楼前搭建帐篷23顶，为演出人员提供更衣室和卫生间，并开放公共教学2、3楼以及人文楼的部分区域供演职人员使用等。

(二)综合管理工作

1. 规范管理、细化流程，推进行政管理工作标准化、规范化、制度化进程。完善了《后勤集团信息管理办法(草案)》、《后勤集团文印管理规定(草案)》、《后勤集团机关办公用品领用管理规定》、《后勤集团机关值班人员管理规定》、《后勤集团接待工作暂行规定》等制度，建立了《后勤集团总经理办公室信访接待工作台账》和周报制度，提高了信访工作效率。加强发文审核与管理，力求发文“零差错”，全年共印发集团文件65份、后集办字文件8份；签转集团部门签报296份，签转集团签报107份，办理承办和传阅文件661份；全年共起草会议纪要、通知等集团文件67份。

2. 积极拓宽对外沟通渠道，全面提升集团信息宣传水平。2012年《工作通讯》共出刊35期；《集团简讯》和《宣传橱窗》各出刊6期；积极外投宣传稿件，审核处理稿件200余篇，有选择性地向学校、校外后勤媒体投递54篇。充分利用网络宣传阵地，注重宣传时效性，截至12月，集团网站共刊发各类信息263条。人大后勤网站访问量已累计超过75万人次。密切关注天地人大BBS“后勤意见与建议版”，全年在版面上发布、回复帖子70余条。2012年通过后勤集团网站“总经理信箱”、总经理办公室公共邮箱以及校长信箱转发三个渠道共收集、回复学生来信54封，处理学生反映的问题40余件。全年累计接待学生记者采访30余次。

3. 认真做好预决算管理，加强财务监督控制职能。及时完成集团2011年度财务决算和直属单位财务工作。进一步细化预算数据，编制2012年度财务预算和各单位目标考核。做好日常会计复核和财务分析，全年编制财务会计报告近300份，各中心损益表和收支分析1 000余份。加强了财务制度的组织实施检查，对后勤集团成立以来建立的财会系统控制制度进行了整理，组织专人对集团各类财务收支合同的执行情况进行管理、监控，协同相关部门推进各类工程结算，加大对往来款的清理力度，积极结算各类应付、应收款项。认真办理学校相关财务事宜，协调集团外部各类财务关系。统筹资产物资管理，确保固定资产的有效管理和利用；完善监督机制，采购活动透明化。

4. 逐步规范人力资源管理，加强队伍建设。2012年制定了《后勤集团员工考核管理暂行办法》、《后勤集团人事代理员工专业技术岗位聘用管理暂行办法》、《后勤集团人事代理员工年休假管理办法》等，修订了《后勤集团住房公积金管理暂行办法》。完善了薪酬管理制度，合理提升人事代理员工薪酬待遇和劳务派遣员工工资方案，完善员工绩效动态考核制度。

5. 坚持“保安全、保稳定、保运行”的工作目标，倾力构筑后勤保障系统安全网。始终将安全工作放在首位，与各业务部门签订《2012年后勤集团安全防火、安全生产责任书》，继续严格落实安全生产责任制。建立健全消防安全日常工作运行机制，全年共组织14次安全大检查，完成了6个节日（元旦、春节、元宵节、劳动节、端午节和国庆节）和5次重大活动（“两会”、中央领导视察学校、75周年校庆、十八大、汉学大会）时期的安全隐患排查工作。对集团管辖范围内的彩钢板房屋进行统计汇总，积极制定相应整改措施，对彩钢板房屋进行拆除和整改，消除安全隐患。集团及各部门定期对消防设施进行检查，排除安全隐患；定期开展员工培训，学习使用消防器材，增强消防安全意识；加强宣传力度，强化学生安全防范意识。食堂餐厅实行排油烟设备清洗工作“五统一”（统一招标、统一管理、统一签订合同、统一安排清洗、统一验收），进一步规避消防隐患。协助更新改造部分学生公寓楼门禁系统，有效确保学生财产安全。认真把好食品安全入口关，强化对食堂尤其是联营餐厅的考核、监督，强化制度落实，提高餐饮从业人员食品卫生安全意识，确保食品卫生安全。定期对锅炉、水电燃气、电梯等重要设施设备进行检测、维修、保养。定期集中进行灭蟑灭蝇。驾驶员严格执行运输服务中心的行车服务制度和规定，对班车进行定期检修保养，保障乘车人员安全。开展员工交通安全培训，敲响交通安全警钟。

6. 规范经济合同和工程管理，强化员工宿舍管理与服务。2012年对《后勤集团经济合同签约申报表》内容进行了调整，完善了经济合同的审核程序，全年共签署经济合同179份，其中新签合同35份，续签合同144份。加大对工程的监督检查力度，严把工程进度、施工管理、监理、竣工验收等环节的质量关。努力改善集团员工宿舍条件，加强日常管理，确保员工住宿安全。

（三）餐饮服务工作

1. 建立教师就餐专区，改善教师就餐环境和服务质量。10月15日，教师中心（北区三层）建成试运行，中午为校内教职工提供自助餐，下午及晚上时段提供零点服务，主要为师生提供交流研讨的场所，可举办300人规模的会议、联谊会和学术交流活动。经过一段时间的运行，精致、典雅、简洁、明快的就餐环境和经济实惠的教工自助餐均得到了广大教师的认可。为进一步提升服务多功能性，教师中心积极承接并圆满完成了学校和学院、部处各类活动的综合服务工作。

2. 优化价格结构，抓好投料标准，提高饭菜质量。适当提高学生基本大伙中低价位菜品比例至80%，高于北京标准化食堂规定；实行中低菜品报备制度，使同档次内的菜品价格合理分布；抓好荤菜质量，同时增加蔬菜类等低价菜的供应品种和供应量；菜品按规定明码标价，标价与菜品一一对应；统一四大食堂部分主副食的标准，严格按照标准制售。

3. 清理临时餐卡，加强太阳餐卡管理，整顿就餐秩序。学生基本大伙餐厅全面停止使用临时餐卡，继续完善太阳餐卡管理规定，实行实名储值管理。

4. 保证食堂开放时段菜品供应的持续性和秋冬季保温。保证学生基本大伙餐厅在中午12:30—13:00和下午18:00—19:00时段的菜品供应和价格分布；加强做好秋冬季饭菜的保温及就餐环境保温工作。

5. 多措并举，提高餐饮服务质量。优化服务细节，改善服务形象，强化个人卫生要求；开展微笑服务评比活动，要求服务员挂牌上岗，接受师生监督；开展业务培训和技能比拼，提高专业技能和服务质量；选拔厨师参加“第二届中国高校烹饪技术大赛北京赛区个人选拔赛”，中区食堂厨师长获得红案组第一名。

6. 加强与学生沟通，主动公布采购信息，提高管理透明度。多渠道强化与学生的沟通交流，关注学生舆论动态，搭建学生与食堂沟通交流的平台；在四大学生食堂定期公示采购信息，提高管理公开性和透明度；主动邀请学生参加餐饮管理部食品原材料的单项招标，推动“民主办伙”进程。

7. 全面规范各类风味餐厅，优化基本大伙餐厅与风味餐厅的比例。强化联营合作风味餐厅经营者“以学生为中心”、“社会效益第一”的意识；改善菜品质量，适当降低菜品价格；改善细节，提高接待服务质量。

（四）校园物业管理与服务

1. 校园环境建设工作取得阶段性成果。2012年暑期，学校投入大量资金对校内景观及多处建筑外立面进行了大规模改造，后勤集团全力配合做好工程的服务保障工作。全心投入校园环境标准化创建，7月初召开创建申报工作动员大会；专门组织人员前往兄弟高校调研、学习；重新修订校园服务中心管理文件汇编和校园服务中心管理实务，进一步规范校园保洁绿化等各项工作规章制度。2013年1月4日，北京市教委高校物业专家组来学校进行校园环境标准化评估，学校校园环境标准化建设工作顺利通过评估验收。

2. 教学服务强化细节，保障教学科研。延长教学楼开放时间，增开通宵自习教室，加强自习室秩序管理，提升服务质量；制作温馨提示牌安放于各教学楼醒目位置，提醒师生注意财物安全及爱护公共资源；积极开展教室资源使用率调研，更好地掌握教学资源使用情况；落实主管责任制，严格执行查证制度；加强岗前培训和在岗培训，开展微笑服务评比；配置提示牌，为教室及时补充粉笔、板擦并配备彩色粉笔，增设垃圾筐；加强灭火器材、应急设备安全巡视检查。

3. 积极做好校园环境绿化美化，确保校园整洁美观。全年修剪草坪约100万平方米，补植冷季型草共计305平方米，并做好冬季防寒，抢时在人文楼南侧绿地播施草籽约130平方米。出动洒水车300余次，防治树木病虫害，喷施900多吨药液；完成全校3 300余株花灌木、木本花卉的修剪，为校内7棵古树进行特殊养护。为缓解地面硬化对常绿树木的影响，采用新技术、新药剂，对校内部分油松、雪松、银杏进行挂输“吊针”营养液尝试，全年共计施用约80袋。修道路两侧绿篱、色带4 400余延米。全年清掏雨水口16次，清理垃圾7 000余吨、遗存建筑渣土200余吨。

4. 不畏艰苦做好修缮服务工作。接揽了学校及集团百余项小型土建工程，完成较大土建工程89项、防水工程近100项。加强日常土建、家具各项巡修、维修工作，完成大量校舍维修、粉刷任务，全年维修量5 000件次。全年疏通下水管道940次，清掏化粪池35个次，维修更换雨水篦子、井盖25个次。

5. 全力做好电力运行保障。承担全校11个配电室的配电柜、闸具、各接点电压表和电流表、指示灯、分合闸按钮、地排、零排及室内照明检修和75部电梯运行维护检修工作。全年完成电力工程50余项，零修任务11 200件次。电气设备检修200次，更换室内及室外电力线路4 100米，检修路灯及庭院灯30次，更换草坪灯及庭院灯95盏，更换室内灯具1 800盏。全年电梯保养1 800次，大型急修300次，更换钢丝绳和限速绳2 320米、钢带1 060米，更换电梯控制板20块。

6. 确保全校水暖系统安全有效运行。承担学校一次、二次供水深水泵（4处深井泵，11处二次供水泵房）的运行维护与检修，知行2楼、品园6楼两座中水站的运行及设备的维修、管理，知行区给排水维修，冬季供暖调试，明德楼、知行区、宜园2楼和3楼、汇贤楼区、品园5楼及西北区家属楼的供暖，知行区浴室热水、开水房开水的供应，明德楼的中央空调系统一次热水供应，知行区浴室内读卡器、电磁阀、喷头等和全校开水房的维修工作。全年完成水零修任务25 720余次。东、西区浴室共接待1 147 584人次洗浴。

7. 应急保障能力显著增强。提前制定防汛应急预案，储备沙袋等防汛物资。从容应对“7·21”特大暴雨，及时启动了应急预案措施，确保雨水疏通管道畅通，有效控制校内路面积水量，保证了在校师生的人身及财产安全。健全和完善“门前三包”责任制，与各单位签订责任书。完善了冬季扫雪铲冰责任区域划分，工具、融雪剂采购准备工作。应对2012年几场降雪，快速反应，启动工作预案，全员出动，按时完成雪天道路清扫及铲冰任务，保证学校道路畅通无积雪。

（五）国内学生宿舍管理与服务

1. 改善公寓监控条件，确保学生住宿安全。组织全面检查各学生公寓楼的门禁系统，完成了东风5、6、7楼及品园1、5楼门禁更新改造工作；积极联合消防、监控维保厂家对公寓楼消防、监控设施设备进行了系统、全面检查测试，对辖区内的所有烟感、摄像头、消防广播等进行了检测，确保各项安全设施设备的正常有效运行。

2. 增加公寓生活服务设施，改善学生住宿条件。在学生公寓内设置开水房、增设电开水器，安装自助洗衣机。更新维护各学生公寓楼微波炉，补充小五金器具等服务设施。完成2012年暑期部分毕业生宿舍家具更新。

3. 积极做好各项常规服务工作。完成了6 000余名2012届毕业生的离校保障工作，为毕业生托运行李1 000余件。分批次接收2012级新生行李1 800余件，迎新期间为新生免费运送行李。积极联系协调2012级新生卧具存放地点及销售地点，与厂家合作，在新生入学期间提供卧具销售服务。及时完成2012年暑期及2013年春运学生火车票集中订购工作。

（六）国际学生宿舍管理与服务

1. 圆满完成第四届暑期学校（国际小学期）254名境外学生的住宿接待任务。积极配合各学院开展国际合作交流，完成芝加哥大学、非洲教师研修班、圣彼得堡国立财经大学、日本九州大学代表团等共10个批次191人的涉外团队住宿接待任务。在有效保障留学生住宿的基础上，合理利用退宿、住宿间隔周期，接待各院系短期培训班学员住宿，全年共接待校体育部网球交流赛团队、公共政策研究院等4批次92人。

2. 根据学校2012年留学生招生方案，合理调配校内住宿资源，改造周转房源，采购卧具、台灯等迎新物资，清扫房间、检修设备设施，进一步完善和简化手续办理流程，为留学生住宿提供“一站式”服务，春秋两季共接待新生464人。截至2012年12月31日，国际公寓部现住留学生965人（公费生310人、自费生655人），另专家楼、宜园、静园专家公寓和国际文化交流中心专家套房长期住宿的外籍教师29人。

3. 为改善住宿条件和服务水平，为留学生1、2、3号楼公共区域更换30台新式智能刷卡洗衣机、1台烘干机，并配备中英文使用说明；为专家楼更新洗衣机、配备微波炉、统一清洗窗帘和沙发套。组织开展各种培训，提升员工服务水平，全年共组织开展完善“一站式”服务、客房服务业务技能、出入境人员住宿登记、员工服务礼仪、微笑服务等专题培训会6次。

（七）接待经营性资源开发与管理

1. 汇贤大厦相继完成朝鲜平壤女子排球队、2012年暑期学校（国际小学期）、校工会北戴河暑期休养团、中国人民大学75周年校庆、第三届世界汉学大会、哲学院爱国宗教研修班等团体和重大活动的住宿接待服务工作，全年共接待各类团体（接待用房10间以上）215个，接待中外宾客85 439人次，提供客房66 291间次。运输服务中心全年共执行各类车辆运输服务任务6 000余次，安全行驶35万余公里。北戴河学术交流中心共接待各类团体20批次，为1 475人次提供了客房服务、会务服务及餐饮服务，实现经营收入93.57万元。

2. 为加强汇贤大厦安全管理，酒店管理部多次组织全体员工开展安全培训活动，每月定期对租户进行检查，发现存在安全隐患的，当场给予警告并下发限期整改通知书，并在整改过程中进行实时监督和及时验收，全年处理1 966项安全隐患或不安全因素。不定期对所有烟感、温感、喷淋头、消火栓、消防水泵、安全指示灯、摄像头等进行检测维护，在汇贤大厦B座客房区域加装了门禁系统。

(八) 商贸经营性资源开发与利用

1. 经营拓展部加强对联营商户“五个统一”(统一店招、统一着装、统一胸牌、统一文明用语、统一服务规范)的管理工作，进一步推进校园商贸服务的规范化、制度化、标准化建设，统一印制了员工手册及关于落实“五个统一”的倡议书。

2. 重新整合校内外租、联营商户的经营项目。统计、分析校内各区域中经营项目的数量、经营状况、服务质量，以此为依据，结合师生的实际需求合理分布服务项目、调整竞争环境，营造良好的经营服务氛围。加强了对校内打字复印服务网点的监管，要求校内无营业执照的商户停业整改，与有营业执照的商户签订治安责任书。根据学校整体规划，拆除了安全隐患较大的商贸临建房(彩钢板房)，消除了安全隐患。

三、专项维修与改造工作

结合学校教学、科研、行政办公用房调整分配使用情况及广大师生员工对教学、办公、科研用房及老旧环境修缮的强烈建议，2012年学校对中关村校区内老旧建筑物进行改造，对教学、科研、办公室内环境及周边室外环境进行了大规模修缮，努力将中关村校区打造成一个理念领先、环境幽雅、建筑精美、色彩和谐、绿色环保的世界一流大学校园。

2012年完成多项专项改造与维修工作，主要有：知行区学生公寓浴室空气源热泵改造、北区食堂三层教室中心改造，配合学校完成求是园、核桃林、中心大草坪、世纪园四处主要景观及多处建筑外立面改造，以及公共教学1楼的装修改造和卫生间改造工作。

完成学校老旧建筑物外立面改造工程，主要包括图书馆西馆及东馆、老校医院、活动中心、工字楼、教学五楼、老职工食堂、老体育馆等八幢楼宇，改造面积约3万平方米，铺贴石材约9 400平方米，墙面喷漆及喷刷仿石涂料约18 700平方米，改造门窗约2 000套共6 000平方米。学生活动中心、老职工食堂屋顶改造换瓦约9 900平方米。

配合完成陕北公学旧址修复，建成陕北公学展览馆暨中国人民大学延安教育基地。

完成校园基础设施改造，主要包括知行区学生公寓空气源热泵热水供应系统改造、知行区地下管网改造、家属区地下管网改造、图书馆西馆室外增容电缆铺设、科研楼消防基础设施升级改造等。

完成公共教学3楼原网络中心用房改造为公共教室，公共教学5楼改造为体育部用房，以及游泳馆配楼原艺术学院、体育部用房改造为网络中心用房；完成公共教学1楼粉刷以及卫生间改造，面积约10 000平方米。

完成2012年毕业生宿舍粉刷维修工程，共粉刷毕业学生宿舍1 592间，粉刷面积17.6万平方米。

完成图书馆西馆室内装修改造工程，面积约16 000平方米，包括博物馆及校史馆用房装修改造、艺术学院用房装修改造、音乐排演厅装修改造以及图书馆西馆整体消防系统、排风系统改造；完成老体育馆改造(改造为跆拳道馆)，面积约2 000平方米，新校医院北侧篮球场塑胶地面改造约1 000平方米，世纪馆西侧篮球场塑胶地面改造约4 000平方米，增加室外乒乓球场地及器械运动场地。

完成部分楼宇屋顶防水更新改造工程，具体包括：明德国际楼、新闻楼、法学楼、商学楼屋顶防水更新改造约6 000平方米，知行楼群、品园楼群、东风楼群，红一、二、三楼，宜园一楼、家属楼学生宿舍屋顶防水约5 000平方米，文化大厦外墙面防水改造7 600平方米。

完成公共政策实验室装修改造工程(约800平方米)和物理系光功能材料实验室装修改造工程(约300平方米)、科研楼卫生间改造、校园中英文标识改造。

完成北区食堂三层教师餐厅装修改造，面积约2 000平方米；完成新校医院供应室、抢救室、手术室，信息资源管理学院楼道装修改造；完成拈花寺失火的西配殿、南倒座倒塌两间房修复工作；完成老校区小红楼及其他居民楼防水换瓦工程，以及引进人才周转房、博士后周转房装修改造。

其他小型改造和基础升级项目包括：供暖设备检修及设施改造，全校更换户内管路等维修任务4 320余次；对南北区锅炉房7台热水锅炉、4台蒸汽锅炉的系统检修与维护；学校光电实验室改造（外线工程）；世纪馆西侧篮球场水源、电气改造施工；老体育馆的外线施工；北区锅炉房整体下沉工程，中区食堂一、二层和北区食堂一、二层暑期维修改造工程，西区食堂二层峰尚圣宴餐厅维修改造，清真餐厅及知味苑餐厅下水管道及顶棚维修改造，餐饮管理部办公楼外立面改造，汇贤大厦庭院卫生间维修改造，汇贤大厦庭院景观绿化改造等多项改造工程。

四、节能管理工作

（一）节能灯具改造

1. 将知行1楼楼道及电梯间原有的572盏照明灯缩减至274盏，同时加装耗电量小且定期充放电的应急猫眼灯163盏。全楼使用节能灯具，并实行分时控制等举措，解决了该楼电能浪费等诸多问题。在全校范围内开展了多项节能灯具改造及检修工作，将全校耗电量大的白炽灯及电感日光灯更换为T5型直管灯或节能灯管，共计51 486盏。

2. 为保证全校供电设备的安全平稳运行，淘汰油式变压器等落后设备，完成中心配电室28套10KV微机保护装置及高压设备保护的校验工作。在雷雨季前，完成全校建筑防雷检测，降低雷电袭击概率，并依据防雷检测机构所提问题，向学校上报整改建议。

（二）节水灌溉

目前校园多处未安装喷灌设施的绿地，利用水车浇灌中水来满足植被的需要。将一勺池约300吨的池水抽吸后用于就近浇灌百家园绿地，仅此一项全年节约用水2 000多吨。

（三）能源管理

1. 学生宿舍用电管理。每年为全校新生宿舍房间做好定额指标电发放工作。对使用远程用电管理平台的4个学生公寓楼（东风6、7楼，品园1、6楼）进行统一用电管理，实时监控，完成学生公寓全年的供电管理工作。主导完成国际公寓管理部远程用电管理平台的暑期改造项目。

2. 用能数据监测统计。对全校各单位、建筑物434块计量电表进行每月运行监测，全年完成水电表查抄5 000余次，每月定期收集近千个能源计量点信息。每月完成200多户社会户水电费、学生宿舍超指标电费等数据的采集和统计、费用的回收工作。暑假前为离校毕业生办理退电手续；下半年代扣学校家属楼水费。从9月15日起征收全校2012年供暖费用。对计量表具及设施进行重点监控，发现损坏及时维修或报修，降低经济上的损失，杜绝“跑、冒、滴、漏”的现象发生。

3. 监管平台和数据库建设。积极配合学校相关部门启动能源计量点改造工程，搭建全校节能监管平台，完成对全校水、电计量点的统计工作。同时继续完善集团能源数据统计库的各项工作，目前已通过自身力量初步建立了电力设备、电梯设备、供水设备、用水设备、高压计量表、二级电表、进户水表、二级水表、树木统计、建筑物统计、地下空间管理、房屋资源统计等模块的编制。

（四）节能工作通过相关部门考评

根据北京市发改委在京万家单位节能目标责任考核的要求，组织编写并上报中国人民大学2011年节能目标责任评价考核自查报告，并一次通过评价考核。

2012年7月初，北京市发改委委托北京市电子工业环保技安中心对学校进行现场节能监测，顺利通过北京市发改委节能监察大队专项节能监察。

五、校园环境综合治理

（一）校园快递集中统一管理

9月开始采取临时性方案，将校园内所有快递公司派发员进行集中统一管理，在全校范围统一设立东、西区两个快递取件地点，2013年将推出校内快件派送统一规范管理的长效方案。

（二）主动参与家属区环境综合治理，构建舒适居住环境

制定回归园整改方案，清理园内及周边农作物，补植草坪、绿篱，恢复园中景貌；集中对家属区装修及其他遗留渣土、垃圾进行清运，彻底清扫各楼前绿地；完成了家属区部分坏损路面、便道的整修工作，对各处井盖进行检修更换，完善家属区基础设施。

（三）为加强管理、营造良好校园环境，结合学校实际，经与海淀区和学校相关职能部门协商后，学校草拟了《中国人民大学校园综合治理方案（讨论稿）》

协调海淀区综合治理办公室、海淀街道、海淀城管大队、海淀派出所、海淀工商所、海淀卫生监督所等部门对家属区开展综合执法行动，在校内成立校园综合治理联合执法站，取缔流动商贩，对食堂和学生公寓楼前的盒饭售卖人员进行劝退，对家属区无证商贩进行清理整顿，维持校内良好秩序。

（四）各部门实行“门前三包”，保持自行车码放整齐

物业管理部对校内各处废旧自行车进行清理，撤换老旧、坏损地龙；国内公寓部拟定《关于知行区自行车停放现状及整改建议》，发放《自行车停放及整理通知》，通过楼内消防广播向学生宣传，并定期对知行区自行车进行集中整理，累计搬运、整理自行车2 000余辆。国际公寓部、酒店管理部分别对楼前自行车、电动车进行统一整理。

（五）加强校园绿化美化工作

学校按照《北京高校标准化物业服务——校园环境标准（试行）》有关验收标准对校园植被现状进行实地勘察。根据学校整体改造工作安排，在2012年暑期对求是园、世纪园、核桃园、中心大草坪四片园林开展景观绿化改造工作。加强校园绿地管理，杜绝因施工践踏、损毁绿地的现象，及时修补种植并增设隔离带、提示牌。

（六）按照学校工作整体部署，明德楼、国学馆与图书馆、校医院等新建建筑委托北京世纪明德物业管理有限公司负责日常物业管理服务工作

根据各物业项目人员费、工程修缮费和管理费等费用综合测算，顺利完成物业管理合同结算工作。鉴于明德楼设备外包专业维保公司服务工作开展较好，结合设备维保工作连续性等特点，与相关专业维保公司分别续签了维保合同，确保日常安全运行，顺利完成明德楼设施设备维护合同续签工作。

（七）加强公厕管理

为促进北京市公厕管理服务规范化、标准化，提高公厕管理服务水平，北京市市政市容委、市教委、市环卫协会等单位对学校公厕进行检查。为迎接检查，根据《北京市主要行业公厕管理服务工作标准》有关规定对学校公厕运行情况进行排查，并整理了相关工作汇报材料。2012年6月28日，学校顺利通过检查小组的检查。学校于2011年在校园开展卫生间免费提供手纸服务试点工作。2012年10月底开始，为全校教学、科研、办公楼宇卫生间统一配置手纸和一次性马桶垫纸。

六、幼儿园工作

幼儿园分别于春季、秋季开展了两次具有创新理念的运动会，结合幼儿兴趣，创设了班级大型综合活动区，贯彻落实生活即教育的教学思想；打破思维惯性，探索反思，设计教师由主导者转变为引导者的教学活动，提高幼儿自主能力。

人大幼儿园（海淀）完成暑期维修改造工作，进一步改善了园内环境设施。人大朝阳幼儿园于3月1日正式开园，目前共开设17个教学班，为缓解朝阳区学前教育资源紧张状况发挥了极大的推动作用；年底顺利通过文化建设考核、朝阳区督导室检查等考核验收工作，受到区教委高度认可。

■ 安全保卫和医疗保障工作

一、概况

2012年，学校被海淀区交通安全委员会评为“海淀区交通安全工作先进单位”；学校保卫处荣获“首都国家安全工作先进集体”、“北京市公安局集体三等功”、“海淀高校治安管理工作先进单位”。保卫处9位同志分别获得首都国家安全工作先进个人、北京市公安局个人三等功、北京市公安局个人嘉奖、海淀区交通安全先进个人等9项荣誉。

校医院荣获海淀区2012年家庭医生式服务岗位练兵区级初赛第一名，复赛三等奖；获得海淀区卫生局颁发的卫生部“2011年中国已婚育龄情况调查”工作“成绩突出单位奖”；校医院共7人获得海淀区卫生系统“优秀护理管理工作者”称号、“优秀社区护理服务标兵”称号，中国人民大学优秀党员、优秀党支部书记、校级工会优秀工会工作者、校工会工会积极分子等个人荣誉。

二、治安、消防、交通安全等工作

（一）治安工作

2012年，保卫处继续狠抓治安管理和治安长效机制建设，坚持校园治安情势分析研究制度，校园治安案件数量有较大幅度下降，校园治安态势趋于良好。

2012年，共接报各类治安案件111起，比去年减少14起，下降了11.2%；共查破各类案件32起，查破率28.8%，抓获各类违法犯罪嫌疑人48人；共接报处警电话774个，比2011年增加了254个，同比上升了48.8%。

2012年，学校依托教育部专项修购资金，已基本实现了学生宿舍楼、教室和校园公共区域的全面覆盖，对实时监控校园治安动态、查处治安案件和调解矛盾纠纷起到了重要的作用。

（二）消防工作

2012年，严格贯彻落实新版《北京市消防条例》，继续以消防安全“四个能力”建设为抓手，着力提高全校消防安全“四个能力”建设水平，并取得进一步成效。主要体现在以下几个方面：

检查消除隐患能力建设方面。全年共组织各类检查62次，通过相关部门的努力，落实隐患整改措施58项。

扑救初起火灾能力建设方面。全年共发生7起火情，全部因人为原因引起，均被及时扑灭，未构成火灾。

组织疏散逃生能力建设方面。全年共组织员工进行了三次疏散逃生演练培训，并对学生进行疏散逃生知识的宣传。

消防宣传教育能力方面。全年共组织消防培训13次，参加培训累计超过1 300人次。

（三）交通安全工作

2012年，学校继续开展校园交通安全综合治理活动。完善并更新校园内道路标线，共计画线

21 800 余米，新增人行横道线 5 条，导向箭头 54 个。在汇贤路和中区食堂东侧道路上安装道路隔离护栏 153 片，增设减速带 3 条，交通标志牌 5 块。在新建校医院周边新划车位 54 个，艺术学院前场地施划车位 17 个。

2012 年，投资 33 万元，对校园交通标线进行了重新施划，新增了大量道路设施，校园内机动车占道停放现象得到了明显改善，确保校园交通良好秩序。

2012 年，为学校各种活动 204 场次提供交通疏导和车辆停放服务 949 人次，制定大型活动方案 8 套，确保活动期间校园交通畅通。

2012 年，按照《关于开展非法摩托车、电动车整治行动的通知》(〔2010—2011〕校办字 41 号)的文件要求，进一步加强对摩托车和电动自行车的管理。

围绕全国“两会”等重大活动，逐级落实责任制，与校内 53 个单位签订了《中国人民大学 2012 年交通安全责任书》。

(四) 其他工作

1. 集体户籍和流动人口基本信息管理工作

2012 年，办理 2012 级新生户籍迁入 5 462 人。其中博士 449 人，硕士 2 652 人，本科 2 361 人；共办理 2012 届毕业生户籍迁出 4 278 人。截至 2012 年底，学校历年滞留学生户籍累计为1 473 人。

截至 2012 年底，《中国人民大学流动人口基本信息总台账》上共有流动人口 6 311 人，其中体制内流动人口 2 023 人，体制外流动人口 4 288 人。2012 年，协助派出所办理外来人员《暂住证》796 人次。

2. 安全法制宣传教育

2012 年，以日常安全教育宣传工作为重点，将安全宣传教育列入大学生社会实践内容；向新生发放《大学生安全手册》等安全宣传材料，在各楼宇张贴《北京市公安局致大学生的一封信》、《电信诈骗防范材料》等宣传材料，提高师生的安全防范意识；在校园巡查和接待报案中，抓住个案机会进行安全教育，使一般教育和特殊教育相互结合，互为补充。

3. 安全保卫服务工作

2012 年共完成了习近平同志来校视察、学校 75 周年校庆、第二届中欧法学院院长联席会等大型活动安保任务 241 场次，出动安保人员 1 973 人次，加班 10 500 余小时。

4. 维护稳定及校园环境综合管理工作

2012 年，学校与部处、院系、直附属单位分别签订了三类《安全稳定任务书》70 份。

2012 年，学校加大校园环境综合治理力度，兜售盒饭的混乱现象得到根本改善，教学区跳舞、健身等活动基本杜绝，校园秩序明显好转。全年共清理校园张贴或散发小广告 1 500 余人次；没收广告 14 586 份；清理拾荒人员 1 350 余人次；登记学生社团室外活动 92 次；登记检查出入校园人员 15 682人次；阻止无关人员入校 20 360 余人次；进出校园机动车登记 33 483 辆次；拦截出租、摩托车进校 27 873 辆次。

5. 保安队伍培训工作

2012 年，继续 2010 年实行的保安服务费支付方式，全年共为学校节省经费 19 万余元。对保安员进行专题培训 11 次，参训保安 400 余人次，进一步提高了保安员的整体素质。2012 年，学校保安中队获北京市保安服务总公司文安分公司集体三等功。

三、医疗保障工作

2012 年是医院发展里程碑式的一年。在学校领导以及人事处、财务处、实验室建设与设备管理处等相关部门的大力支持下，医院全体职工共同努力，完成了新医院搬迁工作，以“求实创新、科学发展”的理念，切实落实学校“1020行动计划”，坚持做到精细医院管理、提升服务质量，使得医院面貌有较大改善，工作取得了一定的成绩，受到学校领导及师生员工的好评。医院2012年门诊量153 167人次，急诊8 358人次。

（一）全面推进医院建设

1. 完成医院搬迁及后期完善工作

医院已于2012年6月11日顺利搬迁并进入新楼试运行阶段。期间完成了口腔科、手术室、供应室、抢救室、煎药室、健康管理中心等遗留工程项目的建设工作。

2. 推进人才队伍建设

2012年医院共调入职工6人，聘用职工22人。截至2012年底，医院共有职工99人，其中，事业编制62人，聘任制职工37人，兼职专家6人。博士5人、硕士24人，副高级以上职称25人。

聘请院外专家、返聘退休专家坐诊；加强人员试用期考核、年度考核、聘期考核工作，加强对考核末位、服务经常受到师生投诉的职工的教育工作，对于不能适应医院工作需要的予以转岗或辞聘。

3. 加强医院硬件建设

医院当前共有万元以上设备81台，新增了国外顶级口腔医疗仪器设备、全自动凝血分析仪、大型血细胞分析仪、幽门螺旋杆菌检测仪、DR数字拍片机、多功能彩超机、骨密度仪等设备，并将购置64排螺旋CT。

4. 完善制度化、信息化建设

完善补充了医院管理制度、医疗业务制度及工作流程；完成了医院网站的改版更新，双语网页正在建设过程中。

5. 切实落实“1020行动计划”

校医院顺利完成搬迁工作，加强了师生急需的口腔科、外科等科室的就诊服务，开展了荣誉教授、一级教授以及离退休校领导的医疗照顾工作，拟开展骨干教师保健计划，研究解决了苏州校区师生就医及报销问题。

（二）加强医院业务管理

1. 进一步拓展业务范围

（1）加强口腔科建设。

新医院口腔科通过购进国外顶级口腔医疗仪器设备、聘请北京大学口腔医院主任医师负责口腔科全面建设工作、引进骨干人才、聘用兼职专家等，新开展了正畸、种植、镶复、牙齿美白等业务，为师生员工免去了外出就诊的困难与不便。

（2）大力发展中医药事业。

医院新开设草药房，为师生员工提供中草药及代煎药品服务。当前，草药房备有中草药460余种、煎药机2台，并聘请原北京中医医院主管药师赵晓梅为草药的购进严把质量关；同时，医院将于近期聘请知名中医专家前来坐诊。

（3）新开设疼痛门诊。

医院特引进北京大学人民医院麻醉与疼痛医学科专业人员，通过新业务的开展，为师生员工解决实际困难。

（4）增加多项检查业务。

新医院各种设备陆续到位，已开展或即将开展数字拍片、肿瘤筛查、甲状腺功能检查、激素类检查等业务，不断满足全校师生员工需求。

2. 做好业务培训工作

进一步加强了卫生技术人员的继续教育工作。2012年，完成内部业务培训20余次，完成外出培训38人次，主办全国首届高校系统口腔研讨会1次；外出进修学习9人次。

3. 加强医疗服务管理

医院于2012年11月经海淀区卫生局绩效考核，认为医院一次性医疗物品管理落实情况良好，医疗废弃物处理符合规定，消毒隔离措施落实情况基本到位；做到了合理用药。

4. 重视科研工作

医院职工2011—2012学年以第一作者、独立作者发表论文共计32篇，较2010—2011学年增加近40%；2012年申请校级课题3个，获国家级专利2项。

（三）重视公共卫生服务

1. 创新推进“健康人大行动计划”，探索新型家庭医生服务之路

2012年又新组建第五团队对全校知名专家进行“一对一”服务，建立骨干教师保健计划，为师生员工提供高品质医疗卫生服务。

2. 认真规范慢病管理

截至2012年11月，与2011年全年相比，慢病管理例数达到高血压614例，增加了148例；糖尿病：210例，增加了39例；冠心病50例，增加了10例；脑卒中38例，增加了5例；肿瘤5例，增加了2例，所有档案均为纸质、电子双备份。

3. 体检工作顺利进行

重大阳性检出情况：妇科宫颈癌的筛查中，TCT的检查人数为1 525人次，共检出30例癌前病变（非典型增生），检出率为1.97%；胸部X线检查中，共检出肺癌疑似病例8例，经外院CT确诊的肺癌患者6例。针对广大师生的健康需求制定健康管理计划，聘请国内知名专家进行健康讲座，组织医院职工及健康管理团队通过家庭医生服务、契约式服务、慢病管理、知己管理、健康教育等多种方式对师生不正确的工作及生活习惯进行干预，促使师生养成良好、正确的工作学习及生活习惯。同时，对体检中发现大病的师生提供转诊绿色通道。

4. 妇幼保健工作广受好评

（1）2012年新开展的工作及完成情况。

待孕妇女的免费叶酸发放；积极配合北京市妇幼保健主管部门的妇幼信息二期项目的试点工作；参与了北京市发育迟缓儿童残疾预防干预项目，在儿保门诊工作中开展智力发育的筛查及预警征的筛查工作，及时统计上报报表。

（2）做好日常散居儿童保健、围产期保健管理工作。

5. 健康教育工作亮点突出

（1）学生健康教育。

大学生健康教育课：开设了16个专题的授课内容。全年共计33次，64课时，听课学生达3 960人次。

（2）开展健康知识讲座。

根据体检结果对院系有针对性地开展健康讲座。

（3）开展义诊咨询活动。

在多个世界疾病防治日举行大型宣传及义诊活动共13次。

6. 家庭保健员培训工作积极开展

进行了8场面对面的培训课，详细地讲解了慢病防治的要点；以网络为依托，将完整的培训系列幻灯片上传到医院网站，实施网络教学。

7. 重视精神卫生管理

一方面，特邀外院心理专家来校医院开设心理门诊，门诊量达90余人次；另一方面，积极开展健康宣教。同时，注重心理常识的网络宣传。

（四）提升医院服务质量

医院通过开展精细化管理，提升医院服务品质。

1. 调整门诊时间

自2012年11月1日起，工作日中午增加门诊时间1小时，下午13:00上班。

2. 开展预约服务

实现了骨外科、康复科的预约挂号服务；同时，在财务科建立了门诊报销电子叫号系统；医院临床科室也即将开始门诊电子叫号系统的使用。

3. 开设专家门诊

对于外聘知名中医专家、心理专家、返聘临床专家、医院内部业务能力强和服务水平好的职工开设专家门诊。

4. 探索个性化服务模式

进一步细化服务内容，医院即将在门诊大厅展示医师简介，方便师生选择就诊医生；建立电子导诊视频，方便师生体检及就医；建立健康档案，开展家庭医生服务等。

5. 研究解决时雨园退休职工、苏州校区师生就医问题

通过调研，初步拟定工作方案，医院将全力协助解决时雨园退休职工、苏州校区师生就医问题。

■ 档案馆、博物馆工作

一、概况

档案馆档案资源分为陕北公学、华北联合大学、北方大学、华北大学、中央财经学院和山西大学财经学院、中国人民大学等6个全宗，馆藏文书和科技档案101 258卷，人事档案31 938卷，另有照片档案23 181张、缩微平片936张、缩微卷片3 888米、光盘档案749张以及实物等其他类型和载体的档案材料。

二、档案馆工作

2012年，档案馆共收集档案18 188卷（件），其中文书档案334卷（件），科技档案6 858卷，人事档案10 996卷（件）。

完成了对档案的整理、装盒、排架共计34 549卷，其中文书档案14 375卷（件），科技档案9 178卷（件），人事档案10 996卷（件）。完成馆藏老照片档案的扫描、著录和系统挂接共计12 421张，扫描、著录和导入本科学生成绩单共计18 482页，补充著录文书档案和科技档案数据60 498条，导入人事信息数据7 930条。

档案馆共接待查档2 540人次，调阅档案32 140卷，复印文件7 899张，提供文件、照片扫描共计27 029张，回复学位与研究生教育发展中心、就业中心学历及学籍认证查询196份。认证中心接待认证学生6 900人次，认证70 845份。其中毕业生2 150人次，认证学历学位证书、成绩单24 790份；在读生4 750人次，认证在读证明、成绩单46 055份。

完成了2012届非定向毕业生6 073余人的档案整理和分流工作，发出包括应届和往届毕业生、退学学生等学生档案4 689卷。

2012年3月，档案馆获得了教育部划拨的465万元“改善基本办学条件”馆舍修购专项经费，按要求完成了修购项目细化论证和设备招标购置工作。

档案馆以75周年校庆为契机，制作了中国人民大学老校区（清陆军衙署旧址）建筑与历史图片展，采访了部分一级教授并将采访过程制作为视频档案永久保存，征集到成仿吾、郭影秋、袁宝华等老领导和何干之、胡华、胡乃武、吴易风、卫兴华等知名教授的各类档案、资料145件。

三、博物馆工作

博物馆新馆位于原西图书馆二、三层，规划展陈面积5 000平方米，包括校史展、家书展、沈鹏书法展、股票展、徽州文书展、于阗文书展、北国春秋文物展、王小波生平展等8个展览。2012年5月，启动博物馆展馆建设，完成三层全部专题展布展工作。袁宝华老校长为博物馆题写馆名。

2012年11月，在学校和延安市政府的共同努力下，中国人民大学陕北公学旧址纪念馆落成开放，成为校史馆的重要延伸。

2012年12月6日，在北京匡时国际拍卖有限公司“南长街五十四号藏梁氏重要档案拍卖会”上，拍得康有为“筹划保皇会人员安排”信件2通。

结合学校75周年校庆活动，博物馆征集到徐唯辛教授、中国人民大学画院教师捐赠的部分代表作。还征集到家书408封，证章、照片、图书等94份。

2012年，除校庆期间全天候接待参观来宾400余人外，校史展还接待预约参观的各界来宾33批1 550余人；家书展、北国春秋文物展共接待各界参观者200多人。

与有关专家共同完成了“陈独秀等致胡适信札”的整理和研究工作，成果发表在《中国人民大学学报》2012年第1期。

附录

2012年中国人民大学档案馆馆藏档案和档案利用情况统计表

<table>
<tr><th>类名</th><th colspan="2">目次</th><th>单位</th><th>基本数据</th></tr>
<tr><td rowspan="5">馆藏档案</td><td colspan="2">全宗</td><td>个</td><td>6</td></tr>
<tr><td colspan="2">案卷</td><td>卷</td><td>101 258</td></tr>
<tr><td colspan="2">案卷排架长度</td><td>米</td><td>1 910</td></tr>
<tr><td colspan="2">照片档案</td><td>张</td><td>23 181</td></tr>
<tr><td colspan="2">光盘</td><td>张</td><td>749</td></tr>
<tr><td colspan="3">本年度进馆</td><td>卷</td><td>7 192</td></tr>
<tr><td rowspan="4">本年度档案利用情况</td><td colspan="2">总计</td><td>卷次</td><td>3 924</td></tr>
<tr><td rowspan="3">利用目的</td><td>编史修志</td><td>卷次</td><td>198</td></tr>
<tr><td>工作查考</td><td>卷次</td><td>1 842</td></tr>
<tr><td>其他</td><td>卷次</td><td>1 884</td></tr>
<tr><td colspan="3">本年复印档案、资料</td><td>份</td><td>6 594</td></tr>
</table>

注：此表统计数据不含人事档案。

■ 网络信息管理工作

一、概况

2012年，紧紧围绕落实“中国人民大学2012年发展建设十件大事”和“中国人民大学2012年师生关心的二十件实事”中的相关内容，继续改善校园网络状况，提升用户上网体验；完善电子校务系统，建立沟通平台，推进无纸化办公；升级邮件系统，提高邮件服务的稳定性和安全性；重新构建内容丰富、界面美观，能够充分体现我校特色和国际化形象的学校主页；实施信息安全等级保护测评项目等，为广大师生提供更加优质的信息化服务。

二、常规工作

1. 截至12月31日，综合服务台全年共计受理用户各类服务需求电话68 920次，处理网上申报事件4 087个，用户现场故障处理1 296次，用户抽样回访189次。

2. 完成44间多媒体教室改造工程，其中：14间扇形教室改为短焦投影机，同时撤掉原有幕布，投影直接投射在黑板下层板上；30间大教室改为宽正面、双幕双投影教室。此次改造彻底解决了部分教师提出的原有幕布放下后遮挡老师板书空间问题，得到了老师及同学们的好评。

3. 更新明德楼地下一层多媒体教室共计500台计算机。

4. 对所有多媒体教室nbc无盘系统进行升级。

5. 根据北京市教育考试院通知，完成电子考场监控系统的安装和调试，包括全校160间教室共222个监控点。

6. 更换教学二楼和求是楼多媒体教室机柜87个。

7. 为满足教学需求，为所有多媒体教室加装鹅颈麦克，并为41间大教室加装无线三合一麦克。

8. 完成明德商学楼全国英语四、六级考试无线听力播音布线工程，经过测试效果良好。

9. 完成教学三楼新增13间教室的网络布线工程。

10. 保障校内各单位组织的研究生入学和全国英语四、六级考试等共计18次各类考试的顺利进行。

11. 全年完成新闻拍摄任务215次，其中全程新闻录像194次，网络直播2场，刻光盘资料460张，录制党课15次45学时，录制人事处培训26次138学时，录制通州院长、分党委书记会共2天12小时，制作汇报片1部、校庆串片1部。同时，做好所有视频资料的保存工作，所有资料均由电脑存储、原带和刻制DVD光盘三种形式保存。

12. 向全校各单位发布《关于切实做好“十八大”期间网络与信息安全防卫工作的通知》（2012—2013学年校办字6号）和《关于切实做好域名备案工作的通知》（2012—2013学年校办字11号），加强信息安全管理。目前，已有44个单位完成信息系统备案，48个单位签署了信息安全责任书。

13. 顺利通过GB/T 24405. 1—20091/ISO/IEC20000—1：2005服务管理体系国际标准（ISO20000）年度监审。

三、“数字人大”建设

1. 替换知行1—5楼学生公寓和品园1—5楼学生公寓等13座楼宇共245台接入交换机，大大降低了上述楼宇接入层设备的用户服务请求次数。设备更替前，服务台接用户服务请求次数每周在2 000次左右，最高一周曾达2 410次；设备更换后，用户服务请求基本保持在每周500次，最低一周仅为210次。

2. 购置“数字人大”电子校务系统平台硬件设备，采用先进的虚拟技术搭建了新的“数字人大”电子校务系统平台，经测试后已于10月正式上线运行。该系统平台与之前的平台相比在稳定性、安全性、便于管理和节约能源等方面都具有较大的优越性。目前，学校主页和邮件系统已正式迁移至该平台运行，新建的“数字人大”门户也部署在该平台。另外，依托该平台，为校内16个院系部处提供了40个虚机服务，不仅节省了服务器的购置经费，而且节约了能源费用。

3. 构建“数字人大”新型门户平台。该平台的功能主要包括：个人门户、校园社区、提醒推送、立体式门户、信息发布、服务中心、资源中心、公共数据和可定制的应用。该平台一改以往枯燥单调的管理型门户模式，引入了更为活泼的社区型人际关系门户，给师生提供更方便快捷的一站式门户服务，加强师生之间沟通，优化办公流程，推进无纸化办公，为领导决策和精细化管理提供数据支持等。该平台已于12月24日上线试运行，试运行期间与旧版平台并行运行，2013年1月20日正式上线运行。

4. 全面升级学校邮件系统，扩充邮箱容量，于4月5日完成正式切换，并与“数字人大”电子校务系统接口。新的邮件系统进一步完善了基本功能，为用户提供更为方便的操作体验，密码复杂度要求的提高有效地防止了邮箱被盗用，对垃圾及病毒邮件的判断更加准确，文件中转站的功能提供邮件大文件上传。同时，用户个人邮箱容量也得到了扩充：教职工个人邮箱由1.5G扩充为10G，网络存储由100M扩充为1G；全日制在校学生个人邮箱由300M扩充为4G，网络存储由100M扩充为1G。

5. 全面改版学校主页。学校主页改版工作于3月正式启动，8月1日推出线上测试版本，面向社会开放。测试版上线后，在校师生、广大校友、兄弟院校和社会各界在新浪微博、人人网等社交平台上给予了充分肯定。一个月的测试期间，收到反馈信息超过两百条，并据此对系统进行了十多次优化。9月1日，学校新版主页正式上线，向学校75周年校庆献上了一份厚礼。改版后的网站群，运行于新浪云计算平台，网站的访问速度和稳定性大大提高，同时也节省了大量的系统维护工作量。网站群的整体设计和用户体验等得到了较大的提升，充分展现了中国人民大学的形象和风貌。

6. 实施信息安全等级保护测评项目。建立了围绕等级保护三级信息系统的技术保护屏障，包括：网络防火墙（含入侵保护）、应用防火墙（WEB防火墙）、综合日志审计系统、服务器漏扫、WEB网站漏扫、防篡改系统和行为审计系统等，这些技术手段的使用满足了国家的相关要求。同时，完成《信息安全管理制度集》，包括33个制度、规范、方法、流程和表单。该制度集已成为许多兄弟高校建设信息安全管理体系的主要参考材料之一。目前，教育部信息安全技术中心已组织人员对网络与教育技术中心相关人员就通过信息安全等级保护测评的技术和管理等内容进行了访谈，该项目的其他测评工作将待新版“数字人大”门户平台正式上线后两周内完成。

7. “数字人大”电子校务系统一、二期的开发、维护和完善。全年共开发完成新模块23个，修改原有模块38个，包括功能点523个次，成功地服务与支持了学校多个重大业务的完成。

8、2012年度校园卡管理中心累计发卡21 898张；累计交易1 118万笔，消费流水5 971万元，同比增长16％。

■ 校友工作

一、概况

2012年度校友工作以服务学校中心工作为重点，积极参与策划、组织实施“以校友为中心、让校友受感动”的75周年校庆系列活动，深入探索校院二级管理模式，创新服务校友方式，调动广大校友关心支持母校积极性，校友返校活动规模和效果再创新高，海内外校友会建设取得重大进展，通过传统媒体及新媒体，促进广大校友与母校的互动和交流，增强了广大校友的凝聚力。

二、主要工作

（一）与学校校庆主题相结合，创新举办各类校友活动，返校校友人数创历史新高

1. 继续举办陕公联大老校友敬老祝寿会，部分华大老校友一同参与祝寿活动。

2. 协调组织1988级本科生毕业20周年返校活动，于校庆日当天举行，约1 000位校友返校。1989级毕业20周年返校活动筹备会于10月正式启动。

3. 协调组织1982级本科生入学30周年返校活动，1982级校友同时为10位2012级贫困新生每人捐助5 000元，共计50 000元人民币。

4. 协调组织1977、1978级校友毕业30周年活动。

5. 关注青年校友成长，举办1998级本科生毕业10周年返校活动，并多次举办青年校友交友联谊活动。

6. 举办1981级研究生入校30周年返校活动。

7. 其他校友活动还有中国人民大学福州一中校友会、人大武术队校友会成立及“福特班校友会”2012年会。

8. 此外，校友会与校友自发组织的联谊组织“央企人俱乐部”、“金融和人力资源校友俱乐部”、“国管02基金”等加强联系，通过组织座谈会等形式，了解行业校友动态。

（二）作为75周年校庆活动校友工作组主责单位，全力筹备校庆相关工作

1. 策划、沟通、协调、推动“整修和宣传陕北公学旧址”项目，组织动员1986级校友捐资100万元专项维修经费。2012年11月1日，陕北公学1937年创办开学典礼日，在延安市清凉山南麓举办“陕北公学旧址暨中国人民大学延安教育基地”揭牌仪式，程天权书记、黄达老校长和陕西省省委常委、延安市委书记姚引良，财政部党组成员、部长助理胡静林校友及学校1986级校友代表等共同出席见证，献礼一周后开幕的十八大，同时也将中国人民大学75周年校庆推向新高潮，新华社和中央电视台《新闻联播》给予热情报道，引发众多媒体和社会各界关注，借此展示我党创办的第一所新型大学的历史渊源。

2. 多次邀请多位校友返校与校领导交流策划75周年校庆活动；组织校友出席分享校庆生日蛋糕仪式，组织校友出席首届体育文化节开幕式并担任护旗手。

3. 配合开展校庆“关爱师生基金”义卖日活动，组织校友参加并积极义买；协助邀请企业家校友参加“关爱师生基金”拍卖活动。2012年9月20日，裘国根校友通过其创办的企业上海重阳投资有限公司向中国人民大学捐赠2亿元人民币。

4. 积极联络九省校友会，协助配合校团委实施中国人民大学“千人百村”学生社会实践活动。

5. 联合校团委建立“一对一”志愿者服务体系，组建校庆志愿服务队伍，协助学校和学院邀请

校友返校。即由每位在校生联系一位校友，邀请校友返校并于校庆当日结对接待，以此建立在校生与校友的长期互动机制，使学生从结对互助中成长受益，使人大精神得到传承与发扬。这些志愿者在各院（系）的协调下，每2～4人组成一个小组，负责联系本院（系）历史上的一个毕业班，在校庆日之前与校友取得联系，并动员确保该班级有校友返校。

6. 负责组织、设置校庆日海外、京外校庆分会场，营造全球校友共聚同庆的热烈氛围；在延安、正定、深圳、华盛顿、旧金山等地设立校庆分会场，校庆日与母校之间实现现场视频转播，部分地区校友会在校庆日前组织不同形式庆祝活动并录制祝福母校视频。

7. 配合校庆主题，举办多次校友大讲堂。

8. 配合党委宣传部组织评选“令我自豪的人大校友”。

9. 配合博物馆收集整理校史展校友相关内容。

10. 配合党委宣传部，参与《人民共和国的建设者》第六集的校友推荐、采访工作。

（三）以工作研讨和经费补助等方式，促进学校、学院两级校友工作组织和队伍建设，完善校友工作的校院二级管理模式

校友工作办公室利用自筹资金，组织院系申报2012年度学院校友工作资助项目，给予每个评审通过的项目1万元经费补助，主要用于收集校友数据、举办“人大校友大讲堂”等项目。共计19个学院提出申请并评审通过，部分学院已结项，一定程度上解决了学院校友工作经费不足的问题，激励、推动学院校友工作开展。

（四）编辑出版《校友》杂志、《人大传声》电子月刊，利用校友会官方微博加强与校友的互动交流，促进校友联络、服务基础体系建设

1. 改版后的《校友》杂志以精美的排版、丰富厚重的内容，成为海内外校友喜闻乐见、在国内高校中处于顶尖水平的校友刊物。本年度《校友》共印制2期，其中11月印制的第25、26期合刊为校庆专刊。

2. 继续编辑制作每月一期的《人大传声》电子刊（PDF文件），通过电子邮件定期发送给全体校友；继续制作《人大传声》iPad版，提供App Store平台下载。

3. 通过微博新媒体，打造24小时全方位的校友互动交流平台。“中国人民大学校友会”官方微博于2011年1月在新浪获得正式认证并上线，短时间内就引起巨大反响，目前已有超过5万位校友关注，成为校友会发布信息的重要平台。

4. 联络、服务校友是校友会的基础工作。主要通过发送校友杂志季刊、电子月刊及微博消息，组织相关校友活动，联络、服务校友。目前校友数据库中有效校友电子邮件、短信群发组都已超过25 000个，学校的发展动态及校友活动信息可以第一时间告知校友。2012年6月9日举行的校庆启动仪式暨义卖活动，从接到任务到发出邀请、校友反馈、确认汇总，3天内圆满完成学校布置的邀请400位校友到会任务（实到500余位）。

5. 人大校友网站建立于2007年，目前已推出新版测试版并上线。

（五）推进校史馆校友（毕业生）数据信息查询系统工作

按照学校领导要求，校友办公室从2012年5月开始负责对人大毕业生信息进行重新梳理和校对，构建校史馆校友（毕业生）数据信息查询系统。据统计，这项工作包括1950年至1970年本科生、研究生、专科生、进修生和1978年至2005年研究生两个历史阶段的原始档案扫描、录入和校对，以及2005年以后本科和研究生电子数据的导入，共涉及22万条数据的合并与更新。

（六）继续推动校友会专业委员会建设

2012年2月，校友会教育专业委员会正式成立；4月，校友办联合新闻学院、党委宣传部，正式成立校友会新闻专业委员会并举办“新闻传播与大学形象建设”论坛，6月，校友会新闻专业委员会举办了夏季论坛，9月，举办校友会新闻专业委员会校庆宣传工作座谈会；6月，金融专业委员会举

办两次专题论坛；企业、法律专业委员会工作也在筹划中。

（七）推动地方校友会和海外校友会建设，取得重大突破和进展

地方校友会建设本学年取得重大突破。2012 年 2 月 25 日，安徽校友会成立；4 月 29 日，河北校友会成立；5 月 20 日，江西校友会成立；7 月 14 日，新疆校友会成立；8 月 30 日，波士顿校友会成立。程天权书记、陈雨露校长、马俊杰副书记等学校领导出席地方校友会活动，发表重要讲话，增强了地方校友会凝聚力。2012 年 9 月 27 日，校友会配合国际交流处，筹备成立人大校友会留学毕业生校友分会，加强留学毕业生联络工作，更好地发挥留学毕业生在全面提升学校国际性和促进中外交流与合作方面的桥梁作用。

■ 教育基金会工作

一、概况

2012 年是中国人民大学 75 周年校庆年，为响应学校举办“公益校庆”的号召，教育基金会围绕校庆活动积极开展工作，配合学校完成了各项校庆活动和公益项目。2012 年，教育基金会在募集捐赠资金，奖励优秀学生和优秀教师，资助贫困学生，资助科学研究，促进学校教育、科研事业发展等方面作出了积极的贡献，出色地完成了全年规划和预期目标。2012 年，教育基金会成功入选首批“北京市社会组织示范基地”，提升了基金会的社会知名度，展现了基金会良好的社会形象。

2012 年，基金会共募集捐赠资金 306 148 244.15 元，全年公益性支出总额 75 474 821.52 元。

二、捐赠工作

1 月，贵州聚林房地产开发有限公司都匀分公司捐赠 150 万元人民币，设立“体育事业发展基金”，支持学校教育事业建设，培养高素质人才。

1 月，傅岩梅捐赠 300 万元人民币，用于支持学生艺术修养和艺术学院艺术学科建设。

2 月，林秀芹捐赠 200 万元人民币，设立法学院“秀芹卓越法律人才培养资助基金”，帮助法学院家庭经济困难的在校生。

3 月，乔丹体育股份有限公司捐赠 100 万元人民币，用于支持学校科研发展建设。

4 月，王云龙捐赠 500 万元人民币，设立“云龙人大法学发展基金”，用于支持法学院学科建设、师资队伍建设和学生人才培养。

4 月，鹿山优质煤有限责任公司捐赠 100 万元人民币，设立“钟金海法学基金”，用于支持法学院学科建设、学生国际化培养及国际化建设。

5 月，心平公益基金会捐赠 632.62 万元人民币，用于支持“心平公益贷学金”，培养青年学生的自立、自强意识。

5 月，华纳汇盈国际投资管理（北京）有限公司捐赠 100 万元人民币，设立财政金融学院“国际并购研究基金”，用于国际并购与投资研究所教学科研工作的开展。

6 月，深圳市华商世纪企业管理顾问有限公司捐赠 180 万元人民币，用于支持国学院教育事业发展及学科建设。

6 月，赵汉青捐赠 1 000 万元人民币，继续支持“汉青国际教育创新基金”，培养高尖端国际型

人才。

7月，辽宁省义县石油白土有限责任公司捐赠200万元人民币，设立“白玉兰奖教奖学金”，用于经济学院科学研究、人才培养、师生关爱等工作。

7月，新奥公益慈善基金会捐赠200万元人民币，用于支持学校教育事业发展，培养高素质人才。

7月，石家庄东旭光电装备技术有限公司捐赠200万元人民币，设立“纪宝成国学教育基金”，用于支持国学教育与研究、弘扬优秀传统文化、促进国际文化交流。7月，乔丹体育股份有限公司捐赠100万元，设立“纪宝成国学教育基金”，用于支持国学教育与研究，弘扬优秀传统文化，促进国际文化交流。

7月，河北天达万方实业有限公司捐赠100万元人民币，用于支持艺术学院教师创作和学生培养工作。

7月，北京康达律师事务所捐赠200万元人民币，设立“彭真民主法制思想研究与教育基金”，用于深入研究彭真同志的民主法制思想，促进我国社会主义法制建设工作，法学研究及其教育事业的发展。

7月，江苏通鼎光电股份有限公司捐赠300万元人民币，用于奖励优秀学生、优秀教师，支持学校博物馆陈列布展工程。

9月，新奥公益慈善基金会捐赠600万元人民币，设立“新奥国际教席”，用于支持面向海外延揽杰出学者，推动国际型人才培养步伐。

9月，上海重阳投资有限公司捐赠2亿元人民币，设立“重阳投资教育基金”，用于支持学校发展教育事业。

9月，深圳信立泰药业股份有限公司捐赠300万元人民币，用于支持“纪宝成国学教育基金”，支持国学教育与研究。

10月，大庆富裕正洁寺捐赠150万元人民币，继续支持“国际佛学研究基金”，开展国际佛学研究。

10月，北京知远环球财经文化传媒有限公司捐赠100万元人民币，设立“国际货币前沿研究基金”。

10月，友成企业家扶贫基金会捐赠100万元人民币，用于推动非营利组织研究所“百人计划”的发展。

10月，广东长青（集团）股份有限公司捐赠200万元人民币，用于学校建校75周年庆祝活动。

10月，辽宁方大集团国贸有限公司捐赠300万元人民币，用于支持学校发展建设。

12月，上海保珍堂艺术品有限公司捐赠300万元人民币，设立“艺术品金融研究基金”，用于推动艺术品金融相关学术研究，稳步推进中国艺术品市场、艺术品金融的有序发展。

12月，深圳东海集团有限公司捐赠200万元人民币，用于支持法学院“彭真民主法制思想研究与教育基金”。

12月，浙江广发建筑股份有限公司捐赠100万元人民币，用于支持法学院“彭真民主法制思想研究与教育基金”。

12月，南京中脉科技控股有限公司捐赠150万元人民币，设立“国学院汉藏佛学研究基金”，用于支持国学院汉藏佛学研究中心进行汉藏佛学研究学科的基础建设。

12月，李伟利捐赠500万元人民币，设立“亚太法学研究与教育基金”，用于支持亚太法学研究院的运作和科研工作，促进亚太地区高等法学教育的研究与交流。

12月，深圳信立泰药业公司捐赠900万元人民币，继续支持“澄海国际研究基金”，支持国际关系学院学科建设，支持师资队伍建设、人才培养、科学研究和国际交流活动。

12月，鄂尔多斯市山湾投资公司捐赠100万元人民币，用于学校国际货币研究所“国际货币领域的前沿研究”，支持金融学科建设。

12 月，中汇融（北京）投资有限公司捐赠 100 万元人民币，用于支持学校学术沙龙基金和基础教育工作。

2012 年，基金会接受百万元以下其他社会捐赠共计 19 522 044.15 元。

三、校庆相关工作

2012 年，基金会在完成日常捐赠、项目管理等工作的同时，竭尽全力组织、配合学校开展了大量校庆项目和公益活动。校庆期间，在学校和基金会领导的高度重视和正确领导下，基金会为学校的教育事业发展募集了巨额捐款，并开展了如下丰富多彩的活动：

1. 6 月 9 日，基金会配合学校开展了中国人民大学 75 周年校庆首个正式大型活动——“关爱师生基金”义卖活动，为义卖活动制作了“关爱师生基金”宣传手册，宣传该基金为身患重症、遭遇意外伤害或其他困难的师生提供援助。

2. 8 月 22 日，协助学校办公室举办江苏通鼎光电股份有限公司向人民大学捐赠 1 000 万元人民币的捐赠仪式。

3. 9 月 5 日，协助学校办公室举办新奥集团向人民大学捐资 3 000 万元人民币的捐赠仪式。通过新奥公益慈善基金会捐资建立中国人民大学“新奥国际教席”专项基金，面向海外延揽杰出学者，推动国际型人才培养步伐。

4. 9 月 19 日，配合学校举办中国人民大学 75 周年校庆“关爱师生基金”拍卖会，并将拍卖所得全部用于为身患重症、遭遇意外伤害或遇到其他困难的师生提供援助。

5. 9 月 20 日，基金会主办“上海重阳投资管理有限公司向人民大学捐赠两亿元人民币”的捐赠仪式。此次捐款为中国人民大学历史上获赠金额最大的捐款之一，也是国内高校获赠金额最大的捐款之一。

6. 10 月 3 日校庆日，在逸夫广场与博物馆共同举办了“校庆捐赠接收仪式”；为返校校友制作发放了校庆捐赠宣传手册；设置现场捐赠接收点。

四、其他工作

2012 年度，教育基金会按照《基金会管理条例》和《北京市中国人民大学教育基金会章程》的规定，分别于 5 月 18 日和 12 月 18 日，召开了教育基金会第二届第五次理事会和第六次理事会，审议通过了 2011 年基金会工作报告和 2012 年工作计划以及《北京市中国人民大学教育基金会重阳投资教育基金章程》；增补了纪红波、顾涛两名理事和 16 位名誉理事。

附录

2012 年社会捐赠大额汇总表

单位：人民币（元）

捐赠方	捐赠项目	金额
贵州聚林房地产开发有限公司都匀分公司	体育事业发展基金	1 500 000.00
傅岩梅	学校事业发展建设	3 000 000.00
林启泰	公共管理硕士 MPA 非营利管理方向专项基金	200 000.00

捐赠方	捐赠项目	金额
太平人寿保险有限公司	中国社会保障30人论坛	100 000.00
陈立德	商学院奖学金	121 850.00
林秀芹	法学院“秀芹卓越法律人才培养资助基金”	2 000 000.00
中国青少年发展基金会	公共管理硕士MPA非营利管理方向专项基金	200 000.00
陈香梅公益基金会	公共管理硕士MPA非营利管理方向专项基金	200 000.00
金蝶软件（中国）有限公司	历史人物肖像研究项目	100 000.00
乔丹体育股份有限公司	支持学校科研发展及校庆活动	1 000 000.00
中国兵器科学研究院	基础教育基金	150 000.00
东海证券（宏观、预测）	中国宏观经济分析与预测发展基金	550 000.00
河南省信阳市信阳红茶业有限公司	新闻学院学术活动及研究	100 000.00
王云龙	云龙人大法学发展基金	5 000 000.00
鹿山优质煤有限责任公司	钟金海法学基金	1 000 000.00
香港道教信善玄宫基金会	信善奖学金	668 044.61
工业慈善基金（香港）公司	蒋震奖学金	201 082.41
山西省太谷县天宁寺	中国人民大学琉璃光明学术研究基金	100 000.00
上海祝桥新镇投资发展有限公司	向世界说明中国	800 000.00
中国青少年发展基金会	中国平安励志奖学金	130 000.00
心平公益基金会	心平基金	6 326 200.00
华纳汇盈国际投资管理（北京）有限公司	国际并购研究基金	1 000 000.00
西班牙桑坦德银行	桑坦德奖学金	460 541.75
中联网盟科技（北京）有限公司	云计算HR软件科研项目	113 940.00
深圳市华商世纪企业管理顾问有限公司	国学院发展基金	1 800 000.00
盈科律师事务所	法学院奖学金	200 000.00
宁波时代光华管理培训学校	中国民营经济发展研究项目	200 000.00
韩乡	陕公旧址修复	100 000.00
曹建厂	商学院MAM奖助学金	100 000.00
赵汉青	汉青国际教育创新基会	10 000 000.00
康志斌	商学院MAM奖助学金	100 000.00
饶贵民	孔子研究院中华气学研究	100 000.00
赵俊韬	商学院MAM奖助学金	100 000.00
辽宁省义县石油白土有限责任公司	白玉兰奖教奖学金	2 000 000.00
北京金诺旺达医药科技有限公司	医患纠纷法律规制问题研究	200 000.00
石家庄东旭光电装备技术有限公司	纪宝成国学教育基金	2 000 000.00
新奥公益慈善基金会	文化创作和艺术团活动	2 000 000.00
河北天达万方实业有限公司	艺术学院教学与创作发展基金	1 000 000.00
乔丹体育股份有限公司	纪宝成国学教育基金	1 000 000.00
陈松容	陕公旧址修缮	150 000.00
江苏通鼎光电股份有限公司	奖学奖教金及博物馆建设	3 000 000.00
中国扶贫基金会	公共管理硕士（MPA）非营利管理方向学科发展专项基金	200 000.00
美国UB基金会	“人文学与神学”暑期国际研讨班	208 995.21
唐金龙	能源与资源法学科基金	100 000.00
新奥公益慈善基金会	新奥国际教席	6 000 000.00
徐军	校友基金	200 000.00
国际科技教育服务机构	PESI学术基金	149 569.19
1988级工经班	校友基金	150 000.00
颜永琪	萨师煊精英基金	100 000.00

捐赠方	捐赠项目	金额
深圳信立泰药业股份有限公司	纪宝成国学教育基金	3 000 000.00
北京康达律师事务所	彭真民主法制思想研究与教育基金	2 000 000.00
万学教育集团	万学激励奖学金	100 000.00
威运达文化传媒（北京）有限公司	明德思源学生培训领袖计划	232 000.00
东方兴业网络教育服务有限公司	关爱师生基金	250 000.00
黄曙明	关爱师生基金	950 000.00
华岩文教基金会	华岩学术基金	100 000.00
北京知远环球财经文化传媒有限公司	国际货币前沿研究基金	1 000 000.00
友成企业家扶贫基金会	百人计划	1 000 000.00
大庆富裕正洁寺	国际佛学研究基金	1 500 000.00
中山市长青新产业有限公司	教学科研活动	2 000 000.00
辽宁方大集团实业有限公司	学校发展建设	3 000 000.00
青海嘉润矿业有限公司	人力资源管理基金	300 000.00
豪德天下集团毛学明	文学院发展基金	300 000.00
西班牙桑坦德银行	桑坦德奖学金	450 159.75
北京嘉源置业投资有限公司	人力资源管理基金	250 000.00
北京华夏聚龙自动化股份公司	华夏聚龙奖学金	100 000.00
北京墨宝阁文化发展有限公司	书法教育发展基金	200 000.00
江苏银行	经济学院发展基金	500 000.00
上海保珍堂艺术品有限公司	中国艺术品金融研究基金	3 000 000.00
中国石油天然气集团公司	石油奖学金	240 000.00
北京华育助学基金会	“圆梦计划”奖助学金	180 000.00
宝钢教育基金会	宝钢教育奖	151 300.00
上海重阳投资有限公司	重阳投资教育基金	200 000 000.00
新韩银行（中国）有限公司	中国人民大学新韩银行创新人才奖学金	100 000.00
南京中脉科技控股有限公司	汉藏佛学研究基金	1 500 000.00
李伟利	亚太法学研究与教育基金	5 000 000.00
深圳东海集团有限公司	彭真民主法制思想研究与教育基金	2 000 000.00
浙江广发建设股份有限公司	彭真民主法制思想研究与教育基金	1 000 000.00
汕头帝豪酒店有限公司	彭真民主法制思想研究与教育基金	500 000.00
北京华辰拍卖公司	文学院教育基金	150 000.00
深圳信立泰药业股份有限公司	澄海国际研究基金	9 000 000.00
鄂尔多斯市山湾投资公司	国际货币研究所研究基金	1 000 000.00
中汇融（北京）投资有限公司	学校学术沙龙基金、基础教育基金	1 000 000.00
其他		7 914 561.23
合计		306 148 244.15

校办产业

一、概况

2012年，学校产业管理工作在规范化建设初步完成的基础上，以做实人大资产经营管理公司为抓手，继续推进形成以资本为纽带的产业管理体制。通过梳理、总结前期工作成绩与不足，进一步明晰了资产经营管理委员会（以下简称“经资委”）、产业管理处（经资委办公室）和人大资产经营管理公司（即人大世纪科技发展有限公司）的职能定位；进一步推动人大资产经营管理公司及其全资子公司完善法人治理结构和相关制度体系，人大资产经营管理公司“防火墙”的作用逐步显现。2012年，产业部门共向学校上缴8 787.6万元①。

二、校办产业管理工作

1. 总结前期工作，明确工作思路。总结梳理了经资委自2006年成立以来开展的各项工作，撰写了《中国人民大学资产经营管理委员会工作总结（2006—2011年）》（该总结也可视为学校产业规范化建设的工作总结），

① 本数据含2012年度校属企业上缴到学校和人大资产经营管理公司的2011年度利润及文化大厦、兴发大厦、汇贤大厦上缴学校的2011年度租金。

进一步理顺了经资委、产业管理处（经资委办公室）和人大资产经营管理公司的关系：资产经营管理委员会是按照上级部门要求成立的国有经营性资产的监督和管理主体；产业管理处（经资委办公室）作为资产经营管理的日常办事机构，实际是学校国有经营性资产的出资人代表；资产经营管理公司及其全资子公司则是国有经营性资产安全增值的责任主体。在此基础上确立了经资委及产业管理处（经资委办公室）以产业规划、咨询服务、产业政策制定等管理工作为重点，资产经营管理公司以资本运营为重点的工作思路。

2. 继续开展校办产业发展战略研究和咨询服务工作，营造良好的政策环境。2012 年，进一步提升刊物制作与产业管理重点工作的结合度和针对性，全年编印《产业发展动态》23 期、《产业发展参考》9 期。结合产业管理工作实践，开展相关理论研究，以《产业发展参考（产业管理研究专刊）》的形式分 3 期印发相关研究成果。展现校办企业行业现状，分析并尝试撰写出版行业经营效益分析报告，引导企业树立资本经营理念，注重经济效益。

3. 进一步加强经营性资产的规范化管理和风险防范，确保国有经营性资产的安全增值。从学校和人大资产经营管理公司两个层面构建校办企业管理的制度体系框架，在以后工作中逐步加以完善。一方面，总结完善与国有经营性资产监督管理相关的国家法律、部门规章、学校规范及相关工作规程，修订《校办产业工作手册》；启动学校层面全资企业经营绩效考核与评价机制方案的起草制定工作。另一方面，积极推动人大资产经营管理公司及其全资子公司完善法人治理结构和内控体系。人大资产经营管理公司按照制度框架，修订、补充完善了相关投资管理制度、财务管理制度等，顺利通过了北京市教委所委托的第三方中介会计师事务所对人大资产经营管理公司所进行的内控审计。同时，以北京市教委内控审计为抓手，将内控审计范围进行了延伸，对人大资产经营管理公司的 4 家在京全资子公司，即中国人民大学出版社有限公司、北京人大文化科技园建设发展有限公司、北京世纪明德物业管理有限公司、北京世纪方兴商贸发展有限公司的内控建设情况进行检查。

4. 完成了校办企业 2013 年度国有资本预算申报、2011 年度国有资本收益收取方案并推动人大资产经营管理公司及其全资子公司积极落实 2011 年度投资收益收取工作。

5. 积极推动做实人大资产经营管理公司。在教育部科技发展中心开展的“教育部直属高校资产公司 2011 年度报告评审”工作中，人大资产经营管理公司由成立以来一贯的 C 级升至 B 级，在参评的 68 所直属高校资产公司中，列第 14 位，被评为良好。

经人大资产经营管理公司董事会审议通过，将公司部门设置由原来的综合事务部、发展战略研究部、资产经营管理部调整为董事会办公室、发展战略研究部、资产与投资管理部、财务部四个部门；同时设立三个董事会专门委员会，即战略委员会、审计委员会及人力资源与薪酬管理委员会。

逐步推动实现人大资产经营管理公司主要业务部门人员的专职化、专业化、市场化。启动了人大资产经营管理公司企业编人员聘用工作，通过公开招聘的形式，招聘企业编制员工。尝试开展“走下去”调研活动，由人大资产经营管理公司选派业务骨干前往部分子公司进行挂职调研，一方面加深对子公司的了解，以提高资产管理和咨询服务工作的针对性；另一方面也为人大资产经营管理公司管理团队积攒市场和行业管理经验。

6. 全面加强对人大资产经营管理公司投资企业的管理。针对全资子公司，人大资产经营管理公司首次开展了年度报告评审工作，在全面了解各企业资产、经营情况的同时，推动各全资子公司加强治理结构建设，促进公司规范化管理与运营；针对参股子公司，开展摸底工作，对其投资保值增值情况、利润分配情况、股权结构变化情况进行全面梳理，完善企业档案，为将来实现动态投资管理做好基础工作。

7. 明确要将学校持有的中国高科集团股份有限公司的股票划转至人大资产经营管理公司，积极咨询并启动该项工作。

附录

中国人民大学校办产业名录[①]

(截至2012年12月31日)

人大世纪科技发展有限公司(中国人民大学出版社有限公司、北京人大文化科技园建设发展有限公司、北京世纪明德物业管理有限公司、北京世纪方兴商贸发展有限公司、苏州世纪明德文化科技园有限公司、黄山市黄山区世纪太平文化科技有限公司)

中国人民大学书报资料中心(事业单位企业化运作)

■ 出版社

一、概况

2012年,出版社在各级领导的亲切关怀和正确领导下,坚持正确的办社宗旨和出版方向,坚持贯彻落实党的十七届六中全会精神和党的十八大精神,贯彻落实科学发展观,实施精品战略,通过全社员工的共同努力,很好地完成各项经营指标,出版了一大批社会效益和经济效益良好的优秀学术著作和精品教材,出版社的品牌竞争力进一步得到提高,出书品种、出书码洋、发货码洋和回款情况都处于良好的运行态势。

2012年出版社出书品种3 036种,与2011年的2 988种同比增长了1.6%,2012年印制码洋达8.1亿元,与2011年的8.3亿同比下降了2.4%。2012年发货码洋8.35亿元,与2011年的8.1亿元同比增长了3%,销售收入(回款)4.1亿元,与2011年的3.82亿元同比增长了7.3%。

到2012年底,全社从业职工523人,其中编辑技术人员211人,具有高级职称人员48人,具有中级职称人员152人。

2012年,出版社获得了多项荣誉。6月,贺耀敏获中国大学出版社第二届高校出版人物奖;9月,贺耀敏荣获全国文化体制改革工作先进个人称号并参加在人民大会堂举行的全国文化体制改革工作表彰大会;6月,李永强获得中国大学出版社第二届高校出版人物奖;12月,李永强荣获北京市新闻出版先进个人荣誉称号;李永强、刘志12月入选北京市新闻出版领军人才;孟超7月获2011年度“推动版权输出、引进的典型人物奖”,12月获韩国“文化体育观光部长奖”。2012年3月,由北京质量协会印刷分会、北京市印刷工业产品质量监督检测站共同召集的“2012年质量工作会议”在京召开,出版社荣获“2011年度出版物优质奖”,196个图书品种被评为“2011年度北京出版物印制优质产品”。5月,出版社获学校“宣传思想工作先进集体”称号,这是出版连续四年获得该荣誉。12月,出版社荣获2010—2012年度北京市新闻出版(版权)工作先进集体奖。

① 本名录的统计口径自2011年起调整为学校直接投资的全资企业(含企业化管理的事业单位)及人大世纪科技发展有限公司(人大资产经营管理公司)投资的全资子公司。中国人民大学出版社印刷厂为非法人企业,不再列入统计范围。

二、选题策划工作

2012年，出版社继续秉承“出教材学术精品，育人文社科英才”的出版理念，在选题策划工作中贯彻落实科学发展观，继续实施“精品战略”，坚持“以教材精品为核心、以学术精品和大众精品为两翼”选题策划战略，以推动中国人文社会科学高等教育和学术繁荣为己任，出版一批能产生广泛社会影响的优秀的教材精品和学术精品，努力打造中国人文社科出版领域的第一品牌。

做好2012年选题计划的落实及重大选题备案工作，2012年出版图书品种达3 000多种；做好北京市社科出版基金资助项目、国家哲学社科成果文库和国家社科成果文库后期资助项目的申报出版工作，2012年出版国家哲学社科成果文库9种，出版国家社科成果文库后期资助项目15种。

2012年1月，《光明日报》发布《中国人文社会科学图书学术影响力报告》。报告第一次对出版社对各学科的学术影响力进行了排名，人大出版社与人民出版社、中华书局、商务印书馆等优秀出版社一起，成为各学科被引用次数最多的前十名出版社。

2012年5月，第七届国家图书馆“文津图书奖”评出，人大出版社《文化史的追寻：以近世中国为视域》入选第七届文津图书奖推荐图书目录（社科类31种），《爱因斯坦的望远镜：搜索暗物质和暗能量》入选第七届文津图书奖推荐图书目录（科普类15种）。

2012年6月，出版社在大学版协举办的优秀图书奖评奖中喜获丰收，其中《科学论：科学的三维世界》（上、下卷）、《精神交往论》等6部学术著作获得“优秀学术著作奖”，《西方哲学史》（第二版）、《中国新闻传播史》（第二版）等11种教材获得“优秀教材奖”，《毛泽东传》（名著珍藏版）、《新三字经》（动漫版）等6种图书获得“优秀畅销书奖”。同月，“2012年全国中小学图书馆（室）推荐书目”中，出版社共有《历史的灵魂》、《大国的责任》、《父亲的礼物》、《成长的骄傲》等32种图书入选。出版社“爱智书系”中《我们对世界的认识》、《信仰之问》、《精神的故乡》、《哲学就是爱智慧》，入选2012年首批向全国青少年推荐的优秀文化产品“图书类”，推动优秀文化产品更好地在青少年中传播。

2012年出版社积极利用学校人文学院、国学院的资源，加强出版新领域的开拓。继成功推出“明德书系·文化漫光丛书”后，在小说出版领域做出了积极探索，出版了孙郁的《鲁迅忧思录》，阎连科的《一个人的三条河》等著作。7月，《开始写吧！——影视剧本创作》、《故事技巧——叙事性非虚构文学写作指南》和《情节！情节！——通过人物、悬念与冲突赋予故事生命力》推出，并举办对话会，著名作家阎连科、张悦然到场做客。畅销书方面，8月，在世贸天阶的时尚廊书店，举行央视双语主持人季小军的新书《何必刻意》首发式，取得了较好效果，“何必刻意，必须刻苦”的励志理念深入青年读者的内心。《你永远都无法叫醒一个装睡的人》、《正义的理念》还入选深圳读书月“年度十大好书”。

2012年10月，《吴晗全集》（十卷本）获第六届吴玉章人文社会科学奖特等奖，《陈先达文集》（六卷本）、《中国伦理思想史》（罗国杰）、《精神交往论：马克思恩格斯的传播观》（陈力丹）、《百年回眸：法律史研究在中国》（四卷本）（曾宪义）获一等奖，《康德著作全集》（九卷本）（李秋零）获优秀奖；《郭店竹简与思孟学派》（梁涛）、《北洋政府时期的新闻业及其现代化（1916—1928）》（王润泽）、《声誉、契约与组织》（聂辉华）获青年奖。

2012年11月，《北京奥运的人文价值》等6本图书获北京市第十二届哲学社会科学优秀成果奖。12月，《康德著作全集第1卷：前批判时期著作Ⅰ》等26本图书获第六届高等学校科学研究优秀成果奖（人文社会科学）。12月，《光明日报》“光明书榜”2012年度图书（10部）揭晓，出版社出版的《正义的理念》入选，此外出版社出版的胡鞍钢著《中国创新绿色发展》入选20种推荐书目。

三、管理改革工作

1. 2012年出版社坚持正确的办社宗旨和出版方向，贯彻落实科学发展观，深入学习十七届六中全会精神和十八大精神，始终不渝地加强出版社的品牌建设，进一步提升出版社的传统优势、时代特色和品牌影响力，出版了一批颇有影响的理论著作、学术著作、优秀教材和大众图书。

(1) 出版了一系列讴歌时代精神、反映社会主义伟大进程、在社会上引起强烈反响的优秀著作，彰显了“主题出版、理论出版”的品牌优势。

(2) 出版了一系列有社会影响力的理论著作、学术著作，围绕学校的教学与科研，围绕学校的学术影响力与理论辐射力，彰显“学术沃土，思想摇篮”的特色。

(3) 继续涵养经济、管理、法律等人文社科优势品牌系列，积极提升教学支持和教研服务能力，加强项目管理，加强和巩固人文社会科学教材出版中心的出版地位。

(4) 结合出版社自身的出版特色和出版优势，积极开拓大众读物、畅销书的策划和营销体系，并取得了不俗的成绩。

2. 2012年2月，北京人大数字科技有限公司正式成立，专门从事数字出版的研究和开拓工作。

人大社在“十二五”期间数字出版的战略定位是面向人文社会科学教育用户、专业用户和大众用户，提供高质量数字教育服务、专业知识服务和便捷愉悦的大众阅读服务，努力成为人文社会科学领域重要的数字信息服务提供商和数字内容出版领先者。把数字思维贯彻到选题策划、编辑加工、营销发行、售后服务全流程，从规范作品网络信息传播权的源头，着手解决数字出版的版权问题，在各个流程环节中加强知识积累，加强数字整理和重组工作，确保数字出版和传统出版相宜并存、相互转换。抓住核心的重点，投入人力、物力、财力，做好数字产品的研发。深入研究教材内容和形式的创新，研究高等教育办学结构的变化趋势，高度关注教学课程改革，紧密追踪学科前沿、学科基础、学科重大公关方面的成果，加强教材的立体化、网络化力度，力求在数字出版特别是数字教材出版领域有所突破，努力建设体现出版社优势出版领域的学术内容，专业出版的数字出版库。

3. 发行公司继续加强渠道建设与管理，保障出版物发行顺畅，科学发货，确保回款安全。市场部加强了对重点教材的培训力度，稳步提高教材的市场占有率。

4. 2012年10月，按照学校指示，出版社社领导班子进行了换届调整，李永强任社长，贺耀敏任总编辑。2012年10月31日下午2点，中国人民大学出版社召开全体中层干部会议，听取中国人民大学关于出版社社长、总编辑的任命决定。中国人民大学党委副书记兼副校长王利明、中国人民大学党委组织部部长高德步出席会议，高德步宣读了学校文件《关于贺耀敏、李永强职务任免的通知》(2012—2013学年校长字18号)，中国人民大学决定任命贺耀敏为出版社总编辑（兼)，任命李永强为出版社社长，免去贺耀敏出版社社长（兼）职务。

四、对外合作和版权贸易工作

2012年出版社“走出去”工作稳健发展，实现版权输出、合作品种“过百”的目标，连续多年获得“中国图书对外推广计划”单体出版社综合排名第一、第二的好成绩，成为国内出版社中“走出去”工作的排头兵。

3月，为期两天的“中国图书对外推广计划”第八次工作会议在江西南昌举行，2011年人大出版社“走出去”综合排名单体出版社第二。

4月，《中国图书出版产业报告》英文版新书发布会成功举行，李瑞环同志重要著作《务实求理》英文版新书发布会于伦敦成功举行。一大批高端学术著作和重要著作版权的输出，标志着人大出版社不仅在量上走在“走出去”前列，而且形成了理论输出、学术输出和精品输出的“走出去”特色与优势。

5月，“2012年伦敦书展中国主宾国活动总结大会”在新闻出版总署召开，人大出版社等数十家新闻出版机构受到表彰，因为其为伦敦书展中国主宾国活动作出了积极贡献。

7月，由商务部、中宣部、文化部、广电总局和新闻出版总署五部委联合评选的2011—2012年度国家文化出口重点企业名单揭晓，人大出版社榜上有名。迄今，出版社已连续三届入选国家文化出口重点企业。

8月，在北京国际图书博览会上，出版社与美国麦格劳-希尔教育出版公司联合为《大国竞争的金融战略》（陈雨露）、《世界经济中的中国因素》（黄卫平）、《中国人的价值观》（宇文利）举办了英文版签约仪式，以此作为出版社与麦格劳-希尔教育出版公司合作出版的“中国经验”系列丛书的第二辑。

8月底，“第十一届输出版、引进版优秀图书评选”活动举行，出版社获奖图书包括：米什金著《货币金融学》（第九版）、曼昆著《宏观经济学》（第七版）获得2011年度引进版社科类优秀图书奖；《简明清史》、《中国美术：先秦至两汉》、《中国经济改革与发展研究》获得2011年度输出版社科类优秀图书奖。

五、其他重要事项

1. 1月5日，由中国人民大学出版社、天窗文化出版集团联合举办的“‘2012中国经济发展与改革’研讨暨《中国经济改革与发展研究》英文版出版座谈会”在中国人民大学逸夫会议中心举行。第九届、第十届全国人大常委会副委员长成思危、中国人民大学常务副校长袁卫、首都经济贸易大学原校长文魁，以及来自清华大学、北京大学、北京航空航天大学、中国科学院的众多专家学者出席了会议，并在会上就2012年中国经济发展与改革的重大命题进行了交流和探讨。新闻出版总署国际交流司、国务院新闻办等相关部门的领导出席了本次活动。

2. 应中国人民大学出版社的邀请，1月9日，全国政协原副主席陈锦华在中国人民大学校长陈雨露的陪同下，参观了2012北京图书订货会上人大社的展位，详细听取中国人民大学校长助理、出版社社长贺耀敏介绍人大社近些年的发展情况和优秀图书，并对人大社本次展示的优秀图书表示了欣赏和肯定。

3. 1月10日，出版社在学校图书馆新馆举办了《朱永新教育作品》新书首发式暨新教育新年报告会。新闻出版总署副署长邬书林、全国人大常委朱永新、学校常务副校长袁卫出席本次会议。

4. 1月13日，由中华文化促进会与中国人民大学出版社共同主办的《联结地球的文化力——高占祥与池田大作对话录》（中文版）新书发表会在人民大会堂举行。中华文化促进会主席高占祥、池田大作长子池田博正、全国人大常委会副秘书长曹卫洲、文化部部长助理高树勋、中华文化促进会顾问万绍芬等与首都文化、新闻、出版界人士200余人出席新书发表会。中国人民大学党委书记程天权在会上致辞。

5. 4月，中宣部等10个部门联合发出通知，在全国开展“弘扬雷锋精神　建设心灵家园”主题读书活动。出版社《大学毕业生建功立业先进事迹报告（2011）》、《中国传统道德·简编本》入选中宣部百种优秀思想道德读物书目。

6. 5月25日，“纪念中日邦交正常化四十周年”暨《中日关系大事辑览》出版座谈会在中国人民大学隆重举行。全国政协原副主席陈锦华，日本驻华大使馆商务公使堂之上武夫，中国人民大学校长陈雨露、副校长王利明，以及来自中央党史研究室、北京大学、清华大学、中日友好二十一世纪委员会、中国中日关系史学会、中国企业家联合会、中国石油化工集团公司和中国人民大学等单位的专家学者50多人出席了座谈会。

7. 5月,《社会主义和谐社会核心价值体系研究》、《为什么要坚持社会主义道路》等8种选题入选社会主义核心价值体系建设"双百"出版工程首批重点选题。

8. 7月,新闻出版总署在京召开"强素质·作表率"主题读书活动优秀图书推荐工作会议。人大出版社自2010年以来,连续有《务实求理》、《大国的责任》、《梁衡红色经典散文》、《公共文化与跨文化外交》四种图书入选,在全国出版单位中表现突出。

9. 7月,《中国传统道德·简编本》(重排本)、《全国大学生先进事迹选编》("励志青春"系列·第一辑)入选教育部思政司首批高校师生理论学习推荐书目。

10. 9月,学校在全国政协礼堂金厅举行《金大中自传》中文版的出版座谈会。第九届、第十届全国政协副主席陈锦华,文促会主席、文联原党组书记高占祥,新闻出版总署纪检组组长宋明昌等领导出席了会议。韩国前总统金大中的夫人李姬镐女士等出席活动。本书的出版,进一步加深了中韩两国人民对彼此的了解与认可,促进了两国在不同层面和领域的沟通与合作。会议由程天权书记主持,陈雨露校长出席会议并讲话。

11. 10月15日,陈锦华同志重要著作《国事续述》出版座谈会在全国政协礼堂金厅隆重举行。第十届全国人大常委会副委员长盛华仁,全国政协原副主席陈锦华,全国政协原副主席徐匡迪,以及来自相关部委、大型企业、学界的领导、代表出席本次座谈会。会议由陈雨露校长主持,程天权书记出席会议。

12. 10月18日,出版社举行了前文化部常务副部长、文促会主席高占祥先生最新著作《新弟子规》新书发布会,该书将传统文化用鲜活的形式加以表达,指导青少年如何去生活、学习,这种文化的影响力对青少年的健康成长起到积极而又深远的作用。

13. 12月,出版社与学校佛教与宗教学理论研究所、宗教高等研究院、哲学院、国际佛学研究中心联合举办了"中国佛教与中国哲学的现代诠释——《方立天文集》出版座谈会"。

附录

2012年度获奖图书目录
(只汇总省、部级以上奖项)

序号	奖项(及国家重点项目)名称	作品名称	出版时间	作者
1	国家社科基金后期资助项目	法学方法论	2011年12月	王利明
2	国家社科基金后期资助项目	欧洲示范民法典草案:欧洲私法的原则、定义和示范规则	2012年2月	欧洲民法典研究组
3	国家社科基金后期资助项目	刑法的知识转型(学术史)	2012年11月	陈兴良
4	国家社科基金后期资助项目	司法精神病学实务研究	2012年11月	陈立成
5	国家社科基金后期资助项目	合同法分则研究(上卷)	2012年5月	王利明
6	国家哲学社会科学成果文库	衡平税法研究	2012年3月	张　怡
7	国家哲学社会科学成果文库	中国宪法学说史研究(上下)	2012年3月	韩大元
8	国家哲学社会科学成果文库	债权:借鉴与发展	2012年2月	崔建远
9	江苏高校第八届哲学社会科学研究优秀成果奖	刑法各论	2012年9月	王昭武

序号	奖项（及国家重点项目）名称	作品名称	出版时间	作者
10	国家社科基金后期资助项目	政策变迁中的专家参与	2012 年 3 月	朱旭峰
11	国家哲学社会科学成果文库	国家哲学社会科学成果文库概要（2011）	2012 年 3 月	全国哲学社会科学规划办公室
12	北京市第十二届哲学社会科学优秀成果（经济学）	中国宏观经济分析的理论体系	2011 年 3 月	郑超愚
13	北京市第十二届哲学社会科学优秀成果（经济学）	中国宏观经济分析与预测（2010－2011）——流动性回收与新规划效应下的中国宏观经济	2011 年 3 月	中国人民大学经济研究所
14	国家哲学社会科学成果文库	中国地方政府规模和结构优化研究	2012 年 3 月	郭庆旺　贾俊雪
15	国家哲学社会科学成果文库	马克思经济学数学模型研究	2012 年 3 月	吴易风　白暴力
16	国家社科基金后期资助项目	“低工资陷阱”与中国经济转型	2011 年 12 月	杨军生
17	国家哲学社会科学成果文库	中国通货膨胀新机制研究	2012 年 3 月	刘元春等
18	国家社科基金后期资助项目	中国的货币金融体系（1600—1949）——基于经济运行与经济近代化的研究	2012 年 5 月	燕红忠
19	国家社科基金后期资助项目	城市商圈论	2012 年 12 月	柳思维　唐红涛　吴忠才　徐志耀　王　娟
20	国家社科基金后期资助项目	有效率的专利联盟：竞争效应和创新效应研究	2012 年 9 月	杜晓君　马大明
21	国家社科基金后期资助项目	外商直接投资机理与效应——基于物流产业特征的研究	2012 年 9 月	王　杨
22	江苏省高校第八届哲学社会科学研究优秀成果奖	冲突与和谐：长三角经济发展经验	2010 年 1 月	刘志彪等
23	第八届上海市决策咨询研究成果奖	长三角区域经济一体化	2010 年 3 月	刘志彪等
24	北京市第十二届哲学社会科学优秀成果（历史学）	明代佛教方志研究	2011 年 3 月	曹刚华
25	北京市第十二届哲学社会科学优秀成果（哲学）	雅克·拉康——阅读你的症状（上、下）	2011 年 5 月	吴　琼
26	国家哲学社会科学成果文库	居民家庭金融资产选择的建模研究	2012 年 3 月	史代敏
27	国家哲学社会科学成果文库	经济全球化条件下产业组织研究	2012 年 3 月	杨蕙馨　吴炜峰　冯文娜　王　军
28	国家社科基金后期资助项目	网络虚拟货币研究	2012 年 2 月	孙宝文　王智慧等
29	国家社科基金后期资助项目	区际生态补偿论	2012 年 9 月	黄　寰

■ 书报资料中心

一、概况

在学校的领导和支持下，2012 年，书报资料中心（以下简称“中心”）多项工作取得了进展。中心积极贯彻落实“十二五”时期国家文化产业大发展大繁荣的战略部署，在稳步提高纸本刊编辑出版质量、努力提高综合经营效益的同时，把握数字化转型重大发展机遇，大力推进数字化转型，取得了阶段性成果。对内，进一步深化管理体制改革，强化科学、规范管理，努力提高工作质量与效率；对外，通过组织和参与多项活动，进一步提升了品牌影响力。

2012 年全年，中心编辑出版各类期刊 148 种，共计 1 590 期，与上年同期基本持平；出版物总页码 15.5 万页，比上年同期增长 1.77%；编辑年度索引 26.7 万条，比上年同期增长 2.85%。总印量为 793.22 万册，比上年同期下降 4.95%；总发行量为 578.52 万册，比上年同期下降 28.89%。

2012 年，中心营业总收入 5 578.12 万元，比上年同期减少 545.92 万元，下降 8.91%，主要原因为数据库产品销售业务授权给人大数媒科技（北京）有限公司独家经营，收入转移，中心收入减少 675.2 万元。纸本期刊实现销售收入 3 807.66 万元，比上年略有增长。在纸质期刊发行总体下滑的趋势下，中心积极拓展其他收入来源，2012 年实现其他各项收入 1 323.06 万元，比上年同期增加 297.77 万元。

2012 年，中心资产总额 10 607.07 万元，总码洋 8 688.92 万元，年销售收入 4 255.06 万元，利润总额 822.30 万元，上缴税金 621.78 万元，以各种形式上缴学校 1 256.21 万元。

截至 2012 年底，中心在职职工总数 229 人，其中，事业编制在职职工 61 人，占在职职工总数的 26.6%，合同编制在职职工 96 人，占在职职工总数的 41.9%。高级职称人员 19 人，其中正高 5 人，副高 14 人。

二、管理工作

2012 年，中心进一步加强内部管理，健全工作机制，完善工作流程，保障了各项工作顺利开展。

（一）综合管理

中心始终坚持集体讨论，公开、透明决策程序，确保决策的科学性、透明度和民主性。通过中心办公会、主任办公会、总编办公会等多种形式构建集体决策的有效机制。进一步强化预算管理，重视成本核算，增强科学测算、节约成本的现代企业管理理念，确保各项业务规范运营。

继续完善制度汇编、资产管理、档案管理等工作。及时梳理、完善中心各类规章制度，进一步规范办公用品采购及申领、设备维修、公章使用、公文办理等流程。

（二）人事管理

为了支持中心顺利实现数字化转型，2012 年，学校任命人大数媒科技（北京）有限公司总经理张文飞为书报资料中心副主任（正处级），兼任人大数媒科技（北京）有限公司总经理。

2012 年，中心根据事业发展需要，深入调研各岗位人力资源需求，积极引进高素质人才，完善队伍建设，根据实际工作需求招聘人才，涉及中心办公室、数字出版部、市场营销部、编辑等多个岗位，新进员工 23 人，其中事业编制 3 人。在学校人事处的大力支持下，又有 1 位博士后到中心担任编辑，缓解了经济类编辑招聘难的困境。

（三）业务管理

贯彻“全流程质量管理”的理念，强化质量管理部门的职能，完善按出错率统计月报进行考核和奖惩的机制。

加强部门协调力度，完善编辑部门与生产经营部门定期沟通机制，重新核定印刷工价，及时发现和解决编辑、出版和发行过程中的障碍和问题。

增强版权服务意识，完善作者俱乐部工作。2012 年，俱乐部新发展会员 4 092 名，其中 A 类会员 2 685 名，B 类会员 1 407 名。

（四）内部经营体制改革

2012 年，中心继续加大力度推进内部经营体制改革，新成立了咨询部项目组、时政项目组、人力资源与市场营销项目组、审计文摘项目组、种植与养殖项目组共 5 个全成本核算项目组。目前中心内部项目组共有7个，涉及25种刊物，50余人。项目制的推行，明确了责权利，大大激发了大家的经营主动性与积极性，提升了中心刊物质量和出版业务的综合经营效益。

三、期刊编辑出版

（一）合理调整期刊结构，适应学科和市场发展需要

结合中心“十二五”期刊发展规划，贯彻“分类管理、分类经营”方针，明确学术刊和商业刊的定位，合理调整期刊结构。2012年，中心期刊结构进一步优化，148种期刊均顺利通过北京市新闻出版局年检。

（二）原发刊创办取得新进展

2012年，在陈雨露校长和王利明副书记兼副校长的直接关心和帮助下，中心原发刊创办取得新进展，与院系、学会合作创办了《公共管理与政策评论》和《新闻春秋》两本原发学术期刊，并获批于2013年创办《社会学评论》和《创新人才教育》两本原发期刊。近年来随着原发学术期刊的不断创建，在优化中心期刊结构的同时，也为学校相关学科建设和学术影响力提升作出了重要贡献。

四、数字化和网络化建设

（一）《新闻春秋》数字学术刊获得2012年“北京市出版工程”项目资金支持

2012年5月，中心编辑出版的《新闻春秋》数字学术期刊系列出版产品通过专家论证，被北京市新闻出版局确认为2012年“北京市出版工程”（网络类）项目，授权使用“北京市出版工程标识”，并获得专项资金补贴。《新闻春秋》是书报资料中心对学术期刊新媒体形态的重要探索。《新闻春秋》数字刊开创了“全媒体、超链接、即时互动”的期刊模式，获得中宣部出版局、国家新闻出版总署相关领导及新闻传播学界专家的高度评价。

（二）人大数媒科技（北京）有限公司运营良好，成果显著，中心数字化转型取得阶段性成果

2011年12月9日，在学校党委支持下，中心投资1 000万元与人大世纪科技发展有限公司、北京人大文化科技园建设发展有限公司共同组建的“人大数媒科技（北京）有限公司”（以下简称“人大数媒”）成立，2012年成功完成既定经营目标，运营良好。

“人大数媒”成立短短一年，已取得了互联网出版许可证、互联网信息服务业务经营许可证（简称ICP证）以及中关村高新技术企业认证三大基本资质，形成了“一主两翼”的业务发展布局：“一主”是以“学者在线”为核心的数字学术出版平台业务（“种子业务”）；“两翼”分别是：移动电商业务（“树苗业务”）和数据库运营业务（“果树业务”）。三大业务布局，强调短、中、长期业务交叉组合，强调现金流业务、潜力业务和战略业务合理搭配，层次分明，稳健的同时更注重塑造持续发展力。

在项目申报及建设方面，“文明中国”全民阅读项目和“中国人文社会科学新型学术评价指标体系建设及其应用”项目入选新闻出版总署改革发展项目库。目前，“学者在线”一期项目内容之一“人文社科知识总库”进入收尾期，“学者在线”项目于2012年12月获得了财政部文化产业发展专项资金人民币800万元。

在产品研发方面，“人大数媒”已经自主研发了人文社科知识总库网站平台、“学者在线”移动互联应用客户端以及“3G报刊亭”数字报刊云服务平台三大产品。

此外，“人大数媒”的多个项目和产品也取得了突出的成果：“3G报刊亭”数字订阅平台成功成为中国移动、中国联通和中国电信的手机阅读MCP；“文明中国”全民阅读项目深入铺开，活动覆盖10个省份，实际参与人数达2 000万，得到中宣部、中央文明办、新闻出版总署和中国人民大学的高

度重视，牛维麟常务副书记亲自参与了相关活动；公司自主研发的“学者在线”移动端产品于2012年8月荣获首届运营商终端与应用创新合作大会“2012年度产品创新奖”。

五、学术评价研究

（一）坚持同行评议与文献计量相结合，加强学术成果评价体系建设

自2008年11月1日学术评价研究中心成立以来，切实加强科学研究，投入专门资金，组建专门研究队伍积极开展学术成果评价研究。学术评价研究中心联合中国人民大学书报资料中心研制的“2011年度《复印报刊资料》转载学术论文指数排名”与“研究报告”于2012年3月27日在《光明日报》、《中国新闻出版报》及国内各大门户网站正式发布，该排名根据人大《复印报刊资料》100多种学术系列期刊在2011年度转载的学术论文评价数据，对中国人文社科学术期刊和教学科研机构进行了统计排名，各学术科研单位、期刊社对该研究成果的发布日益重视，社会影响力逐步提高。

（二）完善“复印报刊资料”转载排名工作，发布《“复印报刊资料”重要转载来源期刊（2012版）》名录等，有效宣传评价理念和成果

2012年，评价研究中心花费大量工时汇编发布了《“复印报刊资料”转载排名汇编（2000—2011）》，便于内部使用和对外宣传，更好地支撑各项业务。

10月30日，由学术评价研究中心和书报资料中心共同研制的《“复印报刊资料”重要转载来源期刊（2012版）》名录发布，受到国内外学界的广泛关注。该名录依据2010、2011年度“复印报刊资料”转载论文综合评价数据和评审专家组评议，选取了《中国社会科学》、《北京大学学报》、《国家行政学院学报》、《哲学研究》、《经济研究》等772种国内重要的人文社会科学期刊作为2012年版“复印报刊资料”重要转载来源期刊，得到国内期刊界的广泛赞誉和高度评价。作为我国首个以论文同行评议结果为基础的期刊评价体系，标志着人民大学从此有了自己研制的“核心期刊表”和评价标准。

（三）不断自我提升，加强学术交流合作，得到学校等各方面的支持

2012年，学术评价研究中心在科研项目上取得重要突破：中国人民大学教育管理基金项目“我国211高校学报学评估研究”按时结项；5月，成功申报国家社科基金青年项目；12月，学术评价研究中心获得学校985项目资金拨款200万元。

2012年度，中心累计参加学术评价领域交流合作近10次，参与人员超过20人次。交流对象覆盖了社科院、武汉大学、中信所等评价机构及其知名专家，以及部分原发期刊，交流内容包括研究动向、数据交换、合作可能等。

六、经营销售工作

2012年，中心将纸本期刊营销工作作为“一把手工程”，强化“全员营销”理念，成立营销工作领导小组，采取多种营销手段，加强市场推广工作和活动营销，扭转了中心纸本期刊销量持续大幅下滑的局面，中心纸本期刊年度实现销售收入3 808万元，比2011年略有增长，“一把手工程”收获显著。

2012年，中国人民大学书资教育培训中心培训业务有序开展：咨询业务收入达到363.11万元，较上年增长9.78%；广告及其他业务收入959.95万元，较上年增长38.21%。

七、相关重要活动

1月，由中心和《光明日报》、《学术月刊》联合组织，通过读者调查、学者推荐、专家评议、投

票确定等规范程序，“2011 年度中国十大学术热点”评选结果揭晓。

3 月 27 日，由中国人民大学人文社会科学学术成果评价研究中心联合中国人民大学书报资料中心研制的“2011 年度《复印报刊资料》转载学术论文指数排名”及“研究报告”正式发布。

4 月 14 日，由中心和中国人民大学文学院联合承办的“百年中文学科制度之回顾：全国重点大学中文发展论坛第 14 次会议”在北京金台夕照会馆隆重举行。

5 月，中国人民大学人文社会科学学术成果评价研究中心被评为 2011 年度“校级先进集体”。

5 月 10 日，教育部副部长李卫红、新闻出版总署副署长邬书林来到中心调研。陈雨露校长、王利明副书记兼副校长、人大附中刘彭芝校长、校长助理兼人大出版社社长贺耀敏以及中心和人大数媒科技（北京）有限公司班子成员参加调研会议。

5 月 14 日，人大数媒科技（北京）有限公司申报的“中国人文社会科学新型学术评价指标体系建设及应用”项目和“文明中国”全民阅读项目顺利通过了新闻出版总署出版产业发展司的审批，被批准为新闻出版改革发展项目库入库项目。

7 月 5 日，由中心和江西省社会科学院主办的“迎接党的十八大胜利召开，加强党的先进性和纯洁性建设”研讨会在江西省南昌市召开。中共江西省委宣传部常务副部长陈东有、中心党委书记李遵清、江西省社科院院长汪玉奇、中央党校党建教研部副主任戴焰军、江西省社科院纪检组组长姜玮等相关领导、专家出席会议并讲话。

9 月 12 日至 15 日，由中心《精神文明导刊》杂志、中共河南省漯河市委主办，漯河市委宣传部、漯河市文明办承办的第九届“中华文明·经典诵读漯河论坛”在河南省漯河市举办，中心总编辑兼副主任高自龙，中央文明办有关部门负责同志，河南省文明办专职副主任郭守占，中共漯河市委常委、宣传部长谢安顺，漯河市委宣传部副部长、文明办主任梁国正等领导和嘉宾参加开幕式并先后致辞。《精神文明导刊》主编余洪波主持论坛开幕仪式。

8 月 31 日至 9 月 1 日，中心举办了主题为“学术期刊的数字发展与市场经营”的暑期编辑培训。中心领导班子成员、全体编辑及相关部门负责人共 90 余人参加了培训。

10 月 18 日，中心向苏州校区捐赠期刊仪式在苏州校区开太楼举行。中国人民大学副校长伊志宏出席捐赠仪式，盛希贵主任、钱蓉副总编辑、张华副主任一行代表中心捐赠期刊。

10 月 26 日，人大数媒科技（北京）有限公司正式取得通过北京市海淀区政府、中关村科技园区管理委员认证的“中关村高新技术企业”证书。

10 月 30 日，“复印报刊资料”喜迎品牌创建 50 周年，举行了学术期刊与学术评价论坛暨“复印报刊资料”品牌创建 50 周年庆典。程天权书记出席会议并发表讲话，陈雨露校长会见与会嘉宾和专家，中宣部出版局副局长刘建生（正局级）、新闻出版总署新闻报刊司副司长张泽青（正局级）、教育部社会科学司成果处正处级调研员马建通 3 位上级主管单位领导出席会议。

10 月 30 日，由中国人民大学人文社会科学学术成果评价研究中心和书报资料中心共同研制的《“复印报刊资料”重要转载来源期刊（2012 版）》名录发布。该名录依据 2010、2011 年度“复印报刊资料”转载论文综合评价数据和评审专家组评议，选取了《中国社会科学》、《北京大学学报》、《国家行政学院学报》、《哲学研究》、《经济研究》等 772 种国内重要的人文社会科学期刊作为 2012 年版“复印报刊资料”重要转载来源期刊，得到国内期刊界的广泛赞誉和高度评价。

11 月 7 日，中心与苏州大学王健法学院联合举办的“法学院校科研成果与竞争力提升”研讨会在苏州大学召开。

11 月 16 日，人大数媒科技（北京）有限公司申请的《互联网信息服务业务经营许可证》（简称 ICP 证）通过北京市通信管理局审核受理。

11 月 17 日，国家教育行政学院第 42 期高校领导干部进修班一行 20 余人在考察中国人民大学期间，专程来到中心参观调研。

11月20日，中心与中国人民大学社会学理论和方法研究中心签订《社会学评论》学术支持办刊协议。

12月4日，人大数媒科技（北京）有限公司正式取得由中华人民共和国新闻出版总署颁发的《互联网出版许可证》。

12月5日，中心在文化大厦1309会议室召开“2012年法学系列期刊发展研讨会”，高自龙总编辑兼副主任、钱蓉副总编辑出席会议。中心法学系列期刊学术顾问、特邀专家、学者，以及中心政法编辑室负责人、法学期刊编辑等约20人参加了会议。

12月15日上午，中心、《光明日报》理论部和《学术月刊》编辑部在文化大厦1309会议室联合组织召开了“2012年度中国十大学术热点评选”专家研讨会。来自中国社会科学院、中国教育科学院、中国人民大学、清华大学、北京师范大学、南开大学、《新华文摘》杂志社等单位的专家学者共30余人参加了会议。中心总编辑兼副主任高自龙、副总编辑钱蓉参会，会议由《学术月刊》总编辑田卫平主持。

12月16日，中心“2012年历史学系列期刊发展研讨会”在文化大厦1309会议室召开，来自中国社会科学院、北京师范大学、首都师范大学、中国人民大学等高校及科研单位的历史学专家学者出席。高自龙总编辑兼副主任、钱蓉副总编辑、中心总编室和文史编辑室负责人及相关期刊责任编辑参会。会议由钱蓉副总编辑主持。

12月20日，北京市新闻出版行业先进集体、先进个人表彰暨领军人才工作会议召开，中心主任盛希贵、副总编辑钱蓉获得表彰。中心主任盛希贵荣获由北京市新闻出版（版权）局、北京市人力资源和社会保障局颁发的“2010—2012年度北京市新闻出版和版权工作先进个人”荣誉称号，《新闻春秋》杂志主编王润泽同时获得这一荣誉称号。中心副总编辑钱蓉被评为第二届北京市新闻出版行业领军人才。

12月，中心获得学校“985项目”资金拨款200万元，用以支持中国人民大学人文社会科学学术成果评价研究中心建设。此次拨款，是中心获得学校大额资金支持的历史性突破。

12月，中心申报的“国家学术数字出版平台——学者在线”项目获得财政部文化产业发展专项资金拨款800万元。该项目由人大数媒科技（北京）有限公司负责建设，是中心实现数字化转型的立足点和突破口。

附录

2012年书报资料中心部分期刊变更表

序号	原专题代号	原刊名	原刊期	现专题代号	新刊名	新刊期
1	S7	报刊资料索引（科技管理、生态环境、出版分册）	年刊	LD2	公共管理与政策评论	季刊
2	X5	经济政策信息	半月刊	LG1	新闻春秋	季刊
3	V5	都市文萃	月刊	LC2	社会学评论	双月刊（2013年2月出版）
4	X7	中外经贸信息	半月刊	LG2	创新人才教育	季刊（2013年10月出版）

■ 文化科技园

一、概况

中国人民大学文化科技园（以下简称“人大文化科技园”）2004年成立运营，依托中国人民大学的学科优势，率先建立文化科技园区，开始了文化创意产业基地建设及人文社科成果转化的探索之路。园区在文化创意产业园区建设领域开创了四项“第一”：全国第一家以文化创意为主题的国家级大学科技园；全国第一家专门服务文化创意企业的留学人员创业园；全国第一家国家版权贸易基地；全国唯一依托大学建设的国家文化产业示范基地。

2012年，园区获得科技部文化科技创新工程、北京市科委大学科技园专项、北京市文化创新专项资金等各级相关主管政府部门扶持资金900余万元。

据不完全统计，2012年园区企业总收入达到70亿元，上缴税收总额超过4亿元；在科技部、教育部组织的国家大学科技园绩效评价中被评为“A类”。人大留学人员创业园获得北京市留学人员创业园命名，并被评定为优秀留学人员创业园。人大文化科技园第三次发布“中国省市文化产业发展指数”，发布“中国文化消费指数指标体系”。园区成立国家版权贸易基地“版权评估中心”。

二、企业孵化机制与公共服务平台建设

基于对文化产品生产、流通、交易的文化创意产业全产业链的深入研究，园区建立了以“创业服务＋创业投资＋创业导师”为核心的综合孵化服务体系，在此基础上打造企业全程量化评价跟踪服务体系、特色关系资源网络体系、产业聚集三位一体的创新型孵化机制。

截至2012年12月，人大文化科技园累计入园企业319家，累计孵化企业186家，其中留创企业131家，一般孵化企业21家，大学生创业企业34家。目前在园企业155家，在园孵化企业72家，其中留创企业42家，一般孵化企业11家，大学生创业企业19家。2012年度新入园留创企业20家。园区现有建筑面积67 000平方米，其中孵化面积18 600平方米。在园企业获得的自主知识产权数量超过300项。

目前在园留创企业、文化创意类企业占园区企业总数的85%，分布于数字出版、动漫游戏、创意设计等多个新兴文化行业；在版权领域有培生教育出版集团、Taylor and Francis等全球出版15强企业入驻。2012年，园区推荐的石山科技、博如德荣获“中国留学人员创业园百家最具创业潜力企业”；石山科技徐平岩获得第七届“春晖杯”中国留学人员创新创业大赛优胜奖；朔方鼎华获“留创企业择优资助”；园区指导的弘建友邦、石山科技获得海淀区中小企业创新资金资助。

2012年，人大文化科技园以企业全程跟踪服务为基础，通过针对全园企业的基础服务体系建设和针对孵化企业的孵化服务体系建设，完善文化创意特色服务体系。园区全年组织企业参加深圳文博会、北京文博会、北京书展、广州留学人员交流会、苏州创博会等6次，为企业组织投资推介会9次，为企业提供创业培训12次，举办创业者沙龙、版权人沙龙9次。

三、国家版权贸易基地建设

2012年，中国人民大学文化科技园继续加强国家版权贸易基地的建设，组建了全国第一家专业

的版权资产评估中心，完成11部电视剧的版权资产评估，帮助企业获得银行授信达1亿元。国家版权交易网挂牌交易项目超过5 000项，访问用户遍布70多个国家和地区。中关村版权联盟新发展会员18家，累计达96家，并成功调解数起版权争议。《中国版权年鉴2011》如期出版，内容包括版权保护、版权相关产业和版权贸易发展状况、版权理论研究、版权统计资料、版权相关机构名录等。园区举办第二届中国版权拍卖大会，共联系400多家出版和发行机构，并征集到550部作品参与拍卖。

四、创意产业技术研究院工作

2012年，中国人民大学创意产业技术研究院完成对学者在线项目的投资，版权资产评估项目实现商业化运作。

五、文化产业研究院工作

2012年5月，由中国人民大学党委常务副书记牛维麟教授担任首席专家的“中国文化产业人才培养体系建设研究”项目获批国家社科基金重大项目（批准号：12&ZD034)。2012年9月，经过三年多的发展，中国人民大学文化创意产业研究中心建立了强大的研究团队，取得了丰硕的研究成果，因此升级并更名为中国人民大学文化产业研究院。2012年12月22日，在人大文化科技园与文化部文化产业司共同主办的第四届“文化创意产业与品牌城市”国际论坛上，中国人民大学文化产业研究院向社会公开发布了“中国文化消费指数指标体系”，引起媒体和政府部门的广泛关注。2012年度，中国人民大学文化产业研究院受文化部、中宣部、新闻出版总署等国家部委，以及北京市教委、福建省福州市政府、内蒙古自治区文化厅、山东省广饶县政府等政府机构委托，开展了二十余项研究咨询业务。

六、其他重要活动

（一）《中国版权年鉴2011》（总第三卷）正式出版发行

2012年1月，《中国版权年鉴2011》（总第三卷）正式出版发行。《中国版权年鉴》由国家版权局组织编纂，中国人民大学国家版权贸易基地和中国人民大学出版社编辑出版，是我国唯一全面系统反映中国版权创造、运用、保护和管理基本概貌的大型专业工具书。本书逐年编纂、连续出版，内容丰富、资料翔实，具有权威性、实用性、资料性和存史价值，被业内称为“版权领域的百科全书”。

（二）园区获选中关村国家自主创新示范区“苗圃计划”首批合作单位

2012年5月15日，中关村国家自主创新示范区正式启动“苗圃计划”，人大文化科技园成为中关村示范区“苗圃计划”首批合作单位。为帮助创业企业解决扩租选址难题，在中关村管委会的推动下，经中关村不动产商会审核筛选，“苗圃计划”推出首批35栋楼盘，总面积近64万平方米，主要分布在海淀园、丰台园、昌平园、电子城、雍和园和石景山园等园区。文化科技园兴发大厦凭借优越的地理位置、得天独厚的人文科技环境、为创业企业量身打造的户型成功入选。“苗圃计划”将面向所有中关村示范区科技型小微企业提供选址服务，并优先为“金种子工程”入选企业提供免费的选址服务，租赁价格将不高于同区域同品质写字楼，符合条件企业还可享受相应的资金支持。

（三）园区承办国家级文化和科技融合示范基地负责人高级研修班

2012年12月18—20日，人大文化科技园承办了由科技部高新司、政策司、中宣部改革办主办的国家级文化和科技融合示范基地负责人高级研修班。来自首批16家国家级文化和科技融合示范基地及其所在省（直辖市、计划单列市)、市（区）科技、宣传系统的68名负责人及相关人员参加了培训。科技部曹健林副部长、中国人民大学陈雨露校长以及科技部、中宣部、文化部相关司局的负责同志出席了开班仪式。本次研修班设置了国家文化科技创新工程总体情况、国际文化科技融合的趋势和规律、我国文化科技融合的机制与模式、我国文化科技产业集群发展与基地建设的方式与途径等课程，聘请了科技部、文化部、广电总局、新闻出版总署、国家文物局相关司局负责人，文化科技企业、园区的高级主管、知名专家和教授担任授课老师，从多角度对文化科技融合进行分析和解读。

（四）园区成功举办第四届“文化创意产业与品牌城市”国际论坛

2012年12月22—23日，以“文化消费与城市文化产业发展”为主题的第四届“文化创意产业与品牌城市”国际论坛在中国人民大学举行。论坛由中国人民大学和文化部文化产业司共同主办，环球时报社联合主办，人大文化科技园、人大文化产业研究院承办。在该论坛上，中国人民大学文化产业研究院公开发布“中国省市文化产业发展指数（2012）”和“中国文化消费指数指标体系”。本论坛汇集了政界、学术界、文化界、教育界、企业界、投资界等多领域的领导、专家及学者，已经成为文化产业领域的一项颇具影响力的品牌活动。

（五）园区成功举办第六届文化创意产业集聚区论坛暨2012文化和科技融合发展高峰论坛

2012年12月20日，第六届文化创意产业集聚区论坛暨2012文化和科技融合发展高峰论坛在中国人民大学文化大厦举行。本次论坛由北京文博会组委会办公室、北京市文化创意产业促进中心联合主办，海淀区委宣传部、人大文化科技园承办，并得到科技部高新司的大力支持。此次论坛的举办，进一步贯彻落实了十七届六中全会及十八大的精神，加深了参会人员对文化科技融合发展规律、模式的了解，同时也宣传了国家文化科技创新工程纲要的相关精神，推动国家文化科技创新工程实施。

党建和思想政治工作

■ 综合工作

一、民主办学和依法治校

2012年，学校“民主办学，依法治校”工作继续扎实推进。法律事务室积极为学校的重大活动和重要工作提供法律咨询，有效防范和化解了各种法律风险，切实维护了学校的合法权益。2012年，法律事务室共处理各种法律事务29件（次）。其中，协调诉讼案件办理或代表学校出庭应诉4次，审查学校重要合同9件，为校内各单位提供法律咨询服务11次，办理其他法律事务5件。同时，学校坚持“发展是第一要务，稳定是第一责任”的思路，将信访工作作为一项关系全局的基础性工作，进一步建立健全信访工作的长效机制，完善学校信访工作网络。信访办公室全年接待信访群众、接听信访电话、接收信函和电子邮件共计846件（次），初信初访办结率为86％；安排校领导接待日活动5次；注重对信访工作规律和特点的研究与总结，定期对各类信访信息加以汇总、分类，并在此基础上编印了4期《信访工作季报》。

二、安全稳定工作

2012年，学校及时处理、有效应对了各类突发事件，维护了校园安全稳定和校园秩序。全年共报送《情况反映》56期，及时与教育部、北京市委教育工委、市教委和海淀区等有关部门沟通信息。

学校办公室（党委办公室）、党委宣传部、学工部、保卫部和各单位党政领导、学生骨干等，发挥了了解和掌握师生思想动态主渠道和生力军的作用。2012年，学校办公室共向上级部门报送有关信息材料100余份（件）；2012年党委宣传部编印内部刊物《思想理论动态》10期，共计40万余字，完成了《北京高校哲学社会科学理论动态》的每月上报工作，得到了中宣部理论局、教育部思政司等上级部门的高度赞誉。

三、领导班子思想政治建设和理论学习

2012年，学校党委坚持把思想理论建设放在首位，着力提高领导班子的马克思主义理论水平和政策水平，在重大问题上头脑清醒、立场坚定，在各种思潮涌动中始终高举马克思主义旗帜，弘扬社会主义核心价值体系。

领导班子坚持党委中心组理论学习制度。2012年7月25日召开党委理论学习中心组（扩大）会议，认真学习胡锦涛同志“七一”重要讲话精神，并进行深入探讨；2012年11月8日召开党委理论学习中心组（扩大）会议，集体收看党的十八大开幕式现场直播，并邀请相关专家进行解读。

领导班子坚持民主生活会制度，针对群众反映的问题，开展批评与自我批评，着力解决存在的问题。此外，校领导还先后在《人民日报》、《光明日报》、《求是》等报刊上发表了多篇理论文章，在社会上产生了重要影响，其中比较重要的有：《创先争优在党的先进性建设中的理论意义与实践意义》（程天权，《求是》，2012年2月）、《中国之路的理论与实践基础》（程天权，《中国教育报》，2012年9月）、《加快建设“人民满意、世界一流”大学》（陈雨露，《光明日报》，2012年11月23日）、《跨文化沟通能力：培养拔尖人才的新诉求》（陈雨露，《中国高等教育》，2012年7月）。

■ 组织工作

一、干部工作

截至2012年底，全校共有处级中层干部318名，平均年龄46.6岁，其中正处级122人，平均年龄50.7岁，副处级196人，平均年龄44.1岁；男性干部237人，占74.5%，女性干部81人，占25.5%；党员干部279人，占87.7%，非党干部39人，占12.3%；双肩挑干部164人，占51.6%，专职干部154人，占48.4%。中层干部中具有博士学位的164人，占51.6%；具有硕士学位（研究生学历）的90人，占28.3%；具有大学学历的58人，占18.2%；具有大专及以下学历的6人，占1.9%。中层干部中具有副高级以上职称的240人，占75.5%；具有中级和以下职称的78人，占24.5%。

干部基本情况统计表

（截至2012年12月31日）

	总人数	男		女		专职		兼职	
		人数	比例（%）	人数	比例（%）	人数	比例（%）	人数	比例（%）
正处级	122	95	77.9	27	22.1	44	36.1	78	63.9
副处级	196	142	72.4	54	27.6	110	56.1	86	43.9
总数	318	237	74.5	81	25.5	154	48.4	164	51.6

干部学历情况统计表

(截至2012年12月31日)

	总人数	博士		硕士(研究生学历)		大学		大专及以下	
		人数	比例(%)	人数	比例(%)	人数	比例(%)	人数	比例(%)
正处级	122	69	56.6	30	24.6	21	17.2	2	1.6
副处级	196	95	48.5	60	30.6	37	18.9	4	2.0
总数	318	164	51.6	90	28.3	58	18.2	6	1.9

干部职称情况统计表

(截至2012年12月31日)

	总人数	正高级		副高级		中级及以下	
		人数	比例(%)	人数	比例(%)	人数	比例(%)
正处级	122	82	67.2	27	22.1	13	10.7
副处级	196	65	33.2	66	33.7	65	33.2
总人数	318	147	46.2	93	29.2	78	24.5

干部年龄情况统计表

(截至2011年12月31日)

	总人数	55岁及以上		51~54岁		46~50岁		41~45岁		36~40岁		35岁及以下	
		人数	比例(%)	人数	比例(%)	人数	比例(%)	人数	比例(%)	人数	比例(%)	人数	比例(%)
正处级	122	42	34.4	14	11.5	38	31.1	21	17.2	6	4.9	1	0.8
副处级	196	18	9.2	24	12.2	55	28.1	30	15.3	33	16.8	36	18.4
总数	318	60	18.9	38	11.9	93	29.2	51	16.0	39	12.3	37	11.6

(一)领导班子建设和机构设置工作

2012年，围绕学校中心工作，进一步完善了机构和院系设置。成立了“2011计划”办公室(挂靠发展规划处)、“2011计划”行政服务中心(挂靠发展规划处)、教师发展中心、东校区(通州新校区)筹备工作办公室；成立了附属中学联合总校、中法学院，并设立苏州校区。成立了苏州校区党委，撤销原国际学院(苏州研究院)党委。

2012年，配合教育部考察组开展了学校行政班子副职的换届考察工作。6月，召开教师干部大会，宣布了教育部调整学校行政班子副职的通知。完成了信息资源管理学院行政领导班子换届工作。

(二)干部选拔任用工作

全年共召开有关人事问题的党委常委会7次，任免干部59人次，其中新提任的处级干部27人，校内轮岗、交流处级干部18人。

2012年，加大了竞争性选拔中层干部的力度，共开展了2次公开选拔，涉及党委宣传部、财务处、校工会、校团委、苏州校区和校医院的8个中层副职岗位。共有56人报名竞聘，17人通过公开面试测评被列为差额考察对象；140多名群众代表参与面试测评，80余人参与了考察环节的个别谈话。

2012年，进一步加强了选人用人工作相关制度建设。制定出台了《中国人民大学公开选拔中层党政领导干部工作实施细则(试行)》、《中国人民大学干部考察预告制度实施办法(试行)》、《中国人民大学关于中层党政领导干部任职试用期的规定(试行)》、《中国人民大学学院(系)科级专职组织员管理办法》等文件；修订了《中国人民大学中层党政领导干部选拔任用工作办法》；制定了《中国人民大学党委常委会提拔任用干部票决制实施规则》。

2012 年 6 月，接受了中共中央组织部选人用人工作检查组的检查，并根据反馈的意见建议，认真开展了整改工作。

（三）干部考核工作

1. 学校领导班子和领导干部 2012 年度考核及“一报告两评议工作”。

2012 年底，根据教育部的部署，组织了不同层面的征求意见座谈会和述职大会，顺利完成了学校领导班子和领导干部 2012 年度考核工作，并全面开展了处级干部选拔任用“一报告两评议”工作。

2. 中层干部学年考核。

2012 年 6 月，组织了 2011—2012 学年中层干部考核。293 名处级干部（含调研员）接受了群众测评打分。

（四）干部教育培训工作

1. 根据上级调训要求，经学校批准，推荐了党委副书记兼副校长王利明参加“教育部高校领导干部海外培训”、副校长刘向兵参加国家教育行政学院培训。

2. 推荐了哲学院教授焦国成、新闻学院教授郑保卫参加在井冈山干部学院和延安干部学院举办的“两院院士和中央直接联系的高级专家培训班”。

3. 继续与人事处、国际交流处联合组织管理干部海外培训，全年派出 3 名干部以“影子处长”的形式到美国哈佛大学、澳大利亚蒙纳什大学和墨尔本大学学习 3 个月；2012 年 10 月中旬，选派了 23 名中层干部和后备干部组成第四批海外培训考察团，赴美国芝加哥大学参加为期 3 周的海外培训；另推荐了 6 名干部参加国家留学基金委“高等教育行政管理人员出国研修班”、教育部“高校学生工作海外研修班”和“内地高校对外交流干部赴港研习班”等项目。

4. 2012 年 6 月至 7 月，举办了第 19 期新上岗处级干部培训班，共有新上岗处级干部 28 人参加。培训班邀请了学校领导、部分部处和学院负责人以及专家学者到课堂为学员授课、交流。培训围绕学校中层干部的岗位性质和素质技能要求，共安排了 5 场报告、1 场心理讲座、1 次分组讨论和到江浙沪等地考察访问等活动。

（五）干部挂职锻炼工作

2012 年，推荐了 6 人到中共中央办公厅、最高人民法院、教育部、国家教育咨询委员会、中央国家机关团工委等单位挂职或借调工作；推荐了 4 人参加中组部、团中央“博士服务团”项目，教育部直属高校第七批援疆干部项目、教育部对口支援西部高校计划和教育部滇西挂职锻炼项目；推荐了 2 人到北京市教委、中国农业银行挂职锻炼；推荐了 2 人到新疆团区委、北京延庆团县委挂职锻炼；推荐了 1 人参加江苏省“科技镇长团”项目。

同时根据“市校协议”推荐了 8 名博士研究生到安徽滁州、安庆、合肥挂职；推荐了 21 名博士研究生、硕士研究生到北京市海淀区、东城区挂职；推荐了 1 名博士后到贵州省金融办挂职。

根据上级计划和校际协议，接待了来自新疆财经大学的挂职干部 4 人、来自西藏民族学院的挂职干部 1 人和来自河南理工大学的挂职干部 2 人。

（六）干部输送工作

2012 年，配合市委组织部完成对学校人事处副处长徐利的考察；经学校同意，徐利调北京双高人才发展中心任职。配合昌平区委组织部完成对校团委干部郝鹏程的考察；经学校同意，郝鹏程调昌平团区委工作。

（七）“两代表一委员”推荐工作

2012 年 3 月至 4 月，完成了北京市第十一次党代会的学校党代表人选的选举和考察工作；9 月至 12 月，完成了学校第十二届全国人大代表、第十二届全国政协委员、北京市第十四届人大代表、北京市第十二届政协委员人选的推荐和考察、上报工作。

二、北京市第十一次党代会代表选举工作

根据《中共北京市委关于中国共产党北京市第十一次代表大会代表选举工作的通知》（京发〔2012〕2号）以及《中共北京市委教育工委关于中共北京市第十一次代表大会选举工作方案》，学校分配到3名出席北京市第十一次党代会的代表名额。根据市委规定，学校在代表选举工作中积极发扬党内民主，实行差额推荐、差额考察、差额选举、两次公示（即“三差额两公示”），确保选好选优。3月初，学校党委发出了《关于选举“中国人民大学出席北京市第十一次党代会代表”的党员代表的通知》和《中国人民大学出席中共北京市第十一次代表大会代表选举工作方案》，正式启动相关工作。在工作中，组织部在学校党委的领导下，严格程序，主要抓好了以下五个环节：

1. 推荐提名。推荐提名从基层开始，采取自下而上、上下结合、反复酝酿、逐级遴选的办法进行，所有基层党组织和党员参加。基层党支部召开党员大会进行推荐提名，根据多数党员的意见，提出代表候选人推荐人选上报院系级党组织；院系级党组织召开党委会（或党委扩大会、党总支会），根据多数党支部或多数党员的意见遴选人选，并就遴选结果征求党支部和党员的意见，3月14日前，各院系级党组织召开全委会（或党委扩大会），根据多数党支部或多数党员的意见，按照不少于应选代表50％且不低于市十次党代会的差额比例提出代表候选人推荐人选，上报学校党委。

2. 确定考察对象并进行考察和公示。3月16日前，学校党委根据多数基层党组织或多数党员的意见，按照不少于应选代表40％的差额比例研究提出代表候选人初步人选考察对象建议名单，3月19日，与市委教育工委沟通，在市委教育工委与市委组织部沟通后，学校召开党委常委会确定本单位代表候选人初步人选考察对象名单。组织部牵头负责对考察对象进行考察。考察时，实行了考察预告，征求考察对象所在单位党组织以及同级纪检机关的意见；考察期间，考察对象的基本情况在学校范围内公示7天，市委教育工委在北京组工网同步公示；考察后组织部及时将考察材料报市委教育工委。

3. 确定代表候选人初步人选并公示。3月29日，学校召开党委常委会，根据分配的名额和代表条件、结构要求以及考察情况，研究提出代表候选人初步人选，并与市委教育工委沟通。市委教育工委研究报市委同意后，通过新闻媒体面向社会公示7天。

4. 确定代表候选人预备人选。4月5日，学校召开党委全委会，投票确定代表候选人预备人选，报市委教育工委及市委组织部进行初步审查。同时，学校党委完成“关于确定中共北京市第十一次代表大会代表候选人预备人选的情况报告”，与《中国共产党北京市第十一次代表大会代表候选人预备人选登记表》和《中国共产党北京市第十一次代表大会代表候选人预备人选名册》，一并报市委教育工委。

5. 代表选举。按照市委要求，市第十一次党代会的代表，由学校党委召开党员代表大会选举产生。

因为学校自2007年10月后，未进行党委换届，按照市委教育工委要求，出席学校党员代表大会的代表人选重新选举产生。本次参加学校党员代表大会的党员代表选举，以各分党委（党总支）为选举单位。各分党委（党总支）党员代表由各单位召开的党员大会或党员代表大会（正式党员在500名以上的召开）选举产生。

2012年4月11日，学校召开党员代表大会，正式选举出席中共北京市第十一次代表大会的代表人选。大会应到代表229名，实到代表204名（超过应到代表的五分之四），因病因事请假25名。发出选票204张，收回204张，其中有效票201张，无效票3张。四名候选人按得票多少排名分别为：陈雨露199票、伊志宏164票、唐传英118票、蒙彬73票。大会确定伊志宏、陈雨露、唐传英（按姓氏笔画排序）当选中国人民大学出席中共北京市第十一次代表大会代表。

三、基层组织建设年主题工作

2012 年以来，围绕基层组织建设年的工作要求，学校积极落实上级的部署安排，以支部建设为重点，以支部书记为抓手，以普通党员为工作对象，全面加强了支部一级的思想理论建设、工作制度建设和服务能力建设。学校党委认真对待、积极完成了上级部署的支部分类定级工作。学校按照《北京高校教师和学生党支部考核测评办法》的要求，在支部分类定级中综合运用听取工作汇报、召开党员和群众座谈会、进行党员和群众满意度测评、查阅党支部工作档案和工作手册等方式，综合考虑党支部委员会自评，支部党员评议，教师、学生、离退休等各类党支部分类互评，上级党组织考评的结果，并赋予不同权重，同时参考群众满意度测评结果，在统计分析的基础上，最终确定党支部的考评等次。

通过扎实的工作，学校党委进一步掌握了全校 634 个基层党支部的情况，并做出了分类定级。其中 430 个支部定为“好”，176 个支部定为“较好”，28 个支部定为“一般”。“好”和“较好”的支部占到全校支部数的 95.6％，没有支部被评为“较差”。这些数据基本能够反映人民大学支部建设的总体情况。

基层组织建设年中，学校党委特别注意抓好三支党员队伍的建设。一是着重加强了教师党支部书记队伍建设。学校正在逐步完成教师党支部书记轮训工作计划。同时学校还在鼓励相关部门和各分党委、党总支为教师支部书记发挥作用、落实教师支部书记待遇等方面大胆尝试，探索经验。二是不断加大了青年教师党员培养力度，加强青年教师队伍思想政治建设。学校根据青年教师入党积极分子的成长特点和知识结构，开展了成系统有针对的党校培训。同时，学校要求各分党委、党总支关心爱护青年教师的成长，帮助他们制定职业规划和学术规划、克服生活压力和学术瓶颈。三是大力推进了党员教育管理体系建设，始终保持党员队伍的先进性和纯洁性。学校把党员发展质量关口前移，及早端正学生积极分子的入党动机。进一步完善了党员发展教育三级培训体系。

四、迎接《北京高校党建和思想政治工作基本标准》集中检查工作

根据《中共北京市委教育工作委员会关于开展〈北京普通高等学校党建和思想政治工作基本标准〉集中检查的通知》（京教工〔2012〕10 号），学校党委发出了《关于认真做好迎接北京市党建和思想政治工作集中检查有关工作的通知》，成立了由程天权书记任组长的领导小组，决定从 2012 年 5 月起，在总结近年来学校党建和思想政治工作的基础上，在校内开展党建和思想政治工作的自评自查工作，并为《基本标准》入校检查做准备。组织部牵头抽调专门干部组成了迎检工作办公室具体落实检查材料的准备工作。

5 月中旬至 6 月下旬，各分党委、党总支根据《中国人民大学分党委（党总支）党建和思想政治工作基本标准》，进行了自评自查工作，完成涉及基层党建的材料修订、增补等准备工作，不断改进工作中的薄弱环节；各专项工作小组完成了专项工作报告和材料整理工作；领导小组及其办公室按照分工对照《北京市党建基本标准入校检查材料目录及负责部门》各项指标，分类整理、修订和增补了有关材料；完成了学校自查报告，同时协调完成了三个特色工作报告。

9 月上旬，迎检工作办公室起草了入校检查学校党委工作汇报和 9 项重点工作专项报告以及其他大量文档材料，编辑了迎检工作材料审阅目录。10 月初，学校基本完成迎检各项准备工作，并由领导小组对重点工作进行校内检查。

10 月 18 日，由北京市委教育工委组织的《北京高校党建和思想政治工作基本标准》（以下简称《基本标准》）入校检查组专家一行 17 人莅临中国人民大学，对学校五年来的党建和思想政治工作进

行检查。检查组听取了中国人民大学党委书记程天权所作的题为“迎评促建、科学发展、建设‘人民满意、世界一流’大学”的汇报。汇报会后，检查组认真细致地审阅了人民大学五年来党建和思想政治工作的有关支撑材料。在听取学校党委汇报、审阅有关材料的基础上，检查组分组召开了六个专题座谈会，并对有关单位和学院进行了实地走访。学校五年来的党建和思想政治工作总体情况，以及迎检的各项准备材料，得到了市委教育工委检查组的高度评价。

五、基层党组织建设

截至 2012 年底，学校共设学院级分党委 26 个、党总支 9 个、党支部 622 个，其中：本科生党支部 114 个，研究生党支部 228 个，教职工党支部 186 个，离退休党支部 80 个。

学校党委认真贯彻执行《入党联系人工作职责》、《发展党员工作流程》、《预备党员教育考察和办理转正手续流程》、《党务秘书工作职责》等文件，严格按照《发展党员工作流程》、《“七一”表彰工作流程》、《预备党员教育考察和办理转正手续流程》等工作流程开展工作，监督检查新版《预备党员考察表》和《申请入党的积极分子考察登记表》的使用情况，不断推进学校党建工作的科学化、规范化、制度化。

继续深入开展红色“1+1”主题教育活动。把引导大学生到基层就业的主题与创先争优活动密切结合，不断探索大学生党员教育和学生党支部活动的新形式。2012 年学校共有 6 个党支部提交申请并开展活动，相关活动材料和图片经推荐在北京市委教育工作委员会网站“宣教之窗”展出。

继续开展帮扶慰问困难党员和困难群众工作，认真落实《关于建立帮扶困难党员和困难群众工作制度的意见》。元旦至春节期间，全体校领导均以个人名义或者跟随院系安排参与帮扶慰问活动，推动相关工作顺利开展。全校 52 个职能部门和教学单位的党组织领导干部积极组织，热情走访慰问优秀党员、老党员（包括老教授、老领导）、困难党员共计 260 余次，涉及 500 余人，慰问金额达到 32 万元。此外，为切实加强困难党员帮扶工作，从 2010 年起学校党委每年从党费预算中列支专项资金补助困难党员，2011 年党费预算中补助困难党员共计 10 万元，2012 年党费预算中补助困难党员共计 6 万元。

2012 年，完成北京高校党建研究会课题“高校党的领导体制机制建设的前瞻性研究——以完善现代大学制度和推进治理结构改革为背景”。

六、党员队伍建设

截至 2012 年 12 月 31 日，学校共有正式组织关系的党员 12 429 名，其中，正式党员 11 047 人，占党员总数的 88.88%，预备党员 1 382 人，占党员总数的 11.12%；女性党员 6 261 人，占党员总数的 50.37%。少数民族党员 672 人，占党员总数的 5.40%。全校全年共发展党员 1 051 名，其中，在职教工 25 名（含工人 5 名），学生 1 026 名。到 2012 年底，全校共有申请入党人员 6 029 名，入党积极分子 3 969 名，发展对象 918 名。

从党员的职业（身份）构成看，全校在职教工党员 2 470 人，占全校在岗职工的 49.23%（其中，教师党员 1 080 名，占教师总数的 62.14%；干部党员 628 名，占干部总数的 58.86%；专业技术人员党员 260 名，占专业技术人员总数的 34.35%；工人党员 124 名，占工人总数的 24.55%；附中附小教职工党员 378 人，占附中附小教职工总数的 53.92%）；离退休党员 1 597 名，占全校离退休职工总数的 71.17%；学生党员 8 353 名，占全校学生总数的 35.2%（其中，研究生党员 5 870 名，占研究生总数的 50.39%；本科生党员 2 483 名，占本科生总数的 20.55%）；其他党员 9 人，属于毕业未就业的学生党员。

全校党员年龄分布情况为：35 岁及以下党员 9 171 名（其中在岗教职工 910 名），36 岁至 45 岁党员 841 名（其中在岗教职工 741 名），46 岁到 54 岁党员 610 名（其中在岗教职工 586 名），55 岁到 59 岁党员 383 名（其中在岗教职工 190 名），60 岁及以上党员 1 424 名（其中在岗教职工 43 名）。

全校党员的学历分布情况为（已取得的最高学历）：研究生学历党员 3 528 名，大学本科学历党员 5 655 名，大学专科学历党员 354 名，中专学历党员 93 名，高中学历党员 2 685 名，初中及以下学历党员 114 名。

2012 年，学校继续认真落实中共北京市委教育工委“把本科生作为学生中发展党员的重点”，“一年级个别发展，二、三年级重点发展，四年级继续发展但不突击发展”的工作要求，继续贯彻中央“坚持标准，严格程序，主动工作，积极培养”的工作方针，优化党员队伍结构和分布，稳步推进发展党员工作，实现保证质量与壮大队伍相统一的总目标，为构建和谐校园提供充足的人力资源和人才支持。学校党委认真落实发展党员的工作制度和工作计划，确保发展工作的质量，坚持做好“公示制”，全面实施“票决制”，同时在“共青团推优”、“征求意见”、“日常考察”等工作环节严格监督检查，贯彻执行发展党员工作中的民主监督制度，保证发展党员的质量；坚持把提高入党积极分子和发展对象的思想政治素质放在首位，不断强化培养教育工作；认真落实发展党员的工作制度和工作计划，确保发展工作的质量。

全年共完成接转党员组织关系 5 535 人，其中转入党员组织关系 2 413 名，转出党员组织关系 3 122 名。

七、评优表彰

4 月上旬，学校党委下发《关于评选表彰中国人民大学优秀共产党员、优秀党务工作者和优秀党支部书记的通知》（人大校党字〔2012〕17 号）和《关于评选表彰中国人民大学 2010—2012 创先争优十大先进基层党组织和十大优秀共产党员的通知》（人大校党字〔2012〕18 号），对 2011 年党内表彰工作进行部署。经评审委员会初步评审，学校党委审查通过，最终评选出校级优秀共产党员 47 名，优秀党务工作者 28 名，优秀党支部书记 35 名；评选出财政金融学院党委等 2010—2012 创先争优十大先进基层党组织和葛晨虹同志等十大优秀共产党员，并于 6 月 27 日在学校纪念中国共产党成立 91 周年暨创先争优表彰大会上予以表彰，同时，会上为 40～50 年党龄党员代表颁发了证书和纪念奖牌。

八、党校工作

2012 年，学校党校共举办“学校党校第 19 期学生发展对象培训班”等各类培训班 6 期，总共培训学员 1 767 人。其中，3 月至 4 月，举办学校党校第 19 期学生发展对象培训班暨第 13 期本科新生党员培训班，培训学生发展对象 762 人，本科新生党员 312 人。4 月，出台《中国人民大学党校优秀辅导员评选办法》，修订《关于实行中国人民大学党校辅导员制度的若干规定》，评选出 19 期发展对象培训班优秀辅导员 6 名，并召开表彰大会进行表彰。4 月，举办 2012 年学校党校工作部署会，出台《2012 年中国人民大学学生党员发展教育培训指导意见》，根据北京市委精神，对 2012 年全年学校发展培训教育党员工作作出部署和业务培训。5 月，积极参与“纪念北京高校党校协作组成立 20 周年活动”，撰写《中国人民大学党校 25 周年发展历史》和专题文章《中国人民大学党校 25 周年工作经验和启示》，收录于《纪念北京高校党校建立 20 周年专辑》。9 月至 10 月，举办学校党校第 20 期学生发展对象培训班暨第 26 期教工入党积极分子培训班，培训学生发展对象 614 人，教工入党积极分子 24 人。10 月，联合学工部开展了“‘红船领航’——新生党员先进性熔铸计划”活动。

2012 年，学校党校积极完成干部选学工作，建设全国干部选学基地，共组织中央和国家机关司局级干部选学9个专题班和10门讲座，教育部机关和直属单位干部选学4个专题班，北京市干部培训2个专题班。3月，组织召开2012年全校干部选学工作动员部署会，对授课学院领导、教师、相关部处作出工作安排，提出要求，切实保障选学工作在学校的成功举办。3月，组织召开干部选学联络员第一期培训会，对授课学院的联络员、培训学院的选学班主任进行了业务培训和纪律要求，进一步理顺了授课学院和培训学院的关系。同时协调保卫处、后勤集团、网络与教育技术中心、校友工作办公室、图书馆等多家单位的后勤保障工作。6月，按照中组部和教育部的工作部署，学校党校和培训学院对学校干部教育培训基地开展了调研工作，完成了总结报告、相关数据的统计以及图片资料汇总。6—10月，完成中组部的15门中国干部网络学院精品课程推荐，北京市的5门干部在线学习课程推荐，12名中组部的全国干部教育培训师资库入库人选的推荐工作，入选《中国干部大讲堂》第三、四卷课程8门，入选“中国干部网络学院”课程21门。据此共制作完成116学时的专业课程视频文件，听录58万字的课程讲稿，2 320页课程PPT讲义，撰写2.6万字的课程简介，1.3万字的教师简介。9月，协助中组部干教局选学通讯和《光明日报》完成对学校选学工作作为典型进行宣传的采访工作。12月，组织召开2012年全校干部选学工作总结会，对授课学院领导、教师、相关部处作出总结，评选表彰优秀教师和优秀课程。12月，组织召开干部选学联络员第二期培训会，对授课学院的联络员、培训学院的选学班主任进行了课程设计和课程申报指导。12月，召开学校承担2013年中央和国家机关司局级干部选学工作布置会，进行课程设计和工作安排，遴选出10个专题班和4门讲座代表学校进入中组部选学课程目录。

附录

中国人民大学荣获北京市创先争优先进基层党组织名单

中国人民大学经济学院党委

中国人民大学荣获北京高校2010—2012年创先争优优秀共产党员和创先争优先进基层党组织名单

一、北京高校2010—2012年创先争优优秀共产党员（3名）

黎建飞　　中国人民大学法学院教授
励　轩　　中国人民大学国学院硕士研究生
齐　畅（女）　中国人民大学外国语学院党委副书记，副教授

二、北京高校2010—2012年创先争优先进基层党组织（2个）

中国人民大学经济学院党委
中国人民大学学生处党支部

2012年中国人民大学先进基层党组织和优秀共产党员表彰名单

一、优秀共产党员（47名）

哲学院	郝立新
文学院	段红梅
历史学院	许海云
国学院	刘新光
经济学院	邱海平　刘云钦
财政金融学院	李　芹　郭　栋
统计学院	徐建萍
农业与农村发展学院	庞晓鹏
法学院	吴宏伟　李练红
马克思主义学院	吴美华
社会与人口学院	郭星华
国际关系学院	邱　静
教育学院	王亚敏
新闻学院	涂光晋　倪　宁
艺术学院	闫　平
外国语学院	王珠英
环境学院	王洪臣
信息学院	陆嘉恒
理学院	王哲勐
商学院	刘　刚　汪　玲
公共管理学院	郤艳丽　谷昆鹏
劳动人事学院	韩克庆
信息资源管理学院	王立清
继续教育学院	赵跃华
国际学院（苏州研究院）	于同申　齐晓丹
体育部	李志刚
图书馆	孟小秋　何惠池
校医院	刘新宁
后勤集团	陈建立　刘一民
出版社	李永强
书报资料中心	万　圆
离退休处	张志益
人大附中	宓　奇
学校办公室	贺　佳
研究生院	杨　巍
发展规划处	李红宇
教务处	张　伟
招生就业处	李向前

二、优秀党务工作者（28 名）

哲学院	杨澜洁
文学院	黄彦菲
历史学院	方玉萍
国学院	梁敬芝
经济学院	李佩洁
财政金融学院	黄文彬
农业与农村发展学院	唐传英
法学院	曹文华
马克思主义学院	于国红
社会与人口学院	张　茹
国际关系学院	蔡立庆
新闻学院	罗建晖
艺术学院	郝丹丹
信息学院	孙亚琳
理学院	臧　虹
商学院	刘洪霞
公共管理学院	王　丹
劳动人事学院	刘慧卓
信息资源管理学院	马　晴
培训学院	王晓萍
体育部	杨占武
图书馆	周　新
书报资料中心	李明霞
离退休处	刘春华
学校办公室	惠新宇
党委宣传部	高燕燕
学生处	邓　晖
校团委	徐景阳

三、优秀党支部书记（35 名）

哲学院	聂敏里
文学院	王仙亮
历史学院	张亚龙
国学院	赵　依
经济学院	罗　霈
财政金融学院	崔向荣
统计学院	姚嘉秋
农业与农村发展学院	刘琨仑
法学院	杜焕芳
马克思主义学院	吴玉林
社会与人口学院	周浥莽

国际关系学院	李　凡
新闻学院	张辉锋
艺术学院	刘明才
外国语学院	田育英　王建华
环境学院	郭杏杰
信息学院	商敬曼
理学院	苏　辛
商学院	卿　峰
公共管理学院	陈　曦
劳动人事学院	孙艺菡
信息资源管理学院	蔡维森
继续教育学院	吴和泉
国际学院（苏州研究院）	陈满华
离退休党委	王　晋
体育部	李　忠
图书馆	王惠芳
校医院	韩晓凤
后勤集团	刘　岱
出版社	李　颜
书报资料中心	张安民
附属中学党委	黄秀岩
学生处	白连永
审计处	张　雁

2012年中国人民大学党校培训班一览表

培训班名称	举办时间	培训人数（人）
学校党校第19期学生发展对象培训班	3月至4月	762
学校党校第13期本科新生党员培训班	3月至4月	312
学校党校第20期学生发展对象培训班	10月至11月	614
学校党校第26期教工入党积极分子培训班	10月至11月	24

■ 宣传工作

一、概况

2012年，在学校党委的领导下，党委宣传部紧紧围绕党的十八大、75周年校庆等一系列主题活动，以学校改革发展为主线，以学校各项工作为中心，坚持正确的思想舆论导向，全面推进精细化管理，大力加强对内对外宣传工作，提升大学形象，进一步增强工作主动性和创造性，圆满完成了各项工作任务，为学校实现“十年腾飞”目标、创建“人民满意、世界一流”大学营造了良好的舆论环境和氛围，并为今后工作的开展奠定了良好基础。由中国校友会网发布的“2012 年度最受媒体关注大学排行榜”，学校以 371 000 篇的数量继续蝉联第三位，仅次于北京大学和清华大学。

在理论宣传方面，本年度理论宣传工作紧密结合国内外重大理论热点和学科前沿问题，依托学校雄厚的学科力量和突出的理论优势，积极主动地完成了教职员工的理论学习、研究和宣传工作。在新闻宣传方面，坚持围绕中心，服务大局，大力宣传学校在学科建设、校园建设、人才培养、国际交流等方面所取得的显著成就，充分展示了学校的良好形象。

同时，进一步加强了宣传工作制度和阵地建设，拓宽宣传渠道，落实宣传报道、会务安排等有关任务；加强校园 BBS 引导和管理工作，加大对校园 BBS 的监督、管理和引导；进一步规范标语宣传品的审批工作，为营造良好的校园文化氛围奠定基础；配合校园东北区建设，做好新建楼宇的有线电视网络建设。加大对校内有线电视网络的巡查力度，发现隐患，及时整改。进一步加强与媒体协作关系，发展新的媒体合作伙伴；进一步重视与社会媒体合作策划论坛、专栏、专题访谈等，取得良好效果。

二、理论宣传工作

1. 发挥学科优势，坚持学以致用，迅速掀起学习宣传贯彻党的十八大精神热潮。及时制定并下发了《中国人民大学深入学习贯彻党的十八大精神的通知》，对学习宣传贯彻活动进行了周密部署和安排。组织召开以学习贯彻党的十八大精神为主题的党委理论中心组扩大会议、学习贯彻党的十八大精神全校师生报告会、专家研讨会等系列活动，邀请中共中央党史研究室副主任李忠杰为全校学校中层干部、师生代表作辅导报告。充分发挥学科优势，围绕党的十八大提出的新观点新论断和重大理论研究问题，将学习、宣传与研究结合起来，形成一批高水平的理论成果。校党委书记程天权撰写的《中国之路的理论与实践基础》(发表于《中国教育报》)、校长陈雨露撰写的《加快建设“人民满意、世界一流”大学》(发表于《光明日报》) 等文章引起了高等教育界的广泛关注。《中国人民大学学报》、《教学与研究》开设了以学习党的十八精神为主题的专栏。中国人民大学出版社组织了北大、清华、人大、北师大等高校的专家编写了《光辉文献　政治宣言　行动纲领 理论指南——十八大报告学习体会》一书。学校组织了哲学、马克思主义理论、政治经济学等学科领域的专家学者在校内外开展宣讲活动。马克思主义学院院长秦宣等教授入选为北京市学习宣传贯彻党的十八大精神宣讲团成员。举办“中国特色社会主义道路、理论和制度”学术研讨会、“十八大与中国梦——吴玉章青年学术沙龙”等活动。积极参加“首都百万师生微党课”新浪微博活动。截至 2012 年 12 月，由中国人民大学提供的“微党课”内容转发量已达 13 000 余次，评论数多达 15 000 余条。学校校报、新闻网开设“中国人民大学学习贯彻党的十八大精神”专栏，营造学习贯彻党的十八大精神的浓厚氛围。

2. 把握思想动态，引导舆论热点，提高教师思想政治工作的针对性和实效性。开展教师思想动态滚动调查，上报 2012 年春季、秋季教师思想动态调查报告等材料。及时了解和把握师生对“党的十八大”、“钓鱼岛”、“南海问题”、“打击网络谣言”等热点舆情的思想动态，有针对性地开展工作。加强哲学社会科学课堂教学、报告会、研讨会、讲座、论坛和校园网络、接受境外基金等的管理，加大对“天地人大”BBS 等校园 BBS 站务管理工作的指导和管理力度，坚决抵制各种错误政治观点、有害思潮、不良信息的传播。开展了第六届北京市中青年社科理论人才“百人工程”学者论坛征文征集工作，并组织学校理论专家参加论坛，完成了北京市“四个一批”人才、“百人工程学者”的申报工作等。

3. 加强理论研究，完善宣传平台，提升宣传工作科学化水平。围绕理论热点，参与部分重要调研报告和课题调研、撰写工作。参与"'中国之路'的理论与实践基础"、"高校学习型党组织建设的理论与实践研究"等重要课题的申报、研究、撰写及结项工作。以"中国人民大学党委宣传部"的名义在《北京教育（德育版）》发表理论热点文章8篇。编印内部刊物《思想理论动态》8期，共计20万余字。完成了《北京高校哲学社会科学理论动态》每月上报工作，共上报12期，得到了市委教育工委的充分肯定。

三、新闻宣传工作

1. 抓住校庆契机，精心策划安排，大力提升对外宣传效果。围绕75周年校庆主题、标志、理念和活动，认真策划制订落实校庆宣传方案，《人民日报》、新华社、《光明日报》等校内外、境内外150余家媒体和网络涉及校庆报道7 000多篇，实现了从中央到地方再到海外主要平面媒体、通讯社、广播电视台、互联网等新兴媒体的全覆盖，报道体裁包括消息、通讯、评论等多种样式。中央电视台《新闻联播》播发了简讯，中央电视台新闻频道连续播发了《公益校庆：受馈社会　回馈社会》等多次报道。制作"十八大学习专题"、"中国人民大学75周年校庆新闻专题"、"中国人民大学75周年校庆百场社区公益讲座"等专题网页，编辑《习近平与中国人民大学》画册、校报校庆专刊2期16版，出版《人民共和国的建设者》（第六集），指导拍摄《等你回家》等多部视频形象片。中国人民大学提出"回归大学本位、引领明天的聚会"的校庆主题，"以学生为中心、以学术为中心、以校友为中心"、"公益校庆、学术校庆、你我共同的校庆"的理念，引起媒体的广泛反响，得到社会各界的高度肯定。

2. 加强新闻网、校报等媒体建设。2012年9月7日学校新版主页、新闻网正式上线。改版后的新闻网加大了对学术、学生的报道比重，弱化行政色彩，得到了学校师生、媒体、校友的较高评价。首次设立了校庆官方微博，并进行校庆日活动微博直播。9月5日，彩色电子显示屏开播，成为学校形象建设的重要平台和新闻宣传的重要阵地。成立校友会新闻专业委员会，加强与新闻媒体界校友的联系，并就新闻传播与大学形象建设等课题进行研讨。截至2012年12月21日，在百度上搜索到本年度关于中国人民大学的新闻约371 000篇（含重复报道）。本年度共拍摄图片133 869张，新闻网采编新闻4 762篇，广播台编播节目263小时，联系和接待媒体记者逾500人次。

3. 加强与主流媒体交流合作。2012年5月7日，中国人民大学2012年新闻宣传工作研讨会暨媒体联谊会在景明园宾馆成功举办，取得了较好效果。研讨会进一步加强了与在京新闻媒体、理论刊物有关负责人，教科文卫专线记者的交流合作，进一步提高了学校新闻宣传和理论研究工作的水平，进一步为学校实施"十年腾飞"规划、加快建设"人民满意、世界一流"大学营造了更为良好的舆论氛围和社会环境。

■ 统战工作

一、概况

统战部贯彻《2010—2012年党外代表人士教育培训改革和发展纲要》（中发〔2010〕23号）和

《中共中央关于加强新形势下党外代表人士队伍建设的意见》（中发〔2012〕4号）精神，在《北京市委统战部2012年工作要点》有关精神指导下，紧密结合学校中心工作，加强新时期党外代表人士队伍建设，在制度建设、党外代表人士培养、理论研究、专项治理等方面做了大量的工作，成效显著。

二、各级人大代表和政协委员工作

按照上级组织的统一安排，在校党委的领导下，完成第十一届北京市政协委员的考察调查工作和新一届政协委员人选推荐、考察、公示等工作。

至2012年底，学校有34位全国、北京市和海淀区人大代表、政协委员，其中全国人大代表5人，全国政协委员5人；北京市人大代表4人，北京市政协委员6人；海淀区人大代表3人，海淀区政协委员11人。其中民主党派成员、无党派人士21人。全国人大常委1人；各专委会6人：程天权（全国政协教科文卫体委员会委员、秘书长）、赵启正（全国政协外事委员会主任）、孙萍（全国政协外事委员会委员）、王利明（全国人大法律委员会委员）、郑功成（全国人大常委、内务司法委员会委员）、戴玉忠（全国人大内务司法委员会委员）。

国务院参事2人：刘彭芝、时殷弘。

“两会”期间，各位代表、委员以立足于专业知识和社会调研，关注国事、关心民生、反映民意为出发点，积极建言献策，受到了广泛关注，并先后接受了《人民日报》、《光明日报》、中央电视台、新华社、人民网、新华网、凤凰网等媒体的采访。

2012年4月17日，海淀区区政协主席彭兴业一行来中国人民大学走访区政协委员，并与校党委常务副书记牛维麟、统战部部长周淑真进行了座谈交流。学校教师任本届区政协委员11人，人数创历史新高。

三、各民主党派基层组织建设及侨联工作

协助各民主党派做好组织发展工作，完成对新成员的考察。2012年，九三学社发展新成员3人，民盟发展新成员4人，民建发展新成员2人。共发展民主党派成员9人。

注重民主党派的思想建设，选派党外人士参加上级统战部门组织的培训、调研及社会考察活动。6月，选派2位民主党派成员参加北京高校党外代表人士培训班。9月，选派1位民主党派成员参加中央社会主义学院党外知识分子信息员培训班。

搞好党外人士培训工作，协助民主党派开展各项活动。6月，统战部举办统一战线与民主党派知识讲座。校党委书记程天权出席并讲话，讲座由周淑真部长主讲，各民主党派成员、无党派人士50余人参加培训。6月，党委统战部部长周淑真带领人大代表、政协委员、民主党派成员及无党派代表人士30余人赴通州考察交流。各位人大代表、政协委员、民主党派及无党派代表人士对中国人民大学东校区及通州的建设，有积极建言献策的热情，可以在实现双赢中发挥作用。

积极开展侨联工作。积极推荐侨界代表人士，为侨界人士搭建平台，发挥其学科优势。推荐王孝群为北京市侨联特聘专家。推荐王孝群、殷强、孟虹为北京市归国华侨联合会理事。推荐北京市侨联华侨创业者协会会员4人。与人事处协调，完成归侨补贴补发工作。归侨补贴从每月50元增至100元，从2010年1月补起，2012年4月份计入工资。人民大学侨联当选北京市侨联先进集体。

四、推进党外代表人士队伍建设

2月，在“中国人民大学2011—2012年第二学期分党委书记会”上，党委常务副书记牛维麟传达《中共中央关于加强新形势下党外代表人士队伍建设的意见》，强调要充分认识文件的重要性，要重视高等学校在党外代表人物队伍建设中的重要源头作用。

加强党外干部培养工作。2012年有12位党外代表人士被推荐为全国和北京市后备人选。推荐1位同志参加第五期无党派人士培训班。推荐5位海淀区党外知识分子联谊会理事。民盟成员郑功成挂职北京汽车集团有限公司副总经理，汤维建挂职最高人民检察院民事行政监督厅副厅长，无党派代表人士冯军挂职密云检察院副检察长，民盟彭丽红挂职中国农业银行战略规划部宏观经济金融研究处副处长，无党派代表人士李贞实挂职北京市教委国际合作与交流处副处长。

协助民主党派中央、市委完成换届工作。向民主党派各级领导班子举荐党外优秀人才。汤维建任中国国民党革命委员会北京市第十四届委员会副主任委员。郭国庆任民盟北京市第十一届委员会常务委员。彭丽红任民盟北京市第十一届委员会委员。殷强任中国民主促进会北京市第十四届委员会委员。季冬生任中国农工民主党第十二届委员会委员。

五、学校民主党派和无党派人士获多项表彰

2月，北京市监察局对彭丽红同志民主监督工作情况通报，进行表彰。

2月，海淀区统战部召开了2012年统战工作会，表彰了近年来为海淀区建设作出突出贡献的统一战线先进个人。中国人民大学新闻学院殷强副教授、公共管理学院张秀智副教授获此奖项。

5月，九三学社北京市委员会致信中国人民大学党委，对马九杰、张文娟、彭翊同志给予表彰。

殷强同志获得北京市侨联表彰，荣获北京市侨联先进个人。

六、理论研究工作

周淑真教授、庄毓敏教授被中央统战部培训中心聘为特聘教师。

2012年11月30日，中共中央政治局常委、中央纪委书记王岐山在京主持召开座谈会，听取八位专家学者对党风廉政建设和反腐败工作的意见和建议。中国人民大学统战部部长周淑真教授应邀出席并发言。周淑真教授提出，尽快实行官员财产申报应是反腐败的突破口之一。经多家新闻媒体的报道，特别是在人民网“强国论坛”与网友们的互动，提出理论观点引起国内外的广泛关注。此前，中纪委每年都邀请一些高校和研究机构的专家召开廉政问题的座谈会，周淑真教授已于2009年、2011年应邀出席。

2012年12月16日至17日，由中国统一战线理论研究会政党理论研究基地、中国人民大学当代中国政党研究中心主办召开“世界政党格局变迁与中国政党制度发展”学术研讨会。中国人民大学党委书记、中国统一战线理论研究会副会长、中国统一战线理论研究会政党理论研究基地主任程天权致辞，100位学者参加会议。会后出版论文集。

七、其他工作

紧密结合国家重大决策和方针，结合社会的发展状况，及时将党外人士的意见建议报送上级有关

部门，2012年上报信息40余篇，使上级主管部门及时了解和掌握统战工作动态，了解中国人民大学党外专家学者的声音。3月，中央统战部召开在京单位党外知识分子工作联系点会议，中国人民大学荣获“2011年度党外知识分子建言献策先进单位”。中国人民大学有8位党外人士担任中央统战部信息联络员。

协助中央统战部、北京市委统战部和市委教育工委开展关于社会主义宗教理论教育培训。配合北京市委教育工委完成宗教问题问卷调查，通过座谈、访谈等形式，在师生中开展调研活动，并整理访谈材料。

“为统战对象做实事”，解决实际困难。统战部在节假日送上祝福，看望老归侨、老政协委员及离退休老干部，探望生病的民主党派成员，与党外人士建立了牢固友谊。

宗教专项治理工作作为一项长期工作，统战部工作效果显著，受到北京市委和市教工委的表扬。

附录

2012年中国人民大学人大代表、政协委员议案提案一览表

	姓名	议案提案
全国人大代表	纪宝成	关于进一步治理商品过度包装的建议 当机立断调整我国生育政策
	王利明	尽快出台慈善事业促进法 尽快出台社会救助法
	郑功成	关于加快自主品牌汽车发展步伐，建设汽车强国的若干政策建议 关于全面深化医改的若干建议 关于养老保险制度改革中若干重大问题的政策建议 关于加快制定《中华人民共和国慈善事业法》的议案 关于加快制定《中华人民共和国住宅法》的议案 关于尽快修订《中华人民共和国红十字会法》的议案
	郭国庆	无
	戴玉忠	无
全国政协委员	程天权	高度关注并积极解决青年教师住房问题 关于高校繁荣发展哲学社会科学的建议
	赵启正	无
	汤维建	关于多措并举降低空气中PM2.5含量的提案 加强检察机关对民事审判和行政诉讼的法律监督，提升司法公正，确保司法权威 关于加强食用油安全监督，推进国内高端油脂市场健康发展的建议 关于公益诉讼的立法建议 关于建立政府财政援助机制，保障《企业破产法》顺利实施的提案 关于修改《中华人民共和国行政诉讼法》的提案 关于在全国推广人民陪审团制度试点的提案
	徐庆平	政策支持鼓励教师去西部地区任教的提案
	孙萍	无

2012年中国人民大学北京市人大代表、政协委员议案提案一览表

	姓名	议案提案
北京市人大代表	史际春	打造美丽北京，以冬季空气污染治理为突破口的议案 从个案着手打造、提升人民法院的司法公信力的建议 调涨出租车价是解决“打车难”问题的唯一办法的建议 人民法院对有单位职工身份限制购房不宜认定为“借名购房”的建议
	刘彭芝	关于在中小学生中加强爱国主义和世界观、人生观、价值观教育的议案 关于加强拔尖创新人才培养工作的议案 关于在中小学生中加强传统文化教育的议案 关于加强幼儿阶段养成教育的议案 关于健全北京养老机构的议案 关于培养足球后备人才的议案 关于大力加强中高等职业教育问题的建议 关于改善见死不救集体冷漠现象的建议
	庄毓敏	无
	汤维建	关于恢复“香山慈幼院”原校名的建议
	张风雷	无
北京市政协委员	牛维麟	无
	周淑真	无
	张惟英	无
	袁济喜	关于大力推进南苑历史文化遗产的建议
	邹正方	关于北京联通应该尽快提高宽带速度、降低资费的建议 关于规范北京市公共标识英语翻译的建议 关于解决停车收费“三乱”问题的建议 关于尽快对大兴区南小街进行拆迁的建议 关于配合地铁8号线二期北段开通，增加接驳公交线路的建议 关于取消北京六环路收费的建议 关于四、六级考试用耳机应该重复使用的建议 关于完善五环路辅路的建议 关于应该在地铁上下楼梯增建斜坡，方便乘客出行的建议
	季冬生	关于完善财政项目支出评估的建议
	张成福	无

2012年中国人民大学各民主党派组织机构情况

党派	委员会	支部（支社）	成员数	备注
中国国民党革命委员会		1	16	联合支部
中国民主同盟	1	5	111	联合支部
中国民主建国会		1	23	联合支部
中国民主促进会		1	18	联合支部
中国农工民主党		1	22	
中国致公党		1	9	
九三学社		1	31	
总计	1	11	230	

2012年中国人民大学民主党派成员在其党内任职情况

类别	所在党派	姓名
全国（3人）	民盟中央委员（常委）	郑功成
	民盟中央委员	郭国庆
	民革中央委员（常委）	汤维建
北京市（6人）	民盟北京市委委员（常委）	郭国庆
	民盟北京市委委员	彭丽红
	民革北京市委副主任委员	汤维建
	民建北京市委委员	刘太刚
	民进北京市委委员	殷 强
	农工北京市委委员	季冬生
海淀区（5人）	民建海淀区委委员	李艳芳
	民革海淀区工委主委	汤维建
	民革海淀区工委委员	张秀智
	农工海淀区委委员	季冬生
	民进海淀区委副主委	殷 强
石景山区（1人）	民革石景山区工委委员	陈小沁

■ 纪检监察工作

一、党风廉政建设

（一）落实党风廉政建设责任制工作

2012年初，学校党委印发《中国人民大学2012年党风廉政建设和反腐败工作主要任务分工》，具体明确了学校党政领导、各部门、各单位在构建和完善惩防体系建设中的廉政角色和责任分工，同时将落实责任制情况纳入干部考核评价体系，推动责任主体不断增强责任意识。同时，学校纪委印发了《中国人民大学2012年纪检监察工作要点》，确定了学校2012年廉政建设的主要工作任务。

3月28日，组织召开2012年党风廉政建设工作会议，对学校2012年党风廉政建设工作进行了全面部署，校领导与全校各基层单位负责人签订了新的党风廉政建设责任书。

10月11日至12日，教育部检查组就国家教育体制改革重大项目实施情况和“三重一大”决策制度执行情况到中国人民大学进行专项检查。检查组通过听取专题汇报、座谈会、查阅资料和实地考察等方式，对中国人民大学教育改革重大项目实施情况和“三重一大”决策制度执行情况进行了全面深入的了解。在反馈意见中，检查组充分肯定了中国人民大学在教育改革重大项目实施和“三重一大”决策制度执行方面所取得的成效，对近年来学校在“三重一大”决策制度执行方面的鲜明特点给予了高度评价，同时对加强相关工作提出了意见和建议。

为进一步增强党风廉政建设责任制检查的针对性、科学性和有效性，2012年，校纪委办公室对检查考核的指标体系进行了全面量化设计。12月，全校各单位按照指标体系对本单位落实党风廉政建设责任制情况进行了自查自评。纪委办公室牵头成立四个检查组，对16家单位的党风廉政制度落实和执行情况进行了细致深入的检查、考核，并及时汇总了反馈意见。

（二）宣传教育工作

利用校园网、校报、宣传橱窗等载体，通过参观学习、报告会、专题讲座等各种形式，广泛开展政策文件学习、党员干部廉洁自律、廉政责任等方面的日常性党风廉政教育活动。同时充分抓住新生入校、入党、考试评优、毕业实习、就业择业，以及新教职工入岗、职称评聘、中层干部任职等关键节点，集中开展理想信念、思想道德、职业规范、廉洁廉政等主题教育培训。5 月，将市纪委、市教育纪工委组织编写的《大学生廉洁知识读本》和《高等学校教职工廉洁教育知识读本》各 2 000 本，下发全校各单位，开展廉洁知识的普及教育。

5 月 15 日至 6 月 15 日，以“保持党的纯洁性、加强干部作风建设”为主题集中组织开展党风廉政建设宣传教育月活动，以“五个一”活动（即一次主题党课、一次主题参观、一次主题电影、一次廉政文化专题书画展、一次加强机关作风建设的行动倡议）为主要载体，在学校和基层单位两个层面开展集中性宣传教育。

2012 年下半年，党的十八大成功召开。纪委办公室召开全会认真学习党的十八大报告有关加强党风廉政建设和反腐败工作的部署和要求、十七届中央纪委的报告等有关文件，进一步统一思想，提高认识，增强了工作动力。

此外，学校还充分利用作为北京市首批廉政文化创建活动联系点的有利条件，以弘扬廉政文化、共建和谐校园为主题，扎实推进学校廉政文化建设，并将工作中好的做法和取得的经验，及时以工作信息的方式上报领导部门。全年共上报信息、工作简报等近 30 篇。在全国高校廉政文化作品大赛中，学校选送的艺术学院本科生刘孟轩和杨顺等同学创作的五幅漫画作品获得书画摄影类二等奖。

（三）廉政风险防控管理工作

根据北京市关于进一步加强廉政风险防控管理的有关文件精神，学校党委印发了《中国人民大学关于进一步加强廉政风险防控管理的工作方案》，就在全校进一步深入推进廉政风险防控管理工作作出全面部署。原“中国人民大学廉政风险防范管理工作领导小组”更名为“中国人民大学廉政风险防控管理领导小组”，并就具体成员作出调整。将廉政风险防控管理工作总体分为 3 个阶段：工作试点阶段、深化建设阶段和全面推开阶段。为未来 3～5 年内在全校范围内全面实现廉政风险防控制订了日程表。纪委办公室还在校刊上就进一步加强廉政风险防控管理工作的有关问题进行了详细阐释。

（四）规章制度完善工作

2012 年，完成了《中国人民大学党风廉政建设有关制度汇编（二）》，收录了近年来制定或修订的涉及党风廉政建设方面的文件 43 项，并发放给全校各单位，督促各基层单位组织党员干部和相关工作人员加强学习，在实践工作中自觉将制度落实到位。校纪委还制定了《中共中国人民大学纪律检查委员会工作办法（试行）》，细化和明确了纪检监察部门的工作职责与权限。

（五）领导干部廉洁自律工作

坚持认真做好拟任干部的廉政鉴定和新上岗干部的廉政谈话工作。2012 年共对 15 位选拔推荐的领导干部出具了书面廉政鉴定，为 27 位拟任用处级干部提供了书面意见，并与 15 位新任处级干部进行了廉政谈话。

二、纠风和执法监察工作

（一）加大对党员领导干部的监督考核

2012 年 2 月，会同党委组织部完成了领导干部报告个人有关事项的统计工作，以领导干部个人有关事项报告制度为契机，进一步加强对领导干部的管理监督。12 月，以学校党委的名义印发《关于组织召开 2012 年领导班子专题民主生活会的通知》，督促各单位认真组织召开领导班子专题民主生活会。

此外，对北京市党代表的选举工作、副校级领导的遴选工作也加强了监督，并接受中组部对中国人民大学干部选拔任用工作的考察。

（二）开展对各类招生考试和录取工作的监察

进一步加强了对2012年自主招生、保送生招生、高水平运动员招生、艺术特长生招生、艺术类专业测试等各种特殊类型招生，以及本科生、硕士研究生、博士研究生、留学生招生等类型招生的监察工作。

在普通高校本科招生期间，学校选派纪检监察干部参与了市教委组织的北京市高校高考招生的巡视检查工作，并接受了检查。

此外，按照上级部门的要求加强了英语国家四、六级考试的监察工作，并重点加强了试题保管的巡视工作。

（三）治理教育乱收费工作

2012年，学校先后两次组织召开了中国人民大学2012年规范教育收费工作专题会议，并组织相关单位与学校主管领导签订了规范教育收费工作的责任书，同时积极开展对相关单位春、秋季收费工作的检查工作，组织学校治理教育乱收费联席会议办公室成员单位负责人到附属小学、附属幼儿园等单位进行抽查。并将学校2012年教育收费情况书面上报上级机关。

（四）对科研经费使用和管理的监督

加大了对科研项目的规范管理和对科研经费使用不规范问题的查处力度，查处了一起违规使用科研经费的案件。同时，监察处（纪委办公室）牵头成立了由财务处、科研处、理工学科建设管理处、实验室建设与设备管理处、审计处等部门组成的联席会议，形成监督与管理合力，共同加强对科研经费使用的管理。

（五）开展对基建工程和物资设备采购等项目招投标的监察

全年共参与各类招投标监察80余项次，招投标小组会议17次。全程参与监督基建（修缮）项目和设备采购领域的招投标项目，并坚持在校园网和学校信息公开网公示开评标安排。

三、信访信息和查办案件工作

2012年，共受理信访举报47件次，与去年同期相比减少2件次。截至2012年12月31日，办结45件，办结率为95.7%，其中3件为初核件。同时查处了一起违规使用科研经费的案件。

积极做好信息收集与分析工作，按期对信访举报情况进行综合分析，及时向学校反映信访动态，并提出相关建议和措施。2012年共完成信访分析和总结3篇。

多次参加市教育纪工委等上级单位组织的信访业务工作培训和业务知识考试，不断加强信访工作业务能力。

四、其他工作

2012年，共接受上级检查或自查自纠6次，先后向教育部和北京市上报了《中国人民大学“三重一大”制度执行情况自查报告》、《中国人民大学2012年推进惩治和预防腐败体系建设工作报告》、《中国人民大学关于招生监察工作报告》、《中国人民大学治理教育收费工作报告》等报告近十篇，并完成了《2012年北京高校党风廉政建设责任制检查内容表》、《中国人民大学2012年党风建设情况统计数据》等若干报表。

2012年6月，会同中国人民大学廉政建设研究中心、中国当代政党研究中心共同成功举办了第二届全国廉政建设理论研究学术研讨会。研讨会以“中国社会发展与廉政建设”为主题，来自全国各地30余所高校廉政建设理论研究方面的专家学者、专职纪检监察干部等40余位代表参加会议。

积极开展兄弟高校间业务交流。先后与北京大学、清华大学、北京师范大学、北京科技大学、中央民族大学、北京第二外国语大学等兄弟高校的纪检监察部门及部分京外单位开展业务工作交流和研讨。

加强纪检监察干部队伍建设。先后6次选派专职纪检监察干部参加中央纪委、北京市纪委、北京市教育纪工委等上级部门组织的业务工作培训，不断提升综合素质和业务能力。

■ 工会与教代会工作

一、教代会工作

2012年1月1日，《学校教职工代表大会规定》正式颁布实施，校工会将此项规定传达到全体工会委员、教代会主席团成员，并按照文件的要求进行宣传，组织全校教职工开展《学校教职工代表大会规定》知识竞赛，同时启动了中国人民大学教代会、二级教代会实施细则的修订工作。

教代会各专门工作委员会围绕学校年度工作重点，确定自身工作主题与任务并展开工作。分别就涉及学校发展的重大规划与教职工切身利益的“校医院定位”、“通州校区的发展规划”、“《中国人民大学章程》的制定”、“民主评议学校领导”等相关议题召开工作会议。

3月，按照《中国人民大学教职工代表大会提案工作暂行办法》的相关规定，教代会提案审查处理工作委员会召开工作会议，对教代会代表提出的提案进行整理分类，将36份提案和建议中的24份提案作立案处理，12份作建议处理；24份提案中有6份作并案处理。

教代会秘书处将提案分类整理情况反馈至各相关职能部门，并先后四次与相关职能部处联合召开教职工代表提案答复座谈会。分别就“改进教学设备和教学服务”、“聘任人员待遇问题、增加校园体育设施以及整治校园环境问题”进行专门座谈答复。本年度提案答复率为100%，提案满意率达到92%。

2012年中国人民大学党政主要领导亲自牵头讨论形成学校发展的“1020行动计划”暨中国人民大学2012年“师生关心的十件大事”和“师生关心的二十件实事”。其中“师生关心的二十件实事”中有十三件源于教代会代表的提案，包括进一步拓展民主办学的渠道、建立教师学术讨论会制度、提高教职工的收入水平和福利待遇、增加体育健身设施、加强校园环境综合治理等。

二、校园文化建设和文体社团工作

根据上级教育工会关于开展2012年首都教育系统职工运动会的工作安排，校工会积极协商体育部等部门，发挥基层分会、教职工文体社团的积极性，组建教工代表队参赛。经过4个多月的人员选拔和培训，中国人民大学共有近500名教职工参赛。中国人民大学代表队共参加了田径、篮球、羽毛球、乒乓球、游泳、围棋、象棋、桥牌等8项竞赛项目和第九套广播体操、太极拳等2项集体表演赛项目。在运动会上中国人民大学获得了游泳、棋牌等多项个人单项一等奖，赢得了太极拳、田径等多项团体比赛二等奖。综合各项比赛结果，中国人民大学获得高校甲组团体总分第二名的优异成绩。

2012年是中国人民大学建校75周年的喜庆之年。校工会围绕献礼校庆这一主题，发挥自身组织优势和工作特色，组织了一系列文体比赛和活动，积极营造“全民参与，欢乐互动”的节日喜庆文化氛围。

校工会组织的校庆义卖、拍卖活动被列为75周年校庆的重点活动。校工会共收集师生自发捐献的卖品6 000余件，并先后于6月和10月举行了义卖会和拍卖会。其中，义卖收入12余万元，拍卖收入300余万元，所得款项全部汇入中国人民大学“关爱师生基金”。

此外，学校工会还举办了“中国人民大学第五十三届教职工运动会”、“白羽惜别”羽毛球赛等多项文体活动。

三、妇女、计划生育及职工互助保险工作

在学校领导的倡议下，校工会与其他职能部门密切协商，共同推进中国人民大学教师发展中心的酝酿和成立。通过开展对外交流以及名师前沿讲座等活动，搭建服务教职工的新平台和新空间，关注和保障教职工的健康发展。

在学校工会和各分会的共同努力和积极推动下，中国人民大学56个分会全部办理了“京卡·互助卡”，总计3 500余张，会员信息采集率96%，办理率为95%。2012年，中国人民大学共有3 057名职工办理了职工互助保险，投保率为82.6%。其中新入会377人，保额57 118元，发放赔付款12 125元。

11月，校工会召开专门工作会议，对《中国人民大学关爱师生基金章程》和《中国人民大学关爱师生基金管理办法》等文件和规定进行了重新修订，并于12月3日正式在全校印发。

四、师德建设工作

3月至4月，学校开展了“2011年度中国人民大学先进集体”的评选表彰工作。经各部门推荐和中国人民大学评选先进领导小组评议，共评选出哲学院等30家单位为先进集体。在中国人民大学“五一”表彰会上，学校对获得“校级先进集体”称号的单位以及获得“首都劳动奖章”、“北京市三八红旗手”等荣誉称号的先进个人进行了表彰，市教育工会史利国主席出席大会并讲话，对中国人民大学工会各项工作给予了高度评价。

9月，在全校教师节表彰会上，学校对“北京市师德标兵”、“北京市师德先进个人”和“从教三十年”等先进人物进行了表彰。

五、组织宣传和其他工作

校工会在立足服务好全校教职工的前提下，积极向上级教育工会投稿，刊发数量跃升月排行榜第一。校工会参加教育工会第二片组活动，多次与中国地质大学、中山大学、华北电力大学等兄弟院校工会进行交流，加强校际的互动和沟通。2012年，中国人民大学工会足额完成工会经费上缴任务44.4万元。

2012年10月，经中国人民大学工会委员会选举推荐、中国人民大学党委会讨论通过，确定胡树刚同志作为校工会专职副主席候选人。经上级教育工会批准，10月23日，校党委正式任命胡树刚同志为中国人民大学校工会副主席，同意增选其为校工会委员。

10月26日，校工会开展了对图书馆分工会的“模范职工之家”验收工作；11月，为充分使用校工会“模范职工之家优秀建设单位”奖励资金，校工会将其用于各基层分会购置建家设备、器材及开

展文体活动，共计 85 283 元，同时向获得“2012 年度中国人民大学先进分工会”的 12 家单位拨付奖励费 24 000 元，专项用于鼓励其开展建家活动。

获得的主要荣誉：

集体类：

1. 中国人民大学获 2012 年首都教育系统教职工运动会体育道德风尚奖、优秀组织奖、团体总分高校甲组第二名；
2. 校工会获“2012 年北京市工会重点工作考评优秀单位”；
3. 校工会获“2012 年北京市教育工会综合考评奖”；
4. 校工会获“2012 年北京市教育工会特色工作奖”；
5. 中国人民大学附属小学头脑风暴科技创新教育中心获 2012 年“北京市工人先锋号”。

个人类：

1. 校党委书记程天权教授荣获“全国教科文卫体系统先进女职工之友”；
2. 方立天教授获“北京市人民教师奖”称号；
3. 孙家洲教授获“首都劳动奖章”称号；
4. 王向明教授获“北京市师德标兵”称号；
5. 杨伟国教授、韩东晖教授、王轶教授和李晓风老师获“北京市师德先进个人”称号；
6. 秦治军老师荣获“北京市人民教师提名奖”；
7. 李春莲、孔雁老师获“首都教育系统健康之星”荣誉称号。

■ 共青团工作

一、概况

2012 年，校团委以喜迎党的十八大为契机，号召并组织广大团员积极参与赴北京展览馆观看“科学发展　成就辉煌”大型图片展等爱国主义社会实践，覆盖学生万余人次，精心组织同学参加各类以爱国主义为主题的文化活动，如“心中的歌儿唱给党——2012 年‘五月的鲜花’全国校园文艺汇演”，激发了广大学生在积极奋进的校园氛围中“治学报国”的热情。在本年度的全市共青团系统评优评奖工作中，推荐 23 个北京市级优秀团支部、31 名北京市级优秀共青团干部、23 名北京市级优秀共青团员；推荐 11 名北京市优秀学生干部、32 名北京市三好学生；推荐 5 名学生参加 2012 年首都大学生英才学校招考；推荐 2 名共青团干部赴外挂职；推荐 1 名教师参评北京市青年五四奖章；推荐 1 名职工参评海淀区十大杰出青年。在本年度“挑战杯”首都大学生创业计划竞赛中，中国人民大学荣获一个金奖、六个银奖、四个铜奖的优异成绩，并摘取高校组织奖。此外，在学校领导的大力支持下，推动实施中国人民大学“千人百村”社会调研活动。作为中国人民大学积极探索新的人才培养体系的重要抓手，围绕中国农村经济社会与文化发展的重大现实问题，组织 1 000 名学生，在专家学者的指导和带领下，以田野调查和入户调查为主要形式，深入全国 100 个村开展系统、规范的社会调研。调研活动“科学性”和“实践性”并重，为人大师生搭建了深入农村、服务农民、锻炼自我的坚实平台。实践证明，本次社会调研活动充分实现了校团委为广大青年学子搭建“第二课堂”的重大战略目标，效果良好、反响热烈，作为高校学生培养改革创新的优秀典型案例受到《光明日报》、《文汇报》、《经济日报》等知名媒体的强烈关注。

二、组织建设

2012 年，校团委继续以“党建带团建”为基本思路深化共青团组织建设，指导各学院分团委推进团的思想政治建设、组织建设、干部队伍培养、活动阵地建设和外部环境建设等工作，为组织发展提供动力与支持。校团委以学习先进学生事迹、加强团员思想政治教育为工作的出发点，评选产生 2011—2012 学年校级优秀团支部 31 个、院级优秀团支部 139 个；校级优秀学生共青团干部 71 名，院级优秀学生共青团干部 709 人；校级优秀共青团员 595 名，院级优秀共青团员 1 125 人，在全校范围内营造出了“争创先进基层团组织、争当优秀共青团员”的氛围，开创了中国人民大学共青团组织工作的新局面。同时，校团委加强干部队伍建设，助力团学干部发展成长，继续加大团干部推荐培养力度，推动了中国人民大学共青团整体工作水平的提高。

5 月 16 日，中国人民大学 2012 年高阶团校开学典礼暨首场报告会在学生活动中心多功能厅举行，团校以“青年领导力培养”为主题，创新教学内容与教学模式，着力将高阶团校打造为中国人民大学学生共青团干部领导力提升的优质平台。5 月中旬至 6 月下旬期间，多名具备东西方文化素养和国际化视野的校内外知名专家学者通过模拟谈判、情景演示等形式，为来自各学生组织的 76 名学员开展了 6 次集中学习，使学员们接受了博弈谈判力、国际宏观经济、传统文化与道德修养等多方位的系统性学习。暑假期间，由本期学员组成的 7 支队伍还赴祖国的大江南北开展社会实践活动，进一步了解国情民情，继续巩固和深化了学习成果。10 月 26 日，中国人民大学 2011 年新生团校开学典礼在学生活动中心多功能厅隆重举行，校党委副书记马俊杰出席典礼并讲话。来自全校 93 个本科班级的 181 名新生骨干在为期两个月的团校教学中，接受了十八大报告解读、如何做一名青年共产主义者、如何做一名青年志愿者等多个专题共 36 学时的集中学习，参加了赴北京展览馆观看“科学发展 成就辉煌”大型图片展等爱国主义社会实践，提升了自身素质品质，坚定了政治理想信念，为更好地开展班级工作、服务班级同学奠定了基础。

三、宣传工作

2012 年，校团委紧紧围绕学校建设发展大局和青年学生成长成才需要在深化思想引领、服务青年需求、创新宣传渠道、完善工作机制等方面开展了大量工作，取得了一定成绩：巩固团委机关报《青年人大》、人大青年网等传统阵地，出版《青年人大》报纸 20 期共 472 版，在报道学生们喜闻乐见的事件的同时，着重加强对正面典型的宣传报道，以学生身边鲜活的事例形成示范效应，营造健康积极的氛围。与招生就业处合作，出版《就业指导报》，协助党委宣传部做好天地人大 BBS 的监管工作。

与时俱进、不断创新是宣传工作适应形势、贴近学生的必由之路。2012 年校团委在巩固纸质媒体阵地的同时，积极学习并利用新媒体开展工作。不断丰富团委网站“人大青年网”的内容，即时更新重要公告、活动新闻、理论文章，并引入视频新闻版块，以图文并茂、快捷有效的方式集中呈现校团委、各学生组织、各学院分团委的活动信息。高度重视移动传媒平台的渠道建设，积极鼓励团委机关报《青年人大》衍生产品《青人手机报》的发展壮大，《青人手机报》以服务同学为宗旨，以飞信形式定期发布与同学息息相关的新闻和信息，在本年度，《青人手机报》覆盖人数达到 6 000 人，每周日到周五保证每日一期，共编发 230 余期，给广大同学的学习生活提供切实便利，受到广大师生的好评。同时，《青人手机报》正不断努力推进产品服务的立体化和多样化，在 75 周年校庆期间启动彩信平台试运行工作，圆满完成了向全体在校师生传播校庆各类资讯的重大任务。随着移动传播终端的兴起和普及，校团委通过与《中国青年报》合作，筹备开发“青梅”

手机客户端平台，并计划通过加大建设投入，创新宣传手段，提高宣传效率，探索搭建人大校园内新媒体宣传的最大平台。

一年来，校团委报送学校办公室、党委宣传部新闻信息近 200 条，其中，30 余条消息被人大电子信息屏使用，90 余条消息被人大新闻网使用；人民大学被北京团市委设为为数不多的基层信息直报点之一，校团委报送团中央、团市委和相关外界媒体稿件 200 余篇，累计 100 余条新闻被各类媒体采用，以良好的信息报送确保宣传渠道的通畅。其次，编辑发行《团委工作信息》30 期，发布人大青年网新闻消息 142 条，制作 4 期学活宣传栏，有效利用了既有宣传平台，第一时间发布团学新闻动态，保证了“对内交流、对外宣传”的效果。在信息工作中，校团委始终坚持重点突出的原则，对重点工作予以重点报道，近 40 条消息被人大主页采用，有效保证了团学工作的传播影响力。与此同时，校团委也积极与团市委、团中央建立信息快讯直通报送机制，建立重大活动通讯报送绿色通道，通过即时沟通方式缩短工作周期，确保重大消息报道第一时间上线上网。

四、课外学术活动

2012 年，围绕“思想引领，成长服务”的战略目标，紧随“服务学生成长成才”的指导思想，中国人民大学学术工作稳步开展。一方面，立足“创新杯”、首都“挑战杯”、全国“挑战杯”三大竞赛，培养创新型学术人才。另一方面，在收获竞赛硕果的同时，发扬求真务实的工作作风，加强组织内部工作管理，坚持学术平台建设创新，实现学术工作新转变。

在学术平台建设方面，校团委坚持不断开拓创新，力图实现学术建设的新转变。在校内课外学术活动中，针对中国人民大学各年级、各学院的特点，以年级为横向单位，院系为纵向单位，区分对待，互有促进，实现课外学术选题、论文写作指导和赛制宣讲的早宣传、早准备、早着手。一方面，在横向层面紧紧抓住低年级学生关注点较窄、学术科研能力较弱的特点，开展特色宣讲活动，聘请校内各专业领域知名教授以政策分析、时政评述等方式展开活动，重点培养低年级学生关注社会现实、民生热点和阅读综述性文献两方面的能力。另一方面，在纵向层面，校团委加强与各院分团委的联系与配合，充分调动各院系的积极性，深入挖掘各学院内部的特色学术力量，为各院学生提供深入实践研究本专业的条件。与此同时，校团委通过现有学术平台，实现纵向、横向相联系，并鼓励人大学子跨学院、跨年级组成学术团队，以更宽广的视野、更专业的角度实现学生学术能力的相互促进、相互提高。

在 2012 年第七届“挑战杯”首都大学生创业计划竞赛中，学校获得了一金、六银、四铜的优异成绩，并荣获高校组织奖，延续了人民大学在首都“挑战杯”的传统优势地位。与此同时，中国人民大学在第八届“挑战杯”中国大学生创业计划竞赛中继续保持一贯的优异表现，共有一件作品获得银奖，两件作品获得铜奖，并再度荣膺高校优秀组织奖，这也是中国人民大学第六次在“挑战杯”创业计划竞赛中获得高校优秀组织奖。本届竞赛成果得益于中国人民大学对学生创业创新能力的培养，体现了中国人民大学学生创新创业水平的进步。

五、社会实践

2012 年，校团委继续聘请博士生和硕士生，组建了学生社会实践辅导员团队，进一步优化了“1+1”的辅导模式。1 名博士生和 1 名硕士生将共同全程辅导同一选题领域或同一地域的若干个社会实践项目，通过组织培训、个别辅导、交流分享等活动，进一步促进学生社会实践交流与成果转化，完善了研究生参与社会实践活动的新机制，深入搭建了学生纵向交流与合作的平台。此外，校团委还全面优化了“千人百村”社会调研活动的组织管理机构。首先，在校友中选聘“社会导师”，做好与调研村的对接工作，保证师生“进得去村、扎得下根”，真正能够了解现实，反映基层诉求。其次，选聘中国人民大学的教职员工带领学生赴农村地区开展调研，在全面提升学生学术科研与实践创新能力的同时，综合促进教职工在“接地气”过程中与学生和社会现实的密切联系。

2012年，校团委共组建614支团队、5 124名学生赴全国34个省、自治区、直辖市和特别行政区，以及美国、英国、俄罗斯、马来西亚等海外地区开展社会实践活动，参与规模更大、范围更广、成果更多、影响更深远，全面实现了“地域、学院、学生、时间”的“四个全覆盖”。在社会实践项目体系建设方面，于多层次完善中稳步提升，形成了自由组队项目、集中组队项目、基层建设项目、基地合作项目、委托调研项目、国际交流项目、纵向规划项目等七类有特色的实践项目。

六、校园文化

校团委以服务学校育人目标为根本原则，以满足学生需求为根本要求，以提升学生素质为根本目的，以校园文化活动为根本载体，努力构建健康积极、和谐有序的校园文化育人氛围。

2012年是中国人民大学75周年校庆，以此为契机，学校校园文化活动也取得了蓬勃的发展。一年来，校团委服务学校中心工作，服务学生成长成才，以繁荣校园文化为主线，以培养“厚重”人才为目标，致力于将校园文化活动同共青团“育人”的本职有机结合起来，积极探索文化育人新路径、新模式，书写了一幅校园文化丰富多彩、全校师生共同参与的绚烂华章。相继策划组织了第十八届“五四”文化艺术节、第二十六届“一二·九”学生合唱音乐节等活动，吸引了全校近万名同学的参与和关注。广大同学通过参加和观看形式多样、内容丰富的文艺演出和比赛，纪念革命运动、缅怀革命先烈、回首峥嵘岁月、珍惜幸福生活。校团委还积极组织同学参加各类以爱国主义为主题的文化活动，如“心中的歌儿唱给党——2012年‘五月的鲜花’全国校园文艺汇演”等，均取得了良好的效果，对帮助同学们坚定政治信仰、树立远大理想起到了良好的促进作用。

2012年，学生艺术团继续响应学校提出的“加强‘三班’建设”、“将高雅艺术真正普及和深入到同学们中去”的号召，进行了“艺术骨干进班级”活动的展演。学生艺术团各分团在国家大剧院、保利剧院、明德堂、学生活动中心等举办十多场专场演出，累计观众人数逾万人，让广大同学不出校门就能欣赏到高雅艺术。2012年9月18日至22日，音乐戏剧《美丽的蓝色多瑙河——一八七二年约翰·施特劳斯访美的故事》在国家大剧院隆重上演。刘延东等中央领导同志观看了部分场次的演出，中国人民大学党委书记程天权、校长陈雨露、老校长纪宝成等也应邀陪同观看。中国人民大学青年交响乐团作为全国唯一一支高校艺术团体应邀参加了此次演出，扮演了施特劳斯在波士顿科列辛姆大剧场演出时所指挥的乐队，演奏了圆舞曲《美丽的蓝色多瑙河》、《曼哈顿》和波尔卡《闲聊》等传世名作。人大学子在剧中的精彩表现得到了领导同志和各界观众的充分肯定。刘延东同志在同程天权、陈雨露等校领导交谈时专门指出，艺术教育是高等教育不可或缺的一部分，人民大学作为在人文社科领域处于领先地位的重要高等学府，为艺术教育的不断发展作出了突出贡献，起到了表率作用。不仅如此，2012年9月20日由中国人民大学在校师生共同创作的大型原创话剧《苏格拉底》在国家大剧院隆重上演。中国人民大学校长陈雨露、党委副书记马俊杰、副校长查显友、副校长伊志宏与社会各界校友和学校师生共同观看了75周年校庆的开场大戏。话剧团倾情演绎的师生原创哲学话剧《苏格拉底》由中国人民大学党委副书记、文学院教授马俊杰（作家劳马）担任编剧，学生艺术团及部分在校师生自导、自演。这部话剧作品充分契合了人民大学与时俱进的创新品质，展现了高雅精湛的艺术水准和令人惊叹的丰富创意。北京市委副书记吉林、著名艺术家王晓棠、著名演员陈佩斯等各界知名人士共同观看了《苏格拉底》的演出，并给予了高度的赞誉。

2012年2月，中国人民大学学生艺术团赴杭州参加了全国第三届大学生艺术展演，并获得精神风貌奖、最佳组织奖，舞蹈节目《系起希望的哈达》荣获优秀创作奖。此外，中国人民大学学生艺术团青年民族乐团、青年合唱团、青年舞蹈团分别获得了艺术表演类甲组一等奖。为人民大学乃至当代大学生艺术文化的繁荣作出了卓越的贡献。

2012 年，学生艺术团积极走出校园，走向海外：2012 年 3 月，中国人民大学学生艺术团青年民族乐团、青年舞蹈团、青年合唱团代表学校先后赴日本、南非进行交流。这两次活动是落实学校全面提升国际性战略规划的重要举措。

七、学生社团

2012 年，校团委立足“完善社团管理制度，搭建活动多元平台，促进社团健康发展”的工作宗旨，坚持“管理、服务、协调、监督”的指导方针，以学校 75 周年校庆为契机，多措并举，促进中国人民大学学生社团健康成长，引领校园社团文化发展，助力学生个人素质的全面提高。

学校现有学生社团 113 个，涵盖了学术、实践、公益、体育、文娱五大类型。除举办常规社团活动之外，各社团还在内容、形式等多方面进行改革与创新，使社团活动逐渐趋向全方位和多元化。面对新形势和新要求，校团委进行“两个结构”的调整，进一步优化社团发展环境，一是社联组织结构调整，二是社团分类结构调整。与此同时，校团委以社团联合会为工作抓手，先后举办“中国人民大学 2012 年社团嘉年华”、“校庆 75 周年学生社团主题展示”等活动，通过对社团自主设计、申报的方案进行审核与反馈，以社联、社团相互协商为机制，将社团主题特色、主要活动进行集中展示，让参与者能够一次性地体验各色社团活动，扩大社团活动覆盖面。与此同时，中国人民大学爱乐人社团还参与了校庆日露天电子音乐会的演出，其演出的怀旧歌曲更是得到返校校友的高度评价。另外，本年度的“萌之韵”社团文艺汇演以“LET’S PARTY”为主题，新增“我最喜爱的节目”评选环节，各社团各显其能，以一场狂欢演绎了中国人民大学丰富多彩的社团文化。

在校园外，中国人民大学社团的身影也随处可见：魔术协会获第三届 CMUC 冠军杯魔术比赛最佳社团奖；陶行知研究会开展与北京市博雅小学的爱心公益项目；自游人协会赴藏实践，一手公益、一手科考；新光平民协会组织工地工友课堂等。通过这些活动，学校社团的影响力范围逐步扩大，社团专业化水平、实践能力进一步提升。

八、志愿者工作

一年来，全校青年志愿者组织、公益性社团都以重大节日、纪念日和主题活动为依托，利用广播、报纸、网络等媒体进行集中宣传，通过志愿者招募注册、宣誓签名、评选表彰等形式，大力弘扬了“奉献、友爱、互助、进步”志愿精神。

全校各级青年志愿服务组织继续实施关爱农民工子女、红十字、支教、服老、助残、帮困、环保、青春健康教育、服务校友、拓展培训、自护教育等 30 余个专项行动，进一步扩大了行动规模，全年新增注册志愿者 1 675 名，共计开展志愿服务活动 387 次。涌现出一批优秀志愿服务项目，如信息学院“探望脑瘫女孩宋丽丽”项目、人文五院“媛媛站起来”项目、商学院“地球一小时星空音乐会”活动等等。9 月 17 日，劳动人事学院的本科四年级学生杨鹏博成功捐献造血干细胞，成为中国人民大学捐献造血干细胞第三人，挽救了一名年仅 23 岁女孩年轻的生命。这是中国人民大学志愿者工作中出现的又一先进典型，充分体现了人大学子厚重的人文底蕴，彰显了人大学子积极履行社会责任的良好精神风貌。

4 月上旬，校青协提出了“举办义卖活动，为学校生日送一份礼物，为需要帮助的师生献一份爱心”的“关爱师生基金”校庆义卖活动构想，得到了校领导的支持，并将其列为 75 周年校庆 12 项重大活动之一。6月9日，校庆义卖活动在明德广场成功举办，义卖物品共6 000余件，均由师生自发捐献，义卖所得全部用于支持“关爱师生基金”。

作为中国人民大学75周年校庆12项重大活动之一的“一对一”志愿服务工作的开展，更是掀起了整个校庆志愿服务系列工作的新高潮。活动自6月开始启动，受到了各界校友、全校师生的广泛关注。最终吸引返校校友4 000余人。

在10月3日校庆当天，学校校庆志愿者们活跃在学校各处：校友服务处、校庆钱物捐赠处、校友之家、博物馆、吴玉章人文社会科学奖暨终身成就奖颁奖典礼会场、校庆蛋糕分享仪式会场、中国人文社会科学论坛会场都能看到志愿者们活跃的身影。他们的付出，受到了广大校友、师生的好评。

九、学生会和研究生会工作

（一）学生会

2012年4月8日，中国人民大学召开了第三十次学生代表大会，会议选举产生了新一届学生会常务委员会。常委会成员在校党委领导、校团委指导下团结带领学生会全体骨干继往开来、锐意进取，做了大量卓有成效的工作。学生会始终围绕着学生工作的总体目标，充分发挥学生会“自我教育、自我管理、自我服务”的工作职能，受学生之托，为同学着想，替同学办事。

新学期伊始，为迎接2012级新生的到来，学生会做了充分的准备。学生会组织编写《2012年新生入学指南》，促进了新生尽快熟悉学校环境、适应大学生活。9月10日，学生会常委会全体成员、各部门部长和副部长一起参与了北京站和北京西站的迎新接站活动。在学生会精心策划组织下，本次迎新接站活动共接回新生1 200余名，以及新生家长680余人。

2012年是中国人民大学建校75周年，学校以“引领明天的聚会”为主题，以“公益校庆、学术校庆、你我共同的校庆”为理念举办了一系列隆重的活动。助力校庆，中国人民大学学生会始终与母校同行。从校庆前期准备到校庆晚会，学生会承担了从校庆卡商家联络、卡片的制作发放工作，到为进入场地的观众们检票、维持现场秩序、为参加晚会的校友和老师提供志愿服务工作等一系列工作。整个校庆活动筹备和举办期间，学生会的同学们克服了种种困难坚持到最后，用自己的实际行动为母校75周岁生日送上了祝福。

党的十八大胜利召开后，学生会及时召开全体委员（扩大）会议，学习、宣传、贯彻党的十八大精神，深刻领会学习胡锦涛在中国共产党第十八次全国代表大会上的报告和习近平在十八届中共中央政治局第一次集体学习时的讲话要旨。与会人员包括校学生会骨干成员和各院学生会主席，此次会议掀起了人大学子对党的十八大精神的学习热潮。

在各项工作开展的同时，学生会还举办了三期“青年求是大讲坛”系列讲座，包括“让梦发生，九把刀来了”、杰出校友陈向东先生专题励志讲座、品读《一九四二》等系列，讲座邀请到了九把刀、陈向东、冯小刚及刘震云等知名人士，为广大同学搭建了一个与名人近距离接触、现场交流互动的平台，在同学中获得了积极反响。

自10月份以来，中国人民大学学生会一年一度的品牌活动季拉开帷幕，第二十届辩论赛、第八届“你的舞台”校园歌手大赛、第十六届服饰文化节以及第十三届健美操大赛等各项品牌活动全面铺开，随着12月1日服饰文化节闭幕晚会结束，2012年活动季顺利落下帷幕，总共有5 000余人次参与到各项活动与比赛之中。活动季的各项活动在继承优秀传统的基础上力争有所发展，丰富内容，创新形式，做到紧跟时代脉搏，紧跟同学兴趣，为广大同学搭建了展示自我风采、增强人文修养、提升综合素质、塑造健康身心的广阔平台，也对校园文化建设起到积极作用。

学生会2012年各项工作不但受到校内广大师生的好评，而且引起了校外媒体的高度关注与持续报道，充分体现了人大学子“国民表率，社会栋梁”的良好精神风貌。在今后的为同学服务中，校学生会将不断努力与探索，扬长避短，促使各项工作在稳定中创新，在创新中发展，更好地服务同学、服务学校。

（二）研究生会

校研究生会始终坚持在学校党委领导、团委指导下代表全校最广大研究生根本利益。研究生会在长期坚持贯彻学校发展战略的前提下，全心全意为广大研究生服务，已经成为全校实现培养厚重之才不可或缺的前沿阵地。本学期校研会根据学校建设的中心目标，利用自身优势，全方位展开各项活动。

10 月 27 日，校研究生迎新晚会“人大 style”在逸夫报告厅圆满举行，本次晚会共包括戏曲、舞蹈、相声、小品、歌曲演唱、乐器演奏等十余个节目，形式丰富，异彩纷呈，为人大研究生新生献上了一份合格的文化大餐。作为校研会和职业发展部的品牌活动，“职业发展月”系列活动一直以来是职业发展部的工作重心。通过各类求职经验分享、职业发展生涯规划，提高同学们的职业化素养，为今后的工作打下扎实的基础。本年度校研会开展了第四届中国人民大学研究生职业发展月，共四个篇章、七场活动，分别是“第四届职业发展月开幕式暨精英立场与蚁族困境论坛”、“从容就业、激情创业讲座”、“求职经验分享会”、“如何打造完美简历”、“面试着装与礼仪”、“留学规划指导讲座”、“国考模拟大赛”。

同时，校研会通过另一项品牌活动“行业解析系列讲座”，为同学们剖析热门行业的现状和趋势。目前已经开展的两场分别是“地产行业——走进中海地产”（2012 年 12 月 4 日）和“金融行业——中国援非实质”（2012 年 9 月 23 日），分别邀请到中海地产华北区公司人事行政部经理彭博和中国进出口银行国家风险首席分析师赵昌会，均获得了不错的反响。

十、社会勤工助学工作

2012 年，校团委继续整合勤工助学资源，帮助困难同学寻找勤工助学机会，提升广大同学职场素质和就业能力。举办模拟面试大赛、“名企励志行”等活动为同学们提供实践锻炼平台；开展兼职信息服务，全面提供勤工俭学信息；坚持开展并优化大学生家教服务，逐步形成了一套“严格选拔、专业培训、广泛宣传、热忱服务、全天候值班、全方位跟踪”的家教服务模式，为解决困难同学生活难题积极创造更好条件，同时也在校园内倡导了艰苦朴素、勤奋刻苦的良好风尚。勤工助学服务中心共为人大学生提供各类家教、兼职岗位 1 068 个（其中各类家教岗位 92 个，兼职岗位 976 个）。为响应“绿色校庆”低碳环保的理念，9 月 19 日中午，由校团委主办、中国人民大学勤工助学服务中心承办的第九届“学长的火炬”活动在学生活动中心东侧院内举行。在近四个小时的活动中，百余名来自各个学院的 2012 级新生免费领取了近 1 000 本图书和杂志。

与此同时，校团委还举办了家教论坛、“非常 6＋1”模拟面试大赛、文化衫大赛、“人大·泥好”软陶泥设计制作大赛等学生活动。全年共举办 9 个定期常规活动，合计 42 场，包括 8 场“跳蚤市场”活动、7 场主题书市活动、6 场“名企励志行”活动、3 场兼职招聘会及 18 场便利学生服务活动；5 个大型品牌活动重点体现“服务”的理念。此外，为贯彻“学术校庆”的理念，勤工助学服务中心于 10 月份开展“学术月”活动。本次学术月囊括了学术讲座、知识竞赛、微课题大赛、培训会等诸多内容，为广大师生带来了一场学术盛宴。在校庆 75 周年之际，学校举办了众多活动。为便于活动的开展，校内学生组织提供了相应的志愿服务。其中勤工助学服务中心承担了由招生就业处主办、教育学院协办的中国人民大学百所著名中学校长论坛的志愿服务。为了加强勤工品牌化、规范化，勤工手机报、勤工网站、勤工人人网公共主页、勤工月刊等多条宣传渠道陆续开通，广受好评。

附录

中国人民大学参加第七届“挑战杯”首都大学生创业计划竞赛获奖情况一览表

作品名称	等级	作者
“自然之宠”(Nature's Pet)宠物殡葬有限责任公司创业计划书	金奖	莫彩华
益想(中国)有限责任公司创业计划书	银奖	汤培青
九洲同(中国)有限责任公司创业计划书	银奖	邓溹千
蜂忙(中国)网络科技有限责任公司创业计划书	银奖	王　旗
爱配客有限责任公司创业计划书	银奖	陈昊睿
Jo!nt 文化交流公益项目	银奖	张文琦
漂族部落有限责任公司创业计划书	银奖	申　伟
“易游网”商业计划书	铜奖	李晓雪
“营养私厨”餐饮服务有限责任公司	铜奖	孙　聪
时来食往网络订餐	铜奖	朱杰聪

中国人民大学参加第八届“挑战杯”中国大学生创业计划竞赛获奖情况一览表

爱配客有限责任公司创业计划书	银奖	陈昊睿、骆晓玮、肖明驼、王菁华、贺浩森
蜂忙(中国)网络科技有限责任公司创业计划书	铜奖	王旗、马小雨、董瀛、李品嘉、胡乔文
“自然之宠”(Nature's Pet)宠物殡葬有限责任公司创业计划书	铜奖	莫彩华、吴晶晶、汤凯程、鹿诗伟

人 物

■ 中国共产党全国代表大会代表、全国人大代表和政协委员

全国人大代表

第十一届　郑功成(常委)　纪宝成　王利明　郭国庆　戴玉忠

全国政协委员

第十一届　程天权　徐庆平　汤维建　孙　萍　赵启正

■ 中国共产党北京市代表大会代表、北京市人大代表和政协委员

中国共产党北京市代表大会代表

第十届　陈雨露　伊志宏　唐传英

北京市人大代表

第十四届　史际春（常委）　刘彭芝　彭　翊　乌云毕力格

北京市政协委员

第十二届　齐鹏飞　袁济喜　庄毓敏　彭丽红　季东生　张丽华

■ 民主党派中央委员、北京市委委员

民盟中央第十一届中央委员会常委	郑功成
民盟中央第十一届中央委员会委员	郭国庆
民革中央第十二届中央委员会常委	汤维建
民盟北京市第十一届委员会常委	郭国庆
民盟北京市第十一届委员会委员	彭丽红
民革北京市第十四届委员会副主任委员	汤维建
民建北京市第十届委员会委员	刘太刚
民进北京市第十四届委员会委员	殷　强
农工北京市第十二届委员会委员	季冬生

■ 国务院学位委员会委员

纪宝成

■ 国务院学位委员会第六届学科评议组成员

(以姓氏笔画为序)

王子今　王利明　冯惠玲　纪宝成　吴晓求　张　法　张成福　张雷声　陈力丹
林　岗　徐二明　袁　卫　黄嘉树　温铁军　焦国成　韩大元　翟振武

■ 北京市学位委员会委员

林　岗

■ 北京市学位委员会第二届学科评议组成员

王利明　刘大椿　杨瑞龙　杨慧林　吴晓求　徐二明　秦　宣　秦惠民　黄朴民

■ 第二届教育部社会科学委员会委员

顾　问：	黄　达
副主任：	罗国杰（哲学）
委　员：	
马克思主义理论学部：	张雷声（马克思主义基本原理）
哲学学部：	陈先达（马克思主义哲学史、召集人）
	方立天（佛教哲学、中国哲学史）
	罗国杰（伦理学）
	郭　湛（马克思主义哲学）
语言文学、新闻传播学和艺术学学部：	郑保卫（新闻学）
经济学学部：	杜厚文（世界经济）
	袁　卫（统计学）
法学学部：	王利明（民商法）
	余劲松（国际经济法）
政治学、社会学和民族学学部：	郑杭生（社会学）
管理学学部：	纪宝成（商业经济管理）
	冯惠玲（档案学）

■ 第五届教育部科学技术委员会委员

王　珊

■ 教育部社会科学委员会学风建设委员会委员

秦惠民（秘书长）　顾海兵

■ 中央“马克思主义理论研究和建设工程”成员

（截至 2012 年 12 月 31 日）

马克思主义哲学教材编写课题组：

罗国杰　陈先达

社会学教材编写课题组：

郑杭生（首席专家）　洪大用（首席专家）

法学教材编写课题组：

许崇德（首席专家） 朱景文
史学教材编写课题组：
李文海（首席专家） 戴 逸 徐兆仁
新闻学概论（教材）：
何梓华（首席专家） 成 美 郑保卫
文学教材编写课题组：
陆贵山
马克思主义政治经济学教材编写课题组：
纪宝成（首席专家） 张 宇（首席专家） 林 岗 张雷声 卫兴华 吴易风
科学社会主义教材编写课题组：
许征帆 刘建军
高校思想政治理论课教学大纲和教材编写课题组——马克思主义基本原理组：
许征帆（首席专家） 刘建军（首席专家）
高校思想政治理论课教学大纲和教材编写课题组——毛泽东思想、邓小平理论和“三个代表”重要思想概论组：
秦 宣（首席专家）
高校思想政治理论课教学大纲和教材编写课题组——中国近现代史纲要组：
王顺生
高校思想政治理论课教学大纲和教材编写课题组——思想道德修养与法律基础组：
罗国杰（首席专家） 王 易（首席专家）
马克思主义哲学史：
庄福龄（首席专家） 梁树发
西方政治思想史：
王乐理
当代国际政治（中共中央宣传部）：
李景治（首席专家） 陈 岳 叶卫平 李世安
世界经济概论：
杜厚文（首席专家） 关雪凌
西方经济学：
吴易风（首席专家） 吴汉洪 刘凤良
宪法学：
许崇德（首席专家） 韩大元（首席专家） 胡锦光
当代中国政治制度（中共中央宣传部）：
杨光斌
中国共产党史（中共中央宣传部）：
杨凤城
西方社会学理论评析：
刘少杰（首席专家）
伦理学：
焦国成（首席专家） 葛晨虹
中国政治思想史：
宋少鹏

中国哲学史：
彭永捷
西方哲学史：
张志伟
马克思主义经济学说史：
姚开建　孟　捷　张　旭
马克思主义发展史：
张雷声（首席专家）　张　新
《资本论》导读：
林　岗（首席专家）　邱海平　杨　志
中国文化概论：
陈先达　张　法
马克思主义哲学经典著作导读（中国社会科学院）：
郝立新（首席专家）
世界现代史：
李世安（首席专家）
马克思主义史学经典著作导读：
李文海（首席专家）　王顺生

■ 第五届吴玉章基金委员会名单

名誉主任：李　鹏　宋　平
主任委员：袁宝华
副主任委员：（以姓氏笔画为序）
冯惠玲　纪宝成　冷　溶　邵华泽　赵启正　袁贵仁　黄　达　程天权　蔡　武　雒树刚
委　员：（以姓氏笔画为序）
马绍孟　方汉奇　王传纶　王利明　王宗伯　冯其庸　冯惠玲　叶　朗　刘大椿　刘向兵
纪宝成　许征帆　邬沧萍　齐世荣　冷　溶　吴树青　吴晓求　张文显　李文海　杜　鹏
杜厚文　杨　光　杨瑞龙　邵华泽　闵维方　罗国杰　郑杭生　查显友　洪银兴　胡明扬
贺耀敏　赵启正　秦　宣　秦惠民　袁宝华　袁贵仁　顾明远　顾海良　曹明新　黄　达
黄朴民　傅璇琮　温铁军　程天权　程恩富　谢维和　蔡　武　雒树刚　戴　逸
秘 书 长：冯惠玲（兼）
副秘书长：刘向兵　杜　鹏
司　　库：查显友

■ 第八届北京市人民政府专家顾问团

组　长：袁　卫

联络人：刘向兵
专　家：
吴晓求　杨瑞龙　王琪延　刘文华　王利明　刘曼红　董克用　何家弘　王　珊　史际春
唐　忠　孙久文

■ 中国人民大学荣誉教授

哲学院：
萧　前　罗国杰　黄顺基　夏甄陶
历史学院：
戴　逸　王思治
经济学院：
宋　涛　吴大琨　卫兴华　高鸿业　胡　钧
财政金融学院：
黄　达　王传纶　周升业　陈　共
农业与农村发展学院：
周　诚　严瑞珍
法学院：
高铭暄　许崇德　孙国华　王作富
马克思主义学院：
许征帆　庄福龄　何　沁　彭　明　刘佩弦　彦　奇　林茂生
社会与人口学院：
邬沧萍
国际关系学院：
高　放
新闻学院：
方汉奇　蓝鸿文　甘惜分
商学院：
李占祥
公共管理学院：
钟契夫

■ 中国人民大学首批荣誉一级教授

（以姓氏笔画为序）
卫兴华　王传纶　方汉奇　甘惜分　邬沧萍　罗国杰　夏甄陶　高　放　高铭暄

注：2009年5月20日，学校印发《关于授予卫兴华等9人中国人民大学首批荣誉一级教授称号的决定》（2008—2009学年校政字19号）。

中国人民大学首批一级教授

（以姓氏笔画为序）

方立天 刘大椿 纪宝成 李文海 吴易风 宋　涛 张立文 陈先达 周新城 郑杭生
胡乃武 黄　达 曾宪义 戴　逸

注：2009年5月20日，学校印发《关于聘任中国人民大学首批一级教授的决定》（2008—2009学年校政字20号）。

2012年中国人民大学教授

（以聘任年月为序，包括党政、教辅正高职，截至2012年12月31日）

哲学院：

张立文 方立天 陈先达 刘大椿 郭　湛 冯　俊 段忠桥 安启念 宋志明 焦国成
李秋零 张　法 王鸿生 郝立新 王旭晓 马俊峰 张志伟 龚　群 向世陵 李　燕
陈慕泽 张风雷 葛晨虹 肖群忠 欧阳谦 何光沪 温金玉 刘敬鲁 牛宏宝 干春松
何建明 彭永捷 李　萍 刘晓力 韩东晖 张文喜 罗安宪 杨武金 王伯鲁 彭新武
吴　琼 温海明 张立波

（注：冯俊于2012年6月调出，王旭晓于2012年2月退休，宋志明、安启念于2012年8月退休）

文学院：

程光炜 金元浦 杨慧林 李炳海 许　鹏 李　泉 贺　阳 冷成金 王贵元 卢铁澎
罗青松 劲　松 李　今 王家新 马俊杰 张永青 耿幼壮 刘小枫 孙　毅 阎连科
梁　坤 陈满华 曾艳兵 高旭东 朱万曙 徐正英 王　昕 刘震云 Leopold Leeb

历史学院：

徐兆仁 孙家洲 徐　浩 王皖强 牛润珍 郭双林 孟广林 魏　坚 马克锋 刘后滨
包伟民 许海云 韩树峰 吕学明 赵　珍

清史所：

戴　逸 李文海 黄爱平 陈　桦 何　瑜 黄兴涛 刘凤云 杨念群 张世明 华林甫
夏明方 祁美琴 张永江

国学院：

黄克剑 袁济喜 黄朴民 诸葛忆兵 杨庆中 沈卫荣 乌云毕力格 王子今 梁　涛
孟宪实 李　肖 韩　星

经济学院：

吴易风 胡乃武 黄泰岩 黄卫平 顾海兵 林　岗 杨瑞龙 陈　建 叶卫平 方福前
贺耀敏 高德步 彭　刚 韩小明 刘　瑞 孙久文 张　宇 吴汉洪 姚开建 陈享光
雷　达 李义平 赵国庆 于同申 刘凤良 陈勇勤 郑超愚 韩玉军 张可云 陈　璋

关雪凌　方竹兰　邱海平　孟　捷　侯景新　杨　志　关　权　卢　荻　周业安　刘元春
贾根良　方　芳　李军林　王晋斌　张可云　侯景新　黄　隽　郭　杰　陈彦斌　陶　然
黎玖高　杨其静　杨天宇　胡　霞　郑新业

财政金融学院：

黄　达　吴晓求　郭庆旺　陈雨露　任淮秀　朱　青　赵锡军　林清泉　庄毓敏　张　杰
吴晶妹　汪昌云　何　平　刘振亚　瞿　强　岳树民　关　伟　王小龙　岳希明　涂永红
陈忠阳　张成思　张顺明　郑志刚　石晓军　吕冰洋　魏　丽

法学院：

王利明　刘春田　朱景文　龙翼飞　何家弘　史际春　赵秀文　徐孟洲　陈卫东　韩大元
黄京平　胡锦光　董安生　叶秋华　朱力宇　叶　林　杨建顺　谢望原　吴宏伟　周　珂
赵晓耕　郭　禾　杨立新　林　嘉　姚　辉　范　愉　汤维建　莫于川　朱文奇　余劲松
邵沙平　王欣新　冯　军　王云霞　史彤彪　张新宝　马小红　李艳芳　黎建飞　张志铭
张小虎　刘明祥　田宏杰　王　轶　尹　立　刘俊海　朱大旗　肖中华　冯玉军　韩立余
肖建国　朱　岩　李学军　邵　明

（注：叶秋华、王欣新、尹立于2012年8月退休）

马克思主义学院：

周新城　梁树发　王　东　张雷声　秦　宣　刘建军　齐鹏飞　徐志宏　杨凤城　张　新
赵　汇　程天权　吴美华　黄继锋　陶文昭　张云飞　杨德山　何虎生　张　旭　王　易
侯衍社　辛　逸　王向明　郑吉伟

社会与人口学院：

郑杭生　翟振武　潘绥铭　李路路　林克雷　夏建中　杜　鹏　于显洋　李迎生　穆光宗
段成荣　洪大用　郭星华　刘　爽　俞国良　刘少杰　陈　卫　杨菊华　郝大海　姜向群
陆益龙　赵旭东　宋　健

（注：穆光宗于2012年9月调出）

国际关系学院：

黄嘉树　宋新宁　陈　岳　张　鸣　李宝俊　金正昆　周淑真　张惟英　时殷弘　陈新明
金灿荣　杨光斌　刘青建　王续添　蒲国良　查道炯　闫润鱼　庞中英　黄大慧　李庆四
任剑涛　保建云　王英津　郭春生　房乐宪　刘文秀

新闻学院：

喻国明　涂光晋　蔡　雯　周建明　倪　宁　郑保卫　周小普　盛希贵　陈力丹　高　钢
彭　兰　陈　绚　赵　赜　匡文波　杨保军　张　征　钟　新　王润泽　刘小燕

（注：赵赜于2012年2月退休）

艺术学院：

郑晓华　徐庆平　洪　涛　徐唯辛　闫　平　祝东平　陈传席　王克举　赵　方　黄华三
丁　方　王家增

（注：洪涛于2012年8月退休）

外国语学院：

钱晓蕙　张卫平　成同社　张勇先　田育英　陈世丹　于素秋　任国强　吴红云　刁克利
赵蕾莲　贾国栋　王建平　郭　军　李铭敬　张　威　张　意　代显梅　朱　源　杨　敏

（注：张卫平于2012年2月退休）

环境学院：

马　中　邹　骥　马忠玉　曾凡刚　宋国君　张景来　王洪臣　沈大军　曾贤刚　张光明

（注：邹骥于2012年3月调出）

信息学院：

王　珊　朱来义　杜小勇　陈　红　孟小峰　林　勇　龙永红　张伦传　张庆彩　杨小平
李德英　左美云　石文昌　梁　循　李翠平　杨云雁

教育部数据工程与知识工程重点实验室

周晓方　陆嘉恒

理学院：

物理学系：王孝群　李　涛　胡　辉　王善才　卢仲毅　刘玉良　张清明　于伟强　王　雷
鲍　威　陈根富　朱传界　魏建华　曹永革　张　芃　李茂枝

化 学 系：郭志新　于澍燕　艾希成　张建平　林　隽　曹廷炳　李志平　徐立进　金朝霞

心理学系：雷　雳　胡　平　张积家

商学院：

郭国庆　徐二明　戴德明　包　政　黄卫伟　荆　新　耿建新　王利平　马珑珑　王化成
李　平　徐　泓　王凤彬　于富生　林　钢　宋远方　刘凤军　纪宝成　李　焰　吕一林
伊志宏　陈　冠　宋　常　杨　杜　谷克鉴　赵　苹　江　林　张瑞君　成　栋　刘国山
秦志华　孙茂竹　宋　华　吕景胜　王亚星　徐经长　毛基业　刘晓梅　章　凯　蔡荣生
陈甬军　王晓东　赵西卜　周庭锐　王宝林　刘向东　姜付秀　刘　刚　王刊良　曹　伟
况伟大　彭　翊　Kenneth Andrew Kim　李先国　刘　军

（注：黄卫伟于2012年2月退休）

公共管理学院：

董克用　陈秀山　许光建　张成福　张康之　杨　健　叶剑平　毛寿龙　叶裕民　严金明
吴春波　吕　萍　魏　娜　孙柏瑛　康晓光　谢　明　方振邦　李　珍　刘　昕　黄燕芬
蓝志勇　刘太刚　孙玉栋　王虎峰　张占录

劳动人事学院：

曾湘泉　彭剑锋　郑功成　孙健敏　潘锦棠　常　凯　仇雨临　程延园　张丽华　周文霞
杨伟国　林新奇　赵　忠　石　伟　易定红　唐　鑛　周　石

信息资源管理学院：

冯惠玲　赵国俊　张辑哲　胡鸿杰　周晓英　卢小宾　王　健　王英玮　安小米　张　斌
侯卫真　索传军　张美芳

统计学院：

袁　卫　赵彦云　易丹辉　何晓群　金勇进　高敏雪　张　波　王晓军　彭　非　孟生旺
杜子芳　田茂再　胡飞芳　陈一兵

农业与农村发展学院：

唐　忠　孔祥智　郑风田　马九杰　曾寅初　温铁军　汪三贵　张利庠　刘金龙　王志刚
周　立　朱信凯　Reardon Thomas Anthony　生吉萍　谭淑豪

教育学院

秦惠民　胡　娟　牛维麟　申素平　李立国　程方平　周光礼　项贤明　曹淑江

继续教育学院：

陈兴滨　张　践　王琪延　顾宗连　缪代文　王国元　刘利兰

体育部：

李树旺

培训学院：

李　湘　刘京建

图书馆：

武继山

档案馆：

张世林

出版社：

沈小农　刘　志　王克方　孟　超　司马兰　费晓琳　刘　晶　潘　宇　马学亮
杨宗元　郭燕红

（注：王克方 2012 年 5 月调出，司马兰 2012 年 4 月提前退休）

书报资料中心：

高自龙　宣小红　王立君　钱　蓉

学术期刊社：

杨万东　武京闽　林　坚　李淑英　孔　伟

学校办公室

刘向兵　查显友　李家福

党委宣传部：

郑水泉

研究生院：

李　霞　宋东霞

学生处：

张晓京

资产与后勤管理处：

林建荣

审计处：

赵永奎

附属中学：

刘彭芝

汉青经济与金融高级研究院：

梁　晶　叶光亮

高等教育研究室：

胡　娟

人员流动中心：

詹杭伦

■ 2012年逝世人员名单

2012年逝世人员（离休）
（以逝世时间先后为序）

单位	姓名	性别	出生年月	参加工作时间	逝世日期
出版社	孟繁智	男	1924.05	1949.04	2012.01.01
信息资源管理学院	赵践	男	1926.02	1949.04	2012.01.20
农业与农村发展学院	聂文敏	男	1928.10	1949.04	2012.01.22
公共管理学院	郭振淮	男	1930.08	1949.04	2012.01.26
文学院	王宗伯	男	1926.01	1939.03	2012.01.31
马克思主义学院	蔡云凌	女	1929.02	1949.09	2012.02.03
财政金融学院	王克华	男	1928.12	1945.07	2012.02.07
商学院	乔建国	男	1925.12	1949.04	2012.02.21
图书馆	马彦芳	女	1921.12	1949.03	2012.03.02
统计学院	贾侃	男	1923.07	1949.05	2012.03.22
出版社	张秀琪	男	1934.02	1948.12	2012.04.22
经济学院	成保良	男	1931.07	1949.05	2012.05.02
印刷厂	李海江	男	1923.01	1938.03	2012.05.10
马克思主义学院	宁惕	女	1927.10	1949.04	2012.05.21
学校办公室	付井泰	男	1925.03	1946.06	2012.05.29
资产与后勤管理处	王鸿庆	男	1928.07	1946.09	2012.05.30
马克思主义学院	李舜英	女	1924.01	1949.05	2012.06.03
法学院	吴磊	男	1924.11	1946.04	2012.06.12
经济学院	王逸飞	男	1924.09	1948.07	2012.08.06
哲学院	刘炎	女	1928.07	1948.09	2012.08.16
校医院	翟荣捷	女	1930.07	1947.01	2012.09.03
新闻学院	朱友石	女	1924.10	1944.01	2012.09.09
法学院	江伟	男	1930.11	1948.11	2012.09.15
经济学院	何伟	男	1926.10	1944.02	2012.10.09
法学院	孔庆云	男	1927.08	1947.03	2012.10.25
经济学院	高义生	男	1928.01	1949.04	2012.10.26
哲学院	乐燕平	男	1927.01	1949.04	2012.11.14
国际关系学院	马小弥	女	1930.07	1949.09	2012.11.14
出版社	李英	男	1934.09	1949.04	2012.11.19
商学院	贺安	男	1928.02	1948.11	2012.12.01
法学院	韩铭立	男	1920.10	1938.08	2012.12.24
机关党委	安保善	男	1929.04	1947.08	2012.12.26

2012 年逝世人员（退休）

（以逝世时间先后为序）

单位	姓名	性别	出生年月	参加工作时间	逝世日期
财政金融学院	徐国薇	女	1929.01	1950.08	2012.02.02
对外语言文化学院	胡瑞昌	男	1931.02	1958.09	2012.02.18
历史学院	王思治	男	1929.08	1956.02	2012.03.13
信息学院	朴顺玉	女	1935.11	1962.08	2012.03.24
信息资源管理学院	李鸿健	男	1930.06	1950.08	2012.04.02
历史学院	杨遵道	男	1923.02	1949.12	2012.04.03
文学院	郑国铨	男	1927.12	1949.11	2012.04.05
书报资料中心	孙黎明	女	1931.09	1952.09	2012.04.07
统计学院	陈婉贞	女	1932.06	1954.07	2012.05.28
经济学院	王章耀	男	1927.11	1955.08	2012.06.04
商学院	汪星明	女	1937.07	1960.08	2012.06.19
出版社	张心绪	男	1925.07	1949.07	2012.07.07
外语学院	尹华清	男	1925.09	1952.09	2012.07.23
马克思主义学院	李进修	男	1928.02	1955.08	2012.09.10
财政金融学院	王传纶	男	1922.04	1951.09	2012.09.13
外语学院	张绿蒂	女	1938.02	1960.09	2012.09.16
印刷厂	朱铭家	男	1930.08	1952.07	2012.09.17
财政金融学院	王志儒	男	1936.03	1960.08	2012.10.31
继续教育学院	安正文	男	1927.09	1953.08	2012.12.01
哲学院	陈志良	男	1945.09	1967.07	2012.12.14

说明：表中列出的是副教授、副处级以上逝世人员。

附属学校

附属中学

一、概况

中国人民大学附属中学占地面积 94 557 平方米，建筑面积 95 995 平方米，体育场（馆）面积 22 760 平方米。图书馆藏书 15 万册。普通教室 130 个，专用教室 30 个，实验室 21 个。学校现有教职工 417 人，其中，具有正高级职称 8 人、副高级职称 212 人、中级职称 132 人；专任教师 326 人，包括特级教师 33 人、北京市学科教学带头人 5 人、市级骨干教师 15 人。开设教学班 124 个，其中，初中班 58 个、高中班 66 个。在校生 5 018 人（含外籍学生），其中，初中 2 419 人、高中 2 599 人。2012 年高中录取分数线 545 分（海淀区）。学校网址：www. rdfz. cn。

二、学校建设

人大附中充分发挥党组织的核心作用，规范教学管理制度，促进学校内涵式发展；坚持以人为本的管理思想，充分调动全校教职员工的积极性和创造性；加强校本培训，搭建高端平台，建设高素质教师队伍；提升科技教育水平，培养学生的创新意识和实践能力；为包括具有体育、艺术及各类特长的孩子在内的全体学生搭建发展的多元平台；积极履行社会责任，让更多孩子享受优质教育；大力拓展国际交流，提升学校办学的国际化水平。

1. 创新人才教育研究会成立

1月16日，创新人才教育研究会成立大会暨第一次会员代表大会在北京召开。该研究会旨在培养国家所急需的创新人才，致力于将创新人才教育与研究单位以及个人集结在一起，搭建起跨地区、跨部门、跨学科、跨学段合作的新兴高端平台，共同探索行之有效的创新人才培养模式。刘彭芝当选为会长。

2. 创新人才教育研究会举办首次高层论坛

2月18日，创新人才教育研究会首次高层论坛在北京航空航天大学唯实大厦举行。会议主题为“积极推进协同创新，联合培养创新人才”，刘彭芝主持论坛。这是创新人才教育研究会在1月16日隆重成立后召开的首次会议。本次会议围绕“协同创新”展开研讨，涉及不同学科领域之间，高校与高校之间，高校、科研院所与中学之间，学校与企业之间协同创新，联合培养创新人才。

3. 中国教育学会中小学劳技教育专业委员会第四届理事会第一次常务理事会

2月25日—26日，中国教育学会中小学劳技教育专业委员会第四次代表大会在北京召开。刘彭芝出席了本次会议并作重要发言。刘校长于1995年10月创设的“少创委”在劳技教育专业委员会中起到了引领和示范作用，呼吁协同创新、再接再厉，共同培养更多拔尖创新型人才。

4. 教育部杜占元副部长考察调研人大附中信息化和资源联盟建设工作

3月31日下午2点，教育部杜占元副部长，教育部科技司王延觉司长、雷朝滋副司长等一行来人大附中参观考察。在人民大学陈雨露校长和人大附中刘彭芝校长的陪同下，参观了人大附中远程教室、生物实验室、数字创意实验室等，听取了学校信息化及基础教育资源共建共享联盟的工作汇报。杜占元副部长对人大附中信息化建设工作给予了充分肯定和高度评价，认为人大附中信息化工作形式多样、内容丰富。

5. 探索拔尖创新人才培养模式基地校开放日活动在学校举行

4月13日下午，海淀区国家级教育体制改革基础教育项目“探索拔尖创新人才培养模式基地校开放日活动”在人大附中举行。本次活动的主题是“协同创新，联合培养拔尖创新人才”。刘彭芝校长就这一主题作了发言，与会的领导、专家与协作校，针对“协同构建拔尖创新人才培养的课程资源和师资队伍”进行研讨交流。

6. 国家教育咨询委员会创新人才培养改革模式组领导及专家视察人大附中

4月16日下午，国家教育咨询委员会创新人才培养改革模式组徐冠华、李延保、施一公等领导、专家莅临人大附中调研考察。与会领导、专家参观了远程教室、生物实验室、光电创新教室、数字创意实验室。刘彭芝校长作了“创新：学校发展的不竭动力”的主题报告。与会领导、专家对人大附中拔尖创新人才培养方面的工作给予了充分肯定和高度评价。

7. 北京市名校长第一工作室专家、校长访问人大附中

4月18日上午，北京市名校长第一工作室的专家、校长访问人大附中，在高中楼第八会议室召开了座谈会。本次会议以国际化教育为主题，刘彭芝校长、李峪副校长介绍了人大附中的国际化教育之路。

8. 刘彭芝出席第六届“中国发明家论坛”开幕式，学校学生获国际发明金银奖

4月26日，由中国发明协会、国家科学技术奖励工作办公室等部门主办的第六届“中国发明家论坛”开幕式暨第七届“发明创业奖”颁奖典礼在京举行。会议表彰了2012年人大附中五名在德国纽伦堡和波兰华沙国际发明展上获得金银奖的学生：娄澜、吕宁一、曹沛晴、雷金周和李思民。

9. 中国科学未来之星专题报告

5月18日下午，由中国科学院软件研究所、中国人民大学附属中学、北京四中、创新人才教育研究会、创新方法研究会联合举办的“2012中国科学未来之星（2012 China Science Future Star）”专

题报告活动在中国科学院软件园举行。刘彭芝校长致辞。近300名师生参加了本次活动。

10. 2012年北京高考文理科状元全落人大附中

6月22日北京高考成绩揭晓。人大附中韩牧岑和李泽分别以670分和712分的成绩斩获北京市文理科头名。从2004年起，人大附中已经先后走出了10个高考状元。

11. 创新人才教育研究会小学幼儿园创新研究专业委员会成立

7月21日，创新人才教育研究会小学幼儿园创新研究专业委员会成立大会暨第一次会员代表大会在吉林省长春市召开。本次成立大会共有来自全国24个省市的130多个会员单位代表参会。创新人才教育研究会会长刘彭芝致辞。

12. 中央邀优秀专家和基层一线人才代表到北戴河休假，刘彭芝校长参加活动

8月4日，受党中央、国务院邀请，包括人大附中刘彭芝校长在内的62位优秀专家和基层一线人才代表到北戴河休假。刘彭芝校长在座谈期间为国家教育发展建言献策，提出要在坚持有教无类、教育公平的基础上，重视拔尖人才的早期发现和培养，实施英才教育。

13. 人大附中召开全校教师员工暑期培训大会

8月23—26日，400多名教职工参加了暑期培训大会。大会主题是：教育教学创新，拔尖创新人才早期培养，教师成长。会上，刘彭芝校长作了主题报告，会议还邀请国务院参事、原科技部副部长刘燕华作了题为“创新模式转型与人才培养”的报告，北京大学精神卫生研究所主任、心理学家闫俊教授作了题为“抗抑郁心理健康教育活动——‘心晴环保’走进人大附中”的报告，航天英雄景海鹏作了题为“重返太空，为国增光——我的飞天之路”的报告。校内教师的报告和研讨共21场次。

14.“国培计划（2012）”——人大附中高中数学班开班

9月20日上午，“国培计划（2012）”——中小学骨干教师研修项目人大附中高中数学班开班典礼在人大附中隆重举行，教育部教师工作司司长许涛，国务院参事、人大附中校长刘彭芝，北京教育学院院长李方，中国人民大学党委宣传部部长郑水泉，北京市十二中校长李有毅等领导、专家到会致辞，来自北京、上海、天津、河北、江苏、山东、湖北、浙江、吉林、新疆十个地区的50名高中骨干数学教师出席会议。这批学员在人大附中接受了10天集中培训。在教育部组织的2011年国培计划项目绩效匿名考核中，人大附中高中数学班名列第一。

15. 人大附中联合学校总校成立揭牌仪式举行

9月22日，“人大附中联合学校总校成立揭牌仪式暨人大附中2002—2012促进教育均衡实践探索汇报会”在中国人民大学如论讲堂隆重举行。教育部副部长刘利民、北京市副市长洪峰、中国人民大学党委书记程天权、中国人民大学校长陈雨露、北京教工委常务副书记刘建、海淀区代区长孙文楷和人大附中联合学校总校校长刘彭芝及各成员校校长上场共同为人大附中联合学校总校揭牌。大会还对人大附中2002—2012促进教育均衡实践探索作了全面翔实的汇报。

16.“国培计划”(2012）——人大附中高中语文班开班

10月8日上午，“国培计划（2012）”——中小学骨干教师研修项目人大附中高中语文班开班典礼在人大附中隆重举行，教育部教师工作司教师培训处处长郭春鸣，北京教育学院院长李方，北京师范大学教授、博士生导师郑国民，中国人民大学党委宣传部部长郑水泉，项目首席专家、人大附中常务副校长翟小宁，人大附中副校长、国培项目负责人周建华等领导、专家，以及来自内蒙古、陕西、山东等10个地区的50名高中骨干语文教师出席会议。

17. 上海市第三期普教系统双名工程刘彭芝卓越校长培养基地、双卓基地第二期校长班启动

10月25日，上海市第三期普教系统双名工程刘彭芝卓越校长培养基地暨中国基础教育卓越校长卓越教师培养基地（简称双卓基地）第二期校长班启动仪式在人大附中隆重举行。来自上海、北京、新疆、成都、山东、贵州等地普教系统的80多名学员共同参加了启动仪式。美国托马斯杰斐逊理科高中校长伊万·格雷泽（Evan Glazer)、美国伊利诺伊理科高中校长迈克斯·麦吉（Max McGee)、

芬兰埃青纳斯学校校长玛瑞安妮·佩尔内宁（Marianne Pärnänen）等国际名校校长，以及来自美国、爱尔兰、芬兰、意大利、丹麦的老师和学生应邀参加仪式，并与校长学员进行了深入交流与研讨。

18. 人大附中承办“国培计划（2012）”高中通用技术教师研修项目

11月5日，“国培计划（2012）”——中小学骨干教师研修项目人大附中高中通用技术班开班典礼在人大附中隆重举行，中国发明协会理事长、科技部原部长朱丽兰，教育部教师工作司培训处处长郭春鸣，南京师范大学教授、教育部通用技术课标组组长顾建军，北京理工大学自动化学院付梦印教授，北京市教育科学研究院基教研中心赵宝军书记，人大附中副校长、国培项目负责人周建华，人大附中副校长王海玲等领导、专家，以及来自北京、上海、宁夏等15个地区的50名高中通用技术骨干教师出席开班典礼。

19. 携手两岸教育精英，共谱创新教育华章——首届京台创新教育论坛在京召开

11月22日下午，由北京市人民政府台湾事务办公室、创新人才教育研究会主办的“京台创新教育论坛”在北京国贸饭店隆重举行，论坛主题为：创新交流，共创双赢。来自北京、台湾的知名教育专家济济一堂，共同深入探讨创新教育议题，共享两岸创新教育的经验、探索和智慧。刘彭芝校长以“人大附中培养学生21世纪技能的探索与实践”为题作了论坛的主旨发言。

20. 人大附中举办迎新年文艺演出

12月28日，人大附中在中国人民大学世纪馆举办“放歌理想、青春飞扬”迎新年文艺演出。中国人民大学程天权、牛维麟、马俊杰、杨慧林、查显友、伊志宏、刘向兵等校领导出席，与附中刘彭芝校长及千余师生家长欢聚一堂，共同迎接新年的到来。人大附中交响乐团、合唱团、舞蹈团、男子舞蹈团、行进管乐团、电子轻音乐团、武术队、健美操队等八个艺术团体以及附中教师队伍联袂献上了精彩的节目。程天权书记作了热情洋溢的致辞。

21. 国务院参事、广西区委参事联合调研组开展促进广西少数民族聚居地区教育发展专题调研

12月25—29日，由国务院参事汤敏、刘彭芝、李烈、张彦通等及人大附中4名教师组成的调研组一行13人，对广西壮族自治区开展了“促进广西少数民族聚居地区教育发展专题调研活动”，与自治区领导召开座谈会。调研活动结束后，刘彭芝校长决定实施人大附中对当地教育的远程帮扶计划，让国家基础教育资源共建共享联盟走进大山深处。

22. 2012年国内外重要交流活动总结

国际交流：一年来，先后接待美国教育团队60余人次，英国著名中学团队30余人次，丹麦学校团队30余人次，新加坡团队10余人次，法国、西班牙、朝鲜、乌克兰等国教育团队各3～5人次，国际交往总计200余人次。

国内来访：一年来，人大附中先后热情接待了来自广州、天津、新疆、山西、邢台、成都、宁波、上海、无锡、重庆、陕西、贵州、广西、深圳、东莞等地的20多个教育考察团400多人次来校参观考察。

三、各类成绩

（一）人大附中学校及教师获奖情况

1. 人大附中获“北京市中小学教育科研先进学校”；人大附中食堂被评选为“海淀区中小学食堂管理先进学校”，米增军荣获“海淀区中小学食品安全工作先进个人”，魏二明荣获“海淀区中小学食堂管理先进个人”；人大附中游泳馆在2012年度再次被评为北京市海淀区优秀体育场馆，王颂华被评为体育场馆优秀管理者，耿献娟被评为优秀救生员。

2. 刘彭芝、王春、张文胜在北京市基础教育课程建设优秀成果评选活动中获得一等奖，靳忠良获得三等奖；丁利在北京市中小学可持续发展教育研究“十一五”优秀成果评选中获得一等奖，王佳

雨获得二等奖，谢萍获得三等奖；宓奇、丁利、吴兆华、刘岩、赵莹、王忆欣、陈晨获得北京市教育科研优秀论文一等奖，王艳、彭晓、冀玉、陆丽萍获得二等奖，杨杰川、朱京力、冯树远、袁中果、吴建兵、彭晓、李昱华、季雪娟获得三等奖；刘成章获得海淀区第十二届教育科研优秀论文一等奖。

3. 于树泉获"海淀区教育科研创新成果奖"，唐阳平获"海淀区教育科研管理创新奖"；王萍、冯树远、曹利国获得海淀区教研员优秀成果奖；李晓风、王海玲获得海淀区名师工作站导师优秀成果奖；杨杰川、靳忠良被评为海淀区"十二五"中期中小学群体课题研究先进个人；2012 年国际青少年科技实践大赛中，何玲燕荣获"十佳优秀科技教师"奖。

（二）人大附中学生在国内外各级各类竞赛中获得了诸多殊荣

1. 陈景文在第 53 届国际数学奥林匹克竞赛中荣获金牌；周恒昀在第 43 届国际物理奥林匹克竞赛中获得金牌，并获得亚洲学生第一名；赵赓在第六届国际天文学与天体物理学竞赛中获得金牌；宇同荣获全国高中化学竞赛一等奖，并入选北京代表队；聂桢轲、程知禺、曹雨晨、徐明宽在第四届全国数理化学科解题能力大赛活动中荣获一等奖，成为历次大赛活动中"年龄最小，成绩最佳"的团队；李双平、陈然、何婧铱、李双宁在第 11 届中国女子数学奥林匹克竞赛中获金牌；在 2012 年全国青少年天文奥林匹克竞赛决赛中，人大附中学生获得一等奖第一名；张仁桥等 7 人在第 28 届中学生物理竞赛中获一等奖；赵宇晨等在全国高中生化学竞赛中获一等奖；在第 29 届全国中学生物理竞赛决赛中，许文睿获决赛一等奖，李泽阳获决赛二等奖，在决赛现场被北京大学物理系签约录取，孙雨东获决赛三等奖；21 人获 2012 年全国高中数学联赛一等奖，49 人获二等奖；5 人获第 25 届全国高中化学竞赛一等奖，27 人获二等奖；25 人获 2012 年全国信息学奥林匹克联赛提高组（北京赛区）一等奖。

2. 付元获得北京市市长奖。

3. 人大附中桥牌队在北美夏季桥牌大赛上获得冠军，这也是我国选手首次获得该项赛事冠军；由人大附中桥牌队队员组成的中国国家青年队在第十四届世界青年桥牌团体锦标赛上获得了瑞士移位赛冠军；人大附中桥牌队在全国中学生桥牌锦标赛中把代表全国中学生最高水平的高中组团体冠军收入囊中；吴炜翔、孙世昱在 2012 北美夏季桥牌大赛青年赛中获得冠军；在 2012 北京市中学生桥牌双人赛中，熊博远、谭嘉俊获得高中组冠军，王熙昊、姜保卓获得初中组冠军。

4. 胡邦达在第十二届世界健美操锦标赛中荣获两块金牌；人大附中学生参加了第二十三届国际健美操冠军赛、第十五届世界青少年健美操锦标赛及 2012 健美操世界杯系列赛美国站比赛，六人操夺得金牌，混双夺得银牌，男子单人操夺得银牌；在全国健美操联赛中，人大附中健美操队获奖：预备一级组团体操获得第二名，预备一级组混双获第一名，预备一级组三人操包揽了第一和第二名；人大附中武术队学生在 2012 北京市中小学武术比赛中 13 人获得第一名，7 人获第二名；在 2012 年"和谐杯"北京市中小学生乒乓球联赛中，人大附中获初中男子团体冠军，初中女子团体季军，高中女子团体季军。

5. 人大附中交响乐团在第二届"文化中国·中国非物质文化遗产美国行暨中国非物质文化遗产联合国总部展演"活动中获"金奖"；尤诺在首届国际低音提琴艺术节上获金奖，郭伊阳、刘泽昊获得银奖；孙楚泽在首届"中国管乐杯"全国中小学生管乐独奏展演中获萨克斯第一名；丁子扬获得"英国皇家国际音乐比赛——中国赛区小提琴比赛"一等奖；在"第十六届全国中小学生绘画书法作品比赛"中，杨子艺、刘大成、连梅君三人获得全国一等奖。

6. 在第 27 届全国青少年科技创新大赛上，人大附中学生共获得 2 个一等奖，3 个二等奖；在第十届"全国中小学信息技术创新与实践活动"中，获得 2 个一等奖；在第十三届全国中小学电脑制作活动中，获得 3 个一等奖；在"第六届全国中小学劳技教育创新作品邀请赛"中荣获三金二银；韩嘉强获第十三届全国青少年航海模型教育竞赛总决赛中学男子组一等奖；金子篌、孙羽茜在第十三届全国中小学电脑制作活动中获第一名；闫一川等在 JA 创新挑战大赛中，以"酒驾终结者"项目获得了最佳创意奖和十佳团队称号；付元等4人在第十二届中国青少年机器人竞赛上荣获金牌；李东宸、周智豪获第八届“宋庆龄少年儿童发明奖”创意奖；葛馨天、孙斯瑾、祁静仪、黄男、王柏文组成的“福佬儿团队”在全球社会创新商业大赛中获得第二名；在第12届“明天小小科学家”奖励活动中，许涵的项目获得全国一等奖，岳鑫、郑齐获得二等奖；2012年北京青少年科普动漫嘉年华活动中，2人获一等奖，5人获二等奖；温科、牛靖程等6人组成的代表队在第六届亚太机器人锦标赛中荣获金奖；在2012年国际青少年科技实践大赛中，获得2个单项金奖及团体总分金奖，郑博中荣获“广东实验中学校长创新奖”；吴泽邦、吕宁一、曹沛晴、赵若辰等人获得2012年度科技馆发展奖。

■ 附属小学

一、主要工作

1月10—12日，人大附小第二届“关注问题　优化教学　提升品质”教学工作会召开。

3月5日，为解决教师的后顾之忧，附小教师幼儿园正式开园；12日，发行附小第一套七彩附小币；14日，海淀区“课程整合、自主排课”14所实验校校长到校学习交流；28日，人民大学陈雨露校长莅临附属小学，指导工作。

4月16日，新疆六位“双语”骨干教师来学校进行为期一个半月的教育教学培训实习。

5月1日，北京市总工会授予人大附小头脑风暴中心“工人先锋号”称号；11日，海淀区教委宣布人大附小承办银燕小学；20日，举办附小首届班主任节；27日，举办第二届“六一小妙会”活动，共筹得爱心义卖款63 787元，并将全部款项捐给人民大学校庆“关爱师生基金”；28日，郑瑞芳校长被人民大学聘为人大幼儿园、人大朝阳幼儿园名誉园长。

6月18日学校首届“霓之星”电影节启动仪式；20日，六年级毕业展演并邀请家长观摩；21日，人大附小由原海淀学区调整到四季青学区；27日，举行首届“兑兑收获节”。

7月1日，人大附小2012届毕业典礼在人民大学如论讲堂举行；银燕分校2012届毕业典礼在银燕校区举行；7月1日—8月28日，银燕校区改造，打造七彩校园；7月21日—8月4日，附小42位师生赴美国汉斯威尔进行为期15天的太空夏令营活动。

8月2日，为培养具有国际视野的教师，学校首次自费派遣魏稹老师赴美国学习进修一年；11—20日，郑瑞芳校长带领8个学科的27位教师赴湖北黄梅、天门，安徽淮南进行为期10天的义务支教；24—27日，进行“为学　为道　为人　为师”暑期培训。

9月3日，人大附小入学典礼，中国人民大学马俊杰副书记出席，著名乒乓球运动员邓亚萍为学校“毛毛虫”充气乒乓球馆揭幕；中国教育电视台来校进行减负增效及小课题研究的专题片录制；6日，秦治军老师获得北京市人民教师提名奖；26日，迎接国防教育示范校检查。

10月18日，郑瑞芳校长应邀带领11位教师赴焦作实验小学参加河南省小学实验研究会年会，并为大会作报告，为学校作四节展示课；27—29日，“七彩教育同盟”走进密云石城小学梳理七校办学理念；30日，一年级22个班的家长参加开放日，走进“小豆包课程”。

11月1日，承办国家级“国际生态学校节能垃圾减量子项目启动仪式”；2日，首次召开注重教师发展　打造附小名师——秦治军老师成长之路研讨会；7日，海淀区小学特色建设“四个十工程”——“办学理念最为深厚的学校”评委组来校考察。8日，北京市资源教室评级工作检查；海淀区小学特色建设“四个十工程”——“课程设置最适合学生发展的学校”评委组来校考察。

11 月 9 日，举办第三届附小男士节；16 日，举办人大附小首届“扬帆杯”青年教师教学赛——说课展评活动；30 日，举办首届“鸿雁杯”班主任基本功大赛。

12 月 11 日，承办海淀区小学减负增效工作研讨会。

二、主要成绩

2012 年，学校在市、区大会上所作典型发言共 18 次。郑瑞芳校长参加“全国推进义务教育均衡发展”会议并作主题为“加强学校师资队伍建设　促进义务教育均衡发展”的发言；参加北京市“减负促成长”项目工作会并作主题为“减轻学生过重负担　促进学生健康成长”的发言；作为唯一的小学校长代表，参加《中国教育报》学习贯彻十八大精神座谈会并作主题为“美丽教育让师生幸福成长”的发言；参加海淀区 2012 年小学教育工作大会并发言；参加北京市科学减负项目试验阶段性总结会并作主题为“开展学习方式研究，探索综合性学习的有效形式和途径”的发言；参加北京市科学减负项目研究总结会并作主题为“创新学习方式，减负成就美丽教育”的典型发言；为海淀区语文新任教师作教学讲座“基本功从备好一节课开始”；参加北京市减负促成长课题阶段总结会，代表学校并作主题为“立足学生发展，减负促多元快乐成长”的发言；参加海淀区教师培训总结大会并作主题为“让教师培训成为一件幸福的事”的发言；参加“海淀教委与新加坡圆桌会议”并作主题为“学校课程建设彰显办学特色”的发言；参加北京市课改总结大会并作主题为“七彩课程成就学生七彩梦想”的专题发言；参加海淀区“课程整合　自主排课”试验工作培训研讨会并作主题为“把课程根植在孩子的心里”的发言；参加北京市教育系统“十二五”节能减排学校启动仪式并作主题为“创建国际生态学校，培养绿色节能小卫士”的典型发言；参加北京市教育考试院海淀区节约型学校建设工作现场会并作主题为“创建师生幸福成长的国际生态校园”的发言；参加海淀区后勤协会研讨会并作主题为“生态校园美丽教育”的典型发言；参加北京、青岛两地创建国际生态学校论坛并作主题为“打造国际生态学校、创建师生幸福家园”的发言；参加海淀区新任教师培训会并作语文、数学学科经验指导；参加海淀区教育大会校长论坛并作主题为“创造适合师生发展的七彩教育理念”、“创造适合师生幸福成长的七彩课程”的发言。

2012 年，附小荣获第二届中国非物质文化遗产联合国总部展演优秀组织奖、中国人民大学第五十三届田径运动会女子团体第一名、中国人民大学第五十三届田径运动会男子团体第一名、北京市工人先锋号、国家级青少年体育俱乐部、北京市体育传统项目学校（乒乓球）、北京市全民健康生活方式行动示范食堂、文化部中国儿童文学研究会儿童文学教育研究中心科研基地校、海淀区平安校园（四星）、海淀区小学课程整合自主排课实验学校、海淀区教育事业统计工作优秀集体一等奖、中国少先队星星火炬奖、海淀区示范资源教室、国际生态学校、海淀区小学办学理念先进校、海淀区小学课程建设先进校、海淀区学校体育设施向公众开放先进单位、海淀区中小学食堂管理先进学校、海淀区中小学校舍安全工程先进单位、海淀区阳光体育明星学校、中国人民大学先进分工会、海淀区校外教育（社会大课堂建设）先进集体、海淀区中小学国防教育示范学校、北京市“十二五”时期中小学教师培训实践基地等多项荣誉。

2012 年，附小共接待来自国外教育团体的 80 人到校参观交流，国内专家、同行 696 人到校参观学习。

2012 年，附小共有教师 333 人次在全国、市、区级别荣誉称号、论文案例、课堂教学等比赛中获奖。郑瑞芳校长荣获国家、市、区各项荣誉、获奖 10 项。

2012 年，附小学生在国际、全国、市、区比赛中荣获奖项共计：国际级 6 项 87 人次；国家级 25 项 150 人次；市级 56 项 287 人次；区级 52 项 1 330 人次。团体奖荣获共计 52 项：国家级 9 项，市级 31 项，区级 12 项。

2012年，BTV体育《体坛资讯》节目、中国教育电视台1套节目、BTV1《北京您早》节目、中央电视台少儿频道《新闻袋袋熊》节目、中国教育电视台1套《教育十年》节目、《大家教育》周刊、《北京晚报》、《北京晨报》、《中国教育报》、《城市周刊》、《北京晨报》、《中国教育报》等多次报道了附小的办学成绩及新举措。

附录

附录一 中国人民大学2012年大事记

1月3日，中国人民大学召开会议就教育部即将展开的第三轮一级学科评估进行谋划部署，校领导程天权、陈雨露、袁卫、冯惠玲出席。

1月4日，中国人民大学举行2012年迎新年、迎“两会”座谈会，校领导程天权、陈雨露、陈一兵、王利明出席。

1月4日上午，江苏省扬州市广陵区委书记陈锴竑一行访问中国人民大学，陈雨露校长会见。下午，牛维麟常务副书记与陈锴竑书记就中国人民大学文化科技园扬州园区建设相关问题进行商谈。

1月4日，中国人民大学举行2012年科研工作会，陈雨露校长、冯惠玲副校长出席。

1月4日至5日，陈雨露校长参加教育部党建工作会议；1月5日，程天权书记参加教育部党建工作会议。

1月5日，中国人民大学举行“2012中国经济发展与改革”研讨暨《中国经济改革与发展研究》英文版出版座谈会，第九届、第十届全国人大常委会副委员长成思危，袁卫常务副校长出席。

1月5日，中国人民大学举行2011年度国防生工作总结表彰大会，武警北京总队政治部副主任孟鸣，校党委副书记马俊杰出席。

1月5日，北京市教育工会召开2011年度工会工作先进评审会，中国人民大学工会被授予2011年度工会工作先进单位称号。

1月6日，程天权书记、牛维麟常务副书记参加全国教育系统党风廉政建设会议。

1月6日，中央电视台《新闻联播》栏目播出“理论经典进课堂　高校学子知行合一”，报道中国人民大学先后开设《资本论》等马克思主义经典原著选修课，并播出对程天权书记的采访。1月7日，《人民日报》、《光明日报》分别刊登题为《人民大学加强改进马克思主义经典著作教学研究》和《思政课成为“心灵鸡汤”——中国人民大学学生“亲密接触”马克思主义经典著作》的文章。

1月6日，中国人民大学举行国家版权贸易基地版权评估中心成立仪式，新闻出版总署副署长、国家版权局副局长阎晓宏，校党委常务副书记牛维麟出席。这是全国首家专注于版权的专业版权评估中心。

1月6日至8日，冯惠玲副校长率团赴美国芝加哥参加2012年美国经济学年会招聘。6日下午，冯惠玲副校长访问芝加哥大学，并出席了中国人民大学劳动人事学院与罗格斯大学管理和劳动关系学院合作备忘录签字仪式。

1月7日，中国人民大学举行“第十六届（2012年度）中国资本市场论坛”，本次论坛的主题为：“中国资本市场：新起点、新机遇、新突破”，第九届、第十届全国人大常委会副委员长成思危，国务院研究室副主任宁吉喆，中国证券监督管理委员会主席助理朱从玖，中国人民大学校长陈雨露、原校长纪宝成出席。

1月7日，陈一兵副校长赴北京市丰台区考察，与区长冀岩等就双方合作事宜进行会谈。

1月8日，中国人民大学国学院名誉院长冯其庸学术经典结集——35卷册《瓜饭楼丛稿》出版座谈会举行，国务委员兼国务院秘书长马凯致信祝贺，新闻出版总署副署长邬书林，文化部副部长王文章，原文化部部长、中央文史研究馆馆员王蒙，中共中央宣传部秘书长官景辉，中国人民大学校长陈雨露、原校长纪宝成出席。

1月8日，陈雨露校长看望国家清史编纂委员会主任、中国人民大学一级教授、历史学院教授戴逸。

1月9日，中国人民大学召开参加教育部学位中心全国第三轮一级学科评估工作会议，校领导程天权、陈雨露、袁卫出席。

1月9日，中国人民大学聘任香港新乐国际投资集团有限公司、浙江兴发典当有限责任公司、浙江兴发贸易有限公司董事长傅岩梅为董事会常务董事，校领导程天权、陈雨露、马俊杰出席聘任仪式。

1月9日上午，美国罗格斯大学校长理查德·麦考密克（Richard L. McCormick）率团访问中国人民大学，陈雨露校长、杨慧林副校长会见。中午，程天权书记宴请了理查德·麦考密克校长一行。

1月9日，程天权书记参加第十七届中央纪委第七次全体会议。

1月9日，陈雨露校长出席2012年第25届北京图书订货会，并会见来学校出版社展位参观的第九届全国政协副主席陈锦华，新闻出版总署副署长、国家版权局副局长阎晓宏。

1月9日，中国人民大学举行七届十六次校学位委员会会议，原校长纪宝成，校领导袁卫、林岗、王利明、杨慧林出席。

1月9日，中国人民大学举行朋辈心理咨询中心成立仪式，马俊杰副书记出席。

1月9日，在2012年首都高校体育工作会上，中国人民大学获评北京市大学生阳光体育联赛评估优胜奖、高校高水平运动队建设检查评估二等奖。

1月10日，中国人民大学举行校务委员会会议暨新年茶话会，校领导程天权、陈雨露、袁卫、马俊杰出席。

1月10日，《中国传统法律文化研究》（十卷本）首发式暨“中国法学教育研究成果奖”、“中国法律文化研究成果奖”颁奖仪式、纪念曾宪义先生逝世一周年“曾宪义法学思想研讨会”在中国人民大学举行，程天权书记、王利明副书记兼副校长出席。

1月10日，程天权书记到国家行政学院出席全国党建研究会第五届理事会第二次全体会议。

1月10日，美国资深建筑设计师S·迈克尔·埃文斯（S. Michael Evans）一行访问中国人民大学，陈雨露校长、牛维麟常务副书记分别会见。中午，陈一兵副校长宴请了S·迈克尔·埃文斯一行。

1月10日，中国人民大学举行《朱永新教育作品》新书首发式暨新教育新年报告会，国家新闻出版总署副署长邬书林，全国人大常委、民进中央副主席兼秘书长朱永新，中国人民大学常务副校长袁卫出席。

1月10日，王利明副书记兼副校长出席中国国际经济贸易仲裁委员会会议。

1月11日，中国人民大学举行2011年度校级领导班子和领导干部述职会，校领导程天权、袁卫、林岗、冯惠玲、马俊杰、陈一兵、王利明、杨慧林出席。

1月11日，中国人民大学举行理论专家2012年新春联谊会，程天权书记、王利明副书记兼副校长出席。

1月12日，中国人民大学举行2011年"十大优秀办公室主任"表彰大会及相关活动，程天权书记、袁卫常务副校长出席。

1月12日，中国人民大学举行2012年国家社会科学基金项目、国家自然科学基金项目申报培训及动员会议，冯惠玲副校长出席。

1月12日，中国人民大学举行中国档案与电子文件管理发展论坛，冯惠玲副校长出席。

1月12日，杨慧林副校长出席北京市高校就业特色工作项目评选会议。

1月13日，中国人民大学举行学校领导班子民主生活会，校领导程天权、陈雨露、袁卫、牛维麟、林岗、冯惠玲、马俊杰、陈一兵、王利明、杨慧林出席。

1月13日，程天权书记出席《高占祥与池田大作对话录》出版座谈会。

1月13日，中国人民大学召开"国家统计局——中国人民大学政府统计研究院2012年工作会议"，袁卫常务副校长出席。

1月13日，中国人民大学举行2011年教代会、工会工作总结表彰会，马俊杰副书记出席。

1月14日，经济学院、经济研究所举办2012年中国宏观经济论坛发展规划会，中国人民大学校长陈雨露、全国哲学社会科学规划办公室主任佘志远、教育部社会科学司副司长张东刚、中国人民大学副校长冯惠玲出席并讲话，中国人民大学相关部处、学院及东海证券有限责任公司、中国诚信信用管理有限公司等单位负责人参加。

1月14日，经济学院举行第二届院友会第二次理事会议，陈雨露校长，中国人民大学原副校长、经济学院院友会会长杜厚文等出席。国务院常务副秘书长、院友会副会长尤权，中央党校原副校长、院友会顾问刘海藩，国家监察部副部长、院友会副会长王伟，安徽省副省长、院友会副会长黄海嵩，国务院研究室副主任、院友会副会长宁吉喆等近30位院友出席。

1月16日，中国人民大学召开留学生招生委员会第一次全体会议，党委书记程天权、校长陈雨露出席，副校长、留学生招生委员会主任杨慧林主持会议，留学生招生委员会组成单位负责人参加。

1月16日，创新人才教育研究会成立大会暨第一次会员代表大会在京召开，中共中央政治局委员、国务委员刘延东，全国人大常委会副委员长陈至立分别致信祝贺，全国政协副主席张梅颖、国务院参事室主任陈进玉、教育部副部长刘利民、民政部副部长曲淑辉及中国人民大学校长陈雨露、党委副书记兼副校长王利明出席，来自全国27个省（区、市）的近300个会员单位代表参加。会上，国务院参事、国家教育咨询委员会委员、中国人民大学附属中学校长刘彭芝当选为会长。

1月17日，中国人民大学举办2012年新春团拜会，程天权书记、陈雨露校长出席并致辞，校领导袁卫、牛维麟、林岗、冯惠玲、马俊杰、陈一兵、王利明、杨慧林，附属中学校长刘彭芝等出席，各学院（系）、机关各部处及直附属单位负责人参加。

1月17日，北京市委教育工委常务副书记刘建到中国人民大学慰问寒假留校学生，陈雨露校长、马俊杰副书记等陪同看望。

1月17日，中国人民大学召开赴2012年美国经济学年会招聘工作座谈会，冯惠玲副校长主持，研究生院、教务处、人事处与经济学院、商学院、财政金融学院、劳动人事学院等单位负责人参加。

1月17日，马俊杰副书记看望全国劳动模范、哲学院方立天教授，校工会相关负责人陪同。

1月17日上午，在中华民族传统佳节春节即将到来之际，中共中央政治局委员、国务委员刘延东专程看望马克思主义理论研究和建设工程首席专家、中国人民大学荣誉教授、马克思主义学院教授庄福龄。

1月18日，袁卫常务副校长前往友谊宾馆外国专家公寓，看望中国人民大学日本老专家森新一、森洋子夫妇，国际交流处、外国语学院相关负责人陪同。

1月19日下午，在中华民族传统佳节春节即将到来之际，中共中央政治局常委李长春专程看望著名伦理学家、中国人民大学荣誉一级教授、哲学院教授罗国杰，代表胡锦涛总书记和党中央向罗国杰教授表示亲切慰问，并致以诚挚问候和良好祝愿。中共中央政治局委员、中央书记处书记、中宣部部长刘云山一同看望慰问。教育部副部长李卫红、中国人民大学党委书记程天权陪同看望。中宣部理论局、教育部社科司、中国人民大学有关部门和学院的负责人参加看望活动。

1月19日下午，在新春佳节来临之际，校领导陈雨露、袁卫、牛维麟、林岗、马俊杰、陈一兵、王利明、杨慧林集体前往中国人民大学老校长、原国家经委主任袁宝华和老校长黄达家中，代表校党委、学校向他们致以新春的祝福和诚挚的问候，并汇报了学校近期工作。学校办公室相关负责人陪同参加看望活动。

1月20日，中国人民大学举办师生春节团拜会，党委书记程天权、校长陈雨露、老校长纪宝成、党委副书记马俊杰出席。

1月21日，中共中央、国务院在人民大会堂举行2012年春节团拜会。陈雨露校长应邀参加团拜会。

1月，中国传媒大学有声媒体语言监测与研究中心发布“2011媒体关注度十大榜单”。中央电视台《新闻联播》作为中国媒体中的一个独特视窗，依据其对报道对象出现频度的统计，产生出“CCTV 2011最关注十大高校”，其中，中国人民大学位列第三。排名前五名的高校为：清华大学、北京大学、中国人民大学、国防科技大学和香港大学。

1月，中国人民大学两位“千人计划”入选者胡飞芳教授和Thomas Reardon教授已正式来校工作。汉青经济与金融高级研究院推荐的美国斯坦福大学洪瀚教授以及美国加州理工大学沈孟超教授入选第七批“千人计划”。加上之前入选并已来校工作的公共管理学院蓝志勇教授、物理学系鲍威教授以及信息学院周晓方教授，中国人民大学“千人计划”项目入选者已有7位。

1月，中国人民大学“人文北京行动计划研究”课题组成果《普及“北京精神”要做到“五个结合”》得到中共中央政治局委员、中共北京市委书记刘淇同志的批示。

1月，汉青研究院叶光亮副教授的论文“Achieving Demand-Side Synergy from Strategic Diversification：How Combining Mundane Assets Can Leverage Consumer Utilities”在*Organization Science*发表。*Organization Science*是国际上公认的管理类顶级期刊之一。据检索，这是首次以中国学者为第一作者、中国大陆的科研机构为第一单位在该杂志上发表学术论文。

1月，中国校友会网公布“2012中国最受媒体关注大学排行榜”，中国人民大学以229 000篇的媒体报道总量位居第三。这是中国人民大学连续第三年在“中国最受媒体关注大学排行榜”中位列第三，相关媒体报道总量与2010年的191 600篇相比，增长了近20%。在“2012中国最受媒体关注大学排行榜”中位居前十的高校分别是北京大学、清华大学、中国人民大学、复旦大学、浙江大学、中山大学、中央财经大学、武汉大学、北京师范大学和南京大学。

1月，在北京市委教育工委组织的2011年首都高校思想政治课学生实践优秀论文评选中，中国人民大学报送参评的学生实践调研报告《“村企结对”建设社会主义新农村调研》获一等奖第一名，中国人民大学获首都高校思想政治理论课学生社会实践优秀组织奖。自该评选活动开展以来，中国人民大学已连续3年获得论文评选一等奖和优秀组织奖。

2月2日，德意志联邦共和国总理安格拉·默克尔第5次访问中国，公共管理学院土地管理系曲卫东副教授作为德国国家奖学金获得者——德国洪堡学者，应邀参加了默克尔总理在当日下午与留德中国学者之间的对话。

2月6日，中共中央在人民大会堂举行联欢晚会。中国人民大学马克思主义学院庄福龄教授、经济学院吴易风教授、国学院乌云毕力格教授应邀参加。

2月11日至12日，中国社保30人论坛年会（2012）在中国人民大学举行。国家发展和改革委员会副主任孙志刚，人力资源和社会保障部副部长胡晓义，全国人大常委、全国人大农业与农村委员会副主任、民盟中央副主席索丽生，全国政协社会法制委员会副主任、原劳动保障部常务副部长王东进，民政部党组成员、全国老龄办党组书记、常务副主任陈传等出席论坛并作主旨报告，中国人民大学党委书记程天权、中国社会保险学会会长王建伦、中国社会福利协会会长刘光和、中国经济体制改革研究会会长宋晓梧等出席。

2月12日至13日，马俊杰副书记应邀赴浙江杭州出席由教育部和浙江省政府联合主办的全国大学校长美育论坛。

2月16日上午，加拿大女王大学校长丹尼尔·伍尔夫（Daniel Woolf）率团访问中国人民大学，陈雨露校长、杨慧林副校长会见。中午，杨慧林副校长宴请代表团一行。

2月17日，中国人民大学召开2011—2012学年第二学期全校工作部署会，校领导程天权、陈雨露、袁卫、牛维麟、林岗、冯惠玲、陈一兵、王利明、杨慧林出席。

2月17日，由中国人民大学经济学院、韩国庆北国立大学经济与管理学院联合主办的“中国人民大学——韩国庆北国立大学联合学术研讨会：东亚经济发展与政策选择”在中国人民大学举行。

2月18日，陈雨露校长出席创新人才教育研究会举办的高层论坛，并作题为“跨文化沟通能力是我国拔尖创新人才的必备素质”的演讲。中国人民大学附中校长刘彭芝作为创新人才教育研究会会长主持论坛。

2月20日，法国前总理洛朗·法比尤斯访问中国人民大学并发表演讲，陈雨露校长、杨慧林副校长出席演讲会。

2月21日，校领导程天权、陈雨露、牛维麟出席2012年北京教育系统党风廉政建设工作会议、高校党员领导干部会议。

2月21日，陈雨露校长、杨慧林副校长应邀出席国家汉办孔子学院工作座谈会。

2月21日，冯惠玲副校长出席中组部召开的2012年中央和国家机关司局级干部选学工作领导小组会议。

2月21日，陈一兵副校长会见北京市住房和城乡建设委员会主任杨斌，就解决中国人民大学青年教职工住房问题进行商谈。

2月22日，中国人民大学举办“欢聚人大喜庆嘉年”藏历新年欢庆活动，程天权书记、马俊杰副书记出席。

2月22日，中国人民大学国家级精品课程“国际金融”开讲，陈雨露校长作为主讲教师、首席教授讲授第一课“国际金融导论”。教育部高等教育司司长张大良旁听。

2月22日，第10届Jessup国际法模拟法庭全国选拔赛在中国人民大学举行，陈雨露校长出席开幕式。

2月22日至24日，袁卫常务副校长率团赴黑龙江省鸡西市考察，鸡西市委书记许兆君，市委副书记、市长朱德义，鸡西大学校长于凯生等会见考察团一行。

2 月 22 日，教育部副部长杜玉波主持召开专题会议，与北京市共同研究解决中国人民大学和北京师范大学、北京化工大学用地问题，牛维麟常务副书记出席。

2 月 23 日，程天权书记出席 2012 年寒假北京高校领导干部会议暨北京高校党建工作会议。

2 月 23 日，人民网刊登题为《年度人物：陈雨露——帅哥接棒人民大学》的文章，报道陈雨露校长获评 2011 中华儿女“年度人物”。

2 月 23 日，王利明副书记兼副校长赴国际学院（苏州研究院）检查工作，并对新学期工作进行部署。

2 月 24 日，程天权书记主持召开专题办公会，研究中国人民大学承担中央和国家机关司局级干部选学工作有关问题，陈雨露校长、冯惠玲副校长出席。

2 月 24 日，澳大利亚堪培拉大学副校长莫妮卡·斯琪得摩（Monique Skidmore）率团访问中国人民大学，陈一兵副校长会见。

2 月 25 日，程天权书记、马俊杰副书记赴安徽合肥出席中国人民大学安徽校友会首届会员代表大会暨成立大会。会前，安徽省委书记张宝顺会见程天权书记一行，安徽省委副书记孙金龙，省委常委、省委秘书长陈树隆，副省长谢广祥，中国人民大学党委副书记马俊杰等参加会见。

2 月 25 日，中国人民大学安徽校友会在合肥市成立，程天权书记、马俊杰副书记出席成立大会。

2 月 27 日，王利明副书记兼副校长出席第十一届全国人大常委会第二十五次会议。

2 月 28 日，中国人民大学召开 2011—2012 学年第二学期分党委书记会议，校领导程天权、牛维麟、马俊杰、王利明出席。

2 月 28 日，朝鲜籍国际奥委会委员张雄率朝鲜平壤女子排球队访问中国人民大学，陈雨露校长、杨慧林副校长会见。

2 月 28 日至 3 月 8 日，陈一兵副校长率团分别访问了澳大利亚国立大学、堪培拉大学、墨尔本大学、中国驻澳大利亚使馆教育处和新西兰梅西大学。

2 月 28 日，韩国大韩出版文化协会会长尹炯斗一行访问中国人民大学，王利明副书记兼副校长会见。

2 月 29 日，中国人民大学分别举行“10 件大事、20 件实事”经济学部、法政学部专题座谈会，校领导程天权、陈雨露、袁卫、林岗、王利明出席。

2 月 29 日，中国人民大学举行郑杭生教授从教 50 周年暨北京郑杭生教育基金揭牌仪式，校领导程天权、陈雨露、马俊杰出席。

2 月 29 日，中国人民大学党校第 19 期学生发展对象暨第 13 期本科新生党员培训班正式开班，程天权书记作题为“中国的道路和中国青年的道路”的报告。

2 月 29 日至 3 月 1 日，牛维麟常务副书记参加教育部召开的部属高校纪委书记座谈会。

2 月，北京市海淀区交通安全委员会召开了 2011 年度交通安全总结表彰大会，中国人民大学获评“2011 年度海淀区交通安全先进单位”。

2 月，教育部下发《关于公布“新世纪优秀人才支持计划”2011 年度入选人员名单的通知》（教技函〔2011〕95 号），正式公布“新世纪优秀人才支持计划”2011 年度入选人员名单，中国人民大学有 15 位教师入选，其中海外人选 4 位。

2 月，教育部公布了 2011 年度高等学校专业设置备案或审批结果，中国人民大学环境学院申报的环境工程本科专业获批。环境工程专业属目录内专业，学制四年，授予工学学士学位，专业代码为 081001，自 2012 年开始招生。截至目前，中国人民大学共有 68 个本科专业（含国学专业）。

3 月 1 日，程天权书记参加教育部直属高校工作咨询委员会执行主席扩大会议。

3 月 1 日，中国人民大学举行公共管理等五个专业学位研究生教育指导委员会秘书处工作汇报会，陈雨露校长、袁卫常务副校长出席。

3月1日，王利明副书记兼副校长前往教育部参加关于落实《中共教育部党组关于加强和改进新形势下高等学校哲学社会科学课堂教学、报告会、研讨会、讲座、论坛、网络和接受境外基金资助等管理的意见》的座谈会。

3月2日，沙特阿拉伯穆罕默德·本·法德王子大学代表团访问中国人民大学，杨慧林副校长会见。

3月4日，纪宝成老校长、杨慧林副校长会见国家汉办主任、孔子学院总部总干事许琳，共同商讨孔子学院建设、第三届汉学大会筹备工作和中国人民大学青年汉学家研修基地建设等事宜。

3月5日，牛维麟常务副书记出席中国人民大学环境学院与黑龙江伊春市合作框架协议签字仪式。

3月6日，中国人民大学举行人才培养体系改革工作专题会，校领导程天权、陈雨露、袁卫、马俊杰、杨慧林出席。

3月6日，加拿大英属哥伦比亚大学校长斯蒂芬·J·图普（Stephen J. Toope）一行访问中国人民大学，陈雨露校长会见，双方签署了《加拿大英属哥伦比亚大学和中国人民大学合作协议》。随后，程天权书记会见斯蒂芬·J·图普校长一行。当晚，陈雨露校长、杨慧林副校长宴请代表团成员。

3月6日，俄罗斯圣彼得堡国立财经大学代表团访问中国人民大学经济学院，双方签署学生交换协议和硕士生联合培养协议。

3月7日，中国人民大学召开“211工程”三期结项验收暨专项资金项目管理工作会议，校领导陈雨露、袁卫、冯惠玲出席。

3月8日，比利时布鲁塞尔大学代表团访问中国人民大学，杨慧林副校长会见。

3月8日，中国人民大学聘任安徽省副省长、中国人民大学校友黄海嵩为经济学院兼职教授，杨慧林副校长出席聘任仪式并颁发证书。

3月9日，中国人民大学召开招生委员会全体会议，马俊杰副书记、杨慧林副校长出席。

3月9日，中国人民大学举办2012届毕业生就业双选会，杨慧林副校长到现场检查工作。

3月9日，国家发改委致函中国人民大学，通报以经济学院副院长刘瑞教授“汶川地震灾后重建社会政策实施情况的评估”课题报告为基础，整理形成“对汶川地震灾后重建社会政策实施情况的评估”的政务信息（国家发展改革委信息第33期），得到中共中央政治局委员、国务院副总理回良玉，中共中央政治局委员、国务委员刘延东的批示。刘延东同志还在批示中指出：“发改委对汶川灾后重建妇女儿童援助政策的评估很有价值。目前援助政策实施良好，成效显著。”

3月10日，全国新闻传播教育高层联席会议在中国人民大学召开，杨慧林副校长出席。

3月12日，程天权书记做客人民网，以高校发展与人才培养为题与广大网友进行在线交流。

3月12日，陈雨露校长、杨慧林副校长会见并宴请美国耶鲁大学校长理查德·莱文（Richard Levin）。

3月13日，程天权书记、陈雨露校长会见江苏省扬州市委书记谢正义一行。

3月13日，陈雨露校长会见美国第二巡回法院陈卓光法官。

3月13日，马俊杰副书记出席全国第三届大学生艺术展演活动北京团总结表彰会。

3月13日，日本创价大学代表团访问中国人民大学，杨慧林副校长会见。

3月14日，中国人民大学召开信息化建设专题办公会，校领导程天权、陈雨露、袁卫、冯惠玲、王利明出席。

3月14日，中国人民大学召开一级学科评估专题会议，校领导程天权、陈雨露、袁卫、冯惠玲出席。

3月14日，中央人民政府网站刊登《国务院办公厅关于调整中国人民银行货币政策委员会组成人员的通知》，同意央行调整货币政策委员会组成人员的请示，陈雨露校长、钱颖一、宋国青入选新一届的货币政策委员会并担任委员。

3月14日，陈雨露校长会见美国耶鲁大学管理学院院长一行。

3月14日，纪宝成老校长、冯惠玲副校长出席在北京举行的江苏扬州经济社会发展成果汇报会。

3月14日至23日，杨慧林副校长率团先后访问英国伯明翰大学、爱丁堡大学、格拉斯哥大学、杜伦大学和伦敦国王学院。

3月15日，荷兰鹿特丹伊拉斯姆斯大学城市与住房发展研究院代表团访问中国人民大学公共管理学院，双方签署合作备忘录。

3月15日，中国人民大学举行“人大代表人大行”主题讲座，全国人大代表、福建新大陆科技集团总裁王晶和全国人大代表、步步高商业连锁有限公司董事长王填出席。

3月16日，程天权书记出席北京市党的建设研究会第六届理事大会。

3月16日，中国人民大学文化科技园扬州园区项目签约仪式在人民大会堂举行，陈雨露校长、冯惠玲副校长出席。

3月16日，中国人民大学与中国原子能科学研究所签署合作协议，冯惠玲副校长出席。

3月17日，程天权书记参加首批中国人民大学荣誉教授、清史研究所王思治教授遗体告别仪式。

3月17日，中国人民大学举行“中国宏观经济论坛（2012年第一季度）”，林岗副校长出席。

3月17日，中国人民大学举行地理空间信息研究中心揭牌仪式，冯惠玲副校长出席。

3月19日，教育部副部长杜玉波来中国人民大学检查工作，校领导程天权、袁卫、牛维麟会见。

3月19日，程天权书记会见荷兰鹿特丹伊拉斯姆斯大学代表团并签署校际合作及学生交换协议。

3月20日，程天权书记、陈雨露校长看望袁宝华老校长。

3月20日，中国人民大学教代会提案审查处理委员会和秘书处会同相关职能部处联合召开教职工代表提案答复座谈会，就提案中的“改进教学设备和教学服务”议题进行答复。

3月21日，中国人民大学召开“高校创新能力提升计划”（简称“2011计划”）院长座谈会，校领导程天权、陈雨露、袁卫、冯惠玲出席。

3月21日，中国人民大学召开会议，部署实施“1020行动计划”，落实2012年发展建设“10件大事”和师生关心的“20件实事”，校领导程天权、陈雨露、袁卫出席。

3月22日，中国人民大学举行国家重大科研仪器设备研制专项现场考察会，陈雨露校长、冯惠玲副校长出席。

3月22日，美国普林斯顿大学副教务长戴安娜·戴维斯（Diana Davies）女士访问中国人民大学，陈雨露校长会见。

3月22日至23日，陈雨露校长出席教育部召开的全面提高高等教育质量工作会议。

3月22日，美国明尼苏达大学常务副校长罗伯特·琼斯（Robert Jones）访问中国人民大学，袁卫常务副校长会见。

3月22日，中国人民大学财政金融学院与英国杜伦大学商学院签署双金融硕士学位项目协议。

3月23日，中国人民大学召开中央和国家机关司局级干部自主选学工作部署会，校领导程天权、陈雨露、冯惠玲出席。

3月23日，中国人民大学举行全国首届MPA入学十周年纪念暨中国人民大学2011级MPA（春季）开学典礼活动，袁卫常务副校长出席。

3月23日，中国人民大学劳动人事学院与美国伊利诺伊州立大学香槟分校（UIUC）劳动与雇佣关系学院签订合作框架协议。

3月24日，陈雨露校长出席在中国人民大学举行的中央和国家机关司局级干部选学开学典礼并主讲第一讲“全球化视角下的中国金融问题”。冯惠玲副校长出席典礼。

3月24日，杨慧林副校长会见希腊驻华大使赛德罗斯·耶奥卡凯罗斯。

3月25日至26日，杨慧林副校长赴天津出席中国比较文学学会巴黎年会筹备会。

3月26日，陈雨露校长、牛维麟常务副书记会见北京市通州区委书记王云峰和通州区委副书记、区长岳鹏，并就合作建设中国人民大学东校区有关事宜进行商谈。

3月26日，陈雨露校长到教育部为机关干部作题为“全球化视角下的中国金融问题”的讲座。

3月27日，程天权书记会见韩国前任大法院院长李容勋。

3月27日，陈雨露校长会见陕西省委常委、延安市委书记姚引良，财政部部长助理、中国人民大学校友胡静林，马俊杰副书记参加会见。

3月27日，陈雨露校长会见美国纽约州立大学布法罗分校校长。

3月28日，程天权书记参加首批中国人民大学荣誉教授、清史研究所王思治教授追思会，陈雨露校长看望王思治教授家属。

3月28日，中国人民大学召开2012年党风廉政建设工作会，校领导程天权、牛维麟、林岗、马俊杰、王利明出席。

3月28日，中国人民大学召开2012年“两会”精神报告会，校领导程天权、马俊杰、王利明出席。

3月28日，陈雨露校长、马俊杰副书记到中国人民大学附属小学调研。

3月28日，中国人民大学举办跨文化沟通系列公开讲座第一讲，中央社会主义学院党组书记、第一副院长叶小文主讲“跨文化沟通：中国文化与文化中国”，杨慧林副校长主持讲座。讲座前，陈雨露校长会见叶小文书记。

3月28日，中国人民大学召开信息化建设管理委员会第一次会议，王利明副书记兼副校长出席。

3月28日，商学院MPAcc项目通过香港会计师公会评审认证。

3月29日，韩国高等教育财团事务总长朴仁国率团访问中国人民大学，程天权书记、杨慧林副校长会见。

3月29日，林岗副校长出席北京市教育委员会举办的北京市重点学科增补评审工作会。

3月29日，法学院与国家检察官学院签订博士后联合培养协议，通过对接教学资源、开放教学研究资料和科研项目，加强人才培养。

3月29日，中央统战部召开在京单位党外知识分子工作联系点会议，中国人民大学获评“2011年度党外知识分子建言献策先进单位”。

3月30日，中国人民大学和北京市通州区人民政府合作建设中国人民大学东校区协议签字仪式在学校举行，教育部副部长鲁昕，北京市委常委、市委教育工委书记赵凤桐，北京市副市长陈刚，通州区区委书记王云峰、区长岳鹏，校领导程天权、陈雨露、牛维麟、林岗、马俊杰、陈一兵、王利明、杨慧林，老校长纪宝成等出席。

3月30日，中国人民大学举行2012年第一期“吴玉章青年学术沙龙”，陈雨露校长、冯惠玲副校长出席。

3月30日，冯惠玲副校长看望中国奥委会名誉主席、国际奥委会委员何振梁。

3月31日，教育部副部长杜占元到中国人民大学附中考察调研，听取了刘彭芝校长等关于附中信息化建设的汇报，陈雨露校长、冯惠玲副校长陪同调研并汇报了学校相关工作。

3月31日，中国人民大学召开“2011工程”专家研讨会，袁卫常务副校长、冯惠玲副校长出席。

3月31日，冯惠玲副校长出席首都精神文明建设研究基地签约成立仪式。此次首都文明办与首都地区5所高校（院）共建研究基地，依托中国人民大学建立的是北京市民公共行为文明指数研究基地。

3月，共青团北京市委印发决定，对在“学党史知党情跟党走”2011年北京青少年主题教育实践活动中表现突出的先进集体和具有良好反响的优秀活动项目予以表彰。中国人民大学“永远跟党走——追忆建党伟业”主题实践活动获优秀活动项目奖。

3月，公共管理学院医改研究中心与英国国家卫生医疗质量标准署续签第二期五年合作协议。

3月，物理系凝聚态物理实验室于伟强教授和鲍威教授分别获邀在2012年美国物理学会“三月年会”（March Meeting）两个不同的铁基高温超导材料专场发表报告，体现了物理系在新型铁硒夹层高温超导材料研究中取得进展并产生明显的国际影响。

4月1日，中国人民大学召开编写《中国的法学教育》工作启动会，教育部副部长李卫红，校领导陈雨露、王利明出席。会前，校领导程天权、陈雨露、冯惠玲会见了李卫红副部长。

4月1日，马俊杰副书记出席教育部举办的“身边的好学校”主题活动。

4月1日，德国斯图加特大学代表团访问中国人民大学，杨慧林副校长会见。

4月1日，芬兰拉普兰大学代表团访问中国人民大学，杨慧林副校长会见。

4月5日，中央统战部副部长陈喜庆一行前来中国人民大学调研，程天权书记、陈雨露校长会见并汇报了学校统战工作情况。

4月5日，程天权书记会见美国国际食物政策研究所所长樊胜根。

4月5日，中国人民大学举行教工网球协会成立仪式，牛维麟常务副书记、马俊杰副书记出席。

4月6日，程天权书记、纪宝成老校长出席国家汉语国际推广领导小组办公室主任许琳获授法国学术棕榈军官勋章仪式。

4月6日，陈雨露校长、牛维麟常务副书记与北京市委常委、教育工委书记赵凤桐，北京市教委主任姜沛民、教育工委常务副书记刘建、教育工委副书记线联平，通州区委书记王云峰、区长岳鹏等进行会谈，商谈中国人民大学通州东校区建设。

4月6日，庆祝中国人民大学建校75周年“新传统方阵——中国人民大学画院首届中国画名家工作室作品展”在中国国家画院美术馆举行，陈雨露校长，中国美术家协会副主席、中国国家画院院长杨晓阳出席。

4月6日，中国人民大学图书馆举行“多媒体资源与服务”宣传月启动仪式，陈雨露校长出席。

4月6日，由教育部、团中央、北京市教委主办，中国人民大学承办的“身边的好学校”采编活动在学校正式启动，教育部基础教育一司司长高洪、校党委副书记马俊杰出席。

4月6日，中国人民大学举行“第三轮第二期香港领袖生奖励计划：国情教育课程班”开班仪式，杨慧林副校长出席。

4月6日，中国人民大学新闻学院跨媒体教学改革指导委员会成立仪式举行，这是中国国内传媒专业院校中成立的第一个专门应对跨媒体、媒体融合等新兴领域，并由业界权威机构组成的指导委员会。

4月7日，中国人民大学举行庆祝陈共教授85寿辰晚宴，教育部副部长鲁昕、程天权书记、陈雨露校长出席宴会。8日，中国人民大学举行陈共学术思想暨深化财税体制改革研讨会，袁卫常务副校长出席。

4月8日，中国人民大学召开第三十次学生代表大会，校领导程天权、陈雨露、马俊杰出席。

4月8日，程天权书记会见学校董事会董事、河南豪德天下集团董事长毛学明。

4月8日，王利明副书记兼副校长宴请来中国人民大学考察的西藏民族学院代表团一行。

4月9日至10日，程天权书记、陈雨露校长参加教育部召开的党员领导干部会议。

4月9日，中国人民大学召开对口支援西藏民族学院座谈会，袁卫常务副校长、西藏民族学院党委副书记兼副院长扎西次仁出席。

4月9日，中国人民大学举行教育部机关和直属单位干部选学开班仪式，牛维麟常务副书记出席。

4 月 9 日至 10 日，陈一兵副校长赴郑州出席 2012 年全国高校学生食堂工作座谈会。

4 月 9 日，美国伊萨卡学院代表团访问中国人民大学，杨慧林副校长会见。

4 月 10 日，中国人民大学启动第六届研究生“学术新星”评选活动，袁卫常务副校长出席启动仪式。

4 月 11 日，学校举行中国人民大学出席北京市第十一次党代会代表选举大会，校领导程天权、陈雨露、袁卫、牛维麟、马俊杰、陈一兵、王利明、杨慧林出席。

4 月 11 日，中国人民大学召开中关村校区规划改造概念性方案设计竞赛汇报会，校领导程天权、陈雨露、牛维麟、陈一兵出席。

4 月 11 日，中国人民大学举行全面提升国际性专题座谈会，校领导程天权、陈雨露、牛维麟、杨慧林出席。

4 月 11 日至 12 日，冯惠玲副校长赴广州出席“广州记忆”数字文献资源库项目建设启动仪式，中国人民大学信息资源管理学院为该项目建设的智力支撑单位。

4 月 11 日，在中国青少年发展基金会主办的“‘希望工程激励行动’2011 年总结分享会暨 2012 年启动仪式”上，中国人民大学获评多个奖项。2011 年度，中国人民大学有 9 个项目获准立项，资助金额近 8 万元，占总数的 7%，居北京高校第二位。

4 月 12 日，中宣部副部长王晓辉来中国人民大学为国际新闻传播硕士作国情教育讲座，程天权书记、陈雨露校长会见。

4 月 12 日，北京市国土资源局总规划师丁晓一行来中国人民大学考察通州东校区筹备建设工作，牛维麟常务副书记出席座谈会。

4 月 12 日，陕西师范大学党委副书记兼副校长王涛率团来中国人民大学调研交流，林岗副校长出席座谈会。

4 月 13 日，中国人民大学举行学校董事、河南豪德天下置业集团有限公司董事长毛学明捐赠仪式，校领导程天权、陈雨露、牛维麟出席。此次，毛学明董事向学校捐赠面积 200 平方米的 LED 显示屏。

4 月 13 日，《中国社会舆情年度报告（2012）》发布会在中国人民大学举行，程天权书记，人民日报出版社社长董伟，全国政协常委、中国人民大学新闻学院院长赵启正出席。

4 月 13 日，中国人民大学举行对口支援西藏民族学院座谈会，陈雨露校长，西藏自治区教育厅副厅长康凯，西藏民族学院党委副书记、院长洛松德青出席。

4 月 13 日，牛维麟常务副书记出席北京市学习贯彻《中共中央关于加强新形势下党外代表人士队伍建设的意见》座谈会。

4 月 13 日，冯惠玲副校长出席教育部在广州举办的全国高校哲学社会科学“走出去”工作会议。

4 月 13 日，杨慧林副校长出席海淀区国家级拔尖创新项目基地校园开放日活动。

4 月 13 日，北京市科学技术奖励大会暨 2012 年北京市科技工作会议举行，孟小峰教授等主持完成的“网络与移动数据管理研究”、杨健教授等主持完成的“证券行业风险识别、监控与防范技术支持系统”分获二、三等奖。

4 月 14 日，由中国人民大学文学院和书报资料中心联合承办的全国重点大学中文发展论坛第十四次会议在北京召开，杨慧林副校长出席。

4 月 14 日，《甘惜分文集》（三卷本）出版暨庆贺甘惜分教授 96 岁华诞研讨会在中国人民大学举行。

4 月 15 日，中国人民大学召开党政领导班子务虚会，校领导程天权、陈雨露、牛维麟、冯惠玲、马俊杰、陈一兵、杨慧林出席。

4月15日至17日，纪宝成老校长赴韩国首尔出席“东北亚名人会”第七次会议。

4月16日，程天权书记出席北京市委书记刘淇、市长郭金龙与南京市考察团一行的座谈会。

4月16日，中国人民大学举行云龙人大法学发展基金成立暨捐赠协议签字仪式，程天权书记出席。

4月16日，江苏省委教育工委书记、教育厅厅长沈健率考察团考察中国人民大学文化科技园，程天权书记会见。

4月16日，陈雨露校长听取后勤集团落实“1020行动计划”专题汇报并研究有关问题，陈一兵副校长出席。

4月16日至20日，陈雨露校长赴比利时布鲁塞尔出席中欧高级别人文交流对话论坛系列活动，中共中央政治局委员、国务委员刘延东出席上述活动。17日中午，我国驻欧盟使团吴海龙大使宴请陈雨露校长等，下午，陈雨露校长随中国教育代表团访问比利时鲁汶大学。18日，我国驻比利时大使馆教育参赞王鲁新专程看望陈雨露校长。

4月16日，北京市领导干部依法行政专题研讨班开学典礼在中国人民大学举行，牛维麟常务副书记出席。

4月16日至25日，王利明副书记兼副校长率中国人民大学出版社代表团参加伦敦书展并赴波兰访问哥白尼大学。期间，中国人民大学出版社达成73项版权签约。

4月16日，杨慧林副校长出席哲学院教学委员会成立大会暨本科人才培养工作研讨会。

4月16日，中国人民大学举行第八届北京市高等学校教学名师奖候选人评审会议，杨慧林副校长出席。

4月17日，北京市海淀区政协主席彭兴业到中国人民大学走访区政协委员，牛维麟常务副书记会见。

4月17日，牛维麟常务副书记赴通州区会见通州区常务副区长张勇，并出席双方工作组会议。

4月17日，台湾淡江大学代表团访问中国人民大学，牛维麟常务副书记会见。

4月17日，钟金海法学基金成立暨捐赠协议签字仪式在中国人民大学举行。鹿山优质煤有限责任公司董事长钟金海向法学院捐赠100万元人民币，设立钟金海法学基金。

4月18日，中国人民大学举行“‘红船领航’——新生党员先进性熔铸计划”暨学校党校第19期学生发展对象培训班表彰大会，程天权书记、马俊杰副书记出席。

4月18日，中国人民大学信息资源管理学院举行“21世纪的档案——创造数字记忆”座谈会，冯惠玲副校长出席。

4月19日，程天权书记、杨慧林副校长会见全国妇联党组副书记陈秀榕。

4月19日，程天权书记会见中国记协党组书记翟惠生。

4月19日，牛维麟常务副书记赴安徽合肥出席百大集团工商管理硕士研修班（第四期）开学典礼。

4月19日，纪宝成老校长被四川师范大学聘为客座教授，并在四川师范大学作题为“关于提高高等教育质量的若干问题”的讲座。

4月20日，中国人民大学举行第53届田径运动会，校领导程天权、陈雨露、马俊杰、杨慧林出席开幕式。

4月20日，冯惠玲副校长、杨慧林副校长会见中国文联党组副书记、副主席李屹。

4月21日，中国人民大学举办校友会新闻专业委员会成立大会暨“新闻传播与大学形象建设”研讨会，校领导程天权、陈雨露、马俊杰出席。

4月21日，中国人民大学召开学校食堂工作专题会议，校领导程天权、陈雨露、陈一兵出席。

4月21日，1965届校友、原国务院副秘书长刘济民来中国人民大学《青年人大》报社参观，马俊杰副书记陪同。

4 月 22 日，程天权书记出席北京科技大学建校 60 周年庆祝活动。

4 月 22 日，陈雨露校长出席商学院国际顾问委员会第三次年会。

4 月 22 日，中国人民大学“通识教育大讲堂·跨文化沟通系列公开讲座”第四讲举行，杨慧林副校长作题为“基督教文化与当今世界”的讲座。

4 月 23 日，美国经济学家马修·舒姆（Matthew Shum）教授受聘为中国人民大学汉青经济与金融高级研究院院长，陈雨露校长、冯惠玲副校长出席聘任仪式。

4 月 23 日，牛维麟常务副书记出席“文明中国”全民阅读活动启动仪式暨 2011 年国民阅读调查报告发布会。

4 月 23 日，中国人民大学召开享受政府特殊津贴人员选拔推荐工作会议，林岗副校长、冯惠玲副校长出席。

4 月 23 日，中国人民大学召开“中国文化传承与国家软实力提升”协同创新中心专家座谈会，杨慧林副校长出席。

4 月 23 日，中国人民大学举行教师发展中心成立仪式，杨慧林副校长出席。

4 月 24 日，程天权书记会见来中国人民大学作讲座的美国哈佛大学肯尼迪政府学院约瑟夫·奈教授。

4 月 25 日至 27 日，校领导林岗、冯惠玲、杨慧林出席 2012 年度国家社科基金项目评审会。

4 月 26 日，美国芝加哥大学校长罗伯特·齐默（Robert J. Zimmer）访问中国人民大学，陈雨露校长会见。

4 月 29 日，中国人民大学河北校友会成立大会在河北举行，陈雨露校长出席。会前，河北省委常委、副省长聂辰席校友会见陈雨露校长。

4 月，纪宝成老校长被《世界英才》评为“2011 年世界英才十大风云人物”。

4 月，科技部、教育部印发《关于发布 2011 年度国家大学科技园评价结果的通知》（国科发高〔2012〕118 号），中国人民大学文化科技园被评为 A 类（优秀）国家大学科技园。

5 月 1 日至 25 日，受英国威斯敏斯特大学邀请，中国人民大学画院在伦敦举办了主题为“丹青奥运情——庆祝中国人民大学建校七十五周年暨中英奥运文化交流展”的中国传统绘画展。

5 月 2 日至 5 日，陈雨露校长应邀赴比利时布鲁塞尔出席中欧城镇化伙伴关系高层会议。期间，李克强副总理会见陈雨露校长等与会代表。会后，陈雨露校长分别接受中央电视台和凤凰卫视的采访，就中欧城镇化合作发展过程中的金融和教育支持体系等问题阐述观点。

5 月 2 日，“青春之歌”——北京共青团纪念中国共青团成立九十周年大型歌会暨第 26 届“北京青年五四奖章”表彰会在人民大会堂举行，学校农业与农村发展学院副院长朱信凯教授获“北京青年五四奖章”。

5 月 4 日，冯惠玲副校长参加中国人民大学信息资源管理学院李鸿健教授追思会。

5 月 4 日，“五月的鲜花——心中的歌儿唱给党”2012 全国大学生校园文艺汇演在中央电视台举行，马俊杰副书记参加节目录制并看望参加演出的学校学生。

5 月 5 日，由教育部高等学校心理学教指委与中国人民大学心理学系联合主办的“应用心理学人才培养模式与教学工作研讨会”在中国人民大学举行，袁卫常务副校长出席。

5 月 5 日，中国民法学研究会第一次会员代表大会暨 2012 年民法理论研讨会在南京举行，王利明副书记兼副校长出席并当选研究会会长。

5 月 6 日，中国人民大学举行第七届二十院院际友谊辩论赛，最终经济学院辩论队获得冠军。

5 月 7 日，校领导程天权、陈雨露、袁卫、冯惠玲出席教育部召开的“高等学校创新能力提升计划”工作部署视频会议。

5月7日，中国人民大学举行2012年五四文化艺术节颁奖典礼，校领导程天权、陈雨露、马俊杰出席。

5月7日，中国人民大学召开公共政策实验室建设座谈会，校领导陈雨露、袁卫、冯惠玲出席。

5月7日，陈雨露校长、冯惠玲副校长会见军事科学院皮明勇副部长一行。

5月7日，牛维麟常务副书记会见北京市国土资源局一行，就通州东校区建设事宜进行商谈。

5月7日，冯惠玲副校长会见教育部党组成员、国家教育行政学院院长顾海良。

5月8日，中国人民大学召开庆祝"五一"劳动节表彰大会，校领导程天权、陈雨露、袁卫、牛维麟、马俊杰、陈一兵、王利明出席。

5月8日晚，以色列驻华大使安泰毅（Amos Nadai）在大使官邸会见陈雨露校长，杨慧林副校长陪同。

5月8日，冯其庸九十诗书画展在中国美术馆开幕，陈雨露校长、纪宝成老校长出席开幕式。

5月8日，河北省委宣传部副部长武鸿儒、省委宣传部改革发展办主任王凤等到学校文化科技园考察调研，牛维麟常务副书记会见并出席座谈会。

5月9日，中国人民大学召开2012年宣传思想工作会议，程天权书记、陈雨露校长出席，王利明副书记兼副校长宴请与会人员。

5月9日，南京市委常委、宣传部长徐宁率南京市文化产业发展工作小组到学校文化科技园调研，牛维麟常务副书记会见并出席座谈会。

5月10日，教育部副部长李卫红、新闻出版总署副署长邬书林到学校书报资料中心调研，陈雨露校长、王利明副书记兼副校长会见并出席座谈会。

5月10日，中国人民大学召开"2011计划"工作专家座谈会，冯惠玲副校长出席。

5月10日，马俊杰副书记出席教育部召开的进一步加强国家教育统一考试环境综合治理工作电视电话会议。

5月10日，杨慧林副校长出席国家汉语国际推广领导小组办公室召开的以色列特拉维夫大学孔子学院工作会议。

5月11日，法兰西艺术科学文学院通信院士、著名画家史忠贵向中国人民大学捐赠巨幅墨梅画作《国魂》，校领导程天权、陈雨露、马俊杰出席捐赠仪式。

5月11日，以色列特拉维夫大学校长卡拉福特访问中国人民大学，陈雨露校长、杨慧林副校长会见。

5月11日，中国人民大学召开2012年国家社会科学基金重大项目（第二批）申报动员座谈会，冯惠玲副校长出席。

5月11日，杨慧林副校长出席教育部召开的2012年全国普通高校招生考试工作会议。

5月12日至13日，袁卫常务副校长出席2012年教育部社会科学委员会经济学学部工作会议。

5月12日，"社会建设中的社会工作"首届中国社会工作论坛在中国人民大学举行，冯惠玲副校长出席。

5月12日，中国人民大学清史研究所满文文献研究中心成立。

5月13日，"亚洲校园"项目启动仪式在人民大会堂举行，国务院总理温家宝、韩国总统李明博、日本首相野田佳彦出席启动仪式，陈雨露校长应邀出席。学校100余名学生代表中国大学生参与活动，现场展示中国传统文化，并与三国领导人进行互动交流。温家宝总理到学校学生负责的京剧脸谱制作展示区域观看，并与同学们亲切交流。

5月13日，由全国青联主办、中国人民大学学生社团联合会承办的"爱心接力·转会计划"关爱灾区、贫困地区农民工子女志愿者服务行动试点总结大会在学校召开，陈雨露校长会见与会嘉宾。

5月13日，中国人民大学举行新中国土地管理事业与土地科学发展五十年研讨会，冯惠玲副校长出席。

5月15日，中国人民大学与北京外国语大学战略共同体合作框架协议签字仪式举行，陈雨露校长、北京外国语大学党委书记杨学义代表双方签署协议。全国政协常委、外事委员会主任赵启正，教育部党组成员顾海良，外交部部长助理张明，新华社党组成员、副社长兼常务副总编辑周锡生，校领导程天权、袁卫、冯惠玲、陈一兵、杨慧林出席。

5月15日，陈雨露校长出席高礼研究院学术交流活动，并与来访的英国牛津大学汉密尔顿校长会谈。

5月15日，中国人民大学召开通州东校区设计任务书统筹会，牛维麟常务副书记出席。

5月16日，韩国法制部部长郑善太一行访问中国人民大学，程天权书记会见，双方签署《中国人民大学与韩国法制处关于法制工作交流与合作的谅解备忘录》，杨慧林副校长参加会见。

5月16日，牛维麟常务副书记分别会见德国GMP建筑设计公司中国区合伙人、建筑师吴蔚和美国Gensler建筑设计公司中国区副总裁、设计管理总监李晓梅，商谈通州东校区规划建设事宜。

5月16日，意大利博洛尼亚大学代表团访问中国人民大学，杨慧林副校长会见。

5月16日，中国人民大学举行大学生创新实验计划2010项目表彰座谈会，杨慧林副校长出席。

5月16日，澳门大学副校长何顺文率团访问中国人民大学，杨慧林副校长会见。

5月17日，林岗副校长出席第三届北京市学位委员会第五次会议，审议北京市独立学院学士学位授予单位及专业工作。

5月17日，德国著名汉学家顾彬在学校举办专场诗歌朗诵会，马俊杰副书记出席。

5月17日，美国麻州大学波士顿分校代表团访问中国人民大学，杨慧林副校长会见。

5月17日至18日，杨慧林副校长赴杭州出席《普通高等学校本科专业目录》和《普通高等学校本科专业设置管理规定》专家审议会。

5月18日，百度公司创始人、董事长兼首席执行官李彦宏来学校出席“高礼英才培养计划——企业领袖讲坛”并作讲座，陈雨露校长会见。

5月18日，2012年（澳门）两岸四地经济合作交流峰会暨第二届文化传媒论坛组委会代表团访问中国人民大学，陈雨露校长会见。

5月18日，江苏省常熟市市长王飚率团访问学校文化科技园，牛维麟常务副书记会见，双方签署合作协议。

5月18日，陈一兵副校长到学校附属小学出席海淀区节约型学校建设工作现场会。

5月18日，“国际国内形势新变化新特征新趋势分析”理论专家座谈会在学校举行，中宣部政策法规研究室副主任杨笑山、学校党委副书记兼副校长王利明出席。

5月18日，中国人民大学举行“罗马法在中国的传播”国际研讨会暨中国人民大学民商事法律科学研究中心罗马法研究所成立大会，王利明副书记兼副校长出席。

5月18日至6月9日，纪宝成老校长受孔子学院总部、国家汉办委托率团赴欧洲访问西班牙、法国、德国、英国多所著名高校及孔子学院，宣传和调研“新汉学国际研修计划”（China Study Plan，CSP）。

5月19日，中国人民大学举行2012年“向世界说明中国”奖学金颁奖会暨阮菊明先生中国人民大学董事会董事聘任仪式，程天权书记、上海祝桥新镇投资发展公司阮菊明董事长出席。

5月19日，中国人民大学举行1981级研究生入学30周年纪念座谈会，校领导陈雨露、袁卫、林岗、王利明出席。

5月19日，北京农业经济学会第六次会员代表大会暨学术报告会在学校举行，冯惠玲副校长出席。

5月20日，中国人民大学江西校友会成立大会暨第一次会员代表大会在南昌举行，马俊杰副书记出席。

5月20日至22日，杨慧林副校长赴山东济宁出席第二届尼山世界文明论坛。

5月21日，中国人民大学聘任美国芝加哥大学政治学系教授约翰·米尔斯海默（John J. Mearsheimer）为名誉教授，陈雨露校长出席聘任仪式。

5月21日，全国哲学社会科学规划办公室公布2012年度国家社会科学基金项目评审结果，共有3 291项项目获准立项，其中中国人民大学获准立项的项目有41项，包括重点项目4项、一般项目17项、青年项目20项，立项数目与北京大学相同，位居全国第二、高校第一。2012年，学校申报项目总数160项，立项率为25.63%。

5月22日，纽约泛欧交易所集团（NYSE Euronext）首席执行官邓肯·尼德奥尔（Duncan Niederauer）一行访问中国人民大学，陈雨露校长会见。

5月22日，中国人民大学举行政府统计研究院首期地市级统计领导干部高级研修班开班仪式，国家统计局总统计师鲜祖德、学校常务副校长袁卫出席。24日，袁卫常务副校长为研修班作讲座。

5月22日，英国环境食品农村事务部副部长吉姆·佩斯（Jim Paice）访问学校，袁卫常务副校长会见。

5月22日，王利明副书记兼副校长宴请香港立法会议员梁美芬一行。

5月23日，陈雨露校长、袁卫常务副校长拜会卫生部党组书记张茅。

5月23日，冯惠玲副校长会见北京奥运城市发展促进会副会长蒋效愚。

5月23日，中国人民大学历史学院举行生态史研究中心成立仪式暨历史的生态学解释国际学术论坛，冯惠玲副校长出席。

5月23日，荷兰阿姆斯特丹自由大学副校长兼神学院院长维姆·扬瑟（Wim Janse）一行访问中国人民大学，杨慧林副校长会见。

5月24日，中国人民大学召开2012年专业技术职务评聘与岗位聘任工作部署会，校领导程天权、陈雨露、林岗出席。

5月24日，程天权书记为全校党员干部代表作题为“保持党的纯洁性，为学校教育事业的发展提供有力保障”的主题党课，牛维麟常务副书记主持报告会。

5月24日，中国人民大学召开学术委员会主任秘书长会议，袁卫常务副校长、冯惠玲副校长出席。

5月24日，中国人民大学召开宗教学硕士研究生班入学培养相关问题座谈会，中央统战部二局局长赵学义、副局长马利怀，学校副校长杨慧林出席。

5月24日，中国人民大学举办2012年第3期吴玉章青年学术沙龙，40余位青年教师参加。本次沙龙的主题是“我国个人所得税改革的热点与焦点”。

5月25日，中国人民大学举办中日邦交正常化四十周年暨《中日关系大事辑要》出版座谈会，陈雨露校长出席。

5月26日，中国人民大学举办75周年校庆系列活动——“中国人民大学2012年社团嘉年华”，马俊杰副书记出席。

5月26日，王利明副书记兼副校长出席教育部、中央政法委联合举办的“卓越法律人才教育培养计划启动会”。

5月26日，中国人民大学举行第八届中俄大众传媒发展国际学术研讨会，杨慧林副校长出席。

5月26日，2012年北京市教育系统教职工运动会举行，学校代表队获多个单项冠军，并最终获甲组团体亚军。

5月28日，中国人民大学召开“2011计划”规划方案专题办公会，校领导程天权、陈雨露、袁卫、冯惠玲、王利明、杨慧林出席。

5 月 28 日，中美知识产权司法审判研讨会在中国人民大学召开，中国法学会党组书记、常务副会长、全国政协社会和法制委员会副主任委员陈冀平，中国法学会常务副会长刘飏，最高人民法院常务副院长沈德咏，商务部副部长、国际贸易谈判副代表崇泉，国家知识产权局局长田力普，新闻出版总署副署长、国家版权局副局长阎晓宏，美国驻华大使骆家辉，美国联邦巡回上诉法院首席法官兰德尔·雷德，美国商务部副部长兼美国专利商标局局长大卫·卡波斯，美国联邦巡回上诉法院律师协会会长史蒂文·兰伯特，学校校长陈雨露、副书记兼副校长王利明等出席开幕式。会前，程天权书记会见与会嘉宾。

5 月 28 日，中国人民大学举行西原春夫先生《日本的前途与亚洲的未来——来自未来的剧本》中文版新书发布会，冯惠玲副校长出席。

5 月 28 日，美国罗格斯大学常务副校长理查德·爱德华兹（Richard L. Edwards）率团访问中国人民大学，杨慧林副校长会见。

5 月 29 日，中国人民大学召开加快人才培养体系改革专题办公会，校领导程天权、陈雨露、袁卫、马俊杰、杨慧林出席。

5 月 29 日，牛维麟常务副书记作为首席专家，主持召开 2012 年国家社科基金文化类重大项目“中国文化产业人才培养体系建设研究”开题报告会。

5 月 30 日，前驻黑山共和国大使李满长来中国人民大学作讲座。报告会前，陈雨露校长、马俊杰副书记会见李满长。

5 月 30 日，芝加哥大学孔子学院第三次理事会在芝加哥大学北京中心以视频会议的形式举行，杨慧林副校长出席。

5 月 31 日，中国人民政协理论研究会常务副会长李昌鉴、人民日报社副总编马利分别来学校为 2011 级国际新闻传播硕士班作国情教育讲座，程天权书记会见。

5 月 31 日，陈雨露校长、马俊杰副书记会见中邮人寿保险有限公司总经理党秀茸一行。

5 月 31 日，陈雨露校长、陈一兵副校长到校医院新址检查工作，并就落实校医院搬迁问题进行现场办公。

5 月 31 日，中国人民大学召开“2011 计划”建设项目规划暨“985 工程”阶段性检查工作会，冯惠玲副校长出席。

5 月 31 日，两岸人力资源开发与交流研讨会在学校召开，杨慧林副校长出席。

5 月，中国人民大学获 2 项 2012 年国家社科基金文化类重大项目立项，立项数与北京大学、华东师范大学、上海社科院、武汉大学等并列第三。复旦大学、上海交通大学分别以立项数 5 项、3 项位居全国前两位。

5 月，第五届中国人民大学—汉阳大学联合学术研讨会在韩国举行。

5 月，教育部公布 2012 年精品视频公开课建设评审遴选结果，共有 218 门课程入选，中国人民大学有 3 门课程入选，分别为：“鲁迅与现代中国”（孙郁教授主讲）、“新闻记者的基本功”（张征教授主讲）、“宏观经济热点问题解读”（方福前教授主讲）。

5 月，国家外国专家局公布 2012 年度“引进海外高层次文教专家重点支持计划”项目入选者名单，中国人民大学历史学院推荐的美国堪萨斯大学唐纳德·沃斯特教授、外国语学院推荐的澳大利亚迪肯大学大卫·沃克教授以及哲学院推荐的夏威夷大学成中英教授等 3 人入选。

6 月 1 日，陈雨露校长出席在人民大会堂举行的纪念胡乔木同志诞辰 100 周年座谈会。

6 月 1 日，江苏省常熟市副市长、常熟东南经济开发区主任沈晓东率团访问中国人民大学文化科技园，牛维麟常务副书记会见。

6 月 1 日，中国人民大学举办“七十五载风雨路我们与母校同行”——庆祝建校 75 周年主题展示活动，马俊杰副书记出席。

6月1日，美国高校人事协会（ACPA）代表团访问中国人民大学，马俊杰副书记会见。

6月1日，中国人民大学举办第四届学生“创业之星”大赛决赛暨颁奖典礼，杨慧林副校长出席。

6月2日至3日，程天权书记出席教育部召开的马克思主义理论研究和建设工程工作会议。

6月2日，中国人民大学深圳研究院举行成立10周年庆典活动，深圳市市长许勤、副市长陈彪，国家外汇管理局副局长王小奕，学校校长陈雨露、常务副校长袁卫出席。

6月2日，中国人民大学举办法律与宗教研究中心成立仪式暨“转型中国的宗教法治”学术研讨会，杨慧林副校长出席。

6月2日，由中国人民大学参与主办的气候传播与气候变化“进社区、进校园、进农村、进企业”活动启动仪式在学校举行，杨慧林副校长出席。

6月2日，中国人民大学召开“传统价值、德性与当代社会”国际学术会议，杨慧林副校长出席。

6月3日，中国人民大学75周年校庆开场大戏、由在校师生共同创作的大型原创话剧《苏格拉底》上演，北京市委常委、常务副市长吉林，中纪委常委、监察部副部长王伟，中宣部文艺局副局长汤恒，北京市教委副主任郑萼，中国石油大学校长张来斌，首都师范大学党委书记张雪，中国社科院外文所所长陈众议，德国著名汉学家顾彬，中国作家协会创研部主任梁鸿鹰，《文艺报》总编辑阎晶明，学校领导程天权、陈雨露、牛维麟、冯惠玲、马俊杰、杨慧林，书法家欧阳中石，艺术家王晓棠、丁道希、郑凯南，演员陈佩斯、朱时茂、牛群、刘蓓，中央电视台主持人刘建宏等与1 000余名师生代表观看演出。6月4日，程天权书记、马俊杰副书记再次观看了该剧演出。

6月4日，澳大利亚墨尔本大学代表团访问中国人民大学，陈一兵副校长会见。

6月5日，校领导程天权、陈雨露、袁卫、牛维麟、林岗、冯惠玲、马俊杰、陈一兵、王利明参加中组部选人用人工作检查见面会。

6月5日，由公共管理学院参与举办的第六届中美公共管理国际学术研讨会在中国人民大学召开。

6月6日至9日，纪宝成老校长、杨慧林副校长赴英国出席孔子学院总部主办的欧洲孔子学院联席会议。

6月7日，中国人民大学召开干部教师大会，宣布《中共教育部党组关于查显友等同志职务任免的通知》和《教育部关于冯惠玲等职务任免的通知》。

6月7日，中国人民大学召开学校新一届行政领导班子第一次全体会议，校领导程天权、陈雨露、牛维麟、冯惠玲、马俊杰、王利明、查显友、伊志宏、刘向兵出席。

6月8日，延安大学党委书记刘建德、校长崔智林率团访问中国人民大学，校领导程天权、陈雨露、刘向兵会见并出席座谈会。

6月8日，牛维麟常务副书记出席文化部第五批国家文化产业示范基地专家评审会议。

6月8日，彭真民主法制思想研究与教育基金筹委会暨中国人民大学法学院彭真民主法制思想研究所成立仪式在学校举行，第十届全国人大法律委员会主任委员杨景宇，法制日报社社长贾京平，学校党委副书记兼副校长王利明，彭真同志的子女付洋、付彦出席。

6月9日，“建设中国特色的现代经济法学暨刘文华先生八十华诞学术研讨会”在中国人民大学逸夫会堂举行，学校党委书记程天权，北京大学常务副校长、中国经济法学会研究会会长吴志攀，中共中央党史研究室主任欧阳淞，中国法学会常务副会长孙琬钟，北京市法学会常务副会长周信出席，学校及中国政法大学、北京大学、北京工商大学、上海财经大学等的专家学者参加。

6月9日，中国人民大学举行75周年校庆新闻发布会暨“关爱师生基金”义卖活动启动仪式，校领导程天权、陈雨露、牛维麟、王利明、刘向兵出席。

6月9日，中国人民大学校友会新闻专业委员会2012夏季论坛暨“中国新闻30人”论坛在学校举行，程天权书记、国务院新闻办网络局局长李伍峰、国务院新闻办新闻局局长郭卫民、北京人民广播电台总编辑席伟航、中宣部新闻评阅组组长卓培荣、《中国新闻周刊》总编辑秦朗、北京青年报社社长张延平出席。

6月9日，中国人民大学召开75周年校庆学生家长代表座谈会，伊志宏副校长出席。

6月9日，中国人民大学召开“EMBA教育十周年反思”研讨会暨中国人民大学CMPM（中国实践管理领袖教育项目）俱乐部启动大会，伊志宏副校长出席。

6月11日，中国人民大学召开中法学院第一次理事会，校领导陈雨露、王利明、杨慧林、伊志宏出席。

6月12日，中国人民大学中法学院在苏州正式成立。最高人民法院原院长肖扬，原江苏省委书记、江苏省人大常委会主任陈焕友，教育部党组成员顾海良，江苏省委常委、苏州市委书记蒋宏坤及江苏省、苏州市相关负责同志，学校领导程天权、陈雨露、王利明、杨慧林、伊志宏、刘向兵，老校长纪宝成，法国驻华大使白林，法国巴黎索邦大学（巴黎四大）、法国保罗-瓦莱里大学（蒙彼利埃三大）、法国马赛商学院三所高校的校长等出席会议。

6月12日，中国人民大学举办中国宏观经济论坛（2012年中期），陈雨露校长、刘向兵副校长出席。

6月12日，中国人民大学法学院与安徽省人民检察院合作协议签订仪式暨崔伟检察长兼职教授聘任仪式在中国人民大学举行，牛维麟常务副书记出席。

6月13日，中国人民大学召开2013年中央高校改善基本办学条件专项资金项目申报工作会，冯惠玲常务副校长出席。

6月14日，中国人民大学召开七届十七次校学位评定委员会会议，校领导陈雨露、王利明、杨慧林，纪宝成老校长出席。

6月14日，牛维麟常务副书记出席北京高校基层组织建设年工作座谈会。

6月14日至24日，冯惠玲常务副校长率团赴欧洲参加瑞士公共管理学院在洛桑举办的体育与欧盟组织论坛，该论坛为学校人文奥运研究中心开设“北京奥运的社会影响”学术专场。期间，冯惠玲常务副校长一行分别访问了国际奥委会、奥地利维也纳大学和捷克布拉格查理大学。

6月14日，中国人民大学召开“新汉学”计划调研总结报告会，纪宝成老校长、杨慧林副校长出席。

6月14日，美国纽约城市大学布鲁克林分校校长凯伦·高尔德（Karen Gould）访问中国人民大学，杨慧林副校长会见。

6月15日，纪宝成老校长作为国务院参事室特约研究员，参加温家宝总理与国务院参事和中央文史研究馆馆员的座谈。

6月16日，中国人民大学举办第五届“黄达-蒙代尔经济学奖”颁奖典礼，学校赵文哲博士等三名青年学者获奖。1999年诺贝尔经济学奖得主、“欧元之父”罗伯特·蒙代尔教授，中国金融学会名誉会长、学校原校长黄达教授，陈雨露校长、杨慧林副校长出席。会上，学校发布了《人民币国际化报告2012》。

6月16日，伊志宏副校长赴河北出席学校商学院EMBA（高级管理人员工商管理硕士）同学会河北分会成立大会。

6月16日至18日，由清史研究所主办的“清帝逊位与民国肇建一百周年”国际学术研讨会在北京召开。

6月17日至18日，陈雨露校长、查显友副校长赴河北省出席“百家院所校走进河北合作恳谈会暨项目签约仪式”活动。

6月17日，王利明副书记兼副校长出席中央办公厅召开的全国党委办公厅信息工作会议。

6月18日，程天权书记出席学校承办的全国金融专业学位研究生教育指导委员会暨培养单位院长（系主任）2012年度工作会议。

6月19日，中共中央政治局常委、中央书记处书记、国家副主席习近平同志莅临中国人民大学调研。中共中央政治局委员、北京市委书记刘淇，中共中央政治局委员、国务委员刘延东，中央政策研究室常务副主任何毅亭，教育部党组书记、部长袁贵仁，团中央书记处第一书记陆昊，北京市委副书记、市长郭金龙，中组部副部长李智勇，北京市委常委、教育工委书记赵凤桐等陪同调研，学校党委书记程天权、校长陈雨露、常务副书记牛维麟、副校长刘向兵全程陪同，校领导马俊杰、王利明、刘彭芝、查显友、伊志宏，老领导黄达、马绍孟、李文海、纪宝成、陈一兵参加活动。

6月20日，中国人民大学召开传达学习习近平同志重要讲话精神座谈会，校领导程天权、陈雨露、马俊杰、王利明、查显友、刘向兵出席。各部处、学院负责人，教师代表和学生代表参加座谈会。

6月20日，金融学家、以色列希伯莱大学工商管理学院院长汉姆·列维（Haim Levy）教授访问中国人民大学，陈雨露校长会见。

6月20日，中国人民大学举办第二届全国廉政建设理论研究学术研讨会，中纪委研究室副主任欧召大，中纪委驻教育部纪检组副组长、监察部驻教育部监察局局长徐开濯，学校党委常务副书记牛维麟出席。

6月20日，中国人民大学举办首届“中国金融研究杰出贡献荣誉奖”颁奖典礼，马俊杰副书记出席。

6月20日，由北京华育助学基金会捐资设立的“圆梦计划”奖助学金项目签约仪式在中国人民大学举行，北京华育助学基金会理事长、原国务院国有重点大型企业监事会主席孔令鉴，查显友副校长出席。

6月20日，中国人民大学举行财务管理全球论坛，伊志宏副校长出席。

6月20日至24日，伊志宏副校长赴香港出席中国管理研究国际学会（IACMR）年会。

6月20日，刘向兵副校长出席教育部召开的“完善大学章程建设”交流研讨会。

6月21日，中国人民大学召开“七一”表彰评审会，牛维麟常务副书记、马俊杰副书记出席。

6月21日，牛维麟常务副书记赴黑龙江省哈尔滨市出席教育部召开的高校廉政风险防控工作座谈会。

6月21日，由中国人民大学参与主办的“促进文化大发展大繁荣”座谈会在学校召开，王利明副书记兼副校长出席。

6月22日至25日，王利明副书记兼副校长赴苏州出席2012中美法学院院长论坛暨纪念CLEEC（中美法学教育交流委员会，Committee for Legal Education Exchange with China）项目30周年活动。

6月22日，中国人民大学举行“超大数据库会议”，查显友副校长出席开幕式。

6月25日，中国人民大学举行2012年博士学位授予仪式，校领导陈雨露、冯惠玲、杨慧林出席。

6月25日，中国人民大学举行2012年学士学位授予仪式，校领导陈雨露、冯惠玲、杨慧林出席。

6月25日，爱尔兰都柏林大学校长休·布雷迪（Hugh Brady）率团访问中国人民大学，陈雨露校长、杨慧林副校长会见。

6月25日，中国人民大学举行教育部机关和直属单位干部选学“新闻传播与舆论引导”专题班开学典礼，牛维麟常务副书记出席。

6月25日，共青团北京市委书记常宇来中国人民大学调研，马俊杰副书记会见。

6月25日至26日，由中国人民大学和芝加哥大学联合主办的第三届“芝加哥大学—中国人民大学家庭与劳动经济学国际研讨会”在学校举办。

6月26日，程天权书记出席教育部直属高校工作咨询委员会第22次全体会议筹备会。

6月26日，中国人民大学举办2012年硕士专业学位授予仪式，校领导陈雨露、冯惠玲、王利明、杨慧林出席。

6月26日，中国人民大学举办2012年硕士学位授予仪式，陈雨露校长、杨慧林副校长出席。

6月26日，美国乔治·华盛顿大学商学院院长道格·格思里（Doug Guthrie）教授访问中国人民大学，陈雨露校长、伊志宏副校长会见。

6月27日，中国人民大学以创新模式举办2012年毕业典礼，校领导程天权、陈雨露、牛维麟、冯惠玲、马俊杰、王利明、杨慧林、查显友、伊志宏、刘向兵，纪宝成老校长出席。

6月27日，中国人民大学召开2012届优秀毕业生代表座谈会，校领导程天权、陈雨露、马俊杰、杨慧林出席。

6月27日，中国人民大学召开纪念中国共产党成立91周年暨创先争优表彰大会，校领导程天权、牛维麟、冯惠玲、马俊杰、王利明、查显友、刘向兵出席。

6月27日，梅墨生书画展在中国人民大学举行，程天权书记会见梅墨生先生并参观书画展。

6月27日，诺贝尔奖得主、美国芝加哥大学詹姆斯·海克曼教授来中国人民大学作讲座，陈雨露校长会见。

6月27日，中国人民大学与陕西省延安市就加快陕北公学旧址保护修复事宜举行工作会议，马俊杰副书记、刘向兵副校长在会议前后分别会见延安市代表团一行。

6月27日，美国贝勒大学校长肯·斯塔尔博士（Ken Starr）访问中国人民大学，杨慧林副校长会见。

6月28日，程天权书记出席中组部召开的全国创先争优表彰大会。

6月28日，牛维麟常务副书记出席中组部召开的关于提升组织工作满意度会议。

6月28日，美国加州州立大学洛杉矶分校学术事务副校长兼教务长阿希世·法伊迪亚（Ashishi Vaidya）访问中国人民大学，杨慧林副校长会见。

6月28日，查显友副校长会见北京市宗教局委员李胜勇，就拈花寺腾退问题进行会谈。

6月28日，《香港与内地高等学校关于进一步深化交流与合作的意向书》签署仪式在香港举行，伊志宏副校长代表学校签署意向书。

6月29日，中国人民大学举行2012年度暑期社会实践暨“千人百村”社会调研活动出征仪式，程天权书记、马俊杰副书记出席。

6月29日，杨慧林副校长看望冯其庸教授，商谈冯其庸学术艺术馆建设有关事宜。

6月29日，以色列驻华大使安泰毅先生访问中国人民大学并发表演讲，查显友副校长会见。

6月29日至7月13日，中国人民大学举办第19期新上岗处级干部培训班，共安排了5场报告、1场心理讲座、1次分组讨论和到江浙沪等地考察访问等活动。

6月30日，中国人民大学举办残疾人保障国际论坛（2012），中国残联党组书记兼理事长王新宪、民政部副部长窦玉沛、人力资源和社会保障部副部长信长星，学校党委书记程天权出席开幕式。

6月30日，第三届江山论坛暨首届中国债券市场发展论坛在中国人民大学举办，冯惠玲常务副校长出席开幕式。

6月30日，十一届全国人大常委会举行第二十八次专题讲座，中共中央政治局常委、全国人大常委会委员长吴邦国主持。中国人民大学农业与农村发展学院副院长朱信凯教授应邀作题为“现代农业发展视野下的国家粮食安全战略”的专题讲座。

6月，在拉丁美洲科学院第25次学术研讨会（北京）闭幕式上，杨慧林副校长入选为该院院士。

7月3日，1954届合作社系干部专修科校友马龄松女士75周年校庆捐赠仪式在明德主楼举行。中央军委办公厅秘书刘建斌大校、第二炮兵党委办公室主任聂建忠大校、第二炮兵政治部宣传部副部长吴祖良大校、第二炮兵政治部宣传部相关负责人等代表马龄松校友出席捐赠仪式，牛维麟常务副书记、刘向兵副校长代表学校接受捐赠，校友工作办公室、商学院、新闻学院和校庆办公室负责人参加。

7月4日，萨师煊大数据分析与管理国际研究中心暨数据工程与知识工程创新引智基地启动仪式在中国人民大学信息楼举行，查显友副校长出席，信息学院、纽约州立大学、佐治亚工业大学、加拿大西蒙·弗雷泽大学等的专家学者以及参加萨师煊大数据分析与管理夏令营的青年教师和研究生70余人参加了启动仪式。

7月6日至7日，中国人民大学2012年院长工作会议在通州召开，校领导程天权、陈雨露、牛维麟、冯惠玲、马俊杰、王利明、杨慧林、查显友、伊志宏、刘向兵出席，校务委员会、学位评定委员会、教代会主席团代表和各院系、各部处及直（附）属单位负责人参加会议。

7月8日至9日，第二届生物统计国际研讨会在如论讲堂及明德商学楼召开。校长陈雨露、原常务副校长袁卫、世界中医医学会联合会副秘书长姜再增、中国中医科学院常务副院长刘保延等出席，学校统计学院相关负责人参加。

7月8日，伊志宏副校长出席“2012京津地区商学院院长论坛”（FBSFBTR），该论坛由京津地区多家商学院院长提议，经国家自然科学基金委参与倡导和发起，由中科院研究生院管理学院主办。

7月9日至10日，国家汉办在哈尔滨召开了第一届美国孔子学院院长座谈会，中国人民大学老校长纪宝成参加了座谈会，并就“新汉学国际研修计划”作专题发言。

7月10日，“北京市属高校教师发展基地（中国人民大学）2011研修班结业仪式”在京郊举行，杨慧林副校长出席，教务处、财政金融学院相关负责人以及来自12所高校的20位研修学员参加了结业仪式。

7月10日，第四期明德思源学生领袖培训计划开营式在明德商学楼举行，学校副校长杨慧林、美国国际专业教育服务机构代表钱秉毅、中国光华科技基金会永庚项目办公室主任王灿出席。入选培训计划的来自加州大学伯克利分校、戴维斯分校等名校的美国学生和学校学生参加。

7月12日，巴西南大河州联邦大学校长卡尔斯·亚历山大·奈托博士（Carlos Alexandre Netto）一行访问中国人民大学，杨慧林副校长会见，国际交流处负责人参加。

7月13日，中国人民大学举办统计学院（系）成立60周年庆典，对外经贸大学校长施建军，学校副校长查显友，北京工商大学副校长李朝鲜，首都经贸大学副校长丁立宏，浙江工商大学副校长李金昌，学校原常务副校长袁卫、原副校长陈一兵，以及中国统计教育学会、中国统计学会、国家统计局、中科院数学与系统科学研究院相关负责人等参加。

7月13日至14日，陈雨露校长出席学校新疆校友会成立大会并访问新疆财经大学。期间，新疆自治区党委书记张春贤、区政府主席努尔等自治区党政领导会见陈雨露校长一行。

7月17日，全国就业创业工作表彰大会在人民大会堂隆重召开，中国人民大学招生就业处处长蔡荣生获评“全国就业先进工作者”，作为教育部评选的5名直属高校获奖者之一到会接受表彰。

7月18日，中国人民大学召开2012年度教师职务评聘与岗位聘用会议、教师以外专业技术职务评聘与岗位聘用会议、管理职员岗位聘用会议。由校领导与学院、部（处）、教代会主席团等代表组成的学校教师岗位聘用委员会、教师以外专业技术岗位聘用委员会、管理职员聘用委员会全体委员参加。

7月18日至21日，程天权书记应邀出席由韩国高等教育财团主办的“亲历韩国的中国学者看韩国——纪念中韩建交20周年国际学术会议”，国际交流处、经济学院相关负责人参加。

7月19日，国家教育考试指导委员会在北京钓鱼台国宾馆正式成立，中共中央政治局委员、国务委员刘延东出席会议并作重要讲话。学校老校长纪宝成、法学院高铭暄教授当选委员并参加会议。

7月21日晚，北京遭遇自1951年有气象记录以来最强暴雨。面对突发汛情，2002年大规模开展的地下管网改造工程发挥了重要作用，同时，学校各有关部门启动预案，通力协作，共同应对暴雨突袭，经受住了汛情考验，确保了校园安全，圆满地完成了防汛抢险任务。学校的这一工作也被北京市委《前线》杂志报道。

7月28日，中国人民大学常务副校长冯惠玲在伦敦参加由北京市人民政府、中国驻英国大使馆、北京奥运城市发展促进会主办的北京奥运城市发展论坛。

8月3日，日本灾区高中生来华休养团欢迎晚宴在北京会议中心举行，中国教育国际交流协会副会长、学校老校长纪宝成出席晚宴并致辞。

8月4日，中国人民大学举行1977、1978级校友毕业30周年纪念庆典，程天权书记、陈雨露校长出席庆典并致辞，冯惠玲常务副校长、伊志宏副校长、刘向兵副校长参加。

8月8日，北京市海淀区委书记隋振江，区委副书记、代区长孙文锴一行前来中国人民大学调研。程天权书记、陈雨露校长与隋振江书记一行及海淀区委常委、宣传部长陈名杰，海淀区委常委、副区长刘长利，副区长孟景伟、傅首清以及区委、区政府相关职能机构负责人，学校副校长查显友、刘向兵及相关部处负责人参加。

8月14日，北京师范大学党委书记刘川生一行访问中国人民大学国际学院，牛维麟常务副书记会见，国际学院、苏州工业园区、苏州独墅湖高等教育区管理办公室负责人陪同。

8月15日，由国家发展和改革委员会与学校共建的国家社会发展研究院成立仪式在明德主楼举行，国家发改委副主任朱之鑫，教育部副部长刘利民，中国人民大学校长陈雨露，国家发改委社会发展司司长王威，副司长王凤玲、彭福伟，教育部社会科学司副司长张东刚，学校常务副校长冯惠玲、原常务副校长袁卫，副校长查显友、刘向兵出席。研究院理事会全体成员、研究院学术委员会全体成员、国家发改委及学校有关人员、兄弟高校及研究机构代表参加。

8月18日，我国首个马克思主义协同创新中心——“马克思主义与中国道路协同创新中心”在中国人民大学揭牌成立。教育部副部长李卫红，教育部党组成员、国家教育行政学院院长、协同创新中心主任顾海良，学校校长陈雨露，复旦大学党委副书记陈立民，中山大学党委副书记李萍，武汉大学党委副书记骆郁廷，中央编译局秘书长杨金海，中国社会科学院当代中国研究所副所长张星星，教育部社科司司长杨光，学校常务副校长冯惠玲、党委副书记马俊杰出席。教育部社科司规划处负责人及参与单位负责人，以及武汉大学、中山大学、复旦大学、学校马克思主义学院的专家学者参加。

8月20日至23日，冯惠玲常务副校长出席在澳大利亚布里斯班会展中心举办的第十七届国际档案大会。

8月20日至24日，牛维麟常务副书记率学校代表团访问朝鲜金日成综合大学。

8月22日，全国哲学社会科学规划办公室公布了2012年度国家社科基金重大项目（第二批）招标评审立项名单，共立项64项（招标选题共70项），其中中国人民大学获得5项重大项目，立项数与吉林大学并列全国第一，另获得2项重大转重点项目。

8月22日，通鼎集团向中国人民大学捐赠暨董事会董事聘任仪式于明德主楼举行，通鼎集团董事长沈小平、总经理钱慧芳，学校校长陈雨露，副校长查显友、刘向兵出席。

8月23日，《光荣历程——庆祝中国人民大学建校75周年》中国画长卷的创作情况汇报及研讨会在学校召开，长卷创作总策划陈雨露校长，总指挥查显友副校长、刘向兵副校长等听取了画院执行院长李湘教授对长卷创作情况的汇报。校庆办公室、校史研究室、艺术学院、培训学院、图书馆、博物馆等长卷创作支持单位代表出席会议，长卷创作的艺术顾问、画院相关负责人参加。

8月24日，西班牙马德里自治大学教授、著名汉学家塔西安娜，韩国汉声文化研究所所长、教授金泰成，日本国立东北大学教授、诗人田原，《当代作家评论》主编林建法，中国现代文学馆创研部副主任李洱等来访，马俊杰副书记会见并宴请。

8月27日，伊志宏副校长参加在成都举行的“中国金融发展与金融安全协同创新中心”成立大会，该中心由西南财经大学牵头，国家审计署、中国银监会、中国人民大学及武汉大学等共同发起组建。

8月28日，韩国首任驻上海总领事尹海重访问中国人民大学，程天权书记会见，国际交流处、国际关系学院相关负责人参加。

8月29日至9月4日，杨慧林副校长赴美国出席美洲地区孔子学院工作会议。

8月30日，《中国人民大学章程》（草案）专家审稿会在教育学院召开，会议由副校长兼学校办公室主任、校庆办公室主任刘向兵主持，章程起草工作咨询专家秦惠民教授、胡锦光教授、毛寿龙教授、莫于川教授、李立国教授等知名学者以及章程起草工作小组的相关人员参加。

8月30日，韩国高等教育财团（KFAS）事务总长朴仁国率团访问中国人民大学，程天权书记会见，双方就本届儒学论坛的举办和儒家文化的相关问题进行了商谈，国际交流处、经济学院相关负责人参加。

8月31日，中国人民大学党委书记程天权、校长陈雨露、常务副书记牛维麟、副校长刘向兵前往通州，就东校区建设重要事宜与通州区领导座谈，通州区委书记王云峰，副书记李玉君，区委常委、常务副区长张勇，副区长李亚兰，区委办公室、潞城镇以及学校办公室、资产与后勤管理处、校园建设管理处相关负责人参加。

8月31日，中国人民大学党委书记程天权、党委常务副书记牛维麟、副校长刘向兵前往知行区热水供应系统与基础设施改造工地、世纪园、室外篮球场、老校医院、学生活动中心、原图书馆西馆、图书馆东馆、老体育馆、中心草坪等处，深入施工现场视察暑期校园修缮改造工程工地。党委宣传部、资产与后勤管理处、校园建设管理处、后勤集团相关负责人陪同。

8月31日，中宣部改革办主任黄志坚、副巡视员朱涛，科技部高新司副司长胡世辉，工业发展处、新华社对外新闻编辑部等的负责人到中国人民大学文化科技园考察并指导工作，牛维麟常务副书记会见，发展规划处、教务处、校友工作办公室相关负责人参加。

9月4日，由国家汉语国际推广领导小组办公室（国家汉办）和孔子学院总部主办，美国亚裔表演艺术中心和学校承办的“我唱北京·I SING BEIJING——国际青年声乐家汉语歌唱计划”中外名剧名曲音乐会在学校举行。国家汉办主任许琳、美国亚裔表演艺术中心主席廖英华、肯尼亚驻华大使朱利斯·桑古力（Julius L. Ole Sunkuli），校领导程天权、陈雨露、马俊杰、刘向兵出席音乐会。

9月4日，冯惠玲常务副校长出席北京市第四届“档案馆日”文化论坛。

9月5日，新奥公益慈善基金会向学校捐赠暨学校董事会副董事长聘任仪式举行，新奥集团董事局主席王玉锁，校领导程天权、牛维麟、查显友出席。

9月5日，冯惠玲常务副校长会见西藏民族学院副院长王学海，就加强协同创新事宜进行商谈。

9月5日，冯惠玲常务副校长接受《光明日报》专访，介绍学校中央和国家机关司局级干部选学工作的经验和做法。

9月6日，中国人民大学召开新学期工作部署会，校领导程天权、陈雨露、牛维麟、马俊杰、王利明、伊志宏、刘向兵出席。

9月6日，冯惠玲常务副校长赴中国原子能科学研究院，现场考察学校鲍威教授申报的国家重大科研仪器设备研制专项项目。

9月6日，查显友副校长参加北京市庆祝教师节大会。会上，学校方立天教授获评“北京市人民教师奖”。

9月6日，中国人民大学教师发展中心正式成立。

9月7日，中国人民大学召开苏州校区全体教职工会议，宣布中国人民大学苏州校区正式成立，校领导程天权、王利明、伊志宏出席。

9月7日，陈雨露校长参加全国教师工作暨“两基”工作总结表彰大会。

9月7日，刘向兵副校长参加教育部加强高校哲学社会科学报告会、研讨会、讲座、论坛和接受境外基金资助等管理工作座谈会并作交流发言。

9月7日，中国人民大学正式发布新版网站及新闻网。

9月9日至10日，陈雨露校长、杨慧林副校长出席中共中央对外宣传办公室“中国发展道路中的价值理念及国际传播研究”课题开题会议。

9月10日，比利时布鲁塞尔自由大学代表团访问中国人民大学，杨慧林副校长会见。

9月11日，陈雨露校长、马俊杰副书记会见团中央书记处书记卢雍政。

9月11日，英国雷丁大学（University of Reading）副校长史蒂芬·米森（Steven Mithen）一行访问中国人民大学，伊志宏副校长会见。

9月12日，中国人民大学在全国政协礼堂举行《金大中自传》中文版出版座谈会，第九届、第十届全国政协副主席陈锦华，中华文化促进会主席、中国文联原党组书记高占祥，中央纪委驻新闻出版总署纪检组组长宋明昌，中韩友好协会副会长、中国首任驻韩大使张庭延，韩国前总统金大中夫人李姬镐女士，校领导程天权、陈雨露出席。

9月12日，牛维麟常务副书记参加北京市创先争优经验交流大会。

9月12日，中国人民大学召开人文学科试行博士生培养4年制改革专题办公会，冯惠玲常务副校长出席。

9月12日，由中国人民大学文学院与人民文学出版社联合举办的“陈忠实、林兆华、王全安三人谈——《白鹿原》出版二十周年庆典暨名家学术讲堂”在学校举行，马俊杰副书记出席活动。

9月12日至16日，伊志宏副校长赴以色列访问特拉维夫大学，签署两校共建孔子学院协议。

9月13日，中国人民大学举行2012级新生开学典礼，校领导程天权、陈雨露、牛维麟、冯惠玲、马俊杰、王利明、杨慧林、查显友、刘向兵出席。

9月13日，中国人民大学聘任韩国首任驻上海总领事尹海重为兼职教授，程天权书记出席聘任仪式。

9月13日，中国人民大学举行向福建省福州市同人工艺品有限公司捐赠计算机仪式，陈雨露校长、杨慧林副校长出席。

9月13日，王利明副书记兼副校长会见韩国前总统金大中夫人李姬镐女士。

9月13日，中国当代著名经济学家、教育家、学校荣誉一级教授王传纶教授在北京逝世，享年91岁。党和国家领导人胡锦涛、温家宝、李克强、周永康、王岐山、刘延东，原党和国家领导人朱镕基、吴官正等领导同志对王传纶教授的逝世表示哀悼，向家属表示慰问并送花圈。

9月14日，中国人民大学召开分党委书记会，校领导程天权、牛维麟、马俊杰、王利明、刘向兵出席。

9月14日，中国人民大学举行第7期爱国宗教界人士研修班、首届爱国宗教界人士硕士研究生班开学典礼，程天权书记、杨慧林副校长出席。

9月14日，中国人民大学艺术学院举行“中德视听艺术跨国展示”启动仪式，杨慧林副校长出席。

9月15日，中国人民大学举行陕公、联大、华大老校友返校活动，程天权书记、刘向兵副校长出席。

9月19日，中国人民大学举行社会转型与社会管理协同创新中心挂牌仪式，教育部副部长李卫红、人力资源和社会保障部副部长邱小平、南京大学党委常务副书记张异宾、复旦大学副校长林尚立，校领导程天权、陈雨露、冯惠玲出席，国家发展和改革委员会、教育部、国家人口和计生委、国家统计局等相关司局和研究所负责人参加。

9 月 19 日，中国人民大学召开吴玉章基金会第六届委员会全体会议，校领导程天权、陈雨露、王利明，纪宝成老校长出席。

9 月 19 日，中国人民大学举行“关爱师生基金”拍卖会，校领导陈雨露、牛维麟、查显友、刘向兵出席。

9 月 19 日，中国人民大学师生原创哲学话剧、75 周年校庆大戏《苏格拉底》在国家大剧院演出，校领导陈雨露、马俊杰、查显友、伊志宏出席。

9 月 19 日，西班牙加泰罗尼亚自治区大学校长代表团访问中国人民大学，杨慧林副校长会见。

9 月 20 日，上海重阳投资向中国人民大学捐赠两亿元人民币仪式在学校举行，教育部副部长鲁昕，校领导程天权、陈雨露、牛维麟、冯惠玲、马俊杰、杨慧林、查显友、伊志宏、刘向兵，以及重阳投资董事长裘国根出席。

9 月 21 日，中国人民大学召开创先争优活动总结暨迎接《北京普通高等学校党建和思想政治工作基本标准》入校检查部署大会，校领导程天权、牛维麟、伊志宏、刘向兵出席。

9 月 21 日，中国人民大学举行第二届中欧法学院院长联席会议，程天权书记、王利明副书记兼副校长出席。

9 月 21 日，中国人民大学举行新学期第一讲吴玉章学术讲座，中国经济工业联合会会长、原中国工程院院长徐匡迪院士作了题为“中国特色城镇化发展战略研究”的演讲，程天权书记出席。

9 月 21 日，冯惠玲常务副校长出席北京市第十二届哲学社会科学优秀成果奖评奖委员会全体会议。

9 月 22 日，“人大附中联合学校总校成立揭牌仪式暨人大附中 2002—2012 促进教育均衡实践探索汇报会”在中国人民大学举行。国务院参事室主任陈进玉，全国人大常委会副秘书长李连宁，教育部副部长刘利民，北京市委常委、秘书长、教工委书记赵凤桐，北京市副市长洪峰，国务院参事刘燕华、汤敏、郭瑞，学校领导程天权、陈雨露、刘向兵，人大附中联合学校总校校长刘彭芝及教育部有关司局负责人管培俊、郑福芝、王登峰等出席。

9 月 22 日，中国人民大学举行中国宏观经济论坛（2012 年第三季度），冯惠玲常务副校长出席。

9 月 24 日，中国人民大学 75 周年校庆系列活动之一——百场社区公益讲座启动仪式暨首讲在中关村国家自主创新示范区展示中心会议中心报告厅举行，全国政协常委、外事委员会主任、学校新闻学院院长赵启正，校领导程天权、王利明、刘向兵及海淀区有关领导孙文锴、关成启出席，赵启正以“开拓公共外交的重要意义”为主题进行了首场讲座。

9 月 24 日，中国人民大学举行 75 周年校庆新闻发布会，发布校庆及校庆日活动公告，向师生、校友和社会各界发出邀请，加入以“回归大学本位，引领明天的聚会”为主题的校庆活动，“我最喜爱的人大教学名师”、“令我自豪的人大校友”评选活动也正式启动。校领导陈雨露、牛维麟、刘向兵出席。

9 月 24 日，杨慧林副校长应邀出席“中加通识教育合作论坛”并作发言。

9 月 25 日，中组部历史纪录片《信仰》学习讨论座谈会在中国人民大学举行，王利明副书记兼副校长参加。

9 月 26 日，中国人民大学召开 2012 年秋季规范教育收费、治理教育乱收费专题工作会，王利明副书记兼副校长出席。

9 月 29 日，中国人民大学校庆 75 周年系列演出之“佩兰·中秋琴箫雅集”在国学馆报告厅举行，杨慧林副校长出席。

9 月 29 日，中国人民大学举行庆祝建校 75 周年专场音乐会，刘向兵副校长出席。

9月30日，中国人民大学举行培训学院、画院向建校75周年校庆捐赠书画作品仪式，刘向兵副校长等出席。

10月2日，中国人民大学举行郭影秋校长铜像落成仪式，校领导程天权、陈雨露、牛维麟、马俊杰、王利明、伊志宏、查显友、刘向兵，郭影秋校长家属代表、老教授代表出席。

10月2日，国际奥委会委员凯文·格斯珀（Kevan GOSPER）、瑞尼·费索（René FASEL）、张雄、派特克·伯曼（Patrick BAUMANN）应邀出席中国人民大学75周年校庆活动，并受聘学校名誉教授，陈雨露校长、杨慧林副校长出席聘任仪式。聘任仪式后，陈雨露校长和四位国际奥委会委员在逸夫会堂接受媒体采访，就学校推进体育教育创新以及提升人才培养质量等问题回答了记者提问。

10月3日，中国人民大学举行首届体育文化节，国际冰球联合会主席瑞尼·费索（René FASEL），国际跆拳道联盟主席张雄，国家体育总局副局长肖天，校领导程天权、陈雨露、牛维麟、冯惠玲、马俊杰、王利明、杨慧林、查显友、伊志宏、刘向兵，教授代表郐沧萍、卫兴华、方汉奇、高铭暄、李德印，校友代表张育军、张景安、郭为民、张建明、郑英良、裘国根，刚刚在伦敦奥运会上夺金的学校学生吴敏霞、何姿、陈若琳、秦凯等出席。

10月3日，中国人民大学举办校园欢乐汇“人大之夜”校庆主题文艺晚会，校领导程天权、陈雨露、牛维麟、冯惠玲、马俊杰、王利明、查显友、伊志宏、刘向兵出席。

10月3日，中国人民大学举行第六届吴玉章人文社会科学奖暨终身成就奖颁奖典礼，吴玉章基金会名誉主任李鹏同志为颁奖典礼发来贺信，吴玉章基金委员会主任委员、学校老校长袁宝华，学校校友、国务委员、国务院秘书长马凯，教育部副部长李卫红，教育部党组成员、国家教育行政学院院长顾海良，原北京大学校长吴树青，学校党委书记程天权、校长陈雨露，老校长黄达、纪宝成等出席。吴玉章基金委员会委员方汉奇、傅璇琮、郑杭生、杜厚文、刘大椿、曹明新，学者代表陈先达、吴易风、胡乃武、闵维方，校董代表吴本立、何忠华，校友代表尤权、朱维群、欧阳淞、高强、王春正、邵华泽、李希凡、吉林、李扬、黄易宇、刘海藩、艾丰、陈威、何西来、汪建熙、冯俊、王新清、赵川东、牛燕冰、周小雄、王家彬，校领导牛维麟、马俊杰、王利明、杨慧林、查显友、伊志宏、刘向兵，中国人民大学附属中学校长刘彭芝等出席颁奖典礼。

10月3日，中国人民大学举行以“欢迎回家（WELCOME HOME）”为主题的2012年国际文化节，程天权书记、伊志宏副校长，国际奥委会新闻委员会主席凯文·格斯珀（Kevan GOSPER），国际冰球联合会主席瑞尼·费索（René FASEL），国际跆拳道联盟主席、国际奥林匹克休战联盟董事会成员、国际奥委会国际关系委员会成员张雄，国际篮球联合会秘书长派特克·伯曼（Patrick BAUMANN），学校杰出留学生校友、胡润百富创始人胡润（Rupert HOOGEWARF），阿塞拜疆驻华大使拉季夫·甘基洛夫（Latif GANDILOV）以及来自缅甸、津巴布韦、刚果（布）、哈萨克斯坦、莫桑比克、乌克兰、哥斯达黎加、波兰、俄罗斯等国家驻华大使馆的外交官员出席开幕式。

10月3日，中国人民大学举行1982级校友“相识30年”返校庆典活动，程天权书记、伊志宏副校长，北京市委副秘书长、校友张建明，国务院新闻办公室新闻局局长、校友郭卫民，国家烟草专卖局副局长、校友赵洪顺等出席。

10月3日，中国人民大学举行1998级校友毕业十周年返校庆典活动，程天权书记、刘向兵副校长出席。

10月3日，中国人民大学举行跆拳道国家示范团训练基地揭牌仪式，国际奥委会委员张雄，国家体育总局副局长肖天，校领导陈雨露、牛维麟、马俊杰，奥运冠军、学校学生吴敏霞、何姿、陈若琳、秦凯，女子跆拳道奥运冠军吴静钰，以及教育部、国家体育总局相关负责人出席。

10月3日，中国人民大学举行以“百年学术制度的形成与流变”为主题的中国人文社会科学论坛，陈雨露校长、杨慧林副校长出席。

10月3日，中国人民大学在明德堂举行“感谢有你”1988级校友毕业二十周年返校庆典，陈雨露校长、查显友副校长等出席。

10月3日，中国人民大学与国家体育总局拳跆中心签署合作备忘录，马俊杰副书记与国家体育总局拳跆中心主任常建平代表双方签署《国家体育总局拳跆中心—中国人民大学合作备忘录》，国家体育总局副局长肖天、拳跆中心副主任董军，学校党委常务副书记牛维麟，奥运冠军、学校学生吴敏霞、何姿、陈若琳、秦凯，女子跆拳道奥运冠军吴静钰等出席。

10月3日，中国人民大学举行校庆捐赠仪式，查显友副校长代表学校接受捐赠并致辞，一批由学校校友和师生捐赠的精美艺术作品入藏学校博物馆。

10月11日，校领导程天权、陈雨露、牛维麟、冯惠玲、马俊杰、王利明、杨慧林、查显友、伊志宏参加教育部关于国家教育体制改革试点项目及“三重一大”决策制度执行情况专项检查工作会。

10月12日，中国人民大学举行全校分党委书记会，牛维麟常务副书记出席。

10月12日，中国人民大学举行“海峡两岸欧洲研究研讨会”人大分会，杨慧林副校长出席。

10月13日至11月3日，中国人民大学2012年第四批管理干部赴海外培训团赴美国芝加哥、华盛顿进行了考察、培训，培训团在芝加哥大学进行了学习。

10月14日，中国人民大学举行2012“红船领航”新生党员先进性熔铸计划启动暨党员先锋营成立仪式，陈雨露校长、马俊杰副书记及教育部思政司司长冯刚出席。

10月15日，由人大出版社出版的陈锦华同志重要著作《国事续述》出版座谈会在全国政协礼堂举行。第十届全国人大常委会副委员长盛华仁，全国政协原副主席、《国事续述》作者陈锦华，全国政协原副主席徐匡迪，全国人大法律委员会副主任委员洪虎，中央党史研究室主任欧阳淞，国家发展和改革委员会副主任解振华，全国政协副秘书长卢昌华，国家发展和改革委员会原副主任彭森，新闻出版总署副署长阎晓宏，学校党委书记程天权、校长陈雨露等出席。

10月15日，中国人民大学举行国剧研究中心成立五周年暨纪念人民艺术家叶盛章诞辰一百周年纪念大会，陈雨露校长、杨慧林副校长出席。

10月15日，中国人民大学举行“中国人民大学—中粮福临门助学金发放仪式”，陈雨露校长，教育部原副部长、中国教育发展基金会理事长张保庆，中国食品有限公司董事总经理栾秀菊校友出席。

10月16日，中国人民大学举行第七届高等教育教学成果奖评审委员全体会议，陈雨露校长、杨慧林副校长出席。

10月16日，国际精英商学院协会认证（AACSB）前任董事会主席、美国田纳西大学商学院院长、学校AACSB认证专家组组长简·R·威廉姆斯（Jan R. Williams）教授一行访问中国人民大学，陈雨露校长、伊志宏副校长会见。

10月16日，中国人民大学举行2012年外语文化节开幕式，伊志宏副校长出席。

10月17日，教育部举行教育系统创先争优活动总结视频会，程天权书记、牛维麟常务副书记出席中国人民大学分会场会议。

10月18日，中国人民大学举行《北京高等学校党建和思想政治工作基本标准》入校检查汇报会，校领导程天权、陈雨露、牛维麟、冯惠玲、马俊杰、王利明、杨慧林、查显友、伊志宏、刘向兵出席。

10月18日，中国人民大学举行高占祥新书《新弟子规》发布座谈会，王利明副书记兼副校长出席。

10月19日，人大出版社与外语教学与研究出版社合作完成的“百部中国京剧经典剧目英译系列”一期新书发布会在钓鱼台国宾馆举行。全国人大常委会副委员长周铁农，全国政协副主席郑万通，全国政协外事委员会主任赵启正，十届全国政协常委、外事委员会原副主任张国祥，新闻出版总署党组副书记、副署长蒋建国，教育部副部长郝平，外交部部长助理张明，校领导程天权、陈雨露、王利明、杨慧林，北京外国语大学校领导杨学义、韩震、金莉、彭龙、马燕生，著名戏曲学家郭汉城，著名翻译家许渊冲，著名翻译家屠珍，学校国剧研究中心主任、“百部中国京剧经典剧目英译系列”主编孙萍等出席，82个国家的128名驻华使节参加。

10月20日，中国人民大学信息资源管理学院举行60周年院庆大会，校领导程天权、陈雨露、冯惠玲，国家档案局局长、中央档案馆馆长杨冬权，中央办公厅秘书局副局长刘东方等出席。当天，还举行了新中国档案学和档案教育奠基人吴宝康教授塑像揭幕仪式。

10月22日，中国人民大学举行首批本科新生导师聘任仪式，首批179位导师受颁聘书，校领导程天权、陈雨露、马俊杰、王利明、杨慧林出席。

10月22日，杨慧林副校长为学校承担的2012年中央和国家机关司局级干部选学“中外文学与政治修养”专题班作首场讲座。

10月22日，荷兰前首相扬·彼得·巴尔克嫩德（Jan Peter Balkenende）先生一行访问中国人民大学，伊志宏副校长会见。

10月23日，美国麻州大学波士顿分校副教务长兼研究生院院长夏宗国一行访问中国人民大学，冯惠玲常务副校长会见。

10月24日，中国人民大学举行“千人百村”社会调研活动总结会，校领导程天权、陈雨露、冯惠玲、马俊杰出席。

10月24日，程天权书记出席远东国际军事法庭记录编纂出版启动仪式暨座谈会。

10月24日，杨慧林副校长前往徐州出席第六届中国社会科学前沿论坛。

10月24日，中国人民大学举行与方正集团战略合作性框架协议签字仪式，伊志宏副校长、方正集团CEO李友先生、方正集团高级副总裁兼首席人才官谢克海先生出席。

10月25日，中国人民大学举行上海市第三期普教系统双名工程刘彭芝卓越校长培养基地双卓基地第二期校长班启动仪式暨首次培训大会，程天权书记出席。

10月25日，查显友副校长前往培训学院调研。

10月26日至27日，王利明副书记兼副校长赴青岛出席教育部高等学校法学教学指导委员会、中国法学教育研究会2012年年会。

10月27日至28日，中国教育发展战略学会改革与发展规划专业委员会成立大会暨学术研讨会在中国人民大学举行，陈雨露校长、纪宝成老校长出席，纪宝成老校长担任会长。

10月28日，中国人民大学举行燕山论坛（全球危机后的金融新思维），陈雨露校长、伊志宏副校长出席。

10月29日，1986年诺贝尔文学奖得主索因卡在中国社科院以“追寻复兴的50年历程”为题发表演讲，马俊杰副书记出席。

10月30日，中国人民大学举行学术期刊与学术评价论坛暨复印报刊资料品牌创建50周年庆典，校领导程天权、陈雨露、牛维麟、王利明，中宣部、教育部、新闻出版总署等有关部门负责人出席。

10月30日，“2012人民网奖学金”颁奖仪式暨主题研讨会在中国人民大学举行，学校61位同学获奖，共有68篇论文和18件作品分获“人民网优秀论文奖”和“设计奖”。

10月31日，芬兰拉普兰大学校长毛利·科多拉（Mauri YL-KOTOLA）访问中国人民大学，陈雨露校长、王利明副书记兼副校长会见。

10月31日，巴西驻华大使胡格内（Clodoaldo Hugueney Filho）访问中国人民大学，陈雨露校长会见。

10月31日，中国人民大学举行第七届北京市高等教育教学成果奖申报工作部署会，杨慧林副校长出席。

11月1日，陕北公学旧址暨中国人民大学延安教育基地揭牌仪式在延安清凉山举行，陕西省委常委、延安市委书记姚引良，延安市委常委、副市长张西林，延安市委常委、市委秘书长姚靖江，延安大学校长崔智林和学校党委书记程天权、副校长刘向兵、老校长黄达，学校校友、财政部党组成员、部长助理胡静林以及捐资修复陕北公学旧址的1986级校友代表出席。

11月1日，中国人民大学与通州区人民政府合作建设东校区补充协议签订仪式举行，校领导陈雨露、牛维麟、查显友，以及通州区委、区政府领导岳鹏、李玉君、张勇、李亚兰等出席。

11月2日，中国人民大学举行首届全国高校国学院院长论坛暨纪宝成国学教育基金成立仪式，校领导陈雨露、杨慧林、刘向兵，纪宝成老校长，著名红学家、学校国学院名誉院长、首届吴玉章人文社会科学终身成就奖获得者冯其庸，著名佛学家、学校一级教授方立天，以及清华大学、武汉大学、郑州大学、杭州师范大学等近20所高校的国学院（国学研究院）或相关机构负责人出席。

11月2日，中国人民大学召开分党委书记会，校领导牛维麟、马俊杰、王利明出席。

11月3日，中国人民大学举行第二届孔子学院文化节，国务院参事、国家汉语国际推广领导小组办公室主任、孔子学院总部总干事许琳，陈雨露校长、杨慧林副校长，津巴布韦公使衔参赞米沙克·凯臣（Meshack Kitchen）及夫人、芝加哥大学北京中心执行主任贝思·巴德尔（Beth Bader）出席。

11月3日，第三届世界汉学大会开幕式在中国人民大学举行，第九、第十届全国人大常委会副委员长许嘉璐，教育部副部长郝平，国务院参事、国家汉语国际推广领导小组办公室主任、孔子学院总部总干事许琳，陈雨露校长、杨慧林副校长，纪宝成老校长，匈牙利驻华大使库绍伊·山多尔（Sandor Kusai），以及来自美国、英国、日本、德国和兄弟高校的专家学者出席。中央电视台《新闻联播》栏目、《光明日报》、《北京青年报》、《东方早报》、新华网、凤凰网等媒体对第三届世界汉学大会在学校召开的情况进行了报道。

11月6日，中国人民大学召开东校区（通州新校区）总体规划概念性设计方案预审会，校领导程天权、陈雨露、牛维麟、查显友出席。

11月6日，美国麻州大学波士顿分校常务副校长温斯顿·兰利（Winston Langley）一行访问中国人民大学，冯惠玲常务副校长会见。

11月7日，中国人民大学举行“求是思源”优秀学生培养计划启动暨明德思源青年联合会成立仪式，程天权书记专门为计划启动题词，马俊杰副书记，共青团中央学校部副部长杜汇良，永庚公益项目发起人朱伟人、吕秀全，学校校友、《中国周刊》总编辑朱学东，中国光华科技基金会副秘书长潘平，热心思源计划国际友人、美国前国会议员吴振伟出席。

11月7日，阿富汗驻华大使苏尔坦·艾哈迈德·巴辛（Sultan Ahmad Baheen）一行访问中国人民大学，伊志宏副校长会见。

11月8日，中国人民大学召开党委理论学习中心组扩大会议，集体收看党的十八大开幕式直播，校领导陈雨露、牛维麟、冯惠玲、王利明、杨慧林、查显友、伊志宏出席，《光明日报》、《中国教育报》、《中国社会科学报》、中国教育电视台、中国新闻社等部分媒体记者以及师生代表参加，程天权书记作为列席代表人员出席了在人民大会堂举行的开幕式。

11月8日，海淀区委常委、区委宣传部部长陈名杰一行访问中国人民大学，陈雨露校长、王利明副书记兼副校长会见并就“共建文明校园，同创文明城区”进行了商谈。

11月9日，中国人民大学举行贾力先生捐资助学暨学校董事会副董事长聘任仪式，陈雨露校长、查显友副校长出席。

11月13日，美国密歇根大学（安娜堡分校）主管国际事务的副校长马克·泰斯勒（Mark Tessler）与助理副校长、教学研究中心主任康斯坦斯·尤因·库克博士（Constance Ewing Cook）率代表团访问中国人民大学，校领导陈雨露、牛维麟、伊志宏会见。

11月14日，教育部直属高校国家教育体制改革试点项目及“三重一大”决策制度执行情况检查工作反馈会在中国人民大学举行，检查组组长、东北师范大学党委副书记兼副校长杨晓慧一行前来学校，校领导程天权、陈雨露、牛维麟、冯惠玲、杨慧林、查显友出席反馈会。

11 月 14 日，加拿大西门菲莎大学（Simon Fraser University，SFU）校长安德鲁·皮特（Andrew Petter）一行访问中国人民大学，陈雨露校长会见，双方签署了《西门菲莎大学和中国人民大学合作协议》。

11 月 14 日，马俊杰副书记出席第三届蒲松龄短篇小说奖（山川杯）评委会。

11 月 14 日，美国罗格斯大学常务副校长理查德·艾德华兹（Richard Edwards）教授一行访问中国人民大学，查显友副校长会见。

11 月 14 日，程方平教授、孟宪实教授前往国家教育行政学院，分别为在此参加“第四十二期高校领导干部进修班”的 100 多位大学领导讲授“大学领导者的书道修养”和“中国人为什么要学国学”，刘向兵副校长出席。此次讲座也是中国人民大学 75 周年校庆“百场社区公益讲座”系列活动之一。

11 月 15 日，民政部专家组来中国人民大学考察、评估学校校友会建设情况，马俊杰副书记会见专家组一行。

11 月 16 日，中国人民大学举办“孔子学院的过去五年：回顾与展望”主题展览，程天权书记前往参观。

11 月 16 日，杨慧林副校长前往合肥，出席宝钢基金评审会。

11 月 16 日，“第四届中国经济学前沿论坛（2012）”在中国人民大学举行，此次论坛的主题是“打造中国经济‘第四增长极’”，来自国家发改委、中国社科院金融所、辽宁大学、北京市社科联、经济科学出版社、中国经济发展研究会等单位的领导、专家学者等共 120 多人参加。

11 月 17 日，国家教育行政学院第 42 期高校领导干部进修班成员到中国人民大学参观考察。陈雨露校长与进修班成员就大学建设问题进行座谈，刘向兵副校长陪同考察。

11 月 18 日，中国人民大学举行《法律、资源与时空建构》五卷本学术研讨会，冯惠玲常务副校长出席。

11 月 19 日，中国人民大学举行“风载我歌行”暨国际大学生原创音乐大赛决赛，牛维麟常务副书记、伊志宏副校长出席。

11 月 19 日，中国人民大学举行海淀区领导干部“社会管理创新”专题培训班，牛维麟常务副书记出席。

11 月 19 日，中国人民大学举办第 32 期明德论坛之欧阳自远院士报告会“弘扬科学精神，培育厚重之人”，马俊杰副书记出席。

11 月 20 日，中国人民大学举行法律与宗教高端论坛和第一期主题演讲，陈雨露校长出席，中国佛教协会副会长、全国青联副主席、北京龙泉寺方丈学诚法师作题为“佛教与社会建设”的主题演讲。

11 月 20 日，冯惠玲常务副校长赴天津，出席国家电子文件管理试点工作现场交流会。

11 月 20 日至 22 日，冯惠玲常务副校长前往新疆自治区发改委座谈，商讨区域经济规划项目合作相关事宜。

11 月 21 日，中国人民大学召开学习党的十八大精神报告会，中共中央党史研究室副主任李忠杰作辅导报告，校领导程天权、陈雨露、伊志宏出席，学校中层干部、师生代表 400 余人参加。

11 月 21 日，爱尔兰都柏林大学校长休·布雷迪（Hugh Brady）一行访问中国人民大学，伊志宏副校长会见。

11 月 21 日，纪宝成老校长出席由韩国 KB 国民银行（中国）主办的“中韩金融经济圆桌会议”并发表主题演讲。

11 月 21 日至 22 日，由国家检察官学院和学校法学院主办的第八届国家高级检察官论坛在江苏省镇江市举行，最高人民检察院副检察长孙谦，国家检察官学院党委书记、院长胡卫列，江苏省人民检察院检察长徐安，中共镇江市委书记张敬华，学校法学院相关负责人以及多位教授出席。

11 月 22 日，泰国法政大学校长颂琪·勒派吞（Somkit Lertpaithoon）一行访问中国人民大学，程天权书记、杨慧林副校长会见，双方就加强合作的相关问题进行商谈。

11 月 22 日，中国人民大学举行商学院国际认证委员会 2012 年度会议，校领导陈雨露、杨慧林、伊志宏出席。

11 月 22 日，学校新闻学院举行国家级实验教学示范中心验收评审会，杨慧林副校长出席。

11 月 23 日，中国人民大学朋辈心理咨询中心举行运营一周年纪念活动，陈雨露校长、马俊杰副书记出席相关活动，劳动人事学院、艺术学院、历史学院、信息学院等学院的师生参加“朋辈小屋大探宝”、“朋辈草坪嘉年华”、“朋辈周年联欢庆”等系列活动。

11 月 23 日，中国人民大学举行“经济学拔尖创新人才培养模式研讨会暨经济学—数学（双学位）实验班创立十周年总结大会”，陈雨露校长出席。

11 月 23 日，中国人民大学举行 2012 年光华奖学金颁奖仪式，马俊杰副书记出席。

11 月 24 日至 25 日，2012 年（第五届）中国人力资源管理年会在中国人民大学召开，人力资源和社会保障部副部长邱小平、学校党委书记程天权、学校副校长伊志宏出席开幕式。会议共分 4 场主题演讲、2 场主题论坛和 4 场平行分论坛，期间还举办了 2012 年（第二届）中国人力资源管理学院奖颁奖典礼，并发布《2012 中国企业人力资源管理最佳实践白皮书》。

11 月 24 日，中国人民大学在逸夫会堂举行中国宏观经济论坛（2012—2013），陈雨露校长出席论坛并致辞，全国人大常委、民建中央副主席辜胜阻，中国社科院金融研究所所长王国刚，中金公司投资银行部总经理王庆，学校常务校董、经济研究所联席所长、东海证券有限责任公司董事长朱科敏，中国诚信信用管理有限公司董事长、董辅礽经济科学发展基金会副理事长关敬如，经济研究所联席副所长、中国诚信信用管理有限公司副总裁闫衍等学界专家和业界代表出席。

11 月 24 日至 25 日，由中国诊所法律教育专业委员会、学校法学院、联合国开发计划署共同主办的“2012 亚太诊所法律教育论坛暨中国诊所法律教育年会”在中国人民大学举行，冯惠玲常务副校长和中国法学会党组成员、秘书长林中梁等出席，来自我国和日本、韩国、越南、印度、印度尼西亚、蒙古、美国、澳大利亚等国家的 150 余名代表参加。

11 月 24 至 25 日，第五届全国大学生创新创业年会在中国农业大学举办，由中国人民大学新闻学院贺璐婷、刘伟、李苑宜、连哲和刘洋等五名本科生共同撰写的论文《新闻工作者心理健康状况调查——基于北京市主流媒体一线采编人员的实证研究》获年会优秀论文奖。本次年会共有来自全国各地的 160 余所高校的代表队参加。

11 月 24 日至 25 日，中国人民大学乒乓球队在第三届全国大学生阳光体育乒乓球赛中获一等奖，创历史最好成绩。本次比赛共有来自全国各地的 24 所高校的大学生运动员参加。

11 月 25 日，由学校信息资源管理学院主办、中国商业联合会和中国科技情报学会协办的“2012 中国信息资源管理论坛暨中国人民大学信息分析研究中心成立大会”在中国人民大学召开，学校冯惠玲常务副校长、中国商业联合会王民副会长、中国认证认可协会赵宗勃秘书长出席，来自全国各地的高校知名学者、信息机构研究人员、中国商业联合会成员和学校信息资源管理学院在校师生 180 余人参加。

11 月 25 日，中国人民大学健美操队获首都大学生体能挑战赛热力操甲组第一名。本次比赛共有来自北京 30 所高校的 44 支代表队参加。

11 月 26 日至 27 日，以“中韩大学在人才培养模式方面的探索和创新”为主题的第四届中韩大学校长论坛在中国人民大学举办，教育部副部长郝平，校领导程天权、陈雨露、杨慧林、刘向兵出席，韩国首尔大学校长吴然天（Oh Yeon-Cheon）、韩国外国语大学校长朴哲（Chul Park）、岭南大学校长李孝秀（Hyo Soo Lee）、同德女子大学校长金永来（Young Rae Kim）等来自12所韩国大学和清华大学副校长袁驷、北京大学副校长李岩松等17所中国大学的代表参加。

11月27日，中国人民大学举行学位评定委员会换届暨第八届第一次全体会议，校领导陈雨露、冯惠玲、杨慧林，第八届校学位评定委员会全体成员，以及第七届学位评定委员会委员代表陈先达教授、李景治教授、陈桦教授出席。

11月27日，中国人民大学召开2012年薪酬调整工作部署会，陈雨露校长、查显友副校长出席。

11月28日，中国人民大学举行75周年校庆工作总结表彰专题办公会，牛维麟常务副书记、刘向兵副校长出席。

11月28日，湖北经济与社会发展研究院在华中师范大学成立，学校老校长纪宝成、原副校长郑杭生应邀出席并受聘为名誉院长，湖北省原副省长、省人大常委会原副主任蒋大国担任院长。

11月29日，中国人民大学举行公开选拔校医院副院长面试会，校领导牛维麟、查显友、刘向兵出席。

11月30日，为纪念彭真诞辰110周年和1982年宪法公布施行30周年，“彭真民主法制思想研究与教育基金成立大会暨彭真民主法制思想研讨会”在中国人民大学举行。十届全国人民代表大会法律委员会主任委员杨景宇、全国人大常委会法制工作委员会主任李适时、中央文献研究室秘书长闫建琪、国务院法制办副主任安建、司法部副部长赵大程、北京市委副书记兼政法委书记吉林、学校党委书记程天权、原全国人大法制工作委员会副主任张春生出席，来自我国法律实务界、法学教育界的嘉宾100多人参加。

11月，以中国人民大学国家“千人计划”入选者鲍威教授为项目负责人的“冷中子非弹性散射谱仪的研制”项目得到国家自然科学基金委的批准，获得“国家重大科研仪器设备研制专项”项目资助，资助额度为1.11亿元人民币，执行周期为五年。该项目是迄今为止获得单项资助经费最高的国家自然科学基金项目，也是国家自然科学基金委迄今为止对高等学校资助单项经费最多的项目。

12月1日，中国人民大学在逸夫会堂举办“中国佛教与中国哲学的现代诠释——《方立天文集》出版座谈会”，中央统战部常务副部长朱维群，中央文史研究馆副馆长、中国文联副主席冯远，学校陈雨露校长、杨慧林副校长，中央文史研究馆业务司司长陈思娣，国家宗教局办公室主任陈红星，国家宗教局一司司长刘威，《中国宗教》杂志社社长韩松出席，学校哲学院、出版社相关负责人及专家学者参加。

12月2日至3日，第九届国际儒学论坛在中国人民大学举办，论坛主题为“儒学与生态文明”。学校陈雨露校长、杨慧林副校长，韩国高等教育财团总裁朴仁国，亚洲和平贡献中心理事长、日本早稻田大学原校长西原春夫，台湾辅仁大学原校长黎建球，学校孔子研究院院长张立文等出席开幕式，来自我国及韩国、日本、美国、加拿大、巴西、马来西亚、新加坡等国家的近300名学者参加。

12月3日至7日，应土耳其伊斯坦布尔大学、Koc大学和以色列特拉维夫大学邀请，程天权书记率团访问三所大学，加强和推进学校与土耳其、以色列高校的交流合作。

12月3日，美国康奈尔大学产业与劳动关系学院院长卡茨一行访问中国人民大学并出席学校“劳动人事学院—美国康奈尔大学产业与劳动关系学院全面战略合作协议签字仪式暨第二届劳动科学名家讲坛”，陈雨露校长会见并就双方的交流与合作等相关问题进行商议，劳动人事学院相关负责人陪同。

12月4日，中央电视台举行“法治的力量2012——年度法治人物颁奖盛典”，根据法治人物推选委员会的投票结果，中国人民大学法学院陈卫东教授入选2012年度法治人物。

12月5日，中国人民大学画院举办雅集活动，邀请著名书画家苗重安、吴休、王振中等特聘教授挥毫创作庆祝画院成立一周年，陈雨露校长出席。

12月5日，北京大学生艺术团评审专家组一行到中国人民大学现场评审艺术教育和学生艺术团工作，马俊杰副书记会见专家组成员并作学校艺术教育工作专题报告，校团委相关负责人参加了评审。

12月5日，中国人民大学举行“12·9”长跑接力赛暨首届体育文化节颁奖仪式，杨慧林副校长出席，有关部处、学院负责人和部分学院学生参加。

12月8日，中国人民大学中国艺术品金融研究所成立仪式暨学术论坛在逸夫会堂举行，陈雨露校长、冯惠玲常务副校长，书画家王镛、李宝林、王振中，上海文化产权交易所总经理张天，中国银行中国文化产业基金董事总经理陈杭，中国民生银行文化产业金融事业部总裁万晓芳等多位专家学者出席，多位书画名家、收藏家、金融机构人士参加。

12月9日，中国人民大学珠海校友会在珠海举行校友大会，推选产生新一届校友会领导班子，伊志宏副校长，珠海市委常委、市委组织部部长刘振新校友和珠海市副市长龙广艳出席。大会推选钱明昊校友担任新一届校友会会长。

12月9日，以中国人民大学国学院名誉院长、红学家冯其庸先生名字命名的“冯其庸学术馆”在江苏无锡正式落成开馆，纪宝成老校长出席，学校文学院、历史学院、国学院、博物馆等单位的负责人参加。

12月9日，第二届“华泰公估杯”北京市大学生保险模拟法庭大赛在对外经济贸易大学闭幕，由学校财政金融学院保险学系本科生张韶英、张雪倩、刘行、朱俊霏等8名同学组成的代表队获冠军。

12月10日，欧洲人权法院法官伊丽莎白·斯丹纳（Elisabeth STEINER）访问学校法学院并作题为“中国和欧洲的人权”的报告，王利明副书记兼副校长会见并与对方就人权问题进行商谈，法学院相关负责人陪同。

12月12日至13日，由中国（澳门）综合发展研究中心和中国人民大学共同主办的2012（澳门）两岸四地经济合作交流峰会暨第二届文化传媒论坛在澳门举行，程天权书记出席会议开幕式并致辞，来自两岸四地的学术界、新闻界、企业界的多位代表参加。

12月12日至13日，应耶鲁大学管理学院邀请，学校副校长、商学院院长伊志宏出席耶鲁大学2012年CEO峰会。此次会议由耶鲁首席执行官领导能力研究所举办，美国各领域的首席执行官、商界精英、政要参加。

12月12日，中国人民大学举行第一届“十佳宿舍”展评会，刘向兵副校长出席，来自7栋学生公寓、13个学院的21个宿舍参加展评，学生工作部、资产与后勤管理处、保卫处、校团委、后勤集团和各学院的主管教师及校自管会、校学生会和各学院的学生代表50余人担任评委。展评会现场共产生最佳单项奖宿舍10个。

12月14日，瑞士日内瓦大学副校长伊文·傅鲁吉日（Yves Flueckiger）一行访问中国人民大学，杨慧林副校长会见，双方就召开日内瓦大学孔子学院理事会的相关事宜进行商谈。

12月14日，刘向兵副校长到苏州校区考察工作，调研校区设立健康指导中心等事宜，并为苏州校区党校第4期学生发展对象培训班作报告，资产与后勤管理处、校医院负责人陪同考察。

12月15日，意大利博洛尼亚大学校长伊万诺·迪奥尼吉（Ivano Dionigi）、孔子学院院长玛丽娜·蒂莫特（Marina Timoteo）一行访问中国人民大学，陈雨露校长会见。会见后，学校召开博洛尼亚大学孔子学院理事会，杨慧林副校长出席，人事处、国际交流处相关负责人参加。

12月15日至16日，“国家社会福利制度发展战略研讨会”在明德楼举行，民政部副部长窦玉沛、全国老龄办副主任朱勇、学校常务副校长冯惠玲出席，来自中国人民大学、中国社科院、北京师范大学、国家行政学院等20多所高校与中国残联、中国社会福利协会、中国老龄产业协会等机构的

80 余人参加。

12 月 15 日，中国人民大学召开“中国人民大学本科人才培养体系改革路线图”专家论证会，杨慧林副校长出席，研究生院、发展规划处、人事处、教务处、学生处、历史学院、财政金融学院、国际关系学院、外国语学院、信息资源管理学院、教育学院、理学院、心理学系、继续教育学院、图书馆等单位相关负责人参加。

12 月 15 日，由北京市教工委主办的 2012 年北京高校“我的班级我的家”优秀班集体创建评选活动在北京大学举行，全市近 400 个班级参加，中国人民大学信息资源管理学院 2009 级档案班进入前 20 强，获北京市“优秀示范班集体”荣誉称号。

12 月 16 日晚，第七届全球孔子学院大会举行开幕式，教育部部长袁贵仁主持，来自全球 400 所孔子学院、500 多所孔子课堂的 2 000 多名代表参加。陈雨露校长应邀出席，并接受刘延东国务委员颁发给学校的“孔子学院先进中方合作院校”奖牌。“孔子学院先进中方合作院校”是今年首次设立的重要奖项，也是国家汉办为贯彻落实《孔子学院发展规划（2012—2020）》、进一步加强孔子学院建设的重要举措。获此荣誉的中国人民大学及北京外国语大学、南开大学等 10 所院校，从全国 300 多个中方合作单位中经过严格评估、筛选产生。

12 月 16 日，由北京奥运城市促进会和共青团北京市委员会主办的“‘奥运城市杯’2012 年首届北京大学生智力运动会”在清华大学举行，来自中国人民大学和北京大学、清华大学、北京航空航天大学、北京理工大学等 28 所北京高校的选手参与围棋、象棋、国际象棋、桥牌、国际跳棋等五个项目的角逐，中国人民大学 16 名选手参赛并获两金一铜。

12 月 17 日，程天权书记到学校综合性体育场所“人大体育之家”检查工作，学校办公室、党委宣传部、体育部相关负责人陪同。

12 月 18 日，第七届孔子学院大会校长论坛举行，杨慧林副校长出席并围绕“孔子学院与中国大学发展”作主题发言。

12 月 19 日，教育部副部长郝平到中法学院检查指导工作，陈雨露校长等陪同视察。在结束检查工作之后，郝平副部长出席了教育部—苏州工业园区管委会共建高等教育国际化示范区签约暨揭牌仪式。作为区内中外合作办学的重要机构，陈雨露校长等应邀出席了仪式。

12 月 21 日，中国人民大学苏州校区管理委员会第一次会议在明德主楼举行，学校校长、苏州校区管理委员会主任陈雨露，管理委员会成员、党委副书记兼副校长王利明，副校长伊志宏以及成员单位相关负责人参加。

12 月 21 日，芝加哥大学校长罗伯特·齐默、芝加哥大学北京中心主任杨大利一行访问中国人民大学，陈雨露校长会见并就双方合作的相关事宜进行商谈，伊志宏副校长陪同。

12 月 22 日，中国法律思想史专业委员会、北京市法学会中国法律文化研究会 2012 年学术年会在中国人民大学法学院举行，程天权书记出席。本次会议主题是“先秦法文化研究的新视野与当下学术研究之探索”，来自全国高校及科研院所的专家学者共 120 余人参加。

12 月 22 日，由学校领导科学研究中心主办的 2012 年领导力高峰论坛“女性领导力——挑战与超越”在国学馆举行，研究中心主任、校党委副书记马俊杰出席。

12 月 24 日，“纪念中国社会科学博士后制度实施 20 周年会议暨《中国社会科学博士后文库》首发仪式”在北京举行，伊志宏副校长应邀出席并致辞。人力资源和社会保障部、全国博士后管理委员会、中国博士后科学基金会领导，全国社会科学领域博士后研究人员、合作导师和管理人员共 500 余人参加。

12 月 25 日，2013 年校部机关新年联欢会在世纪馆举行，校领导程天权、陈雨露、牛维麟、冯惠玲、杨慧林、查显友、刘向兵同校部机关教职工和部分老同志出席。

12 月 26 日，中国人民大学举行仪式，与北京市海淀区签署“共建文明校园，同创文明城区”战略合作意向书。校领导程天权、陈雨露、王利明，海淀区委书记隋振江，区委常委、区委办公室主任李彦来，区委常委、区委宣传部长陈名杰，区政府副区长徐永全出席签字仪式。仪式上，陈雨露校长与隋振江书记代表校区双方签署战略合作意向书。签约仪式前，程天权书记、陈雨露校长会见了隋振江书记一行。

12 月 26 日，2011—2012 学年学生奖励暨“三班建设”表彰座谈会在逸夫会堂举行，程天权书记、马俊杰副书记，中国石油集团人事部副总经理金华出席并颁奖，获奖学生、教师、班级、宿舍和社团代表参加。

12 月 26 日，2012 年度武警国防生工作总结表彰大会在逸夫会堂召开，程天权书记、马俊杰副书记，武警北京总队政治部副主任周国平，学校相关部门和学院负责人出席。

12 月 26 日，由中国学术期刊（光盘版）电子杂志社（“中国知网”）、清华大学图书馆与中国科学文献计量评价研究中心联合开发研制的统计分析和评价报告《中国学术期刊国际引证报告》（CAJ-IJCR）（2012 版）暨“中国最具国际影响力学术期刊”和“中国国际影响力优秀学术期刊”名单发布。中国人民大学主办的学术期刊有两家入选：《人口研究》入选“中国最具国际影响力学术期刊”，《教学与研究》入选“中国国际影响力优秀学术期刊”。

12 月 27 日，中国人民大学在汇贤大厦报告厅召开 2012 年中央和国家机关司局级干部选学工作总结表彰会，中组部干教局巡视员、副局长时玉宝，中央国家机关工委干部教育办公室副主任李延军，校领导程天权、陈雨露和冯惠玲出席。全体参加 2012 年选学工作的教师代表，学校相关单位负责人、各相关学院负责人和联络员参加。

12 月 27 日，学校校友、国家烟草专卖局副局长赵洪顺受聘学校董事会常务董事，校领导程天权、陈雨露、查显友，校董会常务董事、北京昭德投资有限公司董事长兼总经理李伯潭出席聘任仪式。

12 月 28 日，中国人民大学主办的英文刊物《经济与政治研究》（*Economic and Political Studies*，*EPS*）首发式暨经济政治前沿问题研讨会在逸夫会议中心举行，程天权书记、冯惠玲常务副校长出席并致辞。来自北京大学、清华大学、中央财经大学、中国农业大学、中国社会科学院等高校和科研院所的专家学者，以及学校有关部处负责人 40 余人参加。

12 月 29 日，2013 中国人力资源管理新年报告会在如论讲堂举行，国家人力资源和社会保障部副部长何宪、学校党委书记程天权、中共北京市委组织部副部长闫成等出席，报告会就“关爱与幸福：人力资源管理超越绩效的使命与追求”这一主题进行了解读与研讨。

12 月 30 日，中国人民大学 75 周年校庆总结颁奖典礼在逸夫会堂举行，对校庆工作“先进个人”、“优秀志愿者”和特殊贡献个人进行表彰，并为“百场社区公益讲座”主讲人颁发纪念证书。全体校领导出席，各学院、部处、直（附）属单位相关负责人以及教师、校友、学生代表参加。以“你我共同的校庆”为理念，今年全校共有 1 215 名教职工、5 080 名学生志愿者以及数以千计的后勤服务人员直接参与了校庆筹备工作，本次颁奖典礼主要表彰了广大校庆工作者和志愿者的优秀代表。

12 月，京津冀和长三角区域人口流动与发展学术研讨会在中国人民大学社会转型与社会管理协同创新中心召开，学校常务副校长、中心主任冯惠玲，国家人口计生委流动人口服务管理司司长王谦，中心首席专家袁卫出席，来自中心主要参与单位复旦大学、南京大学等高校的专家学者参加。

12 月，中国人民大学新闻学院与中国石化集团合作成立的“人大—中石化企业软实力研究基地”挂牌仪式在明德新闻楼举行，查显友副校长，国资委新闻中心、中国石化思想政治工作部以及新闻学院相关负责人出席。

12 月，教育部公布了第一批“十二五”普通高等教育本科国家级规划教材书目，共 1 102 种教材入选，其中，中国人民大学有 51 本教材入选。

12月，教育部科技发展中心公布了2012年高等学校博士学科点专项科研基金批准项目，本年度中国人民大学共申报了18项，6个项目获得立项资助。其中博导类项目1个，新教师类项目5个，资助总额32万元。

12月，2012年度全国大学生数学建模竞赛成绩进行公示，中国人民大学有42个队伍获奖，其中2支队伍获全国一等奖，6支队伍获全国二等奖，10支队伍获北京市一等奖，24支队伍获北京市二等奖。

附录二　2012年中国人民大学党发、校发文件目录

2012年校政字文件

2011—2012学年校政字17号	关于引导和鼓励学校2012届毕业生面向西部、面向基层就业的意见
2011—2012学年校政字18号	关于成立中国人民大学通州新校区筹备领导小组及其办公室的决定
2011—2012学年校政字19号	关于印发《中国人民大学2012年发展建设十件大事》、《中国人民大学2012年师生关心的二十件实事》的通知
2011—2012学年校政字20号	中国人民大学关于贯彻落实教育部等五部门《关于进一步加强高等学校学生食堂工作的意见》实施意见
2011—2012学年校政字21号	关于印发《中国人民大学学生食堂饭菜价格平抑基金实施办法》的通知
2011—2012学年校政字22号	关于印发《中国人民大学75周年校庆活动总体实施方案》的通知
2011—2012学年校政字23号	关于2012年规范教育收费工作的实施意见
2011—2012学年校政字24号	关于成立中国人民大学发展与战略研究院的决定
2011—2012学年校政字25号	关于成立中国人民大学国家社会发展研究院的决定
2011—2012学年校政字26号	关于同意北京人大文化科技园建设发展有限公司转让北京世纪谨勤市场咨询有限公司全部股权的批复
2011—2012学年校政字27号	关于印发《中国人民大学三级、四级职员岗位聘任暂行办法》的通知
2011—2012学年校政字28号	关于同意附属中学与文化部外联局等12家单位建立友好共建关系的批复
2011—2012学年校政字29号	关于成立中国人民大学公共治理研究院的决定
2011—2012学年校政字30号	关于印发《中国人民大学心平贷学金管理办法（修订）》的通知
2011—2012学年校政字31号	关于成立中国人民大学中国社会科学案例中心的决定
2011—2012学年校政字32号	关于成立中国人民大学中国共产党历史与理论研究院的决定
2011—2012学年校政字33号	关于成立中国人民大学“中央高校基本科研业务费”工作领导小组的决定
2011—2012学年校政字34号	关于调整中国人民大学招生监察工作领导小组及其办公室成员的通知
2011—2012学年校政字35号	关于成立马克思主义与中国道路协同创新中心的决定

2011—2012 学年校政字 36 号	关于成立社会转型与社会管理协同创新中心的决定
2012—2013 学年校政字 1 号	关于成立中国人民大学教师发展中心的决定
2012—2013 学年校政字 2 号	关于设立中国人民大学苏州校区的决定
2012—2013 学年校政字 3 号	关于对中关村校区部分楼宇进行重新命名的通知
2012—2013 学年校政字 4 号	关于成立中国人民大学“2011 计划”领导小组的决定
2012—2013 学年校政字 5 号	关于成立中国人民大学“2011 计划”办公室的决定
2012—2013 学年校政字 6 号	关于印发《中国人民大学 2012—2013 学年第一学期工作计划要点》的通知
2012—2013 学年校政字 7 号	关于印发《中国人民大学十八大安保维稳工作实施方案》的通知
2012—2013 学年校政字 8 号	关于设立“2011 计划”行政服务中心的决定
2012—2013 学年校政字 9 号	关于健全教师发展中心机构的决定
2012—2013 学年校政字 10 号	关于印发中国人民大学第八届学位评定委员会和各分委员会组成人员名单的通知
2012—2013 学年校政字 11 号	关于成立中国人民大学东校区（通州新校区）筹备工作办公室的决定
2012—2013 学年校政字 12 号	关于印发《中国人民大学特别研究员聘用管理暂行办法》的通知
2012—2013 学年校政字 13 号	关于印发《中国人民大学在校学生应征入伍优抚待遇规定（修订）》的通知
2012—2013 学年校政字 14 号	关于规范在职人员生活补贴的通知
2012—2013 学年校政字 15 号	关于调整在职人员岗位酬金标准并增设业绩奖励的通知
2012—2013 学年校政字 16 号	关于发放节日慰问金的通知
2012—2013 学年校政字 17 号	中国人民大学关于核销对北京飞黄旅游出租汽车公司投资的决定
2012—2013 学年校政字 23 号	关于明确“2011 计划”四大学术支撑平台定位的决定
2012—2013 学年校政字 24 号	关于成立中国人民大学社会发展与管理大数据中心的决定

2012 年校长字文件

2011—2012 学年校长字 69 号	关于表彰中国人民大学 2011 年十大优秀办公室主任及提名奖的决定
2011—2012 学年校长字 70 号	关于潘平免职的通知
2011—2012 学年校长字 71 号	关于钱蓉试用期满任职的通知
2011—2012 学年校长字 72 号	关于侯衍社任职的通知
2011—2012 学年校长字 73 号	关于李开龙试用期满任职的通知
2011—2012 学年校长字 74 号	关于马胜利试用期满任职的通知
2011—2012 学年校长字 75 号	关于王珉珠免职的通知
2011—2012 学年校长字 82 号	关于表彰 2011 年度安全稳定综合治理工作先进集体、先进个人的决定
2011—2012 学年校长字 103 号	关于方长平任职的通知

2011—2012 学年校长字 104 号	关于高江涛、王海玲任职的通知
2011—2012 学年校长字 105 号	关于李明奎免职的通知
2011—2012 学年校长字 106 号	关于石佳友任职的通知
2011—2012 学年校长字 107 号	关于李明奎、王小虎职务任免的通知
2011—2012 学年校长字 108 号	关于王小虎任职的通知
2011—2012 学年校长字 109 号	关于赵锡军职务任免的通知
2011—2012 学年校长字 110 号	关于罗天虹任职的通知
2011—2012 学年校长字 111 号	关于周蔚华免职的通知
2011—2012 学年校长字 112 号	关于邹骥免职的通知
2011—2012 学年校长字 113 号	关于达斯坦·阿吾巴克尔任职的通知
2011—2012 学年校长字 114 号	关于王波任职的通知
2011—2012 学年校长字 115 号	关于边瑜任职的通知
2011—2012 学年校长字 117 号	关于梁晶、汤珂任职的通知
2011—2012 学年校长字 118 号	关于 Matthew Shum 职务聘任的通知
2011—2012 学年校长字 120 号	关于表彰 2011 年中国人民大学先进集体的决定
2011—2012 学年校长字 123 号	关于同意马春艳辞职的决定
2011—2012 学年校长字 124 号	关于刘彭芝任职的通知
2011—2012 学年校长字 125 号	关于同意樊桦辞职的决定
2011—2012 学年校长字 126 号	关于同意刘俊辞职的决定
2011—2012 学年校长字 132 号	关于查显友、刘向兵免职的通知
2011—2012 学年校长字 133 号	关于伊志宏任职的通知
2011—2012 学年校长字 134 号	关于冯惠玲任职的通知
2011—2012 学年校长字 135 号	关于冯惠玲、袁卫职务任免的通知
2011—2012 学年校长字 136 号	关于冯惠玲、袁卫职务任免的通知
2011—2012 学年校长字 137 号	关于冯惠玲、袁卫职务任免的通知
2011—2012 学年校长字 138 号	关于陈雨露等职务任免的通知
2011—2012 学年校长字 139 号	关于顾涛、查显友职务任免的通知
2011—2012 学年校长字 140 号	关于张文飞任职的通知
2011—2012 学年校长字 141 号	关于杨殊职务任免的通知
2011—2012 学年校长字 142 号	关于侯书栋免职的通知
2011—2012 学年校长字 143 号	关于张文利免职的通知
2011—2012 学年校长字 144 号	关于胡娟免职的通知
2011—2012 学年校长字 145 号	关于李宝俊免职的通知
2011—2012 学年校长字 146 号	关于葛秀珍任职的通知
2011—2012 学年校长字 147 号	关于冯惠玲、袁卫职务任免的通知
2011—2012 学年校长字 148 号	关于刘向兵、陈一兵职务任免的通知
2012—2013 学年校长字 5 号	关于授予中国人民大学附属中学等 118 所中学“中国人民大学优秀生源基地”荣誉称号的决定
2012—2013 学年校长字 6 号	2011—2012 学年第二学期期末考试监考情况通报
2012—2013 学年校长字 10 号	关于表彰 2011 级本科学生军训优秀学生和优秀带队教师、干部的决定
2012—2013 学年校长字 16 号	关于表彰 2012 年本科招生工作先进集体和先进个人的决定

2012—2013 学年校长字 18 号	关于贺耀敏、李永强职务任免的通知
2012—2013 学年校长字 19 号	关于贺耀敏、林岗职务任免的通知
2012—2013 学年校长字 22 号	关于木拉提·艾合买提任职的通知
2012—2013 学年校长字 23 号	关于德全英任职的通知
2012—2013 学年校长字 24 号	关于施勇纲任职的通知
2012—2013 学年校长字 25 号	关于古丽斯坦·阿布都热依木任职的通知
2012—2013 学年校长字 26 号	关于张江涛任职的通知
2012—2013 学年校长字 27 号	关于刘甡任职的通知
2012—2013 学年校长字 28 号	关于张成思任职的通知
2012—2013 学年校长字 29 号	关于刘震免职的通知
2012—2013 学年校长字 30 号	关于孙玉栋任职的通知
2012—2013 学年校长字 31 号	关于黄一顺任职的通知
2012—2013 学年校长字 32 号	关于纪红波、刘向兵职务任免的通知
2012—2013 学年校长字 33 号	关于张斌等职务任免的通知
2012—2013 学年校长字 34 号	关于同意梁朝晖辞职的决定
2012—2013 学年校长字 35 号	关于同意王蓉辞职的决定
2012—2013 学年校长字 51 号	关于表彰 2012 年毕业生就业工作先进集体、先进个人的决定
2012—2013 学年校长字 55 号	关于表彰 2011—2012 学年优秀辅导员、优秀学生兼职辅导员的决定
2012—2013 学年校长字 56 号	关于表彰 2011—2012 学年中国人民大学十佳班主任及提名奖和优秀班主任的决定
2012—2013 学年校长字 57 号	关于表彰 2011—2012 学年中国人民大学先进班集体的决定
2012—2013 学年校长字 60 号	关于表彰“中国人民大学 75 周年校庆工作先进个人”的决定
2012—2013 学年校长字 61 号	关于表彰“中国人民大学 75 周年校庆优秀志愿者”的决定
2012—2013 学年校长字 62 号	关于表彰 2011—2012 学年“十佳宿舍”和“文明宿舍”的决定
2012—2013 学年校长字 63 号	关于康琳试用期满任职的通知
2012—2013 学年校长字 64 号	关于李家福、秦惠民职务任免的通知
2012—2013 学年校长字 65 号	关于王甫银职务任免的通知
2012—2013 学年校长字 66 号	关于谷曙光试用期满继续挂职的通知
2012—2013 学年校长字 67 号	关于沃晓静试用期满任职的通知
2012—2013 学年校长字 68 号	关于石德才试用期满任职的通知
2012—2013 学年校长字 69 号	关于王大立、王红军、汤欣任职的通知
2012—2013 学年校长字 71 号	关于同意胡伶倩辞职的决定

2012 年校办字文件

2011—2012 学年校办字 22 号	关于进一步加强学校培训场馆租借使用管理的通知

2011—2012 学年校办字 23 号	关于转发教育部《学校教职工代表大会规定》的通知
2011—2012 学年校办字 24 号	关于转发《教育部 中国教科文卫体工会全国委员会关于印发〈高等学校教师职业道德规范〉的通知》的通知
2011—2012 学年校办字 25 号	关于启动《中国人民大学年鉴》（2012 版）编纂工作的通知
2011—2012 学年校办字 26 号	关于评选 2011 年中国人民大学先进集体的通知
2011—2012 学年校办字 27 号	关于近期学校发生三起火情的情况通报
2011—2012 学年校办字 28 号	关于一起校园交通事故的情况通报
2011—2012 学年校办字 29 号	关于 2012 年清明节、春假、“五一”劳动节及端午节放假安排的通知
2011—2012 学年校办字 30 号	关于法学院增设科级机构的通知
2011—2012 学年校办字 31 号	关于合作单位员工盗窃学生财物情况的通报
2011—2012 学年校办字 32 号	关于印发《中国人民大学 2011—2012 学年第二学期重要统计数据》的通知
2011—2012 学年校办字 33 号	关于做好 2012 年春假及“五一”期间校园安全稳定工作的通知
2011—2012 学年校办字 34 号	关于印发《“冷中子非弹性散射谱仪”研制专项领导小组工作办法（试行）》的通知
2011—2012 学年校办字 35 号	关于对《中国人民大学章程》（征求意见稿）广泛征求意见的通知
2011—2012 学年校办字 36 号	关于 2012 年暑期学校（国际小学期）期间有关工作安排的通知
2011—2012 学年校办字 37 号	关于 2011—2012 学年暑期放假的通知
2011—2012 学年校办字 38 号	关于做好 2012 年暑期学校（国际小学期）及暑假期间安全稳定工作的通知
2011—2012 学年校办字 39 号	知行 4 楼北侧开水房值班室火情通报
2011—2012 学年校办字 40 号	关于印发《中国人民大学年度数据 2011（内部版）》的通知
2011—2012 学年校办字 41 号	关于成立中国人民大学法律与宗教研究中心的决定
2011—2012 学年校办字 42 号	关于成立中国人民大学地方政府发展战略研究中心的决定
2011—2012 学年校办字 43 号	关于成立中国人民大学地理空间信息研究中心的决定
2011—2012 学年校办字 44 号	关于成立中国人民大学世界经济研究中心的决定
2011—2012 学年校办字 45 号	关于成立中国人民大学生态史研究中心的决定
2011—2012 学年校办字 46 号	关于成立中国人民大学企业创新与竞争力研究中心的决定
2011—2012 学年校办字 47 号	关于成立中国人民大学信息分析研究中心的决定
2011—2012 学年校办字 48 号	关于成立中国人民大学中国对外战略研究中心的决定
2011—2012 学年校办字 49 号	关于成立中国人民大学体育与社会发展研究中心的决定
2011—2012 学年校办字 50 号	关于成立中国人民大学公共外交研究中心的决定
2011—2012 学年校办字 51 号	关于中国人民大学数据工程与知识工程研究所更名的决定
2011—2012 学年校办字 52 号	关于中国人民大学文化创意产业研究中心更名的决定

2011—2012 学年校办字 53 号	关于校医院增设科级机构的通知
2011—2012 学年校办字 54 号	关于印发《中国人民大学科学研究基金项目管理办法》的通知
2011—2012 学年校办字 55 号	关于印发《中国人民大学科学研究基金项目（理工类）实施细则》的通知
2011—2012 学年校办字 56 号	关于印发《中国人民大学科学研究基金项目（研究生）实施细则》的通知
2012—2013 学年校办字 1 号	关于 2012 年中秋节、国庆节放假安排的通知
2012—2013 学年校办字 2 号	关于调整全日制专业学位硕士研究生学费分成政策的通知
2012—2013 学年校办字 3 号	关于信息学院增设科级机构的通知
2012—2013 学年校办字 4 号	关于印发《中国人民大学“新奥国际教席”聘用办法》的通知
2012—2013 学年校办字 5 号	中国人民大学关于加强派往承建的孔子学院工作的干部、教师队伍建设的若干意见
2012—2013 学年校办字 6 号	关于切实做好“十八大”期间网络与信息安全防护工作的通知
2012—2013 学年校办字 7 号	关于印发《中国人民大学时雨园博士后公寓管理办法》的通知
2012—2013 学年校办字 8 号	关于近期两起学生盗窃财物案件的通报
2012—2013 学年校办字 9 号	关于一起校园交通事故的情况通报
2012—2013 学年校办字 10 号	关于经济学院增设科级机构的通知
2012—2013 学年校办字 11 号	关于切实做好域名备案工作的通知
2012—2013 学年校办字 12 号	关于网络与教育技术中心增设科级机构的通知
2012—2013 学年校办字 13 号	关于博物馆增设科级机构的通知
2012—2013 学年校办字 14 号	关于报送“十八大”期间安保工作志愿者队伍名单的通知
2012—2013 学年校办字 15 号	关于评选“中国人民大学 75 周年校庆工作先进个人”的通知
2012—2013 学年校办字 16 号	关于印发《中国人民大学 2012—2013 学年第一学期重要统计数据》的通知
2012—2013 学年校办字 17 号	关于印发《中国人民大学课程教师聘用管理实施细则》的通知
2012—2013 学年校办字 18 号	关于公布第七届中国人民大学高等教育教学成果奖评选结果的通知
2012—2013 学年校办字 19 号	关于印发《中国人民大学图书文献采购管理办法》的通知
2012—2013 学年校办字 20 号	关于一起校园交通事故的情况通报
2012—2013 学年校办字 21 号	关于成立中国人民大学“关爱师生基金”管理委员会的通知
2012—2013 学年校办字 22 号	关于开展学校在校全日制本科生体质健康测试工作的通知
2012—2013 学年校办字 23 号	关于引进人才校外租房房租报销有关事宜的通知
2012—2013 学年校办字 24 号	关于印发《中国人民大学回购校内已售不可上市成套家属

	住房工作暂行办法》的通知
2012—2013 学年校办字 25 号	关于规范陕北公学旧址纪念馆管理的通知
2012—2013 学年校办字 26 号	关于印发《中国人民大学关爱师生基金章程》的通知
2012—2013 学年校办字 27 号	关于印发《中国人民大学关爱师生基金管理办法》的通知
2012—2013 学年校办字 28 号	关于统计学院增设科级机构的通知
2012—2013 学年校办字 29 号	关于 2013 年元旦、寒假（含春节）放假安排的通知
2012—2013 学年校办字 30 号	关于印发《中国人民大学非学历教育培训结业证书管理规定》的通知
2012—2013 学年校办字 31 号	关于调整中国人民大学教育基金会心平基金管理委员会组成人员的通知
2012—2013 学年校办字 32 号	关于调整中国人民大学绿化委员会成员名单的通知
2012—2013 学年校办字 33 号	关于调整中国人民大学爱国卫生运动委员会成员名单的通知
2012—2013 学年校办字 34 号	关于在岁末年初工作中改进工作作风、厉行勤俭节约的通知

2012 年校办人字文件

2011—2012 学年校办人字 17 号	关于印发《2011 年第四季度人事任免简报》的通知
2011—2012 学年校办人字 18 号	关于 2011 年聘任部分教师讲师职务的通知
2011—2012 学年校办人字 19 号	关于 2011 年中学教师专业技术四级岗位评聘结果的通知
2011—2012 学年校办人字 20 号	关于印发《2012 年第一季度人事任免简报》的通知
2012—2013 学年校办人字 1 号	关于印发《2012 年第二季度人事任免简报》的通知
2012—2013 学年校办人字 2 号	关于 2012 年教师以外专业技术岗位聘用结果的通知
2012—2013 学年校办人字 3 号	关于 2012 年管理职员岗位聘用结果的通知
2012—2013 学年校办人字 4 号	关于 2012 年工勤技能岗位聘用结果的通知
2012—2013 学年校办人字 5 号	关于 2012 年教师以外专业技术职务评聘结果的通知
2012—2013 学年校办人字 6 号	关于 2012 年教师以外专业技术职务代评结果的通知
2012—2013 学年校办人字 7 号	关于 2012 年教师职务评聘结果的通知
2012—2013 学年校办人字 8 号	关于 2012 年教师岗位聘用结果的通知
2012—2013 学年校办人字 9 号	关于印发《2012 年第三季度人事任免简报》的通知
2012—2013 学年校办人字 10 号	关于 2012 年附属中小学教师岗位聘用结果的通知
2012—2013 学年校办人字 11 号	关于 2012 年附属中小学教师职务评聘结果的通知
2012—2013 学年校办人字 12 号	关于 2012 年代评西颐实验学校教师职务结果的通知

2012 年校聘字文件

2011—2012 学年校聘字 4 号	关于王卫东职务聘任的通知
2011—2012 学年校聘字 5 号	关于陈一兵职务聘任的通知
2012—2013 学年校聘字 1 号	关于冯惠玲职务聘任的通知
2012—2013 学年校聘字 2 号	关于袁卫职务聘任的通知

附录三　2012年报刊报道中国人民大学的部分文章目录索引

一、校务

中国人民大学校部机关组织2012年新年联欢会	现代教育报，2012/01/09，6版
人大加入MBA考生诚信问题通报机制	现代教育报，2012/01/11，2版
人大医改研究中心签约二龙路医院	北京青年报，2012/01/31，A5版
人大海南校友会举行年会	海南日报，2012/02/20，A5版
中国人民大学安徽校友会成立	合肥晚报，2012/02/25，7版
中国人民大学安徽校友会成立	安徽日报，2012/02/27，A2版
中国人民大学河北校友会成立	河北日报，2012/04/30，2版
人民大学将在通州建2 000亩校区	新京报，2012/03/09，A10版
人大通州校区最快2015年招生	北京晨报，2012/03/09，A10版
人民大学将新增科研楼	北京日报，2012/03/30，6版
人民大学通州建新校区面积大一倍	北京日报，2012/03/31，6版
中国人民大学东校区落户北京通州区	中国教育报，2012/03/31，02版
人民大学将在通州开建两千亩东校区	北京青年报，2012/03/31，A7版
人大东校区2016年投入使用	法制晚报，2012/03/31，A08版
人大通州校区2016年招生	新京报，2012/04/01，A05版
人民大学东校区落户通州	北京晚报，2012/04/06，14版
人民大学东区将落户通州	北京晚报，2012/04/28，2版
人大东校区明年开工	新京报，2012/04/29，A25版
人大新校区建筑现古风	法制晚报，2012/06/11，A14版
人大通州校区启动规划设计	北京青年报，2012/07/03，A12版
中国人民大学河北校友会成立	河北日报，2012/04/30，02版
人大河北校友会成立倡议保护华北大学	燕赵晚报，2012/05/01，05版
人大中法学院今秋统招　学生可获双重学位	人民网，2012/05/10
人大中法学院今年招生　中法高等教育加强合作	新华网，2012/05/10
中法名校共建中法学院　学生可获双重学位	中国新闻社，2012/05/09
中国人民大学中法学院今秋招生	经济日报，2012/05/10，6版
人民大学中法学院今年正式招生	中国教育报，2012/05/11，02版
人大中法学院三语教学	京华时报，2012/05/10，A13版
人民大学成立中法学院	北京晚报，2012/05/11，14版
探索合作办学中方主导的新模式	中国科学报，2012/05/16，B1版
人大中法学院今年首次招生	北京晨报，2012/05/17，B14版
这里，中法在寻求施教契合点：记中国人民大学中法学院	大公报，2012/12/25，A22

我国首个高校战略共同体建立 光明日报，2012/05/16，06 版
人大与北外建高校战略共同体 中国教育报，2012/05/15，04 版
人民大学与外国语大学将互为“第二校园” 新华网北京频道，2012/05/15
人大与北外签合作协议 建立高校战略共同体 中国新闻网，2012/05/15
Top Chinese universities join hands 中国日报网，2012/05/15
人大北外结盟互为“第二校园” 北京日报，2012/05/16，08 版
人大北外将互认学分 新京报，2012/05/16，A30 版
人大北外结成共同体 北京晚报，2012/05/16，14 版
人大、北外将申请联合招生 北京青年报，2012/05/16，A10 版
人大北外可互认学分互免学费 京华时报，2012/05/16，A05 版
人大北外将互认学分 北京晨报，2012/05/16，A07 版
两名校组建首个高校战略共同体 人大北外互认学分互免学费 法制晚报，2012/05/16，A19 版
江西成立人大校友会 江西日报，2012/05/21，A2 版
中国人民大学深圳研究院成立十周年，陈雨露许勤出席庆祝活动 深圳特区报，2012/06/03，头版
人民大学深圳研究院 10 岁了 深圳商报，2012/06/03，头版
习近平：高校党建要继续坚持和贯彻好正确的指导原则 新华网，2012/06/20
高校党建要继续坚持和贯彻好正确指导原则 人民日报，2012/06/21，3 版
中国人民大学国际学院探索高等院校异地办学新模式 人民日报，2012/06/29，18 版
中国人民大学新疆校友会成立 新疆日报，2012/07/15，头版
中国人民大学新疆校友会成立 新疆经济报，2012/07/16，头版
太原国土资源规划“借智”人民大学 中国国土资源报，2012/07/13，2 版
中国人民大学国学院四川省教学管理中心成立 四川日报，2012/10/26，9 版
中国人民大学延安教育基地在陕北公学旧址揭牌 新华网，2012/11/02
人民大学与海淀区携手共建文明校园 新华网北京频道，2012/12/27
海淀与重点大学共建“文明校园” 北京日报，2012/12/27，9 版

二、学术

“流年未负有情人”——品读纪宝成词集《乐斋词》 中国图书商报，2012/01/03，D12 版
成思危《中国经济改革与发展研究》推出英文版 中国读书报，2012/01/11，2 版
30 年教育激情成就 16 卷本《朱永新教育作品》 中国读书报，2012/01/11，1 版
高占祥与池田大作对话录出版 中国新闻出版报，2012/01/16，2 版
2011 年《中国法律发展报告》出炉 法制日报，2012/01/16，9 版
改革思想政治理论课提高教学实效 中国青年报，2012/01/07，2 版
落马国企高管案均贪腐三千万 新京报，2012/01/16，A20 版
用脚板子走出来的学问 人民政协报，2012/02/01，C3 版
高占祥与池田大作畅谈“文化力” 中华读书报，2012/02/01，2 版
《法学家茶座》创刊十周年研讨会举行 法制日报，2012/02/02，6 版
学术期刊建设与经济学的发展繁荣 光明日报，2012/02/05，7 版
专家热议发展新阶段的挑战与改革 人民政协报，2012/02/06，C1 版

人民大学完成17省农村土地调查	21世纪经济报道，2012/02/07，A1、10版
人大教师考核“变脸”	北京晨报，2012/02/09，B12版
社会管理创新要以尊重法律为前提	光明日报，2012/02/13，2版
为繁荣发展中国经济学作出贡献	人民日报，2012/02/15，7版
《中国政治经济学年度发展报告2011年》发布	光明日报，2012/02/17，07版
中国第十届杰赛普国际法模拟法庭辩论赛开幕	法制日报，2012/02/29，9版
满语培训班人大开课	北京晨报，2012/03/06，A14版
人民大学举行能源经济研讨会	中国能源报，2012/03/12，24版
培养面向世界的法律人才	法制日报，2012/03/14，09版
人大研究所递交行诉法修改建议：扩大受案范围	新京报，2012/03/17，A16版
人民大学经研所报告建议：启动以消费为主体的内需扩展	经济参考报，2012/03/19，3版
“移动互联时代的传播创新”论坛举办	工人日报，2012/03/20，03版
陈陟云诗歌创作研讨会在京举行	法制日报，2012/03/21，11版
中央和国家机关司局级干部走进选学课堂	人民政协报，2012/03/26，1版
纪宝成新著出版	光明日报，2012/03/26，06版
中国人民大学出版社：打造“中国学术”出版品牌	中国新闻出版报，2012/04/09，2版
中国人民大学文化科技园：让创新成为文化	人民日报，2012/04/11，2版
四个第一为文化“高飞”插上科技翅膀	科技日报，2012/04/10，1、3版
中国人民大学在我省开办MBA研修班	甘肃日报，2012/04/07，02版
农民工生存感受年度报告：青岛幸福感全国第二	半岛都市报，2012/04/29
《务实求理》英文版全球首发	中国新闻出版报，2012/04/20，1版
微力量推动社会进步	人民日报，2012/04/24，14版
国家检察官学院与中国人民大学法学院共建“双导师”指导小组	检察日报，2012/04/24，1版
人大社在伦敦书展举行两部英文版图书发布式	中国读书报，2012/04/25，2版
中国人民大学反垄断法高峰论坛在京举行	法制日报，2012/04/25，09版
《甘惜分文集》出版	中国新闻出版报，2012/04/26，1版
2011年度《复印报刊资料》转载学术论文指数研究报告	中国新闻出版报，2012/03/27，05版
新生代批评家解读流行文化符码的象征意义	中华读书报，2012/03/28，2版
中国人民大学《宏观经济形势报告》提出：内需可持续发展的结构基础亟须改善	光明日报，2012/03/30，11版
人大新增环境工程专业	北京晚报，2012/04/06，14版
中国人民大学“扩招”新增三个实验班	北京青年报，2012/04/03，05版
理科排1 500名有望被人大录取	法制晚报，2012/04/21，A03版
人大追热点　新添环境工程专业	法制晚报，2012/04/22，A17版
王云龙出资设立人大法学发展基金	中华工商时报，2012/04/20，B2版
中国民法学研究会成立　王利明当选会长	法制日报，2012/05/05，02版
海内外学者热议“四书”学	中华读书报，2012/05/09，01版
人民大学高等教育研究中心发布2012年“中国大学50强”	京华时报，2012/05/29，C02版
中美知识产权司法审判研讨会在京举行	中国新闻网法治新闻，2012/05/28

统计工作的领导者要成为坚持实事求是思想路线的践行者　中国信息报，2012/05/25，头版
日本学者：日本过去所作所为不是仅靠“谢罪”就可了结的　人民网国际频道，2012/05/30
人民大学举办“全球化时代的传统价值、德性与当代社会”国际学术会议　中国新闻网教育新闻，2012/06/02
犯罪学与刑事法制改革国际研讨会举行　法制日报，2012/06/20，09 版
国内首个《人民币国际化报告》发布　光明日报，2012/06/17，2 版
人大报告称人民币国际化 10 年后水到渠成　南方日报，2012/06/17，08 版
中国知识产权法学研究会正式成立　法制日报，2012/06/06，09 版
“全球化时代的传统价值、德性与当代社会”国际学术会议举行　光明日报，2012/06/06，14 版
海峡两岸专家探讨两岸人才交流　国际人才交流，2012，7 期
《辩证看　务实办》进高校　京华时报，2012/06/26，A10 版
《辩证看　务实办——理论热点面对面·2012》受到大学生好评　光明日报，2012/06/26，06 版
德国学者、诗人顾彬成为人民大学驻校诗人　深圳特区报，2012/06/12，B6 版
专家走进高校解读反腐倡廉　新京报，2012/06/26，A07 版
金融硕士不宜过于学术化　光明日报，2012/07/02，06 版
人民大学兴凯湖科研基地揭牌　黑龙江日报，2012/07/17，3 版
人大边疆文化研究中心揭牌　黑龙江日报，2012/07/18，10 版
《中国孝文化概论》出版　中国新闻出版报，2012/07/31，2 版
国家检察官学院与人民大学联合培养博士后　检查日报，2012/07/28，头版
人大清史所办会纪念清帝逊位与民国肇建一百周年　中华读书报，2012/07/25，头版
中国当代文学国际论坛重申小说的读法　中华读书报，2012/08/01，头版
人大法学院举办劳动合同法相关研讨会　法制日报，2012/08/01，09 版
中国人民大学画家到正定采风　燕赵晚报，2012/08/01，A07 版
第三届国际民法论坛召开　法制日报，2012/08/08，09 版
预防刑事错案国际研讨会召开　法制日报，2012/08/09，02 版
首个马克思主义协同创新中心成立　光明日报，2012/08/19，04 版
第七届中国经济法治论坛举行　法制日报，2012/08/29，09 版
把看家本领练得更好　光明日报，2012/09/28，07 版
第二届中国版权拍卖大会在 BIBF 开锤　中国图书商报，2012/09/04，11 版
新华读书携人民大学出版社举办“创意小小说写作大赛”　中国新闻出版报，2012/09/10，5 版
中国学者张翔麟《中国稳定论》英文版在京签约　中华读书报，2012/09/26，2 版
坚持法治效果和社会效果的统一　树立人民满意社会和谐执法定位　法制日报，2012/09/02，4 版
利丰系列新书在北京发布　中国贸易报，2012/09/11，11 版
“清帝逊位与民国肇建一百周年”国际学术研讨会在京召开　团结报，2012/10/11，7 版
纪念叶盛章诞辰一百周年暨中国人民大学国剧研究中心成立五周年系列活动在京举行　中国网，2012/10/14

人大举办庆祝国剧研究中心成立五周年系列活动	凤凰网，2012/10/14
人民大学纪念京剧武丑宗师叶盛章诞辰一百周年	香港文汇报，2012/10/16，8版
叶盛章诞辰一百周年纪念大会在中国人民大学举行	国家京剧院，2012/10/16
荀子思想研讨会在邯郸举办	中国科学报，2012/10/19，文化周刊，1版
《新弟子规》为传统文化注入新的时代内容	中华读书报，2012/10/24，2版
汇聚创新要素　形成创新合力	人民日报，2012/10/26，22版
“复印报刊资料”举行品牌创建50周年庆典	新华网，2012/10/30
“复印报刊资料”喜迎品牌创建50周年	光明日报，2012/10/31，11版
人大“复印报刊资料”创办50周年	中国青年报，2012/10/30，8版
中国人民大学举办学术期刊与学术评价论坛	科学时报，2012/10/31，B2版
近20所高校国学研究院共同探索国学专门人才培养模式	新华网，2012/11/02
《法律、资源与时空建构》出版座谈及学术研讨会举行	光明日报，2012/11/22，11版
人大教授张世明凭一己之力完成厚重学术专著	中华读书报，2012/11/28，02版
《方立天文集》出版座谈会举行	人民网，2012/12/03
《政治经济学评论》颁发优秀论文奖	光明日报，2012/12/24，11版
第二届“法律与社会”高端论坛召开	法制日报，2012/10/31，9版
2012中国智库论坛在京举行	经济日报，2012/11/05，15版
《茨威格读本》首发	信息时报，2012/11/08，C11版
尚未取得“合法”身份困扰新时期国学学科发展	中华读书报，2012/11/07，01版
金融衍生品法律及其消费者保护会议召开	法制日报，2012/11/07，09版
《马克思的事业：从布鲁塞尔到北京》	中国网文化中国频道，2012/09/04
人民大学贯彻落实十七届七中全会精神：公益讲座传播党史	光明日报，2012/11/06，09版
人文社科出版领域的排头兵	中国经济时报，2012/11/23，A11版
人民大学报告料明年GDP增长9.3%	中国证券报，2012/11/26，02版
中国人民大学千人百村调研之乌螺村走访报告	光明网，2012/12/13
北京学习型组织发展研究中心在人民大学揭牌	新华网，2012/12/17
中国人民大学发布“中国省市文化产业发展指数”	人民日报，2012/12/24，07版
《政治经济学评论》颁发优秀论文奖	光明日报，2012/12/24，09版
第七期爱国宗教界人士研修班结业典礼举行	佛教与宗教学理论研究所，2012/12/25

三、学者

王琪延：找准休闲经济发展关键点	经济日报，2012/01/23，3版
曾湘泉、丁大建：大学生就业“难”在“满意度”	光明日报，2012/02/08，14版
《中国传统法律文化研究》（十卷本）面世	法制日报，2012/02/08，09版
程天权：“虎妈鹰爸”不可轻易模仿	合肥晚报，2012/02/25，6版
马俊杰：“贩卖国学”应该引起反思	合肥晚报，2012/02/25，7版
王利明：依法治国需要进行科学规划	法制日报，2012/02/15，9版
卸任校长纪宝成	瞭望东方周刊，2012/03，36～38页
3学者入选央行货币政策委员会	新京报，2012/03/015，B01版

钱颖一陈雨露宋国青将担任央行货币政策委员会委员	北京日报，2012/03/15，10 版
钱颖一陈雨露宋国青将任央行货币政策委员会委员	中国证券报，2012/03/15，A05 版
程方平：深化体制改革促进教育公平	光明日报，2012/03/28，1 版
陈雨露：探求金砖国家发展之路	人民日报，2012/04/26，12 版
程方平：提升服务社会发展的能力和水平	光明日报，2012/02/11，10 版
纪宝成：话要大胆说　做则要慎行	成都日报，2012/03/16，15 版
李义平：从经济发展视角看文化建设	人民日报，2012/02/09，7 版
刘彭芝：创新是学校发展的不竭动力	中国教育报，2012/04/24，05 版
陈雨露：跨文化沟通能力培养：拔尖创新人才的新诉求	中国高等教育，2012，07 期
程天权：有效转化党的政治、组织优势	北京日报，2012/05/21，18 版
人大副校长：大学自我陶醉的时代结束了	中国青年报，2012/05/16，03 版
王利明：法治是人们幸福生活的保障	人民法院报，2012/05/09，五版
中国人民大学校长陈雨露：要始终突出“创新”主题	深圳特区报，2012/06/11，A03 版
吴晓求：我给三任证监会主席当参谋	南方人物周刊，2012，13 期
央行货币政策委员会委员陈雨露：人民币国际化是大势所趋	经济日报，2012/06/25，5 版
程天权：解放思想与创新理论是发展中国特色社会主义的决定性因素	中国社会科学报，2012/07/27，4 版
王利明：十年来我国民法体系日益完善	法制日报，2012/08/07，头版
何家弘：严格执法　加强问责　保护公民个人信息安全	光明日报，2012/05/30，02 版
朱大旗：预算法修改应调整立法宗旨	光明日报，2012/08/10，02 版
刘向兵、丁莹：毛泽东与中国人民大学	中国社会科学报，2012/08/29，349 期，2 版
陈雨露：为新疆跨越式发展提供人才智力支撑	新疆日报，2012/07/15，头版
宋华：明茨伯格思想的中国化实验	21 世纪经济报道，2012/07/12，24 版
翟振武：建设居家养老服务体系要“快”	光明日报，2012/07/06，02 版
程方平：没有真正实行就近入学是小学生入学难的根儿	中国青年报，2012/07/05，07 版
陈雨露：大学应引领文化科技创新	北京晨报，2012/07/02，A02 版
李树旺：大众体育是竞技运动的基础	深圳特区报，2012/08/14，D2 版
叶光亮：消费者导向的协同效应为企业管理者提供全新视角	新华网新华财经，2012/06/08
劳动人事学院党委书记周石谈“学院文化”	光明日报，2012/05/03，02 版
中国人民大学劳动人事学院院长曾湘泉教授谈就业形势	经济日报，2012/07/23，5 版
刘彭芝：唯有大爱铸非凡	中华儿女，2012，第 5 期
郑功成：从“双轨制”下的利益冲突看我国养老保险制度改革	光明日报，2012/04/20，7 版
王利明：“国内留学”值不值	光明日报，2012/06/20，14 版
郑功成：中国社会保障改革与发展	光明日报，2012/11/20，05 版
张宇：以构建更加成熟定型的经济制度为目标	光明日报，2012/12/07，07 版
李义平：马克思经济学的比较优势	人民日报，2012/05/10，07 版

刘春田：中国知识产权研究应当扎根中国实践　光明日报，2012/08/07，02 版
李义平：选择市场经济就必须发展民营经济　中华工商时报，2012/08/07，02 版
李义平：实体经济是经济稳定增长的根基　人民网理论频道，2012/08/08
陈奇佳：崇高的文化产品需要倡导　光明日报，2012/02/11，4 版
程天权：发挥人文社科优势　助推文化强国建设　中国高等教育，2012，3、4 期
郑杭生：关注民生　践行科学　中国教育报，2012/08/20，06 版
张宇：关于构建中国经济学体系和学术话语体系的思考　光明日报，2012/08/20，头版
卫兴华：关于当前民生问题的理论和现实解读　中国社会科学报，2012/08/09，4 版
李义平：以改革创新引领经济持续健康发展　人民日报，2012/08/29，04 版
王利明：个人信息资料权是一项独立权利　人民法院报，理论周刊，118 期，2 版
逝者罗列　东方早报，2012/09/27，B7 版
新闻教育家罗列逝世　北京晚报，2012/09/25，15 版
治学育才浩气长存——纪念江伟教授　法制日报，2012/09/26，09 版
著名法学家江伟教授逝世　人民法院报，2012/09/19，头版
刘小枫：现代教育的商业化与博雅教育　中国科学报，2012/09/17，思想周刊
仇雨临：医改就是让老百姓看好病　法制晚报，2012/09/16，A19 版
李义平：单纯 GDP 带不来幸福感　光明日报，2012/10/14，11 版
秦宣：用科学发展观指导社会主义核心价值体系建设　光明日报，2012/10/13，07 版
陶然：“不改革就没有‘下半场’”　新京报，2012/10/18，B06、07 版
秦宣：深刻理解中国特色社会主义的“四大特色”　北京日报，2012/10/15，17 版
走了一位何伟　东方早报，2012/11/06，7 版
何伟的最后 20 年　东方早报，2012/11/06，7 版
秦宣：坚定中国特色社会主义的制度自信　光明日报，2012/11/09，07 版
程天权：探索有中国特色的高校哲学社会科学繁荣发展之路　中国高等教育，2012，15、16 期
陈雨露：跨文化沟通能力：培养拔尖创新人才的新诉求　中国高等教育，2012，7 期
李义平：树立理论自觉自信　提高理论原创能力　人民日报，2012/09/03，11 版
中国著名经济学家财政金融学界泰斗王传纶逝世　凤凰网，2012/09/14
王利明：为民法立典　北京晚报，2012/09/20，05 版
中国人民大学党委书记程天权：高等教育大国在崛起　人民日报，2012/10/20，14 版
程天权：中国之路的理论与实践基础　中国教育报，2012/10/24，8 版
黄文彬：把脉人文社科工作者的科学素养　光明日报，2012/10/30，07 版
纪宝成：警惕国学“虚热”消解国学教育的严肃性　中国新闻社，2012/11/05
陈雨露：学会讲“世界语”　上海文汇报，2012/11/04，5 版
周淑真：亟待研究政党变革的深层逻辑　人民论坛，2012/11/05，383 期
周淑真：新政治观的核心——政党政治理念的变革　人民论坛，2012/10/08
陈雨露：学术制度百年流变的启示　北京日报，2012/10/22，14 版
王利明：充分认识法治在社会治理中的地位　北京日报，2012/11/06，02 版
“100 个人的 10 年”之王利明：期待民法典诞生　新京报，2012/11/08，A 特刊
“100 个人的 10 年”之纪宝成：国学什么时候上“户口”　新京报，2012/11/08，9 版

李义平：把 GDP 和群众收入增长紧密联系　广州日报，2012/11/13，A5 版
八位专家学者热议党的十八大报告　检察日报，2012/11/12，3 版
陈雨露：人民币国际化任重道远　环球财经，2012，11 期
高铭暄：法治建设成就非凡　光明日报，2012/11/15，08 版
冯其庸：我与中国人民大学的不解之缘　中国社会科学报，2012/10/17，367 期
李义平：创新驱动与转变经济发展方式　光明日报，2012/11/19，06 版
周淑真 降瑞峰：人民政协——协商民主的国家制度载体　人民政协报，2012/11/22，头版
陈雨露：加快建设“人民满意、世界一流”大学　光明日报，2012/11/22，09 版
陈雨露：党的十八大为哲学社会科学未来发展指明方向　中国社会科学报，2012/11/28，04 版
程天权：人大探路高校慈善捐赠　瞭望东方周刊，2012/12/10
秦宣：坚持和丰富中国特色社会主义理论体系　人民日报，2012/11/28，07 版
十八届中央委员九成拥有文科背景　人大校友数量居首位　北京青年报，2012/12/02，A2 版
周淑真：从中纪委反腐座谈会看党风廉政建设　人民网强国论坛，2012/12/04
韩宇：中国“未富先老”，何以解困？　红旗文稿，2012/12/07
洪大用：中国环境状况和环境保护　社会学视野网，2012/12/15
许崇德：宪法起草背后的故事　人民日报，2012/12/13，07 版
李义平：追求创新驱动的经济增长　经济参考报，2012/12/19，02 版
林岗：从马克思主义视角看收入分配的理论和现实　求是理论网，2012/12/21
郝立新：大学使命与文化强国　光明日报，2012/12/26，09 版
程天权：探索有中国特色的高校哲学社会科学繁荣发展之路　中国高等教育，2012，15、16 期

四、交流

人大附中交响乐团赴美演出归来　北京青年报，2012/02/23，B14 版
人大附中联合国总部演出获表彰　中国文化报，2012/03/20，08 版
中日韩领导人共同启动“亚洲校园”项目　新华网高层动态，2012/05/13
跟人大教授“学说话”　现代教育报，2012/04/27，5 版
《中日关系大事辑览》出版发行　中国新闻出版报，2012/05/28，04 版
首届中国—拉美法治对话举行　法制日报，2012/05/30，09 版
人大社版权输出产品引国外媒体关注　中国图书商报，2012/06/19，3 版
中韩经济合作的法律课题与展望国际会议举行　法制日报，2012/07/25，09 版
《一个出版人的自画像》展示韩国出版业面貌　中华读书报，2012/09/19，2 版
2012 中美法学院院长论坛举行　法制日报，2012/07/04，09 版
中国人民大学出版社《金大中自传》讲述传奇人生　中国图书商报，2012/09/18，3 版
“中国经验”丛书（第二辑）英文版签约仪式举行　中国教育新闻，2012/08/29
多推优秀图书走向世界　中国新闻出版报，2012/08/30，2 版
《从实践到理论·利丰系列》发布　中国商报，2012/09/07，6 版
人大法学院与慕尼黑大学法学院合作签约仪式举行　法制日报，2012/09/12，9 版
10 部京剧首次完整汉译英　百部经典剧目 5 年内出

英文版	北京日报，2012/10/20，15 版
十部中国京剧经典剧目英译本出版	中国新闻网，2012/10/20
百部京剧经典推出英译本	人民日报海外版，2012/10/20，1 版
10 部经典京剧首次完整汉译英	北京晚报，2012/10/22，2 版
高校应引领传承优秀传统文化——人大举办庆祝国剧研究中心成立五周年系列活动	中国科学报，2012/10/17，6 版
百部中国京剧经典剧目英译系列丛书出版	中国政协报，2012/11/05，C2 版
首届高校国学院院长论坛举行	中国教育报，2012/11/12，5 版
两岸四地经济合作交流峰会在澳门举行	中国新闻网，2012/12/14

五、学生

思政课成为“心灵鸡汤”	光明日报，2012/01/07，1 版
易中天挺 90 后批中国教育　钟道然出版《我不原谅》	新京报，2012/02/07，C11 版
90 后出书：“不原谅”中国教育	新京报，2012/02/10，A16 版
90 后大学生写书反思中国教育	人民政协报，2012/02/15，C3 版
对话钟道然：一位“90 后”学子的大学观	中国科学报，2012/02/29，5 版
5 名青少年喜获第十届市长奖	北京晚报，2012/03/25，2 版
大学三年干了一件事——读完《清代通史》	大学生，2012，09 期
人民大学举行第四届学生“创业之星”大赛	中国新闻网教育新闻，2012/06/01
高考前一天还在打羽毛球	法制晚报，2012/06/24，a06 版
不开夜车　被同学称“岑爷”	法制晚报，2012/06/24，a04 版
高考文理状元　均落人大附中	北京青年报，2012/06/24，03 版
今年文理状元均花落人大附中	北京晚报，2012/06/23，2 版
高考两状元均出自人大附中	京华时报，2012/06/24，04 版
高考文理头名全落人大附中	北京晨报，2012/06/24，A04 版
人大附中学生国际奥数赛摘金	京华时报，2012/07/31，C07 版
15 岁少年斩获国际数学金牌	新京报，2012/07/19，A35 版
中国人民大学 2012 西藏亚东公益科考队启程	千龙网，2012/07/30
中国人大学子：探诸城　说诸城	中国青年报，05 版
人大 MBA 新同学参加商战模拟大赛	北京商报，2012/09/03，D2 版
研究生“研究简历”获 17 国企青睐	北京晚报，2012/09/05，A23 版
他找工作怎么这么容易？	北京晚报，2012/09/05，7 版
中国数独队夺世锦赛团体季军	北京青年报，2010/10/06，2 版
知行合一实事求是：“红船领航”引领新生党员成长	光明日报，2012/10/15，13 版
人民大学自主招生报名采用校荐和自荐相结合方式	中国教育在线，2012/12/18
人民大学 2013 自主招生必考数学与逻辑两科目	中国教育在线，2012/12/18
人大眼镜侠战台球全锦赛	新浪网，2012/12/20

六、校园

人大副书记写歌受追捧　坦言学生满意很是惊喜	北京晚报，2012/01/19，19 版
《路过你的家乡》蹿红网络	深圳特区报，2012/01/20，B8 版

创建师生幸福成长的理想校园　人民政协报，2012/02/22，C2 版
最懂你的人　最专业的帮助　中国科学报，2012/05/30，8 版
人大毕业生争与纪宝宝合影　法制晚报，2012/06/27，11 版
人大小语种专业分数线“男女有别”　中国青年报，2012/07/14，3 版
人大教授小学教书法　德育书法课走进白家庄小学　北京晚报，2012/11/16，B14 版
人大附中举办北京校园足球后备座谈会　北京晚报，2012/03/02，30 版
食堂阿姨患癌症　人大社团发起募捐　新京报，2012/03/04，A13 版
保安员患病　人大学子相助　北京晚报，2012/03/07，12 版
人大患病女保洁获捐 1.2 万元　新京报，2012/03/08，A22 版
患病保洁员获捐万余元　北京晚报，2012/03/08，10 版
大学生成网络谣言粉碎机主力　北京青年报，2012/04/26，A14 版
中国人民大学附属中学电影节　选修课产生经济效益　现代教育报，2012/04/09，3 版
人大举办多媒体资源宣传月　京华时报，2012/04/17，C08 版
2012 康师傅“创响新生代”走进中国人民大学　北京青年报，2012/04/17，D3 版
“微志愿”播种北京　中国青年报，2012/04/20，3 版
“小公益大行动”康师傅创新挑战赛巡讲启动　中国经济导报，2012/04/21，B7 版
他让我们发现人生的使命——老党员苗为民感动人大学子　光明日报，2012/05/26，06 版
人大师生原创话剧《苏格拉底》首演　中国新闻网文化新闻，2012/06/03
中国人民大学师生原创话剧《苏格拉底》精彩上演　人民网文化频道，2012/06/04
学长开栏　指点“舌尖上的高校”　法制晚报，2012/07/30，a14 版
“50 缺 1”圆梦之憾　大公报，2012/07/29，A12 版
身怀为民分忧之心　坚守为民尽责之道　北京晚报，2012/07/24，40 版
人大毕业生绘 8 米长卷赠母校　新京报，2012/07/08，23 版
中国人民大学心理系启动关爱留守儿童工程　中国教育报，2012/07/07，03 版
人大校友会成立艺术俱乐部　深圳特区报，2012/07/02，B1 版
大学生高原保育院献爱心　人民政协报，2012/08/07，C4 版
人大“光荣与梦想”一代毕业 30 年再相聚　中国青年报，2012/08/03，03 版
人大复校首届毕业生三十年后重相聚　北京晚报，2012/08/04，34 版
中国人民大学 82 届，一个闪亮的头衔　北京晚报，2012/08/04，34 版
中国人民大学 77、78 级：命运，就这样改变了　北京晚报，2012/08/04，35 版
人大复校首届毕业生 30 年后重聚首　新京报，2012/08/05，A19 版
通讯：毕业 30 年再相会　中国新闻网教育新闻，2012/08/04
人大校友冉万祥当选甘肃副省长　为甘肃现任最年轻副省长　中国新闻网，2012/08/10
人大校友毕业 30 年喜相会　北京青年报，2012/08/05，A5 版
人大复校首批学子昨天相聚　北京青年报，2012/08/05，A5 版
人大科考队西藏献爱心　京华时报，2012/08/07，C08 版
北京奥运留下的点点滴滴　深圳特区报，2012/08/07，B10 版
探索国际书法教学新模式　促进中国艺术国际传播　中国艺术报，2012/08/13，10～11 版
人大教授鼓励人人皆可写作　中国新闻出版报，2012/08/21，03 版
海淀四名校下月可跨校接选修课　北京青年报，2012/08/25，A7 版
首届中国汽车新闻奖揭晓　中国经济时报，2012/11/06，第十一版

全民科学素质文艺汇演主题晚会举行 科技日报，2012，20 期第三版
“驻校诗人”9 年已过　北大、人大也已实行 中华读书报，2012/09/19，五版
杰里·克利弗传授即兴写小说技法 中国图书商报，2012/09/18，10 版
人大贴心指南 北京青年报，2012/09/11，A10 版
白鹿原无删节“手稿版”首度呈现 北京青年报，2012/09/13，B14 版
中关村“三三会”人大留创园专场举办 中国高新技术产业导报，2012/10/15，B4 版
中国人民大学社获中国好声音系列图书出版权 中国新闻出版报，2012/10/16，3 版
北京首个高校大学生民兵营成立 北京日报，2012/10/17，5 版
人大商学院 EMBA 开通掌上互动平台 中华工商时报，2012/10/25，2 版
“新传统”中国画名家展在京举行 中国改革报，2012/11/02，10 版
人大举办中国画名家创作室观摩展 中国艺术报，2012/11/02，02 版
中国人民大学展示国画“新传统” 中国文化传媒网，2012/11/01
人大今起接受保送生申请 北京晚报，2012/11/15，12 版
人大校医院开了中药“炉” 法制晚报，2012/11/15，26 版
人大法学院举行宪法文本赠阅活动 法制日报，2012/11/28，14 版
“古雅清韵”书画作品展在中国人民大学举行 中国高新技术产业导报，2012/10/15，B4 版

七、专题活动

两会代表委员之声 中国青年报，2012/03/05，T2 版
郑功成：用实质公平密织社会保障大网 中国青年报，2012/03/06，T3 版
纪宝成　二胎政策可以向全国推广 西部时报，2012/03/06，03 版
大学生就业难在哪儿? 经济日报，2012/03/07，9 版
纪宝成：连续五年建议生二胎 劳动午报，2012/03/07，03 版
中国人民大学原校长纪宝成：资金落实不到位应追责 京华时报，2012/03/07，A10 版
专家建议把“法制宣传日”改为“宪法日” 法制日报，2012/03/07，9 版
纪宝成：叫我“炮筒校长”，是说我敢说真话 齐鲁晚报，2012/03/07，A06 版
连续五年提出建议　放宽二胎生育政策 北京青年报，2012/03/07，A9 版
王利明：制不动产征收法规范拆迁 法制日报，2012/03/07，05 版
纪宝成：连续五年建议“放宽二胎” 参考消息·北京参考，2012/03/08，2 版
纪宝成：应当机立断调整计划生育政策 环球时报，2012/03/08，15 版
履职 15 年的王利明代表始终关注维护公民权利 检察日报，2012/03/08，11 版
纪宝成：治理过度包装应持续加力 中国经济导报，2012/03/10，A10 版
改革不应停在表面　人大代表纪宝成建议—— 高考改革应该分成两批考 法制晚报，2012/03/11，A07 版
中国人民大学原校长纪宝成：高考应建两套招生体系 京华时报，2012/03/12，A05 版
人大原校长纪宝成接受本报专访　谈教育热点不改“炮筒本色” 北京晨报，2012/03/12，A08 版
中国人民大学党委书记程天权：保障高校青年教师住房 光明日报，2012/03/12，08 版
程天权：“掐尖”才能把好钢用在刀刃上 广州日报，2012/03/12，5 版
人大代表呼吁加强立法遏制商品过度包装 中国高新技术产业导报，2012/03/12，10 版
北京代表团审议最高人民法院和最高人民检察院工作

报告	北京日报，2012/03/13，2 版
王利明：最高法院报告呈现四大亮点	人民法院报，2012/03/12，7 版
郑功成代表领衔提议案促加快制定住宅法	法制日报，2012/03/13，07 版
精品力作从何而来	人民日报，2012/03/14，8 版
全国人大法律委员会委员王利明：应尽快制定民法典	北京晚报，2012/03/14，8 版
纪宝成代表：盼 5%GDP 投入教育	北京晚报，2012/03/14，8 版
纪宝成：司法为经济发展提供了有力保障	人民法院报，2012/03/15，5 版
志存高远、厚积薄发——迎接新科技浪潮	科技日报，2012/03/17，3 版
新大陆科技集团总裁王晶：我国发展物联网要抢技术制高点	中国青年报，2012/03/18，2 版

八、校庆 75 周年专题

郝丹丹独唱献礼人大	北京晨报，2012/05/09，A31 版
著名画家史忠贵向人民大学捐赠巨幅画作《国魂》	新华网新华社会频道，2012/05/11
中国人民大学庆祝建校 75 周年吴玉章人文社会科学奖暨终身成就奖颁发	人民日报，2012/10/04，2 版
人大迎 75 周年校庆	人民网，2010/10/04
中国人民大学获校友巨额捐赠两亿元	人民网，2010/09/20
中国人民大学启动建校 75 周年庆祝活动	人民网，2012/06/09
人大启动 75 周年校庆　倡导回归大学本位	人民网，2012/06/10
公益校庆新理念："回归大学本位、引领明天的聚会"	人民网，2012/06/11
中国人民大学校庆倡导回归大学本位	新华网，2012/10/03
跆拳道走进高校　人民大学与拳跆中心签订合作备忘录	新华网，2012/10/03
校友捐款助力中国人民大学"十年腾飞"规划建设	新华网，2012/09/20
中国人民大学打造大学校庆新模式	新华网，2012/06/09
中国人民大学 75 周年校庆不办庆典办公益	新华网，2012/06/11
校庆不办庆典办公益值得提倡	新华网，2012/06/13
人大校庆倡导回归大学本位	新华网，2012/09/25
中国人民大学校庆"立足大学本位"不办传统庆典	新华网，2012/06/11
"全校友"校庆引领社会价值	光明日报，2012/09/29，12 版
中国人民大学 75 周年校庆从"义卖"开始	光明日报，2012/06/10，9 版
中国人民大学举行吴玉章人文社会科学奖颁奖典礼	光明网，2012/10/04
人民大学校友为母校捐赠 2 亿获全国最高捐款	光明网，2012/09/21
中国人民大学启动建校 75 周年庆祝活动	中国经济网，2012/06/09
中国高校百万元重奖颁人文社会科学教授	中国新闻社，2012/10/03
国际奥委会三委员助阵首届中国人民大学体育文化节	中国新闻社，2012/10/03
人民大学办公益校庆向残疾人企业捐电脑	中国新闻社，2012/09/13
中国人民大学获校友巨额捐赠两亿元	中国新闻社，2012/09/20
外国声乐家唱中国歌庆人民大学 75 周年	中国新闻社，2012/09/04
中国人民大学启动公益校庆　建"关爱师生基金"	中国新闻社，2012/06/09
裘国根向人大捐 2 亿　证监会银监会等校友齐聚	第一财经日报，2012/09/21，4 版
第六届吴玉章人文社会科学奖揭晓	中央电视台新闻联播，2012/10/03

第六届吴玉章人文社会科学奖揭晓	中央电视台朝闻天下，2012/10/04
建校 75 年学生办校庆	中央电视台新闻直播间，2012/10/05
公益校庆：受馈社会　回馈社会	中央电视台新闻直播间，2012/10/05
三名人文社科学者获百万元奖励	中国青年报，2012/10/09，03 版
校庆不该是校友仰望高官的剧场	中国青年报，2012/10/09，03 版
一企业家向人大捐赠两亿元人民币	中国青年报，2012/09/25，03 版
人大校庆倡导“回归大学本位”	中国青年报，2012/06/18，03 版
人大 75 周年庆生　先为老学者颁奖	新京报，2012/10/04，A11 版
陈雨露：校庆应回归大学育人本职	新京报，2012/10/02，A14 版
中国人民大学校庆 75 周年百场社区公益讲座	新京报，2012/09/30，A14 版
人大校庆不办庆典办公益	新京报，2012/06/11，A27 版
人大：校庆花销全靠社会捐赠	新京报，2012/09/25，A14 版
人大校庆“三老”各获百万大奖	北京晚报，2012/10/03，3 版
人大首设百万元人文社科奖：“吴玉章人文社科终身成就奖”金额创纪录	北京晚报，2012/09/24，10 版
人大 75 周年校庆将不办庆典	北京青年报，2012/06/10，18 版
人大获赠 2 亿全国最高捐款	北京晨报，2012/09/21，12 版
人民大学打造公益校庆模式	北京晨报，2012/06/10，14 版
人大校庆不办庆典办“PARTY”　不花国家教育经费	北京日报，2012/06/18，9 版
人大校庆不请领导开讲堂	北京日报，2012/06/11，16 版
庆祝母校 75 周年校庆　人大波士顿校友会正式成立	侨报，2012/09/07，头版
中国人民大学校庆活动创新	上海文汇报，2012/10/04，18 版
京城纪事：校庆不办庆典大会	上海文汇报，2012/10/06，8 版
人大校长陈雨露：校庆的意义在于回归大学本位	上海文汇报，2012/06/10，9 版
人大首设人文社科奖百场公益讲座迎校庆	香港文汇报，2012/09/24，24 版
人大举办“公益校庆”海淀搭建公共文化服务平台　区校联姻打造数百场文化盛宴	京华时报，2012/10/03，16 版
人大迎 75 周年校庆	京华时报，2012/10/04，14 版
人大推公益校庆　办百场公益讲座	京华时报，2012/09/25，14 版
人大校庆校友捐赠 2 亿巨款	京华时报，2012/09/21，12 版
人大办公益校庆建“关爱师生基金”助困	京华时报，2012/06/10，14 版
人文社会科学大师星光闪亮	中国教育报，2012/10/15，05 版
大学校庆回归本真值得称赞	中国教育报，2012/09/21，头版
热点聚焦：校庆应该怎么庆？	中国教育报，2012/09/26，04 版
重阳投资董事长裘国根向中国人民大学捐两亿元	中国教育报，2012/09/21，05 版
做学问踏黄土　系民生访基层：中国人民大学开展“千人百村”社会调研活动纪实	中国教育报，2012/08/28，06 版
人民大学 75 周年校庆变身公益校庆　国外大学校庆各有不同	中国广播网，2012/10/03
中国人民大学 75 周年校庆举办“引领明天的聚会”	中国广播网，2012/09/29
中国人民大学建校七十五周年专题	新浪网，2012/10
人大 75 周年校庆不按行政级别排序校友	新浪网，2012/09/25

人大 75 周年校庆举办“引领明天的聚会” 新浪网，2012/09/27
“我们不办校庆庆典大会!” 新浪网，2012/06/10
陈雨露：回归大学本位的校庆　在校生是校庆的主人 凤凰网，2012/10/02
中国人民大学启动建校 75 周年庆祝活动 凤凰网，2012/06/09
人大办公益校庆建“关爱师生基金”助困 凤凰网，2012/06/10
中国人民大学庆祝建校 75 周年 凤凰网，2012/10/03
中国人民大学 75 周年校庆举办“引领明天的聚会” 凤凰网，2012/09/24
校友向中国人民大学捐赠两亿元人民币 凤凰网，2012/09/21
人大师生原创话剧《苏格拉底》亮相国家大剧院 凤凰网，2012/09/20
中国人民大学迎来建校 75 周年校庆　学生汉服表演 21CN 体育，2010/10/04
四位国际奥委会委员获聘成为人民大学名誉教授 21CN 体育，2012/10/02
人大校庆“公益育人”带了好头 和讯网，2012/10/02
裘国根 2 亿捐款属个人财产　20 年证券收益回报母校 和讯网，2012/09/21
中国人民大学启动公益校庆　建“关爱师生基金” 和讯网，2012/06/09
校庆，当回归大学本位 荆楚网，2012/10/02
Renmin University receives ＄32m donation *China Daily*，2012/09/20，6 版
回归学术　突出公益：人大创校庆新模式 大公报，2012/06/12，A7 版
中国人民大学 75 周年校庆 北京卫视，2012/06/14
人大一校友捐款 2 亿创校友捐赠纪录 现代快报，2012/09/21，A11 版
中国人民大学启动建校 75 周年庆祝活动 网易，2012/06/09
“我们不办校庆庆典大会!” 搜狐，2012/06/10
中国人大“公益校庆”的理念可圈可点 中广教育，2012/09/25
中国人民大学校庆 75 周年百场社区公益讲座 中国社会科学报，2012/10/08，07 版
华中科技大学、东北财经大学、中国人民大学三高校喜迎校庆 中国社会科学报，2012/10/08，06 版
人大学生拍“网游”微电影献礼校庆 新京报，2012/10/13，A31 版

九、世界汉学大会专题

新汉学勃兴彰显　世界渴望读懂中国 人民日报海外版，2012/11/12，4 版
艾恺：在西方“发现”梁漱溟 新京报，2012/11/17，C12 版
超越“旧汉学”催生“新汉学” 中国社会科学报，2012/11/05，375 期
第三届世界汉学大会：探讨汉学与当今世界 光明日报，2012/11/04，8 版
百余学者共聚第三届世界汉学大会 中国新闻网，2012/11/03
第三届世界汉学大会在京开幕 新华网，2012/11/03
第三届世界汉学大会开幕 京华时报，2012/11/04，17 版
中国人民大学举办第三届世界汉学大会 凤凰网，2012/11/04
刘震云：中国至少十人可获诺奖 新京报，2012/11/05，C02 版
第三届世界汉学大会在京举行 中国教育报，2012/11/04，二版
第三届世界汉学大会在北京举行 中国教育报，2012/11/05，02 版
第三届世界汉学大会开幕 北京青年报，2012/11/02，9 版
第三届世界汉学大会开幕 京华时报，2012/11/04，15 版

第三届世界汉学大会在京开幕　百余专家学者与会	中央政府门户网，2012/11/03
第三届世界汉学大会即将召开	国务院新闻办公室门户网，2012/11/04
第三届世界汉学大会探讨汉学与当今世界	光明日报，2012/11/03，06 版
Hanban releases funds for sinology	*China Daily*，2012/11/04，5 版

图书在版编目（CIP）数据

中国人民大学年鉴. 2013/《中国人民大学年鉴》编辑委员会编. —北京：中国人民大学出版社，2013.12
ISBN 978-7-300-18456-2

Ⅰ.①中… Ⅱ.①中… Ⅲ.①中国人民大学-2013-年鉴 Ⅳ.①G649.281-54

中国版本图书馆 CIP 数据核字（2013）第 290209 号

中国人民大学年鉴（2013）

《中国人民大学年鉴》编辑委员会

Zhongguo Renmin Daxue Nianjian (2013)

出版发行	中国人民大学出版社		
社　　址	北京中关村大街 31 号	**邮政编码**	100080
电　　话	010－62511242（总编室）		010－62511770（质管部）
	010－82501766（邮购部）		010－62514148（门市部）
	010－62515195（发行公司）		010－62515275（盗版举报）
网　　址	http://www.crup.com.cn		
	http://www.ttrnet.com(人大教研网)		
经　　销	新华书店		
印　　刷	涿州市星河印刷有限公司		
规　　格	210 mm×285 mm　16 开本	**版　　次**	2014 年 6 月第 1 版
印　　张	37.5 插页 23	**印　　次**	2014 年 6 月第 1 次印刷
字　　数	1 118 000	**定　　价**	178.00 元

版权声明

编辑部地址： 北京市中关村大街 59 号
中国人民大学学校办公室
邮 政 编 码： 100872
电　　话： 86－10－62511084
传　　真： 86－10－62515263
电 子 信 箱： xxk@ruc. edu. cn